Die Rolle der Koalitionsfreiheit für Beschäftigungsverhältnisse jenseits des Arbeitnehmerbegriffs

Studien zum Arbeitsrecht und zur Arbeitsrechtsvergleichung

Herausgegeben von Manfred Weiss und Spiros Simitis

Band 5

PETER LANG
Frankfurt am Main · Berlin · Bern · Bruxelles · New York · Oxford · Wien

Robert Kretzschmar

Die Rolle der Koalitionsfreiheit für Beschäftigungsverhältnisse jenseits des Arbeitnehmerbegriffs

Zur Abgrenzung
abhängiger von selbständiger Beschäftigung
und zur Eröffnung kollektiver Handlungsformen
für selbständig Beschäftigte
durch Art. 9 Abs. 3 GG

PETER LANG
Europäischer Verlag der Wissenschaften

Bibliografische Information Der Deutschen Bibliothek
Die Deutsche Bibliothek verzeichnet diese Publikation in der Deutschen Nationalbibliografie; detaillierte bibliografische Daten sind im Internet über <http://dnb.ddb.de> abrufbar.

Zugl.: Frankfurt (Main), Univ., Diss., 2002

Gedruckt auf alterungsbeständigem,
säurefreiem Papier.

D 30
ISSN 1615-4606
ISBN 3-631-39865-4

Printed in Germany 1 2 3 4 6 7

www.peterlang.de

Meinen Eltern

Vorwort

Bei der vorliegenden Veröffentlichung handelt es sich um eine teilweise überarbeitete Fassung meiner Dissertation, die im Wintersemester 2001/2002 am Fachbereich Rechtswissenschaften der Johann Wolfgang von Goethe – Universität Frankfurt am Main angenommen worden ist. Sie wurde von Prof. Dr. Otto Ernst Kempen angeregt und betreut.

Die Arbeit ist überwiegend im Jahr 1999 entstanden und greift Ideen aus einem Anfang 1997 gehaltenen Seminarreferat auf. Literatur und Rechtsprechung sind auf dem Stand von Oktober 2001. Einige neuere, bis Juli 2002 erschienene Veröffentlichungen konnten teilweise noch eingearbeitet werden. Die am 1. Januar 2002 in Kraft getretene Schuldrechtsreform sowie die Änderungen im Urhebervertragsrecht von März 2002 wurden berücksichtigt.

Mein besonderer Dank gilt meinem von mir hoch geschätzten Lehrer Prof. Kempen. Ohne sein außergewöhnliches Engagement und Geschick, wissenschaftliches Denken zu vermitteln und Studenten davon zu begeistern, wäre diese Arbeit nicht zustande gekommen. Prof. Kempen hat nicht nur mein Intresse am Arbeits- und Verfassungsrecht geweckt, später meine Dissertation betreut und sich dabei auf unzählige, für mich sehr fruchtbare Diskussionen eingelassen. Weit darüber hinaus gehend hat er meine Zeit als Student in Frankfurt begleitet und geprägt.

Mein herzlicher Dank gilt auch Herrn Prof. Dr. Manfred Weiss, der die Zweitbegutachtung übernommen hat und mir während der Entstehung der Arbeit stets als Gesprächspartner zur Verfügung stand und mir dabei wertvolle Anregungen geben konnte.

Meinem Freund Patrick Gerson bin ich vor allem für die vielen fruchtbaren Diskussionen dankbar, die meine Arbeit sehr bereichert haben.

Für die hingebungsvolle redaktionelle Betreuung des Manuskripts danke ich ganz herzlich meiner Frau Nadja und meinen Eltern. Die Arbeit möchte ich meinen Eltern widmen, die mir meine Ausbildung ermöglicht haben.

Frankfurt am Main, im September 2002

Inhaltsverzeichnis

2. Kapitel:
Problemstellung und bisherige Lösungsansätze 55

4. Kapitel:

Abkürzungsverzeichnis

a. A.	anderer Ansicht
a. a. O.	am angegebenen Ort
a. E.	am Ende
a. F.	alte Fassung
ABl.	Amtsblatt der Europäischen Gemeinschaften
Abs.	Absatz
AcP	Archiv für die civilistische Praxis
AEntG	Arbeitnehmer-Entsendegesetz
AGBG	Gesetz zur Regelung des Rechts der Allgemeinen Geschäftsbedingungen
AiB	Arbeitsrecht im Betrieb (Zeitschrift)
AK-GG	Kommentar zum Grundgesetz für die Bundesrepublik Deutschland (Reihe Alternativkommentare)
Anm.	Anmerkung
AP	Arbeitsrechtliche Praxis (Entscheidungssammlung)
ArbG	Arbeitsgericht
ArbGG	Arbeitsgerichtsgesetz
AR-Blattei	Arbeitsrechts-Blattei
ArbRGegW	Das Arbeitsrecht der Gegenwart (Zeitschrift)
ArbSchG	Arbeitsschutzgesetz
ArbuR	Arbeit und Recht (Zeitschrift)
ArbZG	Arbeitszeitgesetz
ARS	Arbeitsrechts-Sammlung (bis Band 17 (1933): Bensheimer Sammlung)
Art.	Artikel
AuA	Arbeit und Arbeitsrecht
AÜG	Arbeitnehmerüberlassungsgesetz
Az.	Aktenzeichen
BA	Bundesanstalt für Arbeit
BAG	Bundesarbeitsgericht
BAGE	Entscheidungen des Bundesarbeitsgerichts
BB	Betriebs-Berater (Zeitschrift)
BBG	Bundesbeamtengesetz
Begr.	Begründer

BetrAVG	Gesetz zur Verbesserung der betrieblichen Altersversorgung
BetrVG	Betriebsverfassungsgesetz
BGB	Bürgerliches Gesetzbuch
BGBl.	Bundesgesetzblatt
BGH	Bundesgerichtshof
BGHZ	Entscheidungen des Bundesgerichtshofs in Zivilsachen
Bl.	Blatt
BlStSozArbR	Blätter für Steuerrecht, Sozialversicherung und Arbeitsrecht
BR-Drucks.	Bundesrats-Drucksache
BRRG	Beamtenrechtsrahmengesetz
BSG	Bundessozialgericht
BT-Drucks.	Bundestags-Drucksache
BUrlG	Bundesurlaubsgesetz
BVerfG	Bundesverfassungsgericht
BVerfGE	Entscheidungen des Bundesverfassungsgerichts
CLLJ	Comparative Labour Law Journal
DAG	Deutsche Angestellten-Gewerkschaft
DB	Der Betrieb (Zeitschrift)
DGB	Deutscher Gewerkschaftsbund
DJT	Deutscher Juristentag
DJV	Deutscher Journalisten-Verband
DÖV	Die Öffentliche Verwaltung (Zeitschrift)
DStR	Deutsches Steuerrecht (Zeitschrift)
DVBl.	Deutsches Verwaltungsblatt (Zeitschrift)
DVZ	Deutsche Verkehrszeitung
EGV	Vertrag zur Gründung der Europäischen Gemeinschaft
EMRK	Europäische Menschenrechtskonvention
ErfK	Erfurter Kommentar zum Arbeitsrecht
ESC	Europäische Sozialcharta
EStG	Einkommenssteuergesetz
EzA	Entscheidungssammlung zum Arbeitsrecht
f., ff.	folgende, fortfolgende
FAZ	Frankfurter Allgemeine Zeitung

FK	Frankfurter Kommentar zum Gesetz gegen Wettbewerbsbeschränkungen
Fn.	Fußnote
GenG	Gesetz betreffend die Erwerbs- und Wirtschaftsgenossenschaften
GewO	Gewerbeordnung
GG	Grundgesetz
GmbH	Gesellschaft mit beschränkter Haftung
GRUR	Gewerblicher Rechtsschutz und Urheberrecht (Zeitschrift)
GS	Großer Senat
GWB	Gesetz gegen Wettbewerbsbeschränkungen
h. M.	herrschende Meinung
HAG	Heimarbeitsgesetz
HdbStaatsR	Handbuch des Staatsrechts der Bundesrepublik Deutschland
HdbVerfR	Handbuch des Verfassungsrechts der Bundesrepublik Deutschland
HDSW	Handwörterbuch der Sozialwissenschaften
HGB	Handelsgesetzbuch
Hrsg.	Herausgeber
i. e. S.	im engeren Sinne
i. V. m.	in Verbindung mit
i. w. S.	im weiteren Sinne
IAB	Institut für Arbeitsmarkt- und Berufsforschung der Bundesanstalt für Arbeit
IG	Industriegewerkschaft
ILO	International Labour Organization
JA	Juristische Arbeitsblätter (Zeitschrift)
JArbSchG	Jugendarbeitsschutzgesetz
JuS	Juristische Schulung (Zeitschrift)
JZ	Juristenzeitung
KassKomm	Kasseler Kommentar Sozialversicherungsrecht
KG	Kammergericht
KritV	Kritische Vierteljahresschrift für Gesetzgebung und Rechtswissenschaft

KSchG	Kündigungsschutzgesetz
KZfSS	Kölner Zeitschrift für Soziologie und Sozialpsychologie
LAG	Landesarbeitsgericht
LAGE	Entscheidungen der Landesarbeitsgerichte
LSG	Landessozialgericht
m.	mit
m. w. N.	mit weiteren Nachweisen
MDR	Monatsschrift für Deutsches Recht
MittAB	Mitteilungen aus der Arbeitsmarkt- und Berufsforschung
MünchArbR	Münchener Handbuch zum Arbeitsrecht
MünchKomm	Münchener Kommentar zum Bürgerlichen Gesetzbuch
n. F.	neue Fassung
NJW	Neue Juristische Wochenschrift
NJW-RR	Neue Juristische Wochenschrift - Rechtsprechungsreport
Nr.	Nummer
NZA	Neue Zeitschrift für Arbeitsrecht
OLG	Oberlandesgericht
R	Rückseite
RAGE	Entscheidungen des Reichsarbeitsgerichts
RdA	Recht der Arbeit (Zeitschrift)
RFFU	Rundfunk-Fernseh-Film-Union
RGBl.	Reichsgesetzblatt
RGZ	Entscheidungen des Reichsgerichts in Zivilsachen
Rn.	Randnummer
S.	Seite
SGB	Sozialgesetzbuch
st. Rspr.	ständige Rechtsprechung
StGB	Strafgesetzbuch
TVG	Tarifvertragsgesetz
Tz.	Textziffer

UmwG	Umwandlungsgesetz
UrhG	Urhebergesetz
Verf.	Verfasser
VersR	Versicherungsrecht (Zeitschrift)
vgl.	vergleiche
WM	Wertpapier-Mitteilungen (Zeitschrift)
WRP	Wettbewerb in Recht und Praxis (Zeitschrift)
WSI	Wirtschafts- und Sozialwissenschaftliches Institut der Hans-Böckler-Stiftung
WuW	Wirtschaft und Wettbewerb (Zeitschrift)
WuW/E	WuW-Entscheidungssammlung zum Kartellrecht
ZfA	Zeitschrift für Arbeitsrecht
ZgS	Zeitschrift für die gesamte Staatswissenschaft
ZHR	Zeitschrift für das gesamte Handelsrecht und Wirtschaftsrecht
ZIP	Zeitschrift für Wirtschaftsrecht
ZNR	Zeitschrift für neuere Rechtsgeschichte
ZPO	Zivilprozessordnung
ZRP	Zeitschrift für Rechtspolitik
ZUM	Zeitschrift für Urheber- und Medienrecht
ZVersWiss	Zeitschrift für die gesamte Versicherungswissenschaft

Einleitung

I. Die neue Arbeitswelt jenseits des klassischen Arbeitsrechts

Das Arbeits- und Wirtschaftsleben befindet sich zu Beginn des 21. Jahrhunderts inmitten gravierender Veränderungsprozesse.[1] Die Globalisierung der Wirtschaftsstrukturen, der Einzug von Marktmechanismen in beinahe alle Lebensbereiche und der Wandel gesellschaftlicher Werte sind Grundlagen dieser Entwicklung. Wie zu Zeiten der industriellen Revolution im 19. Jahrhundert erhält der evolutorische Prozess auch heute maßgebliche Impulse durch technische Neuerungen: Die sich in immer kürzeren Zyklen fortentwickelnde Informations- und Kommunikationstechnologie erlaubt inzwischen eine weltweite Vernetzung der Marktakteure über das Internet und schafft damit das Fundament für die – veränderten ökonomischen Regeln folgenden – „New Economy".

Die Auswirkungen auf das Arbeitsleben sind gravierend: Einzelpersonen können, beflügelt durch die neuen Möglichkeiten, als „Unternehmer ihrer selbst" beinahe unabhängig von Ort und Zeit am Markt agieren, ihre Tätigkeiten in „virtuellen Unternehmen" grenzüberschreitend koordinieren.[2] Der zu beobachtende Umbruch von der Industrie- und Arbeitnehmer- zur postindustriellen Informations- und Dienstleistungsgesellschaft vollzieht sich, ohne dass nationale Institutionen maßgeblichen Einfluss hierauf nehmen könnten.

Dieser Wandel – und damit das Ende der Arbeits- und Wirtschaftsstrukturen der Nachkriegszeit – zeichnete sich in Deutschland schon Mitte der 80er Jahre ab. Durch den sich verschärfenden internationalen Wettbewerb geriet die überkommene Vorstellung von Sozialstaat und Arbeitsrecht in den Fokus ökonomischer Kritik. Sozialpolitische Entscheidungen wurden zu Fragen der Wettbewerbsfähigkeit des „Standorts" Deutschland. Verstärkt kamen Forderungen nach Flexibilisierung des Erwerbslebens[3] und Deregulierung der Märkte unter Einschluss des Arbeitsmarktes auf.

Eng mit dem geläufigen Schlagwort der Individualisierung ist die umfassende Forderung nach „mehr Wettbewerb" verbunden, die zunehmend auch im Be-

---

1 Vgl. etwa *Heinze*, NZA 2001, S. 1 ff.; *Junker*, NZA 1997, S. 1305, 1312; *Linnenkohl*, BB 1998, S. 45 ff.; *derselbe*, BB 1999, S. 48 ff.

2 Vgl. *Beck/Prinz*, FAZ v. 7. 3. 1998, S. 15; *Linnenkohl*, BB 1998, S. 45, 47 f.; *Müller*, Tarifautonomie, S. 90 f.; *Reiss*, FAZ v. 9. 12. 2000, S. 33; *Trittin*, NZA 2001, S. 1003 f.; *Voß/Pongratz*, KZfSS 1998, S. 131, 133.

3 Vgl. *Rüthers*, in Maier-Leibnitz (Hrsg.), Zeugen des Wissen, S. 739, 767 ff.; *Zöllner*, ZfA 1988, S. 265 ff. m. w. N., insbesondere in Fn. 1.

reich betrieblicher Binnenstrukturen propagiert wird.[4] Auf dieser Linie liegen die Konzepte schlanker Unternehmensführung und Produktion („Lean Managment“ und „Lean Production“).[5] Zu den markanten Trends gehört die Fraktionierung und Dezentralisierung von Produktionsprozessen, verbunden mit einer Verteilung und Individualisierung ökonomischer Verantwortung und entsprechender Risiken auf Teams oder einzelne Personen.[6] Diese Tendenzen finden ihre deutlichste Ausprägung im „Outsourcing“[7], der Auslagerung von Unternehmensfunktionen auf juristisch selbständige externe Unternehmen. Über eine Dezentralisierung der Gewinnverantwortung hinaus dringen hierdurch Marktmechanismen in Bereiche vor, die zuvor noch zur Binnenstruktur eines Unternehmens gehörten.[8] Die Möglichkeiten der Auslagerung arbeitgebertypischer Risiko- und Verantwortungsbereiche reicht dabei bis auf die Individualisierungsstufe des „Ein-Personen-Unternehmers“ bzw. „Eigenunternehmers“[9] herab.

Der Sog des ökonomischen Veränderungsdrucks erfasst auch die rechtliche Verfassung des Arbeitslebens.[10] Dabei zeigt sich, dass das Arbeitsrecht von heute eher schlecht als recht in die Arbeitswelt von morgen passt. Nicht völlig zu Unrecht warnen Kritiker angesichts des fundamentalen Wandels der Arbeitsbeziehungen vor einer „Überalterung des arbeitsrechtlichen Systems“.[11] Besonders die überbetriebliche kollektive Interessenorganisation der Arbeitnehmer in Gewerkschaften gerät zunehmend ins Kreuzfeuer der Kritik, da sie von vielen für unflexibel und nicht marktkonform gehalten wird. Offenbar bestehen Schwierigkeiten, die Folgen der Individualisierungsprozesse mit den historisch gewachsenen kollektiven Modellen in Einklang zu bringen.

---

4 *Nagel*, in: Nutzinger (Hrsg.), Entstehung des Arbeitsrechts, S. 183, 190 ff.; vgl. auch *Hank*, FAZ v. 22. 5. 1999, S. 15; *Schüller/Weber*, FAZ v. 18. 10. 1997, S. 17; *Soltwedel*, FAZ v. 8. 3. 1997, S. 15; *Beaucamp*, NZA 2001, S. 1011.

5 Hierzu etwa *Kreuder*, Desintegration und Selbststeuerung, S. 15 ff.

6 Vgl. *Buschmann*, in: Festschrift für Gnade, S. 129, 132: „Teilautonomisierung“; *Junker*, NZA 1997, S. 1305, 1316 m. w. N.; *Kreuder*, Desintegration und Selbststeuerung, S. 99 ff.; *Staudt*, ZfA 1987, S. 133, 149 ff. ; *Wendeling-Schröder*, in: Festschrift für Gnade, S. 367, 370 f.

7 Vgl. etwa *Dauner-Lieb*, NZA 1992, S. 817 f. m. w. N. in Fn. 1; *Henssler*, NZA 1994, S. 294 f.; *Kreuder*, Desintegration und Selbststeuerung, S. 132 ff.

8 Vgl. zu den sogenannten „Intrapreneuren“ *Reiss*, FAZ v. 9. 12. 2000, S. 33.

9 Vgl. *Fickinger*, FAZ v. 15. 12. 1999, S. 20 („Nomaden auf dem Weg in die Selbst-GmbH“).

10 Vgl. *Boemke/Föhr*, Arbeitsformen der Zukunft, Rn. 31 ff; *Heinze*, NZA 2001, S. 1, 2; *Hromadka*, NZA 1998, S. 1 ff.; *Hümmerich*, NJW 1998, S. 2625, 2627.

11 *Heinze*, NZA 1997, S. 1; vgl. *Keuchel*, in: Scholz (Hrsg.), Wandel der Arbeitswelt als Herausforderung des Rechts, S. 48 ff.; *Rüthers/Siebert*, FAZ v. 24. 2. 2001, S. 15.

Auf der Ebene des Arbeitsverhältnisses schrumpft die wirtschaftliche Bedeutung von Direktionsrecht und Weisungsbindung, die früher bezeichnenderweise „Gehorsamspflicht" genannt wurde[12] und das Arbeitsleben der Vergangenheit durchweg geprägt hatte. Neuartige Verantwortungs- und Kommunikationsmodelle lassen solche hierarchischen Organisationsstrukturen weitgehend überflüssig werden.[13] Das Prinzip der Arbeitsteilung erreicht durch die Möglichkeit, Mitarbeiter und ihre Arbeitsergebnisse netzwerkartig zu verknüpfen[14], eine neue Dimension, die das Paradigma der „Fremdbestimmung" einer Person (des Arbeitnehmers) durch eine andere (den Arbeitgeber) als nicht mehr zeitgemäß erscheinen lässt.

Die Folge ist eine schwindende Akzeptanz der bestehenden Arbeitsrechtsordnung durch die Arbeitsmarktakteure. Es verwundert daher kaum, dass sogenannte „atypische Arbeitsverhältnisse" (insbesondere Teilzeitarbeit und befristete Beschäftigung)[15] und die Arbeitnehmerüberlassung an Bedeutung gewinnen.[16] Die Verdrängung von sogenannten „Normalarbeitsverhältnissen" geht einher mit der Erosion von „Normalunternehmen" und „Normalbetrieben".[17]

Während sich die meisten Gestaltungsformen zwar an der Peripherie, aber noch innerhalb der Arbeitsrechtsordnung bewegen, gehen andere bewusst darüber hinaus, indem sie ganz auf die Beschäftigung von Arbeitnehmern verzichten. Diese – in den Grundformen schon seit längerem bekannten – Varianten, die *Plander* aus Sicht des Arbeitgebers als „Aufgabe der Arbeitgeberrolle" bezeichnet,[18] stehen im Zentrum dieser Arbeit. Man findet sie z. B. in Franchise-Systemen, beim Einsatz von Subunternehmern oder in der Beschäftigung freier

---

12 So noch *Hueck/Nipperdey*, Arbeitsrecht, Band I, S. 136; gegen diesen atavistisch anmutenden Begriff BAG v. 23. 4. 1980, AP Nr. 34 zu § 611 BGB Abhängigkeit, Bl. 2; *Hilger*, RdA 1989, S. 1, 3; vgl. auch die beamtenrechtliche „Gehorsamspflicht" gemäß § 55 S. 2 BBG.

13 Vgl. *Beaucamp*, NZA 2001, S. 1011, 1012 f.; *Buschmann*, in: Festschrift für Gnade, S. 130 ff.; *Linnenkohl/Kilz/Rauschenberg/Reh,* ArbuR 1991, S. 203; *Maschmann*, NZA 2001, Sonderbeilage zu Heft 24, S. 21, 22.

14 Vgl. *Reiss*, FAZ v. 9. 12. 2000, S. 33.

15 Vgl. *Däubler*, ArbuR 1988, S. 302 f.; *Frantzioch*, Abhängige Selbständigkeit, S. 26 ff.; *Plander*, Flucht aus dem Normalarbeitsverhältnis, Rn. 6 ff.; *Wank*, RdA 1992, S. 103 f.; kritisch *Zachert*, ArbuR 1988, S. 129 ff.; *derselbe*, Die Sicherung und Geltung des Normalarbeitsverhältnisses durch Tarifvertrag. Jüngere empirische Eckdaten bei *Schreyer*, IAB Kurzbericht Nr. 15 / 2000 sowie *Hoffmann/Walwei*, IAB Kurzbericht Nr. 14 / 2000 (mit internationalem Vergleich). Kritisch zum arbeitsrechtlichen Verständnis des „Normalarbeitsverhältnisses" *Boemke/Föhr*, Arbeitsformen der Zukunft, Rn. 10.

16 Siehe hierzu nur die aktuellen Daten des Mikrozensus 2001 (http://www.destatis.de/presse/deutsch/pk/2002/mikrozensus_2001.pdf).

17 *Nagel*, in: Nutzinger (Hrsg.), Entstehung des Arbeitsrechts, S. 183, 189 f.

18 *Plander*, Flucht aus dem Normalarbeitsverhältnis, Rn. 12, 35.

Mitarbeiter. Rechtsbeziehungen dieser Art werden im Rahmen dieser Untersuchung als *„selbständige Beschäftigungsverhältnisse“* bezeichnet.[19] Sie stellen eine Form der wirtschaftlichen Verwertung menschlicher Arbeit als Produktionsfaktor *außerhalb* von Arbeitsverhältnissen im juristischen Sinne dar. In ihnen verwirklichen sich die Forderungen nach Deregulierung, Marktöffnung, Individualisierung und Flexibilisierung am deutlichsten.

Das „klassische“ Arbeitsverhältnis als Mittel zur Deckung des unternehmensinternen Dienstleistungsbedarfs verliert demgegenüber an Attraktivität. Die Beschäftigung von Arbeitnehmern als personalpolitisches Standardmodell der Unternehmen sieht sich dem Wettbewerb alternativer Vertragsgestaltungen ausgesetzt, die eine Lösung von den „Fesseln“ des Arbeitsrechts versprechen. Das Arbeitsverhältnis als die heutige Arbeitswelt *noch* beherrschendes Beschäftigungsstatut könnte sich unter dem Eindruck des skizzierten Paradigmenwechsels von seiner jetzigen, zentralen Funktion zu einer Option unter anderen entwickeln. Das Arbeitsrecht wird damit an seinem zentralen Nerv getroffen und sieht sich vor die Herausforderung der Selbstbehauptung des eigenen Geltungsraums gestellt. Der offenkundige Zusammenhang mit dem unumkehrbaren sozio-ökonomischen Strukturwandel zeigt aber, dass eine auf die sozialpolitische Perspektive verengte Sicht dieser „neuen“, zunehmend durch selbständige Erwerbstätigkeit geprägten Arbeitswelt als eine „Welt der Scheinselbständigen“ wenig hilfreich ist, wenn es darum geht, befriedigende Lösungen für die hieraus erwachsenden neuartigen Probleme zu finden.

II. Gegenstand und Verlauf der Untersuchung

Wird von den „neu“ entdeckten Möglichkeiten der Vertragsgestaltung außerhalb des Arbeitsrechts Gebrauch gemacht, führen die zwischen Auftraggeber (ggf. vormals Arbeitgeber) und Auftragnehmer (ggf. vormals Arbeitnehmer) begründeten Rechtsverhältnisse zu zahlreichen juristischen Fragestellungen.

Im Rahmen dieses Themenkomplexes befasst sich die vorliegende Abhandlung mit der Suche nach Anätzen für eine neue *kollektivrechtliche* Verfassung der Arbeit jenseits des klassischen „Arbeitsrechts der Arbeitnehmer“. Im Mittelpunkt der Überlegungen steht dabei die Rolle der Koalitionsfreiheit gemäß Art. 9 Abs. 3 GG, die bislang in der Diskussion über die Problematik selbständiger Beschäftigung wenig Beachtung gefunden hat. In ihr könnte aber ein Weg gefunden werden, „materielle“ Vertragsfreiheit im Sinne einer ökonomischen „Vertragsparität“ auch für diese – immer wichtiger werdenden – Erwerbsformen herzustellen.

---

[19] Näher zur Begriffsbildung unten S. 29 ff.

Neben den herauszuarbeitenden ökonomischen Gemeinsamkeiten zwischen abhängiger und selbständiger Arbeit dürfen die Unterschiede nicht aus dem Blickfeld geraten: Von vornherein gilt es der Versuchung zu widerstehen, die Beschäftigung von Selbständigen in ein – notgedrungen gedehntes und verzerrtes – arbeitsrechtliches Schema zu pressen, dessen juristische Konturen durch den Arbeitnehmerbegriff bestimmt sind. In diesem Zusammenhang ist eine Auseinandersetzung mit der Abgrenzung selbständiger Beschäftigungsverhältnisse von Arbeitsverhältnissen erforderlich. Es sollen möglichst klare Kriterien für die Bestimmung des Personenkreises gewonnen werden, der jenseits des Arbeitnehmerbegriffs steht und damit Gegenstand dieser Untersuchung ist.

Nach einem kurzen Überblick über empirische Grundlagen des Arbeitslebens in der „Rechtsform" selbständiger Beschäftigung (1. Kapitel) sollen die Kernprobleme skizziert und bisherige Lösungsansätze aufgezeigt werden (2. Kapitel). Im Vordergrund stehen dabei Vorschläge zur Erweiterung des Arbeitnehmerbegriffs und zum Ausbau der Rechtsfigur der arbeitnehmerähnlichen Person. Im nächsten Schritt soll auf der Grundlage der Koalitionsfreiheit ein neuer Ansatz entwickelt werden, der auf einer neuartigen Form „koalitionsmäßiger" Kooperation selbständig Beschäftigter beruht (3. Kapitel). Hierzu wird im 4. Kapitel geprüft, ob auch selbständig Beschäftigte als Träger der Koalitionsfreiheit in Frage kommen. Schließlich wird im 5. Kapitel untersucht, welche Folgen sich aus dieser Grundrechtsinterpretation ergeben. Zu erörtern ist dabei insbesondere der Konflikt mit dem Kartellrecht, der sich ergibt, wenn sich Selbständige koalitionsmäßig organisieren.

In den Randzonen des Arbeitsrechts hat sich eine Fülle an Problemfeldern aufgetan. Die täglich anwachsende Rechtsprechung und Literatur allein zu der hier nur als Teilaspekt zu behandelnden Frage der Abgrenzung selbständiger von abhängiger Beschäftigung, die unter dem Stichwort „Arbeitnehmerbegriff" diskutiert wird, ist bereits nahezu unüberschaubar. Es kann und soll daher nicht Ziel dieser Arbeit sein, alle mit dem Thema der Beschäftigung Selbständiger zusammenhängende Problemkreise erschöpfend zu behandeln. Der Schwerpunkt der Erörterungen liegt vielmehr in der Andeutung eines Modells, das sich am Grundrecht des Art. 9 Abs. 3 GG orientiert und unter diesem Blickwinkel neue Wege für das Problem gestörter Vertragsparität bei alternativen Beschäftigungsformen erschließen könnte.

1. Kapitel:

„Selbständige Beschäftigungsverhältnisse“ als gesellschaftliche Erscheinung

I. Grundbegriffe

In der Diskussion über den Grenzbereich zwischen Arbeitsrecht und Selbständigkeit herrscht derzeit noch ein terminologisches Chaos. Die Rede ist nicht nur von Arbeitnehmern und Unternehmern, Selbständigen und arbeitnehmerähnlichen Personen, sondern auch von „unternehmerähnlichen Arbeitnehmern“[20], „Arbeitskraftunternehmern“[21], „halbautonomen Unternehmern“[22], „abhängigen Selbständigen“[23], „relativ Selbständigen“[24], „unselbständig Selbständigen“[25], „Scheinselbständigen“, „neuen Selbständigen“, „Selbst-Angestellten“[26], „freien“ (und sogar „festen freien“[27]) Mitarbeitern usw. Damit sind nur einige der bekannten Schlagworte genannt.[28] In der wissenschaftlichen Diskussion konnte sich noch kein einheitliches Begriffssystem herausbilden. Dies verwundert wenig, da es kaum gesetzliche Anhaltspunkte gibt, die einer in sich stimmigen Systematisierung den Weg bahnen könnten. Außerdem zeichnen sich die Arbeitsformen „jenseits“ des klassischen Arbeitsrechts durch eine bunte Vielfalt unterschiedlicher Gestaltungsformen in der Praxis aus, die sich nur mühevoll juristischen Kategorien zuordnen lassen.

Noch schwerer wiegt vielleicht, dass das klassische Arbeitsrecht als Rechtsgebiet und Wissenschaft nach herkömmlichem Verständnis nur die „abhängige“ Arbeit, also die Beschäftigung von Arbeitnehmern, bestenfalls noch unter Einbezug der so genannten arbeitnehmerähnlichen Personen[29], erfasst. Das Arbeits-

---

20 *Lieb*, DB 1976, S. 2207 ff.; *derselbe*, ZVersWiss 1976, S. 207 ff.; vgl. *Zeuner*, RdA 1975, S. 84, 87 f.

21 *Voß/Pongratz*, KZfSS 1998, S. 131, 132.

22 *Teubner*, KritV 1993, S. 367, 369 f.

23 *V. Einem*, BB 1994, S. 60; *Frantzioch*, Abhängige Selbständigkeit, zum Begriff S. 22.

24 Vgl. *Rieble*, ZfA 1998, S. 327 ff.

25 *Müller-Jentsch*, in: Pornschlegel (Hrsg.), Gewerkschaftstheorien, S. 179, 196.

26 *Linnenkohl*, BB 1998, S. 45, 49.

27 *Appel/Frantzioch*, ArbuR 1998, S. 93, 95.

28 Nicht weniger phantasievoll sind die im europäischen Ausland gebräuchliche Begriffe, z. B. in Italien die Rechtsfigur der „parasubordinati“ und der angloamerikanische Begriff des „self employment“.

29 Zu dieser Rechtsfigur näher unten S. 94 ff. Aufgrund der historisch verwurzelten Bindung an das Arbeitsrecht der Arbeitnehmer spricht in der Tat einiges für die – bei strenger Be-

recht wird jedenfalls heute noch überwiegend als „Sonderrecht der Arbeitnehmer“[30] bzw. der „abhängigen Arbeit“ aufgefasst.[31] Die vorliegende Untersuchung wird sich aber nicht nur mit der Abgrenzung der Begriffe „Arbeitnehmer“ und „arbeitnehmerähnliche Personen“ beschäftigen, sondern will darüber hinaus Vertragsverhältnisse juristisch beleuchten, die bislang allein in Bezug auf ihre problematische Zuordnung zu diesen Begriffen aus arbeitsrechtlicher Perspektive betrachtet wurden.

Die funktionale Nähe der neuen Beschäftigungsformen zum klassischen Arbeitsverhältnis[32] drängt auf ein umfassenderes Verständnis der Arbeitsrechtswissenschaft bzw. des Arbeitsrechts als Rechtsgebiet, dessen Kongruenz zum Anwendungsbereich des gesetzlichen Arbeitsrechts nicht länger aufrecht erhalten werden sollte. Diese Erkenntnis scheint sich langsam durchzusetzen. So sieht *Linnenkohl* eine Entwicklung des Arbeitsrechts zu einem „Beschäftigtenrecht“, das auch neue Arbeitsformen erfassen soll.[33] *Heinze* spricht im selben Zusammenhang von einer Weiterentwicklung des Arbeitsrechts zu einem „abhängige wie selbständige Arbeit umfassenden Wirtschaftsverfassungsrecht der Arbeit“.[34] Jedenfalls ist es nicht zweckmäßig, das Arbeitsrecht insgesamt als durch einen – wie auch immer definierten – Arbeitnehmerbegriff determiniert anzusehen. Mag dieser Begriff auch derzeit im Mittelpunkt stehen, so ist er nicht als der Endpunkt jeder im weiteren Sinne „arbeitsrechtlichen“ Fragestellung zu verstehen.[35]

---

trachtung begrifflich systemwidrige – Zuordnung des Rechts der Arbeitnehmerähnlichen zum Arbeitsrecht; vgl. *Herschel*, ArbuR 1982, S. 336.

30 Vgl. etwa *Dütz*, Arbeitsrecht, Rn. 1; *Hueck/Nipperdey*, Arbeitsrecht, Band I, S. 3 ff; *Richardi*, in: Festschrift zum 125jährigen Bestehen der Juristischen Gesellschaft zu Berlin, S. 607, 612; *Söllner*, Arbeitsrecht, S. 1; *Zöllner/Loritz*, Arbeitsrecht, S. 1.

31 Anders (und umfassender) noch *Lotmar*, Arbeitsvertrag, Erster Band, S. 32 ff. Eingehend zur Begriffsgeschichte *Rückert*, ZfA 1992, S. 225, 229 ff.

32 *Maschmann*, NZA 2001, Sonderbeilage zu Heft 24, S. 21, 22.

33 *Linnenkohl*, BB 1999, S. 48, 50.

34 *Heinze*, NZA 2001, S. 1, 3. Die prognostizierte Tendenz zur Ausweitung des arbeitsrechtlichen Terrains – bei gleichzeitigem Wandel dessen Inhalts – ist nicht auf Deutschland beschränkt: vgl. *Davies*, in: Reports to the 6th European Congress for Labour Law and Social Security, S. 165, 182 f., 188 ff.; *Supiot*, in: Rapports au 6ème Congrès Européen de Droit du Travail et de la Sécurité Sociale, S. 141, 173 ff. Dabei scheint die Vorstellung, in Zukunft nicht nur partiell, sondern systematisch eine breite Grundsicherung für sämtliche Arbeitsformen zu schaffen, die durch engere Spezialregeln ergänzt wird, also letztlich die Trennung zwischen einem „allgemeinem“ und einem „besonderen“ „Arbeitsrecht“ im weiteren Sinne, durchaus nahe liegend; in dieser Richtung auch *Weiss*, (unveröffentlichter) Diskussionsbeitrag auf dem 2. Hans-Böckler-Forum in Kassel am 24./25. 9. 1999; vgl. ferner *Heinze*, NZA 1997, S. 1, 3 f.

35 Ähnlich *Zeuner*, RdA 1975, S. 88; vgl. *Picot*, RdA 1979, S. 15, 19.

Unter arbeitsrechtlichen Problemen *im weiteren Sinne* werden hier solche verstanden, die zu dem klassischen sozialen Konflikt aufgrund potenziell gestörter Vertragsgerechtigkeit in „arbeitsbezogenen“ Vertragsverhältnissen in Beziehung stehen, und für die sich deshalb die Frage nach der Notwendigkeit zwingender gesetzlicher Regelungen und/oder arbeitsrechtstypischer kollektiver Verfahren stellt. Ein entsprechend weitläufigeres Verständnis ist auch für den Begriff der Arbeitsverfassung zu fordern.[36] Das Arbeitsrecht der Arbeitnehmer, also dasjenige im engeren Sinne, kann vor dem Hintergrund der historischen Entwicklung auch als *„Kernarbeitsrecht"* bezeichnet werden.

Im Zentrum des hier vorgeschlagenen Begriffssystems steht der – abhängige wie selbständige Arbeit umfassende – Oberbegriff der *Beschäftigung*. Hierunter wird die dauerhafte oder wiederkehrende „Leistung von Arbeit im weitesten Sinne“[37] für einen anderen verstanden. Diese durchaus im Alltagsdenken verhaftete Umschreibung, die Ausdruck einer besonderen Dienstleistungsbeziehung zwischen zwei Personen ist, dürfte dem allgemeinen Sprachgebrauch am ehesten entsprechen. Auch in arbeitsrechtlichen Gesetzen findet sie eine Stütze: So definieren § 2 Abs. 2 ArbSchG und § 1 Abs. 2 BeschäftigtenschutzG einen weiten Begriff der Beschäftigten im Sinne dieser Gesetze unter Einschluss von Arbeitnehmern und arbeitnehmerähnlichen Personen (aber auch Beamten, Richtern und Soldaten). Das Heimarbeitsgesetz spricht von „in Heimarbeit Beschäftigte[n]“ (§ 1 Abs. 1 HAG) bzw. von einem „Beschäftigungsverhältnis eines in Heimarbeit Beschäftigten“ (§ 29 Abs. 1 HAG), womit Personen gemeint sind, die gerade *keine* Arbeitnehmer sind.[38] § 1 Abs. 1 JArbSchG regelt die Anwendbarkeit des Jugendarbeitsschutzes auch für die „Beschäftigung von Personen [...] mit sonstigen Dienstleistungen, die der Arbeitsleistung von Arbeitnehmern oder Heimarbeitern ähnlich sind“. § 80 Abs. 2 S. 1, 2. Hs. BetrVG erwähnt die „Beschäftigung von Personen, die nicht in einem Arbeitsverhältnis zum Arbeitgeber stehen“.

Auch in der Literatur[39] und in der Rechtsprechung[40] scheint sich die Bezeichnung „Beschäftigung“ als Oberbegriff für Arbeitsverhältnisse und ähnliche

---

36 Vgl. hierzu *Ramm*, JZ 1977, S. 1, 2, der bereits ein derart weites Verständnis der Arbeitsverfassung zugrunde legt, indem er ausdrücklich „freie Mitarbeiter“ einschließt. Vgl. allgemein zum Begriff *Picker*, in: Gedächtnisschrift für Knobbe-Keuk, S. 879, 881, Fn. 5.

37 Vgl. *Boemke*, ZfA 1998, S. 285, 286; *Boemke/Föhr*, Arbeitsformen der Zukunft, Rn. 60.

38 Vgl. auch die Terminologie in der Begründung des Regierungsentwurfs zur Einführung des § 12a TVG: „auf Dienst- oder Werkvertrag beruhenden Beschäftigungsverhältnisse“ (BT-Drucks. 7/975, S. 20).

39 Vgl. die Terminologie von *Eckert*, DStR 1997, S. 705, 706; *Fenn*, in: Festschrift für Bosch, S. 171 ff. („Arbeitsverhältnisse und sonstige Beschäftigungsverhältnisse“); *Lieb*, RdA 1974, S. 260; *Richardi*, ZfA 1988, S. 221, 238; *Wank*, Arbeitnehmer und Selbständige, S. 4; *derselbe*, RdA 1999, S. 297, 298; *Wedde*, in: Scholz (Hrsg.), Wandel der Arbeitswelt als Herausforderung des Rechts, S. 205, 211 f.

Rechtsverhältnisse durchzusetzen. Es handelt sich dabei um einen beschreibenden Typusbegriff, der darauf angelegt ist, möglichst alle Rechtsverhältnisse zu erfassen, die in funktionaler Hinsicht Arbeitsverhältnissen nahe stehen. Der Inhalt des Begriffs wird weiter unten durch praktische Beispiele und charakteristische Merkmale näher illustriert.

Das *Arbeitsverhältnis* stellt sich innerhalb dieses Begriffssystems als Unterfall eines Beschäftigungsverhältnisses in diesem Sinne dar, nämlich als unselbständiges (oder abhängiges) Beschäftigungsverhältnis. Es steht dem *selbständigen Beschäftigungsverhältnis*[41] gegenüber, das von jenem negativ durch die fehlende rechtliche Qualifikation als Arbeitsverhältnis abzugrenzen ist. „Selbständig" in diesem Sinne bedeutet also in Bezug auf das Vertragsverhältnis: nicht dem *Kernarbeitsrecht* (= dem Arbeitsrecht der Arbeitnehmer) unterworfen und in Bezug auf die Beschäftigten: nicht vom Arbeitnehmerbegriff des Kernarbeitsrechts erfasst. Die „Selbständigkeit" wird insoweit terminologisch als Gegenbegriff zu dem – bei genauerer Betrachtung freilich vieldeutigen – Begriff der „Abhängigkeit" verstanden.

Um möglichst alle Erscheinungsformen „arbeitnehmernaher" Selbständigkeit abzudecken, ist der Begriff der Beschäftigung weit zu verstehen: Die Arbeitsleistung muss keine Hauptleistungspflicht des Vertrages sein, sodass neben Dienstverträgen etwa auch Werk-, Franchise-, Handelsvertreter- und ähnliche Verträge erfasst werden können. Mit der Weite des Begriffs geht allerdings eine mangelnde Trennschärfe gegenüber der rein unternehmerischen Erbringung sonstiger selbständiger Dienstleistungen einher, die keine Ähnlichkeit mit einem Arbeitsverhältnis aufweist und insoweit als unternehmerische Erwerbstätigkeit bezeichnet werden kann. Vor dem Hintergrund, dass der Begriff der selbständigen Beschäftigung nur den Zweck erfüllen soll, ein gesellschaftliches Phänomen zu umschreiben, ohne bewusst oder unterschwellig eine rechtliche oder sozialpolitische Wertung zu enthalten, ist dies in Kauf zu nehmen. Eines subsumtionsfähigen *Rechtsbegriffs* der selbständigen Beschäftigung im Sinne einer definitorischen oder typologischen Klassifikation bedarf es nicht, da an die Zuordnung einer selbständigen Tätigkeit zum Begriff der „selbständigen Beschäftigung" keine Rechtsfolgen geknüpft sind. Deshalb wird der Begriff auch nicht als durch den Rechtsbegriff der arbeitnehmerähnlichen Person determiniert verstanden.

---

40 Siehe etwa BAG v. 28. 6. 1973, DB 1973, S. 1756; v. 6.5.1998, NZA 1999, S. 205; BGH v. 21. 10. 1998, NZA 1999, S. 110 ff.; BVerfG v. 27. 2. 1973, BVerfGE 34, S. 307, 319 („Beschäftigungsverträge" in Bezug auf Heimarbeit).

41 Diesen Begriff verwendet auch *Buschmann*, in: Festschrift für Gnade, S. 129; von „selbständiger Beschäftigung" spricht auch *Rommé*, ZfA 1997, S. 251, 265; vgl. a. a. O., S. 270 („Beschäftigungsverhältnis Selbständiger").

Eine begriffliche Einschränkung ist allerdings in Bezug auf den Entstehungsgrund der Rechtsbeziehung vorzunehmen: Gegenstand dieser Untersuchung sind nur solche privatrechtlichen Rechtsverhältnisse, die auf einer vertraglichen Vereinbarung basieren, während öffentlich-rechtlich begründete Rechtsbeziehungen der Beamten, Richter und Soldaten außerhalb der Betrachtung bleiben.

Hervorzuheben ist, dass dieses Begriffskonzept inkompatibel zum *sozialversicherungsrechtlichen* Begriff der „Beschäftigung" ist. Nach § 7 Abs. 1 SGB IV wird dort unter „Beschäftigung" nur die „nichtselbständige Arbeit, insbesondere in einem Arbeitsverhältnis" verstanden. Die Begriffe des „Beschäftigten" im Sozialversicherungsrecht und des „Arbeitnehmers" im Arbeitsrecht sind – zumindest bisher – weitgehend deckungsgleich, soweit es um die Abgrenzung zur Selbständigkeit geht.[42] Die offene Formulierung „insbesondere in einem Arbeitsverhältnis" zielt auf den Einbezug von Ausbildungsverhältnissen (§ 7 Abs. 2 SGB IV), Heimarbeitern (§ 12 Abs. 2 SGB IV) und sogenannter faktischer Arbeitsverhältnisse.[43] Das Gesetz bezieht sich insoweit also – abgesehen von der Gruppe der Heimarbeiter – nicht auf Formen selbständiger Beschäftigung. Der in dieser Untersuchung *arbeitsrechtlich* verstandene Begriff der „Beschäftigung" ist daher umfassender als derjenige des Sozialversicherungsrechts; die „Beschäftigten" im Sinne des SGB IV stellen eine Untergruppe der Beschäftigten im hier verstandenen Sinne dar.

In Anlehnung an das Begriffspaar Arbeitnehmer/Arbeitgeber sollen auf der übergeordneten Begriffsebene der Beschäftigungsverhältnisse die Bezeichnungen *„Beschäftigungsnehmer"* bzw. *„Beschäftigter"* auf der einen und *„Beschäftigungsgeber"* auf der anderen Seite Verwendung finden. Die Vertragspartner selbständiger Beschäftigungsverhältnisse werden unabhängig vom jeweils einschlägigen Vertragstyp (und daher untechnisch) als *„Auftraggeber"* und *„Auftragnehmer"* bezeichnet.[44]

---

42 *Dietrich*, Empirische Befunde zur Scheinselbständigkeit, S. 1; *Hromadka*, DB 1998, S. 195; *derselbe*, NZA 1997, S. 569, 572 f. mit zahlreichen Nachweisen, insbesondere auch zur älteren „Rechtsprechung" des Reichsversicherungsamts, die, wie *Hromadka* nachweisen konnte, prägend für die spätere Rechtsprechung von Reichs-, Reichsarbeits- und Bundesarbeitsgericht war; *Wank*, Empirische Befunde zur Scheinselbständigkeit, Juristischer Teil, S. 51 ff.; *derselbe*, Arbeitnehmer und Selbständige, S. 336 ff; vgl. die Analogie der Abgrenzungskriterien bei KassKomm-*Seewald*, § 7 SGB IV Rn. 46 ff., 126 ff.; zur Bedeutung der Neufassung des § 7 SGB IV *Linnenkohl*, BB 2002, S. 622 ff.

43 Vgl. BR-Drucks. 300/75, S. 31; näher KassKomm-*Seewald*, § 7 SGB IV Rn. 3, 5, 126 ff.

44 Vgl. *Kunze*, in: Hübner/Rehbinder/Sell/Kunze, Freie Mitarbeiter in den Rundfunkanstalten, S. 55, 65; außerdem die Begründung des Regierungsentwurfs zur Einführung des § 12a TVG (BT-Drucks. 7/975, S. 20 f.) sowie die umfassende Legaldefinition in dem – nunmehr überholten – SPD Entwurf eines Gesetzes zur Bekämpfung der Scheinselbständigkeit v. 11. 12. 1996, BT-Drucks. 13/6549, S. 3: „Auftraggeber ist jede natürliche oder juristische Person oder Personengesamtheit, die im Wege eines Auftrags oder in sonstiger

Klärungsbedarf besteht auch hinsichtlich des missverständlichen, aber dennoch in aller Munde befindlichen Begriffs der *„Scheinselbständigkeit“*. Einige wollen diesen offenbar quer zu der soeben skizzierten rechtlichen Einteilung verorten, indem sie alle Personen als „scheinselbständig“ bezeichnen, bei denen die Zuordnung zum Arbeitsrecht nicht eindeutig ist oder die man aus rechtspolitischen Erwägungen in das Kernarbeitsrecht integrieren möchte. Vorzuziehen ist demgegenüber ein Begriff der Scheinselbständigkeit, der die juristischen Grenzen nicht verwischt: Er sollte nicht als juristische Kategorie, sondern als Bezeichnung für solche Vertragsverhältnisse verstanden werden, die rechtlich als Arbeitsverhältnisse zu qualifizieren sind, deren Zuordnung zum Kernarbeitsrecht aber dadurch erschwert wird, dass formale Kriterien (Bezeichnung in der vertraglichen Vereinbarung, tatsächliche Nichtanwendung arbeitsrechtlicher Normen, sozialversicherungs- und steuerrechtliche Orientierung am Selbständigenstatus usw.) für eine selbständige Beschäftigung sprechen.[45] Besondere Rechtsfolgen sind an den „Status“ als Scheinselbständiger nicht geknüpft: Scheinselbständige sind schlichtweg Arbeitnehmer. Wer demgegenüber auch arbeitnehmerähnliche Personen der Kategorie der Scheinselbständigkeit zuordnet, wenn eine Fehlvorstellung der Parteien im Hinblick auf den Vertragstyp vorliegt,[46] vernachlässigt, dass arbeitnehmerähnliche Personen gerade keine Arbeitnehmer und damit nicht nur zum Schein Selbständige sind.

Für zusätzliche Verwirrung hat die viel diskutierte Neuregelung des § 7 SGB IV durch das „Gesetz zu Korrekturen in der Sozialversicherung und zur Sicherung der Arbeitnehmerrechte“ vom 19.12.1998[47] gesorgt, dessen Ziel seiner Begründung nach[48] die Bekämpfung der „Scheinselbständigkeit“ sein sollte.[49] Seitdem ist diese Bezeichnung endgültig zum politischen Schlagwort ersten Ranges avanciert.[50] Der negativ behaftete Begriff der „Scheinselbständigkeit“ steht dabei

---

Weise eine andere Person mit einer Tätigkeit betraut, sie ihr vermittelt oder ihr Vermarktung oder Verkauf von Produkten nach einem bestimmten Organisations- und Marketingkonzept überlässt.“

45 Vgl. *Dietrich*, Empirische Befunde zur Scheinselbständigkeit, S. 5; *Dörner/Baek*, NZA 1999, S. 1136, 1137; Kasseler Handbuch-*Worzalla*, 1.1 Rn. 413; ähnlich *Goretzki/Hohmeister*, BB 1999, S. 635.

46 So etwa *Kramer*, Die Scheinselbständigkeit und ihre individualarbeitsrechtlichen Folgen, S. 3.

47 BGBl. I, S. 3843; hierzu *Bauer/Diller/Lorenzen,* NZA 1999, S. 169 ff.; *Goretzki/Hohmeister*, BB 1999, S. 635; *Kollmer*, NJW 1999, S. 608 ff.; *Postler*, NJW 1999, S. 925 ff.; *Reiserer*, BB 1999, S. 366 ff.; *Richardi*, DB 1999, S. 958 ff.

48 BT-Drucks. 14/45, S. 19.

49 Das Gesetz wurde zwischenzeitlich wiederum entschärfend korrigiert durch das Gesetz v. 20. 12. 1999 (BGBl. I 2000, S. 2).

50 Kritisch zum Begriff der „Scheinselbständigkeit“ in diesem Zusammenhang *Buchner*, DB 1999, S. 146; *Dörner/Baek*, NZA 1999, S. 1136, 1137.

für das bewusste Abdrängen ganzer Arbeitnehmergruppen aus dem Schutzkreis des Arbeitsrechts, ein Stigma, das keineswegs alle neuen Beschäftigungsformen, die außerhalb des Kernarbeitsrechts stehen, verdienen. Am Ende bleibt die Frage, ob der Begriff der Scheinselbständigkeit zumindest in Bezug auf den nicht-rechtspolitischen Teil der juristischen Diskussion überhaupt entbehrlich ist, wofür manches spricht.[51] Jedenfalls erscheint er als Inbegriff der für die im Zusammenhang mit „neuer Selbständigkeit" stehenden Problematik in all ihren Facetten denkbar ungeeignet.

II. Selbständige Beschäftigung als gesellschaftliches Phänomen

1. Historische Entwicklungslinien

Die hier mit dem Begriff der „selbständigen Beschäftigung" etikettierten Erwerbsformen im Übergangsbereich zwischen Arbeitnehmerstellung und Selbständigkeit sind an sich nicht neu. Als früheste industrielle Erscheinungsform dieses Phänomens ist die selbständige Heimarbeit zu nennen, die seit 1869 Gegenstand der Gesetzgebung ist.[52] Ein weiteres wichtiges Feld von Beschäftigungsformen jenseits des Arbeitsrechts stellen die seit dem Ende des 19. Jahrhunderts vermehrt auftretenden selbständigen Handelsvertreter dar. Die Erkenntnis ihrer Schutzbedürftigkeit, insbesondere bei den so genannten Einfirmenvertretern, gipfelte in einer umfangreichen Reform des Handelsvertreterrechts im Jahre 1953.[53] Mitte der 1960er Jahre rückte schließlich die „freie Mitarbeit" in Rundfunk- und Fernsehanstalten sowie in der Presse in das Zentrum des Blickfeldes. Es folgte eine Welle von „Statusklagen", mit denen viele freie Mitarbeiter eine Festanstellung als Arbeitnehmer durchsetzen wollten. Sie wurden überwiegend zugunsten der freien Mitarbeiter entschieden.[54] Gerade anhand dieser Fälle entwickelte sich die ausdifferenzierte, zum Teil aber auch wider-

---

[51] Vgl. *Griebeling*, NZA 1998, S. 1137, 1142 f.; *derselbe*, RdA 1998, S. 216 ff.; *Rieble*, ZfA 1998, S. 327, 328; *ders*elbe, Arbeitsmarkt und Wettbewerb, Rn. 656; *Rohlfing*, NZA 1999, S. 1027, 1028; *Schliemann* (RdA 1997, S. 322) spricht gar von einem „Kampfbegriff" und verwendet statt dessen den Begriff „falscher" im Gegensatz zu „echter" Selbständigkeit; kritisch auch *Frantzioch*, Abhängige Selbständigkeit, S. 22. *Wank* (NZA 1999, S. 225, 229) hält die Kritik an der Terminologie insgesamt für ein „semantisches Scheinproblem". Vgl. die Kritik bei *Davies*, in: Reports to the 6th European Congress for Labour Law and Social Security, S. 165, 180 f. zum Begriff des „fake self-employment".

[52] Ein erster Schritt war die Ausdehnung des Truckverbots auf Heimarbeiter; näher *Hromadka*, NZA 1997, S. 1249 ff.; zur Begriffsgeschichte der arbeitnehmerähnlichen Person vgl. unten S. 95 f.

[53] Gesetz v. 6. 8. 1953 (BGBl. I, S. 771); vgl. die Gesetzesbegründung BT-Drucks. 1/3856, S. 9 ff.

[54] Vgl. *Bitter*, RdA 1978, S. 24 ff.; *Pfarr*, in: Festschrift für Kehrmann, S. 75, 79.

sprüchliche und inkonsistente Rechtsprechung des Bundesarbeitsgerichts zum Arbeitnehmerbegriff[55].

Eine über einzelne Berufsgruppen hinausgehende signifikante Verbreitung selbständiger Beschäftigung ist schließlich seit Anfang der 1980er Jahre zu beobachten. Das in diesem Zusammenhang gebräuchliche Schlagwort der „neuen Selbständigkeit" stammt von *Vonderach,* der damit ursprünglich das Phänomen zunehmend „alternativen" Erwerbsverhaltens als Beginn eines Umbruchs zur nachindustriellen Gesellschaft umschrieb.[56] Mittlerweile hat sich die Bezeichnung als Inbegriff der sich bis heute fortsetzenden Bestrebungen durchgesetzt, Tätigkeiten durch Selbständige ausführen zu lassen, die bislang typischerweise im Rahmen von Arbeitsverhältnissen verrichtet wurden.[57] In diesem heute gebräuchlichen Sinne wird der Begriff auch in dieser Untersuchung verwendet.

Die jüngsten Entwicklungen haben den Gesetzgeber 1998 veranlasst, das Problem der so genannten „Scheinselbständigkeit" aufzugreifen. Regelungsbedarf wurde im Hinblick auf das gefährdete Beitragsaufkommen in der Sozialversicherung gesehen. Das „Gesetz zu Korrekturen in der Sozialversicherung und zur Sicherung der Arbeitnehmerrechte" vom 19.12.1998[58] führte in § 7 Abs. 4 SGB IV Vermutungsregeln für das Vorliegen sozialversicherungspflichtiger Beschäftigungsverhältnisse ein. Darüber hinaus wurden arbeitnehmerähnliche Personen in den Kreis rentenversicherungspflichtiger Selbständiger aufgenommen (§ 2 S. 1 Nr. 9 SGB VI). Nach vehementen Protesten gegen diese Neuregelung berief die Bundesregierung eine Kommission unter dem Vorsitz des ehemaligen Präsidenten des Bundesarbeitsgerichts *Thomas Dieterich* ein, die Änderungsvorschläge erarbeiten sollte. Unter Berücksichtigung der Vorschläge der Kommission wurde das Korrekturgesetz schließlich rückwirkend „entschärft", und zwar durch das „Gesetz zur Förderung der Selbständigkeit" vom 20. 12. 1999[59].

2. Empirische Eckdaten

Empirische Erkenntnisse über den tatsächlichen Verbreitungsgrad der fokussierten Erwerbsformen sind nicht leicht zu gewinnen. Eine 1996 veröffentlichte

---

55 Zum Arbeitnehmerbegriff in der Rechtsprechung unten S. 57 ff.

56 *Vonderach*, MittAB 1980, S. 153 ff.

57 Vgl. *Bauschke*, RdA 1994, S. 209 ff.; *Buschmann*, in: Festschrift für Gnade, S. 129 ff.; *v. Einem,* BB 1994, S. 60 ff.; *Kreuder*, ArbuR 1996, S. 386 ff.; *Mayer*, ArbuR 1990, S. 213 ff.; *Mayer*, Mitbestimmung 9/1995, S. 40 ff.; *Mayer/Raasch*, AiB 3/1987, S. 57; *Schliemann*, RdA 1997, S. 322; *Wank*, DB 1992, S. 90 f.

58 BGBl. I, S. 3843.

59 BGBl. I 2000, S. 2; vgl. hierzu *Gaul/Wisskirchen*, DB 1999, S. 2466 ff.

Studie des Instituts für Arbeitsmarkt und Berufsforschung[60] hat zuletzt versucht, die „Grauzone“ zwischen Selbständigkeit und Abhängigkeit zu quantifizieren. Die Zielpopulation wurde dabei durch das kumulative Vorliegen als signifikant eingestufter Merkmale von Selbständigkeit und Abhängigkeit bestimmt.[61] Die Schwierigkeit jeder empirischen Annäherung an das Phänomen der Selbständigkeit im Grenzbereich zum Arbeitsrecht besteht darin, dass nur die (umstrittenen) rechtlichen Qualifikationskriterien Anhaltspunkte für die Bestimmung des Kreises abzufragender Merkmale liefern können.[62] An juristischen Modellen[63] legt die Studie drei Varianten zugrunde, nämlich den klassischen Arbeitnehmerbegriff des Bundesarbeitsgerichts, den Alternativbegriff nach *Wank* und ein so genanntes „Verbandsmodell“ der Sozialversicherungsträger. Die Qualifikationsproblematik zeigt sich also nicht erst bei der nachgeschalteten Zuordnung zu juristischen Kategorien, sondern bereits bei der Erfassung der „Grauzone“ selbst. Bezeichnenderweise musste die Zuordnung zu diesem Übergangsbereich zwischen Selbständigkeit und Abhängigkeit im Wesentlichen von der Selbsteinschätzung der Betroffenen abhängig gemacht werden.[64]

Im Ergebnis wird die „Grauzone“ mit 3,9 % der Wohnbevölkerung der Bundesrepublik im Alter ab 14 Jahren beziffert. Darin sind sowohl Haupt- als auch Nebenerwerbstätigkeiten enthalten. Betrachtet man ausschließlich die als Haupterwerbstätigkeit geführten Beschäftigungsverhältnisse in diesem Bereich, erhält man einen Anteil von 2,9 %, was hochgerechnet etwa 938.000 Personen entspricht. Über die Zahl der Beschäftigungsverhältnisse, die hiervon als „prekär“ einzustufen sind, gibt die Studie keinen Aufschluss.[65]

Andere Untersuchungen belegen allgemein eine Zunahme bzw. hohe Fluktuation selbständiger Erwerbstätigkeit[66] und weisen auf eine steigende Zahl von Kleinstunternehmen hin[67]. Unter Berücksichtigung von Ausmaß und Dynamik

---

60 *Dietrich*, Empirische Befunde zur Scheinselbständigkeit (Zusammenfassung der Ergebnisse in NZA 1997, S. 590 ff.)

61 Dietrich, a. a. O. (Fn. 60), S. 16.

62 Vgl. zu den methodischen Problemen dieser Untersuchung *Wank*, Empirische Befunde zur Scheinselbständigkeit, Juristischer Teil, S. 12 ff.

63 Hierzu unten S. 55 ff.

64 Dietrich, a. a. O. (Fn. 60), S. 18.

65 Vgl. *Frantzioch*, Abhängige Selbständigkeit, S. 48 f.

66 Vgl. die Untersuchung des DIW auf Basis des Mikrozensus und des „Sozio-oekonomischen Panels“ (SOEP), DIW-Wochenbericht 38 / 1998, (=http://www.diw-berlin.de/diwwbd/98-38-1.html); vgl. die vorausgegangene Untersuchung von 1997: DIW-Wochenbericht 41 / 1997 (=http://www.diw-berlin.de/diwwbd/97-41-1.html).

67 Vgl. *Gottschall/Schnell*, WSI Mitteilungen 2000, S. 804 f. sowie die jüngst vom Statistishen Bundesamt veröffentlichen Ergebnisse des Mikrozensus 2001, wonach die Anzahl Selbständiger ohne eigene Beschäftigte zwischen 1991 und 2001 um 32 % zugenommen hat (http://www.destatis.de/presse/deutsch/pk/2002/ mikrozensus_2001.pdf).

der dic Wandlungsprozesse in der Arbeitswelt vorantreibenden Kräfte ist zu erwarten, dass die Zahl selbständiger Beschäftigungsverhältnisse in Zukunft weiter ansteigen wird.[68] Die Entwicklung ist also keineswegs abgeschlossen. Womöglich werden diese Beschäftigungsverhältnisse schon bald einen erheblichen Anteil der Erwerbstätigkeit ausmachen, sodass die Bezeichnung als „Grauzone“ den Sachverhalt im Grunde wenig passend beschreibt. Zukünftige Generationen werden möglicherweise bereits in die Selbständigkeit „hineinwachsen“[69], wenn die heute noch „alternativen“ Beschäftigungsformen zum Normalfall der Zukunft werden sollten. All dies darf bei einer rechtlichen Annäherung an das Phänomen nicht unbeachtet bleiben.

Das Phänomen der „neuen Selbständigkeit“ stellt also keineswegs eine zu vernachlässigende Randerscheinung dar. Es ist vielmehr davon auszugehen, dass sich die Problematik neuer Beschäftigungsmodelle zu einer der zentralen Fragen des Arbeitsrecht (im weiteren Sinne) entwickeln wird. Derzeit kreist die juristische Diskussion zwar noch um die Abgrenzung unselbständiger von selbständiger Beschäftigung unter dem Stichwort des „Arbeitnehmerbegriffs“; zu erwarten ist aber eine zunehmende Verlagerung der wissenschaftlichen Auseinandersetzung auf die Modelle selbständiger Beschäftigung als solche.[70]

3. Praktische Beispiele

Rechtsprechung und Literatur sowie empirische Untersuchungen bieten einen reichhaltigen Fundus an Beispielen für traditionelle und neue Formen selbständiger Beschäftigungsverhältnisse in den verschiedensten Zweigen des Arbeitslebens. Kategorisierungen erfolgen üblicherweise nach der Art der vertraglichen und/oder technischen Umsetzung bzw. der ausgeübten Tätigkeiten. Überschneidungen sind dabei nicht vermeidbar.

Die Vielfalt der Erscheinungsformen zeigt die folgende Übersicht über einige Varianten selbständiger Beschäftigung:[71]

---

68 So z. B. auch *Boemke*, ZfA 1998, S. 285, 288; *Voß/Pongratz*, KZfSS 1998, S. 131, 137.

69 Vgl. *Linnenkohl*, BB 1999, S. 48, 49.

70 Vgl. jüngst die Untersuchung von *Frantzioch*, Abhängige Selbständigkeit.

71 Die folgenden Zitate beschränken sich auf beispielhaft herausgegriffene Fälle. Siehe ergänzend die umfassende Auflistung von Tätigkeiten bei *Dietrich*, Empirische Befunde zur „Scheinselbständigkeit“, S. 159 ff; allgemeine Fallskizzen finden sich z. B. bei *Frantzioch*, Abhängige Selbständigkeit, S. 36 ff.; *Grafe*, AuA 1997, S. 119, 120 ff.; *Hunold*, NZA-RR 1999, S. 505 ff.; *Mayer/Raasch*, AiB 3/1987, S. 58 f.; *Mayer*, ArbuR 1990, S. 213, 214 ff.; *Reiserer*, BB 1998, S. 1258, 1260 ff.; *Wank*, Empirische Befunde zur Scheinselbständigkeit, Juristischer Teil, S. 96 ff; prägnant auch das Dossier der ZEIT v. 24. 6. 1998, S. 13 ff.; Rechtsprechungsübersicht bei Kasseler Handbuch-*Worzalla*, 1.1 Rn. 99 ff.; vgl. auch die Zusammenstellung bei KassKomm-*Seewald*, § 7 SGB IV, Rn. 125.

Vertragsmodelle:

- Franchising[72]
- Freie Mitarbeiterverträge auf Basis des allgemeinen Dienstvertragsrechts
- Handelsvertreterverträge[73] (Verkaufs- und Versicherungsvertreter, Pharma- und Finanzberater usw.)
- Ketten von Werkverträgen für einzelne Tätigkeiten, Subunternehmerverträge[74]
- Pachtverträge

Tätigkeiten und Branchen:

- Auslieferungsfahrer[75]
- Buchautoren[76]
- Design, Werbung, Marketing[77]
- Fleischzerleger in Schlachthöfen[78]
- Freiberufliche Tätigkeiten (Rechtsanwälte, Ärzte, Architekten usw.)[79]

---

72 BAG v. 16. 7. 1997 AP Nr. 37 zu § 5 ArbGG 1979; BGH v. 4. 11. 1998, NZA 1999, S. 53 ff.; LAG Düsseldorf v. 20.10.1987, NJW 1988, S. 725 ff.; *Buschmann*, AiB 3/1988, S. 51 ff.; *Gittermann*, Arbeitnehmerstatus und Betriebsverfassung in Franchisesystemen, S. 17 ff.; *Hänlein*, DB 2000, S. 374 ff.; *Horn/Henssler*, ZIP 1998, S. 589 ff.; *Matthießen*, ZIP 1988, S. 1089 ff.; *Wank*, Arbeitnehmer und Selbständige, S. 281 ff.; Kasseler Handbuch-*Worzalla*, 1.1 Rn. 241 ff.; siehe auch die Online-Präsenz von Franchise-Organisationen: z. B. Franchise-Formum (http://www.franchise-forum.de), Schutzverein der Franchisenehmer & Lizenzträger e. V. (http://www.franchise-abc.de); Deutscher Franchise Verband e. V. (http://www.dfv-franchise.de/); Franchise-Institut für die deutsche Wirtschaft – FIW (http://www.franchise-world.de); vgl. http://www.franchise-net.de.

73 *Oberthür/Lohr*, NZA 2001, S. 126 ff.; *Pauly*, Handelsvertreter, S. 21 ff., 83 ff.; *Plander*, RdA 1973, S. 234 ff.; *Schwerdtner*, BlStSozArbR 1972, S. 17 ff.; BAG v. 15. 12. 1999, NZA 2000, S. 534 ff.; BGH v. 27. 1. 2000, NZA 2000, S. 390 f.; BAG v. 20. 9. 2000, NZA 2001, S. 210 ff.; v. 25. 4. 2001, NZA 2002, S. 87 ff.; LAG Rheinland-Pfalz v. 28. 5. 1998, LAGE § 611 BGB Arbeitnehmerbegriff, Nr. 36.

74 Kasseler Handbuch-*Worzalla*, 1.1 Rn. 248 ff.

75 LAG Düsseldorf v. 28. 8. 1995, BB 1995, S. 2275 f.; v. 4. 9. 1996, LAGE § 611 BGB Arbeitnehmerbegriff, Nr. 33; LG München I v. 15. 5. 1997, NZA 1997, S. 943 f.

76 *Wiese*, Buchautoren.

77 BAG v. 14. 1. 1997, AP Nr. 41 zu § 2 ArbGG 1979.

78 LG Oldenburg v. 17. 3. 1995, BB 1995, S. 1697.

79 BAG v. 15. 4. 1993, AP Nr. 12 67 § 5 ArbGG 1979 mit Anm. *Henssler*; BAG v. 3. 6. 1998, NZA 1999, S. 1165 ff.; OLG Brandenburg v. 7. 2. 2002, NJW 2002, S. 1659; *Wank*, Arbeitnehmer und Selbständige, S. 295 ff.; Kasseler Handbuch-*Worzalla*, 1.1.

- Gastronomische Bewirtschaftung[80]
- Informatik-Service und -Beratungsleistungen
- Ingenieurleistungen[81]
- Journalisten und andere Mitarbeiter in Rundfunk, Fernsehen und Presse (Redakteure, Layouter, Grafiker, Fotojournalisten etc.)[82]
- Künstler
- Lehr- und Dozententätigkeit durch Honorarkräfte[83]
- Mitarbeiter in Call-Centern[84]
- Postagenturbetreiber[85]
- Programmierer
- Propagandisten[86]
- Regaleinrichter[87]
- Reinigungspersonal[88]
- Rundfunkgebührenbeauftragte[89]
- Subunternehmer im Baugewerbe (Maurer, Monteure, Gerüstbauer usw.)[90]

Rn. 305 ff.; zur Einkommenslage DIW-Wochenbericht 2 / 1999 (http://www.diw-berlin.de/diwwbd/99-02-1.html).

80 BAG v. 13. 8. 1980, AP Nr. 37 zu § 611 BGB Abhängigkeit; BAG v. 12. 12. 2001, NZA 2002, S. 787 ff.

81 Frankfurter Allgemeine Sonntagszeitung v. 1. 8. 1999, S. 33.

82 *Bezani*, NZA 1997, S. 856 ff.; MünchArbR-*Pallasch*, Band 2, § 200 Rn. 6 ff.; *Wrede*, NZA 1999, S. 1019 ff.; BAG v. 12. 12. 1998, NZA 1999, S. 722 ff.; zu den Kulturberufen aus soziologischer Sicht *Gottschall/Schnell*, WSI Mitteilungen 2000, S. 804 ff.

83 *Rohlfing*, NZA 1999, S. 1027 ff.; BAG v. 19. 11. 1997, NZA 1998, S. 595; LAG Hamm v. 22. 8. 1989, AP Nr. 7 zu § 5 ArbGG 1979 und LAG Berlin v. 18. 5. 1998, NZA 1998, S. 943 f. (Repetitoren); vgl. die vielen Entscheidungen zu verschiedenen Fallgruppen z. B. in BAG AP zu § 611 BGB Lehrer, Dozenten.

84 BAG v. 9. 3. 1998, Az. 5 AZN 974/97.

85 Zu ihrer Organisation in der DPG siehe *Mirschel*, WSI Mitteilungen 2000, S. 829.

86 BGH v. 11. 3. 1982, AP Nr. 3 zu § 84 HGB; BSG v. 24. 10. 1978, AP Nr. 30 zu § 611 BGB Abhängigkeit; LSG Berlin v. 14. 8. 1995, AP Nr. 83 zu § 611 BGB Abhängigkeit; LAG Köln v. 30. 6. 1995, AP Nr. 80 zu § 611 BGB Abhängigkeit.

87 ArbG Bremerhaven v. 3. 8. 1988, AiB 1989, S. 85

88 LAG Frankfurt v. 16. 1. 1990, ArbuR 1991, S. 187 (zu § 99 BetrVG).

89 BAG v. 2. 10. 1990, AP Nr. 1 zu § 12a TVG; v. 26. 5. 1999, NZA 1999, S. 983 ff.; v. 30. 8. 2000, NZA 2000, S. 1359 f.

90 *Julius*, Neue Selbständige, S. 7 ff.

- Subunternehmer im Güterverkehrsgewerbe (Kurierfahrer, Frachtführer)[91]
- Tankstellenhalter[92]
- Unternehmens- und Personalberater
- Vertragshändler[93]
- Vertreter, insbesondere im Versicherungsgewerbe
- Zählerableser
- Zeitungszusteller[94]

Technische Realisierungsvariante:

- Selbständige Telearbeit in verschiedenen Erscheinungsformen und Branchen[95]

Die obige Aufzählung, die auf Skurrilitäten wie etwa die (schein-) selbständigen Sargträger[96] verzichtet, zeigt, dass der Phantasie der Vertragsgestaltung offenbar keine Grenzen gesetzt sind. Sieht man von der klassischen industriellen Produktion in hierarchisch organisierten Unternehmen ab, existieren offenbar kaum noch Tätigkeiten, die von der potenziellen Erosion der Rechtsform des Arbeitsverhältnisses verschont bleiben.

Derzeit noch wenig problematisiert werden Beschäftigungsverhältnisse in der wachstumsträchtigen IT-Branche (z. B. Programmierer, Systemadministratoren, Berater, Webdesigner, Servicetechniker usw.). Derartige „E-Jobs" sind wegen des hohen Technisierungsgrades und der damit verbundenen Möglichkeit, Pro-

---

91 BAG v. 30. 9. 1998, NZA 1999, S. 374 ff.; v. 27. 6. 2001, BB 2001, S. 2220, 2221; BGH v. 21. 10. 1998, NZA 1999, S. 110 ff.; LSG Berlin v. 27. 10. 1993, DB 1994, S. 1829 ff.; *Kretschmer*, RdA 1997, S. 327, 332 f.; *Linnenkohl*, BB 2002, S. 622.

92 *Rancke*, Die freien Berufe, S. 19 ff.; *Rehbinder*, in: Hübner/Rehbinder/Sell/Kunze, Freie Mitarbeiter in den Rundfunkanstalten, S. 17, 34; *Wank*, Arbeitnehmer und Selbständige, S. 268 ff. BGH v. 6. 8. 1997, NJW 1998, S. 66 ff. (Anwendung von § 89b HGB).

93 *Stumpf*, NJW 1998, S. 12 ff.; *Wank*, Empirische Befunde zur Scheinselbständigkeit, Juristischer Teil, S. 101 f.; *derselbe*, Arbeitnehmer und Selbständige, S. 275 ff.

94 BAG v. 16. 7. 1997, NZA 1998, S. 368 f.

95 *Boemke/Föhr*, Arbeitsformen der Zukunft, Rn. 156 ff.; *Körner*, NZA 1999, S. 1190, 1192 ff.; *Rost*, NZA 1999, S. 113, 114; *Wank*, NZA 1999, S. 225 ff.; *Wedde*, NJW 1998, S. 527, 528; siehe auch http://www.onforte.de; http://www.telearbeit.net; http://www.anwenderplattform-telearbeit.de/start.html; http://www.empirica.com/telearbeit.

96 LAG Düsseldorf v. 9. 9. 1997, DB 1998, S. 207 (nicht rechtskräftig; Az. beim BAG: 5 AZN 966/97).

jekte in Teilaufgaben zu untergliedern und Arbeitsergebnisse individuell zuzurechnen, geradezu prädestiniert für selbständig (im Sinne von weisungsfrei) ausgeübte Erwerbstätigkeiten. Akute wirtschaftlich-soziale Probleme werfen selbständige Beschäftigungsverhältnisse in dieser Branche nur so lange nicht auf, wie die starke Nachfrage nach Arbeitskräften mit entsprechender Qualifikation anhält.

Neue Felder für selbständige Beschäftigung deutet sich aber auch in anderen Bereichen an, z. B. in neuen Formen des „Homebased Business", im Gesundheitswesen (Pflegeleistungen etc.) und in der Forschung und Lehre. Einschnitte in der staatlichen Altersvorsorge werfen zudem die Frage auf, ob nicht selbständige Beschäftigungsverhältnisse eine Möglichkeit darstellen, Einkommenseinbußen nach dem „offiziellen" Ausscheiden aus dem Erwerbsleben als abhängig Beschäftigter auszugleichen und zugleich vorhandene Potenziale an Humankapital nicht ungenutzt zu lassen.

All diese Faktoren deuten darauf hin, dass die zukünftige wirtschaftliche und soziale Bedeutung selbständiger Beschäftigung kaum überschätzt werden kann. Eine klarere juristische Erfassung, die sich nicht auf das „Abgrenzungsproblem" zum Arbeitsverhältnis beschränkt, ist daher dringend erforderlich.

4. Typologische Charakterisierung

Die oben angeführten Beispiele verdeutlichen, wie facettenreich die Erscheinungsformen neuer selbständiger Erwerbstätigkeit sind. Im Folgenden soll versucht werden, charakteristische Merkmale der neuen Beschäftigungsformen herauszuarbeiten, um Gemeinsamkeiten und Unterschiede zu Arbeitsverhältnissen hervorzuheben.

a) Rechtliche oder ökonomische Dauerbeziehung

Rechtliche Grundlage eines selbständigen Beschäftigungsverhältnisses ist oft eine auf Dauer angelegte (rahmen-)vertragliche Bindung, welche die Geschäftsbeziehung und Zusammenarbeit zwischen Auftraggeber und Auftragnehmer regelt. Teilweise wird hierzu ausdrücklich eine Vereinbarung getroffen, die z. B. als „Partnerschaftsvertrag"[97], „Partnervertrag"[98], „Rahmenvereinbarung"[99], „Rahmenvertrag"[100], „Vertrag über freie Mitarbeit", „Honorarvertrag"[101], „Un-

---

[97] BGH v. 4.11.1998, NZA 1999, S. 53 ff. (Eismann).

[98] BAG v. 9. 5. 1996, AP Nr. 79 zu § 1 KSchG Betriebsbedingte Kündigung (Weight Watchers)

[99] BAG v. 22.4.1998, NZA 1998, S. 1336 (Rundfunkmitarbeiter).

[100] BAG v. 11. 4. 1997, AP Nr. 30 zu § 5 ArbGG 1979.

[101] BAG v. 6. 5. 1998, NZA 1999, S. 205.

ternehmervertrag“[102] oder ähnlich bezeichnet wird. Aber auch wenn kein ständiger Leistungsaustausch zwischen den Parteien im Sinne eines Dauerschuldverhältnisses *vereinbart* ist, kann eine einzelne Aufträge überspannende Dauerrechtsbeziehung vorliegen.[103] Eine solche ist anzunehmen, wenn es wiederholt und mit einer gewissen Regelmäßigkeit zu Auftragserteilungen kommt, sodass bei einzelnen Aufträgen nicht jedesmal die grundlegenden Vertragsbedingungen, sondern lediglich die Besonderheiten des jeweiligen Auftrags verhandelt werden. Mindestvoraussetzung für eine Zuordnung zum Begriff des „Beschäftigungsverhältnisses“ ist eine auf eine gewisse Dauer angelegte *Geschäftsverbindung.*

Nicht selten sind an eine Rahmenvereinbarung weitere Verträge gekoppelt, die für den wirtschaftlichen Zweck der Zusammenarbeit in „unternehmerischer“ Form erforderlich sind, wie z. B. Pacht-, Miet-, Kredit- und Lizenzverträge. Eine typische Erscheinungsform gekoppelter Verträge stellt das Franchising dar. Im Einzelnen kann es sich um überaus komplexe Vertragswerke handeln, die der an einer Geschäftsverbindung Interessierte kaum durchschauen kann, um die Angemessenheit der Vertragsbedingungen und insbesondere das Verhältnis unternehmerischer Chancen und Risiken vor Vertragsschluss zu beurteilen.[104]

Aus Sicht des Beschäftigungsnehmers führen diese Formen einer dauerhaften Geschäftsbeziehung zu einer entweder rechtlich oder nur ökonomisch begründeten engen Bindung an den Auftraggeber.[105]

b) Inanspruchnahme der Arbeitszeit und Bedeutung für den Lebensunterhalt

Oft nimmt die im Rahmen eines Vertrages bzw. mehrerer Folgeverträge geschuldete Tätigkeit des selbständig Beschäftigten die gesamte ihm zur Verfügung stehende Arbeitszeit in Anspruch. Dies kann sich rechtlich aus einer vertraglichen Ausschließlichkeitsbindung[106] oder faktisch aus dem Zweck des Vertrages bzw. den Umständen der Vertragsabwicklung ergeben. Diese lassen

---

102 LG München I v. 15. 5. 1997, NZA 1997, S. 943.

103 Das Bundesarbeitsgericht sieht ein „arbeitnehmerähnliches Dauerrechtsverhältnis“ als Rechtsverhältnis im Sinne des § 256 ZPO, weil es mit Rechtswirkungen (z. B. Urlaubsanspruch) ausgestattet ist; dies gilt unabhängig davon, ob ein Dauer*schuld*verhältnis besteht: BAG v. 7. 1. 1971, AP Nr. 8 zu § 611 BGB Abhängigkeit; vgl. *Kunze*, in: Hübner/Rehbinder/Sell/Kunze, Freie Mitarbeiter in den Rundfunkanstalten, S. 55, 74 ff.; *Lieb*, RdA 1974, S. 257, 265 f.; *Wlotzke*, DB 1974, S. 2252, 2258 f.

104 Vgl. zu Auskunfts- und Beratungspflichten hinsichtlich der Systemrentabilität *Braun*, NJW 1995, S. 504 f.; *Giesler*, ZIP 2002, S. 420, 426.

105 *Richardi* (ZfA 1988, S. 221, 253) sieht am Beispiel der Handelsvertreter in der Dauerrechtsbeziehung selbständiger Unternehmer eine „Sonderstellung unter den Unternehmern“ begründet, die Ausgangspunkt für einen sozialen Schutz gewesen sei.

106 Vgl. *v. Einem*, BB 1994, S. 60.

es häufig nicht zu, einer weiteren Beschäftigung nachzugehen oder im Rahmen desselben „Kleinstunternehmens" andere Kunden als den Hauptauftraggeber zu akquirieren.

Es handelt sich hier um ein zwar typisches, aber nicht zwingendes Merkmal zur Beschreibung der neuen Arbeitsformen. Gegenbeispiel ist etwa die nebenberuflich ausgeübte selbständige Tätigkeit. Daneben existieren Erwerbstätigkeiten, bei denen die Anbieter der Arbeitsleistung einer – wenngleich überschaubaren – Zahl von Auftraggebern gegenüberstehen (z. B. die Tätigkeit freier Journalisten, die für verschiedene Presseunternehmen arbeiten oder die freien Mitarbeiter der Rundfunkanstalten).

Typisch für alle Erscheinungsformen ist aber, dass ein einzelnes oder die Summe mehrerer Beschäftigungsverhältnisse für den Beschäftigungsnehmer die Grundlage seiner wirtschaftlichen Existenz darstellt. Damit ist die soziale Funktion des Beschäftigungsverhältnisses angesprochen, die in der Sicherstellung des eigenen bzw. familiären *Lebensunterhalts* liegt.

c) Funktionale Gleichwertigkeit mit Arbeitsverhältnissen aus Sicht des Beschäftigungsgebers

Grundsätzlich werden im Rahmen der „neuen" selbständigen Beschäftigungsverhältnisse Aufgaben erledigt, die – bei anderer Organisation und anderer Form des vom Beschäftigten zu erbringenden „Dienstleistungsprodukts" – auch Gegenstand von Arbeitsverhältnissen sein könnten. Charakteristisch ist also, dass selbständige und unselbständige Beschäftigungsverhältnisse aus der Sicht des Beschäftigungsgebers eine gleichwertige ökonomische Funktion für sein Unternehmen erfüllen. Der Beschäftigungsgeber hat im Rahmen seiner personalpolitischen Gestaltungsfreiheit die Wahl zwischen verschiedenen Varianten.[107] Die allen Beschäftigungsverhältnissen gemeinsame Funktion besteht dabei in der Befriedigung des internen Dienstleistungsbedarfs eines Unternehmens: Es „kauft" die Dienstleistung ein, um sie in seinen eigenen Produktionsprozess zu integrieren. Die von selbständig wie unselbständig Beschäftigten angebotenen Leistungen werden also als *Produktionsfaktor* nachgefragt.

Dieser „Zukauf" der Dienstleistung ist rein ökonomisch und unabhängig von der konkreten Gestaltung des Vertragsverhältnisses zu verstehen. In Bezug auf die Gegenleistung kann etwa anstelle einer unmittelbaren „Entlohnung" im engeren Sinne die Einräumung von Provisions- oder Gewinnchancen treten. So gesehen steht z. B. ein Franchise- oder Handelsvertretersystem auf einer Stufe

---

[107] Zur Zulässigkeit einer betriebsbedingten Kündigung im Rahmen der Umstellung vom Arbeitnehmer- auf ein Freie-Mitarbeiter-Modell siehe die Weight-Watchers-Entscheidung des BAG v. 9. 5. 1996, AP Nr. 79 zu § 1 KSchG Betriebsbedingte Kündigung.

mit einem Vertriebsmodell, das auf unselbständigen Vertriebseinheiten (Beschäftigung von Arbeitnehmern in Filialbetrieben) beruht.[108]

d) „Weisungsfreie" Koordination der Arbeitsleistungen

Die Arbeitsleistungen der Selbständigen werden dabei in „hybridartiger" Form in die Geschäfts- und Produktionsprozesse des Auftraggeberunternehmen eingebracht. *Klassische* vertragliche Gestaltung des „Zukaufs von Arbeitsleistungen" ist die Begründung von Arbeitsverhältnissen. Dieses Arbeitnehmermodell impliziert die für das Arbeitsverhältnis gerade wesentliche Integration der die Arbeitsleistung erbringenden Person (Arbeitnehmer) in die fremde Unternehmensorganisation. Das dem Arbeitsverhältnis – zumindest nach herkömmlichen Verständnis[109] – immanente Direktionsrecht des Arbeitgebers ist dabei Grundlage der Eingliederung des Arbeitnehmers in die Unternehmenshierarchie.[110] Das einheitliche Auftreten auf dem Absatzmarkt lässt sich strukturell als „Verbund des Unternehmers mit seinen Arbeitnehmern" verstehen.[111]

Zu diesem klassischen Modell existierten Alternativen, auf die zunehmend zurückgegriffen wird. Eine marktöffnende Externalisierung des Dienstleistungszustroms findet etwa durch Arbeitnehmerüberlassung oder der Beauftragung von Drittfirmen unter Auslagerung bestimmter Produktionsprozesse (Outsourcing) statt. Die hier interessierende Alternative selbständiger Beschäftigung besteht in der vertraglichen Bindung einzelner Personen oder Personengruppen an das auftraggebende Unternehmen, *ohne* dass eine Einbindung in die interne Unternehmenshierarchie stattfindet.

Dies bedeutet aber nicht, dass die „Zusammenarbeit" der Beschäftigten nicht einer gewissen Koordination durch das Auftraggeberunternehmen bedürfte.[112] Der Beschäftigungsgeber fungiert vielmehr als „Zentralunternehmen", das einzelne „Satelliten" netzwerkartig vertraglich an sich bindet[113] und in gewisser Weise steuernden Einfluss auf sie nimmt.[114] Instrument dieser Abstimmung und

---

108 Vgl. auch *Stolterfoth*, DB 1973, S. 1068, 1071.

109 Zur Diskussion des Arbeitnehmerbegriffs näher unten S. 55 ff.

110 Diese Modellvorstellung geht dabei vom klassischen Arbeitnehmerbegriff aus, der durch das Leitkriterium der „persönlichen Abhängigkeit" gekennzeichnet ist und dabei das Maß der Weisungsgebundenheit des Beschäftigten ins Zentrum der Begriffsdefinition stellt; hierzu eingehend unten S. 55 ff.

111 Vgl. *Rieble*, Arbeitsmarkt und Wettbewerb, Rn. 587.

112 Vgl. auch *Trittin*, NZA 2001, S. 1003, 1007 zur Kombination marktlicher und hierarchischer Organisation durch „indirekte" Steuerung von Arbeitnehmern.

113 *Teubner*, KritV 1993, S. 367, 369; vgl. *Kreuder*, Desintegration und Selbststeuerung, S. 214 ff.

114 Vgl. *Horn/Henssler*, ZIP 1998, S. 589, 590, die für den Fall des Franchising von „systembedingten" Abhängigkeiten sprechen.

Steuerung der Zulieferprozesse ist aber gerade *nicht* das arbeitsrechtliche Direktionsrecht als Ausprägung einer rigiden Weisungs- und Kontrollstruktur. Die notwendige Steuerungsfunktion wird vielmehr durch andere vertragsrechtliche oder extern-ökonomische Substrate ersetzt und durch ein sternförmig auf die Zentrale ausgerichteten Informationsfluss ergänzt. Auf diese Weise findet eine vertikale Integration von (Kleinst-)Unternehmen statt, die strukturell der Anordnung von Zulieferunternehmen in „Produktionsnetzwerken" ähnelt. Unabhängig von der vertraglichen Gestaltung des Innenverhältnisses bilden Auftraggeber- und Auftragnehmerunternehmen eine – wenngleich intern nicht hierarchisch strukturierte und womöglich nur temporäre – organisatorische Einheit. Derartige Konstruktionen lassen sich insofern als „Hybride" bezeichnen, als sie weder dem Prinzip Organisation/Hierarchie (Arbeitsverhältnis), noch dem Gegenpol Markt/Vertrag (Lieferantenverhältnis) eindeutig zuzuordnen sind.[115]

Faktisch besteht überall dort eine Wahlmöglichkeit zwischen arbeitsrechtlicher und selbständiger Beschäftigung, wo auf eine streng hierarchische Einbindung durch die Einräumung weitgehender Weisungsrechte verzichtet werden kann. In dem Maße, in dem die hierarchischen Züge der Unternehmensorganisationen derzeit immer weiter durchbrochen werden, ist mit einer Zunahme der Tätigkeiten zu rechnen, die potenziell sowohl weisungsgebunden als auch „weisungsfrei" erledigt werden können[116], ohne dass sich an der wirtschaftlichen Zweckrichtung des „Einkaufs" der Arbeitskraft im Grunde etwas ändern würde. Zu diesem Trend trägt maßgeblich die Verbreitung der Informationstechnologie bei.[117] Sie eröffnen nämlich die Möglichkeit, die vormals durch das Weisungsrecht vermittelte Kontrolle und Steuerung von Prozessen durch die Konzentration von Informationen in der Netzzentrale zu organisieren. Hierdurch können neue, „informationelle" Abhängigkeiten entstehen,[118] die an die Stelle der durch betriebliche Eingliederung und Einräumung des Direktionsrechts gekennzeichneten „persönlichen" Abhängigkeit treten können.

---

[115] Vgl. *Teubner*, KritV 1993, S. 367; *Schäfer/Ott*, Ökonomische Analyse, S. 525 f. („symbiotische" Verträge).

[116] AK-GG-*Kittner/Schiek*, Art. 9 Abs. 3 Rn. 34; vgl. *Reinecke*, DB 1998, S. 1282: „Tätigkeiten mit geringer Weisungsdichte".

[117] Vgl. *Däubler*, ArbuR 1988, S. 302, 304; zur schwindenden Bedeutung der Weisungsabhängigkeit im Bereich der Telearbeit *Körner*, NZA 1999, S. 1190, 1192 f.

[118] *Bieback*, WSI Mitteilungen 2000, S. 810, 812; *Buschmann*, in: Festschrift für Gnade, S. 129, 130 ff.; *Linnenkohl/Kilz/Rauschenberg/Reh*, ArbuR 1991, S. 203 ff.; *Linnenkohl*, BB 1998, S. 45, 48; vgl. aus datenschutzrechtlicher Sicht *Tinnefeld*, ZRP 1999, S. 197.

e) Sternförmige Bindung mehrerer, austauschbarer Beschäftigter

Diese „Zulieferfunktion“ selbständiger Dienstleister für ein Auftraggeberunternehmen, führt dazu, dass oft eine Vielzahl von Beschäftigten unter gleichartigen Bedingungen für den Beschäftigungsgeber tätig sind. Als Beispiel kann hier ein Speditionsunternehmen dienen, das eine größere Gruppe von Subunternehmern als Fahrer mit eigenem LKW beschäftigt. Die Beschäftigten sind dabei aufgrund der Identität ihrer Funktion für das Auftraggeberunternehmen untereinander austauschbar.

f) Vorformulierung der Vertragsbedingungen

Aus diesem Zusammenhang heraus erklärt sich auch die Beobachtung, dass dem Auftraggeber – nicht anders als bei der Beschäftigung von Arbeitnehmern[119] – an einer einheitlichen Gestaltung der Rechtsbeziehungen zu den einzelnen Vertragspartnern gelegen ist. Zumindest die Rahmenbedingungen werden in den meisten Fällen vom Auftraggeber vorformuliert. Oft können diese schon aufgrund der Notwendigkeit eines einheitlichen Gesamtkonzeptes (z. B. in Form eines durchkonstruierten Franchise-Systems) wenig vertragliche Gestaltungsspielräume offen lassen.[120]

Die Möglichkeit der Beschäftigten, auf die Vertragsbedingungen Einfluss zu nehmen, schrumpft dabei zwangsläufig auf ein Minimum. Ihr Entscheidungsspielraum wird sich meistens auf die Frage beschränken, ob die vorgegebenen Bedingungen akzeptiert werden oder überhaupt kein Vertrag zustande kommt.

g) Geringe Kapitalausstattung

Eine weitere Beobachtung bezieht sich auf das „Unternehmen“ eines selbständig Beschäftigten selbst: Die zur Erreichung des Vertragszwecks erforderliche Ausstattung des Beschäftigten mit sachlichen Betriebsmitteln (Kapital) und damit der Umfang seiner betrieblichen Organisation ist regelmäßig gering.[121] Es handelt sich um Klein- oder Kleinstunternehmer.

h) Einsatz der persönlichen Arbeitskraft

Selbständig Beschäftigte erbringen die von ihnen angebotene Dienstleistung in der Regel in Person.[122] Soweit die Delegation der Tätigkeit auf Dritte oder die

---

119 Vgl. *Zöllner*, NZA 2000, Sonderbeilage zu Heft 3, S. 1, 6; vgl. unten S. 199, Fn. 853 f.

120 Vgl. für den Bereich der Handelsvertreter *Preis/Stoffels*, ZHR 160 (1996), S. 443 m. w. N. in Fn. 4.

121 Vgl. *v. Einem*, BB 1994, S. 60; kritisch zu diesem Merkmal, soweit es als Qualifikationskriterium dienen soll, *Rommé*, ZfA 1997, S. 251, 266 f.

122 Vgl. *v. Einem*, BB 1994, S. 60.

Beschäftigung weiterer Mitarbeiter vertraglich und faktisch möglich und sinnvoll ist, spielt sie oft eine untergeordnete Rolle. Beschäftigt der Beschäftigte z. B. eine (nicht selten familiäre) Hilfskraft[123] zur Buchhaltung, Abrechnung, Korrespondenz mit dem Auftraggeber usw., ändern dies nichts daran, dass die eigene Arbeitskraft des Vertragspartners selbst den Kern der dem Vertragszweck entsprechenden Tätigkeit darstellt.

Die Kerntätigkeit eines Beschäftigten kann sich darüber hinaus aber auch auf die verantwortliche Koordination von Hilfskräften unter eigener Mitarbeit beziehen. Beispiel hierfür wäre etwa ein selbst fahrender LKW-Subunternehmer, der zusätzlich einen oder zwei Fahrer beschäftigt.[124] „Unternehmerisch" verhalten sich derartige Kleinunternehmer oft nur bei der Organisation der gegenüber dem Auftraggeber geschuldeten Leistung, nicht aber gegenüber dem Auftraggeber selbst, gegenüber dem sie wirtschaftlich abhängig sind.[125] Die begrifflichen Grenzen selbständiger *Beschäftigung* sind freilich bei solchen Unternehmen mit eigenen Mitarbeitern erreicht, bei denen die Marktorientierung so in den Vordergrund rückt, dass der Charakter einer dem Auftraggeber *geschuldeten* „unternehmerischen" Organisationsleistung nicht mehr im Zentrum der Tätigkeit steht. Unter In-Kauf-Nahme von Unschärfen in diesem Übergangsbereich soll der hier verwendeten Begriff des selbständigen Beschäftigungsverhältnisses aber durchaus Konstellationen mit erfassen, bei denen ein Beschäftigter wiederum selbst als Beschäftigungsgeber für Dritte auftritt.

5. Soziales Konfliktpotenzial

Für einen Beschäftigungsgeber, dem an einer Flexibilisierung des Dienstleistungszustroms und einer möglichst weitgehende Auslagerung von Risiken gelegen ist, stellt sich der Einsatz von Selbständigen anstelle von Arbeitnehmern als ökonomisch vorteilhaft dar. Die weitgehende Freiheit von der Sozialversicherungspflicht, der für ihn einfacherere Modus der Einkommensbesteuerung der Beschäftigten, der Wegfall ökonomisch „risikoträchtiger" arbeitsrechtlicher Schutzmechanismen und die Möglichkeit der Abwälzung von Absatzrisiken sind nur einige Elemente eines ganzen Kataloges von Vorteilen aus der Sicht

---

123 Vgl. § 18 Abs. 1 EStG.

124 Vgl. den Fall BGH v. 21. 10. 1998, NJW 1999, S. 648 ff.

125 Vgl. auch den insoweit interessanten Fall LAG Hamm v. 20. 10. 1999, BB 2000, S. 775 mit Anm. *Kleefisch*, in dem ein – vom Gericht als Arbeitnehmer eingestufter – Mitarbeiter bis zu 100 eigene Mitarbeiter beschäftigt hatte; das BAG hat hingegen aufgrund des Rechts und der Notwendigkeit zur Einstellung weiterer Mitarbeiter die Arbeitnehmereigenschaft verneint und die Entscheidung des LAG Hamm aufgehoben (NZA 2002, S. 787 ff.).

eines Auftraggebers.[126] Es verwundert daher nicht, dass sich der Schritt in die Selbständigkeit oft als *Statuswechsel* des Beschäftigungsnehmers vom Arbeitsverhältnis in die Selbständigkeit vollzieht, wobei die Initiative zum Wechsel vom Beschäftigungsgeber ausgeht. Der „Sprung in die Selbständigkeit" ist nicht selten mehr oder weniger durch das Konzept des Beschäftigungsgebers vorgegeben.[127] Ein Teilbereich des Phänomens lässt sich daher durchaus als arbeitgeberseitige „Flucht aus dem Arbeitsrecht"[128] erklären.

Neben dieser Perspektive schlichter Kosten- und Risikokalkulation darf aber eine weitere Dimension der Selbständigkeit nicht übersehen werden, die auf eine bewusste „Freiheit vom Arbeitsverhältnis"[129] hinausläuft: Die größere Eigenverantwortlichkeit eines freien Mitarbeiters kann zu einer höheren Arbeitsmotivation führen und die Kreativität und Innovationsbereitschaft anspornen. Verlockend erscheint die Prognose gesamtwirtschaftlich positiver Auswirkungen durch die Zunahme selbständiger Erwerbstätigkeit, insbesondere im Hinblick auf eine mögliche Entlastung des Arbeitsmarktes.[130] Das staatliche Interesse an einer Zunahme von Existenzgründungen manifestiert sich in offiziellen Förderprogrammen.[131] Selbständige Tätigkeiten, die durch eine enge Bindung an einen (oder einige wenige) Auftraggeber geprägt sind und damit dem Bereich „selbständiger Beschäftigung" zufallen, bieten ein besonderes Potenzial für neu gegründete Klein(st)-Unternehmen, da sie wenig Startkapital be-

---

126 Siehe etwa die umfangreiche Liste von „Vorteilen" für den Beschäftigungsgeber bei *Eckert*, DStR 1997, S. 705, 706; vgl. *Frantzioch*, Abhängige Selbständigkeit, S. 34 f.; *Worzalla*, Arbeitgeber 1995, S. 47 f.

127 Vgl. *Bauschke*, RdA 1994, S. 209, 211; *Kreuder*, ArbuR 1996, S. 386, 389. Es dürfte kein Zufall sein, dass die Frage der „geschickten" Vertragsgestaltung durch den Auftraggeber offenbar von besonderer Bedeutung ist, vgl. etwa die Vorschläge bei *Eckert*, DStR 1997, S. 705 ff.; *Popp*, MDR 1998, S. 18, 20 f.; *Kunz/Kunz*, DB 1993, S. 326 ff.; *Nietzer/Stadie/Hopfenziz*, NZA 1999, S. 19 ff.; *Reiserer*, BB 1998, S. 1258, 1263 f.

128 *Bauschke*, RdA 1994, S. 211; *Heither*, in: Kittner (Hrsg.), Arbeitsmarkt, S. 367 ff.; *Hilger*, RdA 1989, S. 1; *Wank*, DB 1990, S. 90; vgl. *Schliemann*, RdA 1997, S. 322, 324.

129 *Schliemann*, RdA 1997, S. 322.

130 *Rieble* (ZfA 1998, S. 327, 336) sieht in der neuen Selbständigkeit einen „Weg aus der Arbeitslosigkeit"; zum Wechselverhältnis von Arbeitslosigkeit und Selbständigkeit vgl. die Nachweise a. a. O. in Fn. 39; ähnlich *Buchner*, NZA 1998, S. 1144, 1152; kritisch *Bögenhold/Leicht*, WSI Mitteilungen 2000, S. 779 ff.

131 Hierzu zählt u. a. die Förderung durch Überbrückungsgeld gemäß §§ 57 f. SGB III, vgl. hierzu die Mitteilung statistischer Daten durch den Präsidenten der BA, *Bernhard Jagoda*, FAZ v. 24. 1. 2001, S. 19, wonach seit 1986 rund 8 Milliarden DM für die Förderung von 700.000 Existenzgründungen aufgewendet wurden; *Jagoda* betont dabei die positiven arbeitsmarktentlastende Wirkungen, zumal durch die zuvor arbeitslosen Existenzgründer weitere Arbeitsplätze geschaffen werden konnten. Vgl. auf internationaler Ebene die ILO-Empfehlung Nr. 189 (Job Creation in Small and Medium-Sized Enterprises) v. 17. 6. 1998.

nötigen und wegen der Konzentration auf die Vorgaben des Auftraggebers weniger unternehmerisches Geschick erfordern. Die Aussicht auf ein „Hinauswachsen" aus der wirtschaftlichen Abhängigkeit gegenüber einem Auftraggeber muss dabei nicht von vornherein ausgeschlossen sein.

Vor allem aber ist zu berücksichtigen, dass der Schritt in die Selbständigkeit von vielen Erwerbstätigen selbst als vorteilhaft empfunden wird. Schließlich werden Chancen zu gesteigerter Selbstverantwortung und Selbstverwirklichung geboten, die sich in selbständigen eher als in abhängigen Erwerbsformen realisieren lassen.[132] Berufliche Selbständigkeit ist vor allem mit einer größeren Zeitsouveränität verbunden, die eine freiere Koordination von Arbeitsrhythmus und Freizeit erlaubt.[133] Eine gewisse Rolle dürften außerdem positive Assoziationen spielen, die das gesellschaftliche Image des „selbständigen Unternehmers" hervorruft.[134] Dies gilt gerade in einer Zeit, in der allerorten Aufrufe zur Selbständigkeit erklingen.[135] In Bereichen, in denen für vergleichbare Tätigkeiten sowohl Arbeitnehmer als auch freie Mitarbeiter beschäftigt sind, fallen auch die meist höheren Vergütungssätze der Selbständigen auf[136], die Aussichten auf bessere Verdienstchancen wecken. Daneben existieren weitere materielle Anreize durch den Wegfall der umfassenden Sozialversicherungspflicht und steuerrechtliche Vorteile.[137]

Es verwundert daher nicht, dass sich oft eine Diskrepanz zwischen der Selbsteinschätzung von Personen als Selbständige und ihrer rechtlichen Zuordnung als Arbeitnehmer ergibt.[138] Der Proteststurm, den das „Korrekturgesetz" zur „Bekämpfung der Scheinselbständigkeit" auch und gerade vonseiten der betroffenen selbständigen Mitarbeiter ausgelöst hat, lässt erkennen, dass das Bestreben, neue, selbständige Arbeitsformen zu verwirklichen, auch durch die Beschäftigten selbst getragen wird. Die Vorstellung, „neue Selbständigkeit" bedeute nichts anderes als eine vom Auftraggeber oktroyierte Abwälzung unangenehmer Risiken auf die Beschäftigten, greift daher ebenso zu kurz wie die

---

132 Vgl. *Vonderach*, MittAB 1980, S. 153, 157.

133 Vgl. *Frantzioch*, Abhängige Selbständigkeit, S. 29.

134 Dies hat zur Folge, dass nicht wenige Kleinstunternehmer besonderen Wert auf die Betonung ihrer Selbständigkeit legen; für die besonders traditionsgeprägte Gruppe der Handelsvertreter vgl. etwa *Pauly*, Handelsvertreter, S. 185; *Schwerdtner*, BlStSozArbR 1972, S. 17.

135 Sieh nur das Plädoyer für eine „Gesellschaft der Selbständigkeit" in der Berliner Ansprache des damaligen Bundespräsidenten *Roman Herzog*, abgedruckt in FAZ v. 29. 4. 1997, S. 11; vgl. auch *Hromadka*, NZA 1998, S. 1, 4.

136 So für den Bereich der Rundfunkmitarbeiter *Bitter*, RdA 1978, S. 24; vgl. allgemein *Hohmeister*, NZA 1999, S. 1009, 1010; BAG v. 21. 1. 1998, NZA 1998, S. 594.

137 Vgl. *Bauschke*, RdA 1994, S. 209 ff.

138 Siehe *Dietrich*, Befunde zur „Scheinselbständigkeit", S. 98 f.; zur Bedeutung der Selbsteinschätzung vgl. *Wank*, Arbeitnehmer und Selbständige, S. 169 f. m. w. N.

These, derartige Beschäftigungsverhältnisse würden vor allem mangels Alternativen am Arbeitsmarkt[139] eingegangen.

Jedoch darf auch die Kehrseite des Selbständigenstatus für die Beschäftigten nicht verkannt werden, die vor allem im weitgehenden Wegfall des individual- und kollektivarbeitsrechtlichen Schutzes liegt.[140] In vielen Fällen dürfte der Selbständigenstatus im Vergleich zum Arbeitnehmerstatus zu insgesamt „ungünstigeren" Arbeitsbedingungen führen, sodass sich die Frage eines sozialen Schutzes *vor* oder *in* der Selbständigkeit stellt.[141] Die Modelle kollektiver Interessenorganisation in Betriebsräten und Gewerkschaften drohen zu erodieren, wenn eine zuvor aus Arbeitnehmern bestehende „Belegschaft" durch Kleinunternehmen ergänzt bzw. in späteren Entwicklungsstadien ersetzt wird. Manche Stimmen warnen vor einer „Aushöhlung der Tarifautonomie" und „gesellschaftlichen Verwerfungen" oder sehen gar das sozialstaatliche Gesamtgefüge in Gefahr.[142] Jenseits der unmittelbaren rechtlichen und wirtschaftlichen Folgen ziehen erweiterte Autonomien in der neuen Arbeitswelt auch auf der psychosozialen und kulturellen Ebene erhebliche Veränderungen nach sich. Auf diesen – wohl noch unterschätzten – Aspekt hat jüngst der Sozialwissenschaftler *Richard Sennett* in eindrucksvoller Weise aufmerksam gemacht.[143]

Die juristische Auseinandersetzung um den Arbeitnehmerbegriff und die umfangreiche Judikatur hierzu[144] legen den Schluss nahe, dass in der Zuordnung zum einen oder anderen Status ein erhebliches Streitpotenzial der Vertragsparteien liegt: Einige – vor allem wohl die wirtschaftlich gescheiterten – selbständig Beschäftigten scheinen den arbeitsrechtlichen Status vorzuziehen. Zumindest in manchen Fällen ist daher von einer „unfreiwilligen" Selbständigkeit auszugehen. Diese Vermutungen dürfen aber weder über das Fehlen diesbezüglicher empirischer Nachweise noch über die Amorphie der Begriffe „Wollen" und „Freiwilligkeit" in diesem Zusammenhang hinwegtäuschen. Gerade das macht zu einem erheblichen Anteil die Schwierigkeit aus, sozialpolitisch als „positiv" eingestufte Selbständigkeit von der „negativen" zu unterscheiden.

Neben dem augenscheinlichen Spannungspotential selbständiger Erwerbstätigkeit auf der Ebene der Individuen, also zwischen Beschäftigungsgeber und Beschäftigungsnehmer, darf auch der gesamtgesellschaftliche Aspekt der Auswirkungen auf das Sozialversicherungssystem, insbesondere in Bezug auf die

---

139 Vgl. etwa *Plander*, Flucht aus dem Normalarbeitsverhältnis, Rn. 36.

140 Im Einzelnen unten S. 93 ff.

141 Vgl. die Fallgruppen bei *Frantzioch*, Abhängige Selbständigkeit, S. 36 ff.

142 So – überspitzt – *Bauschke*, RdA 1994, S. 212.

143 *Sennett*, The Corrosion of Character, S. 9 ff.; vgl. auch *Kadritzke*, WSI Mitteilungen 2000, S. 796 ff.

144 Siehe nur die Urteile in der AP zu § 611 Abhängigkeit.

Renten- und Krankenversicherung, nicht übersehen werden. Im derzeitigen System sind Selbständige – zumindest im Grundsatz – selbst dafür verantwortlich, sich gegen soziale Risiken, insbesondere gegen Krankheit und Alter, durch Versicherungen und/oder Rücklagen abzusichern.[145] Treffen sie insoweit keine ausreichende Vorsorge, trägt letztlich die Allgemeinheit durch die steuerfinanzierte Sozialhilfe als letztes Auffangnetz die Lasten, die sich aus der Verwirklichung der Risiken ergeben, gegen die keine Absicherung erfolgt ist. Reformansätze, die auf eine leistungsunabhängige staatliche Grundrente oder eine Verbreiterung des Kreises sozialversicherungspflichtiger Erwerbstätiger hinauslaufen, könnten freilich zukünftig dazu beitragen, dieses Problem zu entschärfen.[146]

Das Phänomen zunehmender Ablösung von Arbeitsverhältnissen durch selbständige Beschäftigungsverhältnisse stellt sich aus sozialpolitischer Perspektive insgesamt als ambivalent dar. Eine auf die Gründung von Klein- und Kleinstunternehmen ausgerichtete Förderung der Selbständigkeitskultur steht in akutem Spannungsverhältnis zu der potenziellen Gefahr, den für Arbeitnehmer geltenden sozialen Schutz des Arbeits- und Sozialrechts zu unterlaufen. Klar dürfte aber sein, dass die Alternativen zur abhängigen Beschäftigung nicht per se als „Rückfall in den liberalen Staat der vorigen Jahrhundertmitte“[147] bezeichnet werden können. Mit der sozialen Sicherheit, die ein Arbeitsverhältnis bietet, können Einbußen im Hinblick auf Autonomie, beruflich-persönliche Entfaltung und Chancen auf ein höheres Einkommen einher gehen. Es wäre irrig, anzunehmen, dass das Arbeitsrecht für den Arbeitnehmer allein Vorteile und dem Arbeitgeber nur Nachteile brächte.[148] Neue wie alte Formen von Selbständigkeit sind nicht als *minus,* sondern als *aliud* gegenüber dem Arbeitsverhältnis anzuerkennen.[149]

Das skizzierte soziale Konfliktpotenzial mündet in die juristische Fragestellung, welche vertraglichen Gestaltungsspielräume für Arbeitsformen bestehen, die bewusst das Terrain des klassischen Arbeitsrechts verlassen wollen und welche Mechanismen einen sozialen Schutz, der mit dem Selbstverständnis einer neuen Selbständigenkultur zu vereinbaren ist, außerhalb des Kernarbeitsrechts bieten können. Der kursorische Blick auf den gesellschaftlichen Hintergrund „neuer“ selbständiger Erwerbstätigkeit sollte dabei aufgezeigt haben, dass ein interessenorientierter juristischer Lösungsansatz nach einem Ausgleich zwischen dem positiven Aspekt des Zuwachses an individueller Selbstbestimmung und dem negativen der Verkürzung sozialen Schutzes suchen muss. Dabei ist zu berück-

---

145 Vgl. unten S. 93 f.

146 Vgl. hierzu die Nachweise unten in Fn. 347 (S. 94).

147 So *Woltereck,* ArbuR 1973, S. 129 pauschal zur „freien Mitarbeit“.

148 Ebenso *Buschmann*, in: Festschrift für Gnade, S. 129, 130.

149 Vgl. *Scharf,* RdA 1978, S. 20, 21.

sichtigen, dass der Strukturwandel der Arbeitswelt, der das Fundament der neuen Selbständigkeit bildet, weder umkehrbar noch maßgeblich steuerbar ist, sodass eine Vermeidungs- oder Verbotsstrategie auf lange Sicht nicht nur im Hinblick auf den globalen Wettbewerb wenig erfolgversprechend ist. Andererseits steht fest, dass ein sozialer Schutz bereits bei der Wahl der Beschäftigungsform ansetzen muss, um ein „Abdrängen“ von Arbeitnehmern in die zweifelsohne risikoreichere Selbständigkeit zu verhindern.

2. Kapitel:

Problemstellung und bisherige Lösungsansätze

I. Grundprobleme

Das im ersten Kapitel skizzierte Konfliktpotenzial führt zu den beiden zentralen juristischen Problemkreisen selbständiger Beschäftigung. Zum einen ist im Einzelfall zu klären, ob überhaupt ein *selbständiges* Beschäftigungsverhältnis vorliegt oder ob das Rechtsverhältnis der Vertragsparteien rechtlich als Arbeitsverhältnis zu qualifizieren ist, das möglicherweise falsch etikettiert wurde. In diesem – ersten – Schritt geht es also darum, Fälle der sogenannten Scheinselbständigkeit aufzudecken. Erst in einem zweiten Schritt stellt sich die Frage nach einem partiellen arbeitsrechtlichen Schutz der verbleibenden Gruppe jener Beschäftigungsnehmer, die zuvor als selbständig Beschäftigte qualifiziert wurden.

Trotz des logischen Vorrangs der ersten Fragestellung stehen beide Problemkreise im Rahmen der juristischen – und auch der rechtspolitischen – Diskussion in einer Wechselbeziehung zueinander. Ausgehend von einer verbreitet wahrgenommenen allgemeinen „Schutzbedürftigkeit“ der in der „Grauzone“ Beschäftigten, konkurrieren Lösungsansätze, die auf eine Ausweitung des Geltungsbereichs des Kernarbeitsrechts hinauslaufen, mit solchen, die für einen sozialen Schutz auch im Rahmen selbständiger Beschäftigung eintreten.

Dieses Kapitel beschäftigt sich zunächst mit dem Problem der Qualifikation des Rechtsverhältnisses (unten II.), bevor der Blick auf die Frage gelenkt wird, wie das Netz schützender Rechtsnormen jenseits des Arbeitnehmerbegriffs beschaffen ist (unten III.).

II. Zur Abgrenzung selbständiger und unselbständiger Beschäftigungsverhältnisse

Die rechtliche Qualifikation eines Beschäftigungsverhältnisses als Arbeitsverhältnis und die Abgrenzung zu anderen Vertragstypen gehört zu den umstrittensten Problemfeldern des Arbeitsrechts in praktisch allen Staaten der westlichen Welt.[150] Die Auseinandersetzung wird in Deutschland vorwiegend unter

---

150 *Gamillscheg*, RdA 1998, S. 1, 8 f.; vgl. etwa stellvertretend und pointiert für Großbritannien *Davies*, in: Reports to the 6th European Congress for Labour Law and Social Security, S. 165, 166: „The employee/self-employed distinction, however, at present manages to achieve neither ease of application nor generally accepted results.“

dem Stichwort des Arbeitnehmerbegriffs geführt, der als „Schlüsselbegriff des Arbeitsrechts“[151] fungiert.

Dieser personifizierenden Terminologie liegt die (für die juristische Zuordnung nicht zwingend maßgebliche) Vorstellung zugrunde, dass die Einstufung als Arbeitnehmer regelmäßig eng an bestimmte persönliche Lebensumstände geknüpft ist und quasi als Eigenschaft der Person im gesellschaftlichen Gesamtgefüge angesehen wird, zumindest aber die Bedeutung eines „sozialen Status“ im Arbeitsleben hat.[152]

Dies ändert nichts daran, dass die rechtliche Qualifikation als Arbeitnehmer gleichbedeutend sein muss mit der Qualifikation eines bestimmten Vertragsverhältnisses als Arbeitsverhältnis.[153] Maßgeblich hierfür sind in erster Linie die Gestaltung und Durchführung der Rechtsbeziehung und nicht persönliche Eigenschaften der Vertragspartner.[154] Hiervon abweichende Ansätze zu einer Bestimmung des Arbeitnehmerbegriffs durch Kriterien, die gänzlich außerhalb der zu qualifizierenden Rechtsbeziehung stehen[155], haben sich zu Recht nicht durchsetzen können. Sie entfernen sich allzu weit von den heute allgemein anerkannten privatrechtlichen Grundlagen des Individualarbeitsrechts und tragen dem rechtsgeschäftlichen Begründungsakt des Arbeitsverhältnisses[156] nicht genügend Rechnung.

Auf dieser Grundlage können heute im Wesentlichen zwei Meinungslager unterschieden werden.[157] Während sich die eine Richtung (unten 1.) auf das Kriterium der „persönlichen Abhängigkeit“, d. h. auf die betrieblich-organisatorische Eingliederung und die Weisungsgebundenheit stützt, ist die andere (unten 2.)

---

151 *Frantzioch*, Abhängige Selbständigkeit, S. 56; *Schliemann*, RdA 1997, S. 322.

152 Kritisch *Richardi*, in: Festschrift zum 125jährigen Bestehen der Juristischen Gesellschaft zu Berlin, S. 607, 613; vgl. den einem sozialen Klassenbegriff angenäherten „Standesbegriff“ des Arbeitnehmers bei *Sinzheimer* (Grundzüge des Arbeitsrechts, S. 33), der diesen neben einen „Verbandsbegriff“ des Arbeitnehmers stellt.

153 *Söllner*, Arbeitsrecht, § 3 I 2 (S. 18 f.).

154 *Boemke*, ZfA 1998, S. 285, 292; *Hromadka*, DB 1998, S. 195, 201; *Richardi*, in: Festschrift zum 125jährigen Bestehen der Juristischen Gesellschaft zu Berlin, S. 607, 621; *derselbe*, ZfA 1988, S. 221, 251; *Schliemann*, RdA 1997, S. 322, 324; vgl. *Rommé*, ZfA 1997, S. 251, 267, 269, 270, 285.

155 So vor allem das Modell von *Rancke* (Die freie Berufe, S. 115 ff.; derselbe, ArbuR 1979, S. 9, 15 ff.), das primär an den „wirtschaftlich-sozialen Existenzbedingungen“ anknüpft.

156 MünchArbR-*Richardi*, Band 1, § 24 Rn. 52 f.; *derselbe*, ZfA 1988, S. 221, 250.

157 Vgl. *Wank*, NZA 1999, S. 225; zur Einteilung der Meinungslager auch *Maschmann*, NZA 2001, Sonderbeilage zu Heft 24, S. 21, 22 ff., der zwischen vier „Lösungspfaden“ differenziert.

durch dasjenige der wirtschaftlichen Abhängigkeit bzw. des Unternehmerrisikos geprägt.[158]

1. „Klassischer" Arbeitnehmerbegriff

Mangels einer gesetzlichen Definition kommt der höchstrichterlichen Rechtsprechung in der Praxis eine herausragende Bedeutung zu. Der vom Bundesarbeitsgericht vertretene Arbeitnehmerbegriff setzt sich aus drei Elementen zusammen, und zwar

1. der Verpflichtung zur Leistung von Arbeit
2. auf vertraglicher Grundlage, und zwar
3. im Dienst eines anderen.[159]

Dabei wird das eigentlich problematische dritte Merkmal durch den zentralen Leitbegriff der *„persönlichen" Abhängigkeit* umschrieben.[160]

Hierunter versteht das Bundesarbeitsgericht die Eingliederung des Beschäftigten in die von einem Dritten bestimmte Arbeitsorganisation; Kernbestandteil dieser „Eingliederung" und damit eigentliches Wesensmerkmal des klassischen Arbeitnehmerbegriffs ist dabei die Integration des Beschäftigten in die hierarchische Weisungsstruktur des Arbeitgeberunternehmens.[161] Dadurch rückt die Bindung des Betroffenen an das Direktionsrecht (in örtlicher, zeitlicher und inhaltlicher Hinsicht) in den Vordergrund der Abgrenzung. Einige Stimmen der

---

[158] Diese grundlegende Unterscheidung prägt auch das Meinungsspektrum in der EU, vgl. *Supiot*, in: Rapports au 6ème Congrès Européen de Droit du Travail et de la Sécurité Sociale, S. 141, 147, 163 ff.

[159] Vgl. *Berger-Delhey*, NZA 1991, S. 257; *Griebeling*, NZA 1998, S. 1137, 1140; *Richardi*, DB 1999, S. 959, 959; *Schliemann*, RdA 1997, S. 322, 325. Diese Definition geht auf *Hueck* zurück (*Hueck/Nipperkdey*, Arbeitsrecht, Band I, S. 34).

[160] *Griebeling* (NZA 1998, S. 1137, 1139, 1140, 1142) und *Hromadka* (DB 1998, S. 195, 201) sprechen in Anlehnung an den französischen Begriff der „dépendance juridique" auch von „rechtlicher" Abhängigkeit, kontrastierend zum Gegenbegriff der *wirtschaftlichen* Abhängigkeit (vgl. *Hromadka,* a. a. O.: „tatsächliche Abhängigkeit"). Gemeint damit ist dasselbe, für das sich im deutschen Arbeitsrecht die Bezeichnung „persönliche Abhängigkeit" eingebürgert hat. Diese Bezeichnung ist in der Tat irreführend, weil damit Leibeigenschaft und Sklaverei assoziiert werden könnte. Zur Vermeidung von Missverständnissen plädieren etwa auch *Hilger* (RdA 1989, S. 1, 3) und *Hueck* (RdA 1969, S. 216, 219) für die Suche nach einer anderen Bezeichnung. Vgl. auch die Terminologie bei *Sinzheimer* (Grundzüge des Arbeitsrechts, S. 21): rechtlich begründete „Abhängigkeit im persönlichen Zustand". *Worzalla* (in: Kasseler Handbuch, 1.1 Rn. 111) sieht die „persönliche Abhängigkeit" treffend als „Sammelbezeichnung" für die dahinter stehenden Kriterien; in diesem Sinne soll hier an dem überkommenen Begriff festgehalten werden.

[161] Vgl. z. B. BAG v. 19. 11. 1997, NZA 1998, S. 595, 596; v. 19. 1. 2000, NZA 2000, S. 1102, 1103; v. 20. 9. 2000, NZA 2001, S. 551.

Literatur sehen hierin sogar das eigentlich sinntragende Kernkriterium des Arbeitnehmerbegriffs.[162]

Dass die Rechtsprechung auf die Eingliederung als Oberbegriff zurückgreift, erinnert an den überholten Streit zwischen der Eingliederungs- und der Vertragstheorie.[163] Das Bundesarbeitsgericht behält sich unter dem Schlagwort der „Eingliederung" offenbar eine Tür zu weiteren Merkmalen offen, die nicht notwendig im Zusammenhang mit der Weisungsbindung stehen müssen.[164] Als Beispiel hierfür kann das in der älteren Rechtsprechung zur arbeitsrechtlichen Einordnung von Rundfunkmitarbeitern herangezogene Kriterium der „Abhängigkeit von Apparat und Team"[165] aufgeführt werden, das mittlerweile wieder aufgegeben wurde.[166] Abgesehen von solchen – eher fragwürdigen – Sonderfällen ist jedoch mit „Eingliederung" nichts anderes gemeint als die Weisungsgebundenheit: Die Eingliederung in eine fremde Arbeitsorganisation erfolgt bei einem Arbeitnehmer im Wege der „Unterordnung" und diese findet in der Weisungsbindung ihren Ausdruck.[167]

Die Rechtsprechung geht davon aus, dass es für die Prüfung der persönlichen Abhängigkeit maßgeblich auf die tatsächliche Praxis des Leistungsaustauschs zwischen den Vertragsparteien ankommt und nicht allein auf das im Beschäftigungsvertrag ausdrücklich geregelte Maß der Weisungsgebundenheit.[168] Dieser

---

[162] In diesem Sinne *Griebeling*, NZA 1998, S. 1137, 1140 f.; *Hromadka*, DB 1998, S. 195, 198; *Hueck/Nipperdey*, Arbeitsrecht, Band I, S. 44 f. (Fn. 22); Kasseler Handbuch-*Worzalla*, 1.1 Rn. 140 ff.; der neuere Ansatz von *Maschmann* (NZA 2001, Sonderbeilage zu Heft 24, S. 21, 23) stellt das arbeitgeberische „Leitungsrecht" in den Vorderung der Abgrenzung; eher auf das Kriterium der Eingliederung abstellend *Heinze*, in: Gedächtnisschrift für Knobbe-Keuk, S. 849, 851, 859.

[163] *Popp* (MDR 1998, S. 18, 19) interpretiert die Doppelspurigkeit dieses Ansatzes als Zusammenführung beider Prinzipien. Dies ist jedoch insoweit inkorrekt, als es hier nicht, wie bei dem ursprünglichen Theorienstreit, um die Art der *Begründung* des Arbeitsverhältnisses geht, sondern um die *Abgrenzung* zu anderen Rechtsverhältnissen; vgl. *Hueck*, RdA 1969, S. 216 in Fn. 9.

[164] Vgl. kritisch *Maschmann*, NZA 2001, Sonderbeilage zu Heft 24, S. 21, 26 f.

[165] BAG v. 15. 3. 1978, AP Nr. 26; v. 23. 4. 1980, AP Nr. 34; v. 7. 5. 1980, AP Nr. 35 – jeweils zu § 611 BGB Abhängigkeit.

[166] BAG v. 30. 11. 1994, AP Nr. 74 zu § 611 BGB Abhängigkeit.

[167] Vgl. BAG v. 5. 3. 1991, AP Nr. 90 zu § 99 BetrVG 1972, Bl. 3: „Maßgebend ist, ob die von diesen Personen zu verrichtende Tätigkeit ihrer Art nach eine weisungsgebundene Tätigkeit ist, die der Verwirklichung des arbeitstechnischen Zweckes des Betriebes zu dienen bestimmt ist und daher vom Arbeitgeber organisiert werden muss."; vgl. *Hueck*, RdA 1969, S. 216, 218; *Rehbinder*, in: Hübner/Rehbinder/Sell/Kunze, Freie Mitarbeiter in den Rundfunkanstalten, S. 17, 19.

[168] Vgl. aus der jüngeren Rechtsprechung BAG v. 22. 4. 1998, NZA 1998, S. 1275; v. 6. 5. 1998, NZA 1999, S. 205, 206 f.; v. 15. 12. 1999, NZA 2000, S. 534, 539; v. 20. 9. 2000, NZA 2001, S. 551 f.

Aspekt der Statusqualifikation wird weiter unten in einem eigenen Abschnitt eingehend behandelt.[169]

Eine exakte, rein qualitative Abgrenzung anhand des Kriteriums persönlicher Abhängigkeit hat sich jedoch unter zwei Aspekten als problematisch erwiesen. Zum einen stellte sich bereits früh heraus, dass eine so verstandene Abhängigkeit keine absolute Größe darstellt, dass es also nicht um die Frage nach dem „Ob", sondern nur um jene nach der *Art und Intensität* der Weisungsabhängigkeit gehen kann. Besonders deutlich wird dies an Vertragstypen, die nicht dem Begriff des Arbeitsverhältnisses zuzuordnen sind, die sich aber durch eine gewisse „Angliederung" an die unternehmerische Leitungs- und Weisungsstruktur auszeichnen.[170] Dies ist z. B. bei den – unstreitig selbständigen – Handelsvertretern der Fall. Auch ein selbständiger Werkunternehmer kann an Weisungen des Werkbestellers gebunden sein (vgl. § 645 BGB). Dieses Problem hat auch der Gesetzgeber bei der Reform des Handelsvertreterrechts 1953 gesehen, als er die relativierende Formulierung „im Wesentlichen" in die Legaldefinition der Selbständigkeit des Handelsvertreters (§ 84 Abs. 1 S. 2 HGB) einführte und damit einen notwendigen Verlust an Trennschärfe zwischen Arbeitnehmern und Selbständigen in Kauf nahm.

Da man also um eine quantitative Wertung nicht umhinkommt,[171] erhebt das Bundesarbeitsgericht konsequenterweise den *Grad* der persönlichen Abhängigkeit zum Prüfungsmaßstab.[172] Die Intensität und Art jener Weisungsgebundenheit, die *noch nicht* genügt, um zu einer abhängigen Beschäftigung zu führen, orientiert sich dabei an der gesetzlichen Regelung des jeweiligen Vertragstyps. Für den Fall des selbständigen Frachtführers wäre dies z. B. § 418 HGB. Erst eine Weisungsbindung, die über das dem jeweiligen Vertragstyp *immanente* oder für ihn typische Maß hinausgeht, soll die Selbständigkeit ausschließen.[173]

---

[169] Unten S. 77 ff.

[170] Vgl. BAG v. 12. 12. 2001, NZA 2002, S. 788 f.

[171] Vgl. *Hueck/Nipperdey*, Arbeitsrecht, Band I, S. 43; vgl. *Hueck*, RdA 1969, S. 216, 218 („Nuancen"). *Tiefenbacher* (in: AR-Blattei SD, Arbeitnehmerähnliche Personen [Nr. 120], Rn. 3) spricht von „relativer persönlicher Unabhängigkeit".

[172] St. Rspr.; BAG v. 8. 6. 1967, AP Nr. 6, v. 14. 2. 1974, AP Nr. 12; v. 6. 12. 1974, AP Nr. 14; v. 9. 3. 1977, AP Nr. 21; v. 16. 8. 1977, AP Nr. 23; v. 21. 9. 1977, AP Nr. 24; v. 15. 3. 1978, AP Nr. 26; v. 13. 1. 1983, AP Nr. 42; v. 27. 3. 1991, AP Nr. 53 – jeweils zu § 611 BGB Abhängigkeit; BAG v. 15. 2. 1965, AP Nr. 7; v. 16. 3. 1972, AP Nr. 10 zu § 611 BGB Lehrer, Dozenten; BAG v. 16. 10. 1987, AP Nr. 69 zu § 613a BGB; BAG v. 9. 5. 1996, AP Nr. 79 zu § 1 KSchG Betriebsbedingte Kündigung, Bl. 4 R; BAG v. 19. 11. 1997, NZA 1998, S. 595, 596.

Vgl. *Wank*, RdA 1999, S. 271, 272.

[173] Vgl. BAG v. 16. 7. 1997, AP Nr. 37; v. 8. 9. 1997, AP Nr. 38 zu § 5 ArbGG 1979; v. 30. 9. 1998, NZA 1999, S. 374 ff.; v. 8. 6. 2000, NZA 2001, S. 210, 211; v. 27. 6. 2001, BB 2001, S. 2220, 2221f; ArbG Berlin v. 17. 2. 1997, VersR 1997, S. 827 f.; LAG Nürnberg

Nur dann ist die Weisungsgebundenheit Ausdruck einer Integration in eine *fremde* Arbeitsorganisation.[174]

Innerhalb der Dogmatik des klassischen Arbeitnehmerbegriffs zeigte sich außerdem, dass die aus dem Leitbegriff der persönlichen Abhängigkeit entwickelten Unterkriterien (z. B. die Weisungsbindung in fachlich-inhaltlicher, örtlicher und zeitlicher Hinsicht, bei Rundfunkmitarbeitern die Integration in Dienstpläne des Beschäftigungsgebers und die Eigenschaft als programmgestaltender Mitarbeiter etc.) je nach Lage des Einzelfalls mehr oder weniger ausschlaggebend für das Maß persönlicher Abhängigkeit sein können. Die vom Bundesarbeitsgericht geforderte *Gesamtbetrachtung aller Umstände des Einzelfalls*[175] verdeutlicht, dass die Abgrenzung nicht durch einen abschließenden Merkmalkatalog, sondern nur im Wege der typologischen Methode erfolgen kann:[176] „Aus Gründen der „Praktikabilität und der Rechtssicherheit", so das Bundesarbeitsgericht, sei kein Einzelmerkmal von solchem Gewicht, dass es unverzichtbar vorliegen müsse.[177] Die Abgrenzung anhand der Rechtsfigur des Typus wurde vom Bundesverfassungsgericht hinsichtlich des insoweit analogen Beschäftigtenbegriffs nach § 7 Abs. 1 SGB IV unter Zurückweisung des Vorwurfs mangelnder Bestimmtheit ausdrücklich gebilligt.[178]

Angesichts der Vielgestaltigkeit der Berufe und Beschäftigungsformen, die im Laufe der Zeit einem ständigen Wandel unterworfen sind, muss ein Arbeitnehmerbegriff notwendigerweise „allgemein" und flexibel zugleich sein.[179] Da es bei der Qualifikationsfrage um die Zuordnung zu einem bestimmten Vertragstyp geht, wäre es auch methodisch nicht überzeugend, eine exakte Definition zu fordern, da hierbei stets verschiedene Gesichtspunkte im Einzelfall gewichtet und bewertet werden müssen.[180] Im Interesse der Rechtssicherheit hat die Rechtsprechung versucht, eine Kontinuität und Vorhersehbarkeit der Ergebnisse

---

v. 26. 1. 1999, LAGE § 611 BGB Arbeitnehmerbegriff, Nr. 35, S. 17 f. Vgl. für das unternehmerische Weisungsrecht der Gesellschaft gegenüber dem Geschäftsführer BAG v. 26. 5. 1999, NZA 1999, S. 987, 989; vom BGH bislang offen gelassen: BGH v. 21. 10. 1998, NZA 1999, S. 110, 112. In Bezug auf Handelsvertreter vgl. *Oberthür/Lohr*, NZA 2001, S. 126, 131 f. *Rieble* (ZfA 1998, S. 327, 355) sieht hierin eine Parallele zur Immanenztheorie im Kartellrecht.

174 Vgl. *Zeuner*, RdA 1975, S. 84, 85.

175 Z. B. BAG v. 20. 9. 2000, NZA 2001, S. 551, 552.

176 Vgl. *Hilger*, RdA 1989, S. 1, 2 m. w. N.

177 BAG v. 23. 4. 1980, AP Nr. 34 zu § 611 BGB Abhängigkeit, Bl. 3. Das Argument der größeren Rechtssicherheit überzeugt in diesem Zusammenhang freilich kaum; das methodische Vorgehen der Rechtsprechung dient offensichtlich eher der „Einzelfallgerechtigkeit" als dem – gegenläufigen – Ziel der Rechtssicherheit.

178 BVerfG (1. Senat, 2. Kammer) v. 20. 5. 1996, AP Nr. 82 zu § 611 BGB Abhängigkeit.

179 Vgl. *Hueck*, RdA 1969, S. 216, 217; *Griebeling*, NZA 1998, S. 1137, 1138.

180 Vgl. *Söllner*, Arbeitsrecht, § 3 I 2 (S. 18 f.).

durch Bildung von Fallgruppen zu ermöglichen, indem für bestimmte Tätigkeiten konkrete Abgrenzungskriterien entwickelt wurden, die sich aus dem abstrakten Leitbegriff der persönlichen Abhängigkeit ableiten ließen. Im Großen und Ganzen ist es der Rechtsprechung im Laufe der Zeit dabei durchaus gelungen, ein angemessenes Verhältnis zwischen Rechtssicherheit und gruppen- bzw. fallbezogener Einzelfallgerechtigkeit herzustellen.

Die Rechtsprechung des Bundesgerichtshofs zeigt von diesem „klassischen" Qualifikationsmuster keine substanziellen Abweichungen, sondern legt dieselben Kriterien wie das Bundesarbeitsgericht zugrunde.[181] Auch der sozialrechtliche Begriff der abhängigen Beschäftigung deckt sich weitgehend mit dem so verstandenen Arbeitnehmerbegriff des Arbeitsrechts; zumindest geht das Bundessozialgericht bislang von ähnlichen Leitkriterien aus.[182] Die Gerichte kommen allerdings wegen des Mangels an absoluter Trennschärfe des variablen Merkmalkatalogs in vergleichbaren Fällen nicht immer zu denselben Ergebnissen.[183]

Auch die h. M. in der arbeitsrechtlichen Literatur folgt, von einzelnen Kritikpunkten abgesehen, überwiegend dem von der Rechtsprechung eingeschlagenen Kurs zur Abgrenzung von Arbeitnehmern und Selbständigen.[184] Kritische Stimmen gegenüber der Rechtsprechung richten sich vor allem auf die – unter dem Leitbegriff der persönlichen Abhängigkeit kaum vermeidbare – Unbestimmtheit und mangelnde Aussagekraft der Begriffsbildung.[185] Im Hinblick auf neue Formen selbständiger Beschäftigung wird kritisiert, die klassischen Kriterien orientierten sich zu sehr am Leitbild des auf dem Rückzug befindlichen „Normalarbeitsverhältnisses".[186]

---

181 Jüngst BGH v. 21. 10. 1998, NZA 1999, S. 110, 111; v. 27. 1. 2000, NZA 2000, S. 390 f.

182 KassKomm-*Seewald*, § 7 SGB IV Rn. 46 ff; vgl. *Frantzioch*, Abhängige Selbständigkeit, S. 64 ff.

183 Zu Diskrepanzen *Preis*, NZA 2000, S. 914, 917 ff.; *Mayer*, ArbuR 1990, S. 213, 219 f.

184 *Boemke/Föhr*, Arbeitsformen der Zukunft, Rn. 61; *Dütz*, Arbeitsrecht, Rn. 31; *Hueck*, RdA 1969, S. 216, 219; *Hanau/Adomeit*, Arbeitsrecht, Rn. 534; *Otto*, Gemeinsame Anmerkung zu AP Nr. 34 - 36 zu § 611 BGB Abhängigkeit; *Hunold*, NZA-RR 1999, S. 505; *Reuter*, RdA 1981, S. 201, 202; *Kempen/Zachert*, Tarifvertragsgesetz, § 12a Rn. 11; ErfK-*Preis*, § 611 BGB Rn. 71 f.; *Söllner*, Arbeitsrecht, § 3 I (S. 17 ff.); *Worzalla*, Arbeitgeber 1995, S. 47, 48 f.; *Zöllner/Loritz*, Arbeitsrecht, § 4, 5 (S. 45 ff.).

185 *Beuthien/Wehler*, RdA 1985, S. 2, 3; *Lieb*, ZVersWiss 1976, S. 207, 209 f.; *derselbe*, RdA 1977, S. 210, 212; *Mayer*, ArbuR 1990, S. 213, 215; kritisch gegenüber der „typologischen" Methode ErfK-*Preis*, § 611 BGB Rn. 66; *Wank*, RdA 1999, S. 297, 299; Kasseler Handbuch-*Worzalla*, 1.1 Rn. 109 ff.

186 *Bauschke*, RdA 1994, S. 209, 210; *Frantzioch*, Abhängige Selbständigkeit, S. 67; *Kreuder*, ArbuR 1996, S. 386, 391; *Wank*, DB 1990, S. 90, 91.

2. *„Extensiver" Arbeitnehmerbegriff*

Eine Möglichkeit, der mit der „neuen Selbständigkeit" verbundenen Probleme Herr zu werden, besteht in der Ausdehnung des arbeitsrechtlichen Schutzes auf die betroffenen Personenkreise durch einen umfassender verstandenen Rechtsbegriff des Arbeitnehmers.[187] Auf dieser Linie liegt de facto die vor allem von *Wank* geforderte Neuorientierung des Arbeitnehmerbegriffs.[188] Im Folgenden ist zu untersuchen, ob sein Modell ein tragbarer Ansatz sein kann.

a) Grundlagen der neuen Theorie

Wanks Kritik an der klassischen Abgrenzungsmethode geht von dem Vorwurf aus, dem Leitbegriff der persönlichen Abhängigkeit fehle der teleologische Bezug zu den Rechtsfolgen, die sich aus der Anwendung des Arbeitsrechts ergäben.[189] Die intensive Ausübung von Weisungsrechten stehe in keinem Sinnzusammenhang zu der Gewährung individualarbeitsrechtlichen Schutzes durch Urlaubsansprüche, Kündigungsschutz, Entgeltfortzahlung usw.[190] Die Abgrenzung anhand der persönlichen Abhängigkeit folge einer rein phänomenologisch-ontologischen Argumentation, die sich an den Symptomen des in der Gesellschaft verbreiteten Bildes eines „klassischen" Arbeitnehmers orientieren.[191] Richtigerweise könne es nicht auf die Weisungsbindung ankommen, sondern es müsse das Fehlen unternehmerischer Entscheidungsspielräume entscheidend sein.[192] Allein dieses rechtfertige den umfassenden Berufs- und Existenzschutz durch das Arbeitsrecht.[193]

Nach dem von *Wank* selbst als „zeitgemäß"[194] bezeichneten Arbeitnehmerbegriff sei Selbständigkeit als Gegenbegriff zur Arbeitnehmereigenschaft zu bejahen, wenn der Beschäftigte freiwillig ein Unternehmerrisiko übernommen hat. Ob dementsprechende unternehmerische Entscheidungsspielräume existieren, zeige sich daran, ob der Betroffene gegenüber einer unbestimmten Zahl von

---

187 Besonders weitgehend *Woltereck*, ArbuR 1973, S. 129, 134.

188 *Wank*, Arbeitnehmer und Selbständige; *derselbe*, DB 1992, S. 90 ff.; *derselbe*, Empirische Befunde zur Scheinselbständigkeit, Juristischer Teil, S. 74 ff.; *derselbe*, NZA 1999, S. 225 ff.; *derselbe*, Anmerkung zu BGH v. 4. 11. 1998, RdA 1999, S. 268 ff.

189 *Wank*, Arbeitnehmer und Selbständige, S. 34 ff.; zustimmend *Richardi*, in: Festschrift zum 125jährigen Bestehen der Juristischen Gesellschaft zu Berlin, S. 607, 615; ähnlich bereits *Beuthien/Wehler*, RdA 1978, S. 2, 4.

190 *Wank*, DB 1992, S. 90 f.

191 *Wank*, Arbeitnehmer und Selbständige, S. 24 m. w. N.; *derselbe*, NZA 1999, S. 225, 226; ähnlich schon *Lieb*, ZVersWiss 1976, S. 207, 209 f.; *derselbe*, RdA 1977, S. 210, 212.

192 *Wank*, RdA 1999, S. 271, 272.

193 Eingehend *Wank*, Arbeitnehmer und Selbständige, S. 56 ff.

194 *Wank*, NZA 1999, S. 225, 226.

Vertragspartnern am Markt auftritt, und zwar mit einer eigenen betrieblichen Organisation, eigenen Mitarbeitern und eigenem Kapital, oder ob er ohne Organisation, Kapital und Mitarbeiter dauerhaft an einen einzigen Auftraggeber ohne eigene Mitarbeiter gebunden ist.

Selbständigkeit sei aber nur dann zu bejahen, wenn die mit diesen Freiräumen verbundenen unternehmertypischen Risiken „freiwillig" übernommen werden. Diese Komponente der *Wank*'schen Begriffskonzeption ist notwendig, um den Beschäftigten vor der Kumulation schlechter Risiken zu schützen. Ansonsten bestünde die paradoxe Situation, dass gerade demjenigen, dem vertraglich besonders hohe Risiken aufgebürdet werden, der umso dringender notwendige soziale Schutz vorenthalten würde. Arbeitnehmer sollen davor geschützt werden, in die Selbständigkeit „gedrängt" zu werden.[195] Von einer „freiwilligen" Risikoübernahme sei dann auszugehen, wenn (positive) Chancen und (negative) Risiken in einem angemessenen Verhältnis zueinander stünden. Auch dann, wenn der Beschäftigte sich „selbst" für die selbständige Betätigung entschieden habe, sei das Vorliegen eines Arbeitsverhältnisses eher zu verneinen.[196] Mit dieser Angemessenheitsprüfung klingt ein Bezug zum Paradigma der „strukturellen Unterlegenheit" an, das hier auf die Bestimmung des Vertragstyps bezogen wird.[197]

In jüngeren Veröffentlichungen bemüht sich *Wank* verstärkt um eine Verständigung mit der klassischen Lehre. Die Kriterien der Weisungsbindung hält er für brauchbar, soweit sie Hinweise auf fehlende oder vorhandene unternehmerische Entscheidungsspielräume liefern.[198] Gleichzeitig will er eine Annäherung der Rechtsprechung an die von ihm entwickelten Grundsätze erkennen.[199]

Insgesamt kommt dieses Modell dem Kriterium der wirtschaftlichen Abhängigkeit bzw. Unselbständigkeit sehr nahe[200], das an sich Bestandteil der Definition der arbeitnehmeränlichen Person ist[201]. *Wank* hält die wirtschaftliche Abhängigkeit für einen Begriffsbestandteil sowohl der arbeitnehmerähnlichen Person als auch des Arbeitnehmers.[202] Verbunden mit einer graduellen Wertungskompo-

---

195 Vgl. *Wank*, Arbeitnehmer und Selbständige, S. 130 f.

196 *Wank*, Empirische Befunde zur Scheinselbständigkeit, Juristischer Teil, S. 77.; vgl. *derselbe*, Arbeitnehmer und Selbständige, S. 99 f; 131 f.

197 Relativ deutlich *Wank*, NZA 1999, S. 225, 228; vgl. *Kreuder*, Anmerkung zu BAG v. 16. 7. 1997, AP Nr. 37 zu 5 ArbGG 1979, Bl. 4 ff.

198 *Wank*, NZA 1999, S. 225, 226, 228; *derselbe*, Anmerkung zu BGH v. 4. 11. 1998, RdA 1999, S. 271, 273; im Ansatz bereits *derselbe*, DB 1992, S. 90, 92.

199 *Wank*, RdA 1999, S. 271 ff.

200 *Wank*, Arbeitnehmer und Selbständige, S. 125 ff.; vgl. *Hromadka*, DB 1998, S. 195; ErfK-*Preis*, § 611 BGB Rn. 72; *Rost*, NZA 1999, S. 113, 115.

201 Näher unten S. 95 ff.

202 *Wank*, RdA 1999, S. 271, 273, 274.

nentc sicht er „Arbeitnehmer, Arbeitnehmerähnliche und freie Selbständige auf einem Kontinuum zwischen fehlenden, eingeschränkten und weitgehendem unternehmerischen Entscheidungsspielraum“.[203] Es sollen seiner Auffassung nach also dieselben Kriterien für die Abgrenzung aller drei Typen von Beschäftigungsverhältnissen (nämlich arbeitnehmerischen, arbeitnehmerähnlichen und selbständigen) maßgeblich sein; allein die Intensität ihrer Ausprägung soll über die Zuordnung entscheiden.

b) Kritik

In der Literatur und in der Rechtsprechung der Instanzgerichte hat *Wank* zum Teil Gefolgschaft gefunden; gelegentlich werden ähnliche Ansätze der Begriffsbestimmung vertreten, die auch vom Leitkriterium des Unternehmerrisikos ausgehen.[204] Das Bundesarbeitsgericht ist *Wank* nicht gefolgt. Kritische Äußerungen aus dem Umfeld des 5. Senats, der nach der Geschäftsverteilung des Gerichts für Statusstreitigkeiten zuständig ist, lassen eine baldige Wende der Rechtsprechung nicht erwarten.[205] Gegen die von *Wank* geforderte Neuorientierung sprechen in der Tat einige gewichtige Argumente, auf die im Folgenden einzugehen sein wird.

aa) Praktische Auswirkungen des „Alternativmodells“

Zu berücksichtigen ist zunächst, dass es eine erhebliche Gewichtsverschiebung in der Praxis zur Folge hätte, wenn man den Vorschlägen von *Wank* folgte. Wie aus der empirischen Studie des IAB zur „Scheinselbständigkeit“ von 1996[206] hervorgeht, erfasst das *Wank*’sche „Alternativmodell“ einen deutlich größeren Personenkreis aus der „Grauzone“ zwischen Arbeitnehmern und Selbständigen als das „BAG-Modell“ unter dem Leitbegriff der persönlichen Abhängigkeit.[207]

---

203 *Wank*, RdA 1999, S. 271, 273.

204 Ähnlich etwa *v. Einem*, BB 1994, S. 60, 63; *Gittermann*, Arbeitnehmerstatus und Betriebsverfassung in Franchisesystemen, S. 86 ff.; vgl. *Steinmeyer*, DVBl. 1995, S. 962, 967; aus der Rechtsprechung LAG Köln v. 30. 6. 1995, AP Nr. 80 zu § 611 BGB Abhängigkeit; ArbG Nürnberg v. 31. 7. 1996, NZA 1997, S. 37 ff. (nicht rechtskräftig); LAG Nürnberg v. 25. 2. 1998, NZA-RR 1998, S. 250 (wegen prozessualer Mängel aufgehoben durch BAG v. 16. 6. 1998, NZA 1998, S. 1079 f.); LG München I v. 15. 5. 1997, NZA 1997, S. 943, 944; für einen partiellen Einbezug der *Wank*’schen Kriterien *Frantzioch*, Abhängige Selbständigkeit, S. 82.

205 *Griebeling*, NZA 1998, S. 1137 ff.; *Reinecke*, ZIP 1998, S. 581 ff.

206 *Dietrich*, Empirische Befunde zur Scheinselbständigkeit (Zusammenfassung in NZA 1997, S. 590 ff.).

207 Nach dem „BAG-Modell“ wurden 20,5% der Personen in der „Grauzone“ mit dem Status der abhängigen Beschäftigung zugeordnet, das Alternativmodell kommt auf 53%; für Haupterwerbstätigkeit beträgt das Verhältnis 19% nach BAG-Modell zu 44% nach Alternativmodell (*Dietrich*, Empirische Befunde zur Scheinselbständigkeit, S. 81 f. = NZA

Die einzelnen Kriterien des extensiven Begriffs (keine eigenen Mitarbeiter, kein eigenes Kapital, keine eigene Organisation, Bindung an einen Auftraggeber) überschneiden sich ganz offensichtlich mit den Merkmalen derjenigen Arbeitsformen, die in dieser Arbeit als „selbständige Beschäftigung" bezeichnet werden. Für selbständig Beschäftigte ist es gerade charakteristisch, dass sie ihre eigene Arbeitskraft mit nur geringer Kapitalausstattung wirtschaftlich verwerten und dabei vertraglich oder faktisch dauerhaft an einen einzelnen oder mehrere wenige Auftraggeber gebunden sind.[208] Viele Kleinstunternehmer und Selbständige ohne eigene Beschäftigten würden *Wanks* Definition zufolge zu Arbeitnehmern.[209] Die von ihm geforderte Neuorientierung der Begriffsbestimmung würde also die Freiräume für neue Arbeitsformen erheblich einschränken.

bb) Konflikt mit der Rechtsfigur der arbeitnehmerähnlichen Person

Ob diese praktische Konsequenz den Anforderungen der sich wandelnden Arbeitswelt und den Bedürfnissen der Betroffenen gerecht wird, mag hier dahinstehen.[210] In rechtlicher Hinsicht interessiert vor allem, dass die Weite dieser Begriffsbestimmung mit der Rechtsfigur der arbeitnehmerähnlichen Person nur schwer vereinbar sein dürfte.[211] Mit ihr hat der Gesetzgeber gerade eine Zwischenkategorie geschaffen, die durch das Merkmal der *wirtschaftlichen* Abhängigkeit geprägt ist,[212] das *Wank* letztlich zum Begriffsmerkmal des Arbeitnehmers erheben will. Der Begriff der arbeitnehmerähnlichen Person muss sich jedoch negativ vom Arbeitnehmerbegriff abgrenzen lassen; diese Rechtsfigur darf durch den Arbeitnehmerbegriff nicht „hinwegdefiniert" werden.[213] Beide Begriffe stehen in einem zwingenden Abhängigkeitsverhältnis zueinander.[214]

1997, S. 594; zur Darstellung der Leitbegriffe der Modelle siehe a. a. O., S. 2 = NZA 1997, S. 591).

208 Vgl. oben S. 42 ff.

209 Vgl. *Frantzioch*, Abhängige Selbständigkeit, S. 81; *Hromadka*, DB 1998, S. 195, 196.

210 Vgl. die arbeitsmarktpolitische Kritik bei *Buchner*, NZA 1998, S. 1144, 1151 ff. und *Rieble*, ZfA 1998, S. 327, 336; vgl. *Hromadka*, NZA 1997, S. 569 f.

211 Vgl. *Buchner*, NZA 1998, S. 1144, 1148; *Hromadka*, NZA 1997, S. 569; *Rieble*, ZfA 1998, S. 327, 328, 345 f.; *Richardi*, DB 1999, S. 958, 960; MünchArbR-*Richardi*, Band 1, § 24 Rn. 44. Näher zur Rechtsfigur der arbeitnehmerähnlichen Person unten S. 94 ff.

212 Vgl. unten S. 97 ff.

213 *Plander*, DB 1999, S. 320, 331; *Reinecke*, ZIP 1998, S. 581, 587; vgl. *Scharf*, RdA 1978, S. 20, 22; *Rost*, NZA 1999, S. 113, 115; insoweit zustimmend *Wank*, NZA 1999, S. 225, 230; vgl. auch BAG v. 20. 9. 2000, NZA 2001, S. 551.

214 *Rost*, NZA 1999, S. 113; vgl. auch *Wank*, Arbeitnehmer und Selbständige, S. 41 f.

Ein Arbeitnehmerbegriff, dessen Merkmale sich mit dem Begriff der arbeitnehmerähnlichen Person decken, ist mit dem Gesetz nicht zu vereinbaren.[215]

Dieser Widerspruch zur gesetzlichen Wertung zeigt sich besonders deutlich am Heimarbeitsrecht: *Wanks* Definition zufolge müssten die in Heimarbeit beschäftigten Personen regelmäßig als Arbeitnehmer eingestuft werden. Die Existenz des Heimarbeitsgesetzes würde wegen seines im Vergleich zum Kernarbeitsrecht niedrigeren Schutzniveaus also eine Verschlechterung ihrer Situation bedeuten, was mit dem Regelungszweck des Gesetzes nicht vereinbar wäre.[216]

Wank meint, den Bereich arbeitnehmerähnlicher Beschäftigung in seinem Modell durch denjenigen Personenkreis abdecken zu können, der sich durch ein quasi „mittleres" Maß wirtschaftlich-unternehmerischer Selbständigkeit auszeichnet.[217] Mit den gesetzlichen Definitionen arbeitnehmerähnlicher Beschäftigung (vgl. etwa § 12a TVG) ist dies nicht in Einklang zu bringen. Wenig plausibel ist auch das hierfür angeführte Beispiel eines Beschäftigten, der einerseits mit eigener Organisation am Markt auftritt, andererseits aber seine Tätigkeit nur für einen einzigen Auftraggeber erbringt[218]. Nach dem Leitkriterium des Unternehmerrisikos müssten sich das Auftreten am Markt und die Beschränkung der Tätigkeit auf einen einzigen Auftraggeber geradezu gegenseitig ausschließen.

Insgesamt verkümmert das Recht der arbeitnehmerähnlichen Personen im Alternativmodell zu einer Regelung für eine Restgruppe derjenigen Fälle, die sich weder dem Arbeits- noch dem Selbständigenrecht eindeutig zuordnen lassen. Die Rechtsfigur würde damit auf eine Funktion reduziert, die ihr der Gesetzgeber sicherlich nicht zugedacht hat.

cc) Systemwidrige Einordnung des Arbeitsvertrages

Auch mit der im BGB angelegten Unterscheidung zwischen Dienst- und Werkverträgen sind die neuen Kriterien unvereinbar. Da die neue Theorie nicht unmittelbar am Inhalt der vertraglichen Vereinbarung anknüpft, kann sie auch bei Werkverträgen zur Anwendung des Arbeitsrechts kommen. Der ganz h. M. zufolge stellt aber ein Arbeitsvertrag eine besondere Form des Dienstvertrags dar, was sich aus der gesetzlichen Systematik der §§ 611 ff. BGB ergibt. Ein Werkvertrag kann nicht zugleich Dienstvertrag und daher auch kein Arbeitsvertrag

---

215 Vgl. *Hanau*, DB 1998, S. 69, 73 f.; *Hromadka*, DB 1998, S. 195, 196; *Maschmann*, NZA 2001, Sonderbeilage zu Heft 24, S. 21, 23 f.; *Rost*, NZA 1999, S. 113, 115; ferner *Scharf*, RdA 1978, S. 20, 22.

216 Vgl. *Rieble*, ZfA 1998, S. 327, 346.

217 Vgl. *Wank*, RdA 1999, S. 271, 273; *derselbe*, Arbeitnehmer und Selbständige, S. 126.

218 *Wank*, NZA 1999, S. 225, 230.

sein.[219] Bei einem Werkunternehmer kann es sich lediglich um eine arbeitnehmerähnliche Person handeln.[220]

Wank setzt sich über diese Dogmatik hinweg und hält die im BGB getroffene Unterscheidung von Dienst- und Werkvertrag nach der Erfolgsbezogenheit nur im Rahmen des Selbständigenrechts für anwendbar. Seiner Theorie nach wären auch werkvertragliche Typen von Arbeitsverhältnissen möglich.[221] Diese Sichtweise ist Konsequenz seines Abgrenzungsmodells, nach dem der Inhalt der Leistungsverpflichtung für die Qualifikation des Vertragstyps keine entscheidende Bedeutung haben soll.[222] Das Kriterium der persönlichen Abhängigkeit läuft dagegen mit der Unterscheidung zwischen Dienst- und Werkverträgen konform: Wie bei der Abgrenzung anderer Vertragstypen fragt es primär nach dem Gegenstand der Hauptleistungspflicht, nämlich danach, ob eine *weisungsgebundene* Arbeitsleistung geschuldet wird. Wer nicht die bloße Arbeit, sondern einen durch Arbeitsleistung zu bewirkenden Erfolg schuldet, bedarf dagegen der weitgehenden Weisungsfreiheit in Bezug auf die Art und Weise der Durchführung; andernfalls würde das Einstehen für den Erfolgseintritt die Haftung für einen nicht im Machtbereich des Dienstleistenden liegenden Umstand bedeuten.[223] *Wie* er den Erfolg herbeiführt, muss dem Werkunternehmer nach der Interessenlage der Parteien weitgehend (vgl. aber § 645 BGB) überlassen bleiben; ist dies nicht der Fall, liegt ein Dienst- oder Arbeits-, aber kein Werkvertrag vor.

Die hiervon abweichende Sichtweise des Alternativmodells liegt auch nicht auf der Linie *Lotmars*, der den „Arbeitsvertrag“ noch als umfassenden Oberbegriff für alle Vertragstypen verstand, die keine Sach- sondern eine Arbeitsleistung i. w. S. zum Gegenstand haben.[224] Die Differenzierung des Alternativmodells beruht auf einem demgegenüber viel engeren Begriff des Arbeitsverhältnisses, der selbständige Dienstleistungen gerade ausschließt.

---

219 Vgl. *Falkenberg*, DB 1969, S. 1409; *Griebeling*, NZA 1998, S. 1137, 1140; *Hueck/Nipperdey*, Arbeitsrecht, Band I, S. 134 f.; *Maschmann*, NZA 2001, Sonderbeilage zu Heft 24, S. 21, 27; *ichardi*, in: Festschrift zum 125jährigen Bestehen der Juristischen Gesellschaft zu Berlin, S. 607; vgl. BAG v. 23. 4. 1980, AP Nr. 34 zu § 611 Abhängigkeit, Bl. 1 R.

220 Vgl. MünchArbR-*Richardi*, Band 1, § 24 Rn. 21; *Seidel*, BB 1970, S. 971, 973.

221 *Wank*, Arbeitnehmer und Selbständige, S. 151 f.

222 Kritisch *Maschmann*, NZA 2001, Sonderbeilage zu Heft 24, S. 21, 23.

223 Vgl. *Hueck/Nipperdey*, Arbeitsrecht, Band I, S. 135; *Seidel*, BB 1970, S. 971, 972.

224 *Lotmar*, Arbeitsvertrag, Erster Band, S. 32 ff.; *derselbe*, in: Schweizerisches Arbeitsvertragsrecht, S. 29, 31; hiergegen *Sinzheimer*, Arbeitsrecht und Rechtssoziologie, Band 1, S. 408, 412 f.; vgl. *Richardi*, ZfA 1988, S. 221, 241 f.

dd) Teleologisches Fundament

Bei näherer Betrachtung vermag auch das teleologische Fundament des alternativen Arbeitnehmerbegriffs nicht zu überzeugen.

Für die Auslegung des Parteiwillens bei der Qualifikation des Rechtsverhältnisses scheint es zunächst plausibel, aus dem Fehlen unternehmerischer Risiken auf der Seite des Beschäftigten zu schließen, dass von den Parteien die Begründung eines Arbeitsverhältnisses gewollt war. Für die eigentlich problematischen Fälle, in denen der Beschäftigte durchaus unternehmerische Risiken übernimmt, ist damit aber nicht viel gewonnen. Dort erscheint das Leitkriterium weitaus weniger plausibel: Wenn es stimmt, dass es Sinn und Zweck des Arbeitsrechts ist, dem Arbeitnehmer durch einen umfassenden Berufs- und Existenzschutz derartige Risiken abzunehmen, warum sollte das Vorhandensein von Risiken aufgrund der vertraglichen Abrede, die das Arbeitsrecht kraft seines zwingenden Charakters gerade überwinden will, für das Nichteingreifen des Arbeitsrechts sprechen? Der Schutzbedürftigkeit zufolge müsste genau das Gegenteil der Fall sein – mit der Folge, dass die ungünstigen Risiken durch arbeitsrechtliche Bestimmungen verdrängt werden. Die Argumentation läuft also Gefahr, Folge und Voraussetzung des arbeitsrechtlichen Schutzes zu verwechseln.[225] Eine Korrektur ist nur über das Kriterium der „Freiwilligkeit“ der Risikoübernahme und der Angemessenheitskontrolle hinsichtlich der Risiken- und Chancenverteilung möglich, die dadurch ins eigentliche Zentrum der *Wank*'schen Konzeption für die Lösung der problematischen Zweifelsfälle rückt. Genauso gut könnte man aber auf das Kriterium des Unternehmerrisikos verzichten, indem man die rechtliche Qualifikation allein der vertraglichen Vereinbarung überlässt und diese nur daraufhin überprüft, ob die „Abwahl“ des Arbeitnehmerstatus „freiwillig“ und zu „angemessenen“ Bedingungen erfolgt ist.

Aber auch die Forderung nach einem unmittelbaren teleologischen Bezug des Arbeitnehmerbegriffs zu den Rechtsfolgen des Arbeitsrechts selbst muss infrage gestellt werden.[226] Die Rechtsprechung ist von der persönlichen Abhängigkeit als tragendes Merkmal ausgegangen, obwohl seit den Anfängen des Arbeitsrechts bekannt war, dass die eigentliche „Schutzbedürftigkeit“ des insoweit Modell stehenden Fabrikarbeiters auf seiner *wirtschaftlichen* Abhängigkeit beruhte.[227] Der traditionelle Arbeitnehmerbegriff geht bei Vorliegen persönlicher Abhängigkeit gerade *ungeachtet* einer sozialen Schutzbedürftigkeit von einem Arbeitsverhältnis aus.[228] So untersteht ein gut verdienender Beschäftigter, der an

---

225 Vgl. auch *Rommé*, ZfA 1997, S. 251, 288 für die parallele Frage der Kündigungsfristen.

226 So auch Kasseler Handbuch-*Worzalla*, 1.1 Rn. 106.

227 *Hromadka*, DB 1998, S. 195, 196; vgl. *Richardi*, in: Festschrift zum 125jährigen Bestehen der Juristischen Gesellschaft zu Berlin, S. 607, 613.

228 *Buchner*, NZA 1998, S. 1144, 1150; *Boemke*, ZfA 1998, S. 285, 299; *Rost*, NZA 1999, S. 113, 114; ähnlich *Boemke/Föhr*, Arbeitsformen der Zukunft, Rn. 59.

sich keines Schutzes bedarf, gleichwohl dem Arbeitsrecht. Auf das Merkmal der Schutzbedürftigkeit, auf die Wank sein teleologisch begründetes Begriffsschema zurückführt, soll es nach dem Willen des Gesetzgebers allein für die Frage ankommen, ob ein *arbeitnehmerähnliches* Beschäftigungsverhältnis jenseits des Kernarbeitsrechts vorliegt. Außerhalb der Rechtsfigur der arbeitnehmerähnlichen Person erfolgt eine typisierende Betrachtungsweise, die auf einen unmittelbaren Sinnzusammenhang zu den einzelnen Rechtsfolgen bewusst verzichtet.

Schließlich müsste ein streng teleologischer Arbeitnehmerbegriff an sich für jedes arbeitsrechtliche Gesetz zu abweichenden Ergebnissen kommen, da einzelne arbeitsrechtliche Gesetze ganz unterschiedliche Schutzrichtungen aufweisen. *Richardi* zieht hieraus die Konsequenz und setzt sich für eine „Relativität" des Arbeitnehmerbegriffs im Hinblick auf verschiedene gesetzliche Regelungen ein.[229] Schon im Interesse einer Vermeidung noch weiter gehender Schwierigkeiten bei der Anwendung des Arbeitsrechts in der Praxis überzeugt dies allerdings nicht.[230]

ee) Unbestimmtheit der Kriterien

Da die neue Lehre vom Vorwurf der Unbestimmtheit der alten Theorie ausgeht, muss sie sich gefallen lassen, selbst am Maßstab der Bestimmtheit gemessen zu werden. Hinsichtlich der praktischen Subsumtionsfähigkeit und dem Maß an Bestimmtheit als Grundlage von Rechtssicherheit[231] sind aber keine Vorteile gegenüber der klassischen Definition zu erkennen.[232] Wer mit *Wank* bei den drei Kategorien der Arbeitnehmereigenschaft, der Arbeitnehmerähnlichkeit und der „freien" Selbständigkeit von demselben Leitkriterium ausgeht und für die Einordnung nur graduelle Unterschiede für entscheidend hält, lässt die Grenzen zwischen Arbeitnehmern, Arbeitnehmerähnlichen und Selbständigen weiter verschwimmen. Es wird nicht hinreichend deutlich, welches Maß an unternehmerischen Spielräumen, Chancen und Risiken nötig ist, um ein Beschäftigungs-

---

229 So MünchArbR-*Richardi*, Band 1, § 24 Rn. 45 ff. m. w. N.; *derselbe*, in: Festschrift zum 125jährigen Bestehen der Juristischen Gesellschaft zu Berlin, S. 607, 615; *derselbe*, ZfA 1988, S. 221, 253 f.; vgl. *derselbe*, DB 1999, S. 958, 961

230 Ähnlich *Frantzioch*, Abhängige Selbständigkeit, S. 86.

231 Die Rechtssicherheit ist ein grundlegendes Gebot der in Art. 20 GG verankerten Rechtsstaatlichkeit (BVerfG v. 12. 12. 1957, BVerfGE 7, S. 194, 197; v. 9. 8. 1978, BVerfGE 49, S. 148, 164; v. 20. 4. 1982, BVerfGE 60, S. 253, 267), zu der auch die tatsächliche *Ermöglichung* eines gleichmäßigen Gesetzesvollzugs im Sinne von Art. 3 Abs. 1 GG gehört (vgl. BVerfG v. 27. 6. 1991, BVerfGE 84, S. 239, 271 f.).

232 LAG Düsseldorf v. 4. 9. 1996, LAGE § 611 BGB Arbeitnehmerbegriff, Nr. 33, S. 3 f.; *Reinecke*, ZIP 1998, S. 581, 587; ähnlich *Frantzioch*, Abhängige Selbständigkeit, S. 83 f.; *Körner*, NZA 1999, S. 1190, 1193.

verhältnis als arbeitnehmerähnliches qualifizieren und welches einen Beschäftigten zu einem Arbeitnehmer macht.

Für zusätzliche Komplikationen sorgt die Notwendigkeit, die „Freiwilligkeit" der Übernahme unternehmerischer Risiken festzustellen und das Verhältnis der Risiken zu den ihnen gegenüberstehenden Chancen einzuschätzen. Dieses Verfahren vermindert nicht die Schwierigkeiten der Abgrenzung, die zweifelsohne auch bei Anwendung der klassischen Theorie bestehen, sondern zwingt den Richter zu der praktisch schwierigen Feststellung innerer Tatsachen (Freiwilligkeit) und ökonomischen Bewertungen (Risiko/Chancen-Verhältnis).[233]

In der Praxis erweisen sich die alternativen Leitkriterien bei der Subsumtion als wenig brauchbar, weil sie teilweise zu offenbar unrichtigen Ergebnissen führen. Dies ist für den Bereich der Anstellungsverträge von Organmitgliedern im Gesellschaftsrecht offenkundig. Regelmäßig (so das BAG) oder zwingend aufgrund der Organstellung (so der BGH) handelt es sich hier um freie Dienst- und nicht um Arbeitsverträge.[234] Dies lässt sich mit den regelmäßig weiten Entscheidungsspielräumen des Geschäftsführers einer GmbH – mithin anhand der klassischen Abgrenzung unter dem Leitbegriff der persönlichen Abhängigkeit – erklären, nicht aber mit dem Kriterium der Übernahme unternehmerischer Risiken. Denn wie ein Arbeitnehmer stellt der Geschäftsführer ohne *eigene* unternehmerische Organisation der anstellenden Gesellschaft regelmäßig seine gesamte Arbeitskraft zur Verfügung.[235] Keineswegs zwingend ist es, dass er an Gewinnchancen und Verlustrisiken beteiligt wird. Die unternehmerische Tätigkeit vollzieht sich hier im Außenverhältnis der vertretenen Gesellschaft *durch* das Handeln des Geschäftsführers; sie bezieht sich aber nicht auf das (interne) Anstellungsverhältnis zwischen Geschäftsführer und Gesellschaft. Insoweit handelt der Geschäftsführer im Innenverhältnis nicht „unternehmerisch" und ist dennoch ein Selbständiger. Mit dem Alternativmodell lässt sich das nicht begründen: Der Geschäftsführer müsste wegen des fehlenden Unternehmerrisikos als Arbeitnehmer der Gesellschaft angesehen werden. Dieses Ergebnis müsste über die jenseits der Qualifikationskriterien stehende Organeigenschaft korri-

---

233 Vgl. *Griebeling*, NZA 1998, S. 1137, 1143; *Hromadka*, DB 1998, S. 195, 196; a. A. *Wank*, NZA 1999, S. 225, 229. Die sonst übliche (und sinnvolle) Restriktion bei der Kontrolle unternehmerischer Entscheidungen zeigt sich besonders deutlich im Kündigungsrecht.

234 BGH v. 9. 2. 1978, AP Nr. 1 zu § 38 GmbHG; v. 29. 1. 1981, AP Nr. 14 zu § 622 BGB; BAG v. 26. 5. 1999, NZA 1999, S. 987, 988; zur Frage Sozialversicherungspflicht *Reiserer*, BB 1999, S. 2026 ff.

235 Vgl. BGH v. 9. 2. 1978, AP Nr. 1 zu § 38 GmbHG; v. 29. 1. 1981, AP Nr. 14 zu § 622 BGB.

giert werden, während die klassische Theorie systemimmanent[236] zum richtigen Ergebnis führt.

ff) Ausgewogenheit als Maßstab der Vertragstypqualifikation

Schließlich muss man sich im Klaren darüber sein, dass die Gegenüberstellung von Risiken und Chancen nichts anderes bedeutet als eine „Angemessenheitskontrolle" der Vertragsbedingungen[237], wobei die Besonderheit hier darin besteht, dass die Feststellung der Unangemessenheit die Fiktion eines – von den Parteien zumindest nicht übereinstimmend gewollten – Arbeitsverhältnisses zur Folge haben soll. *Wank* fordert für die schwer einzuordnenden Fälle eine „gerechte" Risikoverteilung, um den Parteien die Wahl des Selbständigenrechts anstelle des Arbeitsrechts zu ermöglichen. Dies drückt er deutlich aus, indem er verlangt, den Vertrag „daraufhin zu überprüfen, ob den einer Person zugewiesenen unternehmerischen Risiken auch hinreichende Chancen gegenüberstehen"[238].

Eine unausgewogene Risikoverteilung mag durchaus auf eine Paritätsstörung bei Abschluss des Vertrages hindeuten. Die strukturelle Unterlegenheit als solche kann aber kein Kriterium für die Bestimmung des Arbeitnehmerbegriffs sein, wenn Ungleichgewichtlagen auch im Rahmen von Beschäftigungsverhältnissen jenseits des Kernarbeitsrechts bestehen können. Genau dies ist aber der Fall, wie *Wank* selbst erkennt[239], die Existenz der Rechtsfigur der arbeitnehmerähnlichen Person zeigt und die Handelsvertreterentscheidung des Bundesverfassungsgerichts[240] verdeutlicht.[241] Zutreffend ist daher die Feststellung des Bundesarbeitsgerichts, dass wirtschaftliche Zwänge allein nicht die Arbeitnehmereigenschaft begründen können.[242] Die Feststellung eines unausgewogenen Verhältnisses von Leistung und Gegenleistung kann deshalb zwar grundsätzlich für die Erforderlichkeit einer Korrektur des Vertragsinhalts sprechen, nicht aber per se nach einer Anwendung gerade des Arbeitsrechts verlangen. Es sind andere Mechanismen vorhanden, die innerhalb des gewählten Vertragsregimes außerhalb des Arbeitsrechts einen Ausgleich schaffen können.[243]

---

236 Die Arbeitnehmerbegriffsbestimmung anhand der Weisungsabhängigkeit läuft auch konform mit der Abgrenzung zwischen Arbeitnehmerüberlassung und Verträgen mit dienst- oder werkvertraglichem Charakter (vgl. etwa BAG v. 30. 1. 1991, AP Nr. 8 zu § 10 AÜG; v. 9. 11. 1994, NZA 1994, S. 572, 573, 575).

237 Vgl. Kasseler Handbuch-*Worzalla*, 1.1 Rn. 178.

238 *Wank*, NZA 1999, S. 225, 227.

239 *Wank*, Arbeitnehmer und Selbständige, S. 96.

240 BVerfG v. 7. 2. 1990, BVerfGE 84, S. 242, 256 ff.

241 Vgl. *Appel/Frantzioch*, ArbuR 1998, S. 93, 94. Sie auch unten S. 88 ff. und S. 121 ff.

242 BAG v. 27. 6. 2001, BB 2001, S. 2220, 2221.

243 Vgl. *Rieble*, ZfA 1998, S. 327, 331 f.; *Rommé*, ZfA 1997, S. 251, 261 ff.

c) Argumente für die klassische Theorie

Neben den skizzierten Kritikpunkten gegenüber einer extensiven Begriffsbestimmung lassen sich Argumente für die herkömmlichen Abgrenzungskriterien anführen.

aa) Normative Anknüpfung

Eine gesetzliche Definition des Arbeitsverhältnisses sucht man zwar vergebens. Soweit das Gesetz den Begriff „Arbeitnehmer" verwendet, wird seine Bedeutung nicht im eigentlichen Sinne definiert, sondern als bekannt vorausgesetzt.[244] Eine diesbezügliche gesetzgeberische Wertung kommt aber in anderen Regelungen zum Ausdruck – speziell bei solchen Rechtsverhältnissen, die gerade keine Arbeitsverhältnisse sind, zu diesen aber eine gewisse Nähe aufweisen.[245]

Wichtigster normativer Anknüpfungspunkt ist § 84 Abs. 1 S. 2 und Abs. 2 HGB.[246] Diese Vorschrift regelt dem Wortlaut nach die Abgrenzung des selbständigen Handelsvertreters von dem als Arbeitnehmer beschäftigten kaufmännischen Angestellten, den das Gesetz „Handlungsgehilfen" nennt. Selbständig in diesem Sinne ist,

> „wer im wesentlichen frei seine Tätigkeit gestalten und seine Arbeitszeit bestimmen kann."

Beim Fehlen dieser Merkmale ordnet § 84 Abs. 2 die Anwendung des Arbeitsrechts an („gilt als Angestellter").

Diese Definition existiert seit 1953.[247] Hintergrund der Neuregelung der Abgrenzungskriterien zwischen als Handelsvertreter beschäftigten Selbständigen und Arbeitnehmern war eine der heutigen ähnliche Problematik, nämlich die seit dem Anfang des 20. Jahrhunderts steigende Zahl an Handelsreisenden, die von Ihren Auftraggebern aufgrund der schlechten gesamtwirtschaftlichen Lage in die (ungünstigere) Stellung selbständiger Handelsvertreter „gedrängt" werden konnten.[248] Der Gesetzgeber nahm damals den in der Literatur und Rechtsprechung allgemein herrschenden Arbeitnehmerbegriff auf, der sich am Kriterium der „persönlichen Abhängigkeit" orientierte.[249] Dies geschah, indem die

---

244 Näher *Wank*, Arbeitnehmer und Selbständige, S. 5 ff.

245 Vgl. *Griebeling*, NZA 1998, S. 1137, 1139; *Hanau*, DB 1998, S. 69, 73 f.; zur Rolle der Rechtsfigur der arbeitnehmerähnlichen Person vgl. oben S. 65 f.

246 *Reinecke*, ZIP 1998, S. 581, 582. Die Kriterien finden sich nunmehr auch in der sozialversicherungsrechtlichen Vermutungsregelung des § 7 Abs. 4 S. 2 SGB IV.

247 Gesetz v. 7. 8. 1953 (BGBl. I, S. 771).

248 Vgl. BT-Drucks. 1/3856, S. 9 f.; eingehend zur Entstehungsgeschichte *Rancke*, Die freien Berufe, S. 96 ff.

249 Deutlich die Entwurfsbegründung, BT-Drucks. 1/3856, S. 14: „Die wirtschaftliche Selbständigkeit oder Unselbständigkeit kann aber im Gegensatz zu der persönlichen nicht als

für Handelsvertreter relevante inhaltlich-fachliche und die zeitliche Weisungsfreiheit in der Legaldefinition verankert wurden.[250]

§ 84 HGB enthält also eine über seinen unmittelbaren Anwendungsbereich hinausgehende allgemeine gesetzliche Wertung.[251] Es wäre widersinnig, nur im Bereich des Handelsvertreterrechts am Kriterium der persönlichen Abhängigkeit festzuhalten, während man in anderen Bereichen andere, normativ nicht gestützte Wege beschreitet.

Daneben wird in der Literatur als Argument für die klassischen Abgrenzungsmerkmale auf §§ 121 GewO, 29 Abs. 1 SeemG, § 8 BAT und § 1 Abs. 2 LStDV hingewiesen.[252] In diesen Vorschriften ist vom Direktionsrecht des Arbeitgebers die Rede, das vom Gesetzgeber offenbar als wesentliches Merkmal des Arbeitsverhältnisses angesehen wird. Es prägt entscheidend das Wesen der „fremdbestimmten" Arbeit. Mit Recht sieht auch das Bundesarbeitsgericht den „Kern der Arbeitgeberfunktionen" insbesondere im arbeitgeberseitigen Weisungsrecht „hinsichtlich der konkret zu leistenden Arbeit der abhängigen Arbeitnehmer".[253]

Die Bedeutung der Weisungsgebundenheit wird zwar durch den Umstand relativiert, dass die Erteilung von Weisungen auch innerhalb von Vertragsverhältnissen möglich ist, die eindeutig nicht dem Arbeitsrecht unterstehen. Hiervon gehen etwa § 645 Abs. 1 S. 1 BGB und §§ 385 Abs. 1, 418 Abs. 1 HGB aus. Auch Handelsvertreter (§ 84 ff. HGB) und selbständige freie Mitarbeiter können durchaus vertraglich verpflichtet sein, Weisungen zu befolgen.[254] Allerdings kann man diese Vertragstypen insoweit von Arbeitsverhältnissen unterscheiden, als die Erteilung von Weisungen nur für das Arbeitsverhältnis eine *notwendige* Voraussetzung ist und – im Rahmen der durch den Vertragszweck gezogenen Grenzen – *umfassend*[255] besteht: Die Leistungspflicht des Arbeitnehmers *muss* stets durch Weisungen konkretisiert werden (§ 315 BGB), weil die vertragliche Hauptleistungspflicht so allgemein gehalten ist (oft handelt es sich um eine bloße Berufs- oder Stellenbeschreibung), dass man ihr nicht entnehmen kann, zu welcher Zeit welche Tätigkeit an welchem Ort geschuldet ist. In anderen Ver-

---

begriffliches Unterscheidungsmerkmal verwandt werden."; vgl. auch *Hueck/Nipperdey*, Arbeitsrecht, Band I, S. 41 in Fn. 15; *Lieb*, Arbeitsrecht, Rn. 8.

[250] *Rancke*, Die freien Berufe, S. 99.

[251] BAG v. 15. 4. 1993, AP Nr. 12 zu § 5 ArbGG 1979; v. 9. 5. 1996, AP Nr. 79 zu § 1 KSchG Betriebsbedingte Kündigung; BGH v. 21. 10. 1998, NZA 1999, S. 110, 111; v. 20. 9. 2000, NZA 2001, S. 551; *Bezani*, NZA 1997, S. 856, 857; *Rohlfing*, NZA 1999, S. 1027, 1028; *Rost*, NZA 1999, S. 113, 114.

[252] *Griebeling*, NZA 1998, S. 1137, 1139; *Reinecke*, ZIP 1998, S. 581, 582.

[253] BAG v. 21. 2. 2001, NZA 2001, S. 951, 952.

[254] Vgl. *Rehbinder*, in: in: Hübner/Rehbinder/Sell/Kunze, Freie Mitarbeiter in den Rundfunkanstalten, S. 17, 20 f.

[255] *Hromadka*, DB 1998, S. 195, 198 f.

trägen ist die Leistung dagegen bereits vertraglich fixiert, während die vom Auftraggeber (Besteller, Dienstnehmer) erteilten Weisungen lediglich ergänzenden Charakter haben. Die Rechtsprechung trägt dem Rechnung, indem sie auf das Maß der Weisungsbindung und Fremdbestimmung im Einzelfall abstellt.[256]

bb) Historische Anknüpfung

Die Rechtsprechung, nach der die persönliche Abhängigkeit für die Abgrenzung von Arbeitnehmern und Selbständigen entscheidend sein soll, reicht, wie *Hromadka* aufgezeigt hat, bis auf die Bestimmung der „Beschäftigten"-Eigenschaft durch das Reichsversicherungsamt seit 1891 zurück.[257] Das Reichsarbeitsgericht argumentierte bis 1930 nicht nur mit der persönlichen, sondern auch mit der wirtschaftlichen Abhängigkeit als Unterscheidungsmerkmal.[258] Später stellte das Reichsarbeitsgericht bei der Qualifikation wieder allein auf das Kriterium der persönlichen Abhängigkeit ab; dabei wurde teilweise ausdrücklich betont, dass eine bloße wirtschaftliche Abhängigkeit nicht genüge, um zur Arbeitnehmereigenschaft zu führen.[259]

Hintergrund dieser eindeutigen Abkehr von wirtschaftlichen Kriterien war offenbar die Einführung des Arbeitsgerichtsgesetzes 1926 und damit des Rechtsbegriffs der arbeitnehmerähnlichen Person, die vom Arbeitnehmer durch die fehlende persönliche, aber vorhandene wirtschaftliche Abhängigkeit abgegrenzt werden musste.[260] Seit diesem Zeitpunkt entsprachen Abgrenzungsmethodik und -kriterien weitgehend den noch heute geltenden Maßstäben: Entscheidend war schon damals das „Maß der persönlichen Selbständigkeit" anhand der Gesamtumstände des Einzelfalls.[261] Das Bundesarbeitsgericht knüpfte nach dem Zweiten Weltkrieg an die Rechtsprechung des Reichsarbeitsgerichts an und nannte die persönliche Abhängigkeit als Kernkriterium des Arbeitnehmerbegriffs.[262] In ständiger Rechtsprechung hält es die wirtschaftliche Abhängigkeit

---

256 Vgl. oben S. 59 mit Nachweisen in Fn. 173.

257 *Hromadka*, NZA 1997, S. 569, 572 ff. m. w. N.; *Reinecke*, ZIP 1998, S. 581, 586 f.

258 So RAG v. 7. 11. 1928, ARS 4, S. 143.

259 Vgl. das die Wende einleitende Urteil RAG v. 15. 2. 1930, ARS 8, S. 451, 452, wonach die wirtschaftliche Abhängigkeit nur noch „mit Vorsicht heranzuziehen" sei; weiter RAG v. 2. 7. 1932, ARS 15, S. 505; 29. 2. 1936, ARS 29, S. 35, 36; v. 25. 4. 1936, ARS 27, 7, 8; v. 27. 1. 1937, ARS 29, S. 65, 66; v. 4. 5. 1938, ARS 33, S. 320, 321; v. 29. 3. 1939, ARS 36, S. 143, 144; 31. 1. 1940, ARS 38, S. 182, 183 f.; v. 31. 5. 1942, ARS 45, S. 34, 35 f.

260 *Wank*, Arbeitnehmer und Selbständige, S. 12 f.

261 Vgl. LAG Frankfurt am Main v. 10. 11. 1927, ARS 2, S. 143, 145; RAG v. 4. 12. 1929, ARS 7, S. 451, 452 f.

262 Seit BAG v. 28. 2. 1962, AP Nr. 1 zu § 611 BGB Abhängigkeit.

weder für erforderlich noch für ausreichend.[263] Auch die Rechtsordnungen der europäischen Nachbarstaaten gehen von Abgrenzungsmerkmalen aus, die dem herkömmlichen deutschen Arbeitnehmerbegriff nahe stehen.[264]

Insofern ist es durchaus nachvollziehbar, dass sich die Verteidiger der klassischen Theorie zur Abgrenzung von Arbeitnehmern und Selbständigen auf diese „Tradition" berufen.[265] Es soll freilich nicht behauptet werden, dass von der Stetigkeit der Rechtsprechung stets auf ihre Richtigkeit zu schließen wäre. Allerdings eröffnet die historische Dimension den Blick darauf, dass Ausgangspunkt der Entwicklung des Arbeitsrechts die *fremdbestimmte* Arbeit war.[266] Wie das Bundesarbeitsgericht betont, steht gerade das Merkmal der persönlichen Abhängigkeit – anders als jenes der Verteilung unternehmerischer Risiken und Chancen – in engem Zusammenhang mit der Unterscheidung zwischen fremdbestimmter und selbstbestimmter Arbeit.[267] Mittel der Fremdbestimmung ist nämlich gerade das Direktionsrecht als das letztlich tragende Kriterium.[268]

Diese Differenzierung liegt auch ökonomischen Erklärungsmustern für die Integration von Arbeitsleistungen in Unternehmen zugrunde. So unterscheidet *Max Weber* – ganz auf der Linie der klassischen Abgrenzungslehre – zwischen zwei Grundtypen menschlicher Leistungen wirtschaftlicher Art, nämlich zwischen „disponierenden" zum einen und „an Dispositionen orientierten" zum anderen;[269] nur letztere sollen „Arbeit" im engeren Sinne (also abhängige Arbeit) darstellen. Deutlich zutage tritt dieser Grenzverlauf auch in der Modellunterscheidung zwischen „Markt" und „Hierarchie". *Coase* sieht den Arbeitsvertrag als Konstrukt der Binnenorganisation des Unternehmens, in dem der externe Marktmechanismus durch die Bildung interner Hierarchien ersetzt wird, als Vertrag, „whereby the factor, for a certain remuneration (which may be fixed or fluctuating), agrees to obey the directions of an entrepreneur within certain li-

---

263 BAG v. 30. 9. 1998, NZA 1999, S. 374, 375; v. 20. 9. 2000, NZA 2001, S. 551 f.; vgl. BAG v. 27. 6. 2001, BB 2001, S. 2220, 2221; vgl. *Griebeling*, NZA 1998, S. 1137, 1140.

264 Vgl. die Übersicht bei *Hümmerich*, NJW 1998, S. 2625, 2629 f. m. w. N.

265 Kritisch *Wank*, NZA 1999, S. 225, 229.

266 Vgl. *Adomeit*, Rechtsquellenfragen, S. 7 f.; *Hueck/Nipperdey*, Arbeitsrecht, Band I, S. 41 ff.; vgl. *Sinzheimer*, Grundzüge des Arbeitsrechts, S. 3 ff., 10 f., 111; *derselbe*, Arbeitsnormenvertrag, Erster Teil, S. 12; vgl. a. a. O., S. 16: „Herrschaftsvertrag".

267 BAG v. 15. 3. 1978, AP Nr. 26 zu § 611 BGB Abhängigkeit, Bl. 3; vgl. *Hueck*, RdA 1969, S. 216; *Reinecke*, ZIP 1998, S. 581, 585.

268 „Fremdbestimmung" wurde dabei nicht wirtschaftlich im Sinne einer Einschränkung der wirtschaftlichen Bewegungsfreiheit verstanden. Sowohl die Selbständigkeit als auch der Gegenbegriff der Abhängigkeit waren durch das Attribut „persönlich" gekennzeichnet, womit die Entscheidungsfreiheit hinsichtlich Zeit, Ort und Art und Weise der Arbeit gemeint war.

269 *Max Weber*, Wirtschaft und Gesellschaft, Erster Teil, Kapitel II, § 15 (S. 62).

mits."[270] Motivation für den Ersatz des Marktmechanismus innerhalb eines Unternehmens ist nach dem Modell von *Coase* die Ersparnis externer Transaktionskosten.[271]

Auch unter dem Blickwinkel weiterer soziologischer Unternehmenstheorien, auf die hier nicht näher eingegangen werden kann, zählen die Konkretisierungsbedürftigkeit der vertraglich versprochenen Arbeitsleistung und die Begründung eines Subordinationsverhältnisses zu den zentralen Charakteristika von Arbeitsverhältnissen.[272] Beide Elemente gehen in der klassischen Unterscheidung anhand der Weisungsabhängigkeit auf. Ökonomischer Zweck des Arbeitsvertrags ist es dieser Vorstellung nach, dem Arbeitgeber die „Verfügungsgewalt" über die Arbeitskraft einer Person einzuräumen, die dem unternehmerischen Zweck eines anderen untergeordnet wird.[273]

Wank ist bislang den Nachweis schuldig geblieben, dass unter den – zweifellos Wandlungen unterworfenen – Voraussetzungen der modernen Arbeitswelt der ursprüngliche Ansatz an der persönlichen Fremdbestimmung nicht mehr tragbar ist. Allein die Tatsache, dass es heute Erwerbsformen gibt, die einer so verstandenen Fremdbestimmung entwachsen und dennoch schutzbedürftig sind, genügt hierzu nicht.

d) Zwischenergebnis

Die Betrachtung verschiedener Aspekte hat gezeigt, dass ein extensiver Arbeitnehmerbegriff, der sich vom Erfordernis persönlicher (im Sinne von weisungsbedingter) Unselbständigkeit löst und auf wirtschaftliche Kriterien abstellt, mit dem geltenden Recht insgesamt nicht zu vereinbaren ist. Allein der Gesetzgeber wäre befugt, den Anwendungsbereich des Arbeitsrechts – in den durch Art. 12 GG gesetzten Grenzen – über die bisherige, von der Rechtsprechung entwickelte und der h. L. getragene Definition hinaus auszudehnen.

---

270 *Coase*, in: The firm, the market, and the law, S. 33, 39.

271 Vgl. *Schäfer/Ott*, Ökonomische Analyse, S. 527 f.

272 *Brandes/Weise*, in: Müller-Jentsch (Hrsg.), Konfliktpartnerschaft, S. 11, 24; vgl. *Kühl*, WSI Mitteilungen 2000, S. 818, 825 f.; zur unternehmenstheoretischen Einordnung hybrider Netzstrukturen zwischen Vertrag und Organisation, zwischen Markt und Hierarchie, vgl. *Teubner*, KritV 1993, S. 367, 379 f.

273 Vgl. *Ballerstedt*, RdA 1976, S. 5, 8; *Maschmann* (NZA 2001, Sonderbeilage zu Heft 24, S. 21, 28 f.) sieht das Recht des Arbeitgebers zur Steuerung des arbeitsteiligen Prozesses und damit zur Verfügung über die Arbeitskraft des Arbeitnehmers gar als Kernkriterium der Statusqualifikation (ohne dass damit allerdings viel gegenüber der herkömmlichen Abgrenzung anhand der „persönlichen Abhängigkeit" gewonnen wäre).

3. Problematik des Rechtsformzwangs

Im Anschluss an die Feststellung der Qualifikationskriterien verbleibt als weiteres Teilproblem der Abgrenzung selbständiger von unselbständiger Beschäftigung die Bestimmung des Prüfungs*gegenstands*. Problematisch ist dabei die Rolle der Parteivereinbarung: Bezieht sich die Qualifikation, also die Prüfung der persönlichen Abhängigkeit, auf den Inhalt des Vertrages (in der Regel also primär des schriftlich Vereinbarten), und/oder auf außervertragliche („tatsächliche“) Umstände?

Im Ergebnis besteht weitgehend Einigkeit darüber, dass der Vertrag zwar Anhaltspunkt für die Prüfung der Weisungsbindung ist, letztlich aber die tatsächliche Durchführung des Vertragsverhältnisses ausschlaggebend sein muss.[274] Es leuchtet ein, dass andernfalls einer Umgehung der überwiegend *zwingenden* Vorschriften des Arbeitsrechts Tür und Tor geöffnet wären.[275] Die Bemühungen um die Bestimmung des (unstreitig indisponiblen) Arbeitnehmerbegriffs wären vergebens, könnte der Gegenstand seiner Anwendung beliebig festgelegt und geradezu auf diese Voraussetzungen hin maßgeschneidert werden. Genau dies wäre – in Konsequenz der Vertragsfreiheit – der Fall, wenn Maßstab allein die vertragliche Vereinbarung wäre. Zur Umschreibung der aus diesem Grund notwendigen Beschränkung vertraglicher Spielräume hinsichtlich der Zuordnung

---

[274] Aktuelle Formel des 5. Senats: BAG v. 22. 4. 1998, NZA 1998, S. 1275; BAG v. 22. 4. 1998, NZA 1998, S. 1336, 1338; BAG v. 3. 6. 1998, NZA 1998, S. 1165, 1166; vgl. zuvor BAG v. 8. 6. 1967, AP Nr. 6, Bl. 2 R f.; v. 28. 6. 1973, AP Nr. 10, Bl. 2; v. 14. 2. 1974, AP Nr. 12, Bl. 1 R f. – jeweils zu § 611 BGB Abhängigkeit; BAG v. 12. 9. 1996, NZA 1997, S. 194, 195 f.; vgl. aus der Rechtsprechung des Reichsarbeitsgericht RAG v. 25. 4. 1936, ARS 27, S. 7, 8; v. 4. 5. 1938, ARS 33, S. 320, 321; v. 31. 5. 1942, ARS 45, S. 34, 35 f.; ähnlich der BGH: BGH v. 21. 10. 1998, NZA 1999, S. 110, 111 („nach den tatsächlichen Verhältnissen des Einzelfalls“); aus der Literatur statt vieler *Eckert*, DStR 1997, S. 705; *Wank*, Arbeitnehmer und Selbständige, S. 20 f. m. w. N.; vgl. auch *Davies*, in: Reports to the 6th European Congress for Labour Law and Social Security, S. 165, 180 f.

[275] Vgl. etwa BAG v. 9. 3. 1977, AP Nr. 21 zu § 611 BGB Abhängigkeit; v. 20. 9. 2000, NZA 2001, S. 551, 553; *Beuthien/Wehler*, Gemeinsame Anmerkung zu BAG AP Nr. 15 - 21 zu § 611 BGB Abhängigkeit, Bl. 5 R f.; *Maschmann*, NZA 2001, Sonderbeilage zu Heft 24, S. 21, 24; *Plander*, Flucht aus dem Normalarbeitsverhältnis, Rn. 167; *Preis/Stoffels*, ZHR 160 (1996), S. 442, 446. Dies muss besonders für das Sozialversicherungsrecht gelten, wo eine „Umgehungsgefahr“ nicht nur wie im Arbeitsvertragsrecht zulasten einer Partei, sondern im Einvernehmen der Vertragspartner zulasten Dritter, nämlich der Sozialversicherungsträger, möglich ist; vgl. insoweit auch *Hübner*, in: Hübner/Rehbinder/Sell/Kunze, Freie Mitarbeiter in den Rundfunkanstalten, S. 5, 9.

des Vertragstyps hat sich der Begriff des arbeitsrechtlichen „Rechtsformzwangs“[276] eingebürgert.

So einleuchtend dieses Ergebnis sein mag, so schwierig ist bei genauerem Hinsehen der dogmatische Hintergrund des Rechtsformzwangs und – aus praktischer Perspektive gravierender – seine durch Vertrags- und Berufsfreiheit (Art. 12 GG) determinierten Grenzen.[277] Kriterien für den exakten *Umfang* des Rechtsformzwangs lassen sich nicht unmittelbar aus dem offensichtlichen Bezug zum zwingenden Charakter des Arbeitsrechts gewinnen. In vielen Fällen ist es nämlich möglich, vergleichbare Tätigkeiten sowohl im Rahmen eines unselbständigen als auch in Form eines selbständigen Beschäftigungsverhältnisses auszuüben.[278] Man steht also vor dem Dilemma, dass den Vertragsparteien einerseits eine – wenn auch begrenzte – Wahlmöglichkeit eingeräumt und dass andererseits das Eingreifen zwingender Schutzvorschriften sichergestellt werden muss.

Die damit verbundenen Probleme sind für die im Rahmen dieser Arbeit untersuchte rechtliche Reaktion auf das Phänomen „intendierter Selbständigkeit“, die bewusst auf arbeitsrechtliche Gestaltungsformen verzichtet, von herausragender Bedeutung. Nur wenn Klarheit darüber herrscht, welche vertraglichen Spielräume überhaupt für neue Arbeitsformen bestehen, lässt sich über einen sozialen Schutz jenseits der Grenzen des Arbeitnehmerbegriffs sinnvoll diskutieren.

Besonders misslich an einer Beschränkung der Rechtsformwahl durch die Parteien ist in praktischer Hinsicht das Risiko einer Fehleinschätzung der Rechtslage für den Beschäftigungsgeber.[279] Die rückwirkende Einordnung als Arbeitsverhältnis ist für den „Arbeitgeber wider Willen“ mit erheblichen Kosten und

---

276 Diesen Begriff verwenden z. B. *Heinze*, NZA 1997, S. 1, 2 (offenbar pejorativ); *Jahnke*, ZHR 146 (1982), S. 595 ff.; *Hromadka*, NZA 1997, S. 569, 577; *Martens*, RdA 1979, S. 347 ff.; *Rommé*, ZfA 1997, S. 251, 261; *Stoffels*, NZA 2000, S. 690; *Wank*, DB 1992, S. 90, 91. Gegen diesen Begriff allerdings *Griebeling*, NZA 1998, S. 1137, 1143. Von „Rechtsformenzwang“ sprechen *Hohmeister*, NZA 1999, S. 1009; *Kempen/Zachert*, Tarifvertragsgesetz, § 12a Rn. 6. Deutlich BAG v. 23. 4. 1980, AP Nr. 34 zu § 611 BGB Abhängigkeit, Bl. 2: „Das Arbeitsrecht verweist [...] jeden, der einen anderen in abhängiger Arbeit beschäftigt, in die dafür verbindlich vorgeschriebene Rechtsform der Arbeitsvertrages.“

277 Vgl. jüngst hinterfragend *Stoffels*, NZA 2000, S. 690 ff.

278 Hiervon geht auch die Rechtsprechung aus: Vgl. BAG v. 30. 10. 1991, AP Nr. 59; v. 20. 7. 1994, AP Nr. 73 zu § 611 BGB Abhängigkeit; v. 26. 5. 1999, NZA 1999, S. 983, 984.

279 Vgl. *Popp*, MDR 1998, S. 18, 19; *Wank*, Arbeitnehmer und Selbständige, S. 114, spricht sogar von einer Gefährdungshaftung des Arbeitgebers für unverschuldeten Rechtsirrtum in den Fällen, in denen sich der Arbeitgeber zuvor juristisch qualifiziert beraten lassen hat; vgl. den Vorschlag eines „Registersystems“ von *Jacobs,* NZA 1999, S. 23, 25.

Risiken verbunden.[280] Unter dem Aspekt der Rechtssicherheit wäre es im Interesse der Anerkennung selbständiger Arbeitsformen als Alternative zu abhängiger Beschäftigung prinzipiell wünschenswert, vorrangig den Willen der Parteien zur Anwendbarkeit bzw. Nichtanwendbarkeit des Kernarbeitsrechts zu berücksichtigen.

a) Rolle der Vertragsauslegung

Ein erster Ansatz zur Bewältigung des Problems ist die Auslegung des Vertrages. In einigen Entscheidungen begründet das Bundesarbeitsgericht den Vorrang der tatsächlichen Vertragsdurchführung mit folgendem Satz:

> „Aus der praktischen Handhabung lassen sich Rückschlüsse darauf ziehen, von welchen Rechten und Pflichten die Parteien in Wirklichkeit ausgegangen sind.“ [281]

Diese Formulierung beruht offenbar auf dem unguten Gefühl, sich bei der Qualifikation über den Willen der Parteien hinwegzusetzen. Durch die zitierte Wendung wird der Eindruck erweckt, bei der Berücksichtigung der „tatsächlichen Durchführung“ handele es sich schlicht um eine ergänzende Auslegung des Beschäftigungsvertrages aufgrund konkludenten Verhaltens der Parteien, das vom schriftlich Vereinbarten abweicht. Auf dieser Ebene liegt auch die These *Boemkes*, nach der für das entscheidende Begriffsmerkmal der Weisungsgebundenheit allein die vertragliche Regelung maßgeblich sein soll, während die tatsächliche Handhabung nur Anknüpfungspunkt für eine einvernehmliche, schlüssige Änderung des Vertrages sein könne bzw. der Auslegung seines ursprünglichen Inhalts diene.[282]

Der Sache nach geht es dem Bundesarbeitsgericht aber entgegen der zitierten Formulierung nicht um eine bloße Auslegung des Parteiwillens. Das der Weisungsgebundenheit übergeordnete Merkmal der „Eingliederung in die fremde Arbeitsorganisation“[283] in allen denkbaren Formen lässt sich bereits der Natur des Kriteriums nach nicht auf eine vertragliche Vereinbarung beziehen. Jenseits der Weisungsbindung, an der sich lediglich „insbesondere“ die Eingliederung

---

280 Zu den arbeits-, steuer- und sozialversicherungsrechtlichen Folgen *Eckert*, DStR 1997, S. 705 f; *Hochrathner*, NZA 1999, S. 1016 ff.; *Hohmeister*, NZA 1999, S. 1009 ff.; *Kramer*, Die Scheinselbständigkeit und ihre individualarbeitsrechtlichen Folgen; *Niepalla/Dütemeyer*, NZA 2002, S. 712 ff.; *Schliemann*, RdA 1997, S. 322, 324; zur Frage der Anpassung der Vergütungshöhe vgl. BAG v. 21. 1. 1998, NZA 1998, S. 594.

281 BAG v. 22. 4. 1998, NZA 1998, S. 1275; v. 6. 5. 1998, NZA 1999, S. 205, 206 f.; v. 15. 12. 1999, NZA 2000, S. 534, 539.

282 *Boemke*, ZfA 1998, S. 285, 308; vgl. auch *Plander*, Flucht aus dem Normalarbeitsverhältnis, Rn. 172.

283 BAG v. 22. 4. 1998, NZA 1998, S. 1275; v. 22. 4. 1998, NZA 1998, S. 1336, 1338; v. 3. 6. 1998, NZA 1998, S. 1165, 1166.

zeigen soll, ist die tatsächliche – und nicht eine vertraglich „vereinbarte" – betriebliche Organisation der Arbeitsprozesse ausschlaggebend. Ein rechtsgeschäftlicher Erklärungswert in Bezug auf einzelne Vertragsverhältnisse wird diesen Umständen nach der Verkehrsanschauung kaum beizumessen sein. Die Formel des BAG verdeckt daher eher den wahren Hintergrund für die Maßgeblichkeit der „tatsächlichen Umstände", als dass es eine plausible Rechtfertigung dieser Beurteilungsmaßstäbe bieten könnte.[284]

Dass es bei dem Problem der Anwendung des Arbeitsrechts nicht allein um eine Auslegung des Parteiwillens geht, zeigt sich z. B. auch an dem von der Rechtsprechung zur Konkretisierung verwendeten Kriterium bzw. Indiz der Integration des Beschäftigten in feste Dienstpläne[285]: Aus diesem Umstand soll auf das Bestehen eines Arbeitsverhältnisses geschlossen werden, ohne dass eine Auslegung des Vertrages anhand der „tatsächlichen Handhabung" ergeben würde, dass der Beschäftigte auch rechtlich verbindlich *verpflichtet* sein muss, seiner Aufstellung in den Plänen Folge zu leisten. Entscheidend wird also nicht auf einen im Wege der Auslegung ermittelten Vertragsinhalt, sondern auf eine gerade nicht zugleich rechtsverbindliche *Praxis* der Parteien abgestellt. Würde diese Praxis tatsächlich Rückschlüsse auf den Vertragsinhalt geben, müsste man aus der vom Beschäftigten akzeptierten Integration in die Dienstpläne auf eine konkludent begründete Verpflichtung, dieser Art einseitiger Weisung auch Folge zu leisten, schließen. Diese Konsequenz zieht die Rechtsprechung aber nicht – zu Recht, weil sie dem *insoweit* unstreitig maßgeblichen Willen der Parteien nicht entspricht. Nach Ansicht des Bundesarbeitsgerichts soll es für die Rechtsformqualifikation sogar unerheblich sein, wenn ausdrücklich vereinbart war, dass die Integration in den Dienstplan unter dem Vorbehalt der Zustimmung des Beschäftigten steht,[286] also eindeutig rechtlich unverbindlich sein soll. Die „Auslegung" des Beschäftigungsvertrages aufgrund ein und desselben äußeren Umstands folgt also hinsichtlich der Rechtsformbestimmung anderen Wegen als in Bezug auf sonstige vertragsrechtliche Rechtsfolgen – ein in sich inkonsequentes Ergebnis.

Das primäre Anknüpfen an den durch Auslegung ermittelten Vertragsinhalt muss dennoch der richtige Ansatz sein. Einen expliziten numerus clausus an Gestaltungsformen, wie er etwa im Gesellschafts-, Sachen-, Familien- und Erbrecht existiert, kennt das Arbeitsvertragsrecht als Teil des Schuldrechts nämlich grundsätzlich nicht. Die Einordnung von Schuldverhältnissen findet im Allgemeinen durch Auslegung der Parteivereinbarung statt, indem der Inhalt der

---

[284] Vgl. die Kritik bei *Martens*, RdA 1979, S. 347.

[285] BAG v. 16. 3. 1994, AP Nr. 68; v. 20. 7. 1994, AP Nr. 73; v. 30. 11. 1994, AP Nr. 74 – jeweils zu § 611 BGB Abhängigkeit; v. 19. 11. 1997, NZA 1998, S. 595, 596; v. 20. 9. 2000, NZA 2001, S. 551, 552 f.

[286] BAG v. 20. 7. 1994, AP Nr. 73; v. 30. 11. 1994, AP Nr. 74 zu § 611 BGB Abhängigkeit.

zugrunde liegenden Willenserklärungen ermittelt und dabei festgestellt wird, welche Leistung im Sinne von § 241 BGB geschuldet sein soll. Entspricht diese einem gesetzlich geregelten Vertragstyp, so ist ihm das Schuldverhältnis mit der Folge zuzuordnen[287], dass nunmehr die ihm zugeordneten gesetzlichen Bestimmungen ergänzend (bei dispositiven Normen) oder verdrängend (bei zwingenden Normen) eingreifen. In nicht eindeutigen Fällen ist entscheidend, wo der Schwerpunkt der Vertragspflichten bei einer wertenden Gesamtbetrachtung liegt.[288]

Auf der Ebene der Auslegung kommt es für die hier interessierende Abgrenzung also darauf an, ob eine durch die Ausübung einseitiger Weisungen konkretisierungsbedürftige Arbeitsleistung geschuldet ist. Hinweise hierauf können sich vor allem aus der Vereinbarung bzw. dem Ausschluss von Weisungsrechten gegenüber dem Beschäftigten ergeben. Auch einer ausdrücklichen Aussage zur beabsichtigten Rechtsform (etwa „Arbeitsvertrag“ oder „freier Mitarbeitervertrag“) kommt in Zweifelsfällen eine Bedeutung bei der Auslegung des Parteiwillens zu, da dies regelmäßig Rückschlüsse auf den von den Parteien gewollten Inhalt der Leistungsverpflichtung zulässt.[289]

Umgekehrt sind die Fälle einer schlichten Falschbezeichnung vonseiten der Parteien durch den Grundsatz *falsa demonstratio non nocet* zu lösen. Klassischer Fall für den hier interessierenden Fragenkreis der Abgrenzung von Vertragstypen ist die Wahl einer Überschrift des schriftlichen Vertragstextes, die dem Inhalt der Vereinbarung widerspricht: so etwa, wenn im Rahmen eines als „Dienstvertrag“ bezeichneten Vertragsverhältnisses eine Leistung vereinbart wird, die auf die Herstellung eines Erfolges gerichtet ist, mithin also ein Werkvertrag vorliegt.[290] Die Bezeichnung des Vertrages wird insoweit entgegen seinem Anschein als ausdrückliche Vertragstypenwahl zu *einem* Auslegungskriterium unter anderen herabgestuft. Völlig belanglos ist eine solche Bezeichnung allerdings nicht in jedem Fall; ihr kommt vor allem dann eine Bedeutung zu, wenn sich der Inhalt der Leistungspflicht hinsichtlich ihrer Qualifikation als abhängig oder selbständig zu erbringende Arbeitsleistung ohne die beabsichtigte „Rechtsformvereinbarung“ nicht eindeutig aus den sonstigen Auslegungsansätzen ermitteln lässt. Im Rahmen der Abgrenzung selbständiger und unselbständiger Beschäftigungsverträge liegt eine Falschbezeichnung dann vor, wenn sich aus anderen Vertragsbestimmungen eindeutig ergibt, dass eine abhängige

---

287 Palandt-*Putzo*, Bürgerliches Gesetzbuch, Überblick vor § 433 Rn. 3.

288 Vgl. BGH v. 19. 11. 1998, NZA 1999, S. 320.

289 Vgl. Palandt-*Putzo*, Bürgerliches Gesetzbuch, Überblick vor § 433 Rn. 3. In schriftlichen Verträgen, die auf die Begründung eines selbständigen Beschäftigungsverhältnisses zielen, wird zumeist „klargestellt“, dass kein Arbeitsverhältnis begründet werden soll.

290 Vgl. auch RG v. 11. 7. 1924, RGZ 108, S. 369, 371 („Pachtvertrag“); BGH v. 8. 11. 1979, BGHZ 75, S. 299, 301 f. („Werkvertrag“ in Abgrenzung zur Arbeitnehmerüberlassung).

(weisungsgebundene) Arbeitsleistung geschuldet ist. In diesen Fällen wird die „Rechtsformvereinbarung“ bereits auf der Ebene der Auslegung in ihrer rechtlichen Bedeutung eliminiert.

In der arbeitsrechtlichen Literatur wird teilweise versucht, den arbeitsrechtlichen Rechtsformzwang *allein* auf den Grundsatz der *falsa demonstratio* zu stützen.[291] Dabei wird eine Parallele zum klassischen Problem der Abgrenzung von Dienst- und Werkverträgen gesehen.[292] Diese Begründung greift indessen zu kurz.[293] Denn die Qualifikation als Arbeitsverhältnis setzt sich in vielen Fällen über den (formalen) im Wege der Auslegung ermittelten rechtsgeschäftlichen Willen der Parteien hinweg. Dies geschieht immer dann, wenn die Auslegung der Parteivereinbarung ergibt, dass gerade *keine* abhängige Arbeitsleistung vertraglich geschuldet sein sollte,[294] wenn also keine *rechtliche* Weisungsgebundenheit vorliegt, sondern allein die Praxis der Vertragsdurchführung durch die Befolgung von Weisungen geprägt ist.

Der Grundsatz *falsa demonstration non nocet*[295] regelt den Vorrang des eindeutig festgestellten Parteiwillens vor einer buchstäblich am Wortlaut des Vertrages haftenden Interpretation.[296] Er ist also Instrument der Auslegung von Willenserklärungen und dient nicht der Verteidigung des *ius cogens* vor einer dieses abdrängenden Wahl des Vertragstyps. In den Fällen der falschen Zuordnung des Vertragstyps durch die Parteien lässt sich das anzuwendende Recht durch Auslegung der Willenserklärungen ermitteln, während die Zuordnung eines Beschäftigungsverhältnisses zum Arbeitsrecht nicht allein durch Auslegung, sondern auch aufgrund der spezifischen Schutzbedürftigkeit des Ver-

---

291 So offenbar *Beuthien/Wehler*, Gemeinsame Anmerkung zu BAG AP Nr. 15 - 21 zu § 611 BGB Abhängigkeit, Bl. 5; ähnlich, aber kombiniert mit weiteren Ansätzen ErfK-*Preis*, § 611 BGB Rn. 50 ff.; vgl. *Plander*, Flucht aus dem Normalarbeitsverhältnis, Rn. 168.

292 Z. B. *Hübner*, in: Hübner/Rehbinder/Sell/Kunze, Freie Mitarbeiter in den Rundfunkanstalten, S. 5, 8.

293 Ebenso *Stoffels*, NZA 2000, S. 690, 693.

294 Vgl. *Konzen*, ZfA 1982, S. 259, 292.

295 Dieser aus dem römischen Recht stammende Grundsatz fand ursprünglich nur bei Testamenten Anwendung und wurde später als „Argumentationsstütze“ auf die Auslegung von Vertragsverhältnissen ausgedehnt; kritisch zur heutigen Bedeutung *Wieling,* AcP 172 (1972), S. 297, 298 ff.

296 Vgl. Palandt-*Heinrichs*, Bürgerliches Gesetzbuch, § 133 Rn. 8; *Larenz/Wolf*, Allgemeiner Teil des Bürgerlichen Rechts, § 28 Rn. 31; *Medicus*, Allgemeiner Teil des BGB, Rn. 327. Klassischer Fall ist der „Haakjöringsköd“-Fall RG v. 8. 6. 1920, RGZ 99, S. 147 ff. Die Rechtsprechung kommt dabei in Anwendung der allgemeinen Auslegungsregeln zu vergleichbaren Ergebnissen, ohne die *falsa demonstratio*-Regel zu bemühen: Vgl. BAG v. 22. 10. 1969, BAGE 22, S. 169, 174; BGH v. 26. 10. 1983, NJW 1984, S. 721 f.; v. 20. 11. 1992, NJW-RR 1993, S. 373 f.; v. 20. 11. 1997, NJW 1998, S. 746, 747.

tragspartners erfolgt.[297] Dieser arbeitsrechtspezifische Aspekt spielt dagegen etwa bei der Abgrenzung von Dienst- und Werkverträgen regelmäßig keine Rolle.

Beuthien/Wehler argumentieren hingegen mit der allgemeinen Rechtsgeschäftslehre: bereits aufgrund der Dogmatik der Willenserklärung sei ein Geschäftswille hinsichtlich eines konkreten Vertragstyps unerheblich; es komme auf den gewollten Geschäftsinhalt und nicht auf einen Willen in Bezug auf die aus dem Gesetz folgenden Rechtsfolgen an.[298] Richtig daran ist, dass die Zuordnung einer Vereinbarung zu einem bestimmten Vertragstyp nicht einen ausdrücklich hierauf gerichteten Willen voraussetzt und dass nicht *sämtliche* Rechtsfolgen, die sich aus der Zuordnung ergeben, vom erklärten Parteiwillen getragen sein müssen.[299] Dass aber umgekehrt die ausdrückliche Erklärung, kein Arbeitsverhältnis begründen zu wollen, für die Auslegung des Geschäftsinhalts *keine* Rolle spielen soll, ist weder folgerichtig noch im Ergebnis einsichtig.

Festzuhalten bleibt, dass die Rechtsgeschäftslehre allein keine überzeugende Erklärung des Rechtsformzwangs bietet.[300] Sie hilft nur in denjenigen Fällen weiter, in denen bereits auf der Ebene der Auslegung eine Entscheidung über die Zuordnung des Vertragstyps getroffen werden kann.

b) Rechtsformzwang als Eingriff in die Vertragsfreiheit

Das eigentliche Problem von Rechtsformzwang und Rechtsformverfehlung stellt sich als ein solches der Grenzen der Privatautonomie dar, in die durch die zwingende rechtliche Qualifikation eines Rechtsverhältnisses anhand *außervertraglicher* Umstände eingegriffen wird.[301] Dabei verliert das rechtsgeschäftliche Willensmoment zwangsläufig an Bedeutung. Dogmatisch erscheint dies auf den ersten Blick unbefriedigend, da ein Wesensmerkmal des Arbeitsverhältnisses nach heute allgemeiner Ansicht gerade seine Begründung *durch Vertrag* ist – etwa in Abgrenzung zum Beamtenverhältnis.[302] Wenn aber der Vertrag als solcher für das Vorliegen eines Arbeitsverhältnisses wesentlich ist, nämlich als Tatbestandsmerkmal arbeitsrechtlicher Vorschriften, wie lässt sich dann erklä-

---

[297] Vgl. *Martens*, RdA 1979, S. 347, 348.

[298] *Beuthien/Wehler*, Gemeinsame Anmerkung zu AP Nr. 15 - 21 zu § 611 BGB Abhängigkeit, Bl. 5 R.

[299] Vgl. *Flume*, Allgemeiner Teil des Bürgerlichen Rechts, Zweiter Band, § 1, 3 (S. 3 f.); *Larenz/Wolf*, Allgemeiner Teil des Bürgerlichen Rechts, § 24 Rn. 11.

[300] Ebenso *Konzen*, ZfA 1982, S. 259, 293; vgl. *Stoffels*, NZA 2000, S. 690, 692.

[301] *Fenn*, in: Festschrift für Bosch, S. 171, 173 f.; ErfK-*Preis*, § 611 BGB Rn. 49; *Stoffels*, NZA 2000, S. 690, 693 f.; *Wank*, Arbeitnehmer und Selbständige, S. 109.

[302] Vgl. *Stolterfoth*, Selbständigkeit, S. 189 ff.

ren, dass bei der Frage der Qualifikation auf den Inhalt der Vereinbarung nur nachrangig abzustellen ist?[303]

Üblicherweise wird dieser Eingriff in die Privatautonomie schlicht mit dem zwingenden Charakter arbeitsrechtlicher Normen gerechtfertigt.[304] Es bestehe die Gefahr der „Umgehung“ dieser Vorschriften, wenn durch die schlichte Parteivereinbarung das dichte Netz der arbeitsrechtlichen Schutzvorschriften praktisch für unanwendbar erklärt werden könnte. Hinter dieser Argumentation verbirgt sich jedoch eine *petitio principii:* Eine „Umgehung“ des Arbeitsrechts kann nur dort stattfinden, wo tatsächlich Arbeitsrecht zur Anwendung kommt. Die Frage, wann dies der Fall ist, gilt es aber gerade zu beantworten. Aus dem zwingenden Charakter des Arbeitsrechts mag sich – neben anderen Faktoren – die generelle Notwendigkeit des Rechtsformzwangs im Arbeitsrecht erklären, als Begründung für die Lösung eines konkreten Zweifelsfalls ist sie jedoch ungeeignet.[305]

Demselben Einwand sieht sich der Ansatz *Riebles* ausgesetzt, der aufgrund des „Arbeitnehmerschutzprinzips“ einen Umgehungsschutz bei Missbrauch rechtlicher Gestaltungsmöglichkeiten für notwendig hält, wie er etwa in § 42 AO, § 18 S. 2 VerbrKrG (heute § 506 S. 2 BGB n. F.), § 7 AGBG (heute § 306a BGB n. F.) oder dem früheren § 5 Abs. 1 HaustürWG gesetzlichen Niederschlag gefunden hat.[306] Die Frage, ob „die gewählte rechtliche Gestaltung vor dem Hintergrund des zwingenden Rechts die Anerkennung verdient“, sagt noch nichts über die Kriterien aus, *wann* ein Missbrauch in diesem Sinne vorliegt, wann also das „arbeitnehmerische“ (!) Schutzprinzip überhaupt einschlägig ist. Auch der (älteren) Rechtsprechung des Bundesarbeitsgerichts liegt die Rechtfertigung durch den Gedanken des Missbrauchs der Vertragsfreiheit[307] zugrunde, ohne dass eine nähere Begründung hierfür angeführt wird. Eine solche wäre aber geboten, weil unklar bleibt, unter welchen Voraussetzungen ein – offenbar stillschweigend unterstellter – Missbrauch anzunehmen ist.

Eine wichtige Schlussfolgerung lässt sich aber unmittelbar aus dem weitgehend zwingenden Charakter des Arbeitsrechts ziehen, nämlich die Unzulässigkeit einer ausdrücklichen „Abwahl“ des Arbeitsrechts durch eine so genannte Statusvereinbarung. Entgegen *Stoffels*[308] kann sich eine solche Vereinbarung, sofern ihr im Einzelfall überhaupt ein rechtsgeschäftlicher Erklärungswert beige-

---

303 Vgl. auch *Wank*, Arbeitnehmer und Selbständige, S. 115, der hierin ebenfalls ein Dilemma der Rechtsanwendung sieht.

304 *Fenn*, in: Festschrift für Bosch, S. 171, 182; ErfK-*Preis*, § 611 BGB Rn. 53.

305 Im Ergebnis ähnlich *Wank*, Arbeitnehmer und Selbständige, S. 103 f.

306 Rieble, ZfA 1998, S. 327, 329.

307 BAG v. 14. 2. 1974, AP Nr. 12, Bl. 4 R; v. 21. 9. 1977, AP Nr. 24 Bl. 3; v. 13. 8. 1980, AP Nr. 37 Bl. 4 R – jeweils zu § 611 BGB Abhängigkeit.

308 *Stoffels*, NZA 2000, S. 690, 693.

messen werden kann, nicht gegenüber einer hiervon abweichenden Regelung des Vertragsgegenstandes (weisungsgebundene Arbeitsleistung) durchsetzen. Würde man es erlauben, für eindeutig weisungsabhängig zu erbringende Arbeitsleistungen den Status eines selbständigen Beschäftigungsverhältnisses zu vereinbaren, liefe dies auf ein unzulässiges Abbedingen der auf derartige Arbeitsleistungen anwendbaren zwingenden Vorschriften des Arbeitsrechts hinaus. Diese müssen daher zumindest im Arbeitsrecht unmittelbar am Vertragsgegenstand und nicht an einer Rechtsformzuordnung anknüpfen.[309] Vertragsbestimmungen, in denen für eine bestimmte Rechtsform optiert wird, können nur dann für die Auslegung des Inhalts der vereinbarten Leistung bedeutsam sein, wenn diese nicht eindeutig genug geregelt ist. Eine darüber hinausgehende Bedeutung kann derartigen Regelungen zukommen, wenn die Parteien umgekehrt eine an sich weisungsfrei zu erledigende Tätigkeit in der Rechtsform eines Arbeitsverhältnisses durchführen wollen. Gegen eine ausdrückliche Qualifikation als Arbeitsverhältnis sind unter schutzteleologischen Gesichtspunkten keine Einwände zu erheben.[310] In diesem Fall bewirkt die Rechtsformwahl nämlich keine Abwahl zwingender Vorschriften, sondern gerade deren Anwendung.

Festzuhalten bleibt, dass die die Unabdingbarkeit der arbeitsrechtlichen Kernvorschriften zwar die Unzulässigkeit einer vom Vertragsgegenstand isolierten Statusvereinbarung bewirkt, die Berücksichtigung der außerhalb des Vertrages liegenden tatsächlichen Vertragsdurchführung bei der Qualifikation aber nicht zu rechtfertigen vermag.

c) Gesetzlicher Ansatz: § 84 Abs. 2 HGB

Bei genauer Betrachtung findet der arbeitsrechtliche Rechtsformzwang zumindest seit 1953 eine gesetzliche Verankerung, nämlich in § 84 Abs. 2 HGB. Diese Norm bestimmt:

> „Wer, ohne selbständig im Sinne des Abs. 1 zu *sein*, ständig damit betraut ist, für einen Unternehmer Geschäfte zu vermitteln oder in dessen Namen abzuschließen, *gilt* als Angestellter.“[311]

Zum einen fällt auf, dass die Vorschrift auf der Tatbestandsseite mit der Formulierung „selbständig zu *sein*“ auf das *objektive* Vorliegen der in § 84 Abs. 1 S. 2 HGB definierten Selbständigkeit abstellt. Damit kommt im Gesetz selbst

---

309 Die zivilrechtsdogmatische Streitfrage, inwieweit den Parteien allgemein ein vertraglicher Spielraum für die ausdrückliche Zuordnung zu gesetzlichen Vertragstypen zusteht, kann dabei dahinstehen (hierzu *Stoffels*, NZA 2000, S. 690, 691 f. m. w. N.).

310 Vgl. BAG v. 13. 3. 1987, NZA 1987, S. 629, 630; BAG v. 12. 9. 1996, NZA 1997, S. 194, 196; deutlich LAG Thüringen v. 6. 2. 1998, NZA-RR 1998, S. 296, 297; ErfK-*Preis*, § 611 BGB Rn. 46; *Wrede*, NZA 1999, S. 1019.

311 Hervorhebung durch Verf.

zum Ausdruck, dass es für die Qualifikation des Rechtsverhältnisses nicht unmittelbar und ausschließlich darauf ankommen soll, inwieweit der *Vertrag* eine freie Gestaltung der Tätigkeit und der Bestimmung der Arbeitszeit zulässt. Dieser Befund wird durch die Begründung des Gesetzentwurfs bestätigt.[312] Der Inhalt des Vertrages dient nur insoweit als Anhaltspunkt für eine Beurteilung der objektiven, „tatsächlichen" Selbständigkeit, als er regelmäßig – aber nicht notwendig immer – den für die Selbständigkeit maßgeblichen Gestaltungsspielraum des Beschäftigten bestimmt. § 84 HGB ist dabei nicht der einzige Fall einer Rechtsformqualifikation anhand objektiver Kriterien. In ähnlicher Form regelt etwa § 92b Abs. 3 HGB, dass sich der nebenberufliche Charakter einer Handelsvertretertätigkeit, der den Wegfall zugunsten des Vertreters eingreifender Schutzvorschriften zur Folge hat, nach der (objektiven) *Verkehrsauffassung* richtet; auch hier ist, wenn man haupt- und nebenberufliche Tätigkeit als unterschiedliche Rechtsformtypen bezeichnen will, eine Rechtsformwahl zuungunsten des Handelsvertreters im Sinne einer „Herabstufung" vom haupt- zum nebenberuflichen Vertreter der Parteivereinbarung entzogen.[313]

Zum anderen ist an § 84 HGB bemerkenswert, dass die Vorschrift auf der Rechtsfolgenseite ihrem Wortlaut zufolge eine unwiderlegliche Vermutung anordnet („... *gilt* als Angestellter"). Darin kommt zum Ausdruck, dass „an sich" die Qualifikation des Rechtsverhältnisses aufgrund der Parteivereinbarung vorzunehmen ist und dass sich die Regelung des § 84 Abs. 2 HGB – eben im Wege einer nicht widerlegbaren Vermutung – über diese Vereinbarung *hinwegsetzt*, sofern es an dem erforderlichen Maß objektiver Selbständigkeit (§ 84 Abs. 1 HGB) fehlt.[314] Ginge es bei der Berücksichtigung der tatsächlichen Vertragsdurchführung allein um eine Auslegungsfrage, wäre § 84 Abs. 2 HGB überflüssig, weil die vertragstypbestimmenden Merkmale der Selbständigkeit schon in Abs. 1 enthalten sind.

Dabei sind die materiellen Kriterien der Auslegung der Parteivereinbarung einerseits (erste Stufe) und der Überwindung des Vertrages andererseits (zweite Stufe) dieselben: Im einen wie im anderen Fall geht es um die Intensität der Weisungsbindung. Während im ersten Schritt der Vertragsauslegung die geschuldete Leistung betrachtet wird, geht es bei § 84 Abs. 2 HGB um die tat-

---

312 BT-Drucks. 1/3856, S. 9: „Eine Begriffsbestimmung, die positiv festlegt, daß Handelsvertreter nur ist, wer im Verhältnis zum Geschäftsherrn selbständig ist, kann aber die Gefahr verringern, daß im Wirtschaftsleben Personen als ‚Handelsvertreter' beschäftigt werden, die *ihrer tatsächlichen Lage nach* wie Angestellte völlig von den Weisungen des Geschäftsherrn abhängig sind." ; Hervorhebung durch Verf.

313 Bestätigt in BGH v. 4. 11. 1998, NJW 1999, S. 639, 641.

314 Ähnlich *Rancke*, Die freien Berufe, S. 171 f., dessen Erklärungsversuch allerdings insofern inkonsequent erscheint, wie er den Rechtsformzwang aus § 84 HGB rechtfertigt, die der Norm zugrundeliegenden Abgrenzungskriterien aber ablehnt (a. a. O., S. 98 ff.).

sächliche Freiheit von Weisungen im Rahmen der Vertragsdurchführung. Aus dieser Norm ergibt sich damit die Rechtfertigung, bei einem Widerspruch von Vertrag und tatsächlicher Übung letztere für ausschlaggebend zu halten, wenn sie für das Vorliegen eines Arbeitsverhältnisses spricht.

Der Blick auf die in § 84 Abs. 2 geregelte Vermutungswirkung macht auch die Funktion des Rechtsformzwangs deutlich: § 84 Abs. 2 HGB „verbietet" es, eine objektiv unselbständige Tätigkeit dem Recht des freien Handelsvertretervertrages zu unterstellen, indem er bei objektiver Unselbständigkeit die Annahme eines Angestelltenverhältnisses anordnet. Zugleich stellt die Norm sicher, dass nur diejenigen Personen als Handelsvertreter mit den damit verbundenen Risiken am Wirtschaftsleben teilnehmen, die auch ein „Mindestmaß" an tatsächlicher Selbständigkeit besitzen. § 84 HGB dient insoweit dem Schutz der Selbständigkeit des Handelsvertreters. Umgekehrt wird durch die Sanktion in Form der Annahme eines Arbeitsverhältnisses verhindert, dass Personen, deren wirtschaftliche Handlungsfreiheit weitgehend eingeschränkt ist, dennoch die Risiken der Selbständigkeit tragen müssen. Unter dieser Perspektive ist dem *Wank*'schen Modell zuzugestehen, dass es für die Prüfung der Selbständigkeit besonders wichtig ist, festzustellen, ob gerade *unternehmerische* Entscheidungsspielräume bestehen, weil diese das Wesen selbständiger Tätigkeit ausmachen. Insoweit ist es gerechtfertigt, bei der Prüfung der vertraglichen und tatsächlichen Weisungsgebundenheit solchen Umständen besonderes Gewicht beizumessen, die unternehmerische Freiräume bei der Ausführung der Tätigkeit verkürzen. Diese Freiräume dürfen allerdings nicht mit unternehmerischen *Chancen* verwechselt werden, die zwar entsprechende Entscheidungsspielräume *voraussetzen*, aber zusätzlich eine ökonomisch wertende Komponente enthalten, auf die das Gesetz in § 84 HGB gerade verzichtet.

Zwar gilt § 84 HGB unmittelbar nur für die Abgrenzung von Handelsvertretern zu kaufmännischen Angestellten. Die in § 84 HGB für das Handelsvertreterrecht getroffenen Regelungen sind aber nicht nur hinsichtlich der in Abs. 1 S. 2 geregelten Abgrenzungskriterien,[315] sondern auch bezüglich des in Abs. 2 angeordneten Rechtsformzwangs im Wege der Analogie auf das gesamte Arbeitsrecht zu übertragen. Hieraus ergibt sich die gesetzliche Grundlage des Rechtsformzwangs im Arbeitsrecht.[316] Eines Rückgriffs auf die §§ 134, 138, 242 BGB bedarf es daher nicht.[317]

Die Rechtsfolgenseite des § 84 HGB (Vermutung eines Arbeitsverhältnisses) erklärt zugleich, warum die Bejahung der Arbeitnehmereigenschaft wegen fehlender Selbständigkeit zur *ex tunc* wirkende Anwendung des Arbeitsrechts füh-

---

[315] Siehe oben S. 73, Fn. 251.

[316] Vgl. auch *Rancke*, Die freien Berufe, S. 172.

[317] So aber *Stoffels*, NZA 2000, S. 690, 694.

ren muss. Diese Konstruktion verhindert dogmatische Irrwege bei der Rechtsfolgenbestimmung einer Rechtsformverfehlung. So hat *Lieb* vorgeschlagen, dem Rechtsgestaltungswillen der Parteien hinsichtlich der urspünglich gewählten – und verfehlten – Rechtsformwahl insofern Rechnung zu tragen, dass als Folge einer Rechtsformverfehlung Nichtigkeit nach § 134 BGB und nicht die schlichte Unbeachtlichkeit des Parteiwillens hinsichtlich der Rechtsform anzunehmen sei.[318] Es sei unbefriedigend, dass sich die Parteien „andernfalls in einer Rechtsform wieder[finden], die sie (einverständlich!) nicht wollten".[319] Konsequenz aus der Nichtigkeitsfolge sei das Bestehen eines – jederzeit kündigungsschutzlos kündbaren – fehlerhaften Rechtsverhältnisses, dessen Inhalt sich nach der tatsächlich getroffenen vertraglichen Vereinbarung richten soll.[320] Diese Auffassung ist zu Recht auf Ablehnung gestoßen[321], da sie zu unangemessenen Folgen für den betroffenen Vertragspartner führt, der aufgrund einer für ihn ungünstigen Vertragsgestaltung auf jeden Bestandsschutz verzichten müsste.[322]

Rancke und *Jahnke* schlagen dagegen eine modifizierte Anwendung des § 139 BGB vor, wonach lediglich die Rechtsformvereinbarung, nicht aber der Vertrag als Ganzes der Nichtigkeit gemäß § 134 BGB unterliegen soll.[323] Dabei wird allerdings übersehen, dass dem Beschäftigungsvertrag als gegenseitiges Schuldverhältnis nicht immer eine vom übrigen Inhalt des Vertrages lösbare „Rechtsformvereinbarung" zugrunde liegen muss; wie oben gezeigt richtet sich die Zuordnung primär nach dem Inhalt der vereinbarten Leistung. Derartig umständliche Konstruktionen erspart man sich durch die Anwendung der Vermutungswirkung des § 84 Abs. 2 HGB.

Im Ergebnis weicht dieses auf § 84 HGB gestützte Modell nicht wesentlich vom bisherigen Prüfungsprogramm der Rechtsprechung ab. Es stellt dieses aber auf eine bessere dogmatische Grundlage, die den Vorteil bietet, klarer zwischen Vertragsauslegung und Prüfung objektiver Gegebenheiten im Sinne außervertraglicher Umstände zu unterscheiden.

d) Rechtsformzwang und strukturelle Unterlegenheit

Während § 84 Abs. 2 HGB vordergründig als gesetzlicher Aufhänger einer Beschränkung der Vertragsfreiheit durch außervertragliche Qualifikationsmerk-

---

318 *Lieb*, RdA 1975, S. 49, 50 ff; vgl. dagegen jetzt *derselbe*, Arbeitsrecht, Rn. 1 ff.

319 *Lieb*, RdA 1975, S. 49, 51.

320 *Lieb*, RdA 1975, S. 49, 53.

321 *Beuthien/Wehler*, Gemeinsame Anmerkung zu BAG AP Nr. 15 - 21 zu § 611 BGB Abhängigkeit, Bl. 5; *Jahnke*, ZHR 146 (1982), S. 595, 617 f.; *Konzen*, ZfA 1982, S. 259, 294.

322 *Fenn*, in: Festschrift für Bosch, S. 171, 179 f.; *Wank*, Arbeitnehmer und Selbständige, S. 113.

323 *Jahnke*, ZHR 146 (1982), S. 595, 621; *Rancke*, Die freien Berufe, S. 174.

male betrachtet werden kann, soll nunmehr der innere Rechtfertigungsgrund für dieses Vorgehen hinterfragt werden.

Die Beobachtung, dass sich ein Arbeitgeber leicht seiner sozialen Verantwortung entziehen könnte, wenn die Rechtsform dispositiv wäre, führt zu den ökonomischen Hintergründen der Qualifikationsproblematik. Diese liegen in dem typischen wirtschaftlichen Machtgefälle zwischen Arbeitgeber und Arbeitnehmer als Vertragspartner. Es handelt sich dabei um ein Paradigma der Arbeitsrechtswissenschaft, das auf dem soziologischen Grundbefund struktureller sozialer Ungleichheit aufbaut und später eingehender zu betrachten sein wird.[324]

Unterstellt man zunächst eine solche „strukturelle Unterlegenheit" des Beschäftigungsnehmers gegenüber dem Beschäftigungsgeber, wird sich diese nicht erst innerhalb des begründeten Rechtsverhältnisses zeigen, sondern bereits in der Situation, in der durch Vertrag eine bestimmte Rechtsform vereinbart wird.[325] Die ökonomische Unterlegenheit, die als Geltungsgrund für das Arbeitsrecht schlechthin gesehen werden kann, geht dem Vertragsschluss voraus. Sie hat nicht nur zur Folge, dass zwingende Normen erforderlich sind, um angemessene Arbeitsbedingungen *innerhalb* eines bestehenden Arbeitsverhältnisses zu ermöglichen. Sie führt vielmehr bereits auf der Vorstufe der Wahl des Vertragstyps dazu, dass der Anbieter einer Arbeitsleistung unter Umständen gar nicht in der Lage ist, *überhaupt* eine Beschäftigung als *Arbeitnehmer* vertraglich durchzusetzen, soweit diese für ihn günstiger wäre.

Es ist daher zutreffend, wenn *Preis*[326] die Problematik des zwingenden Arbeitnehmerbegriffs mit der vertraglichen Inhaltskontrolle auf eine Stufe stellt und *Stoffels*[327] – hieran anknüpfend – von einem „vorwirkenden Vertragsinhaltsschutz" spricht. Es ist konsequent, dass *Wank* im Rahmen seiner Theorie gerade aus der Notwendigkeit einer Inhaltskontrolle schließt, dass die strukturelle Unterlegenheit für die Frage der Qualifikation „erst recht" zu berücksichtigen sei.[328]

Dass hinter dem Rechtsformzwang der Gedanke einer Machtasymmetrie bei der Vertragsverhandlung steht, wird auch in der Rechtsprechung des Bundesarbeitsgerichts deutlich. Diese rückt den Willen der Vertragsparteien stärker in den Vordergrund, wenn Indizien dafür sprechen, dass der Beschäftigte selbst – gewissermaßen „aus freien Stücken" – die selbständige Beschäftigung einem

---

324 Unten S. 163 ff.

325 Vgl. *Plander*, Flucht aus dem Normalarbeitsverhältnis, Rn. 167, 223, 238; *derselbe*, RdA 1973, S. 234, 238.

326 *Preis*, Vertragsgestaltung, S. 381; ErfK-*Preis*, § 611 Rn. 49, 78 („Vertragszuordnungskontrolle" als Inhaltskontrolle hinsichtlich der Vertragstypwahl).

327 *Stoffels*, NZA 2000, S. 690, 693.

328 *Wank*, Empirische Befunde zur Scheinselbständigkeit, Juristischer Teil, S. 41.

Arbeitsverhältnis vorgezogen hat.[329] In diesem Fall ist nämlich offenbar der ausdrückliche Wunsch des Beschäftigten und nicht die fehlende ökonomische Durchsetzungsfähigkeit ursächlich für die Wahl einer Vertragsform, welche die Anwendung des Arbeitsrechts ausschließt.

Der Rechtsformzwang richtet sich also, soweit er an die Merkmale tatsächlicher Selbständigkeit anknüpft, gegen die *ökonomisch* bedingte Gefahr, dass das Arbeitsrecht zulasten des wirtschaftlich unterlegenen Beschäftigungsnehmers umgangen wird. Unter dem Eindruck des Art. 12 GG wäre es allerdings sicherlich zu weitgehend, darüber hinaus die Prüfung eines „sachlichen Grundes" für die Begründung eines selbständigen anstelle eines unselbständigen Beschäftigungsverhältnisses zu fordern.[330]

Da sich das materielle Kriterium der persönlichen Selbständigkeit – anders als das *Wank*'sche Modell, das nach einem angemessenen Verhältnis zwischen Chancen und Risiken fragt – nicht auf die strukturelle Unterlegenheit bezieht, wird bereits an dieser Stelle klar, dass auch jenseits des Arbeitnehmerbegriffs ein „arbeitnehmerähnliches" wirtschaftliches Ungleichgewicht bestehen kann.[331] Dies stellt eine wichtige Konsequenz des Abgrenzungsmodells anhand der „persönlichen Abhängigkeit" dar, der man sich bewusst sein muss. Damit steht zugleich fest, dass sich über den zwingenden Arbeitnehmerbegriff nur ein Teil des in der Unterscheidung zwischen abhängiger und selbständiger Erwerbstätigkeit liegenden sozialen Konfliktpotentials lösen lässt, was gleichzeitig die Frage nach einem sozialen Schutz in der Selbständigkeit aufwirft.

e) Bezug zum Schutzniveau außerhalb des Kernarbeitsrechts

Neben der strukturellen Unterlegenheit des Beschäftigungsnehmers bei der Rechtsformwahl existiert eine weitere notwendige Bedingung für die Erforderlichkeit eines Rechtsformzwangs, die zumeist stillschweigend vorausgesetzt wird, nämlich ein Gefälle zwischen dem gesetzlichen Schutzniveau für Selbständige und jenem für Arbeitnehmer.

Einen Ansatz für die Gewichtung des Rechtsformzwangs anhand der rechtlichen Verfassung des „Selbständigenrechts" zeigt der Versuch *Stolterfoths,* dem Willen der Parteien bei der Wahl der Rechtsform größeres Gewicht beizumessen.[332] Im Hinblick auf die Abgrenzung zwischen Handelsvertretern und kauf-

---

329 BAG v. 11. 12. 1996, NZA 1997, S. 817 f.; v. 11. 12. 1996, NZA 1997, S. 818, 820.

330 So aber *Plander*, Flucht aus dem Normalarbeitsverhältnis, Rn. 205 ff. unter Berufung auf BAG v. 14. 2. 1974, AP Nr. 12 zu § 611 BGB. Die Rechtsprechung hat den Ansatz des „sachlichen Grundes" für die Vertragstypzuordnung später allerdings nicht weiter verfolgt.

331 Vgl. *Appel/Frantzioch*, ArbuR 1998, S. 93, 94.

332 *Stolterfoth*, Selbständigkeit, insbesondere S. 189 ff.

männischen Angestellten im Außendienst vertritt er die Auffassung, die Rechtsformwahl sei grundsätzlich Sache der Vertragsparteien. Interessant ist seine Begründung: Er argumentiert, die zwingenden Schutzmechanismen im Recht der Handelsvertreter (§§ 84 ff. HGB) böten einen gleichwertigen Schutz wie das Arbeitsrecht; der Ausgleichsanspruch gemäß § 89b HGB kompensiere die Vorteile des Arbeitnehmers wie Entgeltfortzahlung, Urlaubsentgelt, Sozialversicherung usw.[333] Diese Auffassung ist deshalb nicht haltbar, weil ein Kompensationseffekt durch § 89b HGB im behaupteten Ausmaß gerade nicht besteht, wie unschwer erkennbar sein dürfte.[334] Für Vertragsverhältnisse, auf die § 89b HGB nicht anwendbar ist, verfängt das Argument ohnehin nicht;[335] insbesondere bietet die Rechtsfigur der arbeitnehmerähnlichen Person, auf die später näher einzugehen sein wird, kein dem Arbeitsrecht gleichwertiges Schutzniveau.[336]

Ungeachtet dessen geht der Ansatz *Stolterfoths* von der für die vorliegende Betrachtung wichtigen Prämisse aus, dass die Wahl der Rechtsform eines Beschäftigungsverhältnisses immer dann privatautonom erfolgen kann, wenn die alternativen Rechtsformen vergleichbare Schutzvorkehrungen zugunsten der unterlegenen Vertragspartei bieten.[337] Dies entspricht der Frage *Wanks* nach einer „funktionalen Äquivalenz“ zwischen dem Recht der Selbständigen und dem Arbeitsrecht[338]. Deutlich wird dies vor allem in seiner Formulierung:

> „Die Zuordnung zu dem einen oder dem anderen System könnte man ganz der Parteivereinbarung überlassen, wenn für Selbständige zwar nicht dasselbe, wohl aber ein adäquates Schutzsystem bereitstünde; wenn, anders gesagt, beide Modelle der Erwerbstätigkeit als Ganze in ihrem Gerechtigkeitsgehalt austauschbar wären.“[339]

Der tiefere Grund dafür, dass der Vergleich der Systeme im Hinblick auf ihren „Gerechtigkeitsgehalt“ so wichtig ist, liegt darin, dass ein Machtgefälle in Form struktureller Unterlegenheit eben innerhalb *beider* Vertragsordnungen eine Rolle spielt. Bei Bejahung einer so verstandenen Gleichwertigkeit der gesetzlichen Regelungen wäre gewährleistet, dass sich diese Unterlegenheit der einen Vertragspartei bei der Vereinbarung der Rechtsform nicht auswirkt und somit eine

---

333 *Stolterfoth*, Selbständigkeit, S. 215 ff.

334 *Herschel*, ArbuR 1974, S. 308; *Wank*, Arbeitnehmer und Selbständige, S. 259 ff., 267; vgl. *Ballerstedt*, RdA 1976, S. 5, 8.

335 *Fenn*, in: Festschrift für Bosch, S. 171, 181.

336 Vgl. hierzu unten S. 94 ff., 109 ff.

337 Insoweit zustimmend *Fenn*, in: Festschrift für Bosch, S. 171, 188; ähnlich *Otto*, Gemeinsame Anmerkung zu BAG AP Nr. 34 - 36 zu § 611 BGB Abhängigkeit, Bl. 7 R; ablehnend *Jahnke*, ZHR 146 (1982), S. 595, 617.

338 *Wank*, Arbeitnehmer und Selbständige, S. 84 ff.

339 *Wank*, Arbeitnehmer und Selbständige, S. 94.

unerwünschte, infolge der ökonomischen Rahmenbedingungen aber mögliche „Umgehung“ zwingender Schutznormen verhindert wird. Auch *Wank* sieht richtig, dass die strukturelle Unterlegenheit nicht nur bei Arbeitnehmern eine Rolle spielt, wenn er ausführt, dass

> „auch bei wirtschaftlich abhängigen Selbständigen [...] aufgrund der Marktmacht-Verhältnisse der Entscheidungsspielraum bei der eigenen Gestaltung der Arbeitsbedingungen eingeschränkt [ist].“[340]

Eine funktionale Äquivalenz zwischen dem Recht der Selbständigen und der Arbeitnehmer bejaht er nur für den „sozial mächtigen Selbständigen“[341] und verneint sie für die übrigen unter Einschluss der Handelsvertreter[342]. Der so verstandene Gedanke der fehlenden Äquivalenz beeinflusst innerhalb des *Wank*'schen Modells sowohl die Definition des Arbeitnehmers als auch die Freiheit zur Rechtsformwahl, für die er konsequenterweise nur einen „schmalen Bereich“[343] sieht.

Hieran wird der enge Zusammenhang zwischen Arbeitnehmerbegriff, Rechtsformzwang und dem im folgenden Abschnitt näher zu beleuchtenden Sozialschutz im Rahmen selbständiger Beschäftigung sichtbar: Gäbe es eine zwingende arbeitsrechtliche Absicherung für solche selbständig Beschäftigte, denen es wie Arbeitnehmern an wirtschaftlicher Durchsetzungskraft beim Aushandeln der Beschäftigungsbedingungen fehlt, stünde einerseits fest, dass ein über den Schutz objektiver Selbständigkeit hinausgehender Rechtsformzwang entbehrlich ist; zum anderen würde sich der sozialpolitische Druck auf die Merkmale des Arbeitnehmerbegriffs vermindern.

f) Zwischenergebnis

Die Begründung eines selbständigen Beschäftigungsverhältnisses anstelle eines Arbeitsverhältnisses ist nicht allein durch eine dahingehende vertragliche „Statusvereinbarung“ möglich. Maßgeblich sind vielmehr der Charakter der vom Beschäftigungsnehmer geschuldeten Leistung und die tatsächliche Durchführung des Vertrages. Beide Faktoren sind am Kriterium der Weisungsgebundenheit zu messen. Von besonderem Gewicht sind dabei solche Bindungselemente, die Auswirkungen auf unternehmerische Gestaltungsspielräume des Beschäftigten haben.

Widerspricht die Praxis des Leistungsaustauschs dem vertraglich Vereinbarten, kommt es entscheidend auf die tatsächliche Vertragsdurchführung an. Stellt sich

---

340 *Wank*, Arbeitnehmer und Selbständige, S. 96.

341 *Wank*, Arbeitnehmer und Selbständige, S. 99, 104.

342 *Wank*, Arbeitnehmer und Selbständige, S. 259 ff., 267 gegen *Stolterfoth*, Selbständigkeit, S. 215 ff.

343 *Wank*, Arbeitnehmer und Selbständige, S. 105, 106.

dabei heraus, dass es ungeachtet der vertraglichen Vereinbarung dem Beschäftigten an „objektiver Selbständigkeit" fehlt, führt die rechtliche Qualifikation zur Annahme eines Arbeitsverhältnisses, sodass das Risiko einer rechtlichen Falschbeurteilung dem Beschäftigungsgeber auferlegt wird. Dieser Mechanismus folgt aus einer – jenseits des Handelsrechts analogen – Anwendung des § 84 Abs. 2 HGB.

III. Die rechtliche Verfassung selbständiger Beschäftigung

Als zweites Grundproblem selbständiger Beschäftigung ist nach der zuvor behandelten Frage der Abgrenzung zu unselbständiger Beschäftigung im Folgenden das derzeitige Niveau sozialen Schutzes in der Selbständigkeit zu beleuchten. Die bereits angedeuteten Unterschiede zwischen Arbeitnehmer- und Selbständigenstatus tragen wesentlich dazu bei, dass die Zuordnung von Beschäftigungsverhältnissen zu dem einen oder dem anderen Regelungsregime bislang von so herausragender Bedeutung ist und einen arbeitsrechtlichen „Rechtsformzwang" bedingt.

Die folgenden Erörterungen sind aber zugleich – und in erster Linie –Bestandsaufnahme und Ausgangspunkt für die im 3. Kapitel[344] folgenden Überlegungen, die sich damit befassen, wie diese rechtliche „Verfassung" selbständiger Beschäftigung weiterentwickelt werden könnte.

1. Allgemeine Folgen der fehlenden Arbeitnehmereigenschaft

Selbständige Beschäftigungsverhältnisse unterliegen, da sie per definitionem jenseits des Arbeitnehmerbegriffs stehen, nicht den zahlreichen Schutzvorschriften, die das Arbeitsrecht ausschließlich für Arbeitnehmer vorsieht. Dies führt zunächst zu einer augenscheinlichen Diskrepanz zwischen der ökonomisch-funktionalen Ähnlichkeit beider Erwerbsformen[345] und dem erheblichen Gefälle des sozialen Schutzniveaus.

Die Zuordnung zum Selbständigenstatus zieht außerdem grundsätzlich den Wegfall der Beitragspflicht zur Sozialversicherung nach sich. Selbständigen obliegt hiernach selbst die Verantwortung der eigenen Daseinsvorsorge. Bis 1998 bestanden hiervon Ausnahmen nur für bestimmte Berufsgruppen (vgl. z. B. § 12 SGB IV für Heimarbeiter, § 2 Nr. 1-8 SGB V für einige Formen selbständiger Berufstätigkeit sowie die Regelungen des Künstlersozialversicherungsgesetzes[346]). Inzwischen sind *arbeitnehmerähnliche* Selbständige, also sol-

---

[344] Unten S. 121 ff.

[345] Vgl. oben S. 44.

[346] Gesetz v. 27. 7. 1981 (BGBl I, S. 705 ff.).

che, die selbst keine voll versicherungspflichtigen Arbeitnehmer beschäftigen und auf Dauer und im Wesentlichen nur für einen Auftraggeber tätig sind, gemäß § 2 Nr. 9 SGB VI in die Rentenversicherungspflicht mit einbezogen, wobei das Gesetz selbst in dieser Neuregelung nunmehr bewusst auf die Bezeichnung als „arbeitnehmerähnlich“ verzichtet. In §§ 6 Abs. 1a, 231 Abs. 5 SGB VI sind zudem einige Befreiungsmöglichkeiten, u. a. für Existenzgründer, geregelt. Auf diese sozialrechtlichen Aspekte und ihren sozialpolitischen Implikationen kann trotz ihrer großen praktischen Bedeutung im Rahmen der hier auf arbeitsrechtliche Fragen konzentrierte Erörterungen nicht näher eingegangen werden.[347]

Die Funktion des Arbeitnehmerbegriffs als Schlüssel zur Anwendung des gesamten Arbeitsrechts neigt also zu einem problematischen „Alles oder Nichts“-Prinzip[348], das allerdings an einigen Stellen Auflockerung erfährt. Auf diese richtet sich die folgende Betrachtung. Erörtert werden Schutzmechanismen, die nicht ausschließlich von der Qualifikation des Rechtsverhältnisses als Arbeitsverhältnis abhängen und insoweit die rechtliche Stellung selbständig Beschäftigter im Vergleich zu Arbeitnehmern bestimmen.

2. Individualrechtliche Schutzmechanismen für Selbständige

a) Arbeitsrecht für arbeitnehmerähnliche Personen

Die Rechtsfigur der arbeitnehmerähnlichen Person verfolgt das Ziel einer Annäherung an das Arbeitsrecht der Arbeitnehmer. Wer als Selbständiger wirtschaftlich abhängig und sozial schutzbedürftig ist, kommt in den Genuss einiger (weniger) arbeitsrechtlicher Bestimmungen.

---

347 *De lege ferenda* bieten sich hier verschiedene Handlungsalternativen des Gesetzgebers an, die an anderer Stelle zu diskutieren sind; das Spektrum denkbarer Reformansätze reicht von der besonderen Förderung der Eigenvorsorge für Selbständige über eine Erstreckung der gesetzlichen Sozialversicherung auf Erwerbstätigkeiten *aller* Art bis hin zur staatlichen Grundrente; vgl. z. B. *Bieback*, WSI Mitteilungen 2000, S. 810, 814 ff.; *v. Einem*, BB 1994, S. 60, 64; *Kretschmer*, RdA 1997, S. 327, 328 f.; *Reinecke*, ZIP 1998, S. 581, 588; *Schliemann*, RdA 1997, S. 322, 326.

348 *Appel/Frantzioch*, ArbuR 1998, S. 93, 94; *Frantzioch*, Abhängige Selbständigkeit, S. 85 m. w. N.; *Hümmerich*, NJW 1998, S. 2625, 2628; *Pfarr*, in: Festschrift für Kehrmann, S. 75, 76; vgl. schon BVerfG v. 13. 1. 1982, BVerfGE 59, S. 231, 268 für die Gruppe der Rundfunkmitarbeiter: „Das Verfassungsrecht verlangt nicht die Wahl zwischen dem Alles des vollen Schutzes der unbefristeten Daueranstellung und dem Nichts des Verzichts auf jeden Sozialschutz.“; siehe nunmehr auch BVerfG (1. Kammer des Ersten Senats) v. 18. 2. 2000, NZA 2000, S. 653, 655 f.

aa) Historische Entwicklung des Begriffs

Die Entstehung der Rechtsfigur der arbeitnehmerähnlichen Person steht historisch in engem Zusammenhang mit der Entwicklung des Heimarbeitsrechts, der wohl frühesten industriellen Erscheinungsform selbständiger Beschäftigung.[349]

Bereits in der Gewerbeordnung des Deutschen Bundes vom 21. 6. 1869[350] wurde das – inzwischen fast bedeutungslose – „Truckverbot“[351] durch § 136 auf Personen erstreckt, die

> „außerhalb der Fabrikstätten für Fabrikinhaber oder für ihnen gleichgestellte Personen die zu deren Gewerbebetrieb nöthigen Ganz- oder Halbfabrikate anfertigen oder solche an sie absetzen, ohne aus dem Verkauf dieser Waaren an Konsumenten ein Gewerbe zu machen“.[352]

Eine umfassendere Regelung erfuhr das Heimarbeitsrecht erstmals durch das Heimarbeitsgesetz vom 20. 12. 1911.[353]

Der über den Bereich der Heimarbeit hinausgehende (Sammel-) Begriff der „arbeitnehmerähnlichen Person“ geht auf einen Vorschlag von *Melsbach* aus dem Jahre 1923 zurück.[354] Er wurde mit der Einführung der Arbeitsgerichtsbarkeit durch das Arbeitsgerichtsgesetz von 1926 vom Gesetzgeber aufgegriffen. Das ArbGG 1926[355] bestimmte in § 5 S. 2:

> „Den Arbeitnehmern stehen Personen gleich, die, ohne in einem Arbeitsverhältnisse zu stehen im Auftrag und für Rechnung bestimmter anderer Personen Arbeit leisten (Hausgewerbetreibende und sonstige arbeitnehmerähnliche Personen), und zwar auch dann, wenn sie die Roh- oder Hilfsstoffe selbst beschaffen; [...]“

In der Gesetzesnovelle von 1934[356], in der Arbeitgeber nunmehr als Unternehmer und Arbeitnehmer als Beschäftigte bezeichnet wurden (§§ 2 Abs. 1 Nr. 1, 5 Abs. 1 S. 1 ArbGG 1934)[357], taucht der Begriff der „wirtschaftlichen Unselb-

---

[349] Zu den geschichtlichen Hintergründen näher *Hromadka*, NZA 1997, S. 1249 ff.; *Pfarr*, in: Festschrift für Kehrmann, S. 75, 76 ff.

[350] Bundesgesetzblatt des Norddeutschen Bundes, S. 245 ff.

[351] Vgl. hierzu heute die Bestimmungen der §§ 115 – 119b GewO; *Eger/Weise*, ArbuR 1998, S. 385, 391.

[352] Gesetz v. 17. 7. 1878 (RGBl., S. 199).

[353] RGBl., S. 976. Zur weiteren Entwicklung des Heimarbeitsrechts vgl. *Schmidt/Koberski/Tiemann/Wascher*, Heimarbeitsgesetz, Einleitung Rn. 4 ff.

[354] *Melsbach*, Deutsches Arbeitsrecht, S. 24 f.

[355] RGBl. I, S. 507 ff.

[356] RGBl. I, S. 319 ff.

[357] Der „Unternehmer“ war in den zitierten Vorschriften nämlich wiederum als Arbeitgeber, der Beschäftigte als Arbeitnehmer legaldefiniert, sodass insoweit keine substanzielle Veränderung eingetreten ist. Es war damit offenbar eine Annäherung an die Terminologie der stark nationalsozialistisch-ideologisch geprägten Gesetze zur Ordnung der nationalen Ar-

ständigkeit“ zur Definition der arbeitnehmerähnlichen Person auf. Neben den Heimarbeitern unterstellte § 5 Abs. 1 S. 2 ArbGG der Arbeitsgerichtsbarkeit

> „[...] Personen, die, ohne in einem Arbeitsvertragsverhältnis zu stehen, im Auftrag und für Rechnung bestimmter anderer Personen Arbeit leisten und wegen wirtschaftlicher Unselbständigkeit als arbeitnehmerähnlich anzusehen sind.“

Später[358] wurde der Begriff insoweit vereinfacht, als nur noch darauf abgestellt wurde, dass die Person

> „wegen ihrer wirtschaftlichen Unselbständigkeit als arbeitnehmerähnliche Person anzusehen ist.“

Durch den Einbezug in das 1963 geschaffene bundeseinheitliche Urlaubsrecht[359] (heute: § 2 S. 2 BUrlG) fand dieser Begriff der arbeitnehmerähnlichen Person schließlich Eingang in das materielle Arbeitsrecht.

bb) Einschlägige Normen

In Bezug auf individualrechtliche Schutzmechanismen hat sich der Gesetzgeber – abgesehen vom Bereich der Heimarbeit – regelungstechnisch damit begnügt, einzelne arbeitsrechtliche Vorschriften auf arbeitnehmerähnliche Personen für anwendbar zu erklären. Es handelt sich nach heute geltendem Recht um folgende Normen:

- § 5 Abs. 1 S. 2 ArbGG (Eröffnung des Rechtswegs zur Arbeitsgerichtsbarkeit);
- § 2 S. 2 BUrlG (gesetzlicher Anspruch auf Mindesturlaub);
- § 2 Abs. 2 Nr. 3 ArbSchG (Anwendbarkeit des Arbeitsschutzgesetzes)[360]
- § 1 Abs. 2 Nr. 1 Beschäftigtenschutzgesetz (Einbezug in den Schutz vor sexueller Belästigung am Arbeitsplatz) sowie
- § 12a TVG (Erstreckung des Tarifvertragssystems auf arbeitnehmerähnliche Personen); diese wichtige Norm konstituiert keinen individual-, sondern einen kollektivrechtlichen Schutzmechanismus, dem ein gesonderter Abschnitt[361] gewidmet ist.

---

beit (AOG) v. 20. 1. 1934 (RGBl. I, S. 45 ff.) und zur Ordnung der Arbeit in öffentlichen Verwaltungen und Betrieben v. 23. 3. 1934 (RGBl. I, S. 220 ff.) bezweckt.

358 ArbGG v. 3. 9. 1953 (BGBl. I, S. 1267).

359 Mindesturlaubsgesetz für Arbeitnehmer (Bundesurlaubsgesetz) v. 8. 1. 1963 (BGBl. I, S. 2).

360 § 18 Abs. 1 S. 2 ArbSchG enthält zudem die Ermächtigung, den zu schützenden Personenkreis durch Rechtsverordnung weiter auszudehnen.

361 Unten S. 111 ff.

In diesem Zusammenhang sind außerdem von Bedeutung:

- § 1 Abs. 1 Nr. 2, 3 JArbSchG (Geltung des Jugendarbeitschutzes);
- § 17 BetrAVG (Entsprechende Anwendung der gesetzlichen Bestimmungen über die betriebliche Altersversorgung) und
- § 5 Abs. 3 ArbGG i. V. m. § 92a HGB (Zuordnung gering verdienender Einfirmenvertreter zur Arbeitsgerichtsbarkeit)

Die zuletzt zitierten Bestimmungen beziehen sich – anders als die zuvor genannten – nicht auf den Rechtsbegriff der arbeitnehmerähnlichen Person, sondern erstrecken den Anwendungsbereich des jeweiligen Gesetzes durch andere, erweiternde Formulierungen auf bestimmte Erscheinungsformen selbständiger Beschäftigung.[362] Sie erfassen dabei aber einen weitgehend kongruenten Personenkreis.

Für die in Heimarbeit Beschäftigten, die begrifflich eine Untergruppe der arbeitnehmerähnlichen Personen darstellen[363], findet sich ein relativ dichtes Netz spezieller Regelungen im Heimarbeitsgesetz. Außerdem existieren Sonderregelungen in einzelnen Arbeitsgesetzen. Das Heimarbeitsrecht unterscheidet dabei wiederum zwischen Heimarbeitern, Hausgewerbetreibenden, Zwischenmeistern und sonstigen gleichstellungsfähigen Personen (§§ 1, 2 HAG).[364]

cc) Begrifflich erfasster Personenkreis

Als arbeitnehmerähnlich sind nach der Rechtsprechung solche Personen anzusehen, bei denen es sich wegen des geringeren Grades persönlicher Abhängigkeit nicht um Arbeitnehmer, sondern um Selbständige handelt, die aber von ihrem Auftraggeber wirtschaftlich abhängig (unselbständig) und sozial schutzbedürftig sind.[365]

---

362 § 1 Abs. 1 Nr. 3 JArbSchG durch den Tatbestand der „sonstigen Dienstleistungen, die der Arbeitsleistung von Arbeitnehmern oder Heimarbeitern ähnlich sind"; § 17 BetrAVG durch Anknüpfen an die Tatsache der Versorgungszusage unabhängig vom Vertragstyp des Beschäftigungsverhältnisses.

363 Vgl. z. B. die Formulierung in § 1 Abs. 2 Nr. 1 S. 2 BeschäftigtenschutzG: „Zu diesen [arbeitnehmerähnlichen Personen] gehören auch die in Heimarbeit Beschäftigten und die ihnen Gleichgestellten".

364 Zur Entwicklung dieser Unterscheidungen *Hromadka*, NZA 1997, S. 1249, 12 50 f.

365 BAG v. 14. 1. 1997, AP Nr. 41 zu § 5 ArbGG 1979; v. 11. 4. 1997, AP Nr. 30, v. AP Nr. 38 zu § 5 ArbGG; v. 17. 6. 1999, NZA 1999, S. 1175, 1176; vgl. *Hase/Lembke*, BB 1997, S. 1095 f.; zur Entwicklung der Rechtsprechung *Frantzioch*, Abhängige Selbständigkeit, S. 88 ff.

Voraussetzung der wirtschaftlichen Abhängigkeit ist vor allem eine enge Bindung an einen Auftraggeber bzw. die herausragende Bedeutung einer Auftraggeberbeziehung für die wirtschaftliche Existenz des Beschäftigten.[366] Diese beiden Bedeutungsrichtungen des Begriffs der wirtschaftlichen Abhängigkeit werden allerdings nicht immer trennscharf unterschieden.

Über das Tatbestandsmerkmal der wirtschaftlichen Abhängigkeit hinaus fordert die Rechtsprechung als weitere Voraussetzung eine „soziale Schutzbedürftigkeit" und bezieht diese auf die „gesamte soziale Stellung" des Beschäftigten;[367] es müsse sich um einen „soziologisch gleichwertigen Typ" handeln.[368] Den schillernden Begriff der Schutzbedürftigkeit definiert das Bundesarbeitsgericht folgendermaßen:

> „Soziale Schutzbedürftigkeit ist anzunehmen, wenn das Maß der Abhängigkeit nach der Verkehrsanschauung einen solchen Grad erreicht, wie er im allgemeinen nur in einem Arbeitsverhältnis vorkommt und die geleisteten Dienste nach ihrer soziologischen Typik mit denen eines Arbeitnehmers vergleichbar sind"[369]

Ein derartiger Statusbegriff erlaubt einen Einbezug allgemeiner sozialer Umstände, was über die Betrachtung der konkreten Erwerbstätigkeit als solcher (ob z. B. eigene Mitarbeiter beschäftigt werden oder nicht[370]) hinausgeht. Er eröffnet Möglichkeiten, auf allgemeine soziale Faktoren (Einkommen, Ausbildung, Wohnverhältnisse etc.) abzustellen, die zur Einordnung in eine juristische Kategorie allerdings wenig geeignet erscheinen. In der Konsequenz soll einer hierzu vertretenen Auffassung zufolge der Status der Arbeitnehmerähnlichkeit nicht nur dann verneint werden, wenn ein überdurchschnittliches Einkommen erzielt wird, sondern auch, wenn sich der Beschäftigte aufgrund sonstiger Einkünfte oder eigenem Vermögen vom „normalen" Arbeitnehmer unterscheidet.[371] Teilweise scheint die Rechtsprechung auch die fehlende Möglichkeit zu einer „ech-

---

[366] Vgl. BGH v. 4. 11. 1998, NZA 1999, S. 53, 55 f.; BAG v. 17. 6. 1999, NZA 1999, S. 1175, 1176.

[367] BAG v. 19. 4. 1993, AP Nr. 12, Bl. 4, 5 R m. w. N.; v. 21. 5. 1997, AP Nr. 32, Bl. 2 – jeweils zu § 5 ArbGG 1979; BGH v. 21. 10. 1998, NZA 1999, S. 110, 112; v. 4. 11. 1998, NZA 1999, S. 53, 55; v. 30. 8. 2000, NZA 2000, S. 1359, 1360; zustimmend *Horn/Henssler*, ZIP 1998, S. 589, 600; vgl. *Falkenberg*, DB 1969, S. 1409, 1412.

[368] BAG v. 23. 12. 1961, AP Nr. 2 zu § 717 ZPO; vgl. BAG v. 13. 12. 1962, AP Nr. 3 zu § 611 BGB Abhängigkeit, Bl. 2 f.: Nähe zum Heimarbeitsverhältnis.

[369] BAG v. 2. 10. 1990, AP Nr. 1 zu § 12a TVG, Bl. 4 f. mit insoweit kritischer Anm. *Otto*; im Gleichklang der BGH: BGH v. 21. 10. 1998, NZA 1999, S. 110, 112; v. 27. 1. 2000, NZA 2000, S. 390, 391; vgl. *Schaub*, Arbeitsrechts-Handbuch, § 9 Rn. 2.

[370] BGH v. 27. 1. 2000, NZA 2000, S. 390, 391.

[371] In dieser Richtung *Seidel*, BB 1970, S. 972; BAG v. 13. 12. 1962, AP Nr. 3 zu § 611 BGB Abhängigkeit (Handicapper); vgl. BAG v. 17. 12. 1968, AP Nr. 17 zu § 5 ArbGG 1953 (Theaterintendant); mit Recht ablehnend *Hase/Lembke*, BB 1997, S. 1095, 1096 m. w. N.

ten" unternehmerischen Tätigkeit für relevant zu halten, wenn etwa die vergleichbare soziale Schutzwürdigkeit einer Person mit der „Notwendigkeit, ihre Dienste persönlich zu erbringen" begründet wird.[372]

Insgesamt erscheint der Katalog der in der Rechtsprechung herangezogenen Merkmale wenig konsistent und den beiden Leitkriterien der wirtschaftlichen Abhängigkeit und der arbeitnehmergleichen sozialen Stellung nur schwer zuzuordnen. So ist etwa das Abstellen auf die tatsächliche Höhe der Einkünfte[373] schon deshalb wenig plausibel, weil der typisierenden Wertung des Arbeitnehmerbegriffs zufolge auch „besserverdienende" Arbeitnehmer arbeitsrechtlichen Schutz verdienen.[374] Wirtschaftliche Abhängigkeit und soziale Schutzbedürftigkeit werden zudem nicht selten miteinander vermengt,[375] ein Problem, das bereits in der Amorphie dieser beiden Leitbegriffe angelegt ist. Während sich die Rechtsprechung offenbar um Einzelfallgerechtigkeit bemüht, ist durch die Umschreibung der Arbeitnehmerähnlichkeit gegenüber der Bestimmung des Arbeitnehmerbegriffs an definitorischer Trennschärfe, Klarheit und Rechtssicherheit zunächst nicht viel gewonnen.[376] Zu einer „Entlastung" des Arbeitnehmerbegriffs trägt diese Rechtsfigur nicht bei, da sie die Abgrenzungsproblematik lediglich verschiebt.

Ohne an dieser Stelle eine eigene Systematisierung und Kritik der Definitionsmerkmale entwickeln zu wollen, lassen sich einige Aussagen treffen, die sich auf das Verhältnis zum heutigen Phänomen selbständiger Beschäftigung beziehen. Von Bedeutung ist insbesondere, dass die begrifflichen Kriterien dieser Rechtsfigur nicht alle Erscheinungsformen selbständiger Beschäftigung erfassen, worauf im Folgenden näher einzugehen ist.

Gerade die Forderung einer arbeitnehmerähnlichen sozialen Stellung erweist sich als gravierendes Hindernis, Erscheinungsformen neuer Selbständigkeit unter den Rechtsbegriff der Arbeitnehmerähnlichkeit zu subsumieren.[377] Betroffen sind vor allem solche Vertragsverhältnisse, die zwar eine Schutzbedürftigkeit im Hinblick auf eine gegenüber dem Auftraggeber unterlegene Marktstellung begründen, wegen größerer Freiräume in der eigenen Arbeitsorganisation und (quasi-)„unternehmerischer" Entscheidungskompetenzen aber insgesamt näher

---

372 BAG v. 17. 6. 1999, NZA 1999, S. 1175, 1176; ähnlich BGH v. 4. 11. 1998, NZA 1999, S. 53, 56; vgl. auch BAG v. 12. 12. 2001, NZA 2002, S. 787 ff.

373 BAG v. 17. 6. 1999, NZA 1999, S. 1175, 1176; LAG Köln v. 22. 4. 1999, NZA-RR 1999, S. 589 f.; v. 30. 8. 2000, NZA 2000, S. 1359, 1360.

374 So treffend *Hase/Lembke*, BB 1997, S. 1095, 1096; *Hromadka*, NZA 1997, S. 1249, 1252.

375 Hiergegen *Hase/Lembke*, BB 1997, S. 1095, 1096 in Fn. 24.

376 Ebenso *v. Einem*, BB 1994, S. 62.

377 Vgl. für die freien Berufe *Rehbinder*, in: Hübner/Rehbinder/Sell/Kunze, Freie Mitarbeiter in den Rundfunkanstalten, S. 17, 24.

am sozialen Status eines „freien“ Selbständigen als an demjenigen eines Arbeitnehmers stehen.

Die sozialen Rahmenbedingungen für die zukünftige Entwicklung selbständiger Arbeit deuten darauf hin, dass neue Arbeitsformen entstehen werden, die gerade nicht der „sozialen Typik“ abhängiger Beschäftigung entsprechen. Bereits jetzt sind Tendenzen zu erkennen, nach denen insbesondere das Selbstverständnis der Betroffen mit einem Bewusstsein der „Arbeitnehmerähnlichkeit“ unvereinbar ist. Mitunter wird diese Bezeichnung sogar als diskriminierend (!) empfunden.[378] Die Antipathien gegen diese Terminologie geht sogar so weit, dass sich der Gesetzgeber veranlasst sah, bei der Neuregelung der Rentenversicherungspflicht für Selbständige ohne eigene Mitarbeiter, die im Wesentlichen nur für einen Auftraggeber tätig sind (§ 2 S. 1 Nr. 9 SGB VI), die Bezeichnung „arbeitnehmerähnliche Person“ aus dem Gesetz zu streichen.[379] Man muss sich darüber im Klaren sein, dass die Kombination wirtschaftlicher Abhängigkeit einerseits und „unternehmerisch“ gesteuerter und motivierter Arbeit andererseits aller Voraussicht nach in einem Maße aus dem traditionellen Arbeitnehmerbild herauswachsen wird, das eine „Vergleichbarkeit“ der sozialen Stellung ausschließen dürfte.

Festzuhalten bleibt, dass die Rechtsfigur der arbeitnehmerähnlichen Person mit den modernen Erscheinungsformen selbständiger Beschäftigung nicht kongruent ist, sondern einen schmaleren Anwendungsbereich aufweist. Den von diesem Begriff nicht erfassten Personenkreis könnte man als „unternehmerähnliche Selbständige“ oder *„unternehmerähnliche Personen“* bezeichnen.[380]

dd) Rechtsfolgen und praktische Bedeutung der Rechtsfigur

Dass die Rechtsfigur der arbeitnehmerähnlichen Person keine befriedigende Antwort auf die Problematik selbständiger Beschäftigung sein kann, zeigt sich aber nicht nur auf der Tatbestands- sondern auch auf der Rechtsfolgenseite. Mit

---

378 Siehe die Mitteilung des Vorsitzenden der Kommission „Scheinselbständigkeit“ *Dieterich*, NZA 1999, Heft 20, S. XI in Bezug auf die Rentenversicherungspflicht der Selbständigen: „[...] Der so präzisierte Personenkreis wird nach Auffassung der Kommission mit dem Begriff der Arbeitnehmerähnlichkeit, der vielfach als diskriminierend bezeichnet wird, unzutreffend beschrieben.“

379 Vgl. *Oberthür/Lohr*, NZA 2001, S. 126, 127.

380 Diese Bezeichnung geht auf einen Vorschlag meines Kommilitonen *Patrick Gerson* zurück. Der Begriff der „Unternehmerähnlichkeit“ ist dabei nicht in der Bedeutung gemeint, in der *Lieb* (DB 1976, S. 2207 ff.; *derselbe*, ZVersWiss 1976, S. 207 ff.) ihn versteht: *Lieb* spricht umgekehrt von „unternehmerähnlichen Arbeitnehmern“, sodass „unternehmerähnliche Personen“ nach diesem Verständnis Arbeitnehmer und keine Selbständigen sind; vgl. zu dieser Terminologie auch *Picot*, RdA 1979, S. 16, 18 f.; *Zeuner*, RdA 1975, S. 84, 87 f.

Ausnahme des Heimarbeitsrechts ist der individualrechtliche Schutz durch das Recht der arbeitnehmerähnlichen Personen nämlich mit demjenigen des Kernarbeitsrechts kaum vergleichbar. Gerade besonders wichtige Vorschriften wie Entgeltfortzahlung im Krankheitsfall, Mutterschutz, Kündigungsschutz usw. gelten für arbeitnehmerähnliche Personen nicht.[381]

In der Praxis scheint diese Rechtsfigur denn auch eher ein Schattendasein zu führen, was sich schon an ihrer relativ geringen Relevanz in der Rechtsprechung zeigt.[382] Vor allem der älteren Rechtsprechung scheint es schwer gefallen zu sein, in zweifelhaften Fällen der Arbeitnehmerstatusbestimmung auf die Rechtsfigur der arbeitnehmerähnlichen Person auszuweichen. Dabei mag die Überlegung eine Rolle gespielt haben, dass diese Zwischenkategorie ohnehin keinen „angemessenen" rechtlichen Rahmen für das Beschäftigungsverhältnis bieten kann.[383] In neueren Beschlüssen, die allein den Rechtsweg zu den Arbeitsgerichten betreffen, macht das Gericht allerdings zunehmend von der Möglichkeit einer Wahlfeststellung Gebrauch, da zur Eröffnung des Rechtsweges die Bejahung der Eigenschaft als arbeitnehmerähnliche Personen genügt (§ 5 Abs. 1 S. 2 ArbGG).[384]

Das insgesamt geringe Schutzniveau arbeitnehmerähnlicher Beschäftigungsverhältnisse hat bereits vielfache Kritik erfahren.[385] Nicht wenige sprechen sich für eine Erweiterung des Kreises arbeitsrechtlicher Normen aus, die auch für arbeitnehmerähnliche Personen gelten.[386] Dahingehende Äußerungen finden sich sogar bereits in der Judikatur des Rechtsarbeitsgerichts[387] und in der älteren Li-

---

381 *Schaub*, Arbeitsrechts-Handbuch, § 9 Rn. 4 ff.

382 Hierauf deutet bereits die verhältnismäßig geringe Zahl veröffentlichter Urteile (siehe z. B. AP zu § 2 BUrlG, zu § 5 ArbGG und zu § 12a TVG); vgl. auch *Buchner*, NZA 1998, S. 1144, 1146.

383 Kritisch *Scharf*, RdA 1978, S. 20; siehe auch *Wank*, Arbeitnehmer und Selbständige, S. 245.

384 BAG v. 14. 1. 1997, AP Nr. 41 zu § 2 ArbGG 1979; v. 30. 8. 2000, NZA 2000, S. 1359, 1360; vgl. *Reinecke*, DB 1998, S. 1282, 1283.

385 *Frantzioch*, Abhängige Selbständigkeit, S. 103 f.; *Kunze*, in: Hübner/Rehbinder/Sell/Kunze, Freie Mitarbeiter in den Rundfunkanstalten, S. 55, 77 f.; *Rancke*, Die freien Berufe, S. 87 ff., 118; *Tiefenbacher*, in: AR-Blattei SD, Arbeitnehmerähnliche Person (Nr. 120), Rn. 116; *Wank*, Arbeitnehmer und Selbständige, S. 243 ff.; *Woltereck*, ArbuR 1973, S. 129, 134; vgl. *Buchner*, NZA 1998, S. 1144, 1148.

386 *Appel/Frantzioch*, ArbuR 1998, S. 93, 94 ff.; *Beuthien/Wehler*, Gemeinsame Anmerkung zu AP Nr. 15 - 21 zu § 611 BGB Abhängigkeit, Bl. 14; *Hueck*, RdA 1969, S. 216, 219; *Hromadka*, NZA 1997, S. 1249, 1255; *Hümmerich*, NJW 1998, S. 2625, 2633; *Otto*, Gemeinsame Anmerkung zu BAG AP Nr. 34 - 36 zu § 611 BGB Abhängigkeit, Bl. 6 R f.; *Schnorr*, Anmerkung zu AP Nr. 6 zu § 611 BGB Abhängigkeit; vgl. zum österreichischen Recht *Wachter*, Wesensmerkmale der arbeitnehmerähnlichen Person, S. 22 ff.

387 RAG v. 25. 4. 1936, ARS 27, S. 7, 8 ff.

teratur[388]. In diesem Zusammenhang wird für ein „System abgestuften Schutzes" plädiert,[389] um die „Fallhöhe" zwischen Arbeits- und Selbständigenrecht zu vermindern.[390]

Die partielle Übertragung arbeitsrechtlicher Regelungen auf arbeitnehmerähnliche Personen erscheint *de lege lata* im Wege der Analogiebildung bzw. der Erweiterung des Anwendungsbereichs richterrechtlich entwickelter Institute denkbar. Derartige Vorschläge existieren zwar, z. B. in Bezug auf die Verallgemeinerung der für Arbeitnehmer geltenden Haftungsbeschränkungen,[391] die Anwendung der Betriebsrisikolehre auf arbeitnehmerähnliche Personen[392] bzw. sogar eine allgemeine Inhaltskontrolle der Beschäftigungsverträge[393]. Manche befürworten auch eine (zumindest partielle) Anwendung des Heimarbeitsgesetzes auf sämtliche arbeitnehmerähnliche Personen.[394]

Die Rechtsprechung übt sich diesbezüglich allerdings bislang in Zurückhaltung. So hat das Bundesarbeitsgericht die Anwendung von § 613a BGB auf Heimarbeitsverhältnisse ausdrücklich abgelehnt.[395] Freien Mitarbeitern hat die Rechtsprechung unter bestimmten Voraussetzungen zwar eine kündigungsfristähnliche Auslauffrist zugesprochen, wenn eine ständige Auftragsbeziehung besteht;[396] der Weg einer Analogie zum arbeitsrechtlichen Kündigungsschutzrecht wurde dabei allerdings nicht beschritten.[397]

---

388 *Melsbach*, Deutsches Arbeitsrecht, S. 24.

389 *Hromadka*, NZA 1997, S. 569, 570, 579; *derselbe*, NZA 1998, S. 1, 4; *Reinecke*, ZIP 1998, S. 581, 587 f.; vgl. *Buchner*, NZA 1998, S. 1144, 1151.

390 *Appel/Frantzioch*, ArbuR 1998, S. 93, 94, 98; *Pfarr*, in: Festschrift für Kehrmann, S. 75, 92 f.; vgl. *Bieback*, WSI Mitteilungen 2000, S. 810, 813.

391 Hierfür *Frantzioch*, Abhängige Selbständigkeit, S. 255 f.; *Herschel*, DB 1977, S. 1185, 1189; *Rieble*, ZfA 1998, S. 327, 343; *Zeuner*, RdA 1978, S. 84, 87 f. m. w. N.

392 *Frantzioch*, Abhängige Selbständigkeit, S. 155.

393 *Frantzioch*, Abhängige Selbständigkeit, S. 106 ff.

394 *Däubler*, Das Arbeitsrecht, Band 2, Rn. 2110; *Frantzioch*, Abhängige Selbständigkeit, S. 268 f.; *Hromadka*, NZA 1997, S. 1249, 1255; *derselbe*, NZA 1998, S. 1, 5; vgl. *Beuthien/Wehler*, RdA 1978, S. 2, 10.

395 BAG v. 3. 7. 1980, AP Nr. 23; bestätigt in BAG v. 24. 3. 1998 AP Nr. 178 zu § 613a mit zustimmender Anm. *Hromadka*; zustimmend *Rieble*, ZfA 1998, S. 327, 348; a. A. *Frantzioch*, Abhängige Selbständigkeit, S. 267; *Tiefenbacher*, in: AR-Blattei SD Arbeitnehmerähnliche Person (Nr. 120), Rn. 38.

396 BAG v. 8. 6. 1967, AP Nr. 6 zu § 611 BGB Abhängigkeit; im Grundsatz zustimmend Maus, RdA 1968, S. 367, 374 f.; vgl. § 621 Nr. 5, 2. Hs. BGB.

397 Hiergegen auch *Appel/Frantzioch*, ArbuR 1998, S. 93, 96 f.; *Frantzioch*, Abhängige Selbständigkeit, S. 190 ff., mit dem Vorschlag, stattdessen auf die Generalklauseln des BGB zurückzugreifen (S. 197 ff.) sowie die Fristenregelungen des § 29 HAG analog anzuwenden (S. 223 ff.).

Jeder der vorgeschlagenen bzw. angedeuteten Analogiebildungen sieht sich dem Einwand ausgesetzt, dass es an einer unbewussten, planwidrigen Regelungslücke fehlen dürfte. Der Gesetzgeber hat nämlich mit der im Laufe der Zeit entwickelten Rechtsfigur der arbeitnehmerähnlichen Person eine bewusste *Auswahl* an Bestimmungen getroffen, die nicht nur für Arbeitnehmer, sondern auch für Arbeitnehmerähnliche gelten sollen.[398] In der eben nicht flächendeckenden, sondern nur vereinzelten Anwendung arbeitsrechtlicher Normen liegt gerade das Konzept der Rechtsfigur. Spätestens seitdem der Gesetzgeber das Problem der „Scheinselbständigkeit" Ende der 1990er Jahre zum Anlass einer (punktuellen) Korrektur im Sozialversicherungsrecht genommen hat, kann außerdem schwerlich behauptet werden, er habe die Problematik selbständiger Beschäftigung gar nicht erkannt. Großzügigen Analogiebildungen – etwa in Form des Vorschlags von *Frantziochs*, § 3 ArbZG auf arbeitnehmerähnliche Personen entsprechend anzuwenden[399] – steht dies entgegen.

Im Übrigen bestehen auch innerhalb der ausdrücklich normierten Bestimmungen praktische Schwierigkeiten bei der Ableitung konkreter Rechtsfolgen im Einzelfall. Diese sind darin begründet, dass sich das derzeitige Recht arbeitnehmerähnlicher Beschäftigung überwiegend darauf beschränkt, einzelne Bestimmungen des für Arbeitnehmer geltenden Arbeitsrechts auf arbeitnehmerähnliche Beschäftigungsverhältnisse zu übertragen. Den Besonderheiten einzelner Typen selbständiger Beschäftigung kann das jeweilige Gesetz daher nicht genügend Rechnung tragen. So bereitet etwa die Anwendung des Urlaubsrechts auf arbeitnehmerähnliche Personen (§ 2 S. 2 BUrlG) zahlreiche Schwierigkeiten, weil die Regelungen an sich auf die dauerhafte Beschäftigung von Arbeitnehmern zugeschnitten sind.[400] Die Vorschrift berücksichtigt nicht die für selbständige Beschäftigungsverhältnisse typische Arbeitszeitsouveränität und erscheint deshalb als zu rigide.

Eine Ausnahme stellt insoweit das Heimarbeitsrecht dar. Mit dem Heimarbeitsgesetz und einzelnen Sonderbestimmungen anderer Gesetze (z. B. § 12 BUrlG) hat der Gesetzgeber einen in sich geschlossenen, aufeinander abgestimmten und für diesen besonderen Beschäftigungstyp zugeschnittenen Katalog spezieller Vorschriften geschaffen. Aufgrund der Vielfalt moderner Erscheinungsformen selbständiger Beschäftigung kann dieses kodifikatorische Modell in Bezug auf andere Typen neuer Arbeitsformen aber kaum als Vorbild dienen.

---

398 Vgl. *Beuthien/Wehler*, RdA 1978, S. 2, 10.

399 *Frantzioch*, Abhängige Selbständigkeit, S. 261 ff.

400 Hierzu *Hase/Lembke*, BB 1997, S. 1095, 1097 ff.; *Kunze*, in: Hübner/Rehbinder/Sell/Kunze, Freie Mitarbeiter in den Rundfunkanstalten, S. 55, 69 ff.; *Seidel*, BB 1970, S. 973; vgl. *Maus*, RdA 1968, S. 367, 375 f.; LAG Köln v. 22. 4. 1999, NZA-RR 1999, S. 589 ff.

ee) Bewertung

Die Anwendungsprobleme der für arbeitnehmerähnliche Personen geltenden Vorschriften auf der Tatbestands- und Rechtsfolgenseite führen zu einer erheblichen Rechtsunsicherheit der Betroffenen.[401] Der – derzeit ohnehin nur rudimentäre – soziale Schutz, den die genannten Normen bieten können, läuft daher in der Praxis oftmals leer, berücksichtigt man das mit der Unsicherheit korrespondierende Prozessrisiko.[402]

Ein noch höheres Maß an Rechtsunsicherheit ergibt sich, wenn man nicht nur die Zuordnung zum Begriff der arbeitnehmerähnlichen Person und die konkrete Anwendung der vorhandenen Vorschriften, sondern auch die Voraussetzungen und Rechtsfolgen neuer, auf Analogiebildung beruhender Konstruktionen in Betracht zieht. Selbst wenn sich derartige Analogien in einer gefestigten Rechtsprechung durchsetzen sollten, bliebe im Einzelfall offen, ob diese tatsächlich anwendbar wären; in Abhängigkeit von der jeweiligen Argumentation kann sich eine einmal gebildete Analogie auf eine bestimmte Konstellation arbeitnehmerähnlicher Beschäftigung beschränken und muss daher nicht ohne weiteres auf alle anderen arbeitnehmerähnlichen Personen übertragbar sein.

Ein homogenes, in sich stimmiges „Sonderrecht arbeitnehmerähnlicher Beschäftigung" – ganz gleich ob es auf gesetzlichen Regelungen oder Rechtsfortbildung beruht – setzt einen einheitlichen spezifischen Schutzzweck voraus, auf dem Gesetz oder Rechtsfortbildung aufbauen können. Dass ein solcher existiert, muss aufgrund der Vielgestaltigkeit der Erscheinungsformen selbständiger Beschäftigung ernsthaft bezweifelt werden.[403]

All dies steht der Entwicklung einer individualrechtlichen „Arbeitsverfassung" für selbständig Beschäftigte entgegen. Selbst die Gewerkschaften äußern mitunter Skepsis gegenüber einem Ausbau des Schutzes für arbeitnehmerähnliche Personen: Sie fürchten teilweise die Gefahr, dass hierdurch ein salonfähiges „Arbeitsrecht zweiter Klasse" geschaffen werden könnte.

Insgesamt stellt ein individualrechtlicher Schutz durch die Rechtsfigur der arbeitnehmerähnlichen Person, die ohnehin nur einen Teilbereich selbständiger Beschäftigung erfassen kann, keinen allein tragfähigen Ansatz dar, um die klaffende Lücke zwischen dem umfassenden Arbeitnehmerschutz im Arbeitsrecht und dem Wegfall arbeitsrechtlichen Schutzes bei selbständiger Beschäftigung zu schließen.

---

401 Vgl. *Beuthien/Wehler*, RdA 1978, S. 2; *Heuberger*, Sachliche Abhängigkeit, S. 122 f.; *Seidel*, BB 1970, S. 975; *Stolterfoth*, DB 1973, S. 1068.

402 Vgl. die Kritik bei *Seidel*, BB 1970, S. 975.

403 Ebenso *Bieback*, WSI Mitteilungen 2000, S. 810, 814.

b) Privatrechtliche Bestimmungen außerhalb des Arbeitsrechts

Zumindest in bestimmten Fallkonstellationen selbständiger Beschäftigung finden privatrechtliche Normen Anwendung, die nicht auf speziell arbeitsrechtliche Belange zugeschnitten sind und dennoch eine Schutzwirkung zugunsten der Beschäftigten entfalten können.[404]

Einen elementaren Schutz für arbeitnehmerähnliche Personen bieten zunächst die Vorschriften des allgemeinen Dienstvertragsrechts, die kein abhängiges Arbeitsverhältnis voraussetzen, sondern für Dienstverträge aller Art gelten. Anzuführen sind insbesondere die Bestimmungen der §§ 615, 616[405], 618[406], 621 Nr. 5, 626 Abs. 2[407], 629 und 630[408] BGB. Abgesehen davon, dass diese Normen zum Teil abdingbar sind[409], setzen sie jedoch voraus, dass zumindest ein Dienstvertrag nach § 611 BGB zugrunde liegt. Hieran fehlt es aber bei nicht wenigen Erscheinungsformen selbständiger Beschäftigung. Oft werden Aufträge erfolgsbezogen im Rahmen einzelner Werkverträge abgewickelt oder gehen, wie z. B. beim Franchising[410], in gänzlich anderen Vertragsformen auf.

Ein gewisser Schutz kann sich auch aus dem Recht der Allgemeinen Geschäftsbedingungen ergeben.[411] Häufig liegen dem Beschäftigungsverhältnis nämlich

---

404 Vgl. *Wank*, Arbeitnehmer und Selbständige, S. 250 f.; *Rieble*, ZfA 1998, S. 327, 341 ff.

405 BGH v. 6. 4. 1995, NJW 1995, S. 2629; Staudinger-*Oetker*, Bürgerliches Gesetzbuch, § 616 Rn. 30; vgl. *Tiefenbacher*, in: AR-Blattei SD, Arbeitnehmerähnliche Person (Nr. 120), Rn. 40 ff., der über § 616 BGB für den Fall unverschuldeter Krankheit eine – in diesem Umfang freilich gewagte – Annäherung an die für Arbeitnehmer geltenden Entgeltfortzahlungsbestimmungen befürwortet.

406 BGH v. 6. 4. 1995, NJW 1995, S. 2629; *Maus*, RdA 1968, S. 367, 374; *Rieble*, ZfA 1998, S. 327, 341, der sich dafür ausspricht, die Bestimmung auf die Gruppe „relativ" Selbständiger auszuweiten, soweit sie solchen Gefahren ausgesetzt sind, die – für sie selbst nicht steuerbar – dem Geschäftskreis des Auftraggebers zuzuordnen sind. § 618 BGB findet bei entsprechender Schutzbedürftigkeit über den normierten Anwendungsbereich auch jenseits des Dienstvertragsrechts Anwendung, vgl. RG v. 20. 12. 1938, RGZ 159, S. 268, 270; BGH GS v. 5. 2. 1952, BGHZ 5, S. 62, 65 ff.; OLG Stuttgart v. 21. 12. 1983, NJW 1984, S. 1904; Staudinger-*Oetker*, Bürgerliches Gesetzbuch, § 618 Rn. 101 ff; *Zeuner*, RdA 1975, S. 84, 85.

407 BGH v. 19. 11. 1998, NZA 1999, S. 320.

408 Seit RAG v. 25. 4. 1936, ARS 27, S. 7, 10 mit zust. Anm. *Hueck*; vgl. *Maus*, RdA 1968, S. 367, 375.

409 So insbesondere § 616 BGB. Für § 618 BGB in den Fällen entsprechender Anwendung vgl. Staudinger-*Oetker*, Bürgerliches Gesetzbuch, § 618 Rn. 102, § 619 Rn. 5 m. w. N.

410 Zur vertragstypologischen Einordnung vor dem Hintergrund des reformierten Schuldrechts *Giesler*, ZIP 2002, S. 420, 424 f.

411 Vgl. *Rieble*, ZfA 1998, S. 327, 341; in Bezug auf Subordinationsfranchising eingehend *Ekkenga*, Die Inhaltskontrolle von Franchise-Verträgen, S. 28 ff.; zur Bedeutung im Urhebervertragsrecht Schricker-*Schricker*, Urheberrecht, Vor §§ 28 ff. Rn. 10 ff.

durch den Auftraggeber vorformulierte Vertragsbedingungen zugrunde.[412] Die Anwendbarkeit des früheren AGB-Gesetzes (heute §§ 305 ff. BGB n. F.) auf die Rechtsverhältnisse arbeitnehmerähnlicher Personen war allerdings nicht unumstritten. Durch § 23 Abs. 1 AGBG waren „Verträge auf dem Gebiet des Arbeits-[...]rechts“ dem sachlichen Anwendungsbereich des Gesetzes ausdrücklich entzogen; der Grund, der diesen Ausschluss sachlogisch rechtfertigen sollte, war nach dem Motiv des Gesetzgebers das im Arbeitsrecht typische dichte Netz gesetzlicher und kollektivvertraglicher Bestimmungen.[413] Hieran fehlt es aber für arbeitnehmerähnliche Personen, sodass die Arbeitnehmerähnlichkeit der sachlichen Anwendbarkeit der Kontrollmechanismen des AGB-Rechts auch nach der alten Rechtslage nicht entgegenstehen konnte.[414] Nach § 310 Abs. 4 BGB n. F. finden die nunmehr ins Bürgerliche Gesetzbuch integrierten Bestimmungen über Allgemeine Geschäftsbedingungen grundsätzlich auch auf Arbeitsverhältnisse Anwendung.[415]

Äußerste Grenzen – z. B. bei extrem unangemessener Vergütungshöhe – setzen zudem § 138 BGB und § 291 Abs. 1 S. 1 Nr. 3 StGB i. V. m. § 134 BGB.[416] Das Verbot sitten- und gesetzeswidriger Vertragsbestimmungen kann aber nur groben Missständen im Einzelfall entgegenwirken.[417] Da die Maßstäbe der Sittenwidrigkeit wegen des Ausnahmecharakters der Norm hoch anzusetzen sind, erscheint eine „wettbewerbsschonende“ staatliche Entgeltkontrolle über § 138 BGB, wie sie *Rieble* vor Augen hat, wenig realistisch.[418] Aus § 242 BGB lassen

---

[412] Siehe oben S. 47.

[413] Kritisch *Reinecke*, NZA 2000, Sonderbeilage zu Heft 3, S. 23, 33.

[414] So im Ergebnis die wohl überwiegende Auffassung zum früheren Recht: OLG Nürnberg v. 29. 1. 1986, NJW-RR 1986, S. 782, 783; *Frantzioch*, Abhängige Selbständigkeit, S. 267 f.; *Preis*, Vertragsgestaltung, S. 229; *Preis/Stoffels*, ZHR 160 (1996), S. 442, 454 f., jeweils m. w. N. auch zur Gegenauffassung; *Schack*, Urheber- und Urhebervertragsrecht, Rn. 960; offengelassen in BGH v. 18. 2. 1982, AP Nr. 1 zu § 23 AGBG.

[415] Zu den zu erwartenden Auswirkungen *Annuß*, BB 2002, S. 458 ff.; *Däubler*, NZA 2001, S. 1329 ff.; *Gotthardt*, ZIP 2002, S. 277 ff.; *Hanau*, NJW 2002, S. 1240, 1242; *Lingemann*, NZA 2002, S. 181 ff.

[416] Vgl. BGH v. 22. 4. 1997, AP Nr. 52 zu § 138 BGB; ArbG Bremen v. 30. 8. 2000, NZA-RR 2001, S. 27; *Appel/Frantzioch*, ArbuR 1998, S. 93, 97 f.; *Peter*, ArbuR 1999, S. 289, 290 ff.; *Reinecke*, NZA 2000, Sonderbeilage zu Heft 3, S. 23, 30 ff.; *Rieble*, ZfA 1998, S. 327, 341; eingehend *Frantzioch*, Abhängige Selbständigkeit, S. 167 ff., 243 ff. mit dem Vorschlag einer weiter gehenden Entgeltkontrolle über § 242 BGB und unter Einbezug des Gleichbehandlungsgrundsatzes, wobei sie ihre auf Rechtsfortbildung beruhenden Lösungsansätze selbst als nur „kurzfristige Lösung“ betrachtet und den Gesetzgeber zum Handeln aufruft (S. 188). Vgl. nunmehr auch § 32 UrhG n. F.

[417] Vgl. *Rancke*, Die freien Berufe, S. 100 ff.

[418] Vgl. den dahingehenden, auf Arbeitnehmer bezogenen Vorschlag von *Rieble*, Arbeitsmarkt und Wettbewerb, Rn. 1756 ff. auf der Suche nach Alternativen zur Allgemeinverbindlicherklärung von Tarifverträgen; vgl. a. a. O. Rn. 881 ff. Dass ausgerechnet die Ge-

sich auch außerhalb von Arbeitsverhältnissen arbeitszeitbezogene Belastungsgrenzen ableiten, soweit etwa eine Gesundheitsgefährdung droht.[419] Aber auch diese Vorschrift dürfte nur in außergewöhnlichen Fällen zur Anwendung kommen.

Für die Gruppe der Handelsvertreter enthalten die §§ 85 ff. HGB – überwiegend zwingende – vertragsrechtliche Vorschriften, die einen gewissen Schutz vor unangemessenen Vertragsbedingungen bieten.[420] Diskutiert wird die entsprechende Anwendung dieser Regeln auf Vertragshändler[421] und Franchisenehmer[422]. Eine Sonderregelung besteht für so genannte „Ein-Firmen-Handelsvertreter", für die – theoretisch – gemäß § 92a HGB Mindestvertragsbedingungen im Verordnungswege festgesetzt werden können.[423]

Für Franchisenehmer bedeutsam ist außerdem die Anwendbarkeit des Verbraucherkreditrechts (§§ 491 ff. BGB n. F.) für die Begründung der Verpflichtung zum wiederkehrenden Bezug von Waren.[424] Diskutiert werden auch vorvertragliche Auskunfts- und Beratungspflichten hinsichtlich der voraussichtlichen Rentabilität des Systems.[425]

Für bestimmte Formen der Absatzmittlung bietet das Gesetz gegen Wettbewerbsbeschränkungen in §§ 14, 22 f. GWB eine wettbewerbsrechtliche Sicherung der Gestaltungsfreiheit für die Vermarktung der bezogenen Waren durch den selbständigen Kleinunternehmer. Zwar wird hierdurch die wirtschaftliche Abhängigkeit durch vertikale Wettbewerbsbeschränkungen nicht unterbunden, wohl werden ihr aber gewisse Grenzen gesetzt, die einer Asymmetrie zwischen unternehmerischen Chancen und Risiken entgegenwirken können.[426]

Rieble weist außerdem auf den Schutz durch diejenigen kartellrechtlichen Instrumente hin, die – anknüpfend an der relativen Marktmacht des Auftraggebers – eine Marktverhaltenskontrolle ermöglichen (§§ 19 ff. GWB n. F.). Er kommt zu dem Schluss, hieraus ergebe sich ein wirksamer Schutz der wirtschaftlichen

---

richte zur Findung des „unabweisbaren Mindestlohnes" durch „Herantasten" anhand von Einzelfällen besser befähigt sein sollen als die am jeweiligen Markt agierenden und mit den Instrumenten des Marktes operierende Tarifvertragsparteien, kann allerdings kaum überzeugen.

419 So *Maus*, RdA 1968, S. 367, 374 mit Fn. 59.

420 Näher *Rieble*, ZfA 1998, S. 327, 343 f.

421 Vgl. BGH v. 26. 11. 1984, BGHZ 93, S. 29, 59 f. m. w. N.

422 Näher *Bodewig*, BB 1997, S. 637 ff.; *Matthießen*, ZIP 1988, S. 1089 ff.; *Köhler*, NJW 1990, S. 1689 ff.; vgl. KG v. 21. 11. 1997, BB 1998, S. 607, 608.

423 Von dieser Ermächtigung wurde allerdings bislang noch nicht Gebrauch gemacht.

424 Vgl. BGH v. 14. 12. 1994, BGHZ 128, S. 156, 160 ff.; v. 5. 11. 1997, NJW 1998, S. 540, 541; zur Rechtslage nach der Schuldrechtsmodernisierung *Giesler*, ZIP 2002, S. 420 ff.

425 *Braun*, NJW 1995, S. 504 f.

426 *Rieble*, ZfA 1998, S. 327, 250 ff.; vgl. *Reuter*, RdA 1981, S. 201, 202.

Betätigungsfreiheit der Auftragnehmer.[427] Andere bezeichnen das Kartellrecht dagegen als „stumpfe Waffe“, die keine Handhabe zum Schutz vor „Ausbeutung“ im Rahmen selbständiger Beschäftigungsverhältnisse biete.[428]

In der Bewertung ist hier zu differenzieren: Das Wettbewerbsrecht kann in der Tat – wenngleich nur in begrenztem Umfang – verhindern, dass Auftragnehmer in der Wahrnehmung wirtschaftlicher Chancen durch entsprechende Vertragsgestaltung allzu weit eingeschränkt werden. Die Reichweite des wettbewerbsrechtlichen Schutzes selbständig Beschäftigter ist allerdings vor allem durch zwei Aspekte beschränkt: Zum einen greifen einige der genannten Mechanismen nur bei Vertriebsmodellen, bei denen der Beschäftigte selbst – wenn auch in fremden Namen oder für fremde Rechnung – am Absatzmarkt auftritt; sie greifen also z. B. bei Handelsvertretern, Franchisenehmern, Tankstellenpächtern etc. ein. In den anderen Fällen der „Zulieferung“ von Dienstleistungen unmittelbar an den Auftraggeber kann das Wettbewerbsrecht insoweit schon deshalb nicht eingreifen, weil die einzig relevante Vertragsbeziehung hier diejenige zum Auftraggeber ist.

Zum anderen konzentriert sich das Kartellrecht auf den Schutz der (wirtschaftlichen) Selbständigkeit, während das auf dem Markt gebildete Verhältnis von Leistung und Gegenleistung im Grundsatz unangetastet bleibt. Es muss bezweifelt werden, dass die Diskriminierungsverbote und die Verbote unbilliger Behinderung, allen voran die Regelung des § 20 Abs. 2 i. V. m. Abs. 1 GWB, die Anbieter selbständig zu erbringender Dienstleistungen wirksam auch vor unangemessen materiellen Vertragsbedingungen schützen können.[429] Während solche Bezugsabhängigkeiten noch dem Zugriff des Kartellrechts unterliegen mögen, bietet dieses keine Handhabe gegen die wirtschaftliche *Absatzabhängigkeit*.[430] Soweit sich im Inhalt des Vertrages eine durch Unterlegenheit am Markt begründete Störung des Verhandlungsgleichgewichts niederschlägt, die sich auf die Höhe der Vergütung bezieht, bleibt das Kartellrecht für

---

427 Er sieht darin ein Argument gegen einen erweiterten Arbeitnehmerbegriff, der seiner Auffassung zufolge in systemwidriger Weise an die Stelle einer an sich einschlägigen wirtschaftsrechtlichen Kassation der übermäßigen Bindungen den „fürsorgerischen“ Schutz des Arbeitsrechts setze (*Rieble,* ZfA 1998, S. 327, 355 f.).

428 *Rancke*, Die freien Berufe, S. 150 ff.; *Schwerdtner*, BlStSozArbR 1972, S. 17, 23 f.

429 Die Voraussetzungen des § 20 Abs. 2 GWB erfordern eine wirtschaftliche Beurteilung der Marktverhältnisse im Einzelfall und stellen recht hohe Hürden für ein Eingreifen auf; zudem sind auch die Sanktionen der §§ 32 ff. GWB (Untersagung durch die Kartellbehörde, Schadensersatz, Unterlassungsanspruch und ggf. Mehrerlösabschöpfung) bei arbeitsrechtsverwandten Sachverhalten wenig praktikabel. Viele Vorschriften des GWB (z. B. § 20 Abs. 2 S. 2, Abs. 3, Abs. 4 GWB) lassen erkennen, dass sie primär auf den Handel und nicht auf den Austausch von Dienstleistungen in einer Dauerrechtsbeziehung ausgerichtet sind.

430 Vgl. *Arndt*, Markt und Macht, S. 137; vgl. unten S. 204 ff.

den Beschäftigten in der Tat eine „stumpfe Waffe". Die Schutzbedürftigkeit selbständig Beschäftigter liegt regelmäßig unterhalb der Eingriffsschwelle des gegen das „Ausnutzen" von Marktmacht gerichteten Kartellrechts.

Für Angehörige künstlerischer, journalistischer und schriftstellerischer Berufe spielt zudem das Urheberrecht eine Rolle, das in mancher Hinsicht als „Ersatzarbeitsrecht" für selbständig Beschäftigte dieser Berufsgruppen fungiert.[431] Mit dem – bis zuletzt hoch umstrittenen – Gesetz zur Stärkung der vertraglichen Stellung von Urhebern und ausübenden Künstlern vom 22. 3. 2002[432] dürfte die Bedeutung des Urhebervertragsrechts für diese Gruppe von Beschäftigungsverhältnissen steigen; hervorzuheben ist dabei insbesondere der in den Regelungen des § 32 UrhG n. F. zum Ausdruck kommende Grundsatz einer „angemessenen" Vergütung des Urhebers.

Im zwangsvollstreckungsrechtlichen Pfändungsschutz (§§ 850 ff. ZPO) kommt selbständig Beschäftigten der extensiv definierte Begriff des „Arbeitseinkommens" zugute. § 850 Abs. 2 ZPO fasst hierunter nämlich auch „sonstige Vergütungen für Dienstleistungen aller Art, die die Erwerbstätigkeit des Schuldners vollständig oder zu einem wesentlichen Teil in Anspruch nehmen". Auch § 850i Abs. 1 S. 1 ZPO ist nicht auf Vergütungsansprüche aus Arbeitsverhältnissen beschränkt, sondern bezieht sich allgemein auf eine „nicht wiederkehrend zahlbare Vergütung für persönlich geleistete Arbeiten oder Dienste".

Insgesamt betrachtet bieten zahlreiche allgemein-privatrechtliche Vorschriften eine Grundlage für einen Schutz selbständig Beschäftigter. Dieser ist aber auf punktuelle Korrekturen und zum Teil auf bestimmte Gruppen von Beschäftigten beschränkt. Die Vereinbarung unangemessener Vertragsbedingungen zulasten selbständig Beschäftigter kann damit nicht wirksam unterbunden werden.

3. Kollektivrechtlicher Schutz für Selbständige

Ein kollektiver Schutz für selbständig Beschäftigte ist einerseits im Rahmen der betrieblichen Mitbestimmung und andererseits durch Tarifverträge denkbar.

a) Arbeitnehmerähnliche Personen in der Betriebsverfassung

Das Betriebsverfassungsgesetz kennt keinen eigenen Arbeitnehmerbegriff, sondern nimmt auf den allgemeinen Bezug. Allein die Gruppe der Heimarbeiter, die „in der Hauptsache für den Betrieb" arbeiten, ist über § 5 Abs. 1 S. 2

---

[431] Vgl. *Schack*, Urheber- und Urhebervertragsrecht, Rn. 952 ff.

[432] BGBl. I, S. 1155 ff.; vgl. auch die von *Dietz, Löwenheim, Nordemann, Schricker und Vogel* erstellten Vorentwürfe vom 22. 5. 2000 und vom 17. 8. 2000 sowie den hierauf basierenden Regierungsentwurf vom 30. 5. 2001 (http://www.bmj.bund.de; http://www.urheberrecht.org/UrhGE-2000/).

BetrVG in das System der betrieblichen Mitbestimmung integriert.[433] Wegen des klaren Wortlauts ist eine Erstreckung des Anwendungsbereichs des Betriebsverfassungsgesetzes auf andere arbeitnehmerähnliche Personen *de lege lata* nicht möglich.[434]

Die Betriebsverfassungsreform von 2001[435] hat an diesem Zustand nichts geändert. § 5 Abs. 1 S. 1 BetrVG erwähnt zwar nunmehr explizit die Telearbeit und den Außendienst, bezieht dabei aber nur solche Tele- und Außendienstmitarbeiter ein, die nach dem allgemeinen Arbeitnehmerbegriff als Arbeitnehmer anzusehen sind.[436]

Ein Mitbestimmungsrecht nach § 99 BetrVG kommt allerdings bei der Einstellung freier Mitarbeiter in Betracht, wenn trotz fehlender oder ungeklärter Arbeitnehmereigenschaft ausnahmsweise eine „Eingliederung" in den Betrieb stattfindet.[437] Darüber hinaus besteht ein Anspruch des Betriebsrats aus § 80 Abs. 2 S. 1 BetrVG auf Unterrichtung über Art und Umfang des Einsatzes freier Mitarbeiter. Diesen hatte das Bundesarbeitsgericht sowohl unter dem Gesichtspunkt einer möglichen Mitbestimmung bei der Einstellung (§ 99 BetrVG) als auch unter dem Gesichtspunkt der Personalplanung (§ 92 BetrVG) bejaht.[438] Im Rahmen der Betriebsverfassungsreform hat der Gesetzgeber nunmehr im zweiten Halbsatz des § 80 Abs. 2 S. 1 gesetzlich klargestellt, dass sich der Unterrichtungsanspruch auch auf die Beschäftigung von Personen erstreckt, „die nicht in einem Arbeitsverhältnis zum Arbeitgeber stehen".

---

433 Näher *Rost*, NZA 1999, S. 113, 115 f., 119 f.

434 Vgl. BAG v. 12. 2. 1992, AP Nr. 52 zu § 5 ArbGG; *Plander*, DB 1999, S. 330, 331; *Rost*, NZA 1999, S. 113, 120 f.; anders offenbar *Hromadka*, NZA 1997, S. 1249, 1255, der zumindest im Grundsatz für eine generelle Übertragung der für Heimarbeiter geltenden Vorschriften auf alle Arbeitnehmerähnlichen Personen eintritt; zur Unanwendbarkeit des BetrVG in Franchisesystemen *Gittermann*, Arbeitnehmerstatus und Betriebsverfassung in Franchisesystemen, S. 107 ff.; vgl. *Buschbeck-Bülow*, BB 1989, S. 352 ff.; *dieselbe*, BB 1990, S. 1061 gegen *Skaupy*, BB 1990, S. 134; *derselbe*, BB 1990, S. 1061 f.

435 BGBl. I, S. 1852.

436 Vgl. *Schaub*, NZA 2001, S. 364 f.

437 Da die Eingliederung, vor allem in ihrer Ausprägung der Weisungsgebundenheit, nach der Rechtsprechung des BAG zugleich konstituierendes Merkmal des Arbeitnehmerbegriffs ist, bleibt freilich ein sehr schmaler Anwendungsbereich für Personen, die keine Arbeitnehmer, aber „eingegliedert" im Sinne des Einstellungsbegriffs in § 99 BetrVG sind; das BAG spricht insoweit von „teilweise weisungsgebundene Tätigkeiten" (BAG v. 15. 12. 1998, NZA 1999, S. 722, 725); vgl. LAG Frankfurt v. 16. 1. 1990, ArbuR 1991, S. 187 (Reinigungspersonal); *Mayer*, ArbuR 1990, S. 213, 216 f. ; *Rost*, NZA 1999, S. 113, 118 m. w. N.

438 BAG v. 15. 12. 1998, NZA 1999, S. 722, 724 ff.; hierzu aus praktischer Sicht *Pohle*, BB 1999, S. 2401 ff.; vgl. *Plander*, DB 1999, S. 330, 333.

Den selbständig Beschäftigten selbst werden hierdurch allerdings keinerlei Mitwirkungsmöglichkeiten eröffnet. Festzuhalten bleibt also, dass ein aktiver betriebsverfassungsrechtlicher Schutz für selbständig Beschäftigte außerhalb des Bereichs der Heimarbeit nicht existiert.

b) Tarifautonomie für arbeitnehmerähnliche Personen

Wegen des oben festgestellten unzureichenden Schutzes selbständig Beschäftigter auf der individualrechtlichen Ebene soll nunmehr der Blick auf einen möglichen kollektiven Schutz durch den Abschluss von Tarifverträgen gerichtet werden. Das Tarifvertragssystem könnte die Möglichkeit eröffnen, verbindliche Regelungen zu schaffen, die an die Bedürfnisse der jeweiligen Branche angepasst sind, ohne dass der Gesetzgeber tätig werden müsste.

aa) Gesetzliche Grundlage: § 12a TVG

Das Tarifvertragsgesetz definiert seinen personellen Anwendungsbereich zunächst über den Begriff des Arbeitsverhältnisses in § 1 Abs. 1 und daneben indirekt durch den Begriff der Gewerkschaft[439] in § 2 TVG. Das Wort „Arbeitnehmer“ findet in §§ 5, 11 und 12 TVG beiläufige Erwähnung. Insgesamt ist davon auszugehen, dass das Gesetz damit auf den Arbeitnehmerbegriff des allgemeinen Arbeitsrechts Bezug nimmt.[440] Hierfür spricht neben dem Wortlaut die Existenz des § 12a TVG, durch den der Gesetzgeber erkennbar den bisherigen Anwendungsbereich des Gesetzes erweitern wollte.

Mit der Einführung des § 12a TVG im Jahre 1974[441] wurde das Tarifvertragssystem erstmals für einen über den Arbeitnehmerbegriff hinausgehenden Personenkreis geöffnet, sieht man von Sonderregeln für in Heimarbeit Beschäftigte[442] ab. § 12a TVG erklärt die Vorschriften des Gesetzes auf Personen für „entsprechend“ anwendbar, die

> „wirtschaftlich abhängig und vergleichbar einem Arbeitnehmer sozial schutzbedürftig sind (arbeitnehmerähnliche Personen),

---

[439] Vgl. *Kempen/Zachert*, Tarifvertragsgesetz, § 2 Rn. 13.

[440] Vgl. *Gamillscheg*, Kollektives Arbeitsrecht, Band I, § 7 II 4 (S. 334 f.); *Kempen/Zachert*, Tarifvertragsgesetz, § 2 Rn. 13; Wiedemann-*Wank*, Tarifvertragsgesetz, § 12a Rn. 1. Das Bundesarbeitsgericht nimmt einen Verweis auf den allgemeine Arbeitnehmerbegriff auch bei der Bestimmung des persönlichen Geltungsbereichs eines Tarifvertrags an: BAG v. 28. 11. 1990, AP Nr. 137 zu § 1 TVG Tarifverträge: Bau.

[441] Art. II § 1 des Gesetzes zur Änderung des Heimarbeitsgesetzes und anderer arbeitsrechtlicher Vorschriften (Heimarbeitsänderungsgesetz v. 29. 10. 1974, BGBl. I, S. 2879). Näher zur Entstehungsgeschichte *Pauly,* Handelsvertreter, S. 33 ff.; Besprechung der Entwürfe bei *Reichel*, DB 1975, S. 102 ff.; kritisch *Eich*, DB 1973, S. 1699 ff.

[442] Vgl. § 17 Abs. 1 HAG, bereits in der Fassung v. 14. 3. 1951 (BGBl. I, S. 191).

wenn sie auf Grund von Dienst- oder Werkverträgen für andere Personen tätig sind, die geschuldeten Leistungen persönlich und im wesentlichen ohne Mitarbeit von Arbeitnehmern erbringen und

a) überwiegend für eine Person tätig sind oder

b) ihnen von einer Person im Durchschnitt mehr als die Hälfte des Entgelts zusteht, das ihnen für ihre Erwerbstätigkeit insgesamt zusteht [...]"

Auslöser dieser einschneidenden Neuregelung war der Gesetzesbegründung zufolge die „Erfahrung [...], dass einige Gruppen der Selbständigen infolge sehr weitgehender wirtschaftlicher Abhängigkeit gegenüber den durch Gesetze und Tarifverträgen abgesicherten Arbeitnehmern sozial zurückbleiben können"[443]. Die Gleichstellung von Kollektivvereinbarungen im Bereich der Heimarbeit mit Tarifverträgen (§ 17 HAG) diente dem Gesetzgeber als Vorbild.[444]

Von Bedeutung ist, dass der Gesetzgeber bei der Neuregelung primär die Beschäftigungsverhältnisse der freien Mitarbeiter im Bereich Rundfunk und Fernsehen, der selbständigen Journalisten, Schriftsteller und Künstler im Auge hatte. Dies geht aus der Entstehungsgeschichte und der Privilegierung dieser Gruppen in § 12a Abs. 3 TVG hervor.[445] Handelsvertreter werden gemäß § 12a Abs. 4 TVG bewusst von der Regelung ausgenommen.

Fraglich ist, ob das Konzept des § 12a TVG über den Personenkreis der Medienmitarbeiter hinaus ein geeignetes Instrument darstellt, um den wachsenden Bereich selbständiger Beschäftigung zu erfassen. Nachfolgend ist näher zu prüfen, inwieweit selbständige Beschäftigungsverhältnisse überhaupt vom Rechtsbegriff der arbeitnehmerähnlichen Person im Sinne des § 12a TVG erfasst werden (unten bb) und ob die Anwendung des Tarifvertragssystems der Arbeitnehmer auf selbständige Beschäftigungsverhältnisse praktikabel ist (unten cc).

---

[443] BT-Drucks. 7/975, S. 20; vgl. den Bericht der Bundesregierung über Erfahrungen bei der Anwendung des § 12a des Tarifvertragsgesetzes, BT-Drucks. 8/716 (= RdA 1978, S. 42 ff.).

[444] BT-Drucks. 7/975, S. 20.

[445] Diese Personengruppen ist in der Begründung des Regierungsentwurfs (BT-Drucks. 7/975, S. 20) und dem Erfahrungsbericht der Bundesregierung aus dem Jahre 1977 (BT-Drucks. 8/716 = RdA 1978, S. 42) ausdrücklich hervorgehoben; noch akzentuierter Wiedemann-*Wank*, Tarifvertragsgesetz, § 12a Rn. 23; ebenso deutlich BAG v. 17. 10. 1990, AP Nr. 9 zu § 5 ArbGG 1979, Bl. 2 R f.; vgl. *Frantzioch*, Abhängige Selbständigkeit, S. 97; *Lieb*, RdA 1974, S. 257, 258; *Pfarr*, in: Festschrift für Kehrmann, S. 75, 86; *Wank*, Arbeitnehmer und Selbständige, S. 237; a. A. *Pauly*, Handelsvertreter, S. 36 f.

bb) Begriffliche Erfassung selbständiger Beschäftigungsverhältnisse

Die detaillierte Definition des erfassten Personenkreises in § 12a TVG gibt Anlass zu Missverständnissen, was das Verhältnis zum individualrechtlichen Begriff der arbeitnehmerähnlichen Person in anderen Gesetzen (§ 5 Abs. 1 S. 2 ArbGG, § 2 S. 2 BUrlG, § 2 Abs. 2 Nr. 3 ArbSchG, § 1 Abs. 2 Nr. 1 BeschäftigtenschutzG) angeht.[446]

Der Wortlaut des § 12a Abs. 1 TVG spricht zunächst für eine Lösung von dem Begriff der Arbeitnehmerähnlichkeit im Sinne der individualarbeitsrechtlichen Normen. Zum einen wird in § 12a TVG der Begriff der „wirtschaftlichen Unselbständigkeit" durch denjenigen der „wirtschaftlichen Abhängigkeit" ersetzt. Ein substanzieller Unterschied ist in dieser Umformulierung allerdings nicht zu sehen, was klar aus der Gesetzesbegründung hervorgeht.[447] Auch das nunmehr ausdrücklich normierte Erfordernis sozialer Schutzbedürftigkeit konstituiert gegenüber dem früheren Begriffsverständnis keine zusätzliche Voraussetzung; es handelt sich vielmehr um ein Merkmal, das auch außerhalb der Legaldefinition in § 12a Abs. 1 TVG von der Rechtsprechung geprüft wurde.[448]

Weniger eindeutig und deshalb umstritten ist, ob die weiteren Kriterien, die der mit „wenn" eingeleitete Nebensatz enthält, zu einer Einschränkung des personellen Anwendungsbereichs gegenüber dem allgemeinen Begriff der arbeitnehmerähnlichen Person führt.[449]

Hiergegen spricht, dass die Kriterien des § 12a Abs. 1 Nr. 1 TVG ihrem Inhalt nach Konkretisierungen der allgemeinen Merkmale wirtschaftlicher Abhängigkeit und sozialer Schutzbedürftigkeit darstellen.[450] So handelt es sich bei der persönlichen Erbringung der Arbeitsleistung im Rahmen von Dienst- oder Werkverträgen um ein Merkmal, das für die einem Arbeitnehmer vergleichbare soziale Situation spricht.[451] Um eine typische Situation wirtschaftlicher Abhän-

---

446 *Wank* (Arbeitnehmer und Selbständige, S. 238) spricht von einer „verfehlten Tatbestandsbildung"; ähnlich *Otto*, Anmerkung zu BAG v. 2. 10. 1990, AP Nr. 1 zu § 12a TVG, Bl. 5 R.

447 BT-Drucks. 7/975, S. 20; vgl. *Beuthin/Wehler*, RdA 1978, S. 2, 9; *Pauly*, Handelsvertreter, S. 101 f.; *Wiese*, Buchautoren, S. 40 f.; anders *Heuberger*, Sachliche Abhängigkeit, S. 120.

448 Siehe die Nachweise oben S. 98 in Fn. 367.

449 Das Bundesarbeitsgericht nennt den von § 12a TVG erfassten Personenkreis eine „Sondergruppe im Kreis der arbeitnehmerähnlichen Personen"; BAG v. 17. 10. 1990, AP Nr. 9 zu § 5 ArbGG 1979, Bl. 2 R.

450 Vgl. *Buchner*, NZA 1998, S. 1144, 1146; *Wlotzke*, DB 1974, S. 2252, 2257; nach der Begründung des Regierungsentwurfs (BT-Drucks. 7/975, S. 20) werden die Hauptmerkmale in Abs. 1 Nr. 1 „noch ergänzt und weiter präzisiert".

451 Vgl. *Kempen/Zachert*, Tarifvertragsgesetz, § 12a Rn. 12; vgl. auch die Argumentation bei BGH v. 4. 11. 1998, NZA 1999, S. 53, 56.

gigkeit handelt es sich, wenn die Tätigkeit überwiegend für einen Auftraggeber erbracht wird oder eine Auftragsbeziehung zu einem wesentlichen Anteil die wirtschaftliche Existenzgrundlage des Beschäftigten darstellt.[452]

Deshalb kann die Auslegung des *allgemeinen* Rechtsbegriffs der Arbeitnehmerähnlichkeit an § 12a TVG angelehnt werden.[453] Allerdings ist davon auszugehen, dass der Gesetzgeber nur für den Anwendungsbereich des Tarifvertragsgesetzes im Interesse der Rechtssicherheit *abschließend* die Voraussetzungen geregelt hat, die zur Annahme eines wirtschaftlichen Abhängigkeitsverhältnisses erfüllt sein müssen.[454] Hierfür spricht auch der Wortlaut, in dem die allgemeine Legaldefinition der arbeitnehmerähnlichen Person durch die Klammersetzung *vor* und nicht *nach* dem „Wenn"-Satz erfolgt. Die Anwendung des § 12a TVG setzt demnach neben der allgemeinen Arbeitnehmerähnlichkeit das Vorliegen weiterer Kriterien voraus, die für andere Gesetze wiederum nicht zwingend sind.[455]

Da es sich also bei dem durch § 12a TVG angesprochenen Personenkreis um eine Teilmenge der vom allgemeinen Begriff der arbeitnehmerähnlichen Person erfassten Beschäftigten handelt, ergibt sich das bereits oben angesprochene Problem, dass nicht alle Formen selbständiger Beschäftigung unter diese Definition fallen[456], bei § 12a TVG umso schärfer.

Dies gilt insbesondere wegen der problematischen Voraussetzung einer „soziologisch gleichwertigen Typik".[457] Restriktiv wirkt aber auch die Anforderung, dass mindestens die Hälfte des Einkommens aus der gesamten Erwerbstätigkeit von einem Auftraggeber stammen muss. Dies mag zwar für viele Formen selbständiger Beschäftigung zutreffen. Nicht erfasst werden aber solche „Kleinstunternehmer", die ihre Dienstleistungen gegenüber verschiedenen Auftraggebern erbringen und trotzdem keine Marktstellung inne haben, die ein ausgewogenes Aushandeln der Beschäftigungsbedingungen ermöglicht.[458] Hieran kann es insbesondere dann fehlen, wenn gegeneinander austauschbare Leistungen einer begrenzten Zahl in Betracht kommender Auftraggeber angeboten werden, wie es etwa bei freien Journalisten üblich ist. Nach Auffassung der Gewerkschaften stößt selbst die Privilegierung künstlerischer, schriftstellerischer und journalistischer Leistungen durch § 12a Abs. 3 TVG insoweit an

---

452 Vgl. BGH v. 21. 10. 1998, NZA 1999, S. 110, 112.

453 Vgl. BGH v. 4. 11. 1998, NZA 1999, S. 53, 55; LAG Köln v. 22. 4. 1999, NZA-RR 1999, S. 589; *Preis/Stoffels*, ZHR 160 (1996), S. 442, 448.

454 Vgl. *Kempen/Zachert*, Tarifvertragsgesetz, § 12a Rn. 13.

455 Vgl. *Wiese*, Buchautoren, S. 32 ff.; für eine allgemeine Definition der Arbeitnehmerähnlichkeit durch § 12a TVG *Frantzioch*, Abhängige Selbständigkeit, S. 92

456 Oben S. 97 ff.

457 Vgl. *Otto*, Anmerkung zu BAG v. 2. 10. 1990, AP Nr. 1 zu § 12a TVG, Bl. 6 R ff.

458 Vgl. *Herschel*, DB 1977, S. 1185, 1188.

ihre Grenzen. Vor allem die IG Medien (heute: ver.di) forderte deshalb schon in der Vergangenheit, die Voraussetzung der Abhängigkeit von einem bestimmten Auftragsverhältnis ganz zu streichen und nur auf die allgemeine wirtschaftliche Abhängigkeit abzustellen.[459]

Dass der Anwendungsbereich des § 12a TVG beschränkt ist, wird durch die Tatsache bestätigt, dass auch die Bundesregierung 1977 in ihrem ersten Erfahrungsbericht zu § 12a TVG von der Notwendigkeit einer Abgrenzung der arbeitnehmerähnlichen zur „echten" freien Mitarbeit ausging.[460] Ebenso wie nicht jeder freie Mitarbeiter als arbeitnehmerähnliche Person anzusehen ist[461], war auch § 12a TVG von Anfang an enger als das gesamte Feld „schutzwürdiger" Selbständigkeit angelegt:[462]

> „Die Tarifautonomie kann über den Kreis der Arbeitnehmer hinaus nur auf Personen ausgedehnt werden, die aus bestimmten Gründen als arbeitnehmerähnlich angesehen werden können, nicht jedoch einschränkungslos auf die Gesamtheit der Selbständigen, die sozial schutzbedürftig sind."[463]

Die Tarifvertragsparteien haben auf erhebliche Schwierigkeiten bei der Bestimmung der Arbeitnehmerähnlichkeit hingewiesen.[464] Zum Teil wurde deshalb versucht, den gesetzlichen Begriff tariflich zu konkretisieren, was aber an der rechtlichen Unzulässigkeit einer tarifvertraglichen Umdefinition[465] scheitern musste.

cc) Tarifverträge für arbeitnehmerähnliche Personen in der Praxis

Mehr noch als bei individualrechtlichen Schutznormen kann eine Verbesserung der konkreten rechtlichen Situation selbständig Beschäftigter durch Tarifverträge nur dann eintreten, wenn von dieser Möglichkeit tatsächlich Gebrauch gemacht wird. Betrachtet man die Reaktion der Praxis auf den 1974 eingeführten § 12a TVG, zeigen sich aber genau hier die wohl gravierendsten Defizite des bisherigen „kollektiven Modells" zur Einbindung selbständig Beschäftigter in die Arbeitsverfassung der Arbeitnehmer.

---

459 Vgl. den programmatischen Antrag an den ver.di-Gründungskongress (19. - 21. März 2001) bezüglich einer Erweiterung des § 12a TVG: http://www.verdi.de/infopool/delegierte_antraege_ergebnisse/04.php3.

460 BT-Drucks. 8/716 = RdA 1978, S. 42, 44.

461 Vgl. *Rost*, NZA 1999, S. 113, 114.

462 Vgl. auch *Rehbinder*, in: Hübner/Rehbinder/Sell/Kunze, Freie Mitarbeiter in den Rundfunkanstalten, S. 17, 34 f.; *Stickelbrock*, GRUR 2001, S. 1087, 1089 f. zu den freischaffenden Urhebern und ausübenden Künstlern.

463 BT-Drucks. 8/716 = RdA 1978, S. 42, 47.

464 BT-Drucks. 8/716 = RdA 1978, S. 42, 46.

465 BAG v. 15. 3. 1978, AP Nr. 26 zu § 611 BGB Abhängigkeit; v. 2. 10. 1990, AP Nr. 1 zu § 12a TVG, Bl. 4.; v. 20. 9. 2000, NZA 2001, S. 551, 553.

Aus dem Regierungsbericht von 1977 über Erfahrungen bei der Anwendung des § 12a TVG geht hervor, dass zweieinhalb Jahre nach In-Kraft-Treten der Vorschrift nur acht Tarifverträge auf Grundlage der Neuregelung abgeschlossen wurden.[466] Es handelte sich dabei zudem ausschließlich um Tarifverträge für die freien Mitarbeiter der Rundfunk- und Fernsehanstalten, also um den durch die Regelung primär ins Auge gefassten Personenkreis. Die Zahl der Beschäftigten, die tatsächlich von der Neuregelung profitieren konnten, wurde mit etwa 2.000 beziffert. Beteiligte Verbände waren auf der Auftraggeberseite ausschließlich Anstalten der ARD, auf Gewerkschaftsseite der Deutsche Journalisten-Verband e. V. (DJV)[467], die Rundfunk-Fernseh-Film-Union (RFFU) in der damaligen Gewerkschaft Kunst und die Deutsche Angestellten-Gewerkschaft (DAG).

Dem zweiten Erfahrungsbericht der Bundesregierung zufolge ist die Zahl der Tarifverträge zwischen 1977 und 1981 auf 49 (einschließlich Durchführungstarifverträgen) angestiegen.[468] Außer bei den öffentlichen Rundfunkanstalten kamen Tarifabschlüsse vor allem bei Tageszeitungen in einigen Tarifbezirken und vereinzelt auch im Bereich von Design-Studios und der Werbebranche zustande.

Kaum spürbar ist hingegen bis heute die Resonanz außerhalb des Mediensektors.[469] Hier ist, soweit ersichtlich, noch kein einziger Tarifvertrag für arbeitnehmerähnliche Personen abgeschlossen worden. Insoweit fehlt es selbst an deutlich formulierten Forderungen seitens der Gewerkschaften. Die gut gemeinte Regelung des § 12a TVG läuft daher in vielen Bereichen als ungenutztes tarifpolitisches Instrument praktisch leer.[470] Allein für den Bereich Rundfunk und Fernsehen hat § 12a TVG es ermöglicht, die einseitig „oktroyierten" Allgemeinen Honorarbedingungen der Rundfunkanstalten durch ausgehandelte Vertragswerke zu ersetzen,[471] während sich das Konzept außerhalb dieses Bereichs nicht durchsetzen konnte.

Die meisten deutschen Gewerkschaften haben in der Vergangenheit – mit Ausnahme vor allem der IG Medien (heute: ver.di) und des DJV – wenig Interesse an diesem Personenkreis gezeigt. Bis zur Gründung der Dienstleistungsgewerk-

---

466 BT-Drucks. 8/716 = RdA 1978, S. 42, 43.

467 http://www.djv.de.

468 BT-Drucks. 9/993, S. 3 ff.; vgl. zur Bedeutung von Tarifverträgen nach § 12a TVG für Urheber Schricker-*Schricker*, Vor §§ 28 ff. Rn. 5, 8 m. w. N.

469 Vgl. *Frantzioch*, Abhängige Selbständigkeit, S. 98, 104.

470 Vgl. *Bieback*, WSI Mitteilungen 2000, S. 810, 814; *Buchner*, NZA 1998, S. 1144, 1148; *Herschel*, ArbuR 1982, S. 336, 337; *derselbe*, in: Festschrift für Samson, S. 47, 48; *Pfarr*, in: Festschrift für Kehrmann, S. 75, 92.

471 Vgl. *Reinecke*, ZIP 1998, S. 581, 585; *Riepenhausen*, RdA 1978, S. 17.

schaft ver.di sahen die wenigsten Organisationen in ihren Satzungen überhaupt eine Mitgliedschaft arbeitnehmerähnlicher Personen ausdrücklich vor.[472]

Bislang etikettierten viele Gewerkschaften das „Problem" der neuen Selbständigkeit allein mit dem negativ behafteten Schlagwort der „Scheinselbständigkeit". Gewerkschaftliche Ambitionen beschränkten sich beinahe ausschließlich auf den „Erhalt" des Arbeitnehmerstatus für möglichst viele Personen.[473] Tarifverträge für Arbeitnehmerähnliche werden immer noch als „Tarifverträge zweiter Klasse" angesehen.[474] Es liegt auf der Hand, dass eine derartige verbandspolitische Ausrichtung den Interessen vieler „neuer" Selbständiger, die sich bewusst für eine alternative Form der Erwerbstätigkeit entschieden haben, in keiner Weise entspricht. Die von *Zachert* und anderen angemahnte „gesteigerte tarifpolitischen Dringlichkeit, sich auch diesem Personenkreis zuzuwenden"[475], wurde von den Gewerkschaften in der Vergangenheit offenbar nicht erkannt.[476]

Gespräche des Verfassers mit Mitarbeitern der IG Medien haben einige Punkte sichtbar werden lassen, die eine Integration arbeitnehmerähnlicher Personen in die bestehenden Gewerkschaftsstrukturen erschweren.[477] Von Bedeutung ist hier insbesondere die Schwierigkeit einer gruppenübergreifenden Solidarisierung von freien Mitarbeitern und Arbeitnehmern. Hinzu kommt das geringe Arbeitskampfpotenzial, das nicht zuletzt durch weitgehend ungeklärte rechtliche Schwierigkeiten bei einem „Streik" arbeitnehmerähnlicher Personen stark vermindert ist. *Otto* hält gar die Durchsetzung von Forderungen dieser Beschäftigtengruppe mit dem Mittel des Streiks für „praktisch kaum denkbar".[478] Seine These findet in der Tatsache Bestätigung, dass nach Angaben der IG Medien

---

472 Vgl. jetzt den bewusst offen formulierten § 6 Nr. 1 b der ver.di-Satzung (http://www.verdi.de/downloadpool/dokumentenband/satzung.pdf); Mitglied kann hiernach werden, „wer als freie/r Mitarbeiter/in, persönlich selbständig, freiberuflich oder als arbeitnehmerähnliche Personen tätig ist".

473 Vgl. *Mirschel*, WSI Mitteilungen 2000, S. 829.

474 *Mirschel*, WSI Mitteilungen 2000, S. 829, die allerdings auch über Fortschritte einer Annäherung der Gewerkschaften an die „neuen Selbständigen" berichtet.

475 *Zachert*, Die Sicherung und Gestaltung des Normalarbeitsverhältnisses durch Tarifvertrag, S. 158.

476 Vgl. auch den Aufruf von *Heinze* (NZA 2001, S. 1, 4), sich zukünftig sowohl seitens der Gewerkschaften als auch der Arbeitgeberverbände von der Unterscheidung zwischen selbständigen Mitarbeitern und Arbeitnehmern zu lösen; ähnlich *Linnenkohl*, BB 1998, S. 45, 49; vgl. auch *Kadritzke*, WSI Mitteilungen 2000, S. 796, 801.

477 Ein im Gegensatz hierzu stehendes positiveres Bild zeichnet die Einschätzung von *Pauly*, Handelsvertreter, S. 50 f.

478 *Otto*, Gemeinsame Anmerkung zu BAG AP Nr. 34 - 36 zu § 611 BGB Abhängigkeit, Bl. 4; vgl. auch *Zacher*, in: Festschrift für Berber, S. 549, 570 f.; Wiedemann-*Wank*, Tarifvertragsgesetz, § 12a Rn. 91.

bislang erst eine einzige von ihr geführte Streikaktion freier Mitarbeiter in der Öffentlichkeit größere Resonanz erhalten hat.[479]

Aber auch vonseiten der Beschäftigten selbst zeigen sich Hindernisse, die einer Integration in Gewerkschaften im Wege stehen. Ein „Freie-Mitarbeiterschafts-Bewusstsein“[480], das sich mit einer gewerkschaftlichen Organisation vertragen würde, hat auch der neu geschaffene § 12a TVG nicht herbeiführen können. Für Urheber jenseits des Bereichs von Presse und Rundfunks sieht *Schricker* einen Konflilt mit dem „Selbstverständnis der Urheber“.[481] Neben den andersartigen Anforderungen, die selbständig Beschäftigte an eine Verbandsorganisation stellen, dürften vor allem sozialpsychologisch zu erklärende „Berührungsängste“ eine Rolle spielen. Wenn das Image der Gewerkschaften bereits in „gehobenen“ Arbeitnehmerschichten und für Mitarbeiter der „New Economy“ eine Mitgliedschaft wenig attraktiv erscheinen lässt, muss dies erst recht für Beschäftigte gelten, die sich selbst ganz bewusst dem sozialen Status der Selbständigkeit zuordnen, dem von gewerkschaftlicher Seite mit Skepsis begegnet wird. Wer seine Tätigkeit als „unternehmerisch“ im weiteren Sinne versteht, dürfte sich sogar eher der Arbeitgeberseite verbunden fühlen, zumindest aber an Organisationen, die gleichzeitig und schwerpunktmäßig Arbeitnehmerinteressen repräsentieren, wenig Interesse zeigen.[482] Dies passt zu dem Umstand, dass allein der Begriff der „Arbeitnehmerähnlichkeit“ Aversionen erweckt, weil er von vielen selbständig Beschäftigten als diskriminierend empfunden wird.[483]

Diese gegenseitigen und sich wechselseitig verstärkenden „Berührungsängste“ wirken als schier unüberwindbare Barriere gegenüber einer beschäftigungsstatusübergreifenden Organisation in den etablierten Gewerkschaftsstrukturen. Das Problem ist an sich nicht neu, bedenkt man, dass die gewerkschaftliche Organi-

---

479 Es handelte sich um einen im Mai 1988 – erfolglos – geführten Streik gegen den Verband der hessischen Zeitungsverleger, die dazu bewogen werden sollten, den in anderen Bundesländern geltenden Tarifvertrag für arbeitnehmerähnliche freie Journalisten anzuerkennen. Vor In-Kraft-Treten des § 12a TVG wurde über einen „Streik“ freier Mitarbeiter bei der Süddeutschen Zeitung im Jahre 1970 berichtet, hierzu *Rancke*, Die freien Berufe, S. 18.

480 *Riepenhausen*, RdA 1978, S. 17.

481 Schricker-*Schricker*, Urheberrecht, Vor § 28 ff. Rn. 8.

482 Vgl. die Einschätzung von *Stolterfoth*, DB 1973, S. 1068, 1075.

483 Siehe die Mitteilung des Vorsitzenden der Kommission Scheinselbständigkeit, *Dieterich*, abgedruckt in NZA 1999, Heft 20, S. XI in Bezug auf die Rentenversicherungspflicht der Selbständigen: „[...] Der so präzisierte Personenkreis wird nach Auffassung der Kommission mit dem Begriff der Arbeitnehmerähnlichkeit, der vielfach als diskriminierend bezeichnet wird, unzutreffend beschrieben.“

sation der Heimarbeiter als „Archetyp“ selbständiger Beschäftigung von Anfang an erhebliche Probleme bereitete.[484]

Neue gewerkschaftliche Organisationen, die sich ausschließlich an Selbständige wenden, um Tarifverträge auf Basis des § 12a TVG abzuschließen, sind aber – soweit ersichtlich – bis heute nicht entstanden. Es ist deshalb nicht übertrieben, sämtliche bisherigen Versuche, Selbständige auf der Grundlage herkömmlicher Organisationsstrukturen in das Tarifvertragssystem der Arbeitnehmer zu integrieren, für praktisch gescheitert zu erklären.

4. Ergebnis

Der Arbeitnehmerbegriff, der sich nach wie vor am Leitkriterium der persönlichen Abhängigkeit orientieren muss, kann nicht der Schlüssel zur Lösung der mit der neuen Selbständigkeit verbundenen Probleme sein.[485] Es hat sich aber auch gezeigt, dass vorhandene individual- und kollektivrechtliche Regelungen jenseits des Kernarbeitsrechts in ihrer aktuellen Gestalt kein Instrumentarium bieten, das der Schutzbedürftigkeit selbständig Beschäftigter in geeigneter und ausreichender Form gerecht wird.

Daher muss nach neuen Ansätzen gesucht werden, die rechtliche Stellung der selbständig Beschäftigten zu stärken, ohne die Unterschiede zwischen abhängiger und selbständiger Beschäftigung einzuebnen – also ohne sich der Entwicklung einer Kultur neuer Arbeitsformen entgegenzustellen, die jenseits des Arbeitnehmerbegriffs stehen.

---

[484] Vgl. *Arndt*, Stichwort „Heimarbeiterbewegung“, in: Heyde (Hrsg.), Internationales Handwörterbuch des Gewerkschaftswesens, S. 757 ff. m. w. N.; *Wolff*, Stichwort „Gewerkverein der Heimarbeiterinnen“, a. a. O., S. 711 ff.; *Brandes*, ZfA 1986, S. 449, 463; *Lotmar*, Arbeitsvertrag, Erster Band, S. 757; vgl. auch *Däubler*, Tarifvertragsrecht, Rn. 183.

[485] Ebenso *Frantzioch*, Abhängige Selbständigkeit, S. 87; vgl. *Buschmann*, in: Festschrift für Gnade, S. 129.

3. Kapitel:

Entwicklung einer neuen Koalitionskultur jenseits des Kernarbeitsrechts

I. Gestörte Vertragsparität als Kernproblem selbständiger Beschäftigung

Die bisherige Untersuchung im 2. Kapitel dieser Arbeit hat verdeutlicht, dass sich eine Schutzbedürftigkeit selbständig Beschäftigter aus ihrer – zumindest potenziell – gestörten Vertragsparität gegenüber dem Beschäftigungsgeber ergibt. Diese kann zum „Versagen" der Vertragsfreiheit auf der Ebene des einzelnen Rechtsverhältnisses führen und weckt deshalb Bestrebungen nach einer Einbeziehung selbständiger Beschäftigungsformen in den Wirkungskreis des Arbeitsrechts. Die Forderung nach einem Rechtsformzwang im Arbeitsrecht, das Eintreten für einen erweiterten Arbeitnehmerbegriff und die Forderung nach einem Ausbau sozialer Schutzmechanismen jenseits des Kernarbeitsrechts liegen insoweit auf derselben Ebene, als sie alle in dieser Problematik wurzeln.[486]

Das arbeitsrechtliche Paradigma der „strukturellen Unterlegenheit" macht offensichtlich nicht an den Anwendungsgrenzen des Kernarbeitsrechts halt, sondern setzt sich jenseits des Arbeitnehmerbegriffs fort.[487] Eine derartige Situation gestörter Vertragsparität kann sich bei allen Marktakteuren ergeben, die als Partner eines Arbeitsvertrages zumindest in Betracht kommen, indem sie ihre eigene Arbeitskraft als Dienstleistung in ähnlicher Form wie Arbeitnehmer am Markt anbieten.[488] Es ist also gegenüber *jedem* Beschäftigungsvertrag – unabhängig davon, ob es sich um ein Arbeitsverhältnis handelt oder nicht – insoweit „Misstrauen" geboten, als es an einer „Richtigkeitsgewähr" der individuell ausgehandelten Arbeitsbedingungen fehlen kann.[489]

Bestätigung findet dieser Befund in der Handelsvertreterentscheidung des Bundesverfassungsgerichts aus dem Jahre 1990[490]. Der Beschluss erklärt die Regelung des § 90a Abs. 2 S. 2 HGB a. F.[491] für verfassungswidrig[492], die bei Han-

---

486 Vgl. auch *Lieb*, RdA 1977, S. 210, 215.

487 Vgl. *Dieterich*, RdA 1995, S. 129, 135; *Zeuner*, RdA 1975, S. 84, 85.

488 Die Beantwortung der Frage, anhand welcher Kriterien eine arbeitsrechtsspezifische strukturelle Disparität festzustellen ist, welche Ursachen hierfür in Betracht kommen und welche Rolle das „Vermarkten" der eigenen Arbeitskraft dabei spielt, muss späteren Ausführungen (insbesondere unten S. 196 ff.) vorbehalten bleiben.

489 Vgl. auch *Rieble*, Arbeitsmarkt und Wettbewerb, Rn. 1211.

490 BVerfG v. 7. 2. 1990, BVerfGE 81, S. 242, 252 ff., insbesondere S. 254 ff.

491 Nunmehr aufgehoben durch das Handelsrechtsreformgesetz v. 22. 6. 1998 (BGBl. I, S. 1474).

delsvertretern – einer typischen Form selbständiger Beschäftigung – den Wegfall der Entschädigung für die Vereinbarung eines Wettbewerbsverbots (§ 90a Abs. 1 HGB) im Falle der Kündigung aus wichtigem Grund geregelt hatte. Die parallele Bestimmung des (vorkonstitutionellen) § 75 Abs. 3 HGB für Handlungsgehilfen – also Arbeitnehmer – war bereits zuvor vom Bundesarbeitsgericht für verfassungswidrig erachtet worden.[493] Bemerkenswert an der Argumentation des Bundesverfassungsgerichts ist vor allem die Übertragung von Erwägungen hinsichtlich der arbeitsrechtlichen Regelung (§ 75 HGB) auf ein Vertragsverhältnis, das außerhalb des Kernarbeitsrechts steht. Das Gericht hat dabei das Argument nicht gelten lassen, der Handelsvertreter sei im Verhältnis zum Arbeitnehmer weniger schutzwürdig, weil jenseits des Arbeitsrechts das Prinzip der Vertragsfreiheit herrsche. Es hat vielmehr bestätigt, dass auch außerhalb des Arbeitsrechts ein Eingriff in die individuelle Vertragsfreiheit geboten ist, wenn aufgrund wirtschaftlicher Umstände die Vertragsparität der Verhandlungspartner gestört ist:

> „[Es] geht [...] keineswegs nur um die soziale Sicherung abhängig Beschäftigter. Gesetzliche Beschränkungen der Privatautonomie sind zum Schutz und Ausgleich auch dann erforderlich, wenn die Vertragsparität auf andere Weise nachhaltig gestört ist. [...] Auszugehen ist von der Einschätzung des Gesetzgebers, daß Handelsvertreter in ihrer Mehrzahl wirtschaftlich abhängig sind und deshalb – bei typisierender Betrachtungsweise – nicht über ausreichende Verhandlungsstärke verfügen, um ihre Rechte und Pflichten mit den Unternehmern frei aushandeln zu können.“[494]

Für den Fall der Handelsvertreter konnte sich das Gericht dabei auf die Einschätzung des Gesetzgebers beziehen, der für diesen Vertragstyp bereits zwingende Regelungen geschaffen hatte. In der hieran anknüpfenden Rechtsprechung zur Sittenwidrigkeit von Bürgschaften[495] war das Gericht aber gezwungen, selbst Kriterien für die Feststellung einer ungleichen Verhandlungsstärke aufzuzeigen.

Zuvor hatte der Bundesgerichtshof bereits 1970 den arbeitsrechtlichen Grundsatz, wonach die Nichtigkeit eines Arbeitsvertrages nicht ex tunc, sondern nur ex nunc wirkt, auf das Vertragsverhältnis eines Handelsvertreters angewendet.[496] Obwohl in dem zu entscheidenden Fall nicht einmal die Voraussetzungen des § 92a HGB vorlagen, folgerte der BGH

---

[492] Im Tenor der Entscheidung ist die Feststellung der Verfassungswidrigkeit allerdings auf den Rechtszustand vor dem In-Kraft-Treten des novellierten des Handelsvertreterrechts am 1. 1. 1990 beschränkt.

[493] BAG v. 23. 2. 1977, AP Nr. 6 zu § 75 HGB.

[494] BVerfG v. 7. 2. 1990, BVerfGE 81, S. 242, 260.

[495] BVerfG v. 19. 10. 1993, NJW 1994, S. 36, 38 f.

[496] BGH v. 12. 1. 1970, BGHZ 53, S. 153, 158 f.

> „aus den gesamten Umständen eindeutig eine wirtschaftliche und soziale Überlegenheit der Klägerin, die das Vertragsverhältnis der Parteien einem abhängigen Dienstverhältnis so weit annähert, dass es gerechtfertigt ist, den für ein solches entwickelten Grundsatz auch hier anzuwenden."

Neben den Handelsvertretern ist noch die Gruppe der in Heimarbeit Beschäftigten durch spezielle gesetzliche Regelungen hervorgehoben; der Gesetzgeber stellt dabei, so das Bundesverfassungsgericht zu § 19 HAG, die Vertragsverhältnisse der Beschäftigten

> „unbeschadet ihrer rechtlichen Unterschiede gegenüber einem Arbeitsvertragsverhältnis in einer wirtschaftlich und sozial wertenden Betrachtung für den Bereich des Arbeitsrechts dem normalen Arbeitsvertrag gleich".[497]

Dass der Gesetzgeber für diese beiden herausgestellten Personenkreise spezifische Schutzbestimmungen geschaffen hat, schließt die Schutzbedürftigkeit anderer selbständig Beschäftigter nicht aus.[498] Die Existenz der – wenngleich hinsichtlich der Rechtsfolgen schwach ausgestatteten – Rechtsfigur der arbeitnehmerähnlichen Person zeigt, dass auch der Gesetzgeber von einem weitergehenden Kreis schutzbedürftiger Personen ausgeht. Das vom Bundesverfassungsgericht als Ursache der verminderten Verhandlungsstärke genannte Kriterium der *wirtschaftlichen* Abhängigkeit[499] geht eindeutig über die Grenzen des klassischen Arbeitnehmerbegriffs hinaus.[500]

Die Handelsvertreter-Entscheidung des Bundesverfassungsgerichts schlägt dabei die Brücke von der allgemein-zivilrechtlichen Inhaltskontrolle von Verträgen über arbeitsrechtliche Wertungen („wirtschaftliche Abhängigkeit") zur Beurteilung der Vertragsfreiheit in der „Zwischenzone" von Beschäftigungsverhältnissen jenseits des Kernarbeitsrechts. Die in dieser Rechtsprechung angelegten Grundsätze lassen sich auf Beschäftigungsverhältnisse anderen Typs übertragen, wenn diese durch wirtschaftliche Abhängigkeit geprägt sind. Eine typisierende Betrachtungsweise ist dabei geboten:

> „Schon aus Gründen der Rechtssicherheit darf ein Vertrag nicht bei jeder Störung des Verhandlungsgleichgewichts nachträglich in Frage gestellt oder korrigiert werden. Handelt es sich jedoch um eine typisierbare Fallgestaltung, die eine strukturelle Unterlegenheit des einen Vertragsteils erkennen läßt, und sind die Folgen des Vertrages für den unterlegenen Vertragsteil ungewöhnlich belastend,

---

[497] BVerfG v. 27. 2. 1973, BVerfGE 34, S. 307, 317.

[498] *Dieterich* (RdA 1995, S. 129, 135) nennt neben den Handelsvertretern auch freie Mitarbeiter, Konzessionspächter und Zulieferer.

[499] BVerfG v. 7. 2. 1990, BVerfGE 81, S. 242, 260.

[500] Vgl. auch die Loslösung vom individualarbeitsrechtlichen Arbeitnehmerbegriff durch die Kriterien sozialer Schutzbedürftigkeit und sozialer Verantwortung, die das Bundesverfassungsgericht in seiner Entscheidung zur Verfassungsmäßigkeit des Künstlersozialversicherungsgesetzes (v. 8. 4. 1987, BVerfGE 75, S. 108, 159 f.) herangezogen hat.

so muß die Zivilrechtsordnung darauf reagieren und Korrekturen ermöglichen. Das folgt aus der grundrechtlichen Gewährleistung der Privatautonomie (Art. 2 I GG) und dem Sozialstaatsprinzip (Art. 20 I, 28 I GG).“[501]

Der Rechtsform des Beschäftigungsverhältnisses kann für das Vorliegen oder Fehlen einer Machtasymmetrie beim Aushandeln der Vertragsbedingungen keine entscheidende Bedeutung zukommen; im Gegenteil kann die Wahl des Selbständigenrechts als Beschäftigungsstatut gerade *Ausdruck* der gestörten Vertragsparität sein. Damit ist freilich noch nicht gesagt, dass *jede* Form selbständiger Beschäftigung eine derartige Ungleichgewichtslage aufweist.

II. Kollektivvertragsmodell als Reaktion auf die Paritätsstörung

Während damit die grundsätzliche Notwendigkeit von Schutzmechanismen auch bei selbständigen Beschäftigungsverhältnissen bejaht werden muss, stellt sich die Frage, welche Schutzmechanismen geeignet sind, dem Problem der gestörten Vertragsparität zu begegnen.

Der sich in der Handelsvertreterentscheidung widerspiegelnde Ansatz einer punktuellen Korrektur des Vertragsinhalts erscheint hierzu wenig geeignet. Die Folgen wirtschaftlicher Abhängigkeit können hierdurch allenfalls marginal abgefedert werden. Angesichts der Vielfalt von Erscheinungsformen selbständiger Beschäftigung müsste eine an die jeweilige Konstellation angepasste Inhaltskontrolle des Vertrages stattfinden, was zu einer erheblichen Rechtsunsicherheit führen würde.

Die methodische Schwäche eines am Vertragsinhalt orientierten, konstruktiven Korrekturmechanismus liegt darin, dass er nicht am Ursprung des Problems, der strukturellen Unterlegenheit, sondern an dessen Symptomen ansetzt. Allein eine *kollektive* Gestaltung der Vertragsverhältnisse wäre geeignet, die strukturelle Unterlegenheit selbst zu *überwinden* und zu einem Funktionieren der Vertragsfreiheit im materiellen Sinne zu führen. Deutlich formulierte *Brentano* die Vorteile eines Koalitionssystems, das staatliche Eingriffe weitgehend überflüssig macht:

> „Und in der That ist für den Arbeiter der Schutz mittelst Coalition viel wünschenswerter, wirksamer und sachentsprechender als der durch Gesetze. Denn [...] [sie] beschäftigt sich nicht blos mit oberflächlicher Beseitigung von Symptomen; sie geht auf den Grund des Uebels und sucht dessen Ursache zu heben“.[502]

---

[501] BVerfG v. 19. 10. 1993, NJW 1994, S. 36, 38.

[502] *Brentano*, Arbeitsverhältnis, S. 215 f.

Warum sollte die Erfahrung aus dem historisch gewachsenen Tarifvertragswesen, dass die unmittelbar Betroffenen gegenüber dem – hierzu offenbar überforderten Gesetzgeber – die besseren Gestaltungsakteure sind,[503] nicht auch für neue, durch berufliche Selbständigkeit geprägte Arbeitsformen gelten?

Das Modell der Tarifautonomie ist durch die gesetzliche Regelung des § 12a TVG zwar für einige Formen selbständiger Beschäftigung bereits partiell verwirklicht. Diese schlichte Übertragung des für Arbeitnehmer geltenden Tarifvertragssystems auf arbeitnehmerähnliche Personen hat sich jedoch, wie bereits gezeigt, zumindest außerhalb des Medien- und Kulturbereichs in der Praxis nicht bewährt. Die dahinter stehende Idee ist dennoch richtungsweisend. Hinterfragt werden muss daher, ob nicht ein gegenüber der Tarifautonomie für Arbeitnehmer *andersartiges*, aber daran angelehntes kollektives Verhandlungssystem geeignet wäre, dem Schutzbedürfnis selbständig Beschäftigter besser Rechnung zu tragen.[504] Dazu müsste es freilich gelingen, die Organisations- und Vertragsstrukturen den tatsächlichen Assoziations- und Regelungsbedürfnissen selbständig Beschäftigter anzupassen, ohne zu versuchen, sie in die für die Arbeitnehmer der Industriegesellschaft entwickelte Formen zu pressen.

Die Konturen eines solchen Modells könnten etwa folgendermaßen aussehen: Es ist denkbar, dass sich selbständig Beschäftigte in einer neuen Form wirtschaftlicher Kooperation organisieren, die nicht die strengen Anforderungen an die Tariffähigkeit einer Gewerkschaft erfüllen müsste. Bei solchen „*gewerkschaftsähnlichen*" Organisationen könnte es sich vielmehr um wesentlich kleinere Vereinigungen handeln, die außerhalb der traditionellen Gewerkschaftsstrukturen stehen könnten.[505] Je nach den Anforderungen und Strukturen des jeweiligen Dienstleistungssektors könnten sie regional oder überregional, tätigkeits- oder branchenbezogen agieren oder sich sogar auf die Auftragnehmer eines einzigen Auftraggebers konzentrieren. Kleinere Organisationen könnten sich bei Bedarf zu größeren Dachverbänden zusammenschließen.

Ein Beispiel für eine auftraggeberbezogene (also nicht „überbetriebliche") Assoziation von Beschäftigten wäre etwa der Zusammenschluss von Franchisenehmern eines bestimmten Franchise-Systems. Ein solcher Verband könnte beim Aushandeln der allgemeinen Vertragsbedingungen gegenüber dem Fran-

---

503 *Sinzheimer* (Arbeitsrecht und Rechtssoziologie, Band 1, S. 150, 165) sprach bereits 1915 von einer bedenklichen „Massenfabrikation von Gesetzen", die „kaum noch einen Überblick gestattet"; den „richtigen Weg zur Entlastung der staatlichen Gesetzgebung [...], wenigstens auf dem Gebiet des Arbeitsrechts" sah er in der autonomen Rechtsschöpfung der unmittelbar Beteiligten (a. a. O., S. 166 f.); vgl. auch *Kempen*, NZA 2000, Sonderbeilage zu Heft 3, S. 7, 10; *Söllner*, NZA 2000, Sonderbeilage zu Heft 24, S. 33, 38.

504 Vgl. *Kempen/Kretzschmar*, Lavoro e diritto 1999, S. 593, 610 ff.

505 Vgl. zu den rechtlichen Fragen im Zusammenhang mit einer Integration selbständig Beschäftigter in die bestehenden Gewerkschaften unten S. 313 f.

chisegeber auftreten und die insoweit bestehende Verhandlungsschwäche des einzelnen Franchisenehmers ausgleichen. Mehrere solcher Assoziationen könnten in einem systemübergreifenden Franchisenehmerverband organisiert sein.

Im Transportbereich ist z. B. die Gründung einer Vereinigung denkbar, die die gemeinsamen Interessen der „selbst fahrenden" selbständigen, als Subunternehmer tätigen Fernfahrer vertritt und gegenüber Speditionen einheitliche Mindestvertragsbedingungen aushandelt.

In der IT-Branche könnten sich Freelancer in Netzwerken organisieren, in denen Aufträge vermittelt und gemeinsame Rahmenbedingungen für die Vertragsverhältnisse abgesprochen werden. Ähnliche Vereinigungen sind auch für andere Formen selbständiger Beschäftigung vorstellbar, wobei die Art der Organisation den jeweiligen Besonderheiten der Branche und den Bedürfnissen der beteiligten Auftraggeber und Auftragnehmer entsprechen müsste.

Solche koalitionsmäßigen Vereinigungen würden eine Bündelung der Marktmacht der einzelnen Beschäftigten in Form eines „kartellartigen" Zusammenschlusses herbeiführen. Die Rahmenbedingungen der Beschäftigung einschließlich der Höhe der Mindestvergütung und deren Berechnungsform könnte auf kollektiver Ebene – unter Ausübung von wirtschaftlichem Druck und Gegendruck – zwischen Auftragnehmerverband und Auftraggeber (bzw. Auftraggeberverband) ausgehandelt werden und an die Stelle einseitiger Vorgaben durch den Auftraggeber treten. Eine insoweit funktional gewerkschaftsähnliche Organisation hätte den Vorteil, die aus der Selbsteinschätzung der Beschäftigten entspringenden Vorbehalte gegenüber einer Gewerkschaftsmitgliedschaft weitgehend auszuschließen und dennoch die Vorteile kollektiven Auftretens am Markt zu bieten.

Ein solches – freilich experimentelles – Organisationsmodell stünde jenseits des gesetzlich normierten Tarifvertragsrechts und des richterrechtlich geregelten Verbands- und Streikrechts der Arbeitnehmer. Die Kategorie der arbeitnehmerähnlichen Person (§ 12a TVG) müsste daher durchaus nicht die äußere Grenze seines Anwendungsfeldes markieren. Selbständig Beschäftigte könnten sich vielmehr unabhängig von ihrem Status in Bezug auf § 12a TVG organisieren. Das Modell wiese damit gegenüber dem gesetzlich geregelten System einen umfassenderen Anwendungsbereich auf, verfügte wegen der fehlenden Einschlägigkeit des arbeitnehmerischen Tarifrechts aber im Gegenzug über eine schmalere Bandbreite an Umsetzungsinstrumenten. Auf Verbandsebene geschlossene Gesamtvereinbarungen über Beschäftigungsbedingungen müssten keine Tarifverträge im Sinne des § 1 TVG, wirtschaftliches Druckmittel müsste nicht der klassische Streik in der für Arbeitnehmer typischen Form sein.

Gegenüber einer rigiden Vertragsinhaltskontrolle, wie sie die bisherigen Ansätze eines Sozialschutzes selbständig Beschäftigter vorsehen, wäre ein Kollektivvertragssystem die mildere Form des „Eingriffs“ in den individuell gestalteten Vertragsinhalt.[506] Es hält am Grundprinzip des zum Kompromiss zwingenden Konsenses, am Aushandeln durch gegenseitiges Nachgeben, fest. Das Prinzip der Selbstbestimmung – ergänzt um eine kollektive Ebene – wird intensiver verwirklicht.[507]

Auch das Art. 9 Abs. 3 GG zugrunde liegende Prinzip der Subsidiarität[508] staatlicher Regelungsbefugnis gegenüber der Selbstnormierungskompetenz der unmittelbar betroffenen Personenkreise[509] streitet für diesen Ansatz. Gerechtfertigt ist dies unter dem Gesichtspunkt,

> „daß die unmittelbar Betroffenen besser wissen und besser aushandeln können, was ihren beiderseitigen Interessen und dem gemeinsamen Interesse entspricht, als der demokratische Gesetzgeber, [so]wie aus dem Zusammenhang mit dem für die Gestaltung nicht öffentlich-rechtlicher Beziehungen charakteristische Prinzip der ‚Privatautonomie', im Grunde also der Entscheidung des Grundgesetzes zugunsten des *freiheitlich*-demokratischen Rechtsstaates.“[510]

Wenn selbst der Gesetzgeber sich abzeichnenden „offensichtlichen Fehlentwicklungen nicht tatenlos zusehen“ darf[511], muss *erst recht* ein kollektives Aushandeln der Vertragsbedingungen als weniger intensiver Eingriff in die Ebene des individuellen Vertrages gerechtfertigt sein.[512]

Die Erkenntnis der Vorteile eines Kollektivvertragssystems, das es (zumindest partiell) überflüssig macht, auf die Situation gestörter Vertragsparität mit der „Keule“ staatlich verordneter Mindestbedingungen zu reagieren, floss auch in die im Jahr 2000 vorgestellten Entwürfe zu einer Novellierung des Urhebervertragsrechts ein. So sah der sogenannte Professorenentwurf von Mai/August

---

506 Vgl. *Bartholomeyczik*, AcP 166 (1966), S. 30, 36, 74; *Kunze*, ArbuR 1965, S. 170, 175; *Picker*, in: Gedächtnisschrift für Knobbe-Keuk, S. 879, 886; *Rüthers*, Arbeitsrecht und politisches System, S. 23; a. A. *Eich*, DB 1973, S. 1699, 1702 f.; *Roth*, in: Tarifautonomie und Kartellrecht, FIW Schriftenreihe, Heft 136, S. 7, 10.

507 Vgl. AK-GG-*Kittner/Schiek*, Art. 9 Abs. 3 Rn. 81.

508 *Söllner*, NZA 2000, Sonderbeilage zu Heft 24, S. 33, 38; vgl. auch Art. 23 Abs. 1 S. 1 GG.

509 Kritisch *Picker*, NZA 2002, S. 761, 765 f.

510 BVerfG v. 27. 2. 1973, BVerfGE 34, S. 307, 317.

511 So BVerfG v. 7. 2. 1990, BVerfGE 81, S. 242, 255.

512 Vgl. auch das *argumentum a maiore ad minus* hinsichtlich der Handelsvertreter bei *Löwisch/Rieble*, § 12a Rn. 5: „Sind Handelsvertreter aber so schwach, dass ihnen der Gesetzgeber helfen muss, müssen sie sich mit ihren Vereinigungen gemäß Art. 9 Abs. 3 GG den notwendigen Schutz auch selbst durch TVe verschaffen können“; vgl. dagegen jetzt MünchArbR-*Löwisch/Rieble*, Band 3, § 243 Rn. 23.

2000[513] vor, es den (beruflich selbständigen) Urhebern wegen ihrer typischerweise schwachen Verhandlungsposition gegenüber den Verwertungsunternehmen zu ermöglichen, auf Verbandsebene verbindliche „Gesamtverträge" zwischen Urhebern und Werknutzern abzuschließen. Das Tarifvertragsrecht hatte dabei offensichtlich Modell gestanden. Der Professorenentwurf vom 17. 8. 2000 sah folgende Neufassung des § 36 UrhG vor:

> „(1) Verbände von Urhebern können mit Werknutzern und mit zum Abschluss ermächtigten Vereinigungen von Werknutzern Gesamtverträge über Mindestvergütungen und andere Mindestbedingungen von Verträgen über die Einräumung von Nutzungsrechten in einzelnen Nutzungsbereichen abschließen, wenn dem betreffenden Verband angehörende Urheber für die Werknutzer tätig sind oder diese sonst Werke solcher Urheber nutzen. Von den Gesamtverträgen kann zu Lasten der betroffenen Urheber nicht abgewichen werden. § 12a des Tarifvertragsgesetzes bleibt unberührt."
>
> (Abs. 2 – 6 regeln ein Schieds- bzw. Schiedsstellenverfahren für den Fall, dass Verhandlungen ergebnislos verlaufen.[514])

Im späteren Regierungsentwurf vom 30. 5. 2001[515] und der letzlich in Kraft getretenen Fassung[516] hat diese Regelung nach heftigen Protesten der Verbände der Verwertungsunternehmen[517] eine Abschwächung im Hinblick auf die Anlehnung an das Tarifvertragsrecht erfahren. In § 36 UrhG n. F. ist nicht mehr von unabdingbaren „Gesamtverträgen" die Rede, sondern nur noch von (kartellrechtlich privilegierten)[518] „gemeinsamen Vergütungsregeln" auf Verbandsebene, die als „angemessene" Vergütung im Sinne des § 32 UrhG n. F. gelten (§ 32 Abs. 2 S. 1 UrhG).

III. Praktische und theoretische Überlegungen zur Koalierung selbständig Beschäftigter

Das oben skizzierte Modell einer – hypothetischen – „neuen Koalitionskultur", die sich von den traditionellen Organisationsstrukturen der Arbeitnehmer- und

---

513 Vgl. die von *Dietz, Löwenheim, Nordemann, Schricker und Vogel* erstellten Vorentwürfe („Professorenentwürfe") v. 22. 5. 2000 und v. 17. 8. 2000 (http://www.bmj.bund.de; http://www.urheberrecht.org/UrhGE-2000/).

514 Die Frage, ob das darin vorgeschlagene Verfahren als eine gegen Art. 9 Abs. 3 GG verstoßende und damit verfassungswidrige Form der Zwangsschlichtung anzusehen gewesen wäre, soll an dieser Stelle nicht erörtert werden; vgl. hierzu die Stellungnahme von *Schack*, ZUM 2001, S. 453, 461 ff.

515 http://www.bmj.bund.de; http://www.urheberrecht.org/UrhGE-2000/.

516 BGBl. 2002 I, S. 1155 ff.

517 Vgl. nur FAZ v. 25. 1. 2002, S. 15.

518 Vgl. S. 34 f. der Begründung des Regierungsentwurfs vom 30. 5. 2001 (a. a. O.).

Arbeitgeberverbände löst, steht und fällt freilich – ebenso wie das mehr oder weniger gescheiterte „Integrationsmodell“ des § 12a TVG – mit seiner praktischen Umsetzbarkeit.

1. Praktische Ansätze und Vorbilder

In der Praxis existieren bereits Ansätze für ein gewerkschafts- und/oder kartellähnliches kollektives Verhalten von Personen, die dem Typus selbständiger Beschäftigung zugeordnet werden können.

Aus der Zeit der 1970er Jahre berichtet *Rancke* von „kollektiven Protestaktionen“ selbständiger Freiberufler unter Einschluss von Ärzten, Tankstellenpächtern, Gastwirten usw.[519] Er erblickt darin eine „latente Bereitschaft, zur Durchsetzung ihrer Forderungen auf kollektive Aktionen zurückzugreifen“[520]. Diese von *Rancke* in ihrer praktischen Bedeutung offenbar überschätze Erscheinung beschränkte sich allerdings tatsächlich auf vereinzelte Aktionen. Vor allem fehlte bislang eine professionelle und breite verbandsmäßige Organisation derartiger streikähnlicher Maßnahmen. Dies gilt freilich nicht für die Kassenärztlichen Vereinigungen, die in verschiedener Hinsicht (vor allem aufgrund ihres öffentlich-rechtlichen Status) einen hier nicht näher zu erörternden Sonderfall darstellen.[521] Nur am Rande sei daran erinnert, dass diesen und anderen Ärzteverbänden die Bereitschaft zu arbeitskampfähnlichen Maßnahmen nicht gänzlich fremd ist, wie die jüngsten Auseinandersetzungen unter dem Eindruck der Gesundheitsreform gezeigt haben.[522] Gänzlich unverträglich mit dem Status beruflicher Selbständigkeit scheint ein kollektives Auftreten also nicht zu sein.

Tendenzen zur Verbandsbildung sind, wie die nachfolgenden Beispiele zeigen, auch im Bereich selbständiger Beschäftigung zwar vorhanden. Doch können diese hinsichtlich ihrer Aufgaben nur bedingt mit denjenigen der Sozialpartner am Arbeitsmarkt für abhängig Beschäftigte verglichen werden.

Im Transportgewerbe ist das Beispiel eines Vereins bekannt geworden, in dem sich Kurierfahrer eines Auftraggebers zusammengeschlossen haben. Dieser als Mittelstandskartell gemäß § 5b GWB a. F. organisierte Verein konnte Preisabsprachen mit dem Auftraggeber treffen und insoweit „kollektiv“ gegenüber der die Aufträge vermittelnden Zentrale auftreten.[523] In den Niederlanden haben sich sogenannte „selbstfahrende Unternehmer“ („eigen rijders“) in einem eige-

---

519 *Rancke*, Die freien Berufe, S. 17 ff. m. w. N.

520 *Rancke*, Die freien Berufe, S. 115.

521 Vgl. auch unten S. 145, Fn. 583.

522 Siehe z. B. FAZ v. 17. 1. 2000, S. 13.

523 Siehe die Berichte in der Deutschen Verkehrszeitung (DVZ) v. 20. 8. 1996, S. 7 („Verein der Fahrer der Funkpiloten“) und v. 26. 6. 1997, S. 6 („Vereinigung der selbständigen (Bike-)Kuriere“).

nen Verband organisiert, der es als seine Hauptaufgabe betrachtet, sich für einen existenzsichernden Umsatz der Mitglieder einzusetzen.[524]

Ansätze einer Verbandsorganisation zeigen sich auch im Bereich des Franchising. Der 1995 gegründete „Schutzverein der Franchisenehmer und Lizenzträger e. V.“, der sich als Selbsthilfeorganisation versteht, versucht den wirtschaftlichen Erfolg seiner Mitglieder als Franchisenehmer zu fördern und sie vor unseriösen Anbietern und Misserfolg zu schützen.[525] Auf der anderen Seite repräsentiert der seit 1978 existierende Deutsche Franchise Verband (DFV)[526] vor allem die Interessen der Franchisegeber. Ziel dieser Vereinigung ist es, die „Seriosität“ des Franchising zu wahren, indem sie an Franchisegeber, die eine Mitgliedschaft anstreben, Mindestanforderungen stellt, die auch den Franchisenehmern zugute kommen (z. B. nachgewiesener wirtschaftlicher Erfolg des Systems, Schulung und Unterstützung der Partner usw.). Darüber hinaus existiert ein so genannter „Ethikkodex“[527], der Mindeststandards für Franchiseverträge vorschreibt. Der DFV schlägt außerdem sogar die Etablierung eines „Partnerbeirats“ vor, der von der Systemzentrale zu informieren ist und diese „beraten“ soll. Die funktionale Nähe zu einem betriebsverfassungsrechtlichen Modell ist unverkennbar.[528]

Diese vorhandenen Verbandsstrukturen könnten – mit etwas Phantasie –Ausgangspunkt einer Tendenz zur Koalitionsbildung sein: Vom dekretierten „Ethikkodex“ ist der Weg zu ausgehandelten, verbindlichen Kollektivverträgen zwischen Franchisegeber und -nehmerverbänden nicht allzu weit. Aus demselben Beschäftigungssektor wurde vor kurzem ein Fall bekannt, der an eine „Adhoc-Koalierung“ erinnert: Einige Franchisenehmer, die teilweise bereits aus dem System ausgeschieden waren, haben eine Interessengemeinschaft gegründet, um gemeinsam gegen den Franchisegeber gerichtlich vorzugehen.[529]

Andere Organisationsformen entfernen sich noch mehr vom Bild einer gewerkschaftlichen Assoziation, stellen aber dennoch Ansätze für die Wahrnehmung gemeinsamer wirtschaftlicher Interessen dar. Als loses Kontaktforum für „Free-

---

524 DVZ v. 21. 6. 1997, S. 18 f. (Vereinigung der selbstfahrenden Unternehmer – „Vern“). Vgl. in Deutschland die genossenschaftliche Organisation der Güterkraftverkehrsunternehmer der Bundesbahn e. G. – GdB (http://www.gdb-offenbach.de).

525 http://www.franchise-abc.de.

526 http://www.dfv-franchise.de.

527 Vgl. § 6 der Satzung des DFV sowie den Ethikkodex (http://www.dfv-franchise.de/html/download/ethikkodex2001.pdf). Dieser geht zurück auf einen von der European Franchise Federation (EFF) ausgearbeiteten Verhaltenskodex.

528 Gleichwohl wird freilich betont, dass es sich bei solchen Beiräten keinesfalls um eine Art „Betriebsrat“ oder ein „Sprachrohr aller Franchisenehmer“ handeln soll.

529 In diesem Fall war das Franchisesystem der Sonnenstudio-Kette „Sunpoint“ betroffen, siehe FAZ v. 26. 10. 1999, S. 33.

lancer" der IT-Branche („E-Lancer"[530]) dienen z. B. derzeit Projektvermittlungsagenturen, die mit dem Erscheinungsbild einer Gewerkschaft nicht viel gemein haben, neben der schlichten Auftragsvermittlung aber durchaus einen kommunikativen Austausch – z. B. auch über die Vergütungspraxis – erlauben.[531]

Ausgeprägter sind Verbandsaktivitäten in den USA, so z. B. im Fall der Organisation „Working Today", die sich unter den Schlagworten „advocacy, information and service" auf die Betreuung von selbständig Beschäftigten spezialisiert hat.[532] Die großen italienischen Gewerkschaften haben bereits eigenständige Unterorganisationen für die den Personenkreis der „*parasubordinati*" und andere Formen atypischer Beschäftigung geschaffen.[533] Diese widmen sich ausschließlich neuen Arbeitsformen und zeigen gegenüber selbständig Beschäftigten eine weitaus positivere Grundhaltung, als es in der bundesdeutschen Gewerkschaftslandschaft bisher üblich war.

Aber auch die deutschen Gewerkschaften scheinen mittlerweile zu erkennen, dass neue Arbeitsformen auch neue Verbandsstrukturen und neue Koalitionsmittel erfordern. Die Mediengewerkschaften haben es schon in der Vergangenheit als eine Art „Ersatztarifpolitik" betrachtet, für die gewerkschaftlich organisierten freien Mitarbeiter (Journalisten, Autoren, Fotografen etc.) außerhalb des Tarifvertragssystems (unverbindliche) Honorarrichtlinien als kartellrechtsimmune Mittelstandsempfehlungen mit Verlagsunternehmen zu vereinbaren. Über den Aufgabenkreis traditioneller Gewerkschaftspolitik hinaus reicht das kürzlich für die Medienberufe eingeführte Beratungsnetz „media fon", ursprünglich ein Projekt der IG Medien (heute: ver.di).[534] Im Bereich der Telearbeit steht abhängig und selbständig Beschäftigen das neue Online Forum Telearbeit („OnForTe") als Anlaufstelle zur Verfügung. Es wurde von den Gewerkschaften DPG, IG Medien, HBV und DAG gegründet, die mittlerweile in der Dienstleistungsgewerkschaft ver.di aufgegangen sind.[535]

Derartige Projekte weisen in die Richtung neuer, eigenständiger Organisationsformen, die Teilfunktionen einer gewerkschaftlichen Interessenvertretung übernehmen. Sie entsprechen der Forderung *Linnenkohls* nach der Entwicklung eines „neuen Koalitionstypus".[536] Ob die behutsamen Ansätze einer Öffnung der

---

530 Vgl. *Reiss*, FAZ v. 9. 12. 2000, S. 33.

531 Vgl. z. B. http://www.gulp.de; http://www.freelance-connections.de; http://www.freiberufler.de.

532 http://www.workingtoday.org.

533 CGIL: NiDil (http://www.cgil.it/nidil/); CISL: ALAI (http://www.cisl.it/alai/); UIL: CPO (http://www.uil.it/cpo/).

534 http://www.mediafon.net.

535 http://www.onforte.de.

536 *Linnenkohl*, BB 1998, S. 45, 49.

Gewerkschaften gegenüber Selbständigen der geeignete Weg zu einem neuen Koalitionsmodell sind, muss allerdings bezweifelt werden. Erfolgversprechender wäre die Entwicklung einer neuen „Koalitionskultur von unten", die ihre Grundlage nicht in künstlichen Strukturelementen großer gewerkschaftlicher Organisationen, sondern in dem Bewusstsein der Betroffenen hat, eine Steigerung der eigenen Marktmacht durch Verbandsbildung herbeizuführen. Durchaus denkbar und wünschenswert wäre es freilich, wenn Gewerkschaften – insbesondere die neue ver.di – eine derartige Entwicklung mittragen und unterstützen würden. Ohne eine deutliche organisatorische Trennung zwischen den Gebieten abhängiger und selbständiger Arbeit dürfte dies allerdings kaum praktikabel sein. Insbesondere das Selbstverständnis und Selbstbewusstsein des zu organisierenden – im Übrigen äußerst heterogenen – Personenkreises dürfte der Idee einer beschäftigungsstatusübergreifenden „Solidarisierung" zahlreiche Steine in den Weg legen.

Insgesamt zeigen die hier angedeuteten Tendenzen, dass auch selbständig Beschäftigte durchaus ein Interesse daran haben, einer ökonomischen Atomisierung und Isolation entgegenzuwirken, allerdings ohne deshalb die berufliche Selbständigkeit aufgeben zu wollen. Vorhandene Ansätze könnten zum Ausgangspunkt für die Entwicklung einer neuen Koalitionskultur werden, die wegen der andersartigen Anforderungen, die selbständig Beschäftigte an eine Interessenorganisation stellen, dem traditionellen Bild der Industriegewerkschaft kaum mehr entsprechen dürfte.

2. Das Modell der „Arbeitskraftagentur" (Voß)

Auch in theoretischer Hinsicht wurden bereits Überlegungen für kollektive Organisationsformen selbständiger Erwerbstätigkeit angestellt.[537] *Voß* hat aus industriesoziologischer Sicht Konturen eines Modells gezeichnet, das er auf den von ihm entwickelten Grundtypus des „Arbeitskraftunternehmers" bezieht.[538] Dieser Typus deckt sich nicht exakt mit den Erscheinungsformen selbständiger Beschäftigung, sondern geht insoweit darüber hinaus, als auch neue, flexible Arbeitsformen innerhalb des juristischen Arbeitnehmerbegriffs erfasst werden. Für die Teilmenge der rechtlich Selbständigen kann dieser Entwurf dennoch

---

[537] Vgl. *Teubners* (KritV 1993, S. 367, 387) Vorschlag zur Bildung von „Gegenmachtzentren" in netzwerkartigen Vertragsstrukturen.

[538] Es wird Bezug genommen wird auf den von *Voß* gehaltenen Vortrag auf dem 2. Hans-Böckler-Forum zum Arbeits- und Sozialrecht am 24./25. 9. 1999 in Kassel, der dem Verfasser als Manuskript vorliegt (erscheint demnächst in: Dostal, Werner / Kupka, Peter (Hrsg.), Veränderte Arbeits- und Berufsorganisation als Antwort auf die Globalisierung – IAB-Kontaktseminar vom 8. - 12. 11. 99 in Göttingen, Reihe Beiträge aus der Arbeitsmarkt- und Berufsforschung, Nürnberg 2001). Er bezeichnet sein Modell derzeit als „sehr vage Idee".

auch isoliert als mögliche Antwort auf ein Bedürfnis nach kollektiver Organisation interpretiert werden.

Die von *Voß* vorgeschlagene neue Organisationsform, die er als *„Arbeitskraftagentur“* bezeichnet, soll seinen Überlegungen zufolge berufsfeldbezogen mit stark ausgeprägten autonomen Elementen die Organisation individualisierter Arbeit übernehmen. Ihre Funktion sieht *Voß* nicht nur in der Schaffung einer sozialen Basissicherung im Hinblick auf die wichtigsten Risiken wie Alter, Krankheit, Erwerbslosigkeit usw., sondern auch in der Vermittlung von Aufträgen und der kollektiven Interessenvertretung einschließlich des Abschlusses von Kollektivverträgen. Als mögliche Funktionen nennt er weiterhin die Förderung der Aus- und Weiterbildung, sonstige berufliche Serviceleistungen und die allgemeine soziale Einbindung, die sich auch auf die Hilfe zu der mit der Arbeitsorganisation verknüpfte Alltagsorganisation erstrecken soll.[539] Als Fundament solcher Einrichtungen erwägt *Voß* eine gemischt privat-öffentliche Trägerschaft und Finanzierung unter Beteiligung der Gewerkschaften.

Obwohl das Modell der Arbeitskraftagentur mit seinem breit gefächerten Aufgabenfeld Elemente einer koalitionsmäßigen Verbandsstruktur in sich trägt, unterscheidet es sich von der Idee einer gewerkschaftsähnlichen Koalitionsbildung – und zwar vor allem durch seinen öffentlich-rechtlichen Einschlag und die fehlende Hervorhebung des Gedankens „kartellmäßigen“ Auftretens gegenüber der Auftraggeberseite. Teilweise klingen funktionale und strukturelle Parallelen zu berufsständischen Kammern an. Gleichwohl kann das Modell von *Voß* wertvolle Anregungen für eine mögliche kollektive Organisationsform selbständig Beschäftigter geben.

3. Allgemeine Voraussetzung der Koalitionsbildung

Jede koalitionsmäßige Assoziation setzt die Erkenntnis der Beschäftigten voraus, dass eine Bündelung ihrer Marktmacht zur Wahrung ihrer Interessen erforderlich ist, also einen koalitionsspezifischen „esprit de corps“. Der weitgehend gescheiterte Versuch, neue Arbeitsformen über §12a TVG in Arbeitnehmergewerkschaften zu integrieren und die individualistisch-unternehmerische Orientierung der neuen Selbständigen lassen eine gewisse Skepsis gegenüber der Herausbildung einer „Koalitionskultur in der neuen Selbständigkeitskultur“ durchaus berechtigt erscheinen.

In der Konzeption kleinerer Organisationen, die sich ihrer Struktur nach erheblich von den DGB-Arbeitnehmergewerkschaften unterscheiden, läge jedoch der Vorteil, dass die mangelnde Homogenität und schwierige Überschaubarkeit des

---

[539] Nach der Ansicht von *Voß* impliziert die systematische, externe Vermarktung der eigenen Arbeitskraft eine „Verbetrieblichung des Lebenshintergrunds“.

Personenkreises der „neuen Selbständigen“ als Organisationshemmnis[540] geringer ins Gewicht fielen. Außerdem ist zu bedenken, dass es gerade als Herausforderung neuer koalitionsmäßiger Organisationen gelten muss, die unternehmerische Perspektive der potenziellen Verbandsmitglieder zu berücksichtigen und unter Beachtung der sich daraus ergebenden Besonderheiten ein bedarfsgerechtes, dienstleistungsorientiertes Verbandskonzept zu entwickeln.

Anders als bei einer Integration in eine Gewerkschaft bestünde bei einer eigenständigen Organisation keine Abhängigkeit von den anders gelagerten – und zahlenmäßig weitaus stärker repräsentierten – Interessen der Gruppe der Arbeitnehmer. Als Grundlage der Motivation zum Zusammenschluss wäre weniger ein – für viele überholt wirkendes – gewerkschaftliches „Solidarisierungsbewusstsein“, sondern vielmehr die Einsicht erforderlich, dass die Verbandsbildung eine für den Einzelnen ökonomisch vorteilhafte Stärkung der Verhandlungsposition gegenüber Auftraggeberunternehmen erlaubt.

Dieser kooperative Weg erscheint auch unter den Rahmenbedingungen einer modernen Informations- und Dienstleistungsgesellschaft gangbar.[541] Moderne Techniken sind nicht nur Grundlage einer fortschreitenden Individualisierung der Arbeitswelt; sie können gleichzeitig auch Impulse für eine Reintegration der Beschäftigten mit gemeinsamen Interessen liefern, indem sie die technischen Voraussetzung für die notwendige Kommunikation der individuellen Marktakteure schaffen.

Für die Organisationsfähigkeit einer Gruppe besitzt die Frage der Interessenhomogenität und insbesondere das Verhältnis von Individual- und Kollektivinteressen eine herausragende Bedeutung.[542] Grundlegende gemeinsame Interessen von Personen, die zu ähnlichen Beschäftigungsbedingungen für einen Auftraggeber tätig sind, werden sich unschwer ausmachen lassen. Trotz aller Individualisierungstendenzen verbleiben Bereiche, die sich als „kollektiver Tatbestand” darstellen. Dies betrifft vor allem die Rahmenbedingungen der Beschäftigungsverträge, an deren einheitlicher Gestaltung regelmäßig auch die Auftraggeberseite (zumindest unter dem Gesichtspunkt der Minimierung von Transaktionskosten) interessiert ist. Das Verhältnis von Individual- und Kollektivinteressen wird in Verbänden selbständig Beschäftigter allerdings anhand der Situation in einzelnen Betätigungsfeldern neu zu definieren sein, wobei sich hier signifikante Unterschiede zur gewerkschaftlichen Organisationsform der Arbeitnehmer zeigen dürften. Die Frage nach der praktischen „Tarifierbarkeit“

---

[540] Vgl. für den (Teil-)Bereich arbeitnehmerähnlicher Beschäftigung *Buchner*, NZA 1998, S. 1144, 1148; *Eich*, DB 1973, S. 1699, 1704.

[541] So auch die Einschätzung von *Linnenkohl* (BB 1999, S. 48, 52) unter Hinweis auf die Idee genossenschaftlicher Zusammenschlüsse.

[542] Vgl. parallel für die klassischen arbeitsrechtlichen Verbände *Traxler*, in: Müller-Jentsch, Konfliktpartnerschaft, S. 139 ff.

der Beschäftigungsbedingungen Selbständiger[543] verlangt nach fall- bzw. branchenbezogen Antworten. In der Tendenz dürfte aber klar sein, dass die Regelungsdichte kollektiver Vereinbarungen geringer und die korrespondierenden Spielräume für eine individualvertragliche Gestaltung größer sein werden als dies bei Arbeitnehmern der Fall ist.

Neben der Möglichkeit, als kollektiver Verhandlungspartner gegenüber der Auftraggeberseite aufzutreten, könnten andere Leistungen eine Mitgliedschaft in solchen Verbänden für Selbständige attraktiv machen, so z. B.

- die Unterstützung bei der Auftragsvermittlung,
- die Vermittlung von Versicherungen und Krediten,
- das koalitionsinterne Abfedern von Risiken (z. B. Krankheit), etwa durch Bildung von Fonds,
- tätigkeitsbezogene Beratungsleistungen mit Blick auf den Selbständigenstatus, insbesondere in betriebswirtschaftlichen und steuerlichen Angelegenheiten,
- die Eröffnung von Kommunikationskanälen und -foren und
- die Übernahme sozialer Vorsorgeaufgaben.

Ob und wie sich derartige neue Organisationsformen durchsetzen werden, lässt sich heute schwer einschätzen. Offen ist auch, wie sich die deutschen Gewerkschaften nach ihrer bislang eher besorgt bis ablehnenden Haltung den neuen Arbeitsformen gegenüber politisch positionieren. Der kurze Blick auf die theoretischen und praktischen Bedingungen einer Koalierung soll genügen, um zumindest eine Vorstellung von dem Modell zu gewinnen, das der Verfasser als möglichen Weg vor Augen hat und das den folgenden Erörterungen zugrunde gelegt wird.

IV. Rechtliche Fragestellungen

Das skizzierte Modell, das auf der Bildung von Selbständigenkoalitionen „sui generis“ beruht, soll nunmehr in rechtlicher Hinsicht hinterfragt werden.

Die hierfür zentrale Verlagerung der Verhandlungsebene vom Individualvertrag auf kollektive Gesamtvereinbarungen setzt den Zusammenschluss der an sich im Wettbewerb zueinander stehenden Beschäftigten voraus. Das Kartellverbot des § 1 GWB untersagt aber derartige, auf Preisabsprachen ausgerichtete Ver-

---

543 Vgl. *Eich*, DB 1973, S. 1699, 1700 f.

einbarungen.[544] Es stellt damit die zunächst augenfälligste rechtliche Hürde für das anvisierte Modell dar.

Für die Auflösung dieses Konfliktes ist die Zuordnung von Vereinigungen selbständig Beschäftigter zur verfassungsrechtlich verbürgten Koalitionsfreiheit (Art. 9 Abs. 3 GG) von entscheidender Bedeutung. Eine solche normative Verankerung wäre auch richtungsweisend für die Bestimmung der sonstigen rechtlichen Rahmenbedingungen für die Konstruktion eines „tarrifautonomieähnlichen" Systems jenseits des Kernarbeitsrechts.

Der Frage nach dem grundrechtlichen Hintergrund des vorgeschlagenen Modells im Hinblick auf Art. 9 Abs. 3 GG wendet sich daher das folgende Kapitel zu.

---

544 Vgl. auch *Mirschel*, WSI Mitteilungen 2000, S. 829.

4. Kapitel:

Selbständig Beschäftigte als Träger der Koalitionsfreiheit

Ziel der folgenden Erörterungen ist es, den Personenkreis zu definieren, der sich unter dem Schutz des Art. 9 Abs. 3 GG zu Koalitionen im Sinne dieses Grundrechts zusammenschließen kann, ohne auf die *allgemeine* Vereinigungsfreiheit des Art. 9 Abs. 1 GG verwiesen zu sein. Diese Frage wird im Hinblick darauf erörtert, dass die spezielle Gewährleistung der Koalitionsfreiheit den Grundrechtsträgern eine gegenüber der allgemeinen Vereinigungsfreiheit erweiterte Rechtsposition verschafft.[545]

Im Zentrum der Betrachtung steht dabei die Seite der *Beschäftigungsnehmer*. Geprüft werden soll, ob auch selbständig Beschäftigte vom persönlichen Schutzbereich der Koalitionsfreiheit erfasst werden, ob sie also in diesem Sinne „*koalitionsfähig*“[546] sind. Da der Kreis selbständig Beschäftigter, deren wirtschaftliche Situation eine Schutzbedürftigkeit erkennen lässt, weiter ist als der Rechtsbegriff der arbeitnehmerähnlichen Person reicht,[547] soll der Blick nicht auf Personen beschränkt bleiben, die als arbeitnehmerähnlich im Sinne des § 12a TVG anzusehen sind.

Die Frage der Koalitionsfähigkeit ist dabei vom *sachlichen* Schutzbereich des Art. 9 Abs. 3 GG zu unterscheiden. Dieser regelt, welche individuellen und kollektiven koalitionstypischen Verhaltensweisen geschützt werden und welche verfassungsrechtlichen Anforderungen an die Form der Organisation zu stellen sind. Diese Zusammenhänge werden später in Kapitel 5 dieser Arbeit[548] erörtert. Für die nachfolgenden Betrachtungen ist aber im Auge zu behalten, dass Inhalt und Umfang des sachlichen Schutzbereichs nicht für jeden vom persönlichen Schutzbereich erfassten Personenkreis identisch sein muss.

---

545 Die Koalitionsfreiheit ist im Verhältnis zu Art. 9 Abs. 1 GG *lex specialis*, vgl. BVerfG v. 26. 6. 1991, BVerfGE 84, S. 212, 224; *Bleckmann*, Staatsrecht, Band 2, § 30 Rn. 73 f.; Dreier-*Bauer*, Grundgesetz, Art. 9 Rn. 24, 61; *Höfling*, RdA 1999, S. 182, 183; v. Münch-*Löwer*, Grundgesetz, Art. 9 Rn. 56. Trotz dieses Spezialitätsverhältnisses ist die substanzielle Selbständigkeit der Koalitionsfreiheit zu beachten: *Hueck/Nipperdey*, Arbeitsrecht, Band II/1, S. 76 f.; *Hamann/Lenz*, Grundgesetz, Art. 9, A 1 (S. 223), B 8 (S. 231). *Gamillscheg*, Kollektives Arbeitsrecht, Band I, § 3, 5 e (S. 152 f.), *Krüger*, Gutachten zum 46. DJT, Band I/1, S. 7, 19 und *Ridder*, Stellung der Gewerkschaften, S. 31 lehnen in Betonung dieser Eigenständigkeit des Grundrechts ein Spezialitätsverhältnis zu Art. 9 Abs. 1 GG ab, ohne dass sich hieraus praktische Konsequenzen ergäben. Tendenziell gegen jede Eigenständigkeit dagegen etwa *Rieble*, Arbeitsmarkt und Wettbewerb, Rn. 1152.

546 Vgl. HdbStaatsR-*Scholz*, Band VI, § 151 Rn. 56.

547 Vgl. oben S. 97 ff., 113 ff.

548 Unten S. 229 ff.

I. Stand der Diskussion

Auf den ersten Blick erscheint die Frage nach dem persönlichen Schutzbereich der Koalitionsfreiheit müßig, da es sich nach herkömmlichem Verständnis offensichtlich um ein Grundrecht der *Arbeitnehmer* und – hieraus abgeleitet – der *Arbeitgeber* handelt. Dementsprechend kamen bisher fast ausschließlich Gewerkschaften und Arbeitgeberverbände ernsthaft als verfassungsrechtlich besonders geschützte Assoziationsformen infrage.

Diese vereinfachende Sichtweise erscheint aber nur angemessen, solange man für das Arbeitsrecht dieselben Anwendungsgrenzen unterstellt wie für die verfassungsrechtlich gewährleistete Koalitionsfreiheit: Die Bejahung der Arbeitnehmereigenschaft führt dann zwanglos zur Gewährung der Koalitionsfreiheit.

1. Rechtsprechung

Diese Sichtweise spiegelt sich auch in vielen Entscheidungen des Bundesverfassungsgerichts wider. Im Zusammenhang mit der Koalitionsfreiheit ist von Arbeitnehmern und Arbeitgebern, Arbeitsverträgen, Gewerkschaften und Arbeitgeberverbänden die Rede, als verstehe sich eine derartige Beschränkung von selbst.[549]

Das Bundesverfassungsgericht zeigt sich andererseits in einigen Formulierungen bemüht, keine Begriffe aus der Ebene des Gesetzes unkritisch für die verfassungsrechtliche Schutzbereichsbestimmung heranzuziehen. So geht das Gericht in seinen Urteilen zur Kampfbereitschaft und „sozialen Mächtigkeit" als Voraussetzung für die Tariffähigkeit davon aus, dass der Begriff der Koalition im Sinne des Art. 9 Abs. 3 GG weiter gefasst sein könne als der Geltungsbereich der im Tarifvertragsgesetz normierten Tarifautonomie.[550]

Unter Koalitionen versteht das Gericht allgemein Vereinigungen, deren Zweck in der Wahrung und Förderung der Arbeits- und Wirtschaftsbedingungen liegt.[551] Gewerkschaften sind hingegen als tariffähige Arbeitnehmerkoalitionen

---

549 Vgl. aus der Rechtsprechung des Bundesverfassungsgerichts BVerfG v. 18. 11. 1954, BVerfGE 4, S. 96, 106; v. 6. 5. 1964, BVerfGE 18, S. 18, 25 f.; BVerfG v. 27. 2. 1973, BVerfGE 34, S. 307, 316, 317; v. 18. 12. 1974, BVerfGE 38, S. 281, 305; v. 17. 2. 1981, BVerfGE 57, S. 220, 244 ff.; v. 20. 10. 1981, BVerfGE 58, S. 233, 250 ff.; v. 26. 6. 1991, BVerfGE 84, S. 212, 224.

550 BVerfG v. 6. 5. 1964, BVerfGE 18, S. 18 ff.; v. 22. 10. 1981, BVerfGE 58, S. 233, 248; ebenso *Wank*, Arbeitnehmer und Selbständige, S. 333. Vgl. den umgekehrten Fall im Beschluss v. 19. 10. 1966, BVerfGE 20, S. 312, 317 zur Frage der Verfassungsmäßigkeit der gesetzlich verliehenen Tariffähigkeit zugunsten von Handwerksinnungen und Innungsverbänden.

551 BVerfG v. 6. 5. 1964, BVerfGE 18, S. 18, 25; v. 10. 1. 1965, BVerfGE 92, S. 26, 38.

definiert.[552] Für die Frage der Tariffähigkeit einer Arbeitnehmervereinigung (und damit der Gewerkschaftseigenschaft im Sinne des § 2 Abs. 1 TVG) spielt zwar der hinter der Koalitionsfreiheit stehende Sinnzusammenhang eine herausragende Rolle; denn am Maßstab der Koalitionsfreiheit ist zu beurteilen, welche gesetzlichen bzw. richterrechtlichen Kriterien der Tariffähigkeit verfassungsrechtlich zulässig sind. Hieraus wird aber keine Kongruenz von Gewerkschafts- und arbeitnehmerseitigem Koalitionsbegriff gefolgert. Auch die Rechtsprechung geht davon aus, dass verfassungsrechtlich geschützte Koalitionsformen existieren können, die keine Gewerkschaften im Sinne des Tarifvertragsrechts sein müssen. Mit dieser Rechtsprechung wäre es durchaus vereinbar, Koalitionen anzuerkennen, die deshalb keine Gewerkschaften sind, weil sie keine Arbeitnehmer im Sinne des Individualarbeitsrechts organisieren.

Die Frage, wie der (im Wortlaut gar nicht zum Vorschein tretende) „Arbeitnehmerbegriff" des Art. 9 Abs. 3 GG[553] zu definieren ist, wurde bislang in der Rechtsprechung noch nicht ausdrücklich problematisiert. In der Entscheidung zur Verfassungsmäßigkeit von § 19 HAG bezieht das Bundesverfassungsgericht aber indirekt dazu Stellung, wenn es formuliert:

> „Es [scil. das Heimarbeitsgesetz] stellt – in Einklang mit der Intention des Art. 9 Abs. 3 GG – die zwischen Heimarbeitern und Hausgewerbetreibenden einerseits und auftraggebenden Gewerbetreibenden andererseits bestehenden Vertragsverhältnisse, unbeschadet ihrer rechtlichen Unterschiede gegenüber einem Arbeitsvertragsverhältnis, in einer wirtschaftlich und sozial wertenden Betrachtung für den Bereich des Arbeitsrechts dem normalen Arbeitsvertrag gleich und geht davon aus, dass Heimarbeiter und Hausgewerbetreibende sich zu Gewerkschaften und auftraggebende Gewerbetreibende zu „Arbeitgeber"-Vereinigungen zusammenschließen können, um als Tarifparteien Tarifverträge abzuschließen (§ 17 HAG)."[554]

Mit der missverständlich formulierten „Gleichstellung für den Bereich des Arbeitsrechts" ist dabei offensichtlich keine auch das Individualarbeitsrecht umfassende Globalgleichstellung gemeint; dies stünde in Widerspruch zur unterschiedlichen Behandlung von Arbeitnehmern und arbeitnehmerähnlichen Personen (einschließlich der in Heimarbeit Beschäftigten) durch die Arbeitsgesetze, insbesondere durch das verfahrensgegenständliche Heimarbeitsgesetz selbst. Die Formulierung bezieht sich vielmehr auf eine Öffnung nur des Tarifvertragssystems für die in Heimarbeit Beschäftigten, was mit der „Intention" des Art. 9 Abs. 3 GG in Einklang stehe, also teleologisch auf der Ebene der Koalitionsfreiheit für Arbeitnehmer liege:

---

552 BVerfG v. 20. 10. 1981, BVerfGE 58, 233, 251.

553 Vgl. *Rieble*, Arbeitsmarkt und Wettbewerb, Rn. 660.

554 BVerfG v. 27. 2. 1973, BVerfGE 34, S. 307, 317.

> „Auch hinsichtlich der Gestaltung der Rechtsbeziehungen, innerhalb derer Heimarbeiter und Hausgewerbetreibende tätig werden, gilt die Zurücknahme der staatlichen Regelungszuständigkeit zugunsten der Gestaltungsfreiheit der unmittelbar Beteiligten hinsichtlich des Inhalts ihrer Arbeitsbedingungen."[555]

Dass das Bundesverfassungsgericht offenbar die Grenzen des persönlichen Schutzbereichs des Art. 9 Abs. 3 GG nicht auf den allgemeinen Arbeitnehmerbegriff verengt sehen will, zeigt sich auch an einer anderen Formulierung in derselben Entscheidung:

> „Dieses Prinzip [scil. der Koalitionsfreiheit] setzt voraus, dass es ‚überall', wo ein Bedürfnis dafür besteht, also der Individualarbeitsvertrag ein unzureichendes Instrument zur Begründung eines sozial angemessenen Arbeitsverhältnisses darstellt, solche organisierten Tarifparteien gibt."[556]

Mit dem Wort *„überall"* sind ganz offensichtlich nicht nur Arbeitsverhältnisse im klassischen Sinne gemeint. Allerdings enthält die tragende Begründung der Entscheidung keine eindeutige Aussage dahin, dass auch die in Heimarbeit Beschäftigten, also eine bestimmte Gruppe selbständig Beschäftigter, vom verfassungsmäßigen Schutz der Koalitionsfreiheit erfasst werden. § 19 HAG, über dessen Verfassungsmäßigkeit zu entscheiden war, wird als mit Art. 9 Abs. 3 GG vereinbar und ihm gewissermaßen nahe stehend anerkannt, obwohl das dort geregelte staatliche Lohnfestsetzungsverfahren gerade *nicht* das Prinzip der Normsetzung durch frei gebildete Koalitionen verwirklicht. Allerdings lässt die Argumentation zumindest erkennen, dass das Gericht den Geltungsgrund der Koalitionsfreiheit auch für den Bereich der Heimarbeit anerkennt.

Keine Aussage, die dem widerspräche, trifft das Bundesverfassungsgericht in der Entscheidung zur Verfassungsmäßigkeit der Aussperrungsrechtsprechung des Bundesarbeitsgerichts:[557] Weder die Formulierung des ersten Leitsatzes („Die Koalitionsfreiheit (Art. 9 Abs. 3 GG) gilt für Arbeitnehmer und Arbeitgeber") noch die Ausführungen in der Urteilsbegründung lassen den Schluss zu, dass das Gericht das Grundrecht der Koalitionsfreiheit auf Arbeitnehmer im Sinne des Kernarbeitsrechts beschränken will. Die entscheidungserhebliche Aussage bezieht sich nur auf die Streitfrage, ob sich *beide* sozialen Gegenspieler, also auch die „Arbeitgeberseite", auf Art. 9 Abs. 3 GG berufen können, oder ob das Grundrecht der „Arbeitnehmerseite" vorbehalten ist.[558] Art. 9 Abs. 3 GG soll hiernach kein „Arbeitnehmergrundrecht" in diesem Sinne sein, obwohl die Koalitionsfreiheit „historisch vor allem den Arbeitnehmern vorenthalten und von diesen erstritten" wurde. Welche Voraussetzungen für die Grundrechtsträ-

---

[555] BVerfG v. 27. 2. 1973, BVerfGE 34, S. 307, 320.

[556] BVerfG v. 27. 2. 1973, BVerfGE 34, S. 307, 316.

[557] BVerfG v. 26. 6. 1991, BVerfGE 84, S. 212 ff.

[558] Vgl. BVerfG v. 26. 6. 1991, BVerfGE 84, S. 212, 224.

gerschaft auf der „Arbeitnehmerseite" erfüllt sein müssen, konnte in dieser Entscheidung offen bleiben.

Insgesamt sind die bundesverfassungsgerichtlichen Entscheidungen in Bezug auf die Frage der Koalitionsfähigkeit dahingehend zu interpretieren, dass prinzipiell keine Beschränkung auf Arbeitnehmer im Sinne des Individualarbeitsrechts angenommen wird. Allerdings hatte das Gericht bislang keinen Anlass, konkrete Kriterien für die Bestimmung des persönlichen Schutzbereichs zu entwickeln. Gleichwohl wird anhand der Heimarbeiter angedeutet, dass sich die Grenzziehung an der „Unzulänglichkeit" des individuellen Beschäftigungsvertrages orientieren müsste.

2. Literatur

In der Literatur zeigt sich zu den Grenzen der Koalitionsfähigkeit von Beschäftigungsnehmern ein breites Meinungsspektrum.

Manche Autoren betrachten den persönlichen Schutzbereich des Grundrechts grundsätzlich als deckungsgleich mit dem Arbeitnehmer- (und Arbeitgeber-) Begriff des allgemeinen Arbeitsrechts.[559] Andere knüpfen an den gängigen, aber unscharfen Begriff der „abhängigen Arbeit" an[560], womit in der Regel ebenfalls ein Verweis auf den Arbeitnehmerbegriff gemeint sein dürfte, da Anhaltspunkte für ein spezifisch koalitionsrechtliches Verständnis der „Abhängigkeit" fehlen.[561] Ähnlich fallen die Äußerungen zum Koalitionsbegriff aus, dessen Definitionsgrundlage die sich assoziierende Personengruppe darstellt. Erwartungsgemäß ist hier in aller Regel von Vereinigungen von *Arbeitnehmern* (bzw. Arbeitgebern) die Rede.[562]

Selbständig Berufstätige werden zum Teil ausdrücklich aus dem Schutzbereich ausgenommen.[563] Oft fehlt es an einer näheren Begründung. Einige Stellungnahmen setzen sich jedoch argumentativ mit der Frage auseinander, ob auch selb-

---

559 Maunz/Dürig-*Scholz*, Grundgesetz, Art. 9 Rn. 178; vgl. *Gamillscheg*, Kollektives Arbeitsrecht, Band I, § 4 I 1 (S. 158 f.), allerdings unter Einbezug arbeitnehmerähnlicher Personen (a. a. O., § 4 I 3 f [S. 178 f.]).

560 *Badura*, ArbRGegW 15 (Dokumentation 1977), S. 27; *Däubler/Hege*, Koalitionsfreiheit, Rn. 103; *Müller*, Tarifautonomie, S. 37; *derselbe*, RdA 1995, S. 65, 66.

561 Anders *Löwisch/Rieble*, § 12a Rn. 2, die unter „Abgängigkeit" im Rahmen des Art. 9 Abs. 3 GG nicht nur persönliche, sondern auch wirtschaftliche Abhängigkeit verstehen.

562 So z. B. *Badura*, ArbRGegW 15 (Dokumentation 1977), S. 17, 24; *Bleckmann*, Staatsrecht, Band 2, § 30 Rn. 75.

563 Vgl. Maunz/Dürig-*Scholz*, Grundgesetz, Art. 9 Rn. 180; HdbStaatsR-*Scholz*, Band VI, § 151 Rn. 56; mit Einschränkungen *Gamillscheg*, Kollektives Arbeitsrecht, Band I, § 4 I 4 b (S. 179 f.), der insoweit von einem „einhelligen Verständnis" spricht.

ständig Erwerbstätige Grundrechtsträger im Sinne des Art. 9 Abs. 3 GG sein können:

So will *Scholz* gegenüber einem engen Verständnis der Koalitionsfähigkeit Korrekturen aus dem „Sinnzusammenhang mit der Garantie der Berufsfreiheit aus Art. 12 als der maßgebenden Verfassungsgewährleistung auch des arbeitnehmerischen Freiheitsstatus“ zulassen[564]; er sieht den Umfang „arbeitnehmerischer Berufe“ als im Fluss befindlich.[565] An anderer Stelle deutet er – vor allem mit Blick auf die Kulturberufe – an, dass sich „mit dem sozioökonomischen Wandel von Berufsbildern [...] auch aus der Sicht des Art. 9 Abs. 3 Änderungen ergeben“ könnten.[566] Er sieht hier die Möglichkeit eines „Hineinwachsens“ in die „potenzielle Grundrechtsberechtigung“, sofern sich die „Verhältnisse freier Mitarbeit [...] mehr und mehr dem Arbeitsverhältnis bzw. Formen unselbständig geleisteter Arbeit annähern“.[567] Die dahingehenden Überlegungen von *Scholz* stehen allerdings in Widerspruch zu seiner an anderer Stelle geäußerten Absage an eine Grundrechtsberechtigung für Selbständige und arbeitnehmerähnliche Personen.[568] Auch bleibt ungeklärt, warum und inwiefern sich der Wandel der Arbeitswelt konkret auf die Schutzbereichsbestimmung der Koalitionsfreiheit auswirken soll und welche Kriterien den „fließenden“ Charakter des Grundrechts begrenzen sollen.

Wank geht bei seiner Untersuchung von Systemunterschieden zwischen Selbständigenrecht und Arbeitsrecht auf die Frage der Koalitionsbildung von Selbständigen nicht intensiv ein. Ohne in seiner Habilitationsschrift eine Erfassung Selbständiger durch Art. 9 Abs. 3 GG auch nur ernsthaft in Erwägung zu ziehen, geht er von der Möglichkeit aus, Vereinigungen von Selbständigen auf der Grundlage des Art. 9 Abs. 1 GG zu bilden.[569] Die Grenze dieser Freiheit sei aber durch das Kartellrecht vorgegeben. Er sieht zwar die funktionalen Unterschiede zwischen Aggressiv- und Defensivkartell und stellt nicht in Abrede, dass Kartelle auch den Zweck haben können, Machtübergewicht auf der Gegenseite auszugleichen. Das *generelle* Kartellverbot für Selbständige hält er dennoch unter Verweis auf die kartellrechtliche Literatur für gerechtfertigt. Er nimmt die Vorgaben des einfachgesetzlichen Rechts (GWB) damit hin, ohne sich auf die Ebe-

---

564 Maunz/Dürig-*Scholz*, Grundgesetz, Art. 9 Rn. 178.

565 *Scholz*, ZfA 1981, S. 265, 290 f.

566 Maunz/Dürig-*Scholz*, Grundgesetz, Art. 9 Rn. 180; in ähnlicher Weise lässt *Gamillscheg*, Kollektives Arbeitsrecht, Band I, § 4 I 4 b (S. 179 f.) anklingen, dass für die Koalitionsfähigkeit letztlich das „Schutzbedürfnis“ entscheidend sein muss.

567 Maunz/Dürig-*Scholz*, Grundgesetz, Art. 9 Rn. 180; vgl. *derselbe*, ZfA 1981, S. 265, 289 ff. („Verarbeitsrechtlichung“).

568 Maunz/Dürig-*Scholz*, Grundgesetz, Art. 9 Rn. 178, 182.

569 *Wank*, Arbeitnehmer und Selbständige, S. 97.

ne des Verfassungsrechts zu begeben und eine Zuordnung zum Abs. 3 des Art. 9 GG zu problematisieren.

An anderer Stelle stellt *Wank* fest, dass sich der verfassungsrechtliche nicht mit dem einfachgesetzlich-arbeitsrechtlichen Koalitionsbegriff decken müsse, konstatiert aber unter Verweis auf die – heute überholte[570] – Kernbereichslehre des Bundesverfassungsgerichts zugleich, dass die Verfassungsgarantie *enger* sei als die gesetzliche Ausgestaltung: Er spricht von einer „[...] Garantie für den Kernbereich [...], die sich nur auf Arbeitnehmer im engeren Sinne bezieht“[571]. Diese Interpretation ist freilich Konsequenz seiner allgemein umfassenderen Arbeitnehmerbegriffsbestimmung. Neuerdings scheint er jedoch von dieser Auffassung abrücken zu wollen, indem er in seiner Kommentierung zu § 12a TVG arbeitnehmerähnliche Personen dem Schutzbereich des Art. 9 Abs. 3 GG zuordnet.[572]

Rancke versucht, aus Art. 9 Abs. 3 GG einen allgemeinen (nicht auf die Koalitionsfreiheit beschränkten), sehr weit gefassten Arbeitnehmerbegriff zu entwickeln. Er hält im Rahmen seines historisch-soziologischen Ansatzes die wirtschaftlich-sozialen Existenzbedingungen und das Selbstverständnis der betroffenen Personen für das wesentliches Kriterium und wendet sich damit gegen die herkömmliche (enge) Definitionen des Arbeitnehmers sowie gegen die Rechtsfigur der arbeitnehmerähnlichen Person als solche.[573]

Für eine ähnlich extensive Interpretation setzen sich *Farthmann/Coen* ein. Sie wollen den Grundrechtsschutz aus Art. 9 Abs. 3 GG all denjenigen zugestehen, die

> „aufgrund ihrer wirtschaftlich-sozialen Lage und Beschäftigung einen kooperativen Zusammenschluss zur Förderung ihrer eigenen Arbeits- und Wirtschaftsbedingungen benötigen oder wünschen – auch wenn derzeit ihr Status als arbeitnehmerähnlich oder als der eines freien Mitarbeiters qualifiziert würde.“[574]

Ein offenes, aber engeres Verständnis der Koalitionsfähigkeit liegt der Auffassung *Reichels* zugrunde. Um von Art. 9 Abs. 3 GG erfasst zu sein, müsse es sich

---

570 Das Bundesverfassungsgericht hat die problematische „Kernbereichslehre“ unter Einschluss der „Unerlässlichkeits“-Formel mittlerweile aufgegeben, indem es „klargestellt“ hat, dass die bisherige Rechtsprechung „missverstanden“ worden sei: BVerfG v. 14. 11. 1995, BVerfGE 93, S. 352, 358 ff.; v. 24. 4. 1996, BVerfGE 94, S. 268, 283; BVerfG v. 24. 2. 1999, NZA 1999, S. 713 f.; vgl. BAG v. 20. 4. 1999, NZA 1999, S. 887, 891; *Hanau*, DB 1998, S. 69, 72; AK-GG-*Kittner/Schiek*, Art. 9 Abs. 3 Rn. 95 ff.; *Söllner*, NZA 1996, S. 897, 898; kritisch *Zöllner*, Arbeitsrecht, § 8 IV 1 c (S. 118 f.); differenzierend Sachs-*Höfling*, Grundgesetz, Art. 9 Rn. 71 ff.

571 *Wank*, Arbeitnehmer und Selbständige, S. 333.

572 Wiedemann-*Wank*, Tarifvertragsgesetz, § 12a Rn. 24 f.

573 *Rancke*, Die freien Berufe, insbesondere S. 115 ff.

574 HdbVerfR-*Farthmann/Coen*, § 19 Rn. 18.

bei den Beschäftigungsverhältnissen „um wenn nicht rein arbeitsrechtliche, so doch jedenfalls den arbeitsrechtlichen eng verwandte Verhältnisse handeln".[575]

Auch in der älteren Literatur finden sich Vertreter einer extensiven Bestimmung der Koalitionsfähigkeit: Eine Extremposition nimmt dabei *Dürig* in einem Aufsatz zur Kartelldebatte vor Einführung des Gesetzes gegen Wettbewerbsbeschränkungen im Jahre 1957 ein.[576] Er geht dabei von einem sehr weiten Verständnis der „Wirtschaftsbedingungen" im Sinne des Art. 9 Abs. 3 GG aus, ohne offenbar einen Bezug zum Begriff der „Arbeitsbedingungen"[577] für erforderlich zu halten. *Dürig* will alle Zusammenschlüsse mit umfassender wirtschaftlicher Zweckrichtung dem Abs. 3 des Art. 9 als der gegenüber Art. 9 Abs. 1 GG spezielleren Vorschrift zuordnen.[578] Unter Berufung auf Entstehungsgeschichte und Wortlaut der Norm wendet er sich damit gegen die „enge arbeitsrechtliche Interpretation"[579]. Dies geschieht allerdings nicht im Hinblick auf die Schutzbedürftigkeit von wirtschaftlich abhängigen Selbständigen, sondern auf Unternehmenskartelle.[580]

Von einem ähnlich weiten Koalitionsbegriff gehen *Hamann/Lenz* aus, wenn sie auch Wirtschaftsverbände und Verbraucherorganisationen – also Verbände ohne sozialpolitische Zielsetzung – unter den Schutz der Koalitionsfreiheit stellen wollen.[581]

Nach *Nikisch* sind mit der Koalitionsfreiheit angesichts des historischen Bezugs zu Art. 159 WRV und § 152 GewO zwar „in der Hauptsache" Arbeitnehmer und Arbeitgeber angesprochen.[582] Er wagt aber insoweit einen Blick in den Bereich selbständiger Beschäftigung, als er selbständig Berufstätigen den Schutz durch Art. 9 Abs. 3 GG zusprechen will,

> „wenn sie unter den gleichen kollektiv vereinbarten Bedingungen für andere tätig sind und sich zusammenschließen, um ihre Interessen beim Abschluss dieser Kollektivverträge gemeinsam zu wahren, denn die soziale und wirtschaftliche Abhängigkeit, die zur Bildung von Koalitionen der Arbeitnehmer geführt hat, ist auch in diesem Falle vorhanden."

---

575 *Reichel*, RdA 1972, S. 143, 145; an anderer Stelle (DB 1975, S. 102) äußert er sich allerdings skeptisch gegenüber § 12a TVG.

576 *Dürig*, NJW 1955, S. 729 ff.

577 Hierzu unten S. 157 ff.

578 *Dürig*, NJW 1955, S. 729, 731.

579 *Dürig*, NJW 1955, S. 729, 730.

580 Zur Kompensation der weiten Interpretation des Schutzbereichs geht er (a. a. O., S. 731) von einem heute nicht mehr vertretbaren Verständnis der Beschränkbarkeit des vorbehaltlos gewährleisteten Grundrechts aus („immanente Nichtstörungsschranken").

581 *Hamann/Lenz*, Grundgesetz, Art. 9, B 8 a (S. 231).

582 *Nikisch*, Arbeitsrecht, Band II, S. 22.

Nikisch sieht das entscheidende Merkmal darin, „dass sozial und wirtschaftlich gleichgestellte Personen ihre Stellung gegenüber einem sozialen Widerpart zu halten und zu verbessern suchen.“ *Nikisch* hat dabei in erster Linie die Kassenärztlichen Vereinigungen vor Augen.[583]

Ebenfalls mit Blick auf die Verbände der Kassenärzte konstatieren *Hueck/Nipperdey*, dass

> „die Koalition [...] nicht auf die wirtschaftlichen Verhältnisse, innerhalb deren sogenannte fremdbestimmte (abhängige) Arbeit geleistet wird, beschränkt [ist]. Sie kann auch bei selbständiger Arbeit in Erscheinung treten (z. B. Ärztevereinigung gegenüber Krankenkassen).“[584]

Auch *Dietz* sieht in Arbeits- und Wirtschaftsbedingungen allgemein solche Voraussetzungen, „die zwischen Arbeitnehmern und Arbeitgebern oder in ähnlichen Verhältnissen eine Rolle spielen“. Er will also neben Arbeitnehmer- und Arbeitgeberkoalitionen „Verbände gleichartiger Zielsetzung“, welche die Gestaltung „arbeitsrechtsähnlicher Bedingungen“ anstreben, in den Schutzbereich des Art. 9 Abs. 3 GG einbeziehen.[585]

Aussagen zur Koalitionsfähigkeit Selbständiger finden sich außerdem in Stellungnahmen, die sich auf die Frage beziehen, ob der Einbezug arbeitnehmerähnlicher Personen in das Tarifvertragssystem durch § 12a TVG verfassungsrechtlich geboten war. Eine Koalitionsfähigkeit dieses Personenkreises, also einer bedeutenden Untergruppe selbständig Beschäftigter, wird überwiegend bejaht.[586]

Kempen/Zachert heben die Zukunftsoffenheit der Koalitionsfreiheit hervor und sehen den Anwendungsbereich der Koalitionsfreiheit in Anlehnung an die „Überall“-Formel des Bundesverfassungsgerichts in seinem Beschluss zu § 19

---

583 *Nikisch*, Arbeitsrecht, Band II, S. 22 in Fn. 16. Heute sind die Kassenärztlichen Vereinigungen (einschließlich der Spitzenverbände in Form der Bundesvereinigungen) als Körperschaften des öffentlichen Rechts (§ 77 Abs. 5 SGB V) gesetzlich im System der staatlichen Sozialversicherung verankert. Sie stehen damit formal außerhalb des grundrechtlichen Normbereichs des Art. 9 Abs. 3 GG, erfüllen aber als wirtschaftliche Interessenvertretung der Kassenärzte koalitionsähnliche Funktionen mit koalitionstypischen Instrumenten (Gesamtverträge und Bundesmantelverträge nach §§ 82 ff. SGB V).

584 *Hueck/Nipperdey*, Arbeitsrecht, Band II/1, S. 103.

585 Bettermann/Nipperdey/Scheuner-*Dietz*, Die Grundrechte, S. 421 f., Fn. 21. Als Beispiel werden freien Berufe, insbgesondere wiederum Ärztevereinigungen, genannt.

586 Neben den sogleich genannten: *Bieback*, WSI Mitteilungen 2000, S. 810, 814; *Däubler*, Tarifvertragsrecht, Rn. 311; *Däubler/Hege*, Koalitionsfreiheit, Rn. 95; *Gamillscheg*, Kollektives Arbeitsrecht, Band I, § 4 I 3 f (S. 178 f.); *Herschel*, ArbuR 1982, S. 336 f.; *Maus*, RdA 1968, S. 367, 373 f.; *Otto*, Anmerkung zu BAG v. 2. 10. 1990, AP Nr. 1 zu § 12a TVG, Bl. 8 R; ErfK-*Schaub*, § 12a TVG Rn. 2; Wiedemann-*Wank*, Tarifvertragsgesetz, § 12a Rn. 24.

HAG[587] „überall“ dort, wo der Individualvertrag keine sozial angemessenen Arbeitsbeziehungen sichern könne, also insbesondere im Bereich des § 12a TVG.[588]

In ähnlicher Weise betonen *Löwisch/Rieble*, die Koalitionsfreiheit des Art. 9 Abs. 3 GG beschränke sich nicht auf Arbeitsverhältnisse im arbeitsrechtlichen Sinne. Das Recht zur kollektiven Interessenwahrnehmung stehe vielmehr all denjenigen zu, die Arbeitnehmern vergleichbar schutzbedürftig seien.[589] Maßstab der Vergleichbarkeit soll dabei offenbar die Unterlegenheit der (im weiteren Sinne) „abhängig“ Beschäftigten gegenüber ihrem Vertragspartner als Rechtfertigung der Gegenmachtbildung sein.

Auch *Kittner/Schiek* verstehen den persönlichen Schutzbereich der „Arbeitnehmerkoalitionsfreiheit“ als über den Arbeitnehmerbegriff des Arbeitsrechts hinausgehend und sehen den von § 12a TVG erfassten Personenkreis der „neuen Selbständigen“ als Träger des Grundrechts aus Art. 9 Abs. 3 GG.[590] Abhängig von der wirtschaftlichen Entwicklung könnten aber auch andere wirtschaftlich abhängige Selbständige in den Schutz des Grundrechts „hineinwachsen“. *Kittner/Schiek* argumentieren dabei mit der Schutzfunktion der Koalitionsfreiheit, die als „Gegenmachtgrundrecht“ für all diejenigen gelte, die „aufgrund struktureller Disparitäten ihren Schutz benötigen.“

Richardi rechtfertigt den Einbezug arbeitnehmerähnlicher Personen in den Schutzbereich des Art. 9 Abs. 3 GG mit dem Argument, hierfür seien „Marktorientierung“ und wirtschaftliche Abhängigkeit maßgeblich.[591]

Nach *Pauly,* der sich für eine Öffnung des Tarifvertragssystems für Handelsvertreter entgegen § 12a Abs. 4 TVG ausspricht, ist der „von der Tarifautonomie erfasste Personenkreis [...] abhängig von den sich wandelnden Arbeits- und Wirtschaftsbedingungen“.[592] Er vertritt die Auffassung, Art. 9 Abs. 3 GG erfasse auch arbeitnehmerähnliche Personen, weil diese infolge ihrer strukturellen Unterlegenheit vergleichbar schutzbedürftig seien.[593] Hieraus schließt er weiter, dass diesem Personenkreis der Zugang zum System der Tarifautonomie nicht

---

587 BVerfG v. 27. 2. 1973, BVerfGE 34, S. 307, 316. Siehe oben S. 140.

588 *Kempen/Zachert,* Tarifvertragsgesetz, § 12a Rn. 3.

589 *Löwisch/Rieble*, Tarifvertragsgesetz, § 12a Rn. 2; vgl. MünchArbR-*Löwisch/Rieble*, Band 3, § 243 Rn. 22 (Einbezug arbeitnehmerähnlicher Personen). Vgl. aber die hiervon abweichende Auffassung von *Rieble* unten in Fn. 606.

590 AK-GG-*Kittner/Schiek*, Art. 9 Abs. 3 Rn. 104.

591 MünchArbR-*Richardi*, Band 1, § 24 Rn. 47; *derselbe*, in: Festschrift zum 125jährigen Bestehen der Juristischen Gesellschaft zu Berlin, S. 607, 616 f.

592 *Pauly*, Handelsvertreter, S. 31.

593 *Pauly*, Handelsvertreter, S. 43 ff.

verschlossen werden dürfe[594]. § 12a TVG, dessen Abs. 4 (die Ausnahme für Handelsvertreter) folglich verfassungswidrig sei[595], komme dabei zum einen eine klarstellende Funktion zu; zum anderen diene er der (einfach-)gesetzlichen Ausgestaltung durch nähere Definition des berechtigten Personenkreises[596].

Wank argumentiert in seiner Kommentierung zu § 12a TVG mit dem „Bedeutungswandel" des Art. 9 Abs. 3 GG, der eine weite Auslegung bei vergleichbarer sozialer Situation fordere. Er bezieht sich auch auf die Entscheidung des Bundesverfassungsgerichts zu § 19 HAG[597] sowie auf die Handelsvertreterentscheidung[598]. Außerdem weist er auf das ILO-Abkommen Nr. 141 über die Verbände ländlicher Arbeitskräfte vom 23. 6. 1975[599] hin, das die Vereinigungsfreiheit für diesen Personenkreis unabhängig vom Beschäftigungsstatus garantiert.[600]

Demgegenüber finden sich auch Stimmen, die sich ausdrücklich gegen eine über die Grenzen des Arbeitnehmerbegriffs hinausgehende Interpretation der Koalitionsfreiheit aussprechen.[601]

So will *Stolterfoth* durch Art. 9 Abs. 3 GG nur Arbeitnehmer, nicht jedoch arbeitnehmerähnliche Personen geschützt wissen[602]. Er hält eine extensive Interpretation weder historisch noch aus der Entstehungsgeschichte für ableitbar; es bestünde die Gefahr einer nicht mehr abgrenzbaren, wettbewerbsschädigenden Kartellbefugnis. Dieses Misstrauen hegt er nur gegenüber derjenigen Personengruppe nicht, die „in toto" dem Arbeitsrecht unterfalle; der Schutzbereich des Art. 9 Abs. 3 GG dehne sich somit aus (!), sobald der Gesetzgeber – zulässigerweise – den allgemeinen Arbeitnehmerbegriff erweitere[603]. Diese strenge Akzessorietät des Schutzbereichs der Koalitionsfreiheit zum Arbeitnehmerbegriff begründet er mit der „Sachgerechtigkeit" aufgrund der nur bei echten Arbeitnehmern anzutreffenden Gleichartigkeit der zu regelnden Rechtsverhältnisse.

Auch nach der Auffassung von *Lieb* handelt es sich bei arbeitnehmerähnlichen Personen um eine Gruppe, die nicht unter Art. 9 Abs. 3 GG zu subsumieren

---

594 *Pauly*, Handelsvertreter, S. 53.

595 *Pauly*, Handelsvertreter, S. 66.

596 *Pauly*, Handelsvertreter, S. 53 f.

597 BVerfG v. 27. 2. 1973, BVerfGE 34, S. 307 ff.

598 BVerfG v. 7. 2. 1990, BVerfGE 81, S. 242 ff.

599 BGBl. 1977 II, S. 482 ff. = http://ilolex.ilo.ch:1567/public/german/docs/gc141.htm.

600 Wiedemann-*Wank*, Tarifvertragsgesetz, § 12a Rn. 24; ähnlich MünchArbR-*Löwisch/Rieble*, Band 3, § 243 Rn. 22; vgl. unten S. 153.

601 Vgl. auch *Eich*, DB 1973, S. 1699.

602 *Stolterfoth*, DB 1973, S. 1068, 1072 f..

603 *Stolterfoth*, DB 1973, S. 1068, 1073 in Fn. 64.

sei.[604] Er begründet dies mit der auf Arbeitnehmer beschränkten historischen Entwicklung gewerkschaftlicher Berufsverbände und dem „qualitativen“ Unterschied zwischen der Rechtsetzung für Arbeitnehmer und derjenigen für arbeitnehmerähnliche Personen.[605]

Ebenso verneint *Rieble* eine weite Auslegung des Art. 9 Abs. 3 GG. Er argumentiert, eine solche Interpretation schieße über das Ziel der Gegenmachtbildung hinaus, weil auch der Auftraggeberseite eine Kartellbefugnis eingeräumt werden müsste, was er für zu weitgehend hält. Die Instrumente des Tarifvertrages und des Arbeitskampfes, die er mit dem Grundrecht der Koalitionsfreiheit verbindet, seien für arbeitnehmerähnliche Personen nicht erforderlich.[606] Zudem stünde dies im Widerspruch zu der auf das Wettbewerbsprinzip gegründeten Wirtschaftsordnung.[607]

3. Bewertung

Viele Äußerungen zum persönlichen Schutzbereich der Koalitionsfreiheit in der Rechtsprechung und der Literatur beziehen sich auf das geltende Tarifvertragssystem für Arbeitnehmer und Arbeitgeber, das im Tarifvertragsgesetz geregelt ist. Als Grenze des personellen Regelungsbereichs von Art. 9 Abs. 3 GG wird oftmals weitgehend unreflektiert der allgemeine Arbeitnehmerbegriff übernommen.

Die Stellungnahmen, in denen die Frage der Koalitionsfähigkeit näher problematisiert wird, entbehren dagegen eingehender und überzeugender Begründungen, und zwar unabhängig davon, ob sie sich für oder gegen einen erweiterten Anwendungsbereich des Grundrechts aussprechen. Die Argumente beschränken sich oft auf Leerformeln zu über dem Grundrecht stehenden Prinzipien oder beziehen sich auf die allgemeine Vergleichbarkeit der sozialen und wirtschaftlichen Situation der Betroffenen. Jedenfalls fehlt es an konkreten und auf alle Beschäftigungsarten anwendbaren Kriterien. Diese wären aber gerade für jenen Bereich selbständiger Beschäftigung von Bedeutung, der über den Begriff der arbeitnehmerähnlichen Person hinausgeht. Es lohnt sich daher, nach solchen Kriterien der Koalitionsfähigkeit zu suchen.

---

[604] *Lieb*, RdA 1974, S. 257, 267.

[605] Dass dieses Argument auf eine *petitio principii* hinausläuft, ist allerdings unschwer erkennbar.

[606] *Rieble*, Arbeitsmarkt und Wettbewerb, Rn. 662 f; er scheint allerdings durchaus anzuerkennen, dass eine Gegenmachtbildung mit anderen („milderen“) Mitteln geboten sein kann – nur folge dies eben nicht aus Art. 9 Abs. 3 GG; vgl. *Rieble*, ZfA 1998, S. 327, 330 f., 357.

[607] *Rieble*, ZfA 1998, S. 327, 331, 357.

II. Zum Verhältnis des Art. 9 Abs. 3 GG zu Rechtsbegriffen des Individualarbeitsrechts

Die bisherigen Versuche einer personenbezogenen Schutzbereichsabgrenzung bezüglich Art. 9 Abs. 3 GG sind überwiegend zu dem Ergebnis gelangt, dass entweder nur Arbeitnehmer im Sinne des Individualarbeitsrechts oder daneben auch arbeitnehmerähnliche Personen als Beschäftigte vom Grundrecht der Koalitionsfreiheit erfasst werden. Es ist daher nahe liegend, vorab zu klären, inwieweit sich die Auslegung des Art. 9 Abs. 3 GG als Verfassungsnorm an diesen arbeitsrechtlichen Begriffen zu orientieren hat.

1. Koalitionsfreiheit und Arbeitnehmerbegriff

Das Bestreben, an einem einheitlichen Arbeitnehmerbegriff festzuhalten[608], erscheint zur Wahrung der „Einheit der Rechtsordnung" und unter praktischen Gesichtspunkten der Rechtsanwendung, -klarheit und -sicherheit zunächst nachvollziehbar. Auf den Wortlaut des Art. 9 Abs. 3 GG lässt sich dies allerdings nicht stützen. Dem Grundrecht fehlt jede Bezugnahme auf arbeitsrechtliche Begriffe: Garantiert wird die Koalitionsfreiheit „für jedermann und für alle Berufe", und zwar „zur Wahrung und Förderung der Arbeits- und Wirtschaftsbedingungen".

Zu beachten ist außerdem, dass das Grundrecht der Koalitionsfreiheit mit dem einfachgesetzlich geregelten Arbeitsrecht in der Hierarchie der Normen nicht auf derselben Stufe steht. Es wäre unzulässig, zur Begrenzung der Reichweite des verfassungsrechtlichen Schutzes unreflektiert auf einen Begriff des einfachen Rechts zurückzugreifen.[609] Ein solches Vorgehen stünde in Widerspruch zur Normenhierarchie des Grundgesetzes. Der Sinn der Grundrechte, gerade auch den Gesetzgeber inhaltlich zu binden (Art. 1 Abs. 3, 20 Abs. 3 GG) wäre untergraben und die für eine Verfassungsänderung vorgesehenen besonders strengen Anforderungen (Art. 79 GG) könnten umgangen werden, wenn der Gesetzgeber durch die Setzung einfachen Rechts gleichzeitig den Inhalt einer Verfassungsnorm regeln könnte. Erst recht muss dies für die an Gesetz und Recht gebundene Rechtsprechung (Art. 20 Abs. 3 GG) gelten, die den Arbeitnehmerbegriff in seiner heutigen Prägung entwickelt hat. Das Verständnis der verfassungsrechtlichen Koalitionsfähigkeit muss also keineswegs mit den indi-

---

608 Vgl. *Ballerstedt*, RdA 1976, S. 5, 7 f.; *Boemke*, ZfA 1998, S. 285, 320 f.; *Rancke*, ArbuR 1979, S. 9, 17 („normativ geforderte Einheitlichkeit des Arbeitnehmerbegriffs"); *derselbe*, Die freien Berufe, S. 121 ff, 163 f.; eher für eine Auflockerung *Plander*, RdA 1973, S. 234, 237; MünchArbR-*Richardi*, Band 1, § 24 Rn. 46 ff.

609 Vgl. MünchArbR-*Löwisch/Rieble*, § 243 Rn. 22; *Rancke*, Die freien Berufe, S. 134 in Fn. 104; *Wank*, Arbeitnehmer und Selbständige, S. 332 f.

vidualrechtlichen Kategorien des Arbeitsverhältnisses und der Rechtsfigur der arbeitnehmerähnlichen Person kongruent sein.

Als Parallele ist auf den umfassend zu verstehenden Begriff des „Arbeitsrechts" im Sinne des Art. 74 Nr. 12 GG hinzuweisen;[610] dieser erfasst den gesamten sozialen Wirklichkeitstatbestand des Arbeitslebens.[611] Ähnliches gilt für den Begriff der „Sozialversicherung" in Art. 74 Nr. 12 GG, den das Bundesverfassungsgericht als „verfassungsrechtlichen Gattungsbegriff" versteht und ihn deshalb nicht auf die soziale Sicherung von Arbeitnehmern im Sinne des Arbeitsrechts beschränkt sehen will.[612]

Gegen eine Gleichsetzung von Koalitionsfähigkeit und Arbeitnehmerbegriff sprechen außerdem die unterschiedlichen Ansätze und Schutzmechanismen, die beiden Rechtsmaterien zugrunde liegen.[613] Im Zentrum des Individualarbeitsrechts – und damit auch des von hier aus entwickelten und geprägten Arbeitnehmerbegriffs – steht das durch Vertrag begründete Arbeitsverhältnis, während sich die Koalitionsfreiheit auf die Marktverhältnisse bezieht.[614] Zutreffend weist *Richardi* darauf hin, dass sich die aus Art. 9 Abs. 3 GG folgende Gewährleistung speziell auf die „Besonderheit der Marktstellung innerhalb einer

---

610 Zwar spricht BVerfG v. 22. 4. 1958 (BVerfGE 7, S. 342, 351) vom „abhängigen Arbeitsverhältnis". Der – durchaus mehrdeutige – Begriff der Abhängigkeit wird aber nicht näher definiert, sodass darin keine Festlegung auf Arbeitnehmer im Sinne des klassischen Arbeitnehmerbegriffs erblickt werden kann.

611 Vgl. *Scholz*, Koalitionsfreiheit, S. 6 f. Aus der Weite des Begriffs in Art. 74 Nr. 12 GG folgt insbesondere auch die Bundesgesetzgebungskompetenz für die Einführung des § 12a TVG, hierzu *Pauly*, Handelsvertreter, S. 40 f.; *Wiese*, Buchautoren, S. 16; vgl. auch Sachs-*Degenhart*, Grundgesetz, Art. 74 Rn. 48 in Fn. 246. Restriktiver (Ausnahme der freien Berufe bzw. selbständigen Arbeit) dagegen Maunz/Dürig-*Maunz*, Art. 74 Rn. 161; v. Münch-*Kunig*, Grundgesetz, Art. 74 Rn. 62; *Schmidt-Bleibtreu/Klein*, Kommentar zum Grundgesetz, Art. 74 Rn. 106. Richtig dürfte sein, den Begriff des Arbeitsrechts im Sinne des Art. 74 Nr. 12 GG nicht aus einem eigenständigen „Arbeitnehmerbegriff" im Sinne dieser Vorschrift abzuleiten; dieser Begriff muss – ohne dass hierdurch eine unzulässige Kompetenz-Kompetenz begründet würde – der Disposition des Gesetzgebers überlassen bleiben; der Begriff des Arbeitsrechts im Sinne des Art. 74 GG muss vielmehr durch die Art der Regelungstechnik (deutlich z. B. bei § 12a TVG als Bestandteil des Tarifvertragsrechts und § 5 ArbGG als prozessuale Regelung) und den Normzweck (z. B. dem Schutzgedanken im Heimarbeitsrecht) bestimmt werden; deshalb fällt das Berufsrecht der Freiberufler nicht unter Art. 74 Nr. 12 GG, wohl aber das Recht der arbeitnehmerähnlichen Person – und zwar auch dann, wenn die arbeitnehmerähnliche Beschäftigung in der Ausübung eines freien Berufs besteht.

612 BVerfG v. 8. 4. 1987, BVerfGE 75, S. 108, 146.

613 Vgl. *Heuberger*, Sachliche Abhängigkeit, S. 98 ff.; *Wank*, Arbeitnehmer und Selbständige, S. 332 f.

614 Vgl. unten S. 162 ff.

marktwirtschaftlich organisierten Wirtschaftsverfassung“ bezieht.[615] Ein durch die Marktverhältnisse bedingtes Ungleichgewicht der Vertragsparteien kann aber nicht aus dem für den individualrechtlichen Begriff maßgeblichen *Vertragstyp* abgeleitet werden; die Vertragsbedingungen (einschließlich der für die Bestimmung der „Rechtsform“ wesentlichen Merkmale) sind vielmehr Abbild und *Konsequenz* der wirtschaftlichen Machtverhältnisse. Sie sind das Resultat der vorausgegangenen Vertragsverhandlungen, deren Spielräume durch die konkreten Bedingungen des Marktes für beide Seiten determiniert sind. Der Vertragsinhalt kann allenfalls Folge, nicht aber Ursache einer etwaigen „strukturellen Unterlegenheit“ am Markt sein. Es ist daher sachlich nicht gerechtfertigt, den Vertragsgegenstand als primäres Kriterium der verfassungsrechtlichen Koalitionsfähigkeit heranzuziehen, wie es der Arbeitnehmerbegriff – zumindest nach der hier vertretenen Auffassung[616] – tut.

Hieran ändert es nichts, dass auch das gesetzliche Arbeitsrecht mit seinen zwingenden Regeln von einer Unausgewogenheit der Verhandlungsmacht bei Abschluss des Arbeitsvertrags ausgeht. Die Art und Weise, wie Koalitionsfreiheit und Arbeitsgesetze dem begegnen, unterscheidet sich erheblich voneinander. Die in Art. 9 Abs. 3 GG verankerte Tarifautonomie schützt die Beschäftigten nicht durch einen unmittelbaren, konstruktiven Eingriff in das Individualvertragsverhältnis[617], sondern – wie später näher zu zeigen sein wird[618] – durch eine verfahrensmäßige Modifikation der Wettbewerbsparameter am Arbeitsmarkt, ohne dass das Marktergebnis selbst infrage gestellt wird. Beim Grundrecht des Art. 9 Abs. 3 GG geht es eben primär um die Legitimation *kollektiven* Verhaltens[619], während gesetzliche Schutzbestimmungen den einzelnen Arbeitnehmer in seiner Stellung als Vertragspartner des Arbeitgebers betreffen. Anders als das Individualarbeitsrecht setzt der koalitionsspezifische Schutz durch Tarifverträge grundsätzlich eine aktive Mitwirkungshandlung des Beschäftigten – zumindest in Form des Beitritts zu einer Gewerkschaft – voraus,[620] was die funktionale Verschiedenheit beider Regulierungsmechanismen hervorhebt.

In Konsequenz dieser grundlegenden Unterschiede zwischen staatlicher und tarifautonomer Reaktion auf die allgemeine „Schutzbedürftigkeit“ von Arbeitnehmern findet denn auch eine Bezugnahme auf Begriffe des Individualarbeits-

---

615 *Richardi*, in: Festschrift zum 125jährigen Bestehen der Juristischen Gesellschaft zu Berlin, S. 607, 616 f.

616 Zum Arbeitnehmerbegriff oben S. 55 ff.

617 Eine derartige „Eingriffswirkung“ auf das individuelle Rechtsverhältnis ergibt sich erst indirekt aufgrund der unmittelbaren und zwingenden Wirkung der von den Tarifvertragsparteien gesetzten Tarifnormen (§ 4 Abs. 1 TVG).

618 Untern S. 185 ff.

619 Vgl. auch *Nogler,* ArbuR 1996, S. 206, 209.

620 *Reuter*, RdA 1981, S. 201, 202.

rechts in der Rechtsprechung des Bundesverfassungsgerichts gerade dort nicht statt, wo der Sinnzusammenhang zwischen dem Zweck der Koalitionsfreiheit und ihrem persönlichem Schutzbereich angesprochen wird.[621]

Außerdem ist zu bedenken, dass zur Zeit der Entstehung des Art. 159 WRV als Vorläufer des Art. 9 Abs. 3 GG eine von den heutigen Verhältnissen abweichende Vorstellung vom Arbeitnehmerbegriff herrschte. Zwar hat die klassische Begriffsbestimmung anhand der persönlichen Abhängigkeit eine bis in die 80er Jahre des 19. Jahrhunderts zurückreichende Tradition[622]. In der Rechtsprechung wurde bis 1930 aber *auch* das Kriterium der wirtschaftlichen Abhängigkeit argumentativ herangezogen.[623] Darunter wurde nicht zwingend eine Form der „Abhängigkeit" verstanden, die sich aus dem Vertragsverhältnis selbst ergibt und regelmäßig mit der persönlichen Abhängigkeit zusammenfällt.[624] Im Hinblick auf die historische Ausgangssituation spricht vieles dafür, dass damit keine „interne", sondern eine „externe", dem Vertragsschluss *vorgelagerte* Abhängigkeit gemeint war, die sich als ökonomischer Druck beschreiben lässt, ein Beschäftigungsverhältnis bestimmten Inhalts einzugehen.[625]

Eine entstehungsgeschichtliche Interpretation der Koalitionsfreiheit, die den sozio-ökonomischen Wandel zunächst unberücksichtigt lässt, müsste also zumindest auch an die *wirtschaftlichen* Verhältnisse als Grundlage einer möglichen Paritätsstörung anknüpfen. Da der heute herrschende Arbeitnehmerbegriff enger verstanden wird,[626] liefe eine Beschränkung des Art. 9 Abs. 3 GG auf die individualarbeitsrechtliche Definition auf eine unzulässige Verschlechterung des sozialen Standards gegenüber der Weimarer Zeit hinaus. Nach bundesverfassungsgerichtlicher Rechtsprechung ist dies aber mit der Entstehungsgeschichte der Koalitionsfreiheit im Zusammenhang mit der Verankerung des Sozialstaatsprinzips im Grundgesetz unvereinbar.[627]

Für eine Trennung der Anwendungsbereiche individueller und kollektiver Schutzmechanismen spricht – neben dem 1974 eingeführten § 12a TVG – auch das ILO-Übereinkommen Nr. 141 über die Verbände ländlicher Arbeitskräfte

---

621 So insbesondere in der „Überall"-Formel der Entscheidung zu § 19 HAG: BVerfG v. 27. 2. 1973, BVerfGE 34, S. 307, 316.

622 Siehe oben S. 74 f.

623 Siehe die Nachweise in Fn. 258.

624 So aber MünchArbR-*Richardi*, Band 1, § 24 Rn. 19, der die wirtschaftliche Abhängigkeit als Folge der persönlichen ansieht.

625 So wohl auch *Böhm* (Kartelle und Koalitionsfreiheit, S. 3 f., 12) in seiner Untersuchung zu Art. 159 WRV.

626 Vgl. oben S. 55 ff.

627 BVerfG v. 18. 11. 1954, BVerfGE 4, S. 96, 101 f.; v. 30. 11. 1965, BVerfGE 19, S. 303, 319.

vom 23. 6. 1975.[628] Das Übereinkommen, das bislang wenig Beachtung gefunden hat, erstreckt die Vereinigungsfreiheit auf alle in der Landwirtschaft tätigen

> „Personen, gleichviel, ob sie Lohnempfänger sind oder nach Absatz 2 dieses Artikels selbständig erwerbstätig sind, wie etwa Pächter, Teilpächter oder Kleinlandwirte."

Art. 2 Abs. 2 des Übereinkommens beschränkt das Koalitionsrecht sodann auf diejenigen Selbständigen, die

> „ihr Einkommen hauptsächlich aus der Landwirtschaft beziehen, den Boden selbst bewirtschaften, und zwar nur mit Hilfe ihrer Familienangehörigen oder gelegentlicher Hilfe familienfremder Arbeitskräfte, und die nicht
>
> a) ständig Arbeitskräfte beschäftigen; oder
>
> b) eine erhebliche Zahl von Saisonarbeitern beschäftigen; oder
>
> c) ihr Land von Teilpächtern oder Pächtern bewirtschaften lassen."

Diese Bestimmung macht die Geltung der Koalitionsfreiheit also nicht von der individualrechtlichen Natur des Beschäftigungsverhältnisses abhängig, sondern richtet sich nach wirtschaftlichen Kriterien und der Zuordnung zu einem marktbedingt besonders schützenswerten Sektor, nämlich der Landwirtschaft. Hinzuweisen ist ferner auf das ILO-Übereinkommen Nr. 177, in dem das Recht der Heimarbeiter geregelt ist, sich gewerkschaftlich zu organisieren.[629]

Diese Vorgaben aus internationalen Verträgen besitzen zwar keine verbindliche Wirkung gegenüber dem Aussagegehalt des Art. 9 GG. Sie sind aber bei der Interpretation der Koalitionsfreiheit des Grundgesetzes insoweit von Bedeutung, als sie ihrer Konkretisierung dienen können und der Rechtsfortbildung durch die Gerichte richtungsweisende Anhaltspunkte liefern.[630] Andere europäische und internationale Bestimmungen, die sich auf die Koalitionsfreiheit beziehen, enthalten dagegen keine eindeutigen Hinweise auf die personenbezogenen Grenzen ihres Regelungsbereichs;[631] soweit sich diese sprachlich auf

---

628 BGBl. 1977 II, S. 482 ff. = http://ilolex.ilo.ch:1567/public/german/docs/gc141.htm.

629 Art. 4. 2. (a) des Übereinkommens v. 20. 6. 1996 (http://ilolex.ilo.ch:1567/public/german /docs/gc177.htm); vgl. dazu die ILO-Empfehlung Nr. 184 v. 20. 6. 1996 unter V.

630 AK-GG-*Kittner/Schiek*, Art. 9 Abs. 3 Rn. 68; vgl. MünchArbR-*Löwisch/Rieble*, Band 3, § 242 Rn. 89 m. w. N.; vgl. MünchArbR-*Löwisch/Rieble*, § 243 Rn. 22, die aus dem „Gedanken" des Übereinkommens Nr. 141 auf die Grundrechtsträgerschaft in Bezug auf Art. 9 Abs. 3 GG schließen.

631 Vgl. Art. 137, 139 EGV (indirekt über den Begriff der „Sozialpartner"); Art. 11 EMRK; Art. 6 ESC; ILO-Übereinkommen Nr. 87, 98, 135 und 150 (sowie die von Deutschland nicht ratifizierten Nr. 151 und 154); Art. 23 Nr. 4 der Allgemeinen Erklärung der Menschenrechte v. 10. 12. 1948; Art. 8 des internationalen Paktes über wirtschaftliche, soziale und kulturelle Rechte v. 19. 12. 1966; Art. 22 Abs. 1 des Internationalen Paktes über bür-

„Arbeitnehmer" beziehen, kann nicht davon ausgegangen werden, dass dieser Terminologie eine bewusste Einschränkung auf einen bestimmten Arbeitnehmerbegriff innewohnt.

Aus all diesen Erwägungen – und nicht nur aus dem Wortlaut des Art. 9 Abs. 3 GG, dem jede Bezugnahme auf den Arbeitnehmerbegriff fehlt – folgt, dass die „Beweislast" für eine Kongruenz von Arbeitnehmerbegriff und Geltungsbereich der Koalitionsfreiheit demjenigen obliegt, der sie unterstellt. Der Begriff der Koalition im Sinne des Art. 9 Abs. 3 GG und damit auch der Personenkreis, der sich zu solchermaßen verfassungsrechtlich besonders geschützten Vereinigungen zusammenschließen kann, ist daher zunächst autonom aus der Verfassung zu bestimmen, ohne dass die Begriffe „Arbeitnehmer" oder „Gewerkschaft" als zwingende Vorgaben wirken könnten.[632] Der Kreis der Regelungsadressaten des Art. 9 Abs. 3 GG kann also durchaus weiter sein als derjenige individualarbeitsrechtlicher Gesetze.[633]

2. Koalitionsfreiheit und Begriff der Arbeitnehmerähnlichkeit

Konsequenterweise muss die Koalitionsfähigkeit aber auch losgelöst vom Begriff der arbeitnehmerähnlichen Person interpretiert werden. Auch hier fehlt es an jeglichem Anhaltspunkt im Wortlaut des Art. 9 Abs. 3 GG, der auf einen Bezug der Koalitionsfreiheit auf diesen einfachgesetzlichen Begriff hindeuten würde.

Inhaltlich stehen die begrifflichen Voraussetzungen des Rechtsinstituts der arbeitnehmerähnlichen Person (wirtschaftlichen Abhängigkeit und soziale Schutzbedürftigkeit) zwar näher an den für die Koalitionsfreiheit bedeutsamen ökonomischen Rahmenbedingungen als der Arbeitnehmerbegriff. Die Rechtsfigur der arbeitnehmerähnlichen Person ist indessen nicht *primär* auf einen spezifisch kollektivverfahrensrechtlichen Schutzmechanismus ausgerichtet. Bis zur Einführung des § 12a TVG war der Schutz für arbeitnehmerähnliche Personen rein individualrechtlicher Natur. Er hatte durch die Erstreckung des Tarifvertragsrechts auf diesen Personenkreis lediglich eine kollektivrechtliche Flankierung erhalten, die de facto nur für einen kleinen Kreis arbeitnehmerähnlicher Beschäftigungsverhältnisse Bedeutung erlangen konnte.

---

gerliche und politische Rechte v. 19. 12. 1966; zu den Rechtswirkungen dieser Vorschriften MünchArbR-*Löwisch/Rieble*, Band 3, § 242 Rn. 64 ff.

632 Im Ergebnis ebenso HdbVerfR-*Farthmann/Coen*, § 19 Rn. 17 f.; AK-GG-*Kittner/Schiek*, Art. 9 Abs. 3 Rn. 104; MünchArbR-*Löwisch/Rieble*, Band 3, § 243 Rn. 22; *Pauly*, Handelsvertreter, S. 43; *Wiese*, Buchautoren, S. 20 f.

633 Im Ergebnis ebenso MünchArbR-*Richardi*, Band 1, § 24 Rn. 40; vgl. *Reuter*, RdA 1981, S. 201, 202; allgemeiner *Ramm*, RdA 1968, S. 412, 417.

Zwar dient das Tarifvertragsrecht – und mit ihm der 1974 neu geschaffene § 12a TVG – der Konkretisierung der in Art. 9 Abs. 3 GG verankerten Tarifautonomie, sodass die Erstreckung der gesetzlichen Tarifautonomie auf arbeitnehmerähnliche Personen als Indiz für die Auslegung des Grundrechts der Koalitionsfreiheit dienen kann. Abgesehen vom normenhierarchischen Vorrang des Art. 9 Abs. 3 GG gegenüber § 12a TVG hat der Gesetzgeber aber durch diese Änderung des Tarifvertragsgesetzes nicht die Absicht bekundet, mit seiner Definition der Arbeitnehmerähnlichkeit zugleich die Grenzen des persönlichen Schutzbereichs der Koalitionsfreiheit gezogen sehen zu wollen; um § 12a TVG für eine einschränkende Auslegung heranziehen zu können, hätte dies jedenfalls ausdrücklich geschehen müssen (vgl. Art. 19 Abs. 1 S. 2 GG).

Eine dem § 12a TVG vergleichbare Regelung hat der Grundgesetzgeber im vorkonstitutionellen Tarifrecht nicht vorgefunden, sodass sich auch hieraus keine Anhaltspunkte für eine einengende, auf den in § 12a TVG definierten Personenkreis beschränkte Auslegung des Art. 9 Abs. 3 GG ergeben können.

Im Folgenden wird daher der Versuch unternommen, den persönlichen Schutzbereich der Koalitionsfreiheit ohne Bezugnahme auf individualarbeitsrechtliche Begriffe zu bestimmen. Erst am Ende dieser von der Ebene des Gesetzes gelösten Interpretation soll überprüft werden, ob und inwieweit sich der von Art. 9 Abs. 3 GG erfasste Personenkreis mit den Begriffen des Arbeitnehmers und der arbeitnehmerähnlichen Person deckt. Theoretisch kann der persönliche Schutzbereich der Koalitionsfreiheit die Grenzen, die durch die beiden einfachgesetzlichen Rechtsbegriffe gesteckt werden, sowohl über- als auch unterschreiten.

III. Wortlaut und begriffliche Systematik des Art. 9 Abs. 3 GG

Zu Beginn einer insoweit „unvorbelasteten" Auslegung soll der Wortlaut und das Begriffssystem des Art. 9 Abs. 3 GG untersucht werden. Auf der Tatbestandsseite des Grundrechts lassen sich die Elemente „für jedermann und für alle Berufe" (Personenkreis) und „zur Wahrung und Förderung der Arbeits- und Wirtschaftsbedingungen" (Koalitionszweck) unterscheiden.

1. „Für jedermann und für alle Berufe"

Denkbar weit ist die Formulierung des Art. 9 Abs. 3 GG gefasst, wenn darin die Koalitionsfreiheit „für jedermann und für alle Berufe" garantiert wird. Damit kommt zum Ausdruck, dass eine Beschränkung des Schutzbereichs weder aufgrund persönlicher Eigenschaften noch im Hinblick auf die Eigenart des ausgeübten Berufs gewollt ist. Eine Beschränkung auf Arbeitnehmer bzw. Arbeitgeber im Sinne des Individualarbeitsrechts lässt sich der Formulierung nicht entnehmen. Im Gegenteil spricht die „Jedermann"-Formel vielmehr zunächst dafür, „alle im Arbeits- und Wirtschaftsleben Stehenden"[634] und grundsätzlich auch Angehörige freier Berufe[635] von der Norm erfasst anzusehen.

Diese bewusst extensive Formulierung wird vor dem entstehungsgeschichtlichen Hintergrund des Grundrechts verständlich. Die sprachliche Fassung des Art. 9 Abs. 3 S. 1 und 2 GG ist das Ergebnis einer fast wörtlichen Übernahme des Art. 159 WRV in das Grundgesetz. Art. 159 WRV garantierte erstmals die Vereinigungsfreiheit auch für Berufe, für die bis dahin noch keine entsprechende einfachgesetzliche Anerkennung (z. B. § 152 GewO) bestand.[636] Insbesondere sollten die Beamten einbezogen werden.[637] Heute wird aus der „Jedermann"-Formel auch die Geltung des Grundrechts für Arbeitgeber abgeleitet.[638] An den Einbezug Selbständiger wurde bei der Formulierung allerdings nicht bewusst gedacht.[639]

Scholz will die Formulierung insoweit einschränkend interpretieren, als er „jedermann" und „alle Berufe" kumulativ versteht und die Koalitionsfreiheit auf Personen in ihrer gesellschaftlichen Stellung als „berufstätiger" Mensch bezieht.[640] Aufgrund der Weite des Berufsbegriffs nach Art. 12 GG, kann hieraus aber keine Einschränkung auf „arbeitnehmerische" (bzw. „arbeitgeberische") Berufstätigkeiten gefolgert werden. Auch selbständige Beschäftigungsverhältnisse dienen regelmäßig der Schaffung einer wirtschaftlichen Lebensgrundlage und fallen damit unter den Begriff des Berufs, für den die Rechtsform des Vertragsverhältnisses keine Rolle spielt.[641]

---

634 *Müller,* Tarifautonomie, S. 40.

635 Vgl. insbesondere *Rancke*, Die freien Berufe, S. 125.

636 *Anschütz*, Die Verfassung des deutschen Reichs, Art. 159 Nr. 2 (S. 173).

637 *Ramm*, RdA 168, S. 412, 414; vgl. zur heutigen Rechtslage BVerfG v. 30. 11. 1965, BVerfGE 19, S. 303, 312, 322; *Bleckmann*, Staatsrecht, Band 2, § 30 Rn. 76; *Däubler/Hege*, Koalitionsfreiheit, Rn. 93; *Nikisch*, Band II, S. 23; Maunz/Dürig-*Scholz*, Grundgesetz, Art. 9 Rn. 178; vgl. auch §§ 57 BRRG, 91 BBG. Aus Art. 33 Abs. 5 GG können sich allerdings Einschränkungen im Hinblick auf die Koalitionsmittel ergeben. Für Arbeitnehmer im öffentlichen Dienst vgl. BVerfG v. 2. 3. 1993, BVerfGE 88, S. 103, 114. *Wiese* (Buchautoren, S. 21) sieht darin ein weiteres Argument dafür, dass der allgemeine Arbeitnehmerbegriff für Art. 9 Abs. 3 GG keine Bedeutung haben kann.

638 BVerfG v. 26. 6. 1991, BVerfGE 84, S. 212, 224; vgl. AK-GG-*Kittner/Schiek*, Art. 9 Abs. 3 Rn. 103; kritisch aus historischer Sicht *Ramm*, RdA 1968, S. 412, 413 ff.

639 Vgl. *Böhm*, Kartelle und Koalitionsfreiheit, S. 15.

640 *Scholz*, Koalitionsfreiheit, S. 42 f.; vgl. Dreier-*Bauer*, Grundgesetz, Art. 9 Rn. 62; Sachs-*Höfling*, Grundgesetz, Art. 9 Rn. 111.

641 Vgl. *Frantzioch*, Abhängige Selbständigkeit, S. 126. Die an anderer Stelle von *Scholz* vertretene Auffassung, nach der die Koalitionsfreiheit auf „arbeitnehmerische" und „arbeitgeberische" Berufe beschränkt sei und das Koalitions- und Tarifvertragsrecht nur „unter äußerst strengen Anforderungen auch im Bereiche außerhalb des originären Ar-

Im Rahmen der Interpretation des Wortes „jedermann“ ist umstritten, ob leitende Angestellte auf Arbeitnehmerseite Grundrechtsträger nach Art. 9 Abs. 3 GG sein können.[642] Dies erscheint deshalb problematisch, weil leitende Angestellte typischerweise die Interessen des Arbeitgebers gegenüber den Arbeitnehmern wahrnehmen und für ihn Direktionsrechte ausüben, sodass sie teilweise arbeitgeberische Funktionen innehaben. Unterstellt, man würde diesen Personen deshalb die Koalitionsfreiheit versagen (was im Ergebnis nicht überzeugt)[643], würde dies nicht bedeuten, dass beruflich Selbständige dann *erst recht* von der Garantie der Koalitionsfreiheit ausgeschlossen sein müssten. Denn anders als leitende Angestellte weisen selbständig Beschäftigte keine funktionale Nähe zur Seite des Beschäftigungsgebers innerhalb seiner Unternehmensorganisation auf. Sie sind gerade nicht in das Hierarchiesystem des Auftraggebers eingegliedert und können deshalb keine Führungsaufgaben gegenüber anderen Mitarbeitern wahrnehmen.

Die Interpretation der „Jedermann“-Formulierung ergibt insgesamt keine Anhaltspunkte für eine Beschränkung des persönlichen Schutzbereichs der Koalitionsfreiheit auf unselbständig Beschäftigte. Umgekehrt lässt sich ihr unter Berücksichtigung der Entstehungsgeschichte des Art. 159 WRV aber auch nicht entnehmen, dass Selbständige ausdrücklich in den Grundrechtsschutz einbezogen werden sollten. Ihre sprachlich weite Fassung ist vielmehr ungeeignet, den Kreis koalitionsfähiger Personen zu bestimmen.[644] Die Besonderheit der „arbeitsrechtlichen“ Koalitionen, die einen besonderen verfassungsrechtlichen Status rechtfertigen, wird nicht unmittelbar über die assoziierten Personen, sondern mittelbar über den Vereinigungszweck bestimmt.[645]

2. „Wahrung und Förderung der Arbeits- und Wirtschaftsbedingungen“

Im Zentrum der Auslegung des Art. 9 Abs. 3 GG steht daher der vorgegebene, „obligatorische“[646] (besser: begriffsnotwendige) Zweck des Zusammenschlus-

---

beitsrechts“ ausgedehnt werden dürfe (ZfA 1981, S. 265, 290), überzeugt daher nicht. Schließlich erkennt auch er an, dass es einen „freien Mitarbeiterberuf“ gibt (a. a. O.).

642 Hierzu *Bleckmann*, Staatsrecht, Band 2, § 30 Rn. 75; *Kempen/Zachert*, Tarifvertragsgesetz, § 2 Rn. 13; AK-GG-*Kittner/Schiek*, Art. 9 Abs. 3 Rn. 104; Maunz/Dürig-*Scholz*, Grundgesetz, Art. 9 Rn. 181.

643 Ebenso *Gamillscheg*, Kollektives Arbeitsrecht, Band I, § 4 I 3 c (S. 172); AK-GG-*Kittner/Schiek*, Art. 9 Abs. 3 Rn. 104; Maunz/Dürig-*Scholz*, Grundgesetz, Art. 9 Rn. 181; vgl. BAG v. 15. 3. 1977, AP Nr. 64 zu Art. 9 GG (zu § 11 ArbGG); BAG v. 16. 11. 1982, AP Nr. 32 zu § 2 TVG (zur Tariffähigkeit).

644 Vgl. *Rancke*, Die freien Berufe, S. 125; *Säcker*, ArbRGegW 12 (Dokumentation 1974), S. 17, 20.

645 Vgl. *Dorndorf*, in: Festschrift für Kissel, S. 139, 140.

646 *Hueck/Nipperdey*, Arbeitsrecht, Band II/1, S. 102.

ses, den der Verfassungstext mit der „Wahrung und Förderung der Arbeits- und Wirtschaftsbedingungen“ umschreibt.

Die Auslegung dieses Begriffspaares wurde bislang insbesondere für die Bestimmung der inhaltlichen Grenzen des Aufgabenbereichs der Tarifvertragsparteien herangezogen. Aber auch für die Frage der Koalitionsfähigkeit ist der in Art. 9 Abs. 3 GG geregelte Gesamtzweck der entscheidende Ansatz. Er unterscheidet nämlich gerade die Koalitionsfreiheit von der allgemeinen Vereinigungsfreiheit nach Art. 9 Abs. 1 GG. Während die Formulierung „für jedermann und alle Berufe“ gegenüber Art. 9 Abs. 1 GG eine *Erweiterung* des persönlichen Schutzbereichs durch die Erstreckung auf Ausländer bedeutet,[647] enthält die Zweckvorgabe des Art. 9 Abs. 3 GG eine echte *Einschränkung* auf solche Vereinigungen, die den genannten Zweck verfolgen; gerade damit korrespondiert auch der über die allgemeine Vereinigungsfreiheit hinausgehende Grundrechtsschutz.[648]

Die Formel der „Arbeits- und Wirtschaftsbedingungen“ geht wiederum auf Art. 159 WRV zurück. Während § 152 der Gewerbeordnung von 1869 noch von „Lohn- und Arbeitsbedingungen“ sprach, erfuhr die koalitionsspezifische Kompetenzzuweisung in Art. 159 der Weimarer Reichsverfassung eine Erweiterung durch Aufnahme der „Wirtschaftsbedingungen“ in den Wortlaut der Bestimmung. Damit wurde das Tätigkeitsfeld der Koalitionen erweitert.[649] Während mit Arbeitsbedingungen diejenigen Bedingungen gemeint sind, die unmittelbar an das Beschäftigungsverhältnis (herkömmlicherweise also das Arbeitsverhältnis) anknüpfen, sollen die Wirtschaftsbedingungen über das einzelne Rechtsverhältnis hinaus wirtschaftlich und sozial relevante Umstände erfassen.[650] Allerdings steht den Koalitionen kein allgemeines „wirtschaftspolitisches Mandat“ zu,[651] weil die Wirtschaftsbedingungen nur insoweit in die Regelungskompetenz der Koalitionen fallen, wie sie einen Bezug zu den Bedingungen des Beschäftigungsverhältnisses aufweisen.[652] Arbeits- und Wirtschaftsbedingungen sind in

---

[647] Vgl. MünchArbR-*Löwisch/Rieble*, Band 3, § 243 Rn. 40.

[648] Vgl. BVerfG v. 26. 6. 1991, BVerfGE 84, S. 212, 224; Dreier-*Bauer*, Grundgesetz, Art. 9 Rn. 61.

[649] *Huck/Nipperdey*, Arbeitsrecht, Band II/1, S. 103; *Kempen/Zachert*, Tarifvertragsgesetz, Grundlagen Rn. 97; *Söllner*, ArbRGegW 16 (Dokumentation 1978), S. 19 ff.; *Weiss*/Weyand, BB 1990, S. 2109, 2111; vgl. auch *Böhm*, Kartelle und Koalitionsfreiheit, S. 14.

[650] Vgl, *Bleckmann*, Staatsrecht, Band 2, § 30 Rn. 80; *Hueck/Nipperdey*, Arbeitsrecht, Band II/1, S. 103, 105;

[651] V. Münch-*Löwer*, Grundgesetz, Art. 9 Rn. 70; vgl. *Weiss/Weyand*, BB 1990, S. 2109, 2110.

[652] Vgl. *Reichel*, RdA 1972, S. 143, 145.

diesem Sinne als Einheit zu verstehen.[653] Die Förderung sowohl der Arbeits- als auch der Wirtschaftsbedingungen muss gerade *kumulativ* bezweckt sein. Vereinigungen, die lediglich wirtschaftliche Ziele verfolgen, genießen daher nicht den Grundrechtsschutz aus Art. 9 Abs. 3 GG.[654] Vor diesem Hintergrund lässt sich die These *Dürigs*[655], die Bildung von Unternehmenskartellen sei verfassungsrechtlich in Art. 9 Abs. 3 GG verankert, nicht aufrecht halten.[656]

Hieraus folgt auch, dass die Diskussion über die Grenzen des Begriffs der Wirtschaftsbedingungen – also die Frage, wie eng der Bezug zum konkreten Beschäftigungsverhältnis sein muss[657] – für die hier aufgeworfene Frage keine Rolle spielt. Eine Subsumtion selbständiger Beschäftigung unter den Oberbegriff der Wirtschaftsbedingungen würde nicht genügen, um das Eingreifen der Koalitionsfreiheit für diese Personengruppe zu rechtfertigen.

Das Augenmerk ist vielmehr auf die Frage zu richten, ob die Vertragsbedingungen selbständig Beschäftigter „*Arbeitsbedingungen*" im Sinne des Art. 9 Abs. 3 GG darstellen. Als Gegenbegriff zu den Wirtschaftsbedingungen sind hiermit die vertraglichen Bedingungen gemeint, die sich aus einem *konkreten* Individualrechtsverhältnis ergeben. Ein solches liegt auch selbständigen Beschäftigungsverhältnissen zugrunde.[658] Ebenso wie bei Arbeitsverhältnissen besteht der Gegenstand des Vertrages in der entgeltlichen Leistung von Arbeit im weitesten Sinne,[659] sodass eine am Wortlaut orientierte Subsumtion der Beschäftigungsverhältnisse Selbständiger unter den Begriff der Arbeitsbedingungen mühelos möglich erscheint.

Wenn in der Literatur von einer Beschränkung auf die Bedingungen gerade „*abhängiger*" Arbeit die Rede ist,[660] ist damit keineswegs gesagt, dass der Begriff der Abhängigkeit in diesem Sinne mit der *persönlichen* Abhängigkeit als Wesensmerkmal des Arbeitnehmerbegriffs identisch sein muss. *Wirtschaftliche*

---

[653] *Reichel*, RdA 1972, S. 143, 145; *Wiedemann*, RdA 1986, S. 231 f. („funktionelle Einheit").

[654] Sachs-*Höfling*, Grundgesetz, Art. 9 Rn. 55; *derselbe*, RdA 1999, S. 182, 183; *Kulka*, RdA 1988, S. 336, 345; *Reichel*, RdA 1972, S. 143, 145; Maunz/Dürig-*Scholz*, Grundgesetz, Art. 9 Rn. 256; *Wiese*, Buchautoren, S. 20; vgl. *Kempen/Zachert*, Tarifvertragsgesetz, § 2 Rn. 16; *Müller*, Tarifautonomie, S. 38 f.

[655] *Dürig*, NJW 1955, S. 729 f.; vgl. oben S. 144.

[656] Hiergegen ausdrücklich etwa *Nikisch*, Band II, S. 22; *Hueck/Nipperdey*, Band II/1, S. 104; *Söllner*, NZA 1996, S. 897, 899; *Scholz*, in: Tarifautonomie und Kartellrecht, FIW Schriftenreihe, Heft 136, S. 1, 3; zu Art. 159 WRV bereits *Böhm*, Kartelle und Koalitionsfreiheit.

[657] Hierzu *Kempen/Zachert*, Tarifvertragsgesetz, Grundlagen Rn. 96 ff. m. w. N.

[658] Siehe oben S. 42 ff.

[659] Siehe oben S. 29 ff.

[660] *Kempen/Zachert*, Tarifvertragsgesetz, Grundlagen Rn. 99 m. w. N.

Abhängigkeit ist vielmehr auch für selbständige Beschäftigungsverhältnisse typisch.

Aufgrund der bislang angestellten Überlegungen könnte eine Assoziation selbständiger Auftragnehmer durchaus dem durch Art. 9 Abs. 3 GG vorgegebenen Koalitionszweck zuzuordnen sein, ohne dass dem Wortlaut oder der begrifflichen Systematik des Grundrechts Zwang angetan würde. Die Frage, wann die Beschäftigungsbedingungen eines beruflich Selbständigen „Arbeitsbedingungen" im Sinne des Art. 9 Abs. 3 GG sind, lässt sich aber abschließend erst auf der Grundlage einer funktional-teleologischen Interpretation der Koalitionsfreiheit beantworten, in der die Regelungsintention des Grundrechts und damit auch der von ihr erfasste Bereich „abhängiger Arbeit" bestimmt wird.

IV. Ökonomisch-funktionale Auslegung der Koalitionsfreiheit

1. Funktionsbezogene Interpretation

Das Bundesverfassungsgericht hat zu Recht stets betont, dass die historische Entwicklung für die Bestimmung der Tragweite der Koalitionsfreiheit von besonderer Bedeutung ist.[661] Ihre Verankerung im Grundgesetz stellt den Endpunkt eines Prozesses schrittweiser rechtlicher Anerkennung dar, die bei § 152 der Reichsgewerbeordnung begann und im Wesentlichen bereits in Art. 159, 165 WRV vollendet war.[662]

Am Anfang stand dabei das Phänomen der Bildung gewerkschaftlicher Organisationen im 19. Jahrhundert, das nur vor dem Hintergrund der damaligen wirtschaftlichen Situation verständlich ist, die der Gewerkschaftsbewegung – begleitet von ideengeschichtlichen Entwicklungen – den Nährboden gab.[663] Ohne die Grundbedingungen der Industriearbeit ist die heutige Grundrechtsgarantie des Art. 9 Abs. 3 GG – anders als andere Grundrechte – nicht zu erklären.[664]

---

661 BVerfG v. 18. 11. 1954, BVerfGE 4, S. 96, 101 f., 106 f.; BVerfG v. 6. 5. 1964, BVerfGE 18, S. 18, 27 ff.; BVerfG v. 30. 11. 1965, BVerfGE 19, S. 303, 314; BVerfG v. 19. 2. 1975, BVerfGE 38, S. 386, 394; BVerfG v. 24. 5. 1977, BVerfGE 44, S. 322, 347 f.; BVerfG v. 1. 3. 1979, BVerfGE 50, S. 290, 366 f.; BVerfG v. 26. 6. 1991, BVerfGE 84, S. 212, 224; vgl. *Waltermann*, ZfA 2000, S. 53, 69 m. w. N.

662 Zu den einzelnen Entwicklungsschritten *Kempen/Zachert*, Tarifvertragsgesetz, Grundlagen Rn. 9 ff., 25 ff. m. w. N.

663 Vgl. *Briefs*, Stichwort „Gewerkschaftstheorie", in: Heyde (Hrsg.), Internationales Handwörterbuch des Gewerkschaftswesens, S. 695; *Brentano*, Arbeitsverhältnis, S. 174; MünchArbR-*Richardi*, Band 1, § 2 Rn. 12 ff.

664 BVerfG v. 1. 3. 1979, BVerfGE 50, S. 290, 366 f. Die Koalitionsfreiheit ist daher nicht zu den „klassischen" Grundrechten zu zählen, vgl. BAG v. 3. 4. 1990, AP Nr. 56 zu Art. 9

Nur unter Berücksichtigung der Zusammenhänge, die zur Bildung von Koalitionen und später zu ihrer staatlichen Anerkennung geführt haben, erschließt sich der für die Auslegung so wichtige Sinn und Zweck des Grundrechts.[665] Aufgrund ihrer herausragenden Stellung in der Arbeits- und Wirtschaftsverfassung[666] und ihrer verschiedenen Wirkungsrichtungen kann man dabei von einer (sozio-ökonomischen) *Funktion* der Koalitionsfreiheit sprechen. Da die Koalitionsfreiheit bewusst an einen ökonomischen Sachverhalt („Arbeits- und Wirtschaftsbedingungen") anknüpft, lässt sich Art. 9 Abs. 3 GG insoweit als „funktionales Freiheitsrecht"[667] interpretieren.[668]

Für eine auf die ökonomischen Grundbedingungen ausgerichtete, in diesem Sinne „funktionale" Interpretation spricht außerdem der Charakter der im Mittelpunkt des Art. 9 Abs. 3 GG stehenden „Koalition" als juristische Person im weiteren Sinne. Im Gegensatz zu natürlichen Personen werden juristische Personen stets „ihrem Wesen nach um einer Funktion willen konzipiert und institutionalisiert".[669] Dies muss besonders für Art. 9 Abs. 3 GG gelten, weil den darin angesprochenen Personenverbänden ausdrücklich eine ganz bestimmte Aufgabe, nämlich die „Wahrung und Förderung der Arbeits- und Wirtschaftsbedingungen" zugewiesen ist.

Die ökonomische Funktion der Koalitionsfreiheit gilt es nunmehr herauszuarbeiten, und zwar in einer Form, die greifbarer sein sollte als die nebulöse Formel des Bundesverfassungsgerichts von der „sinnvollen Ordnung"[670] bzw. „Befriedung des Arbeitslebens"[671]. Hierfür bedarf es zum einen der Analyse der historisch-ökonomischen Ausgangsbedingungen, an denen die Koalitionsfrei-

---

GG, Bl. 3 R; *Schmidt-Bleibtreu/Klein*, Kommentar zum Grundgesetz, Art. 9 Rn. 12; ebenso *Kempen/Zachert*, Tarifvertragsgesetz, Grundlagen Rn. 54 f.; vgl. auch *Kemper*, Koalitionsfreiheit, S. 3 ff.; Maunz/Dürig-*Scholz*, Grundgesetz, Art. 9 Rn. 155.

665 Vgl. auch die historisch-teleologische Perspektive bei *Rancke*, Die freien Berufe, S. 127 ff.

666 Zum engen Zusammenhang wischen Arbeits- und Wirtschaftsrecht *Biedenkopf*, Grenzen der Tarifautonomie, S. 2 ff.

667 *Säcker*, ArbRGegW 12 (Dokumentation 1974), S. 17, 35 f.

668 Zum funktionalen Interpretationsansatz des Art. 9 Abs. 3 GG *Scholz*, Koalitionsfreiheit als Verfassungsproblem, S. 93 f., 96 ff., 120, 147 f.; gegen eine „funktionalistische" Interpretation *Höfling*, RdA 1999, S. 182, 183, 185.

669 *Krüger*, Gutachten zum 46. DJT, Band I/1, S. 7, 35.

670 Vgl. BVerfG v. 18. 11. 1954, BVerfGE 4, S. 96, 107; v. 6. 5. 1964, BVerfGE 18, S. 18, 28; v. 1. 3. 1979, BVerfGE 50, S. 290, 367, 371; v. 20. 10. 1981, BVerfGE 58, S. 233, 247, 249.

671 Vgl. BVerfG v. 6. 5. 1964, BVerfGE 18, S. 18, 28; v. 19. 10. 1966, BVerfGE 20, S. 312, 318; v. 1. 3. 1979, BVerfGE 50, S. 290, 371; BVerfG v. 20. 10. 1981, BVerfGE 58, S. 233, 246. Zur Interpretation dieser Formulierungen *Dorndorf*, in: Festschrift für Kissel, S. 139, 140 ff.

heit ansetzt. Zum anderen ist die spezifische Schutzkonzeption zu betrachten, mit der sie auf diese Bedingungen reagiert. Dabei ist der Blick zunächst auf die traditionelle Form abhängiger Erwerbsarbeit zu richten, bevor in einem zweiten Schritt zu fragen ist, inwieweit die Rahmenbedingungen selbständiger Beschäftigung hierzu Parallelen aufweisen, ob also über den Bereich der vom Arbeitnehmerbegriff erfassten Personen hinaus auch für andere Beschäftigungsformen ökonomische Bedingungen herrschen, auf welche die Funktion der Koalitionsfreiheit ausgerichtet ist.

2. Ökonomischer Hintergrund der Koalitionsfreiheit

Der ökonomische Hintergrund lässt sich schlagwortartig mit dem wirtschaftlichen Ungleichgewicht am Arbeitsmarkt beschreiben, das über die Koalitionsfreiheit einen Ausgleich findet und diese damit zugleich institutionell rechtfertigt. Diese Machtasymmetrie wird im Folgenden unter den beiden zusammenhängenden Aspekten der Fehlfunktion der Vertragsfreiheit auf der Individualebene und der Fehlfunktion des Wettbewerbs auf der Ebene des Marktes betrachtet.

a) Wirtschaftsbedingungen der Arbeiter im 19. Jahrhundert

Ausgangspunkt für die Bildung moderner arbeitsrechtlicher Koalitionen waren die Lebensbedingungen der besitzlosen Arbeiter nach dem Durchbruch der Industriellen Revolution etwa zur Mitte des 19. Jahrhunderts.[672] Diese waren geprägt durch den gesellschaftlichen Tatbestand der „Lohnarbeit“ bzw. „abhängigen“ Arbeit,[673] die den Beschäftigten auf Dauer kein menschenwürdiges wirtschaftliches Dasein erlaubte. Die damalige Lebenssituation der Arbeiter ist durch den Begriff der Verelendung und der sich hieran entzündenden „sozialen Frage“ gekennzeichnet. Gemeint ist damit das Massenphänomen extrem niedriger Löhne bei langen Arbeitszeiten, die zu unmenschlichen Arbeits- und Lebensverhältnissen einschließlich der Kinder- und Jugendarbeit führten. Erst diese prekäre wirtschaftliche und soziale Lage der Fabrikarbeiter hat dem Streben nach einer Koalitionsbildung die Grundlage verschafft.[674] So unterschiedlich die verschiedenen Strömungen der Gewerkschaftsbewegung gewesen sein mögen, stets waren sie mit der Hoffnung auf eine Verbesserung der Lebensbedingungen verbunden.

Die Arbeitsbedingungen der nicht koalierten Arbeiter richteten sich nach dem Inhalt individuell vereinbarter Arbeitsverträge. Diese waren die institutionelle

---

672 Zur vorindustriellen Entwicklung von Koalitionen i. w. S., insbesondere in Form der mittelalterlichen Gesellenverbindungen *Ritscher*, Koalitionen, S. 3 ff.

673 Vgl. AK-*Kittner/Schiek*, Art. 9 Abs. 3 Rn. 80.

674 *Scholz*, Koalitionsfreiheit, S. 23.

Grundvoraussetzung für die Entstehung der modernen Industriearbeit und Ausfluss der neuen Wirtschaftordnung nach der Freisetzung der Wirtschaft aus den Bindungen der traditionalen Gesellschaft zu Beginn des 19. Jahrhunderts.[675] Zu den in den deutschen Ländern geschaffenen bürgerlichen Freiheiten zählte neben dem Privateigentum und der Gewerbefreiheit insbesondere die Vertragsfreiheit, die weitgehend uneingeschränkt auch für den Arbeitsvertrag galt (vgl. später §§ 1, 105 der Reichsgewerbeordnung).[676]

b) Dysfunktionalität der Vertragsfreiheit und „strukturelle Unterlegenheit"

Die prekäre Lage der Beschäftigten hatte ihre Ursache in der mangelnden Durchsetzbarkeit besserer Bedingungen gegenüber den Arbeitgebern im Rahmen der individuell geführten Vertragsverhandlungen – soweit man überhaupt von einem „Aushandeln" der Vertragsbedingungen sprechen konnte. Faktisch folgte nämlich der Vertragsinhalt dem einseitigen Diktat des Arbeitgebers. Dem einzelnen Arbeiter fehlte eine der Situation seines Vertragspartners auch nur annähernd gleichrangige Marktmacht,[677] sodass der Einzelvertrag de facto kein autonomes, sondern ein heteronomes Regelungsinstrument war.[678] Die Rolle der formalen Vertragsfreiheit, die gegenüber ökonomischen Kräfteverhältnissen indifferent ist, beschreibt *Max Weber* besonders anschaulich:

> „Das formale Recht eines Arbeiters, einen Arbeitsvertrag jeden beliebigen Inhalts mit jedem beliebigen Unternehmer einzugehen, bedeutet für den Arbeitsuchenden praktisch nicht die mindeste Freiheit in der eigenen Gestaltung der Arbeitsbedingungen und garantiert ihm an sich auch keinerlei Einfluss darauf. Sondern mindestens folgt zunächst daraus lediglich die Möglichkeit für den am Markt Mächtigeren, in diesem Falle normalerweise den Unternehmer, diese Bedingungen nach seinem Ermessen festzusetzen, sie dem Arbeitssuchenden zur Annahme oder Ablehnung anzubieten und – bei der durchschnittlich stärkeren ökonomischen Dringlichkeit seines Arbeitsangebots für den Arbeitsuchenden – diesem zu oktroyieren."[679]

Für ein derartiges wirtschaftliches Machtverhältnis zweier Vertragsparteien zueinander hat sich heute der Begriff der *„strukturellen Unterlegenheit"* einge-

---

675 *Müller-Jentsch*, in: Pornschlegel (Hrsg.), Gewerkschaftstheorien, S. 179, 180; vgl. *Becker*, Arbeitsvertrag, S. 43 ff.; *Picker*, ZfA 1986, S. 199, 246 ff.; *derselbe*, in: Gedächtnisschrift für Knobbe-Keuk, S. 880 ff.; *Wesel*, Geschichte des Rechts, Rn. 268, 282.

676 Vgl. *Kempen*, NZA 2000, Sonderbeilage zu Heft 3, S. 7, 8.

677 Statt aller *Gast*, BB 1992, S. 1634, 1635; *Richardi*, Kollektivgewalt und Individualwille, S. 114; *Rüthers*, WuW 1980, S. 392; vgl. *Picker*, in: Gedächtnisschrift für Knobbe-Keuk, S. 879, 883 f.

678 *Eger/Weise,* ArbuR 1998, S. 385, 390; *Picker*, ZfA 1986, S. 199, 251 ff. m. w. N.

679 *Max Weber*, Wirtschaft und Gesellschaft, Zweiter Teil, Kapitel VII, § 2 (S. 439).

bürgert.[680] Er beschreibt eine typische, von den Besonderheiten des Einzelfalls unabhängige Verhandlungsschwäche eines Vertragspartners gegenüber dem anderen.[681] Ein freies, allein durch den Wettbewerb von Individuen geprägtes Aushandeln der Vertragsbedingungen kann aber nur dann als Ausdruck echter Selbstbestimmung und -verwirklichung zu „gerechten" Ergebnissen führen, wenn beide Vertragspartner über ein in etwa gleiches Verhandlungsgewicht verfügen.[682] Unter dieser Prämisse muss eine strukturell bedingte Paritätsstörung zu einer Dysfunktionalität der Vertragsfreiheit führen.

Insbesondere auf dem Arbeitsmarkt hat sich der Individualarbeitsvertrag in der Vergangenheit generell und dauerhaft als untaugliches Mittel für einen in diesem (wirtschaftlichen) Sinne „gerechten" Interessenausgleich erwiesen.[683] Es wird von einer „Machtasymmetrie" am Arbeitsmarkt gesprochen.[684] Das Bundesverfassungsgericht dokumentiert dies in dem Satz, der „Individualvertrag [sei dort, wo die Tarifautonomie Geltung beansprucht, Ergänzung des Verf.] ein unzureichendes Instrument zur Begründung eines sozial angemessenen Arbeitsverhältnisses".[685]

Das Paradigma der strukturellen Unterlegenheit der Arbeitnehmer am Arbeitsmarkt ist unter den Bedingungen der heutigen Arbeitswelt allerdings nicht unangefochten. Vehement gegen die generelle Behauptung einer Fehlfunktion der Privatautonomie im Arbeitsrecht wendet sich *Zöllner,* der beklagt, eine solche Behauptung liege „ganz auf der Linie, die *Karl Marx* im Kapital gezeichnet hat".[686] Richtig ist sicherlich, dass die historische Ausgangssituation der Proletarisierung mit den heutigen Lebensverhältnissen der Erwerbstätigen wenig äußere Gemeinsamkeiten aufweist. Es wäre aber ein Trugschluss, aus der gerade durch die Gewerkschaftsbewegung erreichten Verbesserung der Lebenssituation

---

680 Vgl. BVerfG v. 26. 6. 1991, BVerfGE 84, S. 212, 229; BVerfG v. 4. 7. 1995, BVerfGE 92, S. 365, 395; *Dieterich*, RdA 1995, S. 129, 131; AK-GG-*Kittner/Schiek*, Art. 9 Abs. 3 Rn. 29.

681 Vgl. auch *Gamillscheg*, Grundrechte, S. 28 ff. („Machtgefälle"); *Raiser*, JZ 1958, S. 1, 3 („notorisch schwächere Vertragspartei").

682 BAG v. 10. 3. 1972, BB 1972, S. 1005, 1007; vgl. *Adomeit*, Rechtsquellenfragen, S. 93; *v. Arnim*, Volkswirtschaftspolitik, C III 1 a (S. 92); *Bartholomeyczik*, AcP 166 (1966), S. 30, 67 f.; *Gast*, Arbeitsvertrag und Direktion, S. 343; *derselbe*, BB 1992, S. 1634, 1637; *Wolf*, RdA 1988, S. 270, 272; vgl. *Biedenkopf*, BB 1956, S. 473, 477 und S. 974; allgemeiner *Weitnauer*, Der Schutz des schwächeren im Zivilrecht, S. 17 f., 34 ff.

683 Vgl. *Dorndorf*, in: Festschrift für Kissel, S. 139, 146 f.; *Rüthers*, WuW 1980, S. 392; *Wolf*, RdA 1988, S. 270, 272.

684 Vgl. etwa *Oppolzer*, ArbuR 1998, S. 45, 48 f.; *Gamillscheg*, Grundrechte, S. 28; *derselbe*, RdA 1998, S. 2, 3.

685 BVerfG v. 27. 2. 1973, BVerfGE 34, S. 307, 316.

686 *Zöllner*, AcP 176 (1976), S. 221, 229 ff.; vgl. *derselbe*, ZfA 1988, S. 265, 286 f.; *derselbe*, AcP 196 (1996), S. 1, 15 ff., 19 f.

der Arbeitnehmer zu folgern, dass das Übel behoben und der Motor dieser Entwicklung nunmehr obsolet geworden sei.[687] Nach *Kreckel* ist „unter ernsthaften Soziologen [..] die Tatsache des asymmetrischen Machtverhältnisses zwischen Kapital und Arbeit eine Selbstverständlichkeit“[688], die auch heute noch für die Funktion der Vertragsfreiheit relevant ist. Auch *Gamillscheg* hält das Machtgefälle für „zu offensichtlich, als daß es sinnvoll bestritten werden könnte“.[689] Gerade einige (echte oder schein-)selbständige Beschäftigungsverhältnisse, nämlich diejenigen, die zu schlechteren Arbeitsbedingungen führen als vergleichbare Arbeitsverhältnisse, veranschaulichen, dass das Paradigma der strukturellen Unterlegenheit im Arbeitsrecht heute alles andere als obsolet ist, denkt man sich die Institutionen weg, die zu ihrem Ausgleich geschaffen wurden.

An diesem „spezifisch arbeitsrechtlichen Funktionsdefizit der Vertragsfreiheit“[690] setzt das Arbeitsrecht an, indem es zum einen durch zwingende Normen (Mindest-)Vertragsbedingungen festlegt, die der Disposition der Parteien weitgehend entzogen sind. Zum anderen führt es das in Art. 9 Abs. 3 GG verankerte Modell der Tarifautonomie ein und eröffnet damit kollektive Handlungsspielräume, die einen Ausgleich der Machtverhältnisse im Wege der Bündelung der Verhandlungsstärke erlauben.[691] In den Worten des Bundesverfassungsgerichts:

> „Tarifautonomie ist darauf angelegt, die strukturelle Unterlegenheit der einzelnen Arbeitnehmer beim Abschluss von Arbeitsverträgen durch kollektives Handeln auszugleichen und damit ein annähernd gleichgewichtiges Aushandeln der Löhne und Arbeitsbedingungen zu ermöglichen.“[692]

Die Funktion der Tarifautonomie als gegengewichtiger Machtausgleich zwischen Arbeitnehmern und Arbeitgebern liegt auch der Rechtsprechung des Bundesarbeitsgerichts zugrunde.[693]

Anders als die Eingriffe in die Vertragsfreiheit durch zwingende gesetzliche Vorschriften folgt die Tarifautonomie dabei dem Prinzip privatautonomer Gestaltung.[694] Sie steht nicht im Gegensatz zur Privatautonomie, sondern liegt auf

---

687 Vgl. *Dorndorf*, in: Festschrift für Kissel, S. 139, 142; *Picker*, ZfA 1986, S. 199, 251 ff. in Fn. 131; *Ramm*, JuS 1966, S. 223, 229; *Reinecke*, NZA 2000, Sonderbeilage zu Heft 3, S. 23, 33.

688 *Kreckel*, Soziale Ungleichheit, S. 166; vgl. *Oppolzer*, ArbuR 1998, S. 45, 48 f. m. w. N.

689 *Gamillscheg*, RdA 1998, S. 2, 3.

690 *Fastricht*, Inhaltskontrolle, S. 186 f.

691 AK-GG-*Kittner/Schiek*, Art. 9 Abs. 3 Rn. 81; vgl. auch *Bartholomeyczik*, AcP 166 (1966), S. 30, 65 f.

692 BVerfG v. 26. 6. 1991, BVerfGE 84, S. 212, 229 sowie – fast wortgleich – BVerfG v. 4. 7. 1995, BVerfGE 92, S. 365, 395.

693 Etwa BAG v. 15. 3. 1977, AP Nr. 24 zu Art. 9 GG, Bl. 4 R.

694 MünchArbR-*Richardi*, Band 1, § 6 Rn. 27.

ihrer Linie.[695] Die strukturelle Unterlegenheit der abhängig Beschäftigten auf der Ebene der Individuen wird durch die Verlagerung auf eine kollektive Verhandlungsebene kompensiert. Die Tarifautonomie stellt sich als „Fortsetzung der privatautonomen Selbstbestimmung mit qualitativ anderen Mitteln“[696] dar, eine „Art Privatautonomie auf einer kraft besonderer gesetzlichen Regelung geschaffenen höheren Ebene“[697].[698] Das Bundesarbeitsgericht sieht – ganz auf dieser Linie – die Normsetzung der Tarifvertragsparteien als „kollektiv ausgeübte Privatautonomie“.[699]

Der Ausgleich des auf der Individualebene gestörten Verhandlungsgleichgewichts auf kollektiver Ebene wird durch die Möglichkeit des Arbeitskampfes als Funktionsvoraussetzung des Tarifvertragssystems gesichert.[700] Die im einzelnen Arbeitsverhältnis zu diagnostizierende strukturelle Unterlegenheit ist also ein „Machtproblem“, das die Tarifautonomie mit dem Instrument kollektiver Kooperation zu lösen sucht.[701]

Für die Bestimmung des persönlichen Schutzbereichs kann der enge Zusammenhang zwischen Koalitionsfreiheit und struktureller Unterlegenheit bedeuten, dass die Koalitionsfähigkeit Personen zusteht, die Arbeitsleistungen im Rahmen von Vertragsverhältnissen anbieten bzw. erbringen, welche durch eine derartige strukturelle Unterlegenheit geprägt sind. In diese Richtung deutet auch die „Überall-Formel“ des Bundesverfassungsgerichts in der Entscheidung zur Verfassungsmäßigkeit von § 19 HAG.[702] Wie bereits an der Notwendigkeit des Rechtsformzwangs deutlich wurde, kann eine „arbeitnehmertypische“ Marktschwäche grundsätzlich auch jenseits des Kernarbeitsrechts bestehen, solange

---

695 Vgl. BVerfG v. 27. 2. 1973, BVerfGE 34, S. 307, 314.

696 *Kempen/Zachert,* Tarifvertragsgesetz, Grundlagen Rn. 127.

697 *Zöllner/Loritz*, Arbeitsrecht, § 33 IV 3 (S. 375).

698 Vgl. auch *Canaris*, AcP 184 (1984), S. 201, 244 („auf die Kollektivebene gehobene Privatautonomie“); *Däubler*, Das Grundrecht auf Mitbestimmung, S. 180 („Wiedergeburt der individuellen Vertragsfreiheit auf ‚höherer‘, kollektiver Ebene“), S. 195 m. w. N. in Fn. 99; *Däubler/Hege*, Koalitionsfreiheit, Rn. 207; *Gamillscheg*, Grundrechte, S. 96; *Gast*, Arbeitsvertrag und Direktion, S. 357 f.

699 BAG v. 14. 10. 1997, NZA 1998, S. 775, 776; v. 14. 10. 1997, NZA 1998, S. 778, 779; v. 30. 8. 2000, NZA 2001, S. 613, 614.

700 Vgl. BVerfG v. 26. 6. 1991, BVerfGE 84, S. 212, 225; v. 2. 3. 1993, BVerfGE 88, S. 103, 114 f; *Gamillscheg*, Grundrechte, S. 95 f.; *Reuß*, RdA 1964, S. 362, 364; MünchArbR-*Richardi*, Band 3, § 241 Rn. 5.

701 *Dorndorf*, in: Festschrift für Kissel, S. 139, 142; vgl. *Däubler*, Das Grundrecht auf Mitbestimmung, S. 180.

702 BVerfG v. 27. 2. 1973, BVerfGE 34, S. 307, 316.

der zwingende Arbeitnehmerbegriff sich nicht selbst über das Bestehen einer Ungleichgewichtslage definiert.[703]

Allerdings wird durch die „strukturelle Unterlegenheit" noch kein ohne weiteres subsumtionsfähiges Merkmal umschrieben. Nicht in allen Fällen ist es möglich, eine strukturell bedingt gestörte Vertragsparität anhand konkreter Tatsachen eindeutig festzustellen. Von einer solchen wird man nur dann sicher ausgehen können, wenn das Ergebnis individuell geführter Vertragsverhandlungen Arbeitsbedingungen zur Folge hat, die eindeutig „unangemessen" sind, also an der Grenze zur Sittenwidrigkeit liegen. Das Erfordernis einer gerade „strukturellen" Machtasymmetrie macht zur Bedingung, dass es nicht nur auf das konkrete Verhältnis zweier Vertragsparteien zueinander ankommt, sondern dass die spezifische Ungleichgewichtslage für den Typus des jeweiligen Beschäftigungsverhältnisses symptomatisch und prägend sein muss.

Gewichtige Anhaltspunkte für das Vorliegen struktureller Unterlegenheit jenseits des Arbeitnehmerbegriffs bieten allerdings Wertungen des Gesetzgebers. Hierauf beruht auch die Argumentation des Bundesverfassungsgerichts in der Handelsvertreterentscheidung:

> „Auszugehen ist von der Einschätzung des Gesetzgebers, dass Handelsvertreter in ihrer Mehrzahl wirtschaftlich abhängig sind und deshalb – bei typisierender Betrachtungsweise – nicht über ausreichende Verhandlungsstärke verfügen, um ihre Rechte und Pflichten mit den Unternehmern frei aushandeln zu können. [...] Diese Annahme ist vertretbar und hält sich im Rahmen der Einschätzungsprärogative des Gesetzgebers."

Neben §§ 84 ff. und insbesondere § 92a HGB finden sich vergleichbare gesetzgeberische Wertungen in den Regelungen zu den Rechtsverhältnissen arbeitnehmerähnlicher Personen einschließlich der Heimarbeiter. Unter dem Aspekt einer „arbeitnehmerähnlichen" Unterlegenheit auf der Ebene des Individualvertrages spricht daher einiges dafür, diese vom Gesetzgeber regulatorisch bereits erfassten Bereiche selbständiger Beschäftigung dem Schutzbereich der Koalitionsfreiheit zu unterstellen.

Bei anderen Vertragsverhältnissen ist auf Anhieb weniger klar, ob sie durch eine strukturelle Ungleichgewichtslage der Vertragspartner geprägt sind. In den folgenden Abschnitten sollen deshalb konkretere Merkmale bzw. Indikatoren für eine arbeitsmarktspezifische strukturelle Unterlegenheit herausgearbeitet werden. Dabei wird von den Ursachen der gestörten Vertragsparität im Rahmen von („echten") Arbeitsverhältnissen ausgegangen und hinterfragt, inwiefern diese auch für das Verhandlungsgewicht zwischen den Vertragspartnern in selbständigen Beschäftigungsverhältnissen Bedeutung erlangen können.

---

[703] Vgl. oben S. 88 ff.

c) Dysfunktionalität des Wettbewerbs am Arbeitsmarkt

Die strukturelle Unterlegenheit der Arbeitnehmer lässt sich vor allem aufgrund der ökonomischen Verhältnisse am Arbeitsmarkt erklären,[704] die den Individualvertrag – anders als auf anderen Märkten – zu einem heteronomen Gestaltungsinstrument werden lassen. Grund für die katastrophale Entwicklung der Arbeitsbedingungen unter der Ägide einer entfesselten Privatautonomie war nicht die Vertragsfreiheit selbst, sondern es waren die Verhältnisse, unter denen die Vermarktung der Arbeitskraft erfolgte. Deshalb spricht man auch von einem „Arbeitsmarktversagen", das mit dem Paradigma der „strukturellen Unterlegenheit" der Arbeitnehmerseite im Einzelvertragsverhältnis korrespondiert.[705] In den folgenden Abschnitten sollen die Funktion des Arbeitsmarktes und seine funktionsspezifischen Defizite skizziert werden.

aa) Arbeitsmarkt als Faktormarkt

Als Arbeitsmarkt wird herkömmlicherweise derjenige Teil des Gesamtmarktes bezeichnet, auf dem in „abhängiger" Beschäftigung erbrachte Dienstleistungen gehandelt werden.[706] Hiervon abgegrenzt werden die Märkte für Waren und „gewerbliche" Dienstleistungen (Gütermärkte).[707] Ob diese Grenzziehung, nach der die Arbeitsleistungen selbständig Beschäftigter nicht mehr dem Arbeitsmarkt (i. e. S.) zugerechnet werden, gerechtfertigt ist, mag hier dahinstehen; zunächst soll sich der Blick auf die Marktbedingungen der unselbständig Beschäftigten richten.

Bei den am Arbeitsmarkt angebotenen Arbeitsleistungen handelt es sich um grundsätzlich tausch- und handelbare Wirtschaftsgüter.[708] Aus neoklassischer Sicht soll gar die Funktionsweise des Arbeitsmarktes insgesamt derjenigen der Gütermärkte entsprechen. Dabei wird allerdings unterstellt, dass vollständige Konkurrenz auf beiden Marktseiten, Mobilität der Anbieter, Homogenität der Güter und Markttransparenz herrscht, was freilich den tatsächlichen Gegebenheiten kaum entspricht.[709] Zumindest die elementaren ökonomischen Mechanis-

---

[704] Vgl. *Dieterich*, RdA 1995, S. 129, 135; *Zöllner*, AcP 196 (1996), S. 1, 20.

[705] Vgl. *Rieble*, Arbeitsmarkt und Wettbewerb, Rn. 100.

[706] Vgl. *Kittner*, in: derselbe (Hrsg.), Arbeitsmarkt, S. 11, 17; *Rieble*, Arbeitsmarkt und Wettbewerb, Rn. 82; *Vaubel*, Die Anwendbarkeit des Gesetzes gegen Wettbewerbsbeschränkungen auf Tarifvertragsklauseln, S. 22; *v. Wallwitz*, Wettbewerbsordnung, S. 17.

[707] Märkte für „Waren und gewerblichen Leistungen" im Sinne des § 1 Abs. 1 S. 1 GWB a. F. werden im Rahmen dieser Arbeit als Gegenbegriff zum Arbeitsmarkt vereinfachend „Gütermärkte" genannt.

[708] *Rieble*, Arbeitsmarkt und Wettbewerb, Rn. 88 f.; vgl. *Richardi*, JA 1986, S. 289, 296.

[709] *Gabler*, Wirtschaftslexikon, Stichwort „Arbeitsmarkt"; *Willeke*, Stichwort „Arbeitsmarkt", in: HDSW, Band I, S. 321, 324; vgl. die Anlage bei *Smith*, Der Wohlstand der Nationen, Erstes Buch, Zehntes Kapitel (S. 85 f.); vgl. *Brandes*, ZfA 1986, S. 449, 450 ff.

men der Preisbildung durch Angebot und Nachfrage und damit die Grundelemente der Preistheorie beanspruchen jedoch Geltung auch für den Arbeitsmarkt.[710]

Wenn hier vom „Preis" der Arbeit die Rede ist, ist damit nicht allein die Höhe der Vergütung (z. B. in Form eines Stundenlohnsatzes) gemeint, sondern das „Niveau" der Arbeitsbedingungen insgesamt im Sinne der Personalkosten für den Arbeitgeber.[711] Damit kommt zum Ausdruck, dass alle für den Arbeitnehmer relevanten Bedingungen, einschließlich der arbeitgeberseitigen Übernahme von Risiken (Entgeltfortzahlung im Krankheitsfall, Mutterschutz, Kündigungsschutz usw.) in die Bewertung des am Markt gebildeten Preises einzubeziehen sind.

Auf den ersten Blick agieren Arbeitnehmer am Arbeitsmarkt grundsätzlich genauso wie Unternehmer:[712] Bereits die Wahl, durch das Angebot einer abhängigen Dienstleistung als Arbeitnehmer am Markt aufzutreten, stellt eine in diesem Sinne „unternehmerische" Entscheidung hinsichtlich der Verwendung der eigenen Arbeitskraft dar.[713] Als primäres Handlungsziel dieses „Verkaufs" der eigenen Arbeitskraft kann im ökonomischen Modell das Erzielen eines möglichst hohen Preises für die angebotene „Ware" (= abhängig erbrachte Arbeitsleistung) angenommen werden[714], während die Nachfrageseite einen möglichst niedrigen Preis zur Minimierung der Kosten anstreben muss – schon um gegenüber den Wettbewerbern auf dem Gütermarkt konkurrenzfähig zu bleiben.[715]

In dieser klassischen Modellvorstellung liegt die signifikante Besonderheit des Arbeitsmarktes darin, dass er sich auf die menschliche Arbeit als *Produktionsfaktor* bezieht, es sich also um einen Faktormarkt handelt: Die Arbeitsleistung wird von den nachfragenden Unternehmen nicht „verbraucht", sondern benötigt, um selbst Waren oder Dienstleistungen auf den Gütermärkten anbieten zu können. Wichtige Besonderheiten der Faktornachfrage ist aus makroökonomischer Perspektive, dass sie sich von der Nachfrage nach den Produkten des Ar-

---

[710] *Samuelson/Nordhaus*, Volkswirtschaftslehre, S. 253; *Stiglitz*, Volkswirtschaftslehre, S. 103, 525.

[711] Vgl. auch *Lieb*, RdA 1974, S. 257, 264.

[712] *Rieble*, ZfA 1998, S. 327, 335; vgl. *Rommé*, ZfA 1997, S. 251, 258 ff. („Allgegenwart des Marktes") unter Bezugnahme auf *v. Mieses*; vgl. *Briefs*, Stichwort „Gewerkschaften (I)", in: HDSW, Band IV, S. 545, 546: „Kommerzialisierung der Arbeit".

[713] *Rommé*, ZfA 1997, S. 251, 276.

[714] Zur Bedeutung aökonomischer Motive vgl. *Arndt*, Markt und Macht, S. 10; *Singer*, Lohnarbeit und Arbeitsmarkt, S. 63 ff.; *Willeke*, Stichwort „Arbeitsmarkt", in: HDSW, Band I, S. 321, 321.

[715] Vgl. *Bruhn*, Tarifeinheit, S. 45; *Richardi*, Kollektivgewalt und Individualwille, S. 116.

beitgebers ableitet und dass die Marktverhältnisse der verschiedenen Faktormärkte voneinander wechselseitig abhängig sind.[716]

Bereits an dieser Stelle ist darauf hinzuweisen, dass diese Besonderheit des Arbeitsmarktes gleichermaßen für diejenigen Märkte gilt, auf denen die Arbeitsleistungen von *selbständig* Beschäftigten angeboten werden. Auch deren Angebot bezieht sich auf Dienstleistungen, denen die Eigenschaft als Produktionsfaktor für das nachfragende Unternehmen zukommt.[717]

bb) Entmachtungsfunktion des Wettbewerbs und Konkurrenzparadoxon auf den Gütermärkten

Bezieht man nun die ökonomischen Machtverhältnisse der Arbeitsmarktakteure in die Betrachtung mit ein, springt einem zunächst die wirtschaftliche Überlegenheit des idealtypischen Arbeitgebers im Hinblick auf seine Ausstattung mit ökonomisch relevanten Ressourcen (Kapital, Personal, Marktinformationen etc.) ins Auge. Auf diese und andere Besonderheiten der Akteure am Arbeitsmarkt wird später näher einzugehen sein.[718] Vorerst beschäftigt sich die Untersuchung allein mit den Wettbewerbsverhältnissen selbst.

Für die Erklärung des Machtungleichgewichts zwischen Arbeitnehmern und Arbeitgebern kann der Befund asymmetrisch verteilter Ressourcen nicht von allein entscheidender Bedeutung sein. Grundsätzlich erfüllt nämlich der *Wettbewerb* auf den Märkten die Aufgabe, ein (vertikales) Gleichgewicht zwischen Subjekten unterschiedlicher wirtschaftlicher Potenz auf Angebots- und Nachfrageseite herzustellen.[719] So führt auf den Gütermärkten die Konkurrenz der Unternehmen untereinander dazu, dass auch ein noch so großer Konzern den – an sich „unterlegenen“ – einzelnen Konsumenten die Preise nicht diktieren kann.[720] Denn der Abnehmer hat, solange nicht die Marktform des Monopols besteht, die Möglichkeit, auf andere Anbieter auszuweichen. Diese müssen infolge ihres eigenen Gewinnstrebens bemüht sein, ihre Konkurrenten zu unterbieten. Hier greift die freiheitssichernde, vertikal wirkende *Entmachtungsfunktion* der Konkurrenz auf horizontaler Ebene.[721] Übertragen auf dem

---

716 Vgl. *Samuelson/Nordhaus*, Volkswirtschaftslehre, S. 253 ff.; ferner *Kittner*, in: derselbe, Arbeitsmarkt, S. 11, 21 f.; *Reuter*, ZfA 1978, S. 1, 34.

717 Siehe oben S. 44 f.

718 Unten S. 196 ff.

719 *Mestmäcker*, JZ 1964, S. 441, 443; *Richardi*, Kollektivgewalt und Individualwille, S. 117.

720 *Canaris*, AcP 184 (1984), S. 201, 207; *Flume*, Allgemeiner Teil des Bürgerlichen Rechts, Zweiter Band, § 1, 7 (S. 10 f.).

721 Vgl. *v. Arnim*, Volkswirtschaftspolitik, B II 3 a (S. 48); *Böhm*, WuW 1956, S. 173, 179 f., *Emmerich*, Kartellrecht, § 1 1 b (S. 3); *Eucken*, Grundsätze der Wirtschaftspolitik, S. 376.

Arbeitsmarkt müsste also eigentlich die Nachfragekonkurrenz der Arbeitgeber zu einem ausgewogenen Marktmachtverhältnis führen.

Der Konkurrenzmechanismus scheint nun aber auf dem Arbeitsmarkt nicht in derselben Weise zu funktionieren wie auf anderen Märkten. Die für das Arbeitsrecht axiomatische Annahme der Machtasymmetrie hat ihren Ursprung offenbar in den Besonderheiten des gerade *arbeitsmarkttypischen* Konkurrenzverhaltens. Arbeitnehmer konkurrieren als Anbieter am Markt miteinander, und zwar nicht nur über die Höhe des Entgelts, sondern auch über die eigene Qualifikation und Leistung.[722] Auf der Marktseite der Arbeitgeber besteht eine entsprechende Nachfragekonkurrenz nach Arbeitskräften.[723] Das Niveau der Arbeitsbedingungen wird nun vor allem durch die Intensität des Wettbewerbs beeinflusst.[724]

Auf dem Arbeitsmarkt lässt sich nun beobachten, dass der Wettbewerb unter den Arbeitnehmern wesentlich intensiver ist als auf der Marktgegenseite, worin ein Erklärungsansatz für die ungleiche Verteilung der Verhandlungschancen gesehen werden kann. *Franz Böhm* spricht etwa von einem „überhitzten" Wettbewerb der Arbeitnehmer[725], *Brentano* von „lebhafter Concurrenz" [726].

Wie intensiv der Wettbewerb ist, bestimmen die Marktakteure letztlich selbst durch ihr Verhalten, wobei typische Aktions- und Reaktionsmöglichkeiten insbesondere im Variieren von Angebotsmenge (Arbeitszeit) und Preis bestehen. Die Tatsache einer asymmetrischen Wettbewerbsintensität muss sich also aus dem Marktverhalten der einzelnen Akteure ableiten.

Ein wichtiges Erklärungsmodell für den Zusammenhang zwischen individuellem Verhalten am Markt und seinen Auswirkungen auf die Marktverhältnisse insgesamt stellt das sogenannte *Konkurrenzparadoxon* dar. Die „paradoxalen" Effekte des Wettbewerbs sollen hier zunächst allgemein für die Gütermärkte und anschließend unter Berücksichtigung der Besonderheiten des Arbeitsmarktes beschrieben werden.

Erst das Prinzip des Wettbewerbs als Selbststeuerungsmechanismus der Wirtschaft erlaubt die „segensreiche" Wirkung des „freien Spiels der Kräfte" nach klassischer Theorie. Damit ist gemeint, dass das Profitstreben des einzelnen Unternehmers zugleich den gesamtwirtschaftlichen Interessen der Allgemeinheit

---

722 Vgl. *Rieble*, Arbeitsmarkt und Wettbewerb, Rn. 124; *Rüthers*, Grauzone Arbeitsrechtspolitik, S. 123. In einigen Bereichen spielt freilich der Preiswettbewerb praktisch keine Rolle – etwa für Beamte, deren Entlohnung gesetzlich geregelt ist, aber auch im privaten Sektor auf „betriebsinternen" Arbeitsmärkten (vgl. *Brandes/Weise*, in: Müller-Jentsch (Hrsg.), Konfliktpartnerschaft, S. 11, 14).

723 Betont von *Reuter*, RdA 1991, S. 193, 195.

724 Vgl. *Kunze*, ArbuR 1965, S. 170, 171; *Wank*, Arbeitnehmer und Selbständige, S. 48.

725 *Böhm*, WuW 1956, S. 173, 174.

726 *Brentano*, Arbeitsverhältnis, S. 76.

dient. Dieser von *Adam Smith* als „invisible hand“[727] bezeichnete, vom Einzelnen nicht intendierte Konkurrenzautomatismus erzwingt auf der Makroebene eine dem individuellen Gewinnstreben auf der Mikroebene entgegenwirkende Kraft.[728]

Der Konkurrenzmechanismus lässt sich an folgendem Beispiel veranschaulichen: Wenn ein rational handelnder Unternehmer zur Steigerung seines Gewinns die Produktion ausweitet – etwa aufgrund der Verfügbarkeit neuer technischer Verfahren –, führt die hierdurch erhöhte Angebotsmenge zwar zunächst für das einzelne Unternehmen zu einem höheren Gewinn. Dies zwingt aber die Konkurrenten ebenfalls zur Rationalisierung und Vermehrung der Produktion, wobei jeder Einzelne durch die Aussicht auf Profitsteigerung „geködert“ wird. Die nunmehr eintretende *allgemeine* Absatzmehrung führt sehr bald zu einem deutlichen Rückgang des Marktpreises und bewirkt damit eine Minderung des Gewinns für *alle* konkurrierenden Unternehmen. Abgesehen von dem – nur zeitlich begrenzt erzielbaren – „Pioniergewinn“ führt die ursprünglich rein „egoistische“ Verhaltensweise langfristig nicht zur Profitsteigerung der Unternehmen, sondern allein zu günstigeren Produktpreisen, also letztlich zu einem positiven Effekt für die Allgemeinheit der potenziellen Abnehmer. Der Wettbewerb hat hier also zur Folge, dass sich die unabhängig voneinander nach Gewinn strebenden Unternehmen quasi selbst um ihren Profit bringen und der Marktpreis einem ständigen Druck in Richtung auf die Herstellungskosten (einschließlich „Unternehmerlohn“ und Kapitalverzinsung) ausgesetzt ist.

Dieses Phänomen wird auch als „klassisches Konkurrenzparadoxon“ bezeichnet. „Paradox“ ist daran, dass sich ein und dieselbe Handlung unter Geltung des Partialsatzes (Angebotsvermehrung führt zu Profitsteigerung) für den Einzelnen als nützlich, nach dem – gleichzeitig geltenden – kontradiktorischen Globalsatz (Angebotsvermehrung bedeutet Profitminderung) aber als unvorteilhaft erweist.[729]

Da eine Gewinnvermehrung in diesem Modell nur durch eine Koordination des Absatzverhaltens der Anbieter möglich ist, erklärt sich hieraus auch die Nei-

---

[727] *Smith*, Der Wohlstand der Nationen, Viertes Buch, Zweites Kapitel (S. 370 f.): „Er [scil. der Einzelne] wird in diesen wie auch in vielen anderen Fällen von einer unsichtbaren Hand geleitet, um einen Zweck zu fördern, den zu erfüllen er in keiner Weise beabsichtigt hat.“

[728] Vgl. auch *Kreckel*, Soziale Ungleichheit, S. 14: „nichtintendierte Folgen intentionalen Handelns“.

[729] Vgl. *v. Arnim*, B II 3 a (S. 47); *Grass/Stützel*, Volkswirtschaftslehre, S. 156 ff.; *Stützel*, Paradoxa, S. 368 ff. Die Konfliktsituation der Marktakteure zwischen individueller und kollektiver Rationalität lässt sich anschaulich durch das spieltheoretische Modell des „Prisoner's Dilemma“ *(Albert W. Tucker)* beschreiben, hierzu *Stiglitz*, Volkswirtschaftslehre, 15.2 (S. 431 ff.); vgl. *Samuelson/Nordhaus*, Volkswirtschaftslehre, S. 236 ff., 240.

gung zur Kartellbildung.[730] Da die „paradoxale" Wirkung der freien Konkurrenz die Grundlage für die gesellschaftliche Tragbarkeit eines marktwirtschaftlichen Systems ist, das im Rahmen der Wirtschaftsordnung jedem Einzelnen die Verfolgung rein egoistischer Motive erlaubt, müssen bewusst wettbewerbsbeschränkende Kartelle zumindest im Grundsatz als unerwünscht gelten, weil sie dieses System zu untergraben versuchen. Dem versucht das Kartellrecht Rechnung zu tragen,[731] in Deutschland insbesondere durch die zentrale Verbotsnorm des § 1 GWB.

cc) „Marx'sches Paradoxon" auf dem Arbeitsmarkt

Eine entgegengesetzte Wirkungsrichtung ist dem hiermit verwandten Phänomen zuzuschreiben, das speziell auf dem Arbeitsmarkt zu beobachten ist. Der – keiner antiliberalen Haltung verdächtige – Markttheoretiker *Stützel* nennt es „*Marx*'sches Paradoxon" und leitet daraus die institutionelle Rechtfertigung der Koalitionsbildung am Arbeitsmarkt ab.[732]

Mit dem klassischen Konkurrenzparadoxon hat das sogleich näher zu beschreibende Modell gemeinsam, dass die vom Einzelnen nicht steuerbare Koinzidenz „egoistischer" Verhaltensweisen zu einem dem individuellen Nutzen zuwiderlaufenden Effekt führt. Das Modell versucht insbesondere, die fatale Verschlechterung der Arbeitsbedingungen im frühkapitalistischen 19. Jahrhundert zu erklären, also den ökonomischen Sachverhalt, der als Nährboden für die Bildung von Arbeitnehmerverbänden gilt.

Der Effekt lässt sich stark vereinfacht folgendermaßen beschreiben:[733] Auszugehen ist von einem „*sozialen* Existenzminimum" der Arbeitskraftanbieter, das heute – anders als im 19. Jahrhunderts – regelmäßig weit über dem *physischen* Existenzminimum[734] liegt. Es wird definiert als das Einkommen, unterhalb dessen ein Arbeitnehmer zu einer *Ausweitung* seines Arbeitsangebots neigt, um ei-

---

730 Vgl. *Stützel*, Paradoxa, S. 370 f.

731 Vgl. *Samuelson/Nordhaus*, Volkswirtschaftslehre, S. 241.

732 *Stützel* weist dabei auf Zusammenhänge zur *Marx*'schen Mehrwert- und Verelendungstheorie hin (Paradoxa, S. 375 ff; vgl. *Grass/Stützel*, Volkswirtschaftslehre, S. 161 ff.). Im Ansatz sind auch Parallelen zu *Lassalles* „ehernem Lohngesetz" erkennbar. Vgl. *Kempen*, RdA 1994, S. 140, 142; *derselbe*, NZA 2000, Sonderbeilage zu Heft 3, S. 7, 8. Vgl. zur Rechtfertigung der Kartellstrukturen am Arbeitsmarkt aus diesem Ansatz heraus auch *Immenga*, Grenzen des kartellrechtlichen Ausnahmebereichs Arbeitsmarkt, S. 9.

733 Vgl. *Stützel*, Paradoxa, a. a. O.; *derselbe*, Marktpreis und Menschenwürde, S. 76 ff.; *Grass/Stützel*, a. a. O.; *Weise/Brandes/Eger/Kraft*, Neue Mikroökonomie, 8.3.3 (S. 289 f.).

734 Das physische Existenzminimum stellt die natürliche Untergrenze des Lohnes („Subsistenzlohn") dar; vgl. bereits *Smith*, Der Wohlstand der Nationen, Erstes Buch, Achtes Kapitel (S. 59).

nen Lebensstandard aufrecht zu erhalten. Aufgrund der absoluten Zeitabhängigkeit der Arbeitsleistung ist dies nur möglich durch Erhöhung der Arbeitszeit unter Einbuße von Freizeit. In dem Moment, in dem dieses Mindesteinkommen unterschritten wird – etwa infolge einer akzidentiellen Lohnsenkung durch den Arbeitgeber –, muss der Einzelne, um seinen Lebensstandard zu erhalten, die Angebotsmenge erhöhen, indem er eine längere Arbeitszeit in Kauf nimmt.[735]

Die Konkurrenz auf den Arbeits- und Gütermärkten bewirkt nun aber, dass andere Arbeitskraftanbieter ihre Leistungen ebenfalls günstiger anbieten müssen und andere Nachfrager (Arbeitgeber) wiederum zu Lohnsenkungen genötigt werden. Beide Seiten müssen also reagieren, um gegenüber dem Mitbewerber, der niedrigere Löhne zahlt bzw. verlangt, konkurrenzfähig zu bleiben. Der Effekt auf der Makroebene besteht in einer zwangsläufigen Senkung des Marktpreises für die betroffenen Arbeitsleistungen. Die für den Arbeitskraftanbieter rational richtige Handlungsform (Ausdehnung des Angebots zur Erhaltung des sozialen Existenzminimums) führt auf der Globalebene zu tendenziell schlechteren Arbeitsbedingungen. Insoweit gerät der einzelne Marktteilnehmer wie beim zuvor dargestellten klassischen Konkurrenzparadoxon in eine „Rationalitätenfalle".

Es besteht hier aber ein wesentlicher Unterschied zwischen der Reaktion der Arbeitnehmer und dem üblichen Marktverhalten von Unternehmen auf den Gütermärkten: Ein Unternehmen würde vernünftigerweise auf sinkende Absatzpreise mit einer *Verminderung* des Angebots reagieren. Dies würde den Preisverfall aufhalten und die Produktionsmenge könnte sich den Bedürfnissen des Marktes anpassen. Hierzu in Kontrast steht die eben geschilderte Reaktion des an der Erhaltung eines sozialen Existenzminimums orientierten Arbeitnehmers: Er *vermehrt* das Angebot, anstatt es zu vermindern. Der Arbeitnehmer reagiert insofern „anomal", wobei auch von einer „inversen" Angebotsreaktion gesprochen wird.[736] Er verhält sich – gemessen an unternehmerischen Maßstäben – also „unvernünftig".

Die Beobachtung dieses Verhaltensmusters ist keineswegs neu. Zur Zeit des Merkantilismus in den absolutistischen Staaten Europas – vor allem im Frankreich des 17. und 18. Jahrhunderts – wurde der genannte Effekt nicht nur wahrgenommen, sondern sogar bewusst ausgenutzt, um durch den gesteigerten Lohndruck aufgrund fallender Arbeitsentgelte die Ausweitung des Gesamtar-

---

[735] Zu vernachlässigen ist an dieser Stelle die Unterscheidung von Nominal- und Reallöhnen, da für den *einzelnen* Arbeitnehmer die Lohnsenkung zunächst als Minderung des Reallohns empfunden wird und er nur hieran sein Verhalten ausrichten kann, näher *Stützel*, Paradoxa, S. 377 f.

[736] *Eucken*, Grundsätze der Wirtschaftspolitik, S. 44, 303 f.; *Stützel*, Marktpreis und Menschenwürde, S. 77; *Rieble*, Arbeitsmarkt und Wettbewerb, Rn. 91; *Willeke*, Stichwort „Arbeitsmarkt", in: HDSW, Band I, S. 321, 327.

beitsvolumens zur Finanzierung von Hof und Staat zu forcieren.[737] Für die Phase der Industrialisierung in Deutschland, die unter dem Eindruck eines enormen Arbeitskräfteüberangebots in den Städten (Bevölkerungswachstum) stand, vermag dieser Mechanismus die rasche Verelendung der Arbeiter begreiflich zu machen.

Der Erklärungswert des oben beschriebenen Modells für heutige Verhältnisse steht und fällt freilich mit der Frage, ob sich das ökonomische Verhalten von Arbeitnehmern tatsächlich noch an einem „sozialen Existenzminimum" orientiert. Dabei dürfte die Bezeichnung „Existenzminimum" in Anbetracht des allgemein gestiegenen Niveaus der Lebensbedingungen heute eher befremden. Dennoch wird kaum zu bestreiten sein, dass Arbeitnehmer auch in einer hochentwickelten Arbeits- und Sozialordnung nach einem stabilen Einkommen streben. Dies ist vor allem auf die heute üblichen privaten Fixkosten (Wohnungsmiete, Hypotheken, Leasingraten, Versicherungsbeiträge, Altersvorsorge etc.) zurückzuführen, die mit einem bestimmten Lebensstandard verbunden sind.[738] Auch Nebeneinkünfte können deshalb bereits zu einer wirtschaftlichen Abhängigkeit führen.[739] Außerdem mag ins Gewicht fallen, dass die Entscheidung über Art, Qualität und Maß der „Produktion" (Erbringung der Arbeitsleistung) üblicherweise in Familien gefällt wird und sich daher dem unternehmerisch sinnvollen, rein marktstrategischen Kalkül entzieht.[740] Arbeitnehmer sind, obwohl sie im Wirtschaftskreislauf zu den „produzierenden" Einheiten zählen, stark an *Verbraucherinteressen* orientiert.[741]

Dass der Erhalt des Lebensstandards für das Angebotsverhalten bezüglich der eigenen Arbeitskraft durchaus eine Rolle spielt, wird durch die Beobachtung bestätigt, dass eine tarifliche Arbeitszeitverkürzung oft eine Zunahme von Nebentätigkeiten und/oder Schwarzarbeit nach sich zieht.[742] Die beschäftigungspolitische Zielsetzung einer Verringerung des pro Person geleisteten Arbeitsvolumens wird durch dieses Verhaltensmuster konterkariert, sodass sich derartige Maßnahmen als uneffektiv erweisen.

---

737 *Eucken*, Grundsätze der Wirtschaftspolitik, S. 303 m. w. N.; vgl. *Arndt*, Markt und Macht, S. 159 f.

738 *Dorndorf*, in: Festschrift für Gnade, S. 39, 42; *Weise/Brandes/Eger/Kraft*, Neue Mikroökonomie, 8.3.3 (S. 290). *Lieb* (RdA 1977, S. 210, 215) zieht aus den gesteigerten Lebenshaltungskosten Rückschlüsse auf die nach wie vor bestehende „Unfähigkeit zur Daseinsvorsorge" der Arbeitnehmer.

739 Vgl. *Herschel*, ArbuR 1982, S. 336, 339.

740 Vgl. *Singer*, Lohnarbeit und Arbeitsmarkt, S. 63 ff.

741 *Rieble*, Arbeitsmarkt und Wettbewerb, Rn. 492.

742 Vgl. *Kempen*, NZA 2000, Sonderbeilage zu Heft 3, S. 7, 13; *Rieble*, Arbeitsmarkt und Wettbewerb, Rn. 92.

Die vor allem von *Reuter* vertretene Annahme, durch die Existenz eines staatlich garantierten Existenzminimums finde heute keine inverse Angebotsreaktion mehr statt[743], überzeugt demgegenüber nicht.[744] Bezieht man die Sozialleistungen, die bei fehlendem bzw. geringem Einkommen aufgrund eigener Erwerbstätigkeit eingreifen, in das Modell mit ein (insbesondere Arbeitslosengeld, Arbeitslosenhilfe und Sozialhilfe), markieren sie die Schwelle, ab der sich das Anbieten der eigenen Arbeitskraft am Markt nicht mehr lohnt und ein Marktaustritt – in die Arbeitslosigkeit – ökonomisch gesehen die zweckmäßige Handlungsvariante darstellt.

Dieses Niveau kann man als *„sozialstaatliches"* Existenzminimum bezeichnen. Es tritt an die Stelle des (niedrigeren) *physischen* Existenzminimums, gegen das sich die Löhne ohne Sozialleistungen bewegen würden. Diese Größe ist aber nicht mit dem „sozialen Existenzminimum" zu verwechseln. Dieses markiert nicht die Schwelle zum Marktaustritt, sondern löst die Neigung zur Angebotsausweitung trotz sinkender Löhne aus. Nicht nur existentielle Nöte bewegen Arbeitnehmer zu einem Angebotsverhalten, das sich weniger an unternehmerischer Gewinnmaximierung als an persönlichen Bedürfnissen orientiert. Da das *soziale* Existenzminimum regelmäßig oberhalb des *sozialstaatlichen* liegt, kann auch das staatliche soziale Netz die anomale Angebotsreaktion nicht verhindern. Lediglich die Folgen solchen Verhaltens werden gemildert, indem das staatlich garantierte Existenzminimum einer Abwärtsbewegung der Löhne eine absolute Grenze setzt.

Das Phänomen des ökonomisch „irrationalen" Marktverhaltens der Arbeitnehmer wird sich freilich nicht in allen Zweigen des Arbeitsmarkts in gleicher Form und Intensität zeigen. Auch mag es durch gegenläufige Effekte oberhalb des sozialen Existenzminimums überlagert werden.[745] Man muss sich vor Augen halten, dass es sich bei diesem Erklärungsansatz nur um ein vereinfachendes Modell handelt, das nicht mehr als einen kleinen Ausschnitt der Wirklichkeit beschreiben kann. Allerdings handelt es sich zumindest um einen Ansatz, der wichtige Besonderheiten der arbeitsmarkttypischen Konkurrenzverhältnisse stimmig zu erklären vermag.

---

743 So *Reuter*, RdA 1991, S. 193, 194 f.; vgl. *derselbe*, ZfA 1990, S. 535, 647; *derselbe*, RdA 1994, S. 152, 160; *derselbe*, ZfA 1995, S. 1, 26 f.; ihm folgend *Bruhn*, Tariffähigkeit, S. 72 f.; *derselbe*, Tarifeinheit, S. 45; vgl. *Watrin*, in: Scholz (Hrsg.), Wandel der Arbeitswelt als Herausforderung des Rechts, S. 23, 28 f.; *Zöllner*, NZA 2000, Sonderbeilage zu Heft 3, S. 1, 5.

744 Vgl. auch *Rieble*, Arbeitsmarkt und Wettbewerb, Rn. 92; *Kempen*, RdA 1994, S. 140, 144 f. Auch *Immenga* (Grenzen des kartellrechtlichen Ausnahmebereichs Arbeitsmarkt, S. 9) führt die Verhandlungsschwäche der Arbeitnehmer auf dieses Phänomen zurück.

745 Vgl. die Kritik bei *Möschel*, ZRP 1988, S. 48, 50; *derselbe*, WuW 1995, S. 704, 709; *Zöllner*, ZfA 1994, S. 423, 432 f.

d) Unterbietungskonkurrenz und Korrekturbedürftigkeit des „Arbeitsmarktversagens“

Auf dem Arbeitsmarkt würde also eine rein individualistische Wettbewerbsstruktur zu einem unbeugsamen Druck des Marktpreises in Richtung auf das – früher *physische* bzw. heute: *sozialstaatliche* – Existenzminimum der Arbeitnehmer führen. Eine Assimilation der Lohnhöhe an die Produktivitätssteigerung wäre erheblich erschwert.[746] Der durch die inverse Angebotsreaktion einsetzende „ruinöse *Unterbietungswettbewerb*“[747] mündet in einen rekursiven Ablauf nach Art eines *circulus vitiosus*, der die Löhne immer weiter sinken lässt.

Während viele klassische und vorklassische Ökonomen im physischen Existenzminimum den – quasi von Gott gewollten – „natürlichen Lohn“ sahen[748], spricht man heute von einem „Versagen“ des Marktes, der sektoral seiner Anpassungsfunktion nicht gerecht werden kann. Die entmachtende Wirkung eines möglichst intensiven Wettbewerbs setzt ökonomisch „vernünftig“ handelnde Marktakteure voraus, also einen Umstand, der infolge der inversen Angebotsreaktion am Arbeitsmarkt nicht angenommen werden kann. Die auf anderen Märkten positiven Effekte der Konkurrenz werden auf dem Arbeitsmarkt in ihr Gegenteil verkehrt, wenn er von einem streng individualistischen Wettbewerbsprinzip regiert wird.

Bereits aufgrund des in der Verfassung verankerten Sozialstaatsprinzips kann kein Zweifel daran bestehen, dass der skizzierte Effekt zu „unerwünschten“ Ergebnissen führt.[749] „Wettbewerb ist nicht Selbstzweck. Er dient der sozialen Marktwirtschaft.“[750] Dort, wo der Wettbewerb funktionsbedingt zu sozial unangemessenen Marktergebnissen führt, ist eine Korrektur erforderlich. Insoweit kann dem „Arbeitsmarktversagen“ nicht nur eine ökonomisch-funktionale, son-

---

[746] Vgl. *Arndt*, Markt und Macht, S. 9, 161; hiergegen etwa *Zöllner*, NZA 2000, Sonderbeilage zu Heft 3, S. 1, 5.

[747] Vgl. *Rieble*, Arbeitsmarkt und Wettbewerb, Rn. 1019.

[748] Vgl. die Nachweise bei *Arndt*, Markt und Macht, S. 158 f., 161. Eine Ausnahme stellt u. A. *Adam Smith* dar, der zwar keine eigene ökonomische Gewerkschaftstheorie entwickelt hat, sich aber nicht grundsätzlich gegen Arbeiterkoalitionen ausspricht (vgl. *Smith*, Der Wohlstand der Nationen, Erstes Buch, Achtes Kapitel [S. 58 f.] sowie die Anmerkung des Herausgebers der Übersetzung *Recktenwald*, S. LXIII; weiter *Ritscher*, Koalitionen, S. 173). Sehr deutlich wendet sich *John Stuart Mill* (zitiert bei *Picker*, ZfA 1986, S. 199, 260 f.) gegen Koalitionsverbote.

[749] Vgl. BVerfG v. 17. 8. 1956, BVerfGE 5, S. 85, 206.

[750] *Reimann*, WRP 1962, S. 154; vgl. *Rüthers*, Grauzone Arbeitsrechtspolitik, S. 126; *Soltwedel*, Wettbewerb, Verantwortung und Solidarität, S. 15: „Wettbewerb ist sozial, wenn er institutionell begrenzt und zugleich geschützt wird.“

dern auch eine „moralische“[751] Komponente beigemessen werden, die sich heute unter der Geltung des Grundgesetzes auf das Sozialstaatsprinzip beziehen lässt.

e) Korrekturansätze

So wie sich die Effekte des Konkurrenzparadoxons erst unter Einbezug der Makroebene erklären lassen, kann der beschriebene Prozess auf dem Arbeitsmarkt auch nur durch *Globalmaßnahmen* beeinflusst werden.[752]

Hält man am Prinzip einer Wettbewerbswirtschaft auch auf dem Arbeitsmarkt fest, sind Lösungsansätze in zwei Richtungen denkbar: Einerseits kommen gesetzliche Korrekturen der Marktergebnisse durch konstruktive Eingriffe in den Inhalt der Individualverträge in Betracht; andererseits besteht die Möglichkeit, Kooperationsstrategien der Marktakteure durch eine Modifikation der ökonomischen Ordnungsprinzipien zuzulassen.[753] In Deutschland hat sich historisch eine Kombination beider Modelle entwickelt:

aa) Unmittelbare staatliche Intervention in das Marktergebnis

Die ersten staatlichen Eingriffe in das Arbeitsmarktgeschehen bezogen sich – unabhängig von den tatsächlichen Motiven des Gesetzgebers – auf die Limitierung der quantitativen Angebotsausweitung. Eine wichtige Rolle spielte dabei die Regelung von Höchstarbeitszeiten.[754] Eine solche angebotsbegrenzende Wirkung kam bereits dem ersten deutschen Arbeiterschutzgesetz überhaupt zu, dem preußischen „Regulativ über die Beschäftigung jugendlicher Arbeiter in Fabriken“ vom 9. 3. 1839[755]. Obwohl der preußische Gesetzgeber damit sicherlich keine arbeitsmarktpolitischen Ziele verfolgte, schränkte das partielle Verbot der Kinder- und Jugendarbeit faktisch die verfügbare Gesamtarbeitszeit der familiären Haushalte ein.

---

751 Von einem „moralischen Versagen eines Arbeitsmarkts, der ausschließlich auf der Grundlage der Individualvertragsfreiheit organisiert ist“ spricht *Dorndorf*, in: Festschrift für Gnade, S. 39, 43; er ordnet dabei die inverse Angebotsreaktion abweichend von der hier vorgenommenen Einordnung nicht den funktionalen, sondern den „moralischen“ Aspekten des Marktversagens zu (a. a. O., S. 45); vgl. *derselbe*, in: Nutzinger (Hrsg.), Entstehung des Arbeitsrechts, S. 231, 248 in Bezug auf *Lotmar* und *Sinzheimer* („Regulierung des Arbeitsmarkts [...], um moralische Normen auch gegen den Markt durchzusetzen.“).

752 *Stützel*, Paradoxa, S. 395.

753 Vgl. auch *Biedenkopf*, Grenzen der Tarifautonomie, S. 123 sowie Art. 4 der Europäischen Sozialcharta (ESC) a. E.

754 Vgl. *Eucken*, Grundsätze der Wirtschaftspolitik, S. 304; *Picker*, ZfA 1986, S. 199, 256 m. w. N.; *Scharf*, Geschichte der Arbeitszeitverkürzung, insbesondere S. 64 ff.

755 Näher *Kaufhold*, ArbuR 1989, S. 225 ff.; *Scharf*, Geschichte der Arbeitszeitverkürzung, S. 103 ff.

Die gesetzlich erzwungene Limitierung der Angebotsmenge allein hilft dem Arbeitnehmer in dem oben beschriebenen Konkurrenzmodell allerdings nicht aus seinem Dilemma heraus. Denn wenn sich die Arbeitszeit nicht mehr verlängern lässt, wächst die Bereitschaft, die konkurrierenden Arbeitnehmer unmittelbar über einen niedrigeren Lohnsatz zu unterbieten.[756] Aufgrund der Konkurrenz der Unternehmen untereinander muss diese Entwicklung wiederum den gesamten Arbeitsmarkt erfassen, ohne dass ein Arbeitgeber im Wettbewerb bestehen könnte, wenn er bereit wäre, ein höheres Entgelt zu zahlen.

Eine wirksame Globalmaßnahme zur Abwehr der Unterbietungskonkurrenz muss daher das Verhältnis von Leistung und Gegenleistung insgesamt erfassen. Staatlicherseits könnte dies durch die verbindliche Regelung von Mindestlöhnen geschehen.[757] Aufgrund des Gesetzes über die Festsetzung von Mindestarbeitsbedingungen vom 11. 1. 1952[758] ist diese Möglichkeit in Deutschland zwar theoretisch gegeben, allerdings nur unter strengen Voraussetzungen, die in der Geschichte der Bundesrepublik noch in keinem einzigen Fall bejaht wurden.[759] Eine praktische Rolle spielen staatlich festgesetzte Mindestarbeitsbedingungen allerdings im Bereich der Arbeitnehmerentsendung im Baugewerbe[760] und im Heimarbeitsrecht (§ 19 HAG).[761] Staatliche Lohnersatzleistungen (vor allem Arbeitslosengeld und -hilfe) sowie die Sozialhilfe haben zwar eine ähnliche Wirkung wie Mindestlöhne; diese Leistungen führen allerdings nicht unmittelbar zu zwingenden Mindestbedingungen, sondern in die durch das soziale Netz abgefederte Arbeitslosigkeit.

bb) Koordiniertes Marktverhalten der Arbeitnehmer

An die Stelle einer flächendeckenden staatlichen Lohnfestsetzung treten in der deutschen Arbeitsverfassung Koalitionsfreiheit und Tarifautonomie als „‚marktmäßige' Lösung der Paritätsproblematik"[762]. Hierdurch wird die Wettbe-

---

756 *Stützel*, Marktpreis und Menschenwürde, S. 79.

757 Vgl. den Vorschlag von *Eucken* (Grundsätze der Wirtschaftspolitik, S. 304) zur „Festsetzung von Minimallöhnen", wenn sich trotz der Arbeitnehmerschutzgesetze „das Angebot auf einem Arbeitsmarkt nachhaltig anomal verhalten sollte".

758 BGBl. I, S. 17 ff.

759 Praktisch ungenutzt blieb bislang auch die Verordnungsermächtigung des § 92a HGB für Einfirmen-Handelsvertreter.

760 Vgl. insoweit insbesondere die neue Möglichkeit zur Festsetzung von Mindestarbeitsbedingungen nicht allgemeinverbindlich erklärter Tarifverträge durch Rechtsverordnung (§ 1 Abs. 3a AEntG).

761 Vgl. auch *Peter*, ArbuR 1999, S. 289 ff.; *Reinecke*, NZA 2000, Sonderbeilage zu Heft 3, S. 23, 24.

762 *Picker*, ZfA 1986, S. 199, 257; vgl. *Söllner*, NZA 2000, Sonderbeilage zu Heft 24, S. 33, 34 („marktförmiges Kräftespiel").

werbsordnung des Arbeitsmarktes dahingehend modifiziert, dass eine „Kartellbildung“ in Form von Koalitionen gestattet wird, während auf Gütermärkten das Kartellverbot des § 1 GWB dieses gerade untersagt. Art. 9 Abs. 3 GG enthält insofern ein „grundrechtliches Arbeitsmarktsystem“,[763] das es den Arbeitnehmern ausdrücklich erlaubt, ihr Wettbewerbsverhalten zu koordinieren. Ziel ist dabei die partielle Aufhebung der Konkurrenz unter den Arbeitnehmern,[764] um den Auswirkungen des Konkurrenzparadoxons auf dem Arbeitsmarkt entgegenzuwirken.

Ein solcher, gegen die „Unterbietungskonkurrenz“ gerichteter Mechanismus setzt zunächst eine Einigung der Arbeitnehmer als „Kartellmitglieder“ über das angestrebte Niveau der Arbeitsbedingungen voraus. Diese findet heute im Rahmen des institutionalisierten und demokratisch strukturierten Willensbildungsprozesses innerhalb der Gewerkschaften statt.

Das Ergebnis einer solchen „Verabredung“ ist Grundlage der folgenden marktförmigen Handlung, die darin besteht, das Angebot der Arbeitsleistung *unterhalb* der vereinbarten Bedingungen kollektiv zu verweigern.[765] Da der Austausch der Arbeitsleistung gegen Entgelt bei Arbeitnehmern aber regelmäßig im Rahmen eines Dauerschuldverhältnisses erfolgt, besteht die verweigernde Handlung nicht in einem schlichten Unterlassen des Vertragsschlusses, wie es auf den Gütermärkten üblich ist. Wegen der typischerweise längeren und zudem asynchronen Transaktionsperioden ist stattdessen regelmäßig eine – zumindest vorübergehende – Befreiung von den arbeitsvertraglichen Hauptleistungspflichten unumgänglich. Dies geschieht im Wege des *Streiks*.

In Zeiten, in denen die Kündigungsfrist für Arbeiter nur einen Tag betrug, konnte der wirtschaftliche Erfolg einer kollektiven Arbeitsverweigerung durch schlichte Massenkündigung erreicht werden.[766] Heute sind dagegen – in Form des modernen Arbeitskampfrechts – komplexere juristische Konstruktionen erforderlich,[767] die besondere „Spielregeln“ für das Verhalten bei Streik und Aussperrung aufstellen.

---

763 *Kempen*, in: Festschrift für Hanau, S. 529, 530.

764 Vgl. *Kempen*, in: Kittner (Hrsg.), Arbeitsmarkt, S. 129, 132; *Kittner*, ebenda, S. 11, 44 f.; *Richardi*, Kollektivgewalt und Individualwille, S. 94 f.

765 Vgl. *Kempen*, NZA 2000, Sonderbeilage zu Heft 3, S. 7, 8; *Rieble*, Arbeitsmarkt und Wettbewerb, Rn. 1312; vgl. ferner *Sinzheimer*, Arbeitsrecht und Rechtssoziologie, Band 1, S. 236, 250: „Jeder Tariflohn schaltet das blinde Wirken von Angebot und Nachfrage auf dem freien Arbeitsmarkt aus, indem die Grenze des Nachgebens des Arbeiters unabdingbar von vornherein gezogen ist.“

766 Vgl. *Rieble*, Arbeitsmarkt und Wettbewerb, Rn. 1330.

767 Grundlegend BAG GS v. 28. 1. 1955, BAGE 1, S. 291 ff., insbesondere S. 305: „Ein Streik der Arbeitnehmer unter Einhaltung der Kündigungsfristen ist weitgehend praktisch unmöglich.“

Ökonomisch betrachtet stellt ein Streik aber nach wie vor nichts anderes dar als die kollektiv artikulierte Ablehnung bestimmter Vertragsbedingungen für ein Austauschgeschäft. Der Streik „schadet" also „dem liberal-ökonomischen System als solchem [...] nicht"[768], sondern stellt selbst ein marktwirtschaftliches Verhalten dar.[769] Daran wird auch klar, dass dem Streik und der Tarifforderung – entgegen dem äußeren Anschein als „Kampfmittel" gegenüber der Marktgegenseite der Arbeitgeber – vor allem eine *horizontale* Druckwirkung auf die beteiligten Arbeitnehmer innewohnt, die darauf gerichtet ist, eine Lohnunterbietung auszuschließen.[770] Das Verhältnis der Arbeitnehmer zur Arbeitgeberseite ist hingegen aus ökonomischer Perspektive von derselben „Interessenpolarität" geprägt, wie sie für potenzielle Vertragspartner auf beliebigen sonstigen Märkten besteht[771] – wenngleich das bewusst öffentlichkeitswirksame Ritual des Arbeitskampfes[772] nach außen hin als Kräftemessen der Marktgegenseiten wahrgenommen wird.

Verzerrt werden diese Zusammenhänge durch eine Sichtweise, die im koalitionsmäßigen Arbeitskampf einen „wettbewerblichen Zweikampf" zwischen Arbeitgebern und Arbeitnehmern sieht.[773] Denn am Markt stehen sich Arbeitgeber und Arbeitnehmer jeweils *untereinander* als Wettbewerber gegenüber; es besteht dagegen kein Wettbewerbsverhältnis gegenüber der Marktgegenseite.

Der ökonomischen Funktion von Streik und Aussperrung wird man ferner nicht gerecht, wenn man den Arbeitskampf als Form „faustrechtlich-archaischen Interessenverfolgung"[774] sieht. Die Bezeichnung der Gewerkschaften als „Kampfverbände"[775] zielt auf die ursprüngliche politische Ausrichtung der von den Arbeitern erkämpften Tarifautonomie, die aufgrund der anfangs abwehrenden Haltung des Staates gegenüber der Gewerkschaftsbewegung verständlich ist.

---

[768] *Ritscher*, Koalitionen, S. 204.

[769] Vgl. auch *Hanau/Adomeit*, Arbeitsrecht, Rn. 271; *Rieble*, Arbeitsmarkt und Wettbewerb, Rn. 1317, 1319 f.

[770] Vgl. *Ichino*, RdA 1998, S. 271, 272; *Kittner*, in: derselbe, Arbeitsmarkt, S. 11, 44 f.; *Stützel*, Marktpreis und Menschenwürde, S. 80.

[771] Eine Gegenüberstellung typischer Arbeitnehmer- und Arbeitgeberinteressen findet sich bei *Kittner*, in: derselbe, Arbeitsmarkt, S. 11, 27; AK-GG-*Kittner/Schiek*, Art. 9 Abs. 3 Rn. 27.

[772] Zur Öffentlichkeitsausrichtung von Warnstreiks vgl. *Kempen*, ArbuR 1990, S. 237, 255.

[773] So aber *Scholz*, Koalitionsfreiheit, S. 13 m. w. N.; ähnlich *Krawielicki*, DÖV 1950, S. 357, 358; *Möschel*, WuW 1995, S. 704, 708; vgl. *Böhm*, Kartelle und Koalitionsfreiheit, S. 1, 25: „Zwei-Fronten-Prinzip"; *Söllner*, NZA 2000, Sonderbeilage zu Heft 24, S. 33, 37.

[774] *Picker*, ZfA 1986, S. 199, 213.

[775] *Kempen/Zachert*, Tarifvertragsgesetz, Grundlagen Rn. 68; BVerfG v. 18. 12. 1974, BVerfGE 38, S. 281, 307 (in Gegenüberstellung zu den „harmonischer" geprägten Arbeitnehmerkammern).

Nach der staatlichen Anerkennung und Institutionalisierung der Tarifautonomie im Rahmen einer modernen Arbeits- und Wirtschaftsverfassung kann der kollektive Verhandlungsmechanismus auf dem Arbeitsmarkt heute aber nicht mehr als Ausdrucksform eines irgendwie gearteten „Klassenkampfes" gesehen werden. Ohnehin tut sich die soziologische Kategorie der Klasse zunehmend schwer, die gesellschaftlichen Verhältnisse zu erklären;[776] die ökonomische Zuordnung zur Marktseite der Anbieter oder Nachfrager am Arbeitsmarkt ist nicht (mehr) zwingend deckungsgleich mit der Zugehörigkeit zu einer Besitz- oder Erwerbsklasse im *Max Weber*'schen Sinne[777].

Die auch heute noch bestehenden gegensätzlichen Interessen sozialer Gruppierungen gehen in dem marktförmig ausgestalteten, auf Machtausgleich gerichteten Arbeitsmarktgeschehen als Mechanismus zur Auflösung wirtschaftlicher Interessenkonflikte auf.[778] Treffend sind daher die Worte *Gamillschegs*:

> „Arbeitskampf ist Wettbewerb, nicht Krieg oder Fehde, Ausdruck der auf die kollektive Ebene angehobenen und damit wiederhergestellten Vertragsfreiheit."[779]

Das verträgt sich durchaus mit der vielfach vertretenen Sichtweise der Koalitionsfreiheit als Legitimation einer Form assoziativer *Selbsthilfe*.[780] Dies gilt vor allem aus einer historischen Perspektive,[781] die sich auf die politischen Rahmenbedingungen zur Zeit der Entstehung erster Arbeiterassoziationen in Deutschland bezieht. Dem Modell der Gegenmachtbildung lag ursprünglich gerade kein legislatives Konzept zugrunde.[782] Die Austragung des Interessenkon-

---

776 Vgl. *Kreckel*, Soziale Ungleichheit, S. 17 f.

777 Vgl. *Max Weber*, Wirtschaft und Gesellschaft, Erster Teil, Kapitel IV (S. 177 ff.)

778 Vgl. *Kempen*, NZA 2000, Sonderbeilage zu Heft 3, S. 7, 9.

779 *Gamillscheg*, Grundrechte, S. 96.

780 Vgl. *Bruhn*, Tariffähigkeit, S. 73; HdbVerfR-*Farthmann/Coen*, § 19 Rn. 42; Sachs-*Höfling*, Grundgesetz, Art. 9 Rn. 52; *Hueck/Nipperdey*, Arbeitsrecht, Band II/1, S. 234; *Höfling*, RdA 1999, S. 182; AK-GG-*Kittner/Schiek*, Art. 9 Abs. 3 Rn. 91; *Krüger*, Gutachten zum 46. DJT, Band I/1, S. 7, 20; *Rieble*, Arbeitsmarkt und Wettbewerb, Rn. 1114; *Scholz*, Koalitionsfreiheit, S. 15, 28 ff. m. w. N.; *Sinzheimer*, Arbeitsrecht und Rechtssoziologie, Band 2, S. 3, 9; Wiedemann-*Wiedemann,* Tarifvertragsgesetz, Einleitung Rn. 3; mit Bezug auf *Lotmars* Arbeitsrechtskonzeption *Rückert*, Einleitung in: *Lotmar*, Schriften zu Arbeitsrecht, Zivilrecht und Rechtsphilosophie, S. LIV ff. m. w. N.

781 *Wieacker* (Privatrechtsgeschichte der Neuzeit, S. 550) deutet das Entstehen der modernen Arbeitsverfassung sogar quasi als Neubeginn der „alte[n] Genesis des Rechts von der Selbsthilfe zur öffentlichen Friedensordnung". Zum Selbsthilfecharakter der Gewerkschaft des 19. Jahrhunderts vgl. *Briefs*, Stichwort „Gewerkschaften (I)", in: HDSW, Band IV, S. 545, 556; *Kempen*, NZA 2000, Sonderbeilage zu Heft 3, S. 7, 9.

782 Vgl. *Ramm*, JZ 1977, S. 1, 5, der vom „Stückwerk" der Verrechtlichung des Arbeitslebens spricht; *Picker*, in: Gedächtnisschrift für Knobbe-Keuk, S. 879, 895 zum „intuiti-

fliktes auf dem Arbeitsmarkt durch kollektiv organisierte Arbeitsniederlegungen und Gründung gewerkschaftlicher Organisationen geschah vielmehr anfangs gegen den Widerstand des Staates, der sich zunächst auf die Seite der in der Verfassung von 1871 politisch überrepräsentierten Arbeitgeber schlug.[783] Die Phasen bis zur staatlichen Anerkennung waren durch einen sozialen und politischen Kampf geprägt, der vor allem auf dem Arbeitsmarkt ausgetragen wurde.[784]

Die Koordination des Marktverhaltens der Arbeitskraftanbieter bedeutet zugleich eine Verlagerung der Vertragsverhandlungen von der Individual- auf die Kollektivebene. Das Ergebnis dieser durch markttypisches „Feilschen“[785] geprägten Verhandlungen wird rechtlich in der Form des *Tarifvertrages* fixiert. Dieser hat den Zweck, alle Beteiligten auf die in dem kollektiven Vertragswerk integrierte Kartellabsprache zu verpflichten, sodass eine rechtlich verbindliche Vereinbarung von Arbeitsbedingungen unterhalb des Tarifniveaus – und damit eine Fortsetzung der Unterbietungskonkurrenz – ausgeschlossen wird.

Die *Gewerkschaften* haben in diesem Modell die Aufgabe, die Willensbildung innerhalb des „Kartells“ zu organisieren und als einheitlicher Verhandlungspartner gegenüber dem Arbeitgeber aufzutreten. Ihre entscheidende ökonomi-

---

ven“ Charakter der Tarifvertragsidee; pointiert *Sinzheimer*, Ein Arbeitstarifgesetz, S. 13: „nicht in den Köpfen der Juristen entstanden“.

783 Siehe z. B. *Blanke*, ArbuR 1994, S. 113, 114, 117 f.; *Kempen/Zachert*, Tarifvertragsgesetz, Grundlagen Rn. 9 ff. m. w. N.

784 Von einer (außerhalb der Rechtsordnung stehenden) „Selbsthilfe“ im engeren Sinne kann deshalb nur bis zu dem Zeitpunkt gesprochen werden, in dem es den lohnabhängigen Bevölkerungsschichten gelungen war, über das allgemeine Wahlrecht politischen Einfluss zu gewinnen, sodass eine rechtliche Institutionalisierung der zuvor erkämpften Vereinigungsfreiheit der Arbeiter möglich wurde. Der Gedanke der „Selbsthilfe“ im weiteren Sinne ist aber der Koalitionsfreiheit auch nach ihrer rechtlichen Anerkennung insofern immanent, wie sie sich auf das Prinzip bezieht, ohne unmittelbares Eingreifen des Gesetzgebers Arbeitsbedingungen verbindlich zu regeln. In diesem Sinne wollte offenbar auch der Gesetzgeber den Begriff der „Selbsthilfe“ verstanden wissen, wenn er die Einführung des § 12a TVG als „Möglichkeit zur Selbsthilfe mit den Mitteln und im Rahmen der Tarifautonomie“ bezeichnete (BT-Drucks. 7/975, S. 20). Der so verstandene Begriff hat nichts mit einer „präzivilisatorischen Form der Bedürfnisbefriedigung“ (*Picker*, ZfA 1986, S. 199, 213) zu tun und stellt auch keine Gefahr für die „Rechts- als Friedensordnung“ dar.

785 Damit ist das Verhalten jedes vernünftig handelnden Marktteilnehmers gegenüber der Marktgegenseite gemeint, das darauf hinausläuft, sich ober- bzw. unterhalb eines bestimmten Preises zu keiner Einigung bereit zu zeigen, während gleichzeitig die innere Bereitschaft zum Kompromiss besteht. Letztlich muss jede Seite bemüht sein, den Verhandlungspartner durch das In-Aussicht-Stellen möglichst schwerwiegender Nachteile zum Einlenken zu bewegen, ohne dass darin eine herausragende Besonderheit des gerade *arbeitmarktbezogenen* Geschehens zu sehen wäre.

sche Funktion besteht darin, als *Streikkasse* der Arbeitnehmer zu fungieren (Konzept der „mutual insurance").[786] Erst durch Bildung einer gemeinsamen Kasse wird nämlich eine Verweigerung der Arbeitsleistung über einen längeren Zeitraum hinweg praktisch ermöglicht. Ohne die kollektive Bildung von Rücklagen wäre die wirtschaftliche Existenz der Beteiligten gefährdet, was den Druck zu „egoistischem" Marktverhalten (im Sinne der Fortführung des gegenseitigen Unterbietens) drastisch erhöhen würde. Der kartellmäßige Zusammenhalt wäre durch die zentrifugalen Kräfte, die jede Form von Kartellen bedrohen[787], im Fall der Arbeitnehmer in besonderer Weise gefährdet, da diese auf das Einkommen zur Sicherung ihres Lebensunterhalts und zur Abdeckung ihrer Fixkosten angewiesen sind.[788]

Für das oben dargestellte Modell des „sozialen Existenzminimums" als Richtgröße für das individuelle Marktverhalten der Arbeitnehmer bedeutet ein kollektives Auftreten der Arbeitnehmer am Markt, dass der Preisdruck in Richtung auf das sozialstaatliche Existenzminimum aufgehoben wird. Die im Rahmen des koalitionsinternen Willensbildungsprozesses zustande kommende Tarifforderung markiert den Preis, unterhalb dessen sich die Arbeitnehmer nicht mehr bereit erklären, ihre Arbeitskraft anzubieten, sondern zu streiken. Die gewerkschaftliche Organisation schafft damit einen den Gütermärkten eher vergleichbaren Zustand, bei dem am „kritischen Punkt" eine „normale" Reaktion insoweit zu erwarten ist, als unterhalb des abgesprochenen Mindestpreises eine *Angebotsverknappung* (durch Streik) stattfindet, während die („anomale") Reaktion des einzelnen Arbeitnehmers in einer *Ausweitung* des Angebots liegen würde, sobald der Erhalt des sozialen Existenzminimums gefährdet ist. Die Kartellierung der Arbeitnehmer führt also zu einer Normalisierung des Marktverhaltens am Arbeitsmarkt: Die Gewerkschaft verhält sich wie ein Unternehmer, der einzelne Arbeitnehmer nicht.

Der innere Zusammenhang von Kartellabsprache (als Vorstufe zum Tarifvertrag), kollektiver Arbeitsverweigerung (als Grundlage des Streiks) und Bildung einer gemeinsamen Kasse (Gewerkschaft) legt offen zutage, warum der Koalitionsfreiheit des Art. 9 Abs. 3 GG über den Wortlaut hinaus nicht nur ein individueller, sondern auch ein kollektiver Garantiegehalt, beginnend mit einem Schutz der „Koalition als solcher"[789], zukommen muss: Die Koalitionsfreiheit

---

786 Vgl. *Müller-Jentsch*, in: Pornschlegel (Hrsg.), Gewerkschaftstheorien, S. 179, 183 unter Bezugnahme auf die Gewerkschaftstheorie von *Sidney* und *Beatrice Webb*; *Kempen*, NZA 2000, Sonderbeilage zu Heft 3, S. 7, 8; *Kempen/Zachert*, Tarifvertragsgesetz, Grundlagen Rn. 6.

787 Vgl. *Samuelson/Nordhaus*, Volkswirtschaftslehre, S. 240.

788 Dieser Effekt wird wiederum durch sozialstaatliche Auffangleistungen abgeschwächt, aber nicht aufgehoben.

789 BVerfG v. 18. 11. 1954, BVerfGE 4, S. 96, 101; kritisch *Picker*, NZA 2002, S. 761, 764.

wäre in der Tat, um eine Formulierung des Bundesverfassungsgerichts zu übernehmen, „ihres historisch gewordenen Sinnes beraubt“[790], wenn quasi nur der logisch letzte Schritt zur Installation eines kollektiven Verhandlungssystems, nämlich die Gründung von Gewerkschaften, innerhalb des grundrechtlichen Schutzbereichs läge.[791] Hält man sich diese ökonomischen Zusammenhänge vor Augen, wird auch klar, warum das Arbeitskampfrecht im Grundrecht der Koalitionsfreiheit verankert sein muss, was in Art. 159 WRV noch bewusst offen gelassen wurde, mittlerweile aber auch vom Bundesverfassungsgericht anerkannt wird.[792]

Vor allem aber erlaubt es dieser Blickwinkel, die ökonomische Funktion von Koalitionsfreiheit, Streik und Tarifautonomie klarer zu erfassen und so der funktionalen Bestimmung der Grenzen des persönlichen Schutzbereichs näher zu kommen.

3. Die Kartellfunktion der Koalitionsfreiheit

a) Kartellmäßige Gegenmachtbildung am Arbeitsmarkt als Kern der Gewährleistung

An den soeben dargestellten ökonomischen Zusammenhängen hat sich gezeigt, dass den Institutionen des Tarifvertragssystems eine „Kartellwirkung“ immanent ist.[793] Der Arbeitsmarkt ist in dem durch Art. 9 Abs. 3 GG vorgegebenen kollektiven Ordnungsrahmen nicht nur durch eine „kartellähnliche“[794], sondern

---

790 BVerfG v. 18. 11. 1954, BVerfGE 4, S. 96, 106.

791 Zu den historischen Zusammenhängen des Koalitionsbegriffs vgl. *Ramm*, RdA 1968, S. 412, 413 ff.

792 BVerfG v. 26. 6. 1991, BVerfGE 84, S. 212, 224 f. (Aussperrung); v. 2. 3. 1993, BVerfGE 88, S. 103, 114 (Streik); v. 4. 7. 1995, BVerfGE 92, S. 365, 393 f.

793 Vgl. RAG v. 25. 6. 1932, RAGE 11, S. 266, 267; *Böhm*, WuW 1956, S. 173; *Bruhn*, Tariffähigkeit, S. 125; *Beck*, ArbuR 1981, S. 333, 341; *Hueck/Nipperdey*, Arbeitsrecht, Band II/1, S. 236; *Junker*, ZfA 1996, S. 383, 389 f.; MünchArbR-*Löwisch/Rieble*, Band 3, § 247 Rn. 6; *Möschel*, ZRP 1988, S. 48, 49; MünchArbR-*Richardi*, Band 3, § 241 Rn. 6, 17; *derselbe*, NZA 2000, S. 617, 618; *derselbe,* Kollektivgewalt und Individualwille, S. 179; *Rieble*, Arbeitsmarkt und Wettbewerb, Rn. 1108 ff.; 1305 ff.; *Rückert*, Einleitung in: *Lotmar*, Schriften, S. LXIV; *Rüthers*, Grauzone Arbeitsrechtspolitik, S. 127; *Schaub*, RdA 1965, S. 65, 68; *Schmidt-Eriksen*, ArbuR 1991, S. 137, 138 m. w. N.; *Vaubel*, Die Anwendbarkeit des Gesetzes gegen Wettbewerbsbeschränkungen auf Tarifvertragsklauseln, S. 29; *v. Wallwitz*, Wettbewerbsordnung, S. 33 f.; *Zachert*, DB 1990, S. 986, 989; Wiedemann-*Wiedemann*, Tarifvertragsgesetz, Einleitung Rn. 34; (kritisch) *Zöllner/Loritz*, Arbeitsrecht, § 33 II 8 b (S. 370).

794 *Poth*, NZA 1989, S. 626, 627; *Kempen/Zachert,* Tarifvertragsgesetz, Grundlagen Rn. 57, 61; *Rüthers*, DB 1990, S. 113; *v. Wallwitz*, Wettbewerbsordnung, S. 33.

– ganz bewusst – durch eine *kartellmäßige* Struktur geprägt.[795] Zu Recht stellt *Franz Böhm* fest, dass Gewerkschaften und Arbeitgeberverbände „zweifellos Kartelle“ sind.[796] Der gewerkschaftlichen Organisation kommt die Aufgabe einer Kollektivmonopolbildung zu, die den Konkurrenzdruck vermindert, indem sie eine „künstliche“ Verknappung des Arbeitskraftangebots erlaubt.[797] Insofern entspricht ihre wirtschaftliche Funktionsweise ganz derjenigen eines Kartells.[798] Ihrem Inhalt nach stellen Tarifverträge Mindestpreis- und Konditionenkartelle dar.[799]

Die Kartellwirkung stellt keine Nebenerscheinung der Koalitionsfreiheit dar, sondern steht in ihrem funktionalen Zentrum. Sie ist der ökonomische *Kern* des Tarifvertragssystems, indem sie das der Tarifautonomie zugrunde liegende Prinzip der Gegenmachtbildung verwirklicht:[800] Das Kartell ist der „marktwirtschaftskonforme“ Weg zur Etablierung sozialer Gegenmacht. Da das Grundrecht des Art. 9 Abs. 3 GG diese Wirkung nicht nur hinnimmt und rechtfertigt, sondern gerade intendiert, kann man von einer *Kartellfunktion* der Koalitionsfreiheit sprechen.[801]

Auf der Marktgegenseite erlaubt die Koalitionsfreiheit der Arbeitgeber ebenfalls eine „Monopolisierung“ der Nachfrage. Die Festlegung von Arbeitsbedingungen in einem Flächentarifvertrag hat zur Konsequenz, dass die Wettbewerbsintensität der konkurrierenden Arbeitgeber in Bezug auf die Personalkosten gemindert wird,[802] indem der Wettbewerb auf übertarifliche

---

795 Vgl. auch *Rüthers*, Arbeitsrecht und politisches System, S. 22; *Scholz*, in: Festschrift für Rittner, S. 629, 632; *Zöllner*, ZfA 1994, S. 423, 432.

796 *Böhm*, WuW 1956, S. 173; vgl. auch *Heinze*, DB 1996, S. 729, 732; *Reuter*, ZfA 1995, S. 1, 2.

797 *Rieble*, Arbeitsmarkt und Wettbewerb, Rn. 1312 f.; *Schmidt-Eriksen*, ArbuR 1991, S. 137, 138 m. w. N.

798 *Briefs*, Stichwort „Gewerkschaftstheorie“, in: Heyde (Hrsg.), Internationales Handwörterbuch des Gewerkschaftswesens, S. 698; *Salje*, ZfA 1991, S. 653, 665; vgl. allgemein zur Monopolwirkung von Kartellen *v. Armin*, C III 1 a (S. 91); relativierend *Stützel*, Paradoxa, S. 371 f.

799 Vgl. *Möschel*, WuW 1995, S. 704; *Müller-Jentsch*, in: Pornschlegel (Hrsg.), Gewerkschaftstheorien, S. 179, 186; *Sölter*, DB 1964, S. 1251, 1254; *v. Wallwitz*, Wettbewerbsordnung, S. 18.

800 Vgl. *Kempen/Zachert*, Tarifvertragsgesetz, § 2 Rn. 19; AK-GG-*Kittner/Schiek*, Art. 9 Abs. 3 Rn. 133; *Rüthers*, WuW 1980, S. 392 u. 394; *Rieble*, Arbeitsmarkt und Wettbewerb, Rn. 1108; *Sinzheimer*, Arbeitsrecht und Rechtssoziologie, Band 1, S. 150, 158.

801 Vgl. *Beck*, ArbuR 1981, S. 333, 341; *Kempen*, ArbRGegW 30 (Dokumentation 1992), S. 97, 117; *Kempen/Zachert,* Tarifvertragsgesetz, Grundlagen Rn. 95, § 1 Rn. 6; MünchArbR-*Löwisch/Rieble*, Band 3, § 247 Rn. 6; *Richardi*, JA 1986, S. 289, 294; *Rieble*, Arbeitsmarkt und Wettbewerb, Rn. 1108 ff.; *Ridder*, Stellung der Gewerkschaften, S. 42.

802 *Hueck/Nipperdey*, Arbeitsrecht, Band II/1, S. 236; *Müller-Jentsch*, in: Pornschlegel (Hrsg.), Gewerkschaftstheorien, S. 179, 189 f.; *Kulka*, RdA 1988, S. 336, 342; *Nagel*, in:

bzw. nicht tariflich geregelte Arbeitsbedingungen beschränkt wird. Dem Abschluss von Firmentarifverträgen kommt eine faktisch vergleichbare Wirkung zu, wenn ein Großteil der branchenzugehörigen Unternehmen unter ähnlichen Bedingungen tarifgebunden ist. Ob man wegen der beiderseitigen Möglichkeit zur kartellmäßigen „Vermachtung" von einem „bilateralen Monopol" am Arbeitsmarkt sprechen kann, wie es viele tun, erscheint wegen der verbleibenden Spielräume für den Wettbewerb zweifelhaft, mag aber hier dahinstehen.[803] Jedenfalls dürfte klar sein, dass der datensetzende Charakter des Tarifvertragssystems für die Kosten des Produktionsfaktors Arbeit zwangsläufig mit Auswirkungen auf die Wettbewerbsverhältnisse der Absatzmärkte verbunden ist.[804] Kartelleffekte ergeben sich also nicht nur auf beiden Seiten des Arbeitsmarktes, sondern auch auf den Gütermärkten, auf denen die Arbeitgeber miteinander konkurrieren.

An der Nahtstelle zwischen Angebots- und Nachfragekartellierung steht der Tarifvertrag. Seine Bindungswirkung besteht aus zwei Komponenten:[805] Auf der ersten Stufe steht die (dem Mehrheitsprinzip unterliegende) verbandsinterne Willensbildung, die zur Formierung einer gemeinsamen Verhandlungsposition führt. Hierdurch entsteht eine in Bezug auf den Arbeitsmarkt *horizontale* Bindung innerhalb der Angebots- bzw. Nachfrageseite. Erst mit Abschluss des Tarifvertrages findet auf der zweiten Stufe eine – nunmehr *vertikale* – Einbindung der Gegenseite statt, die nach dem Marktprinzip erfolgt. Die vorherige Bindung im Binnenbereich der jeweiligen Marktseite wird erst durch den rechtsgeschäftlichen Konsens mit dem Verhandlungspartner der anderen Marktseite rechtsverbindlich.

Nutzinger (Hrsg.), Entstehung des Arbeitsrechts, S. 183, 193; *Ramm*, RdA 1968, S. 412, 417; *Richardi*, Kollektivgewalt und Individualwille, S. 87 f.; *Schmidt-Eriksen*, ArbuR 1991, S. 137, 139; *Stützel*, Marktpreis und Menschenwürde, S. 80; *Vaubel*, Die Anwendbarkeit des Gesetzes gegen Wettbewerbsbeschränkungen auf Tarifvertragsklauseln, S. 29, 50 f.; *Zöllner*, AcP 196 (1996), S. 1, 20; *derselbe*, ZfA 1988, S. 265, 278; vgl. *Kempen/Zachert*, Tarifvertragsgesetz, Grundlagen Rn. 13; außerdem bereits *Lotmar*, Arbeitsvertrag , Erster Band, S. 775; *Sinzheimer*, Ein Arbeitstarifgesetz, S. 29.

803 Vgl. etwa *Böhm*, WuW 1956, S. 173, 174; *Eich*, DB 1973, S. 1699, 1702; *Hendriks*, Arbeitsrechtliche Vereinbarungen und Kartellrecht, S. 11; *Kraft/Hönn*, ZHR 141 (1977), S. 230, 234; MünchArbR-*Löwisch/Rieble*, Band 3, § 247 Rn. 7; *Poth*, Grenzen des Arbeitsrechts, S. 21; *Reuter*, ZfA 1995, S. 1, 13; *Samuelson/Nordhaus*, Volkswirtschaftslehre, S. 288; *Söllner*, NZA 2000, Sonderbeilage zu Heft 24, S. 33, 37; *Willeke*, Stichwort „Arbeitsmarkt", in: HDSW, Band I, S. 321, 328; kritisch zum Monopolmodell der Gewerkschaften *Althammer*, Zur ökonomischen Theorie der Gewerkschaften, S. 15 ff.

804 MünchArbR-*Löwisch/Rieble*, Band 3, § 247 Rn. 14; *Kraft/Hönn*, ZHR 141 (1977), S. 230, 234; *Schmidt-Eriksen*, ArbuR 1991, S. 137, 139, 143; *Söllner*, NZA 2000, Sonderbeilage zu Heft 24, S. 33, 37.

805 Vgl. hierzu *Kempen*, ArbuR 1996, S. 336, 339; *derselbe*, NZA 2000, Sonderbeilage zu Heft 3, S. 7, 11.

Eine Intensivierung erfährt die Kartellwirkung durch einige tarifvertragsrechtliche Bestimmungen. Hierzu zählen die extensive Regelung der Tarifbindung in § 3 TVG, die Anordnung der normativen Wirkung (§ 4 Abs. 1 TVG) und der Unverzichtbarkeit tariflicher Rechte (§ 4 Abs. 4 TVG) sowie das Instrument der Allgemeinverbindlicherklärung gemäß § 5 TVG.[806] Beschränkt wird die Kartellwirkung dagegen vor allem durch die inhaltlichen Grenzen der Regelungsmacht der Tarifvertragsparteien, das Günstigkeitsprinzip des § 4 Abs. 3 TVG[807] und die „negative Koalitionsfreiheit“[808].

b) Weitere ökonomische Aspekte eines kollektiven Verhandlungssystems

Neben der Kartellfunktion können der Koalitionsfreiheit weitere ökonomische Funktionen zugeordnet werden.

Hierzu gehört die Rolle der Gewerkschaften als „Informationsagentur“ für ihre Mitglieder.[809] Ein einzelner Arbeitnehmer wird nur selten imstande sein, sich zuverlässige Daten über die Preis- und Produktivitätsentwicklung zu beschaffen, um hieraus Verhandlungspotenziale zu schöpfen. Die Kosten der Informationsbeschaffung wären für den Einzelnen zu hoch. Durch die Assoziation in einer Verbandsorganisation kann ein in diesem Sinne „intellektuelles“ Ungleichgewicht zwischen Beschäftigungsgebern und -nehmern ausgeglichen werden.

Neben den „machtverschiebenden“ Einflüssen lassen sich unter ökonomischer Perspektive allokative Vorteile kollektiver Arbeitsmarktstrukturen für die Akteure auf *beiden* Seiten des Marktes ausmachen. Es soll hier nicht auf den – umstrittenen – Einfluss gewerkschaftlicher Organisation auf die Produktivität eingegangen werden, der unter dem Schlagwort der „Rationalisierungspeitsche“ diskutiert wird.[810] Weithin anerkannt ist allerdings die transaktionskostensen-

---

806 Vgl. *Kempen/Zachert,* Tarifvertragsgesetz, Grundlagen Rn. 95; MünchArbG-*Richardi*, Band 3, § 241 Rn. 6; kritisch *Soltwedel*, Wettbewerb, Verantwortung und Solidarität, S. 60 („formeller externer Kartellzwang“).

807 MünchArbR-*Löwisch/Rieble*, Band 3, § 247 Rn. 20; MünchArbR-*Richardi*, Band 3, § 241 Rn. 6; *Kempen*, ArbRGegW 30 (Dokumentation 1992), S. 97, 118; vgl. *derselbe*, NZA 2000, Sonderbeilage zu Heft 3, S. 7, 12.

808 Grundlage, Inhalt und Bedeutung der „negativen Koalitionsfreiheit“ sind im einzelnen freilich äußerst umstritten; vgl. *Kempen/Zachert*, Tarifvertragsgesetz, Grundlagen Rn. 129 ff.; *Gamillscheg*, Grundrechte, S. 101 f.

809 *Franz*, Arbeitsmarktökonomik, 7.2.2. (S. 249 f.); vgl. *Althammer*, Zur ökonomischen Theorie der Gewerkschaften, S. 120 ff.

810 Vgl. hierzu etwa *Addison/Gerlach*, ZgS 139, S. 215 ff; vgl. ferner *Schnabel*, Zur ökonomischen Analyse der Gewerkschaften in der Bundesrepublik Deutschland, S. 153 ff., S. 184 ff., S. 221 f.

kende Wirkung einer kollektiven Verhandlungsstruktur[811] im Vergleich zu rein individuell ausgehandelten Verträgen.[812] Davon, dass nicht sämtliche Bedingungen jedes Arbeitsverhältnisses einzeln ausgehandelt werden müssen, da verbindliche Mindestbedingungen auf Verbandsebene existieren, profitieren Arbeitgeber und Arbeitnehmer gleichermaßen.

Über die Kartellfunktion hinaus existieren also weitere ökonomische Faktoren, die einen gewerkschaftlichen Zusammenschluss für eine oder auch beide Marktseiten als effizient erscheinen lassen. Während die Bedeutung der Gewerkschaften als „Informationsagenturen" einen Bezug zur strukturellen Unterlegenheit des einzelnen Beschäftigten gegenüber dem Beschäftigungsgeber aufweist, steht der Aspekt der Transaktionskostenminimierung außerhalb dieses Sinnzusammenhangs.

Für die Interpretation des Art. 9 Abs. 3 GG als marktstrukturierendes Grundrecht bedeutet dies, dass das Vorhandensein einer strukturell bedingten „informationellen" Unterlegenheit für das Eingreifen der Grundrechtsgarantie des Art. 9 Abs. 3 GG sprechen kann, wenn man ökonomische Wirkung und rechtliche Funktion aufeinander bezieht.

c) Gesellschaftsstrukturierende Funktion der Koalitionsfreiheit

Weiterhin ist zu fragen, ob sich von der Kartellfunktion unabhängige Interpretationsansätze aus der Rolle des Art. 9 Abs. 3 GG als gesellschaftsstrukturierendes, „soziales Grundrecht"[813] ergeben.

Das in Art. 20 Abs. 1 S. 1 GG normierte Sozialstaatsprinzip verpflichtet den Gesetzgeber ganz allgemein, „für einen Ausgleich der sozialen Gegensätze zu sorgen".[814] Es zielt gerade auch auf den Lebensbereich der „Arbeit" in einer freiheitlichen Gesellschaftsordnung, in welcher der Einzelne zur Sicherung seines Lebensunterhalts auf das Anbieten seiner Arbeitskraft am Markt angewiesen ist.[815] Das Arbeitsleben ist in unserer Gesellschaft einer der zentralen Bereiche menschlichen Daseins und zugleich prägend für die Bedingungen der

---

[811] Vgl. *Rieble*, Arbeitsmarkt und Wettbewerb, Rn. 577 m. w. N.; *Watrin*, in: Scholz (Hrsg.), Wandel der Arbeitswelt als Herausforderung des Rechts, S. 23, 31; Wiedemann-*Wiedemann*, Tarifvertragsgesetz, Einleitung Rn. 35; vgl. auch *Schmid/Deutschmann/Grabher*, Die neue institutionelle Ökonomie, S. 1 ff.

[812] Vgl. hierzu den Ansatz einer ökonomischen Rechtfertigung des Rechts der Allgemeinen Geschäftsbedingungen von *Adams* (BB 1989, S. 781 ff.), der gänzlich ohne den Gedanken der „Vertragsgerechtigkeit" auszukommen versucht.

[813] *Badura*, ArbRGegW 15 (Dokumentation 1977), S. 17, 23 f.; *Kempen* ArbRGegW 30 (Dokumentation 1992), S. 97, 106; vgl. *Kemper*, Koalitionsfreiheit, S. 1 ff.

[814] BVerfG v. 27. 4. 1999, NJW 1999, S. 3033, 3034.

[815] *Kempen*, in: Kittner (Hrsg.), Arbeitsmarkt, S. 129, 137; vgl. *Richardi*, Kollektivgewalt und Individualwille, S. 90 f.

wirtschaftlich-sozialen Existenz des Einzelnen.[816] Der Arbeitsmarkt fungiert – innerhalb des marktwirtschaftlichen Systems freilich legitimerweise – nach *Kreckel* als „Drehscheibe sozialer Ungleichheit."[817]

Art. 9 Abs. 3 GG konkretisiert nun infolge seines „spezifisch sozialstaatlichen Zwecks"[818] das Sozialstaatsprinzip,[819] indem das Grundrecht *gesellschaftsstrukturierend* auf die zuvor rein individualistisch geprägten Arbeits- und Wirtschaftsbeziehungen einwirkt.[820] Wie bereits angedeutet, verlässt das kollektive Verhandlungsmodell dabei das durch Marktmechanismen geprägte System der Arbeitsbeziehungen nicht,[821] sondern sorgt für einen markt- und damit systemkonformen Machtausgleich auf kollektiver Ebene.[822] Dabei wird nicht das Prinzip des Wettbewerbs selbst aufgegeben, sondern lediglich seine Rahmenbedingungen, die „Spielregeln" des Marktgeschehens, werden modifiziert. Dies geschieht durch die Absage an ein rein individualistisches Wettbewerbsmodell auf dem Arbeitsmarkt.

Zwar enthält die Verfassung selbst keine unmittelbare Entscheidung zugunsten der Marktwirtschaft, sodass von einer „wirtschaftspolitischen Neutralität" des Grundgesetzes gesprochen werden kann.[823] Die auf die Wahrnehmung wirtschaftlicher Handlungsspielräume bezogenen Grundrechte (vor allem Art. 2 Abs. 1, 9, 12 und 14 GG) geben der Wirtschaftsverfassung allerdings einen ge-

---

816 Vgl. *Scholz*, in: Scholz (Hrsg.), Wandel der Arbeitswelt als Herausforderung des Rechts, S. 15.

817 *Kreckel*, Soziale Ungleichheit, S. 153.

818 *Hamann/Lenz*, Grundgesetz, Art. 9, B 8 b aa (S. 235).

819 *Kempen/Zachert,* Tarifvertragsgesetz, Grundlagen Rn. 54 f., 72 ff. m. w. N.; AK-GG-*Kittner/Schiek*, Art. 9 Abs. 3 Rn. 89; Maunz/Dürig-*Scholz*, Grundgesetz, Art. 9 Rn. 155; vgl. *Säcker*, ArbRGegW 12 (Dokumentation 1974), S. 17 ff.; von der Bedeutung des koalitionsmäßigen Zusammenschlusses „in der sozialstaatlichen Ordnung des Grundgesetzes" spricht auch BVerfG v. 26. 6. 1991, BVerfGE 84, S. 212, 224.

820 *Kempen/Zachert,* Tarifvertragsgesetz, Grundlagen Rn. 59; vgl. *Sinzheimer*, Arbeitsrecht und Rechtssoziologie, Band 1, S. 226, 227 hinsichtlich der Weimarer Reichsverfassung.

821 *Kempen/Zachert,* Tarifvertragsgesetz, Grundlagen Rn. 60; vgl. *derselbe*, ArbuR 1996, S. 336, 339; *Rieble*, Arbeitsmarkt und Wettbewerb, Rn. 1110, 1311; im Hinblick auf Arbeitskampfhandlungen *Hanau/Adomeit*, Arbeitsrecht, Rn. 271; anders *Zöllner*, ZfA 1994, S. 423, 424, 426.

822 Vgl. *Bleckmann*, Staatsrecht, Band 2, § 30 Rn. 48, 58; *Kunze*, ArbuR 1965, S. 170, 175; MünchArbR-*Löwisch/Rieble*, Band 3, § 247 Rn. 3; *Picker*, ZfA 1986, S. 199, 257; *Rüthers*, WuW 1980, S. 392; *Scholz*, in: Festschrift für Rittner, S. 629, 637.

823 *V. Arnim*, Volkswirtschaftspolitik, B VI 1 b (S. 68 f.); *Scholz*, ZfA 1990, S. 377, 381 f.; vgl. insbesondere BVerfG v. 20. 7. 1954, BVerfGE 4, S. 7, 17 f.; v. 1. 3. 1979, BVerfGE 50, S. 290, 336 ff.; *Rüthers*, Arbeitsrecht und politisches System, S. 17 f.; *Schmidt-Eriksen*, ArbuR 1991, S. 137, 141 f. m. w. N.; *Biedenkopf*, BB 1956, S. 473; *Müller*, BB 1956, S. 972, 973.

wissen Rahmen vor.[824] Ob und inwiefern die individualistische Wettbewerbskonzeption nach der im Gesetz gegen Wettbewerbsbeschränkungen verwirklichten ordoliberalen Prägung verfassungsrechtlich verankert ist, soll hier nicht diskutiert werden.[825]

Jedenfalls wäre der (historische und heutige) Stellenwert der Koalitionsfreiheit ohne ein in erster Linie privat- und marktwirtschaftliches Wirtschaftssystem nicht denkbar.[826,827] In einem weitgehend staatlich gelenkten Wirtschaftsgefüge muss die Bedeutung von Gewerkschaften zwangsläufig eine völlig andere sein, wie ein historischer Vergleich mit den Verhältnissen in den ehemaligen Ostblockstaaten oder in Deutschland zur Zeit des Nationalsozialismus zeigen würde.[828] Mit Recht konstatiert *Richardi* einen engen, systembedingten Zusammenhang, wenn er die Tarifautonomie als „untrennbar an den ordnungspolitischen Rahmen eines marktwirtschaftlichen Systems gebunden" sieht.[829] Die Gewerkschaften haben sich – was die heute allerorten zu vernehmende Kritik am „Tarifkartell"[830] ignoriert – geradezu als Voraussetzung für eine in sich stabile, wirtschaftlich „befriedete" kapitalistische Wirtschaftsordnung erwiesen.[831]

Das Grundrecht der Koalitionsfreiheit enthält eine ordnungspolitische Grundentscheidung von Verfassungsrang für ein kollektives Lohnfindungsmodell am

---

824 MünchArbR-*Löwisch/Rieble*, Band 3, § 247 Rn. 1; *Scholz*, in: Tarifautonomie und Kartellrecht, FIW Schriftenreihe, Heft 136, S. 1, 4.

825 Hierzu *Poth*, Grenzen des Arbeitsrechts, S. 44 ff. m. w. N.; *Scholz*, in: Festschrift für Rittner, S. 629, 639 ff.; vgl. auf der Ebene der EU insbesondere Art. 98 EU i. V. m. Art. 23 GG; auf der Ebene der Landesverfassungen Art. 38 der Thüringischen Verfassung und Art. 42 Abs. 1 S. 2 und Abs. 2 S. 1 der Brandenburgischen Verfassung.

826 Vgl. *Briefs*, Stichwort „Gewerkschaften (I)", in: HDSW, Band IV, S. 545, 548; *Kempen*, RdA 1994, S. 140, 143, 144; *Kunze*, ArbuR 1965, S. 170; *Leisner*, BB 1978, S. 100, 103; MünchArbR-*Löwisch/Rieble*, Band 3, § 247 Rn. 3 f.

827 Der an sich nahe liegende Versuch, unter diesem Blickwinkel aus Art. 9 Abs. 3 GG eine Wertentscheidung der Verfassung für die Marktwirtschaft abzuleiten (hiergegen *Kempen/Zachert*, Tarifvertragsgesetz, Grundlagen Rn. 113), muss allerdings daran scheitern, dass die Tarifautonomie als Kern der Koalitionsfreiheit nicht das einzig denkbare Modell einer sozialstaatlichen Integration der „Arbeitnehmer"-Interessen in die Wirtschaftsverfassung ist; hierauf deuten das allgemeine Sozialstaatsprinzip (Art. 20 Abs. 1, 28 Abs. 1 S. 1) und die – wenn auch rein theoretische – Sozialisierungsoption gemäß Art. 15 GG; zu den wirtschaftspolitischen Ausstrahlungen des Sozialstaatsprinzips BVerfG v. 17. 8. 1956, BVerfGE 5, S. 85, 206; v. 1. 3. 1979, BVerfGE 50, S. 290, 371.

828 Vgl. *Rüthers*, Arbeitsrecht und politisches System, S. 127 ff.; *Schumpeter*, Kapitalismus, Sozialismus und Demokratie, S. 345 f.

829 *Richardi*, JZ 1985, S. 410, 413.

830 Statt vieler *Brüderle*, Frankfurter Allgemeine Sonntagszeitung v. 24. 10. 1999, S. 4; *Möschel*, WuW 1995, S. 704 ff.; *Reuter*, ZfA 1995, S. 1 ff.; hiergegen etwa *Eger/Nutzinger*, FAZ v. 5. 4. 1979, S. 13.

831 Vgl. *Picker*, ZfA 1986, S. 199, 284.

Arbeitsmarkt. Dieses *Verfahren* des „collective bargaining" – und nicht das Niveau der Arbeitsbedingungen selbst – legitimiert die Marktergebnisse im Sinne der Verwirklichung „sozialer Gerechtigkeit". Darin liegt gerade die gesellschaftsstabilisierende, „befriedende" Wirkung der Koalitionsfreiheit[832], die es dem Staat erlaubt – und ihn zugleich verpflichtet –, sich aus der flächendeckenden, der aktuellen Wirtschaftslage jeweils angepassten Regelung der Arbeitsbedingungen weitgehend zurückzuziehen. Der ökonomische Mechanismus der Gegenmachtbildung tritt als Ausnahme vom Grundsatz des Individualwettbewerbs an die Stelle unmittelbarer gesetzlicher Eingriffe in das Marktgeschehen, die ohne ihn notwendig wären.[833]

Die Kartellfunktion steht also nicht außerhalb der sozialstaatlichen Komponente der Koalitionsfreiheit, sondern ist das in Art. 9 Abs. 3 GG konkretisierte, wesentliche Instrument ihrer Verwirklichung. Sie fügt sich nahtlos in die gesellschaftliche Grundkonzeption des Grundgesetzes ein.

Die historisch bedeutsame Eigenschaft von Arbeitnehmerkoalitionen als „politischer" Faktor rückt für die juristische Argumentation durch die Integration in die moderne Wirtschaftsordnung in den Hintergrund, soweit es um die Bestimmung der Grenzen des Art. 9 Abs. 3 GG geht. Eine funktionale Auslegung der Koalitionsfreiheit darf trotz des sozialpolitisch-geschichtlichen Kontextes nicht an der traditionellen Rolle der Koalitionen als Vehikel der Arbeiterbewegung verhaftet bleiben, sondern muss sich an ihrer wettbewerbsordnenden Funktion orientieren. Damit deutet sich an, dass auch solche Assoziationen von Art. 9 Abs. 3 GG erfasst werden können, die sich auf den wirtschaftlichen Zweck der Kartellbildung konzentrieren, ohne in der politischen Tradition der Arbeiterbewegung stehen zu müssen.

d) Konsequenzen für die Grundrechtsinterpretation

Als Zwischenergebnis bleibt festzuhalten, dass alle wichtigen Aspekte der Koalitionsfreiheit einen Bezug zu ihrer Kartellfunktion aufweisen. Diese steht damit im Mittelpunkt der verfassungsrechtlichen Gewährleistung und muss deshalb auch Bezugspunkt einer teleologisch-funktionalen Auslegung des Grundrechts sein.

Als wichtiger Erklärungsansatz für die arbeitnehmerische „strukturelle Unterlegenheit", die den Individualvertrag zum ungeeigneten Instrument zur Regelung sozial angemessener Arbeitsbedingungen macht, hat sich der für den Arbeitsmarkt symptomatische „ruinöse Unterbietungswettbewerb" *(social dumping)*

---

832 Vgl. *Dorndorf*, in: Festschrift für Kissel, S. 139, 140 f., 142.

833 Instruktiv zum faktischen Verhältnis von Tarifautonomie und staatlicher Arbeitsgesetzgebung *Kahn-Freund*, Arbeit und Recht, S. 39 f.; vgl. *Kempen*, in: Festschrift für Hanau, S. 529, 537.

erwiesen. Die Koalitionsfreiheit setzt – anders als das gesetzliche Arbeitsrecht – nicht erst am einzelnen Rechtsverhältnis korrigierend an, sondern wirkt dem Unterbietungswettbewerb entgegen, indem sie die Bildung von Koalitionen als Anbieterkartelle erlaubt und diese verfassungsrechtlich privilegiert.

Dieser Zusammenhang spricht dafür, die Reichweite des grundrechtlichen Schutzbereichs danach zu bestimmen, welcher Personenkreis aufgrund der Besonderheit der Wettbewerbsbedingungen auf eine „gegenmächtige" Kartellbildung angewiesen ist, um ein gleichgewichtiges Aushandeln der Beschäftigungsbedingungen auf kollektiver Ebene zu ermöglichen. Dies ist überall dort der Fall, wo Anbieter von Arbeitsleistungen (i. w. S.) einem ähnlichen Unterbietungswettbewerb ausgesetzt sind wie Arbeitnehmer auf dem Arbeitsmarkt.

Gegenüber dem sehr allgemein gehaltenen und nicht auf arbeitsrechtliche Sachverhalte beschränkten Kriterium der „strukturellen Unterlegenheit" im Individualrechtsverhältnis ist damit ein spezielleres, arbeitsmarktspezifisches Kriterium der Koalitionsfähigkeit gefunden. Ob etwa eine Gruppe freier Mitarbeiter oder Franchisenehmer eine von Art. 9 Abs. 3 GG geschützte Koalitionen bilden kann, entscheidet sich nach diesem Auslegungsansatz daran, ob eine derart verschärfte Konkurrenz unter den Anbietern herrscht, dass sie mit der Wettbewerbssituation von Arbeitnehmern als Anbieter abhängiger Arbeitsleistungen vergleichbar ist. Insbesondere ist dabei zu prüfen, ob die Anbieter am Markt auf sinkende Marktpreise mit einer Ausweitung anstelle einer Einschränkung des Angebots reagieren.

e) Blick auf die Konkurrenzbedingungen selbständig Beschäftigter

Einiges spricht dafür, dass ein „arbeitnehmerähnlicher" Unterbietungswettbewerb grundsätzlich auch unter den Anbietern selbständiger Dienstleistungen herrschen kann.

Dass das Phänomen der inversen Angebotsreaktion nicht auf den Arbeitsmarkt für arbeitnehmerische Leistungen beschränkt ist, zeigt sich z. B. daran, dass dieses Marktverhalten auch bei so genannten „Haushalts-Unternehmen" zu beobachten ist. Gängiges Beispiel hierfür ist der landwirtschaftliche Kleinbetrieb. Das Motiv der Produktion zur eigenen Bedürfnisbefriedigung steht dort *neben* dem unternehmerischen Ziel der Gewinnmaximierung. Auch in diesem Sektor lässt sich eine anomale Angebotsreaktion beobachten, da bei steigenden Preisen das Angebot eher vermindert, bei fallenden eher vermehrt wird.[834]

Der Wettbewerb zwischen selbständigen Arbeitskraftanbietern kann unter Umständen sogar intensiver sein als derjenige unter Arbeitnehmern. Zu bedenken ist, dass bei unselbständiger Beschäftigung gegensteuernde Mechanismen ein-

---

834 *Arndt*, Markt und Macht, S. 13.

greifen, die den Wettbewerbsdruck auch ohne gewerkschaftliche Organisation vermindern und die bei selbständiger Beschäftigung gerade fehlen.

Vielen Bestimmungen des Arbeits- und Sozialrechts kommt eine derart „konkurrenzmildernde" Wirkung zu. Zu nennen ist etwa die Gewährung von Leistungen der Arbeitslosenversicherung nach §§ 116 ff. SGB III. Diese kommen nur den nach §§ 24 ff. SGB III versicherungspflichtigen Personen zugute, wozu in erster Linie „Beschäftigte" im Sinne des Sozialversicherungsrechts, also im Regelfall nur Arbeitnehmer zählen, während arbeitnehmerähnliche Personen und sonstige Selbständige grundsätzlich nicht erfasst werden.[835] Insbesondere Arbeitslosengeld und Arbeitslosenhilfe erhöhen das Niveau des „sozialstaatlichen" Existenzminimums bei Arbeitnehmern gegenüber Nichtarbeitnehmern. Die Arbeitskraft von Selbständigen kann also ohne kollektive Organisationen zu einem noch *niedrigeren* Preis angeboten werden, als dies bei Arbeitnehmern der Fall wäre, weil die Schwelle zum Marktaustritt (in Form des Übergangs in die Arbeitslosigkeit) bei sinkenden Preisen erst später erreicht ist, nämlich wenn sie unterhalb des Sozialhilfesatzes liegt.

Daneben mildern viele nur für Arbeitnehmer geltende Vorschriften des Individualarbeitsrechts den Wettbewerbsdruck. So limitieren die im Arbeitszeitgesetz geregelten Höchstarbeitszeiten die mögliche Angebotsmenge und schützen Arbeitnehmer damit vor einer übermäßigen „Selbstausbeutung". Aber auch das Kündigungsschutzrecht beeinflusst den Wettbewerb zwischen den Arbeitnehmern. Bei drohenden betriebsbedingten Entlassungen würde ein (verstärkter) Unterbietungswettbewerb der Arbeitnehmer über den Preis bzw. ein Leistungsverdrängungswettbewerb einsetzen, wäre der Arbeitgeber bei der Kündigung nicht an die Voraussetzungen des § 1 KSchG gebunden.[836] Unter der Geltung des Kündigungsschutzgesetzes können praktisch nur freie Stellen Gegenstand offener Konkurrenz am Arbeitsmarkt sein.[837] Da jenseits des Kernarbeitsrecht kein vergleichbarer Kündigungsschutz für selbständig Beschäftigte existiert, muss hier mit einer entsprechend höheren Wettbewerbsintensität gerechnet werden.

Ferner wird zu berücksichtigen sein, dass viele selbständig Beschäftigten mit zusätzlichen Fixkosten belastet sind, die der Betrieb ihres „Kleinunternehmens" mit sich bringt. Zu denken ist etwa an Franchisegebühren, Kredit- oder Leasingraten. Diese zwingen dazu, notfalls auch durch längere Arbeitszeiten die Einnahmen zu erwirtschaften, die zur Kostendeckung erforderlich sind. Insoweit

---

835 Vgl. allerdings die Ausnahme für die in Heimarbeit Beschäftigten gemäß § 25 Abs. 1 SGB III i. V. m. § 13 SGB III, § 12 Abs. 2 SGB IV, mit der Rückausnahme der Zwischenmeister (§ 27 Abs. 3 Nr. 2 SGB III).

836 *Rieble*, Arbeitsmarkt und Wettbewerb, Rn. 1012 ff.

837 *Kreckel*, Soziale Ungleichheit, S. 187.

kann der Druck, ein bestimmtes Einnahmenniveau zu halten, noch stärker als bei Artbeitnehmern sein.

Gegen die grundsätzliche Vergleichbarkeit der Wettbewerbssituation Selbständiger und Unselbständiger könnte eingewandt werden, dass Selbständige, die einen freien Beruf ausüben (Rechtsanwälte, Steuerberater, Ärzte, Architekten usw.) ebenso einer Orientierung an einer stabilen Einkommenslage unterliegen und daher an sich ebenfalls einer „arbeitnehmerähnlichen" Unterbietungskonkurrenz ausgesetzt sein müssten. Dies ließe sich im Bereich der freien Berufe aber in der Mehrzahl der Fälle empirisch widerlegen. Eine solche Argumentation würde unbeachtet lassen, dass der Wettbewerb über den Preis der angebotenen Dienstleistungen bei freien Berufen typischerweise bereits durch die *gesetzlichen* Gebührenordnungen erheblich eingeschränkt ist.[838] Daneben gehen auch von anderen standesrechtlichen Beschränkungen, z. B. hinsichtlich der Werbung, durch Mehrfachberuf- und Zweigstellenverbote usw., wettbewerbsbeschränkende Effekte aus.[839] Nicht der Charakter der Tätigkeit als selbständige Arbeitsleistung, sondern der gesetzliche Eingriff in den Marktmechanismus führt hier also zum „Abkühlen" des Wettbewerbs.

Einen gewichtigen Nachteil weist das Kriterium der arbeitnehmerähnlichen Wettbewerbssituation allerdings auf: Die tatsächliche Feststellung und Bewertung der Wettbewerbsbedingungen in einem bestimmten Marktsegment ist mit erheblichen Schwierigkeiten verbunden, zumal die Konkurrenzverhältnisse einem ständigen Wandel unterworfen sind. Als Indiz für die Wettbewerbsintensität könnte zwar hilfsweise auf die Höhe der marktüblichen Vergütung zurückgegriffen werden, die mit dem Vergütungsniveau für vergleichbare Arbeitsleistungen von Arbeitnehmern verglichen werden müsste. Ob damit hinsichtlich der Praktikabilität viel gewonnen wäre, erscheint aber fraglich.

Mit dem Ziel, einfacher zu subsumierende Voraussetzungen für die Bestimmung der Koalitionsfähigkeit einer Personengruppe zu gewinnen, soll im Folgenden versucht werden, die tiefer liegenden Ursachen für die arbeitsmarktspezifischen Wettbewerbsbedingungen zu ermitteln.

---

[838] Näher zu den Gebührenordnungen *Michalski*, S. 405 ff; er spricht (a. a. O., S. 409) von einem (fast) vollständigen Ausschluss des Preiswettbewerbs. Vgl. daneben andere staatliche Eingriffe in die Marktpreise für Leistungen typisch „kleiner" Selbständiger, z. B. die Verordnungsermächtigung für Beförderungsentgelte im Taxenverkehr (§ 51 PBefG) sowie die Möglichkeit der Berücksichtigung der „Funktionsfähigkeit" des örtlichen Taxengewerbes bei der Vergabe von Neukonzessionen (§ 13 Abs. 4 PBefG).

[839] Eingehend *Michalski*, Freie Berufe, S. 355 ff.

4. Ursachen für die besonderen Konkurrenzbedingungen am Arbeitsmarkt

a) Begründungsansätze

Zu den Hintergründen des „Arbeitsmarktversagens" – und damit zugleich zur ordnungspolitischen Rechtfertigung der institutionalisierten Tarifautonomie – findet sich in der soziologischen, rechts- und wirtschaftswissenschaftlichen Literatur eine Vielzahl weit gestreuter Begründungsmuster. Einige wichtige Argumentationsansätze sollen nachfolgend zusammenfassend dargestellt werden. Der Einbezug älteren Schrifttums durch Hinweise auf *Brentano*, *Lotmar* und *Sinzheimer* erfolgt dabei exemplarisch und ohne Anspruch auf Vollständigkeit.[840]

Die folgende Untersuchung richtet sich auf solche strukturellen Besonderheiten des Arbeitsmarktes, welche die im vorangegangenen Abschnitt beschriebe besondere Konkurrenzsituation der Arbeitnehmer bedingen bzw. begünstigen. Dabei sind vor allem jene Aspekte im Auge zu behalten, die mit dem arbeitsmarkttypischen Unterbietungswettbewerb der Arbeitskraftanbieter und der inversen Angebotsreaktion im Zusammenhang stehen.

Ziel ist es, aus den Besonderheiten des Arbeitsmarktgeschehens Kriterien zu entwickeln, anhand derer später hinterfragt werden kann, ob diese auf den Arbeitsmarkt der Arbeitnehmer beschränkt sind oder ob Märkte für selbständig erbrachte Dienstleistungen durch ähnliche Besonderheiten geprägt sind.

aa) Asymmetrie der Ressourcenverteilung

Betrachtet man die Akteure am Arbeitsmarkt, so fällt zunächst auf, dass das ökonomische Machtverhältnis zwischen Arbeitsanbietern und -nachfragern durch eine offensichtlich ungleichmäßige Verteilung von Ressourcen i. w. S. geprägt ist.[841] Hervorzuheben sind folgende Faktoren:

- Sach- und Geldkapital (einschließlich Finanzreserven und Zugang zu Kapital- und Kreditmärkten),
- Personal (eigene Mitarbeiter),
- Kenntnisse, Marktinformationen und Fähigkeiten (Know-how) und
- Geschäftsbeziehungen zu Kunden und Lieferanten.

---

840 Vgl. die weiterführenden Nachweise bei *Picker*, ZfA 1986, S. 199, 302 ff.

841 *Dorndorf*, in: Festschrift für Kissel, S. 139, 147, 155; *derselbe* (unter Verweis auf Lotmar), in: Nutzinger (Hrsg.), Entstehung des Arbeitsrechts, S. 231, 239 f.; *Kreckel*, Soziale Ungleichheit, S. 169 f.; *Oppolzer*, ArbuR 1998, S. 45, 50; *Schmid*, in: Schmid/Deutschmann/Grabher, Die neue institutionelle Ökonomie, S. 1, 39.

Diese Ressourcen werden vom Arbeitgeber durch die interne Organisation unternehmerisch kombiniert und gebündelt, sodass ein „kollektiver Akteur“, in den Worten *Kahn-Freunds* eine „Anhäufung materieller und menschlicher Hilfsquellen“[842], entsteht. Gerade dies stellt einen wesentlichen Faktor für die Marktstärke eines Unternehmens als Nachfrager am Arbeitsmarkt dar.[843]

Die für Arbeitnehmer objektiv ungünstigere Ausgangsposition führt zu einer Ungleichheit der Verhandlungschancen. Dabei kommt es nicht entscheidend auf das – im Laufe der Zeit variable – absolute Niveau der Ressourcenausstattung an, sondern vielmehr auf das relative Verhältnis zwischen Angebots- und Nachfrageseite.[844]

Bereits oben wurde darauf hingewiesen, dass ungleich verteilte Ressourcen wegen der „entmachtend“ wirkenden Konkurrenz der Arbeitskraftnachfrager untereinander nicht per se zu einem notorischen Unterbietungswettbewerb der Beschäftigten untereinander führen können.[845] Das geringere Ressourcenpotenzial der Arbeitkraftanbieter ist aber die Grundlage für weitere Faktoren, die die Wettbewerbsbedingungen am Arbeitsmarkt bestimmen und auf die im Folgenden einzugehen sein wird.

bb) Asymmetrie der Markttransparenz

Eine wichtige Besonderheit des Arbeitsmarktes liegt in seiner relativ geringen Transparenz[846], die mit einer Informationsasymmetrie zwischen Angebot und Nachfrage einher geht.[847]

Die Kosten zur Erlangung wichtiger Marktinformationen (wirtschaftlicher Eckdaten der Nachfrager, Konkurrenzbedingungen etc.) wären für Arbeitnehmer geradezu prohibitiv hoch, wenn nicht Gewerkschaften hier als „Informationsagenturen“ auftreten könnten.[848] Die Markttransparenz aus der Sicht des Arbeitgebers ist dagegen schon deshalb regelmäßig höher,[849] weil dieser zumindest ohne weiteres seine eigene Ertragslage einschätzen kann. Von Bedeutung ist in dieser Hinsicht die ökonomische Sonderstellung des Arbeitsmarktes als Fak-

---

842 *Kahn-Freund*, Arbeit und Recht, S. 6.

843 *Kreckel*, Soziale Ungleichheit, S. 168.

844 *Oppolzer*, ArbuR 1998, S. 45, 50 und 51 in Fn. 81.

845 Vgl. oben S. 170 ff.

846 *Addison/Gerlach*, ZgS 139, S. 215, 225; *Bruhn*, Tariffähigkeit, S. 72; *Rüthers*, Arbeitsrecht und politisches System, S. 22 f.; *Wank*, Arbeitnehmer und Selbständige, S. 49; *Willeke*, Stichwort „Arbeitsmarkt“, in: HDSW, Band I, S. 321, 328.

847 Vgl. *Dorndorf*, in: Festschrift für Gnade, S. 39, 54 f.; *Eich*, DB 1973, S. 1699, 1701; *Ichino*, RdA 1998, S. 271, 273; *Kreckel*, Soziale Ungleichheit, S. 170.

848 Vgl. bereits oben S. 188.

849 *Böhm*, WuW 1956, S. 173, 174.

tormarkt, dessen Nachfrage von den Produktionsbedingungen und der Nachfrage auf den Absatzmärkten der Unternehmen abhängig ist.[850]

Eine wichtige Rolle spielt aber auch die organisatorisch-„intellektuelle" Überlegenheit des typischen Arbeitgebers[851], der in der Regel über ungleich größere Ressourcen zur Analyse der Marktlage verfügt als ein Arbeitnehmer. Jener ist als Einzelperson durch seine zeitlichen Reserven beschränkt und auf allgemein zugängliche Informationsquellen angewiesen.

Da dieser Informationsvorsprung der Arbeitgeber Auswirkungen auf die Gewichtung der Verhandlungschancen hat, wird eine Machtasymmetrie auf dem Arbeitsmarkt hierdurch begünstigt. Durch die Bildung von Koalitionen kann dieses Defizit des Arbeitsmarktes ausgeglichen werden.

cc) Quantitatives Verhältnis von Anbietern und Nachfragern, Substituierbarkeit der Anbieter

Auffällig ist ferner das zahlenmäßige Verhältnis von Anbietern und Nachfragern: Am Arbeitsmarkt steht eine Vielzahl (kleiner) Anbieter einer weitaus geringeren Zahl (größerer) Nachfrager gegenüber.[852]

Dieser Umstand hängt wiederum mit der Tatsache zusammen, dass es sich beim Arbeitsmarkt um einen Faktormarkt handelt. Die von der eigenen Produktion der Unternehmen abhängige und damit notwendigerweise flexible Nachfrage nach Arbeitskräften führt dazu, dass eine (oftmals schwankende) Vielzahl einzelner „Zulieferer" von Arbeitsleistungen benötigt wird. Dies prägt das für ein Unternehmen typische Bild eines – auch ohne Mitbestimmung und Gewerkschaften – „kollektiven Tatbestands" bei der Befriedigung der Faktornachfrage.

Schon aus organisatorischen Gründen wird der Beschäftigungsgeber bestrebt sein, für vergleichbare Tätigkeiten möglichst einheitliche Vertragsbedingungen festzulegen. Dies entspricht dem Befund, dass Arbeitsverträge in aller Regel vom Arbeitgeber vorformuliert werden, was zugleich unmittelbarer Ausdruck

---

850 Vgl. *Kittner*, in: derselbe, Arbeitsmarkt, S. 11, 21 f.; *Reuter*, ZfA 1978, S. 1, 34.

851 *Gamillscheg*, Grundrechte, S. 30; dies steht dabei in Zusammenhang mit der Vorformulierung der Vertragsbedingungen: *Becker*, NJW 1973, S. 1913, 1914; *Raiser*, JZ 1958, S. 1, 7; *Säcker*, Gruppenautonomie und Übermachtkontrolle im Arbeitsrecht, S. 88 ff.; *Söllner*, NZA 2000, Sonderbeilage zu Heft 24, S. 33, 34; kritisch *Preis*, Vertragsgestaltung, S. 287 f.; *Wank*, Arbeitnehmer und Selbständige, S. 48; *Wolf*, RdA 1988, S. 270, 272; *Zöllner*, AcP 176 (1976), S. 221, 237.

852 Vgl. *Dorndorf*, in: Festschrift für Kissel, S. 139, 147, 148; *Eich*, DB 1973, S. 1699, 1701; *Gast*, BB 1992, S. 1634, 1638 („multipersonaler Sacherhalt" im Verhältnis Arbeitgeber – Arbeitnehmer); *Kempen*, in: Kittner (Hrsg.), Arbeitsmarkt, S. 129, 143 sowie *derselbe*, NZA 2000, Sonderbeilage zu Heft 3, S. 7, 8 („Konzentration vieler Arbeitsplätze in einer Hand"); *Kreckel*, Soziale Ungleichheit, S. 167 („Asymmetrie der Zahl"); vgl. auch BAG GS v. 21. 4. 1971, BAGE 23, S. 292, 309.

einer geringen Verhandlungsstärke der Arbeitnehmerseite ist.[853] Den empirischen Nachweis, dass wirklich ausgehandelte Verträge auf dem Gebiet des Arbeitsrechts eine „zu vernachlässigende Restgröße“ darstellen, hat eine rechtstatsächliche Untersuchung von *Hanau* und *Preis* aus dem Jahre 1988/89 erbracht.[854]

Die große Zahl der Anbieter auf dem Arbeitsmarkt geht mit ihrer wechselseitigen Substituierbarkeit einher. Aus der Sicht der Nachfrager ist eine bestimmte Arbeitsleistung nur im Ausnahmefall an die Person eines bestimmten Anbieters gebunden. Dies hängt damit zusammen, dass es sich bei den am Arbeitsmarkt angebotenen Dienstleistungen um wenig komplexe, aus der Arbeitsleistung einer einzigen Person bestehende „Vorprodukte“ handelt, die erst durch die „Weiterverarbeitung“ im Unternehmen des Arbeitgebers „veredelt“ und für den Absatzmarkt verwertbar gemacht werden.

Dieses Merkmal kann im Einzelfall allerdings fehlen, wenn es sich bei der erbrachten Leistung um ein „exklusives Produkt“ handelt. Eine solche Situation ergibt sich z. B., wenn der Anbieter über eine besonders herausragende Qualifikation verfügt. Derartige Marktchancen bieten vor allem solche Dienstleistungen, die auf Wissen und Können beruhen[855] und nicht ohne weiteres reproduzierbar sind. Je geringer aber die Qualifikationsanforderungen an die Arbeit sind, desto weniger ist ein Arbeitgeber auf die Einstellung einer bestimmten Person angewiesen und desto eher kann er unter mehreren Bewerbern wählen.[856]

Dies bewirkt insbesondere in Zeiten hoher Arbeitslosigkeit, dass Arbeitgeber um Arbeitskräfte weniger intensiv konkurrieren als Arbeitnehmer um die Arbeitsplätze.[857] Jedenfalls stellt die Austauschbarkeit der angebotenen Leistungen eine Grundvoraussetzung für einen „Unterbietungswettbewerb“ der Arbeitnehmer untereinander dar, dem eine Koalitionsbildung entgegenwirken kann.

dd) Bindung der Arbeitskraft an die Person

Während bisher Eigenschaften der Marktakteure selbst betrachtet wurden, soll nun der Blick auf das am Arbeitsmarkt angebotene „Gut“, die Arbeit an sich,

---

853 Vgl. *Preis/Stoffels*, ZHR 160 (1996), S. 442, 451; *Rieble*, Arbeitsmarkt und Wettbewerb, Rn. 101.

854 Näher *Preis*, Vertragsgestaltung, S. 54 ff.

855 Vgl. *Rieble*, ZfA 1998, S. 327, 338.

856 Vgl. *Franz*, Arbeitsmarktökonomik, 7.2.2 (S. 250); *Kreckel*, Soziale Ungleichheit, S. 197 f.

857 Vgl. auch *Mathys*, Das Verhältnis zwischen Kartellrecht und kollektivem Arbeitsrecht, S. 39 (steigenden Intensität wirtschaftlicher Abhängigkeit mit sinkender Zahl möglicher Abnehmer).

gerichtet werden. Durch dieses wird der Arbeitsmarkt schon begrifflich von anderen Märkten abgrenzt.

Von Relevanz für die Wettbewerbsverhältnisse ist vor allem die besondere Verbindung zwischen der am Arbeitsmarkt angebotenen Leistung und der Person des Anbieters. Hierauf bezieht sich die berühmte *Marx*'sche Metapher, nach der die „Ware" Arbeitskraft in „Behältern aus Fleisch und Blut" gehandelt werde.[858] Damit ist die auch heute noch sinnfälligste Besonderheit des Arbeitsmarktes gegenüber allen anderen (Güter-)Märkten angesprochen, nämlich die enge Bindung der am Markt gehandelten Dienstleistung an den Menschen, der sie erbringt.

Diese Erkenntnis liegt schon der liberalen Gewerkschaftstheorie *Brentanos* zugrunde.[859] *Lotmar* betrachtet die aufgrund eines Arbeitsvertrages erbrachte Leistung als „Äußerung menschlicher Persönlichkeit", die „auf der ethischen Stufenleiter höher" stehe als das für sie gezahlte Entgelt.[860] Auch *Sinzheimer* knüpft an den persönlichen Charakter der Arbeitsleistung an, indem er den Menschen in den Mittelpunkt des Arbeitsrechts stellt.[861] Die Untrennbarkeit der Arbeit von der Person des Arbeitenden wird aber auch in der neueren Literatur als Besonderheit des Arbeitsmarktes anerkannt.[862]

Aus dem personen- bzw. persönlichkeitsbezogenen Charakter der Arbeit erwachsen zwei Argumentationsstränge, die voneinander zu unterscheiden sind. Zum einen hat dieser Umstand wertneutrale wirtschaftliche Konsequenzen für die Verwertung der „Ware" Arbeitskraft am Markt (unten aaa); zum anderen ist er Anknüpfungspunkt für Restriktionen, die sich der Gleichbehandlung mit anderen Waren aus ethisch-humanitären Gründen entgegenstellen (unten bbb).

---

858 *Marx/Engels*, Werke, Band VI, S. 399.

859 Vgl. insbesondere *Brentano*, Arbeitsverhältnis, S. 182 ff.; *derselbe*, Zur Kritik der englischen Gewerkvereine, S. 6 ff.; ihm folgend *Ritscher*, Koalitionen, S. 205.

860 *Lotmar*, Schweizerisches Arbeitsvertragsrecht, S. 43, 45; zur ideengeschichtlichen Einordnung *Dorndorf*, in: Nutzinger (Hrsg.), Entstehung des Arbeitsrechts, S. 231, 233 ff, insbesondere S. 235.

861 Vgl. *Sinzheimer*, Arbeitsrecht und Rechtssoziologie, Band 1, S. 35, 47; S. 78; S. 100; S. 108, 110 f.; S. 364; Band 2, S. 50 ff.

862 Vgl. *Brandes*, ZfA 1986, S. 449, 455; *Eger/Weise,* ArbuR 1998, S. 385, 389; *Kittner*, in: derselbe, Arbeitsmarkt, S. 11, 16; AK-GG-*Kittner/Schiek*, Art. 9 Abs. 3 Rn. 27; *Kreckel*, Soziale Ungleichheit, S. 186; *Rieble*, Arbeitsmarkt und Wettbewerb, Rn. 90; *Richardi*, JA 1986, S. 289, 296 f., 293 f.; *Singer*, Lohnarbeit und Arbeitsmarkt, S. 61 ff.; *Söllner*, NZA 1996, S. 897, 899; *Voß/Pongratz*, KZfSS 1998, S. 131; *Willeke*, Stichwort „Arbeitsmarkt", in: HDSW, Band I, S. 321.

aaa) Ökonomische Aspekte: Mangelnde Flexibilität

Bei der Arbeitskraft handelt es sich prinzipiell um eine „verderbliche Ware",[863] da sie absolut an den Faktor Zeit gebunden ist. Eine einmal versäumte Arbeitsleistung kann nicht ohne Verlust anderweitiger Arbeitsmöglichkeiten oder Intensivierung der Arbeit nachgeholt werden. Anders als die meisten anderen Güter kann die Arbeitskraft auch nicht „gelagert" werden.[864]

Außerdem ist die Elastizität des Arbeitsangebots typischerweise sehr gering. Die Angebotsmenge ist nämlich *physisch* nach oben hin begrenzt durch die höchstmögliche tägliche Arbeitszeit einer Person (24 Stunden abzüglich essenziell notwendiger Erholungszeit). Die Bestimmungen des Arbeitszeitrechts (Grundsatz des 8-Stunden-Tages, § 3 ArbZG) führen bei Arbeitnehmern zu einer darüber hinausgehenden Verminderung des maximalen *rechtlich* zulässigen Arbeitsangebots.[865] Unternehmer auf Gütermärkten können demgegenüber ihre Angebotsmenge durch einen flexiblen Faktoreinsatz weitaus einfacher den Marktverhältnissen anpassen.

Aber nicht nur quantitativ, sondern auch *qualitativ* ist eine Anpassung des Angebots an die Bedürfnisse des Marktes bei der „Ware" Arbeit besonders erschwert: Die Qualität der Arbeitsleistung ist nicht nur von der Ausbildung, sondern auch von den individuellen Fähigkeiten der jeweiligen Person abhängig und kann daher nicht beliebig verbessert werden. Wegen des mit Bildung und Schulung verbundenen Zeitaufwands kann die Art der angebotenen Arbeitsleistung auch nicht ohne weiteres – und vor allem nicht kurzfristig – der sich ständig ändernden Nachfrage angepasst werden.

Dasselbe gilt hinsichtlich des Arbeitsortes: Arbeitnehmer können ihn wegen familiärer Bindungen in der Regel nicht beliebig wählen bzw. wechseln[866], sodass man von einer (relativen) Immobilität des typischen Arbeitnehmers sprechen kann.[867] Als Ausdruck der eingeschränkten lokalen Beweglichkeit führt z. B. *Franz Böhm* die „einseitige Einengung der Freizügigkeit der Arbeitnehmer

---

863 *Briefs*, Stichwort „Gewerkschaften (I)", in: HDSW, Band IV, S. 545, 546; *Schmid*, in: Buttler/Gerlach/Schmiede, Arbeitsmarkt und Beschäftigung, S. 24, 39.

864 *Kunze*, ArbuR 1965, S. 170, 174.

865 Vgl. *Rieble*, Arbeitsmarkt und Wettbewerb, Rn. 91.

866 Vgl. *Carell*, Stichwort „Arbeit", in: HDSW, Band I, S. 229, 233; *Kreckel*, Soziale Ungleichheit, S. 169.

867 Vgl. *Bruhn*, Tariffähigkeit, S. 72; *derselbe*, Tarifeinheit, S. 44; *Fastrich*, Inhaltskontrolle, S. 187; *Rieble*, Arbeitsmarkt und Wettbewerb, Rn. 93; *Wank*, Arbeitnehmer und Selbständige, S. 49; *Willeke*, Stichwort „Arbeitsmarkt", in: HDSW, Band I, S. 321, 327 f., 329. Diese Besonderheit sieht *Reuter* (RdA 1991, S. 193, 195; *derselbe,* ZfA 1990, S. 535, 548) als Rechtfertigungsansatz für eine Kartellierung des Arbeitsmarktes, während er das Erklärungsmuster der Unterbietungskonkurrenz ablehnt.

durch Fahrt- und Umzugskosten“ als Argument zur Rechtfertigung der kartellmäßigen Strukturen des Arbeitsmarktes an.[868]

Schon im Interesse einer gesamtwirtschaftlich effektiven Allokation ist es freilich wünschenswert, derartige Defizite zu minimieren.[869] Wie die Mobilitätshilfen gemäß § 53 f. SGB III zeigen, handelt es sich dabei sogar um ein staatliches Anliegen. Auch wenn sich die Mobilität der Arbeitnehmer unter dem Eindruck der sich wandelnden Arbeitswelt und durch die Hilfe neuer technischer Möglichkeiten in Zukunft allgemein erhöhen dürfte, wird kaum zu bestreiten sein, dass im Vergleich zu anderen Gütern auf den Warenmärkten stets Beschränkungen bestehen bleiben werden, die auf der Eigentümlichkeit der an eine Person gebundenen Arbeitsleistung beruhen.

Kehrseite der eingeschränkten Mobilität sind die für Arbeitnehmer typischerweise *hohen Abwanderungskosten*. Die Beendigung des Arbeitsverhältnisses stellt für den Beschäftigten regelmäßig eine größere wirtschaftliche Belastung dar als für den Arbeitgeber.[870] Beim Arbeitsplatzwechsel gehen zumeist Investitionen in das eigene Humankapital verloren, wenn diese branchen- oder gar unternehmensspezifisch erfolgt sind.[871] Aber auch das Risiko friktioneller Arbeitslosigkeit, die zu vorübergehenden Einkommenseinbußen und womöglich sogar dauerhaften psychosozialen Belastungen und Qualifikationsverlusten führen kann, erhöht die Abwanderungskosten des Arbeitnehmers.[872] Weiterhin spielen Suchkosten für einen neuen Arbeitsplatz und Umzugskosten sowie der Verlust informeller Beziehungen zu ehemaligen Arbeitskollegen, Nachbarn usw. eine Rolle.[873] Ein unausgewogenes Verhältnis der Abwanderungskosten führt dabei zu einer Verschiebung der Verhandlungsmacht zugunsten der Arbeitgeberseite.[874]

---

868 *Böhm*, WuW 1956, S. 173, 174.

869 Vgl. *Ichino*, RdA 1998, S. 271, 275 f.; siehe auch Art. 125 Abs. 1 EGV.

870 *Brandes*, ZfA 1986, S. 449, 457 f.; *Eger/Weise*, ArbuR 1998, S. 385, 386 ff.; vgl. *Lotmar*, Schweizerisches Arbeitsvertragsrecht, S. 43, 53.

871 Vgl. *Boemke/Föhr*, Arbeitsformen der Zukunft, Rn. 23; *Franz*, Arbeitsmarktökonomik, 7.2.2 (S. 250); *Nutzinger*, in: derselbe (Hrsg.), Entstehung des Arbeitsrechts, S. 307, 316 f.; dabei sind Besonderheiten gegenüber einer Sachkapitalinvestition zu beachten sind: vgl. insoweit *Schmid*, in: Buttler/Gerlach/Schmiede, Arbeitsmarkt und Beschäftigung, S. 24, 40.

872 Vgl. *Dorndorf*, in: Festschrift für Gnade, S. 39, 49.

873 Vgl. *Brandes/Weise*, in: Müller-Jentsch (Hrsg.), Konfliktpartnerschaft, S. 11, 26 f.

874 Während für Arbeitsplätze mit geringeren Qualifikationsanforderungen der Wechsel des Vertragspartners für den Arbeitnehmer typischerweise mit höheren Kosten verbunden sein wird als für den Arbeitgeber, kann sich dieses Verhältnis im Einzelfall selbstverständlich auch umkehren, etwa wenn der *Arbeitgeber* durch Ausbildung in das Humankapital des Arbeitnehmers investiert hat.

Im Hinblick auf diese Restriktionen, die der Vermarktung von Arbeitsleistungen Schranken setzen, kann insgesamt von einer *geringeren Flexibilität* der Arbeit als Produktionsfaktor im Verhältnis zum Kapital gesprochen werden.[875] Den Einfluss dieser Tatsache auf das Angebotsverhalten und damit einen bedeutenden Unterschied zwischen Arbeits- und sonstigen Märkten spricht *Brentano* an, wenn er feststellt:

> „Die Arbeiter aber sind vereinzelt weder im Stande, im Falle die Arbeitgeber die von ihnen gewünschten Arbeitsbedingungen verwerfen, ihre Waare vom Markte zurückzuziehen, noch auch überhaupt das Angebot ihrer Arbeit der Nachfrage anzupassen."[876]

Brentano schlägt auch die Brücke zu den Möglichkeiten, diesem Missstand durch die Bildung von Koalitionen gegenzusteuern:

> „Erst die Gewerkvereine [setzen] die Arbeiter bei Abschluss des Arbeitsvertrags in dieselbe Lage [..], in der sich die Verkäufer anderer Waaren beim Verkauf ihrer Waaren befinden."[877]

Zweck der Koalition sei die

> „Beseitigung aller der Nachteile, welche aus den besonderen Eigenschaften der Arbeit als Waare und des Arbeiters als Waarenverkäufer dem Arbeiter erwachsen. [...] Ziel ist die Gleichstellung der Arbeiter mit Verkäufern andrer Waaren."[878]

bbb) Ethische Aspekte

Der eingangs als „moralische" Komponente bezeichnete Aspekt der problematischen Gleichsetzung menschlicher Arbeit mit einem Wirtschaftsgut[879] steht außerhalb einer rein ökonomischen Betrachtung und betrifft daher nicht primär die wirtschaftlichen Parameter des Wettbewerbs.

Die Leistung von Diensten gegen Entgelt ist in unserer Wirtschaftsordnung – anders als noch nach römisch-rechtlicher Vorstellung[880] – keineswegs moralisch

---

[875] Vgl. *Brandes*, ZfA 1986, S. 449, 455; *Dorndorf*, in: Festschrift für Gnade, S. 39, 43 f.; *Kreckel*, Soziale Ungleichheit, S. 186; *Weise/Brandes/Eger/Kraft*, Neue Mikroökonomie, 8.3.3 (S. 291).

[876] *Brentano*, Arbeitsverhältnis, S. 120.

[877] *Brentano*, a. a. O. (Fn. 876); vgl. *Briefs*, Stichwort „Gewerkschaften (I)", in: HDSW, Band IV, S. 545, 546; *Ritscher*, Koalitionen, S. 177 f.

[878] *Brentano*, Zur Kritik der englischen Gewerkvereine, S. 26.

[879] Vgl. *Briefs*, Stichwort „Gewerkschaftstheorie", in: Heyde (Hrsg.), Internationales Handwörterbuch des Gewerkschaftswesens, S. 696.

[880] Vgl. *Rehbinder*, in: Hübner/Rehbinder/Sell/Kunze, Freie Mitarbeiter in den Rundfunkanstalten, S. 17, 27 f.; *Richardi*, in: Festschrift zum 125jährigen Bestehen der Juristischen Gesellschaft zu Berlin, S. 607, 609 f.; *derselbe*, ZfA 1988, S. 221, 223.

anstößig oder unehrenhaft. Lediglich das Substrat der im Übrigen durchaus tausch- und handelbaren Leistung, nämlich die menschliche Arbeitskraft selbst, entzieht sich der Kommerzialisierung, indem an ihr Eigentumsrechte (bereits wegen Art. 1 Abs. 1 GG) nicht begründet werden können.[881]

Die Menschenwürde gebietet es aber auch, dem „Verkauf" der persönlichen Arbeitsleistung insofern Grenzen zu setzen, als Perspektiven der Persönlichkeit des arbeitenden Menschen betroffen sind, die einer vertraglichen Disposition gerade unter dem Eindruck wirtschaftlicher Zwänge entzogen sein müssen. In diesem humanitären Sinne ist wohl auch der Grundsatz (Nr. I a) in der ILO-Erklärung vom 10. 5. 1944 (Erklärung von Philadelphia)[882] zu verstehen, der prägnant lautet: „Labour ist not a commodity" – Arbeit ist keine Ware.[883]

Diese ethischen Aspekte beziehen sich vor allem auf die Folgen der Unterordnung des Arbeitnehmers unter das Direktionsrecht des Arbeitgebers, die den Charakter fremdbestimmter Arbeit ausmacht. Drohende negative Folgen einer solchen Subordination werden in der deutschen Arbeitsverfassung aber vornehmlich nicht durch einen qua Koalitionsfreiheit modifizierten Marktmechanismus, sondern durch zwingendes Arbeitsvertragsrecht und das unternehmensinterne Institut der Betriebsverfassung abgefedert. Grundrechtlich sind diese Aspekte vor allem in Art. 12 GG, nicht aber in Art. 9 Abs. 3 GG verankert.

Für die hier interessierende wirtschaftliche Funktion der Koalitionsfreiheit, deren Gegengewichtsprinzip nicht innerhalb, sondern *außerhalb* des Individualrechtsverhältnisses ansetzt, sind deshalb eher die ökonomischen als die ethischen Aspekte des Warencharakters der Arbeitskraft von Bedeutung.[884]

ee) Existentielle Abhängigkeit

Für die Wettbewerbsbedingungen am Arbeitsmarkt von herausragender Bedeutung ist die soziale Funktion des Arbeitskraftangebots, die in der Schaffung

---

881 Vgl. *Watrin*, in: Scholz (Hrsg.), Wandel der Arbeitswelt als Herausforderung des Rechts, S. 23, 25.

882 http://www.ilo.org/public/english/about/iloconst.htm#annex.

883 Vgl. Art. 6 des Clayton Act von 1914 im US-amerikanischen Antitrust-Recht: „The labour of a human beeing is not a commodity or article of commerce." Vgl. ferner den landesverfassungsrechtlichen Schutz der „menschlichen Arbeitskraft" in Art. 28 des Hessischen, Art. 167 der Bayerischen, Art. 53 der Rheinland-Pfälzischen, Art. 45 der Saarländischen und Art. 24 der Nordrhein-Westfälischen Verfassung sowie die Betonung des „sittlichen" Wertes der Arbeit in Art. 37 der Bremer Verfassung.

884 Selbstverständlich steht das Postulat menschenwürdiger Arbeits- und Lebensbedingungen auch im sozialen Funktionszentrum der Koalitionsfreiheit; unangemessene Arbeitsbedingungen sind aber Folge der *wirtschaftlichen* und nicht der persönlichkeitsbezogenen Besonderheiten der „Ware" Arbeitskraft.

und Erhaltung einer Lebensgrundlage besteht. Zu Recht führen viele Autoren die Verhandlungsschwäche der Arbeitnehmer am Markt auf ihr Angewiesensein auf ein Arbeitseinkommen zur Sicherung ihrer Existenz zurück.[885]

Dem Arbeitnehmer fehlt in der Regel de facto die Handlungsoption, auf einen Vertragsschluss – zumindest für einen längeren Zeitraum – zu verzichten.[886] In zeitlicher Hinsicht ist er in der charakteristischen Lage eines Marktanbieters, der „nicht warten kann“.[887] In den Worten *Adam Smiths*:

> „Für längere Zeit mag zwar der Unternehmer genauso auf den Arbeiter angewiesen sein wie umgekehrt dieser auf ihn, für kurze Zeit ist er es aber nicht.“[888]

Dieses „Neinsagenkönnen“ ist aber Grundbedingung für ein durch tatsächliches Verhandeln geprägtes Marktgeschehen. Die existentielle Abhängigkeit des Arbeitnehmers bewirkt insoweit eine Art „faktischen Kontrahierungszwang“. Sie ist zugleich notwendige Bedingung für das Phänomen der inversen Angebotsreaktion im Wettbewerb der Arbeitnehmer untereinander: Anders als ein Unternehmen, das bei fehlenden Marktchancen den Zielmarkt wechseln oder seinen Betrieb einstellen kann, fehlt dem Arbeitnehmer die Möglichkeit zum Marktausstieg, es sei denn, er ist bereit – und wegen vorhandener staatlicher Ersatzleistungen in der Lage –, sein Humankapital im Zustand der Arbeitslosigkeit brachliegen zu lassen. Auf die Umstände, die den Wechsel auf einen anderen Teilarbeitsmarkt erschweren, wurde bereits unter dem Stichwort der Inflexibilität hingewiesen.[889]

---

885 *V. Arnim*, Volkswirtschaftspolitik, A I 4 a (S. 10); *Böhm*, Kartelle und Koalitionsfreiheit, S. 4; *Bruhn*, Tariffähigkeit, S. 72, 126; *derselbe,* Tarifeinheit, S. 45; *Däubler*, Das Grundrecht auf Mitbestimmung, S. 3 („ökonomischer Kontrahierungszwang“); *Fastrich*, Inhaltskontrolle, S. 187; *Franz*, Arbeitsmarktökonomik, 7.2.2 (S. 250); *Hensche*, RdA 1971, S. 9, 12; *Hessel*, RdA 1952, S. 410, 411; *Ichino*, RdA 1998, S. 271, 274; *Immenga*, Grenzen des kartellrechtlichen Ausnahmebereichs Arbeitsmarkt, S. 9; *Kittner*, in: derselbe, Arbeitsmarkt, S. 11, 44; *Kreckel*, Soziale Ungleichheit, S. 169, 178, 181; *Richardi*, Kollektivgewalt und Individualwille, S. 117; *Ritscher*, Koalitionen, S. 205; *Rüthers*, WuW 1980, S. 392; *Singer*, Lohnarbeit und Arbeitsmarkt, S. 65 ff.; *Voß/Pongratz*, KZfSS 1998, S. 131, 135; *Wachter*, Wesensmerkmale der arbeitnehmerähnlichen Person, S. 75 ff.; *Wank*, Arbeitnehmer und Selbständige, S. 49 f.; *Willeke*, Stichwort „Arbeitsmarkt“, in: HDSW, Band I, S. 321, 322, 326 („struktureller Verkaufszwang“); vgl. bereits *Brentano*, Arbeitsverhältnis, S. 194 ff.; *Lotmar*, Schweizerisches Arbeitsvertragsrecht, S. 43, 49; *Sinzheimer*, Arbeitsrecht und Rechtssoziologie, Band 1, S. 78, 82; S. 286, 287; *Smith*, Der Wohlstand der Nationen, Erstes Buch, Achtes Kapitel (S. 59).

886 *Eich*, DB 1973, S. 1699, 1702; *Junker*, NZA 1997, S. 1305, 1307; *Franz*, Arbeitsmarktökonomik, 7.2.2 (S. 250).

887 *Böhm*, Kartelle und Koalitionsfreiheit, S. 24; *Briefs*, Stichwort „Gewerkschaftstheorie“, in: Heyde (Hrsg.), Internationales Handwörterbuch des Gewerkschaftswesens, S. 695.

888 *Smith*, Der Wohlstand der Nationen, Erstes Buch, Achtes Kapitel (S. 58).

889 Oben S. 201 ff.

Die Rolle der Arbeitnehmerkoalitionen als Ausgleichsmechanismus gegen eine derartige existenziell-wirtschaftliche Abhängigkeit vom Beschäftigungsverhältnis wird vor allem bei *Sinzheimer* deutlich:

> „Die Gewerkschaft gleicht die Machtlosigkeit des einzelnen aus. Sie zerstört nicht das Gesetz von Angebot und Nachfrage auf dem Arbeitsmarkt; aber sie liefert für die sich anbietende Arbeitskraft günstigere Bedingungen, indem sie das Angebot des einzelnen loslöst von seiner Bedürftigkeit, die Arbeit unter allen Umständen anzubieten."[890]

Die existentielle Abhängigkeit, die letztlich auch *Ranckes* Versuch einer Neubestimmung des Arbeitnehmerbegriffs aus Art. 9 Abs. 3 GG zugrunde liegt[891], mündet aber nur unter zwei Prämissen in eine signifikante Verschlechterung der ökonomischen Ausgangsposition gegenüber dem Arbeitgeber: dass der Wettbewerb der Arbeitgeber um die Arbeitskraft nicht zu einer Entspannung dieses „Drucks zum Vertragsschluss" führt (unten aaa) und dass es dem Arbeitnehmer außerdem unmöglich ist, seinen Lebensunterhalt auf andere Weise als auf der Grundlage eines Arbeitsverhältnisses zu bestreiten (unten bbb).

aaa) Eingeschränkte Nachfragekonkurrenz

Sobald für die Anbieter tatsächlich die Möglichkeit besteht, unter mehreren Arbeitskraftnachfragern zu wählen, führt die „entmachtende" Wirkung des Wettbewerbs der Arbeitgeber als Nachfrager dazu, dass der Einzelne nicht auf den Vertragsschluss mit einem *bestimmten* Arbeitgeber angewiesen ist, um seine wirtschaftlich-soziale Existenz zu sichern.

Vollständige Konkurrenzbedingungen herrschen aber auf der Arbeitgeberseite eher selten. Dies entspricht der Feststellung *Franz Böhms*, dass „die Konkurrenz zwischen den Arbeitgebern beschränkt [...] zu sein pflegt."[892] Grund hierfür ist nicht in erster Linie, dass Arbeitgeber Absprachen über die Lohnhöhe treffen,[893] wenngleich solche strukturbedingt einfacher zu realisieren sind als entsprechende Verabredungen der Arbeitnehmer[894]. Stärker dürften die schon erwähnten Mobilitäts- und Flexibilitätsdefizite der Arbeitnehmer ins Gewicht fallen, die zu einer partiellen lokalen Abschottung von Märkten und damit einer Einschränkung der Nachfragekonkurrenz führen.

---

[890] *Sinzheimer*, Arbeitsrecht und Rechtssoziologie, Band 1, S. 375.

[891] Vgl. *Rancke*, Die freien Berufe, S. 128.

[892] Vgl. die Feststellung *Franz Böhms*, dass „die Konkurrenz zwischen den Arbeitgebern beschränkt [...] zu sein pflegt" im Zusammenhang mit der Nichtgeltung des Kartellverbots auf dem Arbeitsmarkt (WuW 1956, S. 173, 174).

[893] Vgl. aber *Smith*, Der Wohlstand der Nationen, Erstes Buch, Achtes Kapitel (S. 58 f.); *Ritscher*, Koalitionen, S. 206.

[894] Vgl. AK-GG-*Kittner/Schiek*, Art. 9 Abs. 3 Rn. 29; *Kreckel*, Soziale Ungleichheit, S. 170; *Lotmar*, Schriften, S. 429, 465.

bbb) Fehlen von Rücklagen und alternativen Erwerbsquellen

Als Grund dafür, dass Arbeitnehmer typischerweise nicht in der Lage sind, ihr Arbeitsangebot aus marktstrategischen Gründen zurückzuhalten, wird häufig ihr Mangel an Kapitalreserven genannt. [895] Der „kürzere Atem" des typischen Arbeitnehmers beruht demnach auf der bereits angesprochenen geringeren Kapitalausstattung, die seine Verhandlungsposition gegenüber dem Arbeitgeber verschlechtert.[896] Die diesen Aspekt des Ungleichgewichts abfedernde Wirkung staatlicher Lohnersatzleistungen wird durch das Bestreben relativiert, den einmal erreichten Lebensstandard zu erhalten, was nur durch eine *ständige* Erwerbstätigkeit möglich ist.

Die Alternative, anstelle eines Arbeitsverhältnisses eine unternehmerische Tätigkeit zur Sicherung der eigenen Existenzgrundlage aufzunehmen, kommt für viele nicht in Betracht.[897] In der Vergangenheit wurde häufig darauf hingewiesen, den Arbeitnehmern fehle das für eine solche Existenzgründung notwendige Kapital. Hierauf bezieht sich z. B. *Brentano*, wenn er eine Eigentümlichkeit des Arbeitsmarktes darin erblickt, „dass er [der Arbeiter] regelmäßig nichts hat, wovon er leben kann, als den Verkauf seiner Arbeit."

Sinzheimer und andere erwähnen in diesem Zusammenhang das Angewiesensein der Arbeitskraftanbieter auf fremde Produktionsmittel,[898] während *Max Weber* bildhaft von Menschen spricht,

> „welche besitzlos, nichts als ihre Arbeitsleistungen in Naturform oder in Form von Produkten eigener Arbeit anbieten können und diese unbedingt losschlagen müssen, um überhaupt ihre Existenz zu fristen."[899]

Vor dem Hintergrund des inzwischen enorm gestiegenen Lebensstandards in allen Bevölkerungsschichten erscheint es allerdings wenig realitätsnah, sich zur Erklärung der heutigen Arbeitsmarktverhältnisse diese Begründungsansätze zu Eigen zu machen.[900]

---

895 Vgl. *Böhm*, Kartelle und Koalitionsfreiheit, S. 24; *Briefs*, Stichwort „Gewerkschaftstheorie", in: Heyde (Hrsg.), Internationales Handwörterbuch des Gewerkschaftswesens, S. 695; *Smith*, Der Wohlstand der Nationen, Erstes Buch, Achtes Kapitel (S. 58).

896 Vgl. auch *Kreckel*, Soziale Ungleichheit, S. 169.

897 AK-GG-*Kittner/Schiek*, Art. 9 Abs. 3 Rn. 29; *Kreckel*, Soziale Ungleichheit, S. 178.

898 *Sinzheimer*, Grundzüge des Arbeitsrechts, S. 25 ff.; *derselbe*, in: Kahn-Freund/Ramm (Hrsg.), Arbeitsrecht und Rechtssoziologie, Band 2, S. 50 („ [...] dingliche Abhängigkeit, weil nicht er, sondern ein anderer über das Arbeitsmittel verfügt, dessen er zur Arbeit und damit zur Fristung seines Lebens bedarf.").

899 *Max Weber*, Wirtschaft und Gesellschaft, Zweiter Teil, Kapitel VIII, § 6 (S. 531 f.).

900 Vgl. aus neuerer Zeit *Gast*, Arbeitsvertrag und Direktion, S. 73 f., 117 („Abhängigkeit von fremden Unternehmertum"); *Ramm*, JuS 1966, S. 223, 229; *Richardi*, Kollektivgewalt und Individualwille, S. 115 („tatsächliche Verfügungsgewalt über die Produktions-

Es kann dahinstehen, ob die Tatsache, dass viele Arbeitnehmer auch heute nicht in der Lage sind, eine eigene unternehmerische Tätigkeit aufzunehmen, auf der „Unvollkommenheit" des Kapitalmarktes beruht.[901] Keine Überzeugungskraft wohnt jedenfalls der Behauptung inne, Arbeitnehmern werde durch die Unternehmen der Zugang zu den Märkten versperrt, indem ihnen die „Übersicht über den Produktionsprozess entzogen" und ihnen „Informationen über Bezugs- und Absatzmöglichkeiten fehlen oder vorenthalten" würden.[902]

Barrieren zwischen arbeitnehmerischer und unternehmerischer Erwerbstätigkeit entstehen allerdings dadurch, dass für eine erfolgreiche Unternehmertätigkeit bestimmte persönliche Voraussetzungen erfüllt sein müssen, die nicht beliebig beeinflussbar sind. Dazu gehört neben der entsprechenden Befähigung auch der Wille, sich selbst den Risiken einer unternehmerischen Tätigkeit auszusetzen. Ebenso wie der Umstand, dass die meisten Erwerbstätigen nach dem Erhalt eines einmal erlangten Lebensstandards streben, ist es eine hinzunehmende gesellschaftliche Tatsache, dass nicht jeder Arbeitssuchende zum Unternehmer werden kann. Diese Idealvorstellung existiert nur in den (realitätsfernen) Modellen, die den Menschen auf die Eigenschaft als unternehmerisch handelnder „homo oeconomicus", als Träger und zugleich professioneller Vermarkter seiner Arbeitskraft, zu reduzieren versuchen.

Kaum bestreitbar dürfte demgegenüber die Tatsache sein, dass nicht jeder Erwerbstätige den Anforderungen gewachsen ist, die in einem marktwirtschaftlichen Wirtschaftssystem mit der Tätigkeit eines wirtschaftlich selbständigen Unternehmers verbunden sind.[903] In besonderem Maße gilt das für die systemprägende „Pionierfunktion" des Unternehmers, der nach *Schumpeter*[904] als Initiator der „schöpferischen Zerstörung" am Markt, als Motor des ständigen und letztlich unberechenbaren Wandels wirkt.

Gerade die Koalitionsfreiheit erlaubt es denjenigen, die sich den Risiken des Marktes nicht vollständig aussetzen wollen oder können, ihre Arbeitskraft in einem marktwirtschaftlichen System nach den Regeln des Wettbewerbs – wenngleich unter modifizierten Bedingungen – anzubieten, ohne dabei gegenüber ihrem Beschäftigungsgeber in letzter Konsequenz „unternehmerisch" handeln zu müssen, d. h. ihr Angebot nach Art, Menge und Preis ständig den

---

mittel und Arbeitsstätten"); *Suckow*, Gewerkschaftliche Mächtigkeit als Determinante korporatistischer Tarifsysteme, S. 149; *Weise/Brandes/Eger/Kraft*, Neue Mikroökonomie, 8.3.1 (S. 279 f.); *Willeke*, Stichwort „Arbeitsmarkt", in: HDSW, Band I, S. 321, 326.

901 So *Dorndorf*, in: Festschrift für Gnade, S. 39, 43 m. w. N.

902 So aber *Weise/Brandes/Eger/Kraft*, Neue Mikroökonomie, 8.3.1 (S. 280).

903 Vgl. *Gast*, Arbeitsvertrag und Direktion, S. 73 f m. w. N.; *derselbe*, BB 1993, S. 63, 67 („Abhängigkeit von fremden Unternehmertum"); *Müller*, Tarifautonomie, S. 49; *Reuter*, RdA 1991, S. 193, 195.

904 *Schumpeter*, Kapitalismus, Sozialismus und Demokratie, S. 214 f.

Marktverhältnissen anzupassen und zum ständigen Wechsel des Vertragspartners bereit zu sein.[905] In diesem Sinne ist die Koalitionsfreiheit Ausdruck einer – letztlich sozialstaatlich motivierten – „Nachsicht" gegenüber Erwerbstätigen, die die Gesetze der Ökonomie *nicht* in ihren Lebensmittelpunkt stellen.[906]

ff) Integration in die Betriebs- und Unternehmenssphäre des Beschäftigungsgebers – Fremdbestimmtheit und Fremdnützigkeit

Verschiedentlich wird auch die „Fremdbestimmtheit" der Arbeit als Besonderheit des Arbeitsmarktes hervorgehoben.[907] Da der Arbeitsmarkt herkömmlicherweise als Markt für in gerade *diesem* Sinne „abhängige" Arbeit definiert wird, erscheint das zunächst auch nahe liegend. Zu hinterfragen ist allerdings, ob diese Besonderheit tatsächlich in einem Sinnzusammenhang zu den arbeitsmarkttypischen Wettbewerbsverhältnissen steht oder nicht.

Mit der Fremdbestimmtheit ist das arbeitsrechtliche Direktionsrecht als Kehrseite der „persönlichen Abhängigkeit" angesprochen, das aus der „Unvollkommenheit" der (konkretisierungsbedürftigen) Leistungsbestimmung im Arbeitsvertrag folgt. Für die hier anzustellende Betrachtung ist dieses Merkmal von besonderer Bedeutung, da die Weisungsabhängigkeit nach dem klassischen Arbeitnehmerbegriff ein echtes Kriterium der Arbeitnehmereigenschaft ist. Darin unterscheidet sich diese Besonderheit des Arbeitsmarktes von allen zuvor genannten Aspekten einer wirtschaftlichen Machtasymmetrie, die *keinen* direkten Zusammenhang mit den Kriterien des Arbeitnehmerbegriffs erkennen lassen. Besonders an diesem Punkt wird sich daher zeigen, ob die funktionale Reichweite der Koalitionsfreiheit über den Arbeitnehmerbegriff hinausgeht oder nicht.

Von einer makroökonomischen Relevanz der Weisungsgebundenheit geht offenbar *Brentano* aus, wenn er es für eine wichtige Eigenschaft der Ware Arbeitskraft hält, dass sich der Arbeitnehmer in ein „Herrschaftsverhältnis" begibt,

> nämlich in „eine Abhängigkeit seiner Person vom Käufer [...], indem der Käufer den Aufenthaltsort der Person des Arbeiters, und dann, indem er über die Art und Weise bestimmt, in der dieser seine Zeit verwendet."[908]

---

[905] Vgl. auch *Zöllner*, NZA 2000, Sonderbeilage zu Heft 3, S. 1, 4.

[906] Die Formen neuer Selbständigkeit, die hier als „selbständige Beschäftigungsverhältnisse" bezeichnet werden, stellen diesbezüglich eine „Übergangsform" zwischen einer im Vergleich zu Arbeitnehmern gesteigerten Marktorientierung einerseits und der nach wie vor beschränkten Fähigkeit, sich gegenüber dem Auftraggeber unternehmerisch-strategisch zu verhalten, andererseits dar.

[907] Siehe z. B. *Brandes*, ZfA 1986, S. 449, 456 ff.; *Richardi*, Kollektivgewalt und Individualwille, S. 115; vgl. auch AK-GG-*Kittner/Schiek*, Art. 9 Abs. 3 Rn. 34.

[908] *Brentano*, Arbeitsverhältnis, S. 185 f.

Es darf aber nicht in Vergessenheit geraten, dass dieser Umstand zunächst nur die Stellung des Arbeitnehmers *nach* Vertragsschluss betrifft, nämlich seine Integration in das hierarchische System des Unternehmens. Er steht in Zusammenhang mit der ethischen Komponente des Warencharakters der Arbeitskraft[909] und beschreibt die Situation des Einzelnen im Betrieb. Die Ursachen für eine gestörte Vertragsparität können aber nur im *Vorfeld* des Vertragsschlusses und nicht in den Vertragsbedingungen selbst liegen, die lediglich Folge der wirtschaftlichen Verhältnisse sein können.[910] Die allenfalls auf den ersten Blick einleuchtende Annahme, die schwache Stellung am Markt beruhe auf der abhängigen Stellung des Arbeitnehmers innerhalb des Unternehmenshierarchie, verwechselt Ursache und Wirkung.

Das Direktionsrecht betrifft zwar den *Inhalt* der Hauptleistungspflicht, nicht jedoch das Verhältnis von Leistung und Gegenleistung, dessen Unangemessenheit gerade die Bildung von Koalitionen der Arbeitnehmer notwendig gemacht hat. Es entspricht daher auch nicht den wirtschaftlichen Verhältnissen, die Koalitionsfreiheit als Gegengewicht zur „Eigentümer- und Unternehmermacht" zu sehen, solange man diese mit der unternehmerischen *Leitungsmacht* gleichsetzt.[911]

Wenn *Rieble* einen ökonomischen Zusammenhang zwischen Direktionsrecht und Machtasymmetrie darin sieht, dass der Arbeitnehmer „keine effektive Chance hat, mit dem Arbeitgeber täglich aufs neue zu verhandeln, welche Arbeitsleistung er konkret erbringen soll"[912], bleibt dabei ein wesentlicher Aspekt außen vor, nämlich die Tatsache, dass die Möglichkeit zum Wiedereintritt in die „Verhandlungsphase" nicht wegen bestehender Weisungsrechte, sondern aufgrund der hohen Alternativkosten der Abwanderung beschränkt ist. Die (rechtliche oder faktische) Intensität der Weisungsgebundenheit kann jeder Arbeitnehmer prinzipiell zum Anlass nehmen, den Arbeitsplatz zu wechseln oder eine Änderungskündigung auszusprechen. Das Maß der Weisungsbindung unterliegt grundsätzlich wie jede andere Vertragsbedingung dem Marktprozess. Wiederum zeigt sich, dass die persönliche Abhängigkeit Folge, nicht aber Ursache der Marktverhältnisse sein kann.

Dorndorf versucht, einen Zusammenhang zwischen (interner) Fremdbestimmtheit und (externem) Arbeitsmarktgeschehen zu konstruieren, indem er in der persönlichen Abhängigkeit des Arbeitnehmers eine Einschränkung der Exklusi-

---

909 Siehe oben S. 203.

910 Vgl. *Fastrich*, Inhaltskontrolle, S. 187; ferner *Gast*, Arbeitsvertrag und Direktion, S. 75.

911 So aber offenbar *Scholz*, Koalitionsfreiheit, S. 11 f.

912 *Rieble*, Arbeitsmarkt und Wettbewerb, Rn. 95.

vität von Eigentumsrechten im ökonomischen Sinne sieht.[913] Diese Exklusivität sei für ein Marktsystem Funktionsvoraussetzung, die auf dem Arbeitsmarkt nur bedingt erfüllt werde. Die im Direktionsrecht zum Ausdruck kommende „Unvollständigkeit des Arbeitsvertrages" führe zu einem Hierarchiesystem, das partiell an die Stelle der Koordination des Leistungsaustauschs durch den Marktmechanismus trete. Der Arbeitgeber werde vor allem aufgrund hoher Beschäftigungsfixkosten, der mangelnden Zurechenbarkeit und Bewertbarkeit der Arbeitsergebnisse sowie der Untrennbarkeit der geschuldeten Leistung von der Person des Arbeitnehmers dazu neigen, Anpassungen eher mit unternehmensinternen und damit hierarchischen Instrumenten durchzuführen, sodass externe Marktmechanismen hier gar nicht zum Zuge kämen.

Dieser ökonomische Sachverhalt erklärt die Nachfrage nach unselbständigen Arbeitsleistungen, steht aber in keinem funktionalen Zusammenhang mit dem Auftreten von Gewerkschaften als Arbeitnehmerkartellen am Arbeitsmarkt. Zur Wahrung der beruflichen Selbstbestimmung der Arbeitnehmer innerhalb eines betriebsinternen Hierarchie- und Kontrollsystems dient in erster Linie die Betriebsverfassung. Sie ist eine verfahrensmäßige Ausgestaltung der das Direktionsrecht beschränkenden Grundnorm des § 315 BGB.[914] Die von *Dorndorf* angesprochenen Elemente eines aus seiner Sicht „funktionalen" Arbeitsmarktversagens finden im Betriebsverfassungsrecht einen Ausgleich, der gerade *nicht* auf einem marktmäßigen (kollektiven) Verhandlungs-, sondern auf einem betriebsinternen (kollektiven) Mitbestimmungssystem beruht.

Es zeigt sich also, dass die Konkretisierungsbedürftigkeit der abhängigen Arbeitsleistung zwar als ökonomisches Unterscheidungsmerkmal zwischen dem „klassischen" (auf abhängige Arbeitsleistungen beschränkten) Arbeitsmarkt und den Gütermärkten angesehen werden kann.[915] Anders als bei den zuvor genannten Charakteristika des Arbeitsmarktes lässt sich hieraus aber kein teleologischer Bezug zur koalitionsmäßigen Kartellbefugnis herleiten. Die Weisungsgebundenheit einer Dienstleistung i. w. S. führt im Verhältnis zu Gütermärkten weder zu einer übersteigerten Unterbietungstendenz im Wettbewerbsverhalten der Anbieter, noch begünstigt sie in sonstiger Weise eine ungleiche Verteilung der Verhandlungschancen am Markt. Sieht man die Koalitionsfreiheit als Instrument zur Schaffung ausgewogener Machtverhältnisse am Arbeitsmarkt, folgt hieraus bereits, dass dieses Kriterium nicht ausschlaggebend für die Bestimmung der Koalitionsfähigkeit eines Beschäftigten sein kann.

---

[913] *Dorndorf*, in: Festschrift für Gnade, S. 39, 45 ff. m. w. N. insbesondere zu arbeitsökonomischer Literatur; ähnlich *Müller-Jentsch*, in: Pornschlegel (Hrsg.), Gewerkschaftstheorien, S. 179, 182.

[914] *Kempen*, ArbRGegW 30 (Dokumentation 1992), S. 97, 109, 117, 118; vgl. *derselbe*, ArbuR 1986, S. 129, 132 ff.

[915] Vgl. etwa *Weise/Brandes/Eger/Kraft*, Neue Mikroökonomie, 8.3.1 (S. 277).

Nichts anderes gilt für die angebliche Besonderheit der „Fremdnützigkeit“ der Arbeitsleistung.[916] Zwischen der „fremdnützigen“ Leistung eines Arbeitnehmers und der „eigennützigen“ Tätigkeit eines Unternehmers zu unterscheiden, erscheint unter ökonomischer Perspektive geradezu willkürlich. Denn sicherlich handeln beide eigennützig und fremdnützig zugleich. Jeder Marktprozess setzt voraus, dass eine wirtschaftende Einheit im eigenen Interesse Güter anbietet, die für andere irgendwie nützlich sind. Der Unterschied zwischen Arbeitnehmern und Unternehmern besteht unter diesem Blickwinkel allein darin, dass Arbeitnehmer als Anbieter am Arbeitsmarkt gegenüber Arbeitgebern, Unternehmer dagegen am Gütermarkt gegenüber Konsumenten auftreten.

Die Begriffe „Fremdnützigkeit“ und „Fremdbestimmtheit“ bezeichnen nur dann für die Konkurrenzverhältnisse am Arbeitsmarkt relevante Besonderheiten, wenn man sie umfassender als bisher verstehen will, indem man sie auf die Integration einer Arbeitsleistung in den Produktionsprozess des Arbeitsnachfragers bezieht, *ohne* dass diese Einbindung gerade über eine Weisungsbindung erfolgen müsste. In diesem Fall wären sie aber nichts anderes als ein Ausdruck für die Eigenschaft des Arbeitsmarktes als Faktormarkt, ohne dass ihnen ein eigenständiger Erklärungswert für das Machtgefälle am Arbeitsmarkt zukäme.

b) Gegenüberstellung mit kartellrechtlichen Wertungen

Betrachtet man die soeben unter a) aa) bis ee) genannten Elemente arbeitsmarkttypischer Machtasymmetrie, lassen sich Parallelen zu kartellrechtlichen Tatbeständen ziehen, die im Folgenden kurz angesprochen werden sollen.

Aufschlussreich ist insbesondere ein Blick auf § 19 Abs. 2 Nr. 2 GWB, der die folgenden Merkmale als Indizien für eine marktbeherrschende Stellung eines Unternehmens im Verhältnis zu seinen Wettbewerbern nennt:

- Marktanteil,
- Finanzkraft,
- Zugang zu Beschaffungs- und Absatzmärkten,
- Verflechtungen mit anderen Unternehmen,
- rechtliche oder tatsächliche Marktzutrittsschranken für andere Unternehmen,
- Intensität des Wettbewerbs und
- „die Fähigkeit, sein Angebot oder seine Nachfrage auf andere Waren oder gewerbliche Leistungen umzustellen, sowie die Möglichkeit der Marktgegenseite, auf andere Unternehmen auszuweichen“.

---

[916] Z. B. *Watrin*, in: Scholz (Hrsg.), Wandel der Arbeitswelt als Herausforderung des Rechts, S. 23, 27.

Diese Merkmale entsprechen spiegelbildlich vielen der zuvor aufgezeigten Besonderheiten, aus denen sich die „Marktschwäche" der Anbieter am Arbeitsmarkt ergibt. So verfügen Arbeitnehmer regelmäßig über eine geringere Finanzkraft und können keinen nennenswerten „Marktanteil" erobern. Einem Arbeitskraftanbieter, dessen Leistungen substituierbar sind, wird es kaum gelingen, Marktzutrittsbarrieren gegenüber Wettbewerbern zu schaffen. In der Regel existiert auf der Angebotsseite eine Vielzahl von Konkurrenten, während das Ausweichen auf konkurrierende Nachfrager durch hohe Abwanderungskosten gehemmt wird. Die Fähigkeit, das Angebot auf andere Leistungen umzustellen, ist wegen der typischen Inflexibilität der Arbeitskraft als Tauschobjekt beschränkt, während die Chancen der Gegenseite, auf andere Arbeitnehmer ausweichen zu können, dagegen regelmäßig gut sind.

Kehrt man die kartellrechtliche Wertung um, deuten auch unter diesem Gesichtspunkt die genannten Besonderheiten des Arbeitsmarktes darauf hin, dass es sich bei Arbeitnehmern um marktschwache Anbieter handelt, die einer entsprechend hohen Wettbewerbsintensität ausgesetzt sind.

Darüber hinaus enthält das Kartellrecht selbst Kriterien für eine schwache Marktposition: Das Fehlen „zumutbarer" Abwanderungsmöglichkeiten wird in § 20 Abs. 2 GWB ausdrücklich als machtminderndes Moment genannt. Nach dieser Vorschrift findet das Verbot von Diskriminierung und unbilliger Behinderung potenzieller Vertragspartner auch jenseits der Voraussetzungen von Abs. 1 Anwendung, wenn von einem Unternehmen oder einer Unternehmensvereinigung „kleine oder mittlere Unternehmen als Anbieter oder Nachfrager einer bestimmten Art von Waren oder gewerblichen Leistung in der Weise abhängig sind, dass ausreichende und zumutbare Möglichkeiten, auf andere Unternehmen auszuweichen, nicht bestehen." § 20 Abs. 2 GWB benennt damit ein – nicht nur für die Gütermärkte relevantes – Merkmal *wirtschaftlicher Abhängigkeit*. Auf dem Arbeitsmarkt entspricht dieser Aspekt den Merkmalen der Inflexibilität (einschließlich der Immobilität) und der existenziellen Abhängigkeit.

Der Einbezug kartellrechtlicher Wertungen bestätigt, dass es keiner arbeitsmarktspezifisch-„ethischen" Argumentation bedarf, um Ausnahmen von den Grundprinzipien uneingeschränkter Vertragsfreiheit und dem Verbot wettbewerbseinschränkender Kooperationsstrategien zu rechtfertigen. Während die ökonomischen Anknüpfungskriterien von Kartellrecht und Koalitionsfreiheit einander weitgehend entsprechen, unterscheiden sich beide Rechtsinstitute deutlich in der Art und Weise, wie sie Asymmetrien paralysieren: Das Kartellrecht versucht, eine Machtkonzentration präventiv zu verhindern[917] und die Handlungsspielräume bereits mächtiger Unternehmen am Markt einzuschrän-

---

917 Insbesondere durch Kartellverbot und Fusionskontrolle, § 1 ff., 35 ff. GWB.

ken[918]. Dic Koalitionsfreiheit verwirklicht indessen das Gegengewichtsprinzip,[919] indem sie gerade eine Kartellbildung der „schwächeren" Marktteilnehmer gestattet oder – treffender formuliert – schlichtweg auf ein diesbezügliches Verbot kollektiven Handelns verzichtet und diese Freistellung vom Verbot in Art. 9 Abs. 3 GG verfassungsrechtlich festschreibt.

c) Zusammenfassung und Bedeutung der Kriterien

Zusammenfassend lassen sich folgende Merkmale hervorheben, die das Wettbewerbsgeschehen am Arbeitsmarkt prägen:

- Die Beschäftigten bieten Arbeitsleistungen am Markt an, die in den Produktionsprozess eines Unternehmens eingebracht werden; ökonomisch geht es also um die Vermarktung *menschlicher Arbeitskraft* in ihrer Eigenschaft als *Produktionsfaktor*;
- die Menge des Arbeitskraftangebots kann vom Einzelnen nicht beliebig erhöht werden, Mobilität und qualitative *Flexibilität* der Anbieter sind beschränkt;
- den Anbietern dient die Tätigkeit als *Erwerbsgrundlage*, sodass über einen kurzen Zeitraum hinaus keine Verminderung der Angebotsmenge unter ein bestimmtes Niveau möglich ist, da die Beschäftigten danach streben, ihren Lebensstandard („soziales Existenzminimum") zu halten;
- es tritt eine Vielzahl von Anbietern auf, die untereinander *substituierbar* sind, weil sie ähnliche Leistungen anbieten;
- das Potenzial wettbewerbsrelevanter *Ressourcen und Marktinformationen* der Nachfrager übersteigt dasjenige der Anbieter, woraus sich strategische Vorteile für den Beschäftigungsgeber ergeben.

Diese Zusammenstellung kann sicherlich nicht sämtliche ökonomischen Besonderheiten des Arbeitsmarktgeschehens erfassen. Auch dürfte bereits bei der Darstellung der einzelnen Aspekte deutlich geworden sein, dass die Merkmale nur recht grob die – überaus komplexe – ökonomische Wirklichkeit abbilden können. Dennoch handelt es sich um typische Umstände, die Arbeitnehmern die „unternehmerische" Vermarktung ihrer Arbeitskraft erschweren. Sie bezeichnen letztlich die Gründe dafür, warum Arbeitnehmer Anbietern auf anderen Gütermärkten eben nicht wirtschaftlich gleichgestellt sind und daher auch wettbewerbsrechtlich nicht gleich behandelt werden können.

---

918 Insbesondere durch § 20 GWB.

919 Vgl. *Leisner*, BB 1978, S. 100.

Zugleich hat sich gezeigt, dass unter den aufgeführten Bedingungen ein koalitionsmäßig-kooperatives Marktverhalten der Arbeitskraftanbieter ein zweckdienliches Instrument darstellt, die durch die Marktverhältnisse bedingte – insoweit „strukturelle" – Ungleichgewichtslage auszugleichen. Das kollektive Auftreten der Arbeitskraftanbieter durch die Bildung gewerkschaftlicher Vereinigungen ist geeignet, ihre ökonomisch-strategischen Nachteile zu minimieren.

Für die Interpretation des Art. 9 Abs. 3 GG unter einer teleologisch-ökonomischen Perspektive bedeutet dies, dass die oben aufgeführten Merkmale als sinntragende Kriterien für die Koalitionsfähigkeit einer Personengruppe herangezogen werden können. Treten diese Besonderheiten auch auf anderen Märkten als dem Arbeitsmarkt der Arbeitnehmer auf, spricht dies dafür, den Geltungsanspruch der Koalitionsfreiheit auch auf diese Märkte zu erstrecken.

5. Vorliegen der Kriterien auch bei Selbständigen?

Während bisher die Verhältnisse auf dem Arbeitsmarkt der Arbeitnehmer betrachtet wurden, soll nunmehr der Blick auf die Situation selbständig Beschäftigter gerichtet werden. Es ist dabei zu prüfen, ob die Vermarktung selbständig erbrachter Arbeitsleistungen durch dieselben (oder ähnlichen) ökonomischen Besonderheiten geprägt ist, die bei Arbeitnehmern zum Phänomen des „Arbeitsmarktversagens" führen.

a) Verhältnis der Kriterien zu den Charakteristika selbständiger Beschäftigung

Oben[920] wurden typische Charakteristika selbständiger Beschäftigungsverhältnisse herausgearbeitet, die sich schlagwortartig folgendermaßen zusammenfassen lassen:

- Rechtliche oder ökonomische Dauerbeziehung zwischen den Vertragspartnern mit kontinuierlichem Leistungsaustausch;
- soziale Bedeutung des Beschäftigungsverhältnisses als Existenzgrundlage für den Auftragnehmer;
- funktionale Gleichwertigkeit mit Arbeitsverhältnissen aus Sicht des Beschäftigungsgebers;
- Koordination der Arbeitsleistungen durch den Auftraggeber unter Verzicht auf die Ausübung von Weisungsrechten;
- sternförmige Bindung mehrerer, austauschbarer Auftragnehmer durch den Auftraggeber;
- vorformulierte Vertragsbedingungen;

---

[920] S. 42 ff.

- geringe Kapitalausstattung der Auftragnehmer;
- Einsatz der persönlichen Arbeitskraft.

Stellt man diese Merkmale den ökonomischen Kriterien der arbeitsmarkttypischen Unterlegenheit gegenüber, werden zahlreiche Übereinstimmungen und Zusammenhänge sichtbar.[921]

So erbringen selbständig Beschäftigte nicht anders als Arbeitnehmer Arbeitsleistungen, die als Produktionsfaktor in den Produktionsprozess des Auftraggebers eingebunden werden. Ob sie dabei als Absatzmittler (z. B. als Handelsvertreter oder Franchisenehmer) auch auf Verbrauchermärkten auftreten, ist dabei irrelevant, da es hier nur um die Funktion des Beschäftigungsverhältnisses mit dem Auftraggeber geht. Der Grad der persönlichen Abhängigkeit spielt für den Charakter der Arbeitsleistung als Produktionsfaktor keine entscheidende Rolle. Arbeitnehmer und selbständig Beschäftigte können sich zwar hinsichtlich der „Fertigungstiefe" der erbrachten Dienstleistung unterscheiden[922], nicht jedoch in der ihnen gemeinsamen ökonomischen Funktion als „Zulieferer" für den Beschäftigungsgeber.

Soweit die Leistung überwiegend in Person – also unter Einsatz der eigenen Arbeitskraft – erbracht wird, unterliegt ein selbständig Beschäftigter denselben Beschränkungen wie ein Arbeitnehmer hinsichtlich der Faktoren Mobilität und Flexibilität.[923] Diese Restriktionen werden auch nicht in jedem Fall durch die Option, eigene Mitarbeiter zu beschäftigen, aufgehoben. Die bloß theoretische Möglichkeit hierzu genügt ohnehin nicht, die Marktmacht des Beschäftigten zu steigern. Für die Vergleichbarkeit mit den Ausgangsbedingungen eines Arbeitnehmers wird es letztlich darauf ankommen, ob der Einsatz eigener Mitarbeiter es dem selbständig Beschäftigten erlaubt, sich von den ökonomischen Restriktionen der Inflexibilität und Immobilität *seiner* Arbeitskraft weitgehend zu lösen. Erfolgt die Einstellung von Mitarbeitern allein zu dem Zweck, den entsprechenden Vorgaben eines Auftraggebers zu entsprechen, fehlt es sicherlich an einer derartigen Flexibilität.

Die Funktion als Erwerbsgrundlage kommt einem Beschäftigungsverhältnis regelmäßig unabhängig davon zu, ob es sich um selbständig oder unselbständig geleistete Arbeit handelt. Hervorzuheben ist, dass es für die Bewertung der Marktverhältnisse nicht allein ins Gewicht gefällt, ob der Beschäftigte an einen *einzigen* Auftraggeber gebunden ist oder nicht. Existiert nur ein Auftraggeber, ist ohne weiteres der Charakter der Tätigkeit als Erwerbsgrundlage indiziert.

---

[921] Vgl. auch AK-GG-*Kittner/Schiek*, Art. 9 Abs. 3 Rn. 32 f.

[922] Vgl. *Voß/Pongratz*, KZfSS 1998, S. 131, 140.

[923] Vgl. auch *Rieble*, Arbeitsmarkt und Wettbewerb, Rn. 88.

Bei mehreren Auftraggebern kommt es auf die konkreten Wettbewerbsverhältnisse an, ob dieser Umstand zu einer signifikanten Steigerung der Marktmacht wegen einer erhöhten Nachfragekonkurrenz führt.[924] Wer sich als selbständig Beschäftigter von der „arbeitnehmertypischen" existentiellen Abhängigkeit lösen will, wird dabei nicht ohne ein gewisses Kapitalpolster auskommen, das ihn in die Lage versetzt, Aufträge abzulehnen, ohne hierdurch seine wirtschaftliche Existenz zu gefährden.

Die Vorformulierung der Vertragsbedingungen für eine Mehrzahl von Beschäftigten, die unter gleichen oder ähnlichen Bedingungen tätig werden, indiziert ihre fehlende Durchsetzungsfähigkeit.[925] Vorformulierte Bedingungen deuten zugleich auf den „kollektiven Tatbestand" eines zentral gesteuerten Dienstleistungszustroms hin, der es dem Auftraggeber ermöglicht, einzelne Auftragnehmer durch konkurrierende Anbieter zu ersetzen.

Insgesamt – so lässt sich vorläufig festhalten – werden bei den meisten Rechtsverhältnissen, die hier als selbständige Beschäftigungsverhältnisse bezeichnet werden, die genannten ökonomischen Voraussetzungen der Koalitionsfähigkeit gegeben sein. Bei graduellen Unterschieden (z. B. in Bezug auf die Kapitalausstattung oder beim Einsatz von eigenen Mitarbeitern als Hilfspersonen) ist in einer Gesamtschau zu prüfen, ob die ökonomischen Bedingungen geeignet sind, zu einer „arbeitnehmerähnlichen" Wettbewerbssituation zu führen, weil die Startchancen der Arbeitskraftanbieter am Markt denjenigen typischer Arbeitnehmer ähneln.

Die Parallelen bezüglich der Marktsituation selbständig und unselbständig Beschäftigter fallen nicht minder ins Gewicht, wenn man die zuvor entwickelten Besonderheiten des Arbeitsmarktes für ungeeignet hält, die Kartellstrukturen auf dem Arbeitsmarkt ordnungspolitisch zu rechtfertigen.[926] Bei aller Vorsicht gegenüber dem Versuch, das in der Realität äußerst komplexe Arbeitsmarktgeschehen ökonomisch zu analysieren, dürfte zumindest deutlich geworden sein, dass die *persönliche* Abhängigkeit kein ökonomisch sinntragender Ansatz für die Erklärung des Arbeitsmarktversagens sein kann. Dies wurde deutlich, als festzuhalten war, dass zwischen der unternehmesinternen Weisungsbindung und der externen Marktmachtasymmetrie keine unmittelbare Kausalbeziehung erkennbar ist.[927]

---

924 Von grundsätzlich größeren wirtschaftlichen Chancen mit steigender Auftraggeberzahl geht auch *Lieb* (RdA 1974, S. 257, 263) aus.

925 Vgl. *Preis/Stoffels*, ZHR 160 (1996), S. 442, 451; *Rieble*, Arbeitsmarkt und Wettbewerb, Rn. 101.

926 Kritisch etwa *Möschel*, ZRP 1988, S. 48, 50; *derselbe*, WuW 1995, S. 704, 708 ff.; *Reuter*, RdA 1981, S. 193 ff.; *Zöllner*, ZfA 1994, S. 423, 432 f.

927 Siehe oben S. 209 ff.

Auch wer die „Kartellierung“ des Arbeitsmarktes schlechthin für eine wirtschaftspolitische Fehlentscheidung des Verfassungsgebers hält, wird eingestehen müssen, dass die tatsächlichen Gegebenheiten, die dieser normativen Entscheidung zugrunde liegen, nicht nur bei Arbeitnehmern im Sinne des Individualarbeitsrechts vorliegen. So sieht *Reuter* ganz richtig, dass

> „entgegen verbreiteter Auffassung der Zwang zur Verwertung der Arbeitskraft zur Sicherung der wirtschaftlichen Existenzgrundlage keine typische Besonderheit des Arbeitnehmerdaseins ist“,

sondern dass dies auch auf die „kleinen Selbständigen“ zutrifft.[928]

In Bezug auf die Gruppe der Heimarbeiter bestätigt eine Untersuchung von *Brandes*, dass sich die ökonomischen Bedingungen, unter denen sie ihre Arbeitskraft vermarkten, praktisch nicht von denjenigen persönlich abhängiger Arbeitnehmer unterscheiden.[929]

Andererseits ist darauf hinzuweisen, dass nicht jede Erwerbstätigkeit von Solo-Selbständigen den genannten Bedingungen unterliegen muss. Bei freiberuflich oder gewerblich tätigen Selbständigen, die auf *Absatzmärkten* auftreten (z. B. Rechtsanwälte mit eigenem Mandantenstamm, praktizierende Ärzte, Handwerker) sind die Kriterien ganz offensichtlich nicht einschlägig. Außerdem erscheint es zukünftig denkbar, dass sich an der Grenze zwischen selbständiger Beschäftigung und „rein“ unternehmerischer Tätigkeit ein Typ von „Arbeitskraftunternehmern“ *(Voß/Pongratz)* herausbildet, der sich in einem individualistischen Wettbewerb behaupten kann, ohne auf eine koalitionsmäßige Gegenmachtbildung angewiesen zu sein. Dafür müssen diese Personen freilich die von *Voß/Pongratz* genannten Eigenschaften besitzen, um eine entsprechende Marktmacht entfalten zu können: Wesentliches Element ist dabei die Fähigkeit zu einer wirklich flexiblen Reaktion auf die Nachfragebedingungen in örtlicher, quantitativer und qualitativer Hinsicht und zur aktiven Vermarktung der eigenen Arbeitskraft.[930] Anders gesagt müssten die Beschäftigten die oben herausgearbeiteten Restriktionen, die einer unternehmerischen Vermarktung der eigenen Arbeitskraft Hindernisse in den Weg stellen, durch eine „individuelle Ökonomisierung“[931] überwinden. Außerdem dürfte ein Verzicht auf ein geregeltes Einkommen ebenso erforderlich sein wie die Akkumulation von Geldmitteln zur Überbrückung von Zeiträumen der „Auftragslosigkeit“ und zur Finanzierung der eigenen Fortbildung. Ob sich ein solcher marktstarker Subtypus selb-

---

928 *Reuter*, RdA 1981, S. 193, 195; vgl. *derselbe*, ZfA 1990, S. 535, 542; ZfA 1995, S. 1, 13; vgl. auch *Dorndorf*, in: Festschrift für Gnade, S. 39, 42; *Möschel*, ZRP 1988, S. 48, 49.

929 *Brandes*, ZfA 1986, S. 449, 459 ff.

930 *Voß/Pongratz*, KZfSS 1998, S. 131, 142 ff.

931 *Voß/Pongratz*, KZfSS 1998, S. 131, 142.

ständiger Beschäftigung flächendeckend und über alle Branchen und Bevölkerungsschichten durchsetzen wird, muss allerdings bezweifelt werden.

b) Verhältnis der Kriterien zum Begriff der arbeitnehmerähnlichen Person

Vergleicht man den hier zugrunde gelegten ökonomischen Kriterienkatalog der Koalitionsfähigkeit mit den Begriffsmerkmalen der arbeitnehmerähnlichen Person im Sinne des § 12a TVG, ist unverkennbar, dass die hier vertretene Auslegung des Art. 9 Abs. 3 GG die Grenzen (auch) dieses Rechtsbegriffs überschreitet.

Es wurde bereits festgestellt, dass § 12a TVG nur einen Teilbereich des Phänomens schutzwürdiger selbständiger Beschäftigung erfassen kann,[932] während der hier entwickelte Katalog wesentlich weiter gefasst ist. So verzichtet er gänzlich auf das (einengende) Merkmal der Arbeitnehmern vergleichbaren „sozialen Typik“, indem er auf die Wettbewerbs- und nicht auf die soziale Situation der Beschäftigten abstellt.

Aber auch die in § 12a TVG normierte Voraussetzung wirtschaftlicher Abhängigkeit ist enger gefasst als die hier aufgestellten Kriterien für die Zuordnung zum Schutzbereich des Art. 9 Abs. 3 GG. Die Abhängigkeit von *einem* (dominierenden) Vertragsverhältnis zu einem Auftraggeber hat sich nicht als notwendige Bedingung für das Bestehen einer arbeitnehmerähnlichen Wettbewerbssituation erwiesen; das Eingehen verschiedener, gleichartiger Beschäftigungsverhältnisse verändert nur graduell, nicht aber qualitativ die Marktsituation im Hinblick auf einen verschärften Wettbewerb der Beschäftigten untereinander.

Restriktiv wirkt auch die Tatbestandsvoraussetzung des § 12a TVG hinsichtlich der persönlichen Leistungserbringung „im Wesentlichen“[933] ohne Mitarbeit von Arbeitnehmern. Die Anzahl der eigenen Mitarbeiter ist zwar auch unter Wettbewerbsgesichtspunkten von Bedeutung, nicht aber in der rigiden Form, wie sie § 12a TVG festlegt. Als Beispiel hierfür mag ein kleiner Frachtunternehmer oder Franchisenehmer dienen, der durchaus einen oder einige wenige Arbeitnehmer beschäftigt, wegen der ökonomischen Vorgaben durch den Auftraggeber aber nicht in der Lage ist, die Menge des eingesetzten Personals wie ein am Absatzmarkt auftretender Unternehmer unter marktstrategischen Gesichtspunkten zu variieren.[934]

---

[932] Oben S. 113 ff.

[933] Diese Formulierung bedeutet, dass lediglich ein insgesamt unbedeutender Einsatz von Hilfskräften die Anwendung des § 12a TVG nicht ausschließt (*Wlotzke*, DB 1974, S. 2252, 2257).

[934] Vgl. auch *Oberthür/Lohr*, NZA 2001, S. 126, 127.

Ohnehin dürfte klar sein, dass die genannten ökonomischen Kriterien bei vielen Handelsvertretern einschlägig sind, obwohl diese gemäß § 12a Abs. 4 TVG vom gesetzlichen Tarifvertragssystem ausgeschlossen sind.

Schließlich ist darauf hinzuweisen, dass die Kriterien auch bei solchen selbständig Beschäftigten zutreffen können, die sich der Rechtsform einer Ein-Personen-GmbH bedienen, um das persönliche Haftungsrisiko zu minimieren. Wenngleich die genannten Voraussetzungen für eine arbeitnehmerähmliche Marktsituation wegen der erforderlichen Aufwendung von Eigenkapital in diesem Fall besonders genau zu prüfen sein werden, spricht nichts dafür, dass die Koalitionsfreiheit bereits ihrem Wesen nach auf natürliche Personen beschränkt wäre (vgl. Art. 19 Abs. 3 GG).[935] Die Rechtsfigur der arbeitnehmerähnlichen Person kann juristische Personen dagegen ebenso wenig erfassen[936] wie der Arbeitnehmerbegriff[937]. Das Kriterium der sozialen Schutzbedürftigkeit ist ausschließlich auf natürliche Personen zugeschnitten.[938]

Hieraus folgt insgesamt, dass die Grenzen der Koalitionsfähigkeit durch die Rechtsfigur der arbeitnehmerähnlichen Person nicht determiniert sind.[939] Umgekehrt dürften die Voraussetzungen des hier entwickelten Kriterienkatalogs bei allen arbeitnehmerähnlichen Personen im Sinne des § 12a TVG regelmäßig erfüllt sein. § 12a TVG erfasst demnach lediglich eine (wenn auch zahlenmäßig große) *Teilmenge* koalitionsfähiger Personen.

V. Historischer Hintergrund, Entstehungsgeschichte und sozio-ökonomischer Wandel

1. Historische Fixierung auf Arbeitnehmergewerkschaften?

Das unter IV. entwickelte Ergebnis einer teleologisch-funktionalen Auslegung führt zu einer extensiven Interpretation der Koalitionsfreiheit. Diese provoziert einen gewissen Widerspruch zur ursprünglichen Vorstellung des Verfassungsgebers, der bei der Regelung der Koalitionsfreiheit die klassischen Arbeitnehmergewerkschaften vor Augen hatte. Dieser historische Blickwinkel führt *Lieb*

---

935 Vgl. auch *Müller*, Tarifautonomie, S. 42.

936 OLG Oldenburg v. 15. 12. 1961, AP Nr. 50 zu § 2 ArbGG 1953; für das Heimarbeitsrecht *Schmidt/Koberski/Tiemann/Wascher*, Heimarbeitsgesetz, § 1 Rn. 30, § 2 Rn. 34.

937 Vgl. *Hanau/Adomeit*, Arbeitsrecht, Rn. 538.

938 *Wachter*, Wesensmerkmale der arbeitnehmerähnlichen Person, S. 93 f.

939 Auch *Otto* (Anmerkung zu BAG v. 2. 10. 1990, AP Nr. 1 zu § 12a TVG, Bl. 8 R) geht davon aus, dass Art. 9 Abs. 3 GG jenseits des § 12a TVG eingreifen kann, sofern „überhaupt noch von abhängiger Arbeit" gesprochen werden könne.

sogar zu der Aussage, an der Beschränkung der Tarifautonomie auf „echte“ Arbeitnehmer könne „kaum ein Zweifel bestehen“.[940]

Neben dem fehlenden historischen Vorbild einer Koalition selbständig Beschäftigter ist unter entstehungsgeschichtlichen Gesichtspunkten zu berücksichtigen, dass der Parlamentarische Rat bei der Formulierung der Koalitionsfreiheit für das Grundgesetz unter dem Eindruck der parallel hierzu stattfindenden Beratungen zu den Entwürfen des vorkonstitutionellen Tarifvertragsgesetzes stand.[941] Diese gingen von einem ebenso klaren (auf Arbeitnehmer beschränkten) persönlichen Anwendungsbereich aus wie die vorausgegangene Tarifvertragsverordnung von 1918[942].

Damit stellt sich die Frage, wie eine die Grenzen des Arbeitnehmerbegriffs überschreitende Interpretation des Art. 9 Abs. 3 GG mit den sozialgeschichtlichen Hintergründen und der in der Entstehungsgeschichte zum Ausdruck kommenden Intention des historischen Gesetzgebers zu vereinbaren ist. Unzweifelhaft kommt der historischen und genetischen Auslegung bei dem relativ jungen Grundrecht der Koalitionsfreiheit eine besonders wichtige Bedeutung zu.[943]

Es wäre allerdings bedenklich, aus diesem Interpretationsansatz eine gerade *einschränkende* Auslegung des Art. 9 Abs. 3 GG zu entwickeln. Gegen eine historisch und entstehungsgeschichtlich begründete Einengung des Schutzbereichs spricht, dass der Anwendungsbereich des Tarifvertragsrechts als Kernelement der Koalitionsfreiheit keineswegs „selbstverständlich“ stets auf Arbeitnehmer beschränkt sein sollte.

Gegen eine solche Eingrenzung spricht sich bereits *Lotmar* im Jahre 1900 aus:

> „Endlich lehrt die Erfahrung, daß ein zum Abschluß kommender Tarifvertrag nicht bloß unmittelbar, nämlich auf die Teilnehmer und die nächste Zukunft wirkt, sondern daß er auch das Prinzip solcher kollektiver Vertragschließung kräftigt, indem er einen Präcedenzfall, ein Vorbild schafft und die Leistungsfähigkeit dieses Verfahrens demonstriert: hierdurch vermag er weit über sich selbst hinauswirken und der Ausbildung des Tarifvertrags als einer Institution Vorschub leisten.“[944]

Konkreter formuliert er in seinem 1902 erschienenen grundlegenden Werk zum „Arbeitsvertrag“:

---

940 *Lieb*, RdA 1974, S. 257, 267.

941 Vgl. *Kempen*, RdA 1994, S. 140, 144; *Kempen/Zachert*, Tarifvertragsgesetz, Grundlagen Rn. 45 f.; zu den einzelnen Entwürfen Wiedemann-*Oetker*, Tarifvertragsgesetz, Geschichte Rn. 20 ff.

942 Siehe § 1 der Verordnung v. 23. 12. 1918 (RGBl. I, S. 1456), der von „Arbeitsverträgen“ und „Arbeitnehmern“ spricht.

943 Vgl. die Nachweise oben S. 160 in Fn. 661.

944 *Lotmar*, Schriften, S. 429, 434 f.

„Dieses Verfahren bietet von seiten des Rechts nichts, wodurch es auf den Arbeitsvertrag beschränkt bleiben müsste. Vielmehr scheinen nur gewisse faktische Umstände seine Anwendung zu begünstigen oder auszuschließen. Wo nämlich unter den Kontrahenten eine beträchtliche Stärkeverschiedenheit besteht, wegen welcher der schwächere das Bündnis mit seinesgleichen wünscht, um so einige geringste Bewilligungen vom Gegenkontrahenten zu erlangen und die Unterbietung durch nachgiebige Genossen fernzuhalten; wo die Kontrakte zugleich solche sind, an welche für die schwächere Partei die Existenz geknüpft ist, weil sie ihr die einzige Einkommensquelle bieten; und wo endlich vermöge der Ähnlichkeit ökonomischer Lage auch ohne die kollektive und daher gleichmäßige Festsetzung der Vertragsbedingungen eine gewisse Gleichmäßigkeit derselben Platz greifen würde: unter diesen Voraussetzungen ist die kollektive Vertragsschließung oder der Tarifvertrag bisher allein zu finden gewesen.“[945]

Bewerkenswert an dieser Äußerung ist zum einen die darin zum Ausdruck kommende Offenheit der Idee eines kollektiven Vertragsverfahrens und zum anderen die Tatsache, dass *Lotmar* Kriterien für die Durchsetzung der Tarifvertragsidee nennt, die den zuvor entwickelten Kriterien der Koalitionsfähigkeit für selbständig Beschäftigte sehr nahe stehen.[946]

Auch *Sinzheimer* hatte im Jahre 1907 eine durchaus weiter greifende Vorstellung vom Anwendungsbereich der „Arbeitsnormenverträge“:

„[...] Hierbei kann er [scil. der Arbeitsnormenvertag] alle Arten von Arbeit und alle Formen des Arbeitsverkehrs (Dienst- und Werkvertrag, Heimarbeit, Akkord- und Zeitlohn) regeln.“[947]

Seine Idee vom Modell sozialer Selbstbestimmung setzt sich sogar gänzlich über die Grenzen des Arbeitsrechts hinweg:

„[...] Deswegen habe ich in dem Tarifvertrag niemals nur eine Erscheinung des Arbeitsrechts, sondern vielmehr das Aufleuchten eines großen allgemeinen Rechtsgedankens gesehen.“[948]

Sinzheimers extensives Verständnis von der Anwendbarkeit des Tarifvertragsmodells schlug sich später auch in konkreten Gesetzesentwürfen aus der Weimarer Zeit nieder, die in seinem Nachlass aufgefunden wurden. Im Rahmen der Diskussion um ein Arbeitstarifgesetz, das die als Provisorium gedachte Tarifvertragsverordnung von 1918 ablösen sollte, sprach er sich für einen umfassenderen Anwendungsbereich des Gesetzes aus. § 1 des ersten Vorentwurfes enthielt die folgende Regelung:

---

945 *Lotmar*, Arbeitsvertrag, Erster Band, S. 756 f.

946 Vgl. *Lotmar*, Schriften, S. 429, 466: „Sehr wohl könnten allerdings auch Unternehmer im ökonomischen Sinne, die ihrerseits Arbeitnehmer sind, wie die Spediteure gegenüber Kaufleuten, die Stauer gegenüber Rhedern, Tarifverträge abschließen.“

947 *Sinzheimer*, Arbeitsnormenvertrag, S. 108.

948 *Sinzheimer*, Arbeitsrecht und Rechtssoziologie, Band 1, S. 255, 263.

> „Arbeitnehmer sind mit Ausnahme der Beamten die im Dienst anderer gegen Entgelt oder als Lehrlinge beschäftigten Personen. Den Arbeitnehmern werden solche Personen gleichgeachtet, die von bestimmten Arbeitgebern gegen Entgelt beschäftigt werden, ohne in deren Dienst zu stehen. (...)“[949]

Konkretisiert wurde die „Beschäftigung“ jenseits der Arbeitnehmereigenschaft in *Sinzheimers* zweitem Vorentwurf durch den Begriff des „freien Berufs“. § 3 lautete dort:

> „Arbeitnehmer sind im Dienste anderer gegen Entgelt oder als Lehrlinge beschäftigte Personen. Ihnen stehen gleich die Hausgewerbetreibenden nach § 119b der Gewerbeordnung für das Deutsche Reich und die Angehörigen freier Berufe, die gegen Entgelt ständig mit Arbeiten für andere betraut sind, ohne in deren Dienst zu stehen.“[950]

Diese Formulierung war die Grundlage für den offiziellen Entwurf eines Arbeitstarifgesetzes, der 1921 vom Arbeitsausschuss für ein einheitliches Arbeitsrecht vorgeschlagen wurde. Dessen § 3 lautete:

> „Arbeitnehmer sind im Dienste anderer gegen Entgelt oder als Lehrlinge beschäftigte Personen. Ihnen stehen Hausgewerbetreibende nach § 119b der Gewerbeordnung für das Deutsche Reich und andere Erwerbstätige in ähnlicher Stellung gleich, insbesondere Angehörige freier Berufe, deren Arbeit von anderen zu geschäftlichen oder gemeinnützigen Zwecken verwertet wird, ohne dass sie in ihrem Dienste stehen.“[951]

Die Vorschläge *Sinzheimers* wurden nie Gesetz und auch von späteren Entwürfen nicht mehr aufgegriffen. Der Referentenentwurf von Mai 1931[952] enthielt (neben dem Einbezug der Heimarbeiter) in § 3 Abs. 3 S. 2 lediglich die Ermächtigung des Reichsarbeitsministers, die Ausdehnung der Vorschriften auf arbeitnehmerähnliche Personen zu verfügen.

Dennoch waren *Lotmar* und *Sinzheimer* nicht die einzigen, die das Tarifvertragssystem nicht auf Arbeitnehmer beschränken wollten. So liegt etwa auch der Gewerkschaftstheorie *Briefs* aus der Weimarer Zeit die Erkenntnis zugrunde, dass – unter Einschluss der freien Berufe –

> „alle gesellschaftlichen Gruppen, die unter befristetem Arbeitsvertrag[953] stehen und deren Lebensschicksal einen dem lohnarbeiterlichen analogen Rhythmus hat,

---

[949] Abgedruckt in: Arbeitsrecht und Rechtssoziologie, Band 1, S. 441.

[950] A. a. O. (Fn. 949), S. 451.

[951] A. a. O. (Fn. 949), S. 182 f.

[952] Abgedruckt bei Wiedermann-*Oetker*, Tarifvertragsgesetz, Geschichte Rn. 14.

[953] Die Bezeichnung „befristeter Arbeitsvertrag“ ist dabei offensichtlich untechnisch zu verstehen.

ähnlich „prekär" ist wie dieses, [...] die Gewerkschaftsform als Schutzform [entwickeln können]."[954]

Jedenfalls dürften die hier exemplarisch herangezogenen Äußerungen belegen, dass sich der Gedanke der heute im Grundgesetz verankerte Tarifautonomie nicht von vornherein allein auf Arbeitnehmer im klassischen Sinne bezog.

2. Die Rolle sozio-ökonomischer Wandlungsprozesse für die Interpretation des Art. 9 Abs. 3 GG

Einem Anknüpfen an die bisherige Praxis, in der nur Arbeitnehmergewerkschaften und Arbeitgeberverbände als kollektive Akteure auftreten, steht ein weiterer Umstand entgegen, der für die Auslegung des Art. 9 Abs. 3 GG von Bedeutung ist: Jede entstehungsgeschichtliche und historische Interpretation der Koalitionsfreiheit muss ihre Grenzen in der zwingenden Berücksichtigung sozio-ökonomischer Veränderungen der Arbeitswelt finden, auf die sich das Grundrecht bezieht. *Gamillscheg* drückt das prägnant folgendermaßen aus:

> „Haben sich die Verhältnisse geändert, ist auch die Ordnung dieser Verhältnisse eine andere, sie kann nicht im Zustand von 1948 oder wann immer versteinern, die Vergangenheit darf der Bewältigung neuer Probleme nicht im Wege stehen."[955]

Ähnlich formuliert das Bundesarbeitsgericht:

> „Eine Rückbesinnung auf das historisch-traditionelle Moment des Arbeitnehmerschutzes darf nicht dazu führen, die Bewältigung neuer sozialer Probleme mit Hilfe des Tarifvertragsrechts zu versperren."[956]

Heute wie zu *Sinzheimers* Zeiten gilt, dass sich das Arbeitsrecht aufgrund der Eigenarten der zu regelnden Materie „immer neu an der Entwicklung des sozialen Lebens orientieren muss"[957]. „Das praktische Arbeitsleben zwingt zur Verwischung begrifflicher Grenzen der juristischen Ordnungswelt."[958]

Während das gesetzliche Arbeitsrecht auf die Anpassungsbereitschaft des Gesetzgebers (bzw. die richterliche Rechtsfortbildung) angewiesen ist, ist die Koalitionsfreiheit *per se* als zeit- und zukunftsoffene Gewährleistung ausgestal-

---

[954] *Briefs*, Stichwort „Gewerkschaftstheorie", in: Heyde (Hrsg.), Internationales Handwörterbuch des Gewerkschaftswesens, S. 696 f.

[955] *Gamillscheg*, Kollektives Arbeitsrecht, Band I, § 3, 5 d (S. 151); ähnlich *Kempen/Zachert*, Tarifvertragsgesetz, Grundlagen Rn. 112.

[956] BAG v. 3. 4. 1990, AP Nr. 56 zu Art. 9 GG, Bl. 3 R.

[957] *Sinzheimer*, Arbeitsrecht und Rechtssoziologie, Band 1, S. 255, 256: vgl. *Ballerstedt*, RdA 1976, S. 5, 6.

[958] So *Riepenhausen*, RdA 1978, S. 17, 19 in Bezug auf die Erfassung werkvertraglicher Rechtsverhältnisse durch § 12a TVG.

tet.[959] Diese Offenheit kommt schon in dem weiten und zugleich elastischen Begriff der „Arbeits- und Wirtschaftsbedingungen" zum Ausdruck.[960]

Weiss und *Weyand* folgern aus dieser weit gefassten Formulierung, dass

> „die Koalitionsbetätigung variabel im Sinne einer dynamisch-reagiblen Kompetenzabgrenzung ausgestaltet werden sollte, um den Koalitionen einen an den Bedürfnissen der jeweiligen Situation ausgerichtete Arbeits- und Sozialpolitik zu erlauben".[961]

Ein Grundrecht wie Art. 9 Abs. 3 GG, das keine isolierte Gewährleistung eines klar definierten individuellen Freiheitsraums enthält, sondern ein wirtschaftlich-gesellschaftliches Konzept verwirklichen will, muss flexibel genug sein, sich der jeweiligen ökonomisch-sozialen Wirklichkeit anzupassen.[962]

Das Bundesverfassungsgericht trägt dem Rechnung, indem es in ständiger Rechtsprechung dem Gesetzgeber einen weiten Spielraum bei der Ausgestaltung der Koalitionsfreiheit zuerkennt.[963] Dieser soll es z. B. erlauben, die Voraussetzungen der Tariffähigkeit der „jeweiligen gesellschaftlichen Wirklichkeit so anzupassen, dass die Koalitionen ihre Aufgabe erfüllen können".[964] Im Vordergrund der verfassungsrechtlichen Vorgaben steht also eine *Aufgabe*, während die nähere Ausgestaltung der rechtlichen Handlungsmöglichkeiten sich den jeweiligen Bedingungen anpassen muss.

Diesen Prozess bezeichnet das Gericht als „sachgemäße [...] Fortbildung des Tarifvertragssystems"[965]. Der Gegenstand der Gewährleistung sei

> „auf sich wandelnde wirtschaftliche und soziale Bindungen bezogen [...], die mehr als bei anderen Freiheitsrechten die Möglichkeit zu Modifikationen und Fortentwicklungen lassen müssen."[966]

---

[959] Vgl. HdbVerfR-*Farthmann/Coen*, § 19 Rn. 19, 29; HdbStaatsR-*Scholz,* Band VI, § 151 Rn. 15 f.; *derselbe*, in: Tarifautonomie und Kartellrecht, FIW Schriftenreihe, Heft 136, S. 1, 3; *derselbe*, in: Festschrift für Rittner, S. 629, 634 f.

[960] Vgl. v. Münch-*Löwer*, Grundgesetz, Art. 9 Rn. 70; Sachs-*Höfling*, Grundgesetz, Art. 9 Rn. 55.

[961] *Weiss/Weyand*, BB 1990, S. 2109, 2111.

[962] Vgl. auch *Kempen/Zachert*, Tarifvertragsgesetz, § 1 Rn. 363 („dynamischer Charakter der Tarifautonomie"); *Nogler,* ArbuR 1996, S. 206, 210; *Rancke*, Die freien Berufe, S. 132 ff.; *Säcker*, ArbRGegW 12 (Dokumentation 1974), S. 17, 36 f.; HdbStaatsR-*Scholz*, Band VI, § 151 Rn. 16; *derelbe*, Koalitionsfreiheit, S. 120, 147 f.; vgl. zur Rechtsfortbildung durch gewandelte „Verkehrsanschauung" *Wank*, Arbeitnehmer und Selbständige, S. 170 ff.

[963] BVerfG v. 19. 10. 1966, BVerfGE 20, S. 312, 317; v. 20.10.1981, BVerfGE 58, S. 233, 248.

[964] BVerfG v. 20. 10. 1981, BVerfGE 58, S. 233, 248.

[965] BVerfG v. 20. 10. 1981, BVerfGE 58, S. 233, 248.

Gerade bei der Frage nach der verfassungsrechtlichen Garantie des Arbeitskampfes misst das Bundesverfassungsgericht den jeweils bestehenden wirtschaftlichen Verhältnissen maßgebliche Bedeutung zu.[967] Dies ist auch folgerichtig. Da es Aufgabe der Koalitionsfreiheit ist, faktische Unausgewogenheiten durch die Befugnis zur Kartellbildung auszugleichen, können die rechtlichen Grenzen dieses Kompensationsinstruments nur anhand der *tatsächlichen* Verhältnisse bestimmt werden.

Wenn sich aber Inhalt und Umfang des durch Art. 9 Abs. 3 GG zuerkannten Ausgleichs nach den tatsächlichen Verhältnissen richten, müssen die wirtschaftlichen Gegebenheiten ebenso bei der Frage eine Rolle spielen, welchen gesellschaftlichen Gruppen überhaupt ein solcher Ausgleich zusteht.[968] Inhaltliche und personelle Fragen gehen bei der zunehmenden Beschäftigung von Selbständigen ineinander über. Neue Typen von Vertragsverhältnissen, die sich in ein kollektives Regelungssystem integrieren lassen, stellen für die Tarifautonomie als Rechtsinstitut ebenso neue Aufgaben dar wie neue *inhaltliche* Regelungsbedürfnisse, die regelmäßig im Zuge technischer, wirtschaftlicher oder sozialer Entwicklungen auf den Plan treten. Nur durch ein solchermaßen offenes Verständnis hat das in der Idee der Tarifautonomie angelegte kollektive Regelungsmodell eine Chance, sich auch in der Arbeitswelt von morgen zu behaupten.

Das Grundrecht der Koalitionsfreiheit muss also gerade auch im Hinblick auf seinen persönlichen Schutzbereich auf gesellschaftliche Veränderungsprozesse reagieren.[969] Dabei kann es freilich nicht um eine kurzfristige Anpassung an die jeweilige konjunkturelle Lage gehen; eine „konjunkturabhängige Auslegung" kann dem Kontinuitätsanspruch der Verfassung nicht gerecht werden.[970] Nachhaltige Veränderungen der ökonomischen Rahmenbedingungen des Arbeitslebens – und um eine solche handelt es sich bei der wachsenden Bedeutung selbständiger Erwerbstätigkeit in wirtschaftlicher Abhängigkeit – sind dagegen durchaus geeignet, Anpassungsbedarf hervorzurufen.

Auch die der Koalitionsfreiheit innewohnende gesellschaftsstrukturierende Funktionskomponente drängt auf eine Reaktion auf veränderte sozio-ökonomi-

---

966 BVerfG v. 1. 3. 1979, BVerfGE 50, S. 290, 368; vgl. BVerfG v. 20. 10. 1981, BVerfGE 58, S. 233, 247.

967 BVerfG v. 26. 6. 1991, BVerfGE 84, S. 212, 231.

968 Vgl. auch das Argument der „Verkehrsanschauung" in der Rechtsprechung zum Anwendungsbereich des Heimarbeitsrechts (Begriff der „gewerblichen Arbeiten) vor 1974: BAG v. 10. 7. 1963, AP Nr. 3 zu § 2 HAG; BSG v. 20. 10. 1971, AP Nr. 7 zu § 2 HAG, Bl. 2 R; kritisch *Wank*, Arbeitnehmer und Selbständige, S. 172 f.

969 Vgl. Wiedemann-*Wank*, Tarifvertragsgesetz, § 12a Rn. 24: „Bedeutungswandel" im Hinblick auf eine „vergleichbare soziale Situation".

970 Vgl. Wiedemann-*Wiedemann*, Tarifvertragsgesetz, Einleitung, Rn. 5.

sche Bedingungen: Spätestens dann, wenn selbständige Beschäftigungsverhältnisse in Zukunft tatsächlich die große Bedeutung erlangt haben werden, die ihnen heute vorausgesagt wird, werden sie Bestandteil dessen sein, was das Bundesverfassungsgericht als „Arbeitsleben" bezeichnet, dessen „sinnvolle Ordnung" die im Kern der Koalitionsfreiheit verankerte Tarifautonomie anstrebt.

3. Zwischenergebnis

Im Ergebnis zeigt sich, dass ein koalitionsmäßiger Zusammenschluss Selbständiger durchaus „auf der Entwicklungslinie der klassischen Koalitionen" liegen kann.[971] Eine Auslegung des Art. 9 Abs. 3 GG, welche die Grenzen der arbeitsrechtlichen Begriffe „Arbeitnehmer" und „arbeitnehmerähnliche Personen" überschreitet, erweist sich damit nicht als ahistorische Verrenkung, sondern stellt eine konsequente, den sich wandelnden gesellschaftlichen Bedingungen angepasste Fortschreibung der dem Grundrecht innewohnenden Konzeption dar.

An den zuvor unter einer ökonomisch-funktionalen Perspektive entwickelten Kriterien zur Bestimmung des persönlichen Schutzbereichs der Koalitionsfreiheit ist daher festzuhalten.

VI. Ergebnis zur Koalitionsfähigkeit Selbständiger

Beschäftigungsbedingungen selbständig Erwerbstätiger können durchaus „Arbeitsbedingungen" im Sinne des Art. 9 Abs. 3 GG sein. Eine ökonomisch-funktionale Interpretation der Koalitionsfreiheit führt dabei zu einem Programm zur Prüfung der Koalitionsfähigkeit selbständig Beschäftigter, das auf drei miteinander korrespondierenden Ebenen ansetzen kann:

(1.) bei der Frage nach der *strukturellen Unterlegenheit* des Auftragnehmers im Rahmen eines Beschäftigungsverhältnisses, wodurch der Individualvertrag zum ungeeigneten Instrument eines angemessenen Interessenausgleichs wird;

(2.) bei der Feststellung, ob am Markt *arbeitnehmerähnliche Konkurrenzverhältnisse* herrschen, die durch eine Neigung der Anbieter zum Unterbietungswettbewerb geprägt sind, der durch Kartellbildung unterbunden werden kann, sowie

(3.) an der Prüfung der Bedingungen, unter denen die Vermarktung der jeweiligen Arbeitsleistung stattfindet. Eine *arbeitnehmerähnliche Vermarktungs-*

---

[971] Ebenso *Zeuner*, RdA 1975, S. 84, 87 in Bezug auf mögliche Berufsverbände, deren Mitglieder nicht vom Arbeitnehmerbegriff erfasst werden.

situation ist dabei anzunehmen, wenn folgende Merkmale kumulativ erfüllt sind:

(a) Die Beschäftigten bieten Arbeitsleistungen am Markt an, die in den Produktionsprozess eines Unternehmens eingebracht werden; ökonomisch geht es also um die Vermarktung *menschlicher Arbeitskraft* in ihrer Eigenschaft als *Produktionsfaktor*;

(b) die Menge des Arbeitskraftangebots kann vom Einzelnen nicht beliebig erhöht werden, Mobilität und qualitative *Flexibilität* der Anbieter sind beschränkt;

(c) den Anbietern dient die Tätigkeit als *Erwerbsgrundlage*, sodass über einen kurzen Zeitraum hinaus keine Verminderung der Angebotsmenge unter ein bestimmtes Niveau möglich ist, da die Beschäftigten danach streben, ihren Lebensstandard („soziales Existenzminimum") zu halten;

(d) es tritt eine Vielzahl von Anbietern auf, die untereinander *substituierbar* sind, weil sie ähnliche Leistungen anbieten und

(e) das Potenzial wettbewerbsrelevanter *Ressourcen und Marktinformationen* der Nachfrager übersteigt dasjenige der Anbieter, woraus sich strategische Vorteile für den Beschäftigungsgeber ergeben.

Da die Voraussetzungen der dritten Ebene am konkretesten sind, bietet es sich an, mit der Prüfung der Koalitionsfreiheit einer Personengruppe hier zu beginnen. Liegen die Merkmale (a) bis (e) vor, ist Art. 9 Abs. 3 GG zunächst als einschlägig anzusehen. Es ist nämlich davon auszugehen, dass es dann ohne Koalitionen oder gesetzliche Eingriffe in das Marktgeschehen zu einer Unterbietungskonkurrenz der Arbeitskraftanbieter kommt und diese wiederum eine strukturelle Unterlegenheit der einzelnen Beschäftigten gegenüber ihren Vertragspartnern bewirkt.

Diese Vermutung kann aber durch den Nachweis widerlegt werden, dass sich die konkreten Verhältnisse des untersuchten Marktsegments anders darstellen als oben geschildert. Sollte sich zeigen, dass die ökonomische Situation der Beschäftigten – trotz Vorliegen der einzelnen Merkmale – nicht durch eine arbeitnehmerähnliche Wettbewerbsintensität und strukturelle Unterlegenheit geprägt ist, wäre ihre Koalitionsfähigkeit zu verneinen.

Wenn nicht alle Voraussetzungen der dritten Prüfungsebene erfüllt sind oder dies nicht zweifelsfrei feststellbar ist, müssen die anderen beiden Ebenen (Konkurrenzverhältnisse und Vertragsparität) ergänzend herangezogen werden, um zu beurteilen, ob die Marktverhältnisse, unter denen die selbständig Beschäftigten ihre Arbeit anbieten, mit der Situation am Arbeitsmarkt der Arbeitnehmer vergleichbar sind.

5. Kapitel:

Der Garantiegehalt der Koalitionsfreiheit für selbständig Beschäftigte

Im Anschluss an die Feststellung, dass – unter den im 4. Kapitel entwickelten Voraussetzungen – auch selbständig Erwerbstätige „arbeitsrechtliche“ Koalitionen i. w. S. bilden können, die dem Schutz des Art. 9 Abs. 3 GG unterstehen, ist zu untersuchen, welche rechtlichen Konsequenzen sich aus dieser grundrechtlichen Verankerung derartiger Vereinigungen ergeben.

Die juristischen Folgefragen sind im Hinblick auf das hier vorgeschlagene Organisationsmodell zu erörtern, welches im 3. Kapitel skizziert wurde.[972] Nach diesem Modell können sich Selbständige außerhalb traditioneller Gewerkschaftsstrukturen in Verbänden organisieren, die im Wesentlichen die wirtschaftlichen Interessen ihrer Mitglieder gegenüber den Auftraggebern durch kollektives Aushandeln der Vertragsbedingungen vertreten.

Zu untersuchen ist, welchen sachlichen Schutzbereich das Grundrecht für diese Organisationsform beinhaltet und welche Gestaltungsmittel Art. 9 Abs. 3 GG einer solchen nichtgewerkschaftlichen Auftragnehmerkoalition an die Hand gibt.

I. Flexibilität des sachlichen Schutzbereichs

Dabei ist von vornherein zu beachten, dass das, was für Arbeitnehmer und ihre Gewerkschaften gilt, nicht ohne weiteres auf selbständig Beschäftigte übertragen werden kann, die sich in *gewerkschaftsähnlichen* Koalitionen zusammenschließen. Nicht nur der persönliche, sondern auch der sachliche Schutzbereich der Koalitionsfreiheit muss flexibel interpretiert werden, wenn man sich vom historischen Vorbild der Arbeitnehmergewerkschaft löst. In diese Richtung weist die richtige Erwägung *Zeuners*, der sich prinzipiell verfassungsrechtlich privilegierte Berufsverbände von Nichtarbeitnehmern vorstellen kann, dabei aber Abstufungen beim Umfang der Grundrechtsgarantie aus Art. 9 Abs. 3 GG für möglich hält.[973] Auch *Löwisch/Rieble* sehen in diesem Bereich einen größeren Gestaltungsspielraum des Gesetzgebers.[974]

Es gilt herauszuarbeiten, welche individuellen und kollektiven Verhaltensweisen – unter besonderer Berücksichtigung der Eigenarten neuer Beschäftigungsformen – verfassungsrechtlich geschützt sein müssen, um der ökonomischen

---

972 Oben S. 124 ff.

973 *Zeuner*, RdA 1975, S. 84, 87.

974 MünchArbR-*Löwisch/Rieble*, Band 3, § 243 Rn. 23.

Funktion des Grundrechts gerecht zu werden. Außerdem wird zu klären sein, welche Anforderungen an die Vereinigungs*form* zu stellen sind; auch diesbezüglich können sich Abweichungen gegenüber arbeitnehmerischen Grundrechtsträgern ergeben.

Die folgende Betrachtung geht von der für Arbeitnehmerkoalitionen geltenden Rechtslage aus und versucht, Gemeinsamkeiten und Unterschiede herauszuarbeiten. Grundlage der Darstellung ist dabei die übliche Unterscheidung zwischen individueller und kollektiver Koalitionsfreiheit.

II. Grundzüge der individuellen und kollektiven Koalitionsfreiheit

1. Individueller Garantiebereich

Im Wortlaut des Art. 9 Abs. 3 GG ist ausdrücklich nur das „Bilden" von Koalitionen als grundrechtlicher Garantiegehalt genannt. Unzweifelhaft wird jedoch daneben auch der Beitritt zu und das Verbleiben in bestehenden Verbänden geschützt.[975] Nach der Rechtsprechung des Bundesverfassungsgerichts und der h. M. in der Literatur umfasst Art. 9 Abs. 3 GG darüber hinaus die so genannte „negative Koalitionsfreiheit" des Einzelnen; demzufolge soll Art. 9 Abs. 3 GG auch den Verbandsaustritt und das Fernbleiben von einer Koalition schützen.[976]

Die individuellen Gewährleistungen sind Grundvoraussetzungen jeder Koalitionstätigkeit. Sie sind so allgemein gehalten, dass an ihnen keine signifikanten Unterschiede zwischen Arbeitnehmer- und Selbständigenkoalitionen hervortreten. Auf Einzelheiten dieser Garantieelemente soll deshalb hier nicht eingegangen werden; es kann statt dessen auf die Literatur zu den für Arbeitnehmergewerkschaften geltenden Grundsätzen verwiesen werden.[977]

Daneben gewährleistet die Koalitionsfreiheit für den Einzelnen das Recht, „an der spezifischen Tätigkeit der Koalition in dem Bereich teilzunehmen, der für die Koalition verfassungsrechtlich geschützt ist".[978] Diese individuelle Betätigungsgarantie nimmt auf die sogleich zu erörternde kollektive Betätigungsgarantie Bezug und leitet sich inhaltlich aus ihr ab.

---

975 Vgl. nur MünchArbR-*Löwisch/Rieble*, Band 3, § 244 Rn. 2.

976 Zum Meinungsstreit ausführlich *Gamillscheg*, Kollektives Arbeitsrecht, Band I, § 8 (S. 374 ff.) m. w. N.

977 Z. B. *Gamillscheg*, Kollektives Arbeitsrecht, Band I, § 6 (S. 210 ff.); MünchArbR-*Löwisch/Rieble*, Band 3, § 245; Maunz/Dürig-*Scholz*, Grundgesetz, Art. 9 Rn. 221 ff.

978 BVerfG v. 30. 11. 1965, BVerfGE 19, S. 303, 312.

2. Kollektiver Garantiebereich

Über den Wortlaut des Grundrechts hinaus hat das Bundesverfassungsgericht von Anfang an auch die sogenannte kollektive Koalitionsfreiheit unter den Schutz des Art. 9 Abs. 3 GG gestellt.[979] Das bedeutet zunächst, dass nicht nur der Einzelne, sondern auch die Vereinigung selbst Grundrechtsträger ist. Der sachliche Garantiegehalt für die „Koalition als solche“ lässt sich in eine Bestands-, Organisations- und Betätigungsgarantie unterteilen.[980]

Im Zentrum der besonders wichtigen Betätigungsgarantie steht die selbstbestimmte, kollektivvertragliche Regelung der Arbeitsbedingungen für eine Vielzahl von Beschäftigungsverhältnissen: die so genannte Tarifautonomie.[981] Diese bezeichnet die zentrale Aufgabe der Koalitionen, während andere grundrechtlich geschützte Betätigungsfelder insoweit Komplementärgewährleistungen darstellen, als sie lediglich darauf ausgerichtet sind, die Erfüllung dieser primären Funktion auf effektive Weise zu ermöglichen und zu fördern. Zu diesen unterstützenden Tätigkeiten gehört z. B. die – auch für Vereinigungen selbständig Beschäftigter unentbehrliche – Werbung für die Koalitionsmitgliedschaft.[982]

Daneben bestehen zwar weitere faktische Betätigungsfelder der Koalitionen, wie etwa die Mitwirkung in der Betriebsverfassung (vgl. insbesondere § 2 BetrVG), die Vertretung vor den Gerichten für Arbeitssachen (§ 11 ArbGG; §§ 14 Abs. 5, 18, 20, 23, 111 ArbGG), die Beteiligung an den Sozialwahlen (§§ 43 ff. SGB IV) usw. Es erscheint aber fraglich, ob und inwieweit diese Mitwirkungsformen überhaupt einen verfassungsrechtlichen Schutz aus Art. 9 Abs. 3 GG genießen und wie weit dabei der Regelungsspielraum des Gesetzgebers reicht.[983] Die genannten Tätigkeitsfelder stehen jedenfalls in keinem unmittelbaren Zusammenhang zur zentralen Kartellfunktion der Koalitionsfreiheit. Inwiefern es zulässig ist, Koalitionen, in der keine Arbeitnehmer, sondern selbständig Beschäftigte organisiert sind, von diesen Betätigungsfeldern auszuschließen, soll hier nicht näher erörtert werden.

Vielmehr sind hier nur jene Facetten der Grundrechtsgarantie von Interesse, die für das hinter dem Grundrecht stehende Gestaltungsmodell der Tarifautonomie

---

[979] Seit BVerfG v. 18. 11. 1954, BVerfGE 4, S. 96, 101 ff.; kritisch *Picker*, ZfA 1986, S. 199, 201 ff.

[980] Vgl. z. B. BVerfG v. 14. 11. 1995, BVerfGE 93, S. 352, 357; MünchArbR-*Löwisch/Rieble*, Band 3, § 244 Rn. 9; Maunz/Dürig-*Scholz*, Grundgesetz, Art. 9 Rn. 240 ff.

[981] Vgl. *Kempen/Zachert*, Tarifvertragsgesetz, Grundlagen Rn. 117.

[982] Vgl. BVerfG v. 26. 5. 1970, BVerfGE 28, S. 295, 304 ff.; v. 17. 2. 1981, BVerfGE 57, S. 220, 246 ff.; v. 14. 11. 1995, BVerfGE 93, S. 352, 357 ff.; BAG v. 23. 2. 1979, AP Nr. 30; v. 26. 1. 1982, AP Nr. 35; v. 30. 8. 1983, AP Nr. 38; v. 23. 9. 1986, AP Nr. 45 – jeweils zu Art. 9 GG; ErfK-*Schlachter*, Art. 9 GG Rn. 27 ff.

[983] Vgl. HdbVerfR-*Farthmann/Coen*, § 19 Rn. 29.

essenziell sind und bei denen sich im Hinblick auf Selbständigenkoalitionen signifikante Abweichungen gegenüber der für Arbeitnehmergewerkschaften geltenden Rechtslage ergeben können.

Um eine Vorstellung von einem denkbaren kollektiven Verhandlungssystem für selbständig Erwerbstätige und den diesbezüglichen verfassungsrechtlichen Vorgaben gewinnen zu können, erscheinen folgende Fragen elementar:

- Kann der Bildung einer Selbständigenkoalition unter dem Eindruck des Art. 9 Abs. 3 GG das Kartellverbot des § 1 GWB entgegenstehen? (Unten III.)
- Enthält Art. 9 Abs. 3 GG die Garantie eines Kollektivvertragssystems für Selbständige und welche Abweichungen ergeben sich dabei gegenüber dem für Arbeitnehmer geltenden Tarifvertragsrecht? (Unten IV.)
- Garantiert Art. 9 Abs. 3 GG ein „Streikrecht" für selbständig Beschäftigte? (Unten V.)
- Welche Anforderungen sind an die Organisationsform einer Vereinigung von Selbständigen zu stellen, damit sie unter den Schutz der Koalitionsfreiheit fällt? (Unten VI.)

Die folgenden Ausführungen wollen diese Fragen weder abschließend noch erschöpfend beantworten. Es soll vielmehr versucht werden, einige Ideen zu entwickeln, um die Konturen für ein mit Art. 9 Abs. 3 GG vereinbares kollektives Verhandlungssystem für selbständig Beschäftigte zu zeichnen.

III. Verhältnis zwischen Koalitionsfreiheit und Kartellverbot

Von herausragender Bedeutung für das Modell insgesamt ist zunächst das an der Nahtstelle zwischen individueller und kollektiver Gewährleistung liegende Verhältnis der Koalitionsfreiheit zum Kartellrecht.

Gesetzliche Koalitionsverbote stellen die klassische Form staatlicher Eingriffe in die individuelle Vereinigungsfreiheit und den Bestand einer Koalition dar; sie sind geradezu Entstehungsgrund für die Koalitionsfreiheit als Grundrecht.[984] Die Wirkung eines Koalitionsverbots käme der kartellrechtlichen Grundnorm des § 1 GWB dann zu, wenn das dort geregelte Kartellverbot der Bildung von Koalitionen selbständig Beschäftigter entgegenstünde.

Bei der Lösung dieses Konfliktes stehen zwei Aspekte im Vordergrund, nämlich zum einen die Rolle des Art. 9 Abs. 3 GG für die Auslegung des § 1 GWB

---

984 *Biedenkopf*, Grenzen der Tarifautonomie, S. 88; eingehend zur Entwicklung *Ritscher*, Koalitionen.

und zum anderen die Frage, inwiefern kartellrechtsimmanente Wertungen Anhaltspunkte für die personelle Reichweite des allgemeinen Kartellverbots geben können.

1. Tatbestandliche Erfassung arbeitsrechtlicher Koalitionen durch § 1 GWB

§ 1 GWB verbietet in der seit 1. 1. 1999 geltenden neuen Fassung des Gesetzes

> „Vereinbarungen zwischen miteinander in Wettbewerb stehenden Unternehmen, Beschlüsse von Unternehmensvereinigungen und aufeinander abgestimmte Verhaltensweisen, die eine Verhinderung, Einschränkung oder Verfälschung des Wettbewerbs bezwecken oder bewirken."

Sieht man zunächst vom Begriff des *Unternehmens* ab, wären die wichtigsten koalitionsspezifischen Betätigungsformen von diesem Tatbestand erfasst. Die Bildung einer koalitionsmäßigen Assoziation stellt grundsätzlich eine Vereinbarung konkurrierender Marktteilnehmer dar, die final auf eine Einschränkung des Wettbewerbs ihrer Mitglieder gerichtet ist.[985] Dies ergibt sich zwanglos aus der für Art. 9 Abs. 3 GG zentralen Kartellfunktion gewerkschaftlicher Zusammenschlüsse.[986] Es ist gerade Sinn und Zweck der Koalitionsbildung, Mindestarbeitsbedingungen zu vereinbaren, um einem Unterbietungswettbewerb der Arbeitskraftanbieter zu unterbinden. Dies ist der innere Ausgangspunkt für die äußerlich sichtbaren koalitionsspezifischen Verhaltensweisen in Form von Arbeitskampfhandlungen und Tarifabschlüssen. Bereits der Beitritt zu einer arbeitsrechtlichen Koalition würde daher ein von § 1 GWB erfasstes Verhalten darstellen, wenn der assoziierte Personenkreis dem Unternehmensbegriff dieser Vorschrift zuzuordnen wäre.

Beim *Streik* würde es sich um „abgestimmte Verhaltensweisen" im Sinne des § 1 GWB handeln, da im Arbeitskampf die kollektive, abgesprochene Weigerung zum Ausdruck kommt, die Arbeitsleistung unterhalb des zuvor verbandsintern vereinbarten Mindestpreises (der Tarifforderung) am Markt anzubieten. Arbeitskämpfe wären darüber hinaus regelmäßig unter die Tatbestände wettbewerbsbeschränkenden Verhaltens im Sinne des § 21 GWB (insbesondere § 21 Abs. 2 GWB) zu subsumieren.[987]

---

985 Vgl. MünchArbR-*Löwisch/Rieble*, § 247 Rn. 7; *Scholz*, in: Tarifautonomie und Kartellrecht, FIW Schriftenreihe, Heft 136, S. 1, 2; a. A. *Hueck/Nipperdey*, Arbeitsrecht, Band II/1, S. 104 in Fn. 45, die der Vereinigung „keinerlei Kartellwirkung" zusprechen wollen.

986 Hierzu näher oben S. 185 ff.

987 Vgl. zu §§ 25, 26 GWB a. F. BAG v. 27. 6. 1989, AP Nr. 113 zu Art. 9 GG Arbeitskampf, Bl. 7 R; *Immenga*, Grenzen des kartellrechtlichen Ausnahmebereichs Arbeitsmarkt, S. 45 f., 51 ff.; *Kraft/Hönn*, ZHR 141 (1977), S. 230, 234; allgemein *Reuter*, ZfA 1990, S. 535, 536.

Tarifverträge als Ergebnis des kollektiven Verhandlungsprozesses wären wiederum als Kartellvereinbarungen im Sinne des § 1 GWB anzusehen.[988] Entscheidend sind dabei die horizontalen Bindungen auf der Anbieter- bzw. (bei Flächentarifverträgen) auch auf der Nachfrageseite. Die speziell durch einen Tarifvertrag bewirkte vertikale Verbindung in Form der vertragsförmigen Einigung zwischen Anbietern und Nachfragern führt zu einer Verknüpfung der Kartelleffekte auf beiden Marktseiten. Dass der Tarifvertrag über diese horizontalen Kartelleffekte hinaus das Moment einer Vereinbarung mit der Marktgegenseite enthält[989], kann der Tatbestandsmäßigkeit nach § 1 GWB nicht entgegenstehen; der Kartellcharakter geht hierdurch nicht verloren, sondern er wird – im Gegenteil – verstärkt.

Wenn es sich also bei den assoziierten Personen um „Unternehmen“ bzw. bei der Koalition selbst um eine „Unternehmensvereinigung“ im Sinne des Kartellrechts handelte, würden die zentralen Instrumente der Tarifautonomie grundsätzlich dem allgemeinen Kartellverbot unterliegen.

2. Nichtgeltung des Kartellverbots im Wirkungskreis des Tarifvertragssystems

Was den Bereich der Arbeitnehmerkoalitionen angeht, ist man sich im Ergebnis einig, dass das Kartellrecht auf kollektiv-arbeitsrechtliche Fragestellungen grundsätzlich unanwendbar ist. Es richtet sich insgesamt nicht gegen „rein“ arbeitsmarktbezogene Wettbewerbsbeschränkungen.[990] Weder die Koalitionsbildung als solche noch kollektiv verhandelte Tarifverträge können grundsätzlich anhand § 1 GWB beurteilt werden.[991] Die Beschränkung der Vorschrift auf Gütermärkte und damit der Ausschluss von Vereinbarungen „arbeitsrechtlicher“ Art liegt im Übrigen auch dem Kartellverbot auf europäischer Ebene (Art. 81 EGV) zugrunde.[992]

Trotz der Eindeutigkeit dieses Ergebnisses für das Arbeitsrecht der Arbeitnehmer bestand auch in der Vergangenheit Diskussionsbedarf zum Verhältnis von

---

[988] Vgl. *Kraft/Hönn*, ZHR 141 (1977), S. 230, 234.

[989] Hierauf berufen sich *Hueck/Nipperdey*, Arbeitsrecht, Band II/1, S. 104 in Fn. 45.

[990] Vgl. *Beck*, ArbuR 1981, S. 333, 341; *Immenga*, Grenzen des kartellrechtlichen Ausnahmebereichs Arbeitsmarkt, S. 11; *Kulka*, WuW 1987, S. 5, 8; Brief des BKartA v. 6. 8. 1962, WuW/E BKartA 502.

[991] Grundlegend BAG v. 27. 6. 1989, AP Nr. 113 zu Art. 9 GG Arbeitskampf; Wiedemann-*Wiedemann*, Tarifvertragsgesetz, Einleitung Rn. 36, 371; FK-*Huber*, GWB, § 1 a. F. Tz. 78, Kurzdarstellung § 1 n. F., Tz. 75; *Scholz*, in: Tarifautonomie und Kartellrecht, FIW Schriftenreihe, Heft 136, S. 1, 2; *Schwab*, NZA 2001, S. 701, 704.

[992] *Rieble*, Arbeitsmarkt und Wettbewerb, Rn. 461 m. w. N.; Wiedemann-*Stockmann*, Handbuch des Kartellrechts, § 7 Rn. 4 m. w. N.; vgl. die Antwort der Kommission auf Anfrage Nr. 777/89, ABl. 1990 C 328/3; vgl. ferner EuGH v. 21. 9. 1999, EuGHE 1999, S. 5751 ff. (Albany); v. 21. 9. 2000, EuGHE 2000, S. 7129 ff. (Van der Woude).

Koalitionsfreiheit und Kartellrecht.[993] Probleme stellen sich nämlich, sobald sich Tarifverträge auffällig über „originär" arbeitsrechtliche Sachverhalte hinaus wettbewerbsbeschränkend auf Gütermärkte auswirken, auf denen die tariflich gebundenen Arbeitgeber miteinander konkurrieren. Kartellrechtliche Argumente wurden z. B. in der Diskussion über tarifvertragliche Rationalisierungsschutzabkommen[994] und Streikhilfeabkommen der Arbeitgeber[995] vorgebracht.

Zuletzt gewann das Verhältnis von Kartellrecht und Tarifautonomie praktische Bedeutung in Bezug auf den Ladenschluss im Einzelhandel nach Einführung des Dienstleistungsabends im Jahre 1988. Fraglich und umstritten war in diesem Zusammenhang der Einfluss des Kartellrechts auf die Zulässigkeit tarifvertraglicher Arbeitszeitregelungen, die den betroffenen Einzelhandelsunternehmen die Ausschöpfung der verlängerten Öffnungszeiten unmöglich machten.[996] Mit der tariflichen Regelung der Arbeitszeit wurde nämlich indirekt ein Angleichen der Öffnungszeiten unter den konkurrierenden Arbeitgebern bewirkt. Anlässlich der heute wieder in Bewegung geratenen Diskussion einer weitergehenden Liberalisierung der Ladenöffnungszeigen könnte dieses Thema durchaus wieder aktuell werden.[997]

Kartellrechtlich wäre eine solche Absprache unzweifelhaft unzulässig, wenn sie ohne Beteiligung der Gewerkschaften nur zwischen den Unternehmen getroffen worden wäre. Das Bundesarbeitsgericht hat sich – entgegen der Ansicht vieler Kartellrechtler – auf den Standpunkt gestellt, das GWB gelte per se nicht für Tarifverträge, die einen nach § 1 Abs. 1 TVG zulässigen Inhalt hätten, und zwar

---

993 Vgl. auch die Diskussion um die vergaberechtlichen „Tariftreueerklärungen" und den – gescheiterten – Entwurf eines Tariftreuegesetzes, hierzu etwa *Schwab*, NZA 2001, S. 701 ff.; *Kämmerer/Thüsing*, ZIP 2002, S. 596 ff.

994 Hierzu *Beck*, ArbuR 1981, S. 333, 341 f.; *Koller*, ZfA 1978, S. 45, 51 ff.

995 Hierzu *Hendriks*, ZHR 141 (1977), S. 1 ff.; *Kraft/Hönn*, ZHR 141 (1977), S. 230 ff.; *Säcker*, ZHR 137 (1974), S. 455 ff.; vgl. MünchArbR-*Löwisch/Rieble*, Band 3, § 247 Rn. 18 f.

996 Hierzu BAG v. 27.6. 1989 AP Nr. 113 zu Art. 9 GG Arbeitskampf, insbesondere Bl. 5 R ff.; *Anzinger/Koberski*, NZA 1989, S. 737 ff.; *Immenga*, Gernzen des kartellrechtlichen Ausnahmebereichs Arbeitsmarkt; *Kulka*, RdA 1988, S. 336 ff.; *Nacken*, WuW 1988, S. 475 ff.; *Poth*, NZA 1989, S. 630 ff.; *Scholz*, in: Festschrift für Rittner, S. 629 ff.; sowie die Beiträge von *Roth* und *Jarass* in: Tarifautonomie und Kartellrecht, FIW-Schriftenreihe, Heft 136; weitere Fallgruppen bei *Hendriks*, Arbeitsrechtliche Vereinbarungen und Kartellrecht, S. 48 ff.; *Poth*, Grenzen des Arbeitsrechts, Überblick auf S. 3, 7 ff., *Salje*, ZfA 1991, S. 653 ff.; *Schoch*, BB 1965, S. 477 f.; *v. Wallwitz*, Wettbewerbsordnung, S. 19 ff., *Vaubel*, Die Anwendbarkeit des Gesetzes gegen Wettbewerbsbeschränkungen auf Tarifvertragsklauseln, S. 96 ff.; vgl. auch die Entscheidung der Europäischen Kommission v. 30. 9. 1986 (Irish Banks' Standing Committee), ABl. 1986, L 295, S. 28 ff.

997 Vgl. *Kerwer*, NZA 1999, S. 1313, 1317 f.

ohne dass es einer Interessenabwägung zwischen kartellrechtlichen und arbeitsrechtlich-sozialpolitischen Aspekten bedürfe.[998] Derartige mittelbare Kartellwirkungen auf Gütermärkten sind also hinzunehmen,[999] solange der Tarifvertrag nicht als Instrument *missbraucht* wird, um wettbewerbsbeschränkende Abreden der Arbeitgeber zu verdecken.[1000]

In der Sache betreffen diese Streitfälle wettbewerbsbeschränkende Wirkungen auf der Marktseite der *Arbeitgeber* und damit auf den Gütermärkten. Für die vorliegende Untersuchung ist das Verhältnis zwischen Koalitions- und Kartellrecht dagegen aus einer anderen Perspektive von Interesse: Es geht nämlich nicht um die Frage *gütermarktregelnder* Auswirkungen kollektiver Handlungsformen, die lediglich ihren Ursprung im Arbeitsmarktgeschehen haben, sondern um Wettbewerbsbeschränkungen auf den Faktormärkten für unselbständige und selbständige Arbeitsleistungen selbst. Damit ist der originäre, der Tarifautonomie immanente Aspekt der Kartellwirkung eines kollektiv organisierten Arbeitsmarktgeschehens angesprochen, das final und notwendigerweise eine Wettbewerbsbeschränkung der Beschäftigten untereinander herbeiführt. *Dieser* Aspekt der Kartellwirkung bedurfte bislang keiner eingehenden Erörterung, weil unumstritten war, dass das Kartellverbot dem Recht der Arbeitnehmer zur wirtschaftlichen Kooperation nicht entgegensteht, solange *ausschließlich* der Arbeitsmarkt für abhängige, von Arbeitnehmern erbrachte Arbeitsleistungen betroffen war.

Weniger eindeutig ist die Nichtgeltung des Kartellverbots auf den ersten Blick für selbständig Beschäftigte. In der kartellrechtlichen Literatur wird nämlich zumeist eine Beschränkung der „kartellrechtlichen Immunität" auf Arbeitnehmer im Sinne des Arbeitsrechts behauptet.[1001] Auf freiberufliche Tätigkeiten soll das GWB hingegen grundsätzlich anwendbar sein, so die heute ganz überwiegende Ansicht.[1002] Wäre diese Grenzziehung richtig, so müssten auch koalitionsfähige selbständig Beschäftigte dem Kartellrecht unterstehen.

---

[998] BAG v. 27. 6. 1989, AP Nr. 113 zu Art. 9 GG Arbeitskampf, Bl. 5 R ff.

[999] Vgl. MünchArbR-*Löwisch/Rieble*, Band 3, § 247 Rn. 5, 1 4 ff.

[1000] Vgl. auch *Schmidt-Eriksen*, ArbuR 1991, S. 137, 143 f.

[1001] *Bechtold*, Kartellgesetz, § 1 Rn. 2 („abhängige Tätigkeit natürlicher Personen als Arbeitnehmer"); *Emmerich*, Kartellrecht, § 2, 1 c (S. 19) („unmittelbare Regelung von Arbeitsvertragsbedingungen"); FK-*Huber/Baums*, GWB, § 1 a. F. Tz. 52 („sozial abhängige, in einem Arbeitsverhältnis stehende Personen"); *Rittner*, Wettbewerbs- und Kartellrecht, § 6 A I 1 b (S. 172) („Arbeitnehmer und ihre Verbände").

[1002] BGH v. 22. 3. 1976, WUW/E BGH 1469 f.; v. 16. 12. 1976, WuW/E BGH 1474, 1477 (Architektenkammer); v. 21. 10. 1986, WuW/E BGH 2326, 2328 (Guten-Tag-Apotheke II); KG v. 12. 1. 1960, WuW/E OLG 322, 323 f. (Vereidigte Buchprüfer II); FK-*Huber/Baums*, GWB, § 1 a. F. Tz. 59 ff.; Wiedemann-*Stockmann*, Handbuch des Kartellrechts, § 7 Rn. 47; *Rittner*, Wettbewerbs- und Kartellrecht, § 6 A I 4 a (S. 176 f.)

3. Der Unternehmensbegriff des § 1 GWB

Schlüsselfrage auf der Ebene des Kartellverbotstatbestands ist, ob es sich bei selbständig Beschäftigten tatsächlich um „Unternehmen“ und bei deren Koalitionen um „Unternehmensvereinigungen“ im Sinne im Sinne des § 1 GWB handelt. Um sich der Beantwortung dieser Frage zu nähern, ist unter kartell- und arbeitsrechtlichen Aspekten zu prüfen, wie die Nichtgeltung des Kartellrechts für Arbeitnehmer gerechtfertigt wird und ob diese Rechtfertigungsansätze auf selbständig Beschäftigte übertragen werden können.

a) Tatbestandsmerkmal der „gewerblichen Leistung“ in der alten Fassung des § 1 GWB

Einen nahe liegenden Ansatz zum Ausschluss arbeitsrechtlicher Sachverhalte aus dem Kartelltatbestand bot früher der Begriff der „gewerblichen Leistung“. Der entscheidende § 1 Abs. 1 S. 1 GWB lautete in der (alten) Fassung der Bekanntmachung vom 20. 2.1990 folgendermaßen:

> „Verträge, die Unternehmen oder Vereinigungen von Unternehmen zu einem gemeinsamen Zweck schließen, und Beschlüsse von Vereinigungen von Unternehmen sind unwirksam, soweit sie geeignet sind, die Erzeugung oder die Marktverhältnisse *für den Verkehr mit Waren oder gewerblichen Leistungen* durch Beschränkung des Wettbewerbs zu beeinflussen.“[1003]

Einhellig war man der Überzeugung, dass Arbeitnehmer im Rahmen eines Arbeitsverhältnisses gerade keine *gewerblichen* Leistungen in diesem Sinne anbieten.[1004] Diese Auslegung entspricht nicht nur schon dem Wortlaut des Gesetzes, sondern folgt auch aus seiner Entstehungsgeschichte. In der amtlichen Begründung des Gesetzes heißt es nämlich:

> „Die Fassung des Gesetzes stellt es andererseits klar, daß Abreden über den Abschluß oder Inhalt von Arbeits- oder Dienstverhältnissen nicht darunter fallen. Dies sind keine gewerblichen Leistungen. Kooperative Bindungen der Arbeitge-

---

m. w. N.; *Römmermann/Wellige*, BB 2002, S. 633; vgl. *Emmerich*, Kartellrecht, § 2, 2. (S. 19 ff.).

1003 BGBl. I, S. 235; Hervorhebung durch Verf.

1004 Vgl. Brief des BKartA v. 6. 8. 1962, WUW/E BKartA 502 f. (Gagenstoppabkommen); KG v. 12. 1. 1960, WuW/E OLG 322, 323 (Vereidigte Buchprüfer II); Langen/Bunte-*Bunte*, Kommentar zum deutschen und europäischen Kartellrecht, Band 1, § 1 Rn. 27; *Hendriks*, Arbeitsrechtliche Vereinbarungen und Kartellrecht, S. 30, m. w. N. auf S. 21 in Fn. 19; *Kulka*, WuW 1987, S. 5, 7; *Salje*, ZfA 1991, S. 653, 656; *Vaubel*, Die Anwendbarkeit des Gesetzes gegen Wettbewerbsbeschränkungen auf Tarifvertragsklauseln, S. 21 ff.

ber oder Arbeitnehmer über die Gestaltung der Lohn- und Arbeitsbedingungen fallen also nicht unter das Gesetz."[1005]

Mit der Neufassung des Gesetzes aufgrund der Bekanntmachung vom 2. 9.1998[1006] ist das Tatbestandsmerkmal der „Waren oder gewerblichen Leistungen" allerdings entfallen. Die Rechtfertigung der Ausnahme kollektivarbeitsrechtlicher Sachverhalte vom Anwendungsbereich des Kartellverbots wird sich deshalb nunmehr auf den Unternehmensbegriff konzentrieren müssen, der bereits in der alten Fassung des GWB enthalten war.

Der Inhalt des „alten" Unternehmensbegriffs kann grundsätzlich auf die neue Fassung übertragen werden.[1007] Entstehungsgeschichtlich erklärt sich die Umformulierung – also auch der Wegfall des Tatbestandsmerkmals „Waren oder gewerbliche Leistungen" – aus der Absicht, den Tatbestand an den Wortlaut des Art. 81 EGV anzugleichen.[1008] Nichts spricht dafür, dass der Gesetzgeber durch die Neufassung nunmehr Tarifverträge einer kartellrechtlichen Kontrolle unterstellen wollte. Dies wäre ein geradezu vernichtender Eingriff in die Tarifautonomie, der nicht beabsichtigt gewesen sein kann, zumal bei der Neufassung des Gesetzes über diese Frage nicht diskutiert wurde.[1009] Wenn deshalb nicht bereits der „alte" Unternehmensbegriff selbst den Ausschluss von Arbeitnehmern implizierte, die zusätzliche Einschränkung auf „gewerbliche" Leistungen in der alten Fassung also (insoweit) eigentlich überflüssig war, muss dieses ausschließende Element spätestens nach der Umformulierung des § 1 GWB als im Unternehmensbegriff selbst verankert angesehen werden.

Diese Argumentation greift aber nur in Bezug auf Arbeitnehmer im Sinne des Arbeitsrechts. Im Hinblick auf selbständige Beschäftigungsverhältnisse kann ein Ausschluss vom Kartellverbot dagegen *allein* aus dem Unternehmensbegriff abgeleitet werden, da es sich bei den von beruflich Selbständigen erbrachten Dienstleistungen um „gewerbliche Leistungen" im Sinne der alten Fassung des § 1 GWB handelt[1010].

[1005] BT-Drucks. 2/1158, S. 30; vgl. BT-Drucks. 2/3644, S. 40.

[1006] BGBl. I, S. 2547 ff.

[1007] Vgl. BGH v. 9. 3. 1999, WuW/E DE-R 289, 291 f.

[1008] Vgl. BGH v. 9. 3. 1999, WuW/E DE-R 289, 291 f.

[1009] Vgl. FK-*Huber*, Kurzdarstellung § 1 n. F. Rn. 75.

[1010] Vgl. Immenga/Mestmäcker-*Immenga*, GWB, Vorauflage (2. Auflage), § 1 Rn. 318.

b) Funktionaler Unternehmensbegriff

In Übereinstimmung mit der Literatur geht der Bundesgerichtshof in ständiger Rechtsprechung von einem weiten, *funktionalen* Unternehmensbegriff aus.[1011] Dieser soll „jedwede Tätigkeit im geschäftlichen Verkehr“ erfassen.[1012] Für den kartellrechtlichen Unternehmensbegriff ist nicht entscheidend, ob es sich um ein Unternehmen im institutionellen Sinne[1013] handelt, sondern ob ein *unternehmerisches Auftreten* gerade im Hinblick auf eine Wettbewerbsbeeinträchtigung vorliegt.[1014] Als Bezugspunkt dient dabei das konkrete Verhalten eines Marktteilnehmers als Anbieter oder Nachfrager bestimmter Güter. Unternehmen im Sinne des § 1 GWB sind also alle natürlichen und juristischen Personen, die sich als Anbieter oder Nachfrager von Waren oder Leistungen gegen Entgelt am Wirtschaftsleben beteiligen.[1015]

Von dieser (weiten) Definition sind an sich sowohl Arbeitnehmer als auch selbständig Beschäftigte erfasst. Auch Arbeitnehmer treten hinsichtlich ihres Wettbewerbsverhaltens grundsätzlich wie konkurrierende Unternehmen am Markt auf. Dies ist Konsequenz der im Grundsatz marktwirtschaftlichen Verfassung des Arbeitsmarktes. Es ist nicht ersichtlich, weshalb Arbeitnehmer keine „autonomen Marktteilnehmer“ im Sinne dieses allgemeinen Begriffs sein sollten.[1016] Auch kann nicht argumentiert werden, Arbeitnehmer seien deshalb keine Unternehmer, weil der Wettbewerb durch zwingende gesetzliche Regelungen und Tarifverträge bereits weitgehend zurückgedrängt sei. Das arbeitsrechtliche System kollektiver Verhandlungsstrukturen basiert zwar auf einer Beschränkung dieses Wettbewerbs der Arbeitskraftanbieter, schaltet ihn aber keineswegs völlig aus.

Ebenso wenig überzeugt eine Sichtweise, nach der das Arbeitsrecht den *innerbetrieblichen* Bereich, das Kartellrecht dagegen das *Außenverhältnis* des Unter-

---

[1011] FK-*Huber/Baums*, GWB, § 1 Tz. 38 f.; *Gassner*, Kartellrecht, S. 13 f.; Immenga/Mestmäcker-*Immenga*, GWB, § 1 Rn. 30 f.; *Kulka*, WuW 1987, S. 5, 17; *derselbe*, RdA 1988, S. 336, 338.

[1012] BGH v. 23. 10. 1961, WuW/E BGH 442, 449 (Gummistrümpfe); BGH v. 16. 12. 1976, WuW/E BGH 1474, 1477 (Architektenkammer); v. 23. 10. 1979, WuW/E BGH 1661, 1662 (Berliner Musikschule); v. 7. 7. 1992, WuW/E BGH 2813, 2818 (Selbstzahler); v. 9. 3. 1999, WuW/E DE-R 289, 291 f. (Lottospielgemeinschaft), wobei letzteres Urteil klarstellt, dass sich diesbezüglich durch die 6. GWB-Novelle nichts geändert hat.

[1013] Vgl. jetzt den Begriff des „gewerblichen Unternehmens“ in §§ 1 ff. HGB n. F.

[1014] Vgl. *Vaubel*, Die Anwendbarkeit des Gesetzes gegen Wettbewerbsbeschränkungen auf Tarifvertragsklauseln, S. 18.

[1015] Wiedemann-*Stockmann*, Handbuch des Kartellrechts, § 7 Rn. 43 m. w. N.

[1016] So aber Immenga/Mestmäcker-*Immenga*, GWB, § 1 Rn. 36.

nehmens betreffen soll.[1017] Dabci wird das Verhältnis beider Rechtsgebiete einseitig aus Sicht eines Unternehmens als Arbeitgeber betrachtet. Durch die stereotype Zuordnung des Arbeitsrechts zum Binnenbereich des Unternehmens wird der Charakter des Arbeitsverhältnisses als inhaltlich marktmäßig determiniertes Austauschverhältnis praktisch geleugnet. Trotz aller rechtlicher Regulierung und marktbeeinflussenden Mechanismen werden Vertragsverhältnisse privatautonom begründet und die Arbeitsbedingungen durch Angebot und Nachfrage auf dem Arbeits*markt* bestimmt.

Aus der Wettbewerbsorientierung des funktionalen Unternehmensbegriffs heraus lässt sich eine Nichtgeltung des Kartellverbots daher weder für Arbeitnehmer noch für selbständig Beschäftigte rechtfertigen.

c) Bezugnahme auf den Arbeitnehmerbegriff

Sieht man von der Weite des Unternehmensbegriffs unter funktionalen Gesichtspunkten ab, erscheint es dennoch auf der Ebene des Wortlauts fast schon abwegig, Arbeitnehmer unter den Begriff des „Unternehmens" im Sinne des § 1 GWB zu subsumieren. Mit letzterem wird nämlich aus arbeitsrechtlicher Sicht typischerweise die „Arbeitgeberseite" assoziiert. Nach allgemeinem Sprachgebrauch handelt es sich bei den Begriffen „Arbeitnehmer" und „Unternehmen" um Gegenbegriffe, die eine Überschneidung ausschließen.

Es ist deshalb verständlich, wenn schon unter der Geltung der alten Gesetzesfassung neben dem Argument, Arbeitnehmern erbrächten keine *gewerblichen* Leistungen, vertreten wurde, Gewerkschaft seien im Rahmen ihrer koalitionsspezifischen, den Arbeitsmarkt betreffenden Tätigkeit per se weder Unternehmen[1018] noch Unternehmensvereinigungen[1019]. Auch verwundert es kaum, dass die kartellrechtliche Literatur Arbeitnehmer meist ohne nähere Begründung aus dem Unternehmensbegriff ausschließt.

[1017] So *Poth*, NZA 1988, S. 627; *derselbe*, Grenzen des Arbeitsrechts, S. 26 f.; vgl. *Vaubel*, Die Anwendbarkeit des Gesetzes gegen Wettbewerbsbeschränkungen auf Tarifvertragsklauseln, S. 15.

[1018] BAG v. 27. 6. 1989, AP Nr. 113 zu Art. 9 GG Arbeitskampf, Bl. 5 R; *Hendriks*, Arbeitsrechtliche Vereinbarungen und Kartellrecht, S. 42; *Poth*, Grenzen des Arbeitsrechts, S. 84; *Vaubel*, Die Anwendbarkeit des Gesetzes gegen Wettbewerbsbeschränkungen auf Tarifvertragsklauseln, S. 23; einschränkend *Immenga*, Grenzen des kartellrechtlichen Ausnahmebereichs Arbeitsmarkt, S. 46 ff; *Nacken*, WuW 1988, S. 475, 484; *Roth*, in: Tarifautonomie und Kartellrecht, FIW Schriftenreihe, Heft 136, S. 7, 13 f.; *Schmidt-Eriksen*, ArbuR 1991, S. 137, 142.

[1019] *Anzinger/Koberski,* NZA 1989, S. 737, 745; *Bechtold*, RdA 1983, S. 99; FK-*Huber/Baums*, GWB, § 1 a. F. Tz. 76; *Schmidt-Eriksen*, ArbuR 1991, S. 137, 142.

Die meisten Autoren begnügen sich dabei mit einem mehr oder weniger deutlichen Verweis auf den Arbeitnehmerbegriff des Arbeitsrechts.[1020] Hinweise auf einen eigenständigen kartellrechtlichen Arbeitnehmerbegriff (im Sinne von „Nichtunternehmer") fehlen. *Bechtold* z. B. schließt aus dem Unternehmensbegriff die „abhängige Tätigkeit natürlicher Personen als Arbeitnehmer" aus.[1021] *Emmerich* spricht von der „unmittelbare[n] Regelung von Arbeitsvertragsbedingungen"[1022] und bei *Huber/Baums* ist die Rede von „sozial abhängige[n], in einem Arbeitsverhältnis stehende[n] Personen"[1023].

Teilweise werden hierfür Argumente angeführt, die für die Fragestellung von Interesse sein können, ob die kartellrechtliche Immunität tatsächlich auf Arbeitnehmer beschränkt ist. Als Ansatz einer Begründung wird beispielsweise vorgetragen, die Unternehmereigenschaft setze Selbständigkeit[1024] bzw. „Eigenverantwortlichkeit" voraus, die Arbeitnehmern gerade fehle.[1025] Wäre dieser Argumentationsansatz überzeugend, spräche viel für eine Beschränkung der kartellrechtlichen Immunität auf Arbeitnehmer im Sinne des Arbeitsrechts; denn Selbständigkeit und Eigenverantwortlichkeit – verstanden im Sinne der klassischen Abgrenzungskriterien zwischen Arbeitnehmern und Selbständigen – prägen das Bild selbständiger Beschäftigung ungeachtet möglicher wirtschaftlicher Abhängigkeitsverhältnisse.[1026]

Im Kartellrecht stehen aber – ebenso wie im Koalitionsrecht – *wirtschaftliche* Sachverhalte, nämlich die Marktmachtverhältnisse im Vordergrund, während rechtliche Umstände wie die Arbeitnehmereigenschaft nur insoweit von Interesse sind, als sie Auswirkungen auf die Wettbewerbssituation haben. Zu Recht geht daher *Poth* davon aus, dass der Begriff des Arbeitnehmers – nicht anders als derjenige des Unternehmens – *funktional* zu verstehen ist, wenn er zur Defi-

---

1020 Z. B. *Rittner*, Wettbewerbs- und Kartellrecht, § 6 A I 1 b (S. 172): „Arbeitnehmer und ihre Verbände"; *Rieble*, Arbeitsmarkt und Wettbewerb, Rn. 655: „Wer nicht persönlich abhängig ist, ist im Ausganspunkt ‚selbständig' und damit Unternehmen im Sinne des Wirtschaftsrechts."; *Salje*, ZfA 1991, S. 653, 655 („unselbständige Beschäftigung").

1021 *Bechtold*, Kartellgesetz, § 1 Rn. 2.

1022 *Emmerich*, Kartellrecht, § 2, 1. c (S. 19).

1023 FK-*Huber/Baums*, GWB, § 1 a. F. Tz. 52.

1024 Vgl. FK-*Huber/Baums*, GWB, § 1 a. F. Tz. 51 f.; Immenga/Mestmäcker-*Immenga*, GWB, § 1 Rn. 36 ff.

1025 Näher *Poth*, NZA 1989, S. 629 f. m. w. N.; *derselbe*, Grenzen des Arbeitsrechts, S. 67; ähnlich BAG v. 27. 6. 1989 AP Nr. 113 zu Art. 9 GG Arbeitskampf, Bl. 5 R; vgl. *Kulka*, WuW 1987, S. 5, 7; *Rieble*, Arbeitsmarkt und Wettbewerb, Rn. 428.

1026 In Konsequenz dessen hält *Poth* (Grenzen des Arbeitsrechts, S. 72 ff.) arbeitnehmerähnliche Personen im Sinne des § 12a TVG für Unternehmen im Sinne des § 1 GWB.

nition eines kartellrechtlichen Ausnahmebereichs von § 1 GWB herangezogen wird.[1027]

Ebenso wie bei der Frage nach der Koalitionsfähigkeit von Selbständigen deutet sich auch für die kartellrechtliche Fragestellung an, dass die Art und Intensität der rechtlichen Eingebundenheit des Beschäftigten in die Arbeitsorganisation des Beschäftigungsgebers, also der „Grad der persönlichen Abhängigkeit", kaum mehr als eine Orientierungshilfe für die Bewertung der ökonomischen Lage des Betroffenen am Markt bieten kann.

Überzeugender wirkt dagegen der Ansatz von *Franz Böhm*: Seiner Auffassung nach sollen die Beschränkungen des Wettbewerbs auf dem Arbeitsmarkt durch die *wirtschaftliche* Unselbständigkeit der Arbeitnehmer gerechtfertigt sein.[1028] Zwar vermischt er dieses Argument mit den Merkmalen „sozialer" und beruflicher Selbständigkeit[1029], sodass sein Verständnis des schillernden Begriffs wirtschaftlicher Abhängigkeit nicht vollständig klar wird. Er geht dabei offenbar von der Prämisse aus, dass die wirtschaftliche Selbständigkeit eine zwangsläufige Folge der beruflichen ist. Zumindest unter heutigen Verhältnissen trifft dies aufgrund der Existenz vieler wirtschaftlich abhängiger Selbständiger jedoch nicht zu.

Erkennt man an, dass auch beruflich Selbständige ähnlich wie Arbeitnehmer wirtschaftlich abhängig sein können, drängt diese Argumentation darauf, nicht nur Arbeitnehmer, sondern auch andere wirtschaftlich abhängige Beschäftigte vom Kartellverbot auszuschließen. Für das erforderliche Maß der wirtschaftlichen Abhängigkeit bietet der kartellrechtliche Unternehmensbegriff selbst aber keine tauglichen Anhaltspunkte; für den Bereich außerhalb des Arbeitnehmerbegriffs bedarf es daher einer Betrachtung des normativen und ordnungspolitischen Kontextes des Kartellverbots.

4. Argumentation aus § 12a TVG

Für diejenigen selbständig Beschäftigten, die als arbeitnehmerähnliche Personen anzusehen sind, bietet § 12a TVG einen normativen Ansatz für eine Nichtanwendung des Kartellverbots. Gerade die Einführung dieser Vorschrift hat im Spannungsfeld zwischen Kartellrecht und Tarifautonomie einen gesteigerten Klärungsbedarf hervorgerufen,[1030] gesteht sie doch das Tarifvertragsrecht einer Personengruppe zu, die nach der überwiegenden Auffassung in der kartellrechtlichen Literatur bislang dem Kartellverbot unterlag.

[1027] *Poth*, Grenzen des Arbeitsrechts, S. 64 f.

[1028] *Böhm*, Kartelle und Koalitionsfreiheit, S. 4, 12, 29.

[1029] *Böhm*, Kartelle und Koalitionsfreiheit, S. 3 f.

[1030] Vgl. *Lieb*, RdA 1974, S. 257, 261; *Pauly*, Handelsvertreter, S. 42 m. w. N.

In der Literatur wird die Ansicht vertreten, § 12a TVG regele zumindest mittelbar eine Bereichsausnahme bzw. die Nichtgeltung des Kartellrechts bei arbeitnehmerähnlichen Beschäftigungsverhältnissen.[1031] Diese Argumentation versucht, den Konflikt auf der Ebene des einfachen Gesetzes zu lösen, nämlich im Verhältnis zwischen § 1 GWB und § 12a TVG als *lex posterior*. Daran ist sicherlich richtig, dass § 12a TVG wegen der Kartellwirkung eines jeden Tarifvertrages auch eine Entscheidung des Gesetzgebers gegen die Anwendung des Kartellrechts innerhalb seines Regelungsbereiches impliziert.

Darüber hinaus äußert *Hendriks* auch ordnungspolitische Bedenken gegen einen Einbezug arbeitnehmerähnlicher Personen in den Anwendungsbereich des Kartellrechts. Er vertritt die Ansicht, diese könnten bei stark ausgeprägter wirtschaftlicher Abhängigkeit „de facto nicht mehr am Marktgeschehen" teilnehmen. Die Grenze sieht er offenbar durch § 12a TVG determiniert, sodass eine Überschneidung von Kartellrecht und Tarifvertragsrecht vermieden wird.[1032]

Richtig muss im Ergebnis sein, dass der von § 12a TVG erfasste Personenkreis ebenso wenig dem Kartellrecht unterstehen kann wie „echte" Arbeitnehmer. Für arbeitnehmerähnliche Personen mag als Begründung der Hinweis auf § 12a TVG genügen.[1033] Bezüglich der darüber hinausgehenden Gruppen selbständig Beschäftigter, die keine arbeitnehmerähnlichen Personen, aber dennoch koalitionsfähig sind, greift diese Argumentation dagegen zu kurz.

5. Die Rolle der Koalitionsfreiheit für die Interpretation des § 1 GWB

Überzeugender wirkt es, Art. 9 Abs. 3 GG anstelle von § 12a TVG zur Abgrenzung von Kartellverbot und Koalitionsrecht heranzuziehen.

Das Grundrecht erlaubt als funktionales Kernelement der Gewährleistung genau das, was § 1 GWB untersagt: die Kartellbildung. Mit den Worten *Franz Böhms* ausgedrückt, enthält Art. 9 Abs. 3 GG ein „Verbot gesetzlicher Kartellverbote".[1034] Die Koalitionsfreiheit legitimiert und privilegiert die Kartellstrukturen des Arbeitsmarktes auf der Ebene der Verfassung.[1035] Ein Kartellverbot auf dem

---

[1031] *Herschel*, in: Festschrift für Samson, S. 47, 49 f.; *Pauly*, Handelsvertreter, S. 53; einschränkend *Poth*, Grenzen des Arbeitsrechts, S. 78; Wiedemann-*Wank*, Tarifvertragsgesetz, § 12a Rn. 28; *Stolterfoth*, DB 1973, S. 1068, 1074.

[1032] *Hendriks*, Arbeitsrechtliche Vereinbarungen und Kartellrecht, S. 34 ff., 43.

[1033] So auch *Buchner*, NZA 1998, S. 1144, 1148.

[1034] *Böhm*, WuW 1956, S. 173.

[1035] Vgl. AK-GG-*Kittner/Schiek*, Art. 9 Abs. 3 Rn. 133; *Ridder*, Stellung der Gewerkschaften, S. 42; *Schmidt-Eriksen*, ArbuR 1991, S. 137, 138, 145; *Söllner*, NZA 2000, Sonderbeilage zu Heft 24, S. 33, 37.

Arbeitsmarkt wäre daher mit Art. 9 Abs. 3 GG unvereinbar.[1036] Ein Verhalten, das unter dem Schutz des Art. 9 Abs. 3 GG steht, kann § 1 GWB schlechterdings nicht untersagen.

Dieser grundsätzliche Primat der Koalitionsfreiheit gegenüber dem Kartellverbot folgt aus dem normenhierarchischen Vorrang des Art. 9 Abs. 3 GG.[1037] Dies wird von denjenigen Autoren vernachlässigt, die von einer „Gleichrangigkeit" der Rechtsnormen des GWB und des TVG sprechen.[1038] Eine Normkonkurrenz auf der Ebene des einfachen Gesetzes muss aufgrund der grundrechtlichen Verankerung der Tarifautonomie in Art. 9 Abs. 3 GG zugunsten der Koalitionsfreiheit gelöst werden. Da das Kartellprivileg den funktionalen Kern der Koalitionsfreiheit ausmacht, steht dem Gesetzgeber hierbei nur ein sehr begrenztes Ausgestaltungsrecht zu.

Rieble wendet sich allerdings gegen die Annahme, die konkrete Grenzziehung zwischen denjenigen Märkten, auf denen das Koalitionsrecht gilt, und solchen, die durch das Kartellverbot beherrscht werden, erfolge unmittelbar auf der Ebene der Verfassung durch Art. 9 Abs. 3 GG. Er nimmt stattdessen eine diesbezügliche Kompetenz des Gesetzgebers an, die durch die Regelung des § 12a TVG wahrgenommen worden sei.[1039]

Auch diese Sichtweise wird aber dem Grundrechtscharakter der Koalitionsfreiheit nicht gerecht. Der verfassungsrechtliche Garantiegehalt wäre untergraben, wenn der Wirkungskreis des Grundrechts praktisch durch eine einfachrechtliche Normierung festgelegt werden könnte.[1040] Die Entscheidung über den Geltungs-

---

[1036] So *Rieble*, Arbeitsmarkt und Wettbewerb, Rn. 169 (verfassungswidrige „Zwangsindividualität") und 457 f. (in Bezug auf Arbeitgeberverbände); vgl. *Hendriks*, Arbeitsrechtliche Vereinbarungen und Kartellrecht, S. 29; MünchArbR-*Löwisch/Rieble*, § 247 Rn. 6.

[1037] Vgl. *Hendriks*, Arbeitsrechtliche Vereinbarungen und Kartellrecht, S. 72; *Kraft/Hönn*, ZHR 141 (1977), S. 230, 234; MünchArbR-*Löwisch*, Band 3, § 247 Rn. 6; *Rieble*, Arbeitsmarkt und Wettbewerb, Rn. 611.

[1038] Dies betonen etwa *Kulka*, WuW 1987, S. 5, 9 (der dabei den verfassungsrechtlichen Einfluss auf das Verhältnis der beiden Rechtsgebiete auf einen Schutz vor der Beeinträchtigung von „Kernbereich oder Wesensgehalt" reduziert); *Scholz*, in: Festschrift für Rittner, S. 629, 633; *v. Wallwitz*, Wettbewerbsordnung„ S. 17; vgl. *Immenga*, Grenzen des kartellrechtlichen Ausnahmebereichs Arbeitsmarkt, S. 4, 32 f.; *Rancke*, Die freien Berufe, S. 142 ff.

[1039] *Rieble*, ZfA 1998, S. 327, 357.

[1040] Die Möglichkeit einer weitgehenden *Inhalts*bestimmung durch den Gesetzgeber, wie sie für die Eigentumsgarantie in Art. 14 Abs. 1 S. 2 GG vorgesehen ist, scheidet für Art. 9 Abs. 3 GG aus – trotz der Parallelen im Hinblick auf die beiden Grundrechten immanente Dynamik. Anders als Art. 14 GG enthält die Koalitionsfreiheit nämlich durch den Begriff der „Arbeits- und Wirtschaftsbedingungen" eine *sachliche* und nicht rein rechtliche Anknüpfung, die eine verfassungsrechtliche Interpretation unabhängig von der aktuellen Ausgestaltung in der Rechtsordnung erlaubt.

bereich des Kartellprivilegs kann schon deshalb nicht dem Gesetzgeber überlassen bleiben, weil die Grenzziehung zwischen Arbeits- und Gütermärkten eine zentrale Frage der Arbeitsverfassung ist, deren Grundnorm Art. 9 Abs. 3 GG darstellt[1041]. Erst durch die derzeit immer weiter verschwimmenden Grenzen zwischen abhängiger und unternehmerischer Erwerbstätigkeit rückt diese Abgrenzungsaufgabe der Koalitionsfreiheit ins nähere Blickfeld.

Es trifft nicht zu, dass eine Interpretation, nach der Art. 9 Abs. 3 GG selbst die Personengruppe bestimmt, der eine Kartellbefugnis zusteht, dem Gesetzgeber „jeden ordnungspolitischen Gestaltungsspielraum" nehmen würde.[1042] Zwar hat die Garantie der Koalitionsfreiheit zur Konsequenz, dass der Gesetzgeber bei der Regelung der Arbeitsmarktverfassung enger gebunden ist als bei der nicht durch ein Grundrecht wie Art. 9 Abs. 3 GG geprägten Wettbewerbsordnung der Gütermärkte. Die konkrete rechtliche Ausgestaltung des grundrechtlich vorgegebenen Gegengewichtprinzips auf dem Arbeitsmarkt bleibt aber durchaus dem Gesetzgeber überlassen, dem dabei weite Spielräume zuzugestehen sind. Lediglich die Grundentscheidungen, zu denen allerdings auch die Bestimmung der Reichweite der Koalitionsfreiheit in Bezug auf bestimmte Märkte gehört, sind verfassungsrechtlich fixiert.

Unter dem Eindruck des Art. 9 Abs. 3 GG muss der kartellrechtliche Unternehmensbegriff des § 1 GWB daher *verfassungskonform*[1043] in der Weise ausgelegt werden, dass diejenigen Personen nicht erfasst werden, die (sei es als unselbständig oder selbständig Beschäftigte) den Schutz der Koalitionsfreiheit genießen. Die Koalitionsfähigkeit als Beschäftigungsnehmer und die Eigenschaft als Unternehmen im Sinne des Gesetzes gegen Wettbewerbsbeschränkungen schließen einander aus.

Eine solche Auslegung überschreitet weder den Wortsinn der Bezeichnung „Unternehmen", die im GWB in einem speziell wettbewerbsrechtlichen Kontext Verwendung findet, noch widerspricht sie dem Sinn des Gesetzes. Wie weit die Ausnahme arbeitsmarktbezogener Sachverhalte aus dem Kartellrecht reicht, wird im Gesetz selbst nicht ausdrücklich geregelt, sodass es an dieser Stelle für den Einfluss der Art. 9 Abs. 3 GG zugrunde liegenden verfassungsrechtlichen Wertung offen ist.

1041 Vgl. *Rüthers*, in: Maier-Leibnitz (Hrsg.), Zeugen des Wissens, S. 739, 747; *Scholz*, in: Festschrift für Rittner, S. 629, 639.

1042 So aber *Rieble*, ZfA 1998, S. 327, 357.

1043 Vgl. auch *Hendriks*, Arbeitsrechtliche Vereinbarungen und Kartellrecht, S. 72 ff.; AK-GG-*Kittner/Schiek*, Art. 9 Abs. 3 Rn. 133.

6. Ordnungspolitische Zusammenhänge von Kartell- und Koalitionsrecht

Das Verhältnis zwischen Koalitionsfreiheit und Kartellrecht lässt sich nicht nur normativ durch den restriktiv wirkenden Einfluss des Art. 9 Abs. 3 GG beschreiben, sondern auch mit Blick auf die ordnungspolitischen Grundlagen beider Rechtsinstitute. Auf dieser Ebene lassen sich kartellrechtliche Rechtfertigungsansätze für den Ausnahmebereich Arbeitsmarkt ausmachen, die sich auf das hinter dem Gesetz stehende Wettbewerbskonzept beziehen. Die Berücksichtigung dieser Zusammenhänge könnte dazu beitragen, die Einwirkung des Art. 9 Abs. 3 GG auf das Kartellverbot nicht als Systembruch zu verstehen, sondern als Element eines beide Rechtsgebiete überspannenden ordnungspolitischen Gesamtkonzepts.

Oberflächlich betrachtet erscheinen die Konzepte von Kartellrecht und Koalitionsfreiheit allerdings zunächst denkbar konträr: „Der Dienstleistungs- und Gütermarkt soll vom Wettbewerbsprinzip, der Arbeitsmarkt vom Gegengewichtsprinzip beherrscht werden."[1044]

a) Historische Parallelen

Instruktiv zum Verhältnis zwischen wirtschaftlicher Machtkonzentration durch Kartellbildung einerseits und gewerkschaftlichen Zusammenschlüssen andererseits ist die streckenweise parallel verlaufende Entwicklungsgeschichte beider Assoziationsformen, die hier nur kurz angerissen werden kann.

Als rechtlicher Rahmen für ein effektives wirtschaftlich-kooperatives Verhalten musste das Modell der juristischen Person, das dem römischen Recht fremd war[1045], in Deutschland erst entwickelt werden. Entscheidend für die Entwicklung der Großindustrie und vor allem für den Eisenbahnbau im 19. Jahrhundert war die Akkumulation „anonymen" Kapitals. Dies erlaubte das in Preußen erstmals 1843 gesetzlich geregelte Modell der Aktiengesellschaft.[1046] Parallel hierzu entwickelte sich das Genossenschaftswesen in Deutschland, das 1867 in Preußen eine erste gesetzliche Regelung erfuhr.

Die Genossenschaftsidee erwies sich dabei als Grundlage sowohl der Gewerkschaftsbewegung als auch der besonders seit den 1890er Jahren zunehmenden Kartellierungstendenzen in der Wirtschaft.[1047] Aber auch bereits die „nichtkar-

---

1044 *Wiedemann/Wonneberger*, Anmerkung zu BAG v. 27. 6. 1989 AP Nr. 113 zu Art. 9 GG Arbeitskampf, Bl. 9; ähnlich Wiedemann-*Wiedemann*, Tarifvertragsgesetz, Einleitung Rn. 36.

1045 Vgl. *Kaser*, Römisches Privatrecht, § 17 I (S. 86).

1046 Vgl. *Wesel*, Geschichte des Rechts, Rn. 284.

1047 Vgl. *Wieacker*, Privatrechtsgeschichte der Neuzeit, S. 545 f.; zur Dogmatik *Richardi*, Kollektivgewalt und Individualwille, S. 15 ff.

tellistische“ Kapitalanhäufung durch mehrere Personen in Form eines gemeinsamen Unternehmens ist von der Idee geprägt, durch gemeinschaftliches Zusammenwirken eine wirtschaftliche (Markt-)Macht aufzubauen.[1048]

Man kann insoweit von einer „kollektiven Gewerbefreiheit“ sprechen, die das Bürgertum im Laufe des 19. Jahrhunderts in Deutschland erlangt hatte. Den Arbeitern ist es erst später gelungen, sich „ihr“ Recht zum kollektiven Handeln auf wirtschaftlichem Gebiet – eben in Form der Koalitionsfreiheit – zu sichern. Im Kern beruhen die Vereinigungsfreiheit der Unternehmer, bestehend aus der Möglichkeit der Gründung von Handelsgesellschaften einerseits und der Option kartellistischer Zusammenschlüsse andererseits, und die Koalitionsfreiheit der Arbeiter auf gemeinsamen Grundlagen.[1049] Die Koalitionsfreiheit stellt sich aus dieser Perspektive als eine spezifisch arbeitsmarktbezogene Form einer allgemeinen *wirtschaftlichen* Vereinigungsfreiheit dar. Nicht zufällig sind beide in Art. 9 GG, also derselben Norm geregelt.[1050]

Parallelen zwischen Kartellen und „Arbeitsnormenverträgen“ deutet auch *Sinzheimer* an, der in seinem Konzept zur kollektiven Gestaltung von Arbeitsbedingungen auf die genossenschaftlichen Ansätze *v. Gierkes* zurückgreift:

> „Nicht nur Koalitionen im engeren Sinne, auch Kartelle aller Art, Konventionen usw. bringen Rechtssätze sozialer Art hervor [...].“[1051]

Wie *Schröder* gezeigt hat, erfolgte auch die zivilrechtliche Einordnung von Kartellen und Gewerkschaften durch die Rechtsprechung des Reichsgerichts anfangs parallel, soweit es um wettbewerbsrechtliche Aspekte ging.[1052] Gesetzliche Regelungen fehlten damals sowohl für das kollektive Arbeitsmarktgeschehen als auch für die rechtliche Verfassung der Wettbewerbsordnung auf den Gütermärkten. Die Grundlagen für beide Rechtskreise mussten also durch die reichsgerichtliche Rechtsprechung geschaffen werden, die für beide weitgehend identische rechtliche Maßstäbe anlegte.

Als die juristische Einordnung der sich stark verbreitenden Tarifverträge um die Jahrhundertwende lebhaft diskutiert wurde, stand ihre Kartellwirkung nicht im Mittelpunkt der juristischen Debatte; sie wurde nicht ausdrücklich problematisiert. Dies lag daran, dass die grundsätzliche Zulässigkeit wirtschaftlicher Kar-

---

[1048] Ein gesellschaftlicher Zusammenschluss unterscheidet sich dabei vor allem dadurch von einem Kartell, dass die Mitglieder des Kartells rechtlich und wirtschaftlich selbständig bleiben und abgesehen von der Koordinationsabrede am Markt unabhängig voneinander operieren; vgl. *Gabler*, Wirtschaftslexikon, Stichwort „Kartellverträge“.

[1049] Vgl. *Richardi*, Kollektivgewalt und Individualwille, S. 79 ff.

[1050] *Kempen*, NZA 2000, Sonderbeilage zu Heft 3, S. 7, 8.

[1051] *Sinzheimer*, Arbeitsrecht und Rechtssoziologie, Band 1, S. 173, 174; vgl. auch Band 2, S. 3, 9.

[1052] Eingehend *Schröder*, Entwicklung des Kartellrechts, S. 242, 243 ff.

telle jedweder Art damals überwiegend anerkannt war.[1053] Als Markstein gilt in dieser Hinsicht die Entscheidung des Reichsgerichts zum Sächsischen Holzstoffkartell (Sächsischer Holzstoff-Fabrikanten-Verband)[1054], die bis in die heutige Zeit hinein leidenschaftlich kritisiert wird.[1055] Die damals vorherrschende „kartellfreundliche" Einstellung war nicht auf wettbewerbsbeschränkende Absprachen von Unternehmen auf Gütermärkten beschränkt, sondern erstreckte sich auch auf die kollektive Organisation von Arbeitern in Gewerkschaften, die von den Zivilsenaten des Reichsgerichts unter dem Blickwinkel der Wettbewerbsbeschränkung sogar als zulässig erachtet wurden.[1056]

Eine divergente Entwicklung beider Rechtsgebiete vollzog sich erst ab Anfang des 20. Jahrhunderts, nachdem die wachsende Macht großer Kartellorganisationen zunehmend als bedrohlich angesehen wurde. Das kollektive Verhandlungssystem im Arbeitsrecht in Form des Tarifwesens erwies sich dagegen mehr und mehr als erfolgreich. Mit der als Provisorium gedachten Regelung des Tarifvertrages durch die Tarifvertragsverordnung von 1918 und der Verankerung der Koalitionsfreiheit in Art. 159, 165 der Weimarer Reichsverfassung von 1919 fand wurde ihre Anerkennung auf gesetzlicher und verfassungsrechtlicher Ebene festgeschrieben.

Die eigenständige Entwicklung des Kartellrechts wurde durch weniger „kartellfreundliche" Urteile des Reichsgerichts eingeleitet und mit der unter dem Eindruck der Inflation geschaffenen Kartellverordnung von 1923 besiegelt. Die Sonderzuständigkeit des Reichsarbeitsgerichts nach 1926 dürfte trotz seiner organisatorischen Eingliederung im Reichsgericht die Verselbständigung beider Rechtsgebiete weiter gefördert haben. Seitdem haben sie sich unabhängig voneinander entwickelt; vergleichbare Probleme bei der rechtlichen Bewertung wirtschaftlicher Machtbildung durch Wettbewerbsbeschränkung wurden von nun an aus gänzlich unterschiedlichen Blickwinkeln betrachtet.[1057]

Nach der Einführung des Gesetzes gegen Wettbewerbsbeschränkungen 1957 zeigten sich an verschiedenen Stellen vereinzelt wieder Berührungspunkte und Überschneidungen zwischen Arbeits- und Kartellrecht, die zu Diskussionen An-

---

1053 *Dorndorf*, in: Nutzinger (Hrsg.), Entstehung des Arbeitsrechts, S. 231, 245.

1054 RG v. 4. 2. 1897, RGZ 38, S. 155 ff.

1055 Vgl. hierzu *Rieble*, Arbeitsmarkt und Wettbewerb, Rn. 571; *Schröder*, Entwicklung des Kartellrechts, S. 115 ff.

1056 Ausführlich *Schröder*, Entwicklung des Kartellrechts, S. 243 ff., zusammenfassend S. 245 f. *Schröder* weist allerdings auch auf die gegenläufige „koalitionsfeindliche" Rechtsprechung der eher „konservativen" Strafsenate hin.

1057 Vgl. *Franz Böhms* 1933 erschienene Schrift „Kartelle und Koalitionsfreiheit", die sich gegen den Versuch wendet, Kartelle als von der Koalitionsfreiheit des Art. 159 WRV geschützt anzusehen.

lass gaben.[1058] Schließlich begünstigt die seit Beginn der 1990er Jahre zunehmende Kritik am „Tarifkartell“[1059], die mit wettbewerbspolitischen Argumenten die kollektiven Arbeitsmarktstrukturen für die hohe Arbeitslosigkeit mitverantwortlich macht, eine Wiederannäherung beider Rechtsgebiete. Jüngst hat *Rieble* in seiner Habilitationsschrift[1060] gezeigt, dass der Einbezug wettbewerbsrechtlicher Gesichtspunkte in arbeitsrechtliche Fragestellungen durchaus fruchtbar sein kann.

b) Verwandtschaft der Ordnungskonzepte

Wenngleich die gemeinsamen Wurzeln von kollektivem Arbeitsrecht und Kartellrecht zwischenzeitlich aus dem Blickfeld geraten sind, ist auf einer übergeordneten Ebene die Verwandtschaft beider Ordnungskonzepte unverkennbar.

Eine Übereinstimmung ist dabei zunächst darin zu sehen, dass sowohl das Wirtschafts- als auch das kollektive Arbeitsrecht auf die Beeinflussung *tatsächlicher* Machtverhältnisse gerichtet sind.[1061] Das deutsche Kartellrecht schützt die Wettbewerbsfreiheit der Marktteilnehmer und dadurch auch den Wettbewerb als Institution.[1062] Es soll

> „die Freiheit des Wettbewerbs sicherstellen und wirtschaftliche Macht da beseitigen, wo sie die Wirksamkeit des Wettbewerbs und die ihm innewohnenden Tendenzen zur Leistungssteigerung beeinträchtigt und die bestmögliche Versorgung der Verbraucher in Frage stellt.“[1063]

Eine Gemeinsamkeit von Kartell- und Arbeitsrecht besteht auch in der skeptischen Haltung gegenüber der formalen Vertragsfreiheit, die wohl niemand deutlicher zum Ausdruck brachte als *Otto v. Giercke* in seiner Kritik des BGB-Entwurfs:

> „Schrankenlose Vertragsfreiheit zerstört sich selbst. Eine furchtbare Waffe in der Hand des Starken, ein stumpfes Werkzeug in der Hand des Schwachen, wird sie zum Mittel der Unterdrückung des Einen durch den Anderen, der schonungslosen Ausbeutung geistiger und wirtschaftlicher Übermacht. Das Gesetz, welches mit rücksichtslosem Formalismus aus der freien rechtsgeschäftlichen Bindung die gewollten oder als gewollt anzunehmenden Folgen entspringen lässt, bringt unter dem Schein einer Friedensordnung das bellum omnia contra omnes in legale

---

[1058] Vgl. oben S. 234.

[1059] Z. B. *Reuter*, ZfA 1995, S. 1 ff.

[1060] *Rieble*, Arbeitsmarkt und Wettbewerb.

[1061] *Steindorff*, RdA 1965, S. 253, 256.

[1062] *Kulka*, WuW 1987, S. 5, 17. Näher zur Diskussion der Schutzzwecke des GWB *Hendriks*, Arbeitsrechtliche Vereinbarungen und Kartellrecht, S. 27 f. m. w. N.

[1063] BT-Drucks. 2/1158, S. 24; vgl. auch die Formulierung des Art. 74 Nr. 16 GG: „Verhütung des Mißbrauchs wirtschaftlicher Machtstellung“.

> Formen. Mehr als je zuvor hat heute auch das Privatrecht den Beruf, den Schwachen gegen den Starken, das Wohl der Gesamtheit gegen die Selbstsucht des Einzelnen zu schützen."[1064]

Der Abschied vom blinden Glauben an den Wohlfahrtseffekt einer im gänzlich unregulierten Wettbewerb entfesselten Vertragsfreiheit lässt sich nicht nur auf die bürgerlich-rechtliche Rechtsgeschäftslehre und das Arbeitsrecht beziehen. Dieser Gedanke liegt letztendlich auch dem Kartellrecht zugrunde. Schließlich beruhen die meisten kartellistischen Assoziationen auf nichts anderem als der Wahrnehmung der – in diesem Falle auf die Bildung einer Kartellvereinigung gerichteten – Vertragsfreiheit im formalen Sinne.[1065] Gegenstand einer schuldrechtlichen Bindung mehrerer Personen kann grundsätzlich auch der Verzicht auf gegenseitigen Wettbewerb sein.

Auf den Gütermärkten soll das Instrument des Vertrages nicht in Form der Kartellvereinbarung dazu „missbraucht" werden, den Wettbewerb auszuschalten, weil ansonsten die fehlende Konkurrenz ein einseitiges Diktat der Vertragsbedingungen ermöglichen könnte.[1066] Auf dem Arbeitsmarkt hingegen erweist sich der Individualvertrag bereits *ohne* eine aktive Beschränkung des Wettbewerbs unter den Arbeitnehmern als Instrument einseitiger Bestimmung der Arbeitsbedingungen. Wegen der wirtschaftlichen Überlegenheit der Arbeitgeber kann erst durch die Verminderung des Wettbewerbsdrucks der Beschäftigten untereinander eine den Gütermärkten vergleichbar ausgewogene Marktmachtkonstellation hergestellt werden.[1067]

Diese Sichtweise liegt auch der Vorstellung *Franz Böhms* zugrunde, der die beiden Konzepte der Koalitionsfreiheit und der „Konkurrenzfreiheit" einander gegenüberstellt:

> „Im Bereich des Arbeitsmarktes haben Arbeitnehmer und Arbeitgeber bei Gewährung der Koalitionsfreiheit gleiche Rechte und gleiche Chancen. Im Bereich der Marktbeziehungen zwischen Selbständigen dagegen haben die Teilnehmer aller Märkte bei Gewährung der Konkurrenzfreiheit gleiche Rechte und annähernd gleiche Chancen"[1068].

Als übergeordnetes, *gemeinsames* Ziel bedeutet das Streben nach „gleichen Rechten und gleichen Chancen" nichts anderen als die Tendenz zur Anglei-

---

[1064] *V. Gierke*, Die soziale Aufgabe des Privatrechts, S. 22 f.

[1065] Vgl. *Krawielicki*, DÖV 1950, S. 357, 359; *Mestmäcker*, JZ 1964, S. 441, 442, 443; *Möschel*, ZRP 1988, S. 48, 49 (Kartellverträge als „Pervertierung von Freiheitsrechten"); *Schröder*, Entwicklung des Kartellrechts, S. 241 („Die Denkfigur des Vertrages entwickelte sich zum Vehikel der Kartellmacht.").

[1066] *Richardi*, JA 1986, S. 289, 296.

[1067] Vgl. oben S. 162 ff.

[1068] *Böhm*, WuW 1956, S. 173, 176.

chung der wirtschaftlichen Machtverhältnisse. Am Ende geht es beiden um die „Bändigung privater Macht“[1069]. *Walter Eucken* hat diesen wirtschaftspolitischen Grundsatz so formuliert:

> „Niemand darf mehr und darf weniger wirtschaftliche Macht besitzen als notwendig ist, um eine Wettbewerbsordnung zu verwirklichen.“[1070]

So wesensverschieden, wie mitunter betont wird,[1071] sind Koalitions- und Kartellrecht also grundsätzlich nicht. Konträre Ordnungsprinzipien[1072] trennen Arbeits- und Kartellrecht nur hinsichtlich der Ordnungs*mittel* voneinander. Das *beide* Rechtsgebiete überspannende gemeinsame Prinzip besteht dagegen in einer wettbewerbsrechtlichen Flankierung der Privatautonomie, die die tatsächlichen Kräfteverhältnisse am Markt berücksichtigt, um für alle Beteiligten ein Höchstmaß an Selbstbestimmung im Wirtschaftsleben zu ermöglichen.

Sowohl das kollektive Arbeitsrecht als auch das Kartellrecht sehen dabei Mechanismen vor, um ökonomische Ungleichgewichtslagen zu verhindern oder auszugleichen, die die „Tauschgerechtigkeit“ gefährden.[1073] Ziel ist dabei freilich nicht die Einebnung jedweder Machtunterschiede; denn diese sind geradezu essenziell für ein marktwirtschaftliches System, in dem jeder Akteur vernünftiger- und legitimerweise eine möglichst marktmächtige Stellung zu erlangen strebt. Kartellrecht und kollektives Arbeitsrecht richten sich vielmehr nur gezielt gegen bestimmte *strukturelle* Ungleichgewichtslagen, die dazu führen, dass die entmachtende Wirkung des Wettbewerbs[1074] nicht mehr funktioniert.

Lediglich die Mittel, mit denen dieses Ziel erreicht werden soll, sind in beiden Rechtsgebieten unterschiedlicher, ja gegensätzlicher Natur: Während das Kartellrecht der Gütermärkte das Entstehen „übermäßiger“ Marktmacht bzw. das unlautere „Ausnutzen“ einer solchen zu unterbinden versucht, wird durch die Koalitionsfreiheit auf dem Arbeitsmarkt eine Gegenmachtbildung zugelassen und darüber hinaus vor Beeinträchtigungen durch die Gegenseite geschützt (Art. 9 Abs. 3 S. 2 GG).[1075]

1069 Vgl. *Raiser*, JZ 1958, S. 1, 6; *Rieble*, Arbeitsmarkt und Wettbewerb, Rn. 805.

1070 *Eucken*, Grundsätze der Wirtschaftspolitik, S. 376.

1071 Z. B. *Vaubel*, Die Anwendbarkeit des Gesetzes gegen Wettbewerbsbeschränkungen auf Tarifvertragsklauseln, S. 5, 22.

1072 So etwa *Kraft/Hönn*, ZHR 141 (1977), S. 230, 233, 246; MünchArbR-*Löwisch/Rieble*, Band 3, § 247 Rn. 7; *Immenga*, Grenzen des kartellrechtlichen Ausnahmebereichs Arbeitsmarkt, S. 11: „von der Marktwirtschaft abweichende Ordnungsprinzipien“; *Rancke*, ArbuR 1979, S. 9, 17; *Schmidt-Eriksen*, ArbuR 1991, S. 137, 139, 141 („gegenläufige Rechtsgüter“).

1073 Ähnlich *Scholz*, in: Festschrift für Rittner, S. 629, 638; *Steindorff*, RdA 1965, S. 253, 255.

1074 Näher oben S. 170 ff.

1075 Vgl. *Steindorff*, RdA 1965, S. 253, 255; *Rieble*, Arbeitsmarkt und Wettbewerb, Rn. 903 f.

Das Prinzip des Wettbewerbs, und zwar unter Einschluss der Option kollektiven Handelns, scheint dabei stets durch. Auch auf den Gütermärkten gilt nicht jede Koordination des Marktverhaltens als „verwerfliche“ Wettbewerbsbeschränkung. Ansonsten müsste man die seit Mitte der 1970er Jahre zu beobachtende Zunahme von Unternehmenszusammenschlüssen als Anfang vom Ende des Wettbewerbs schlechthin betrachten müssen.[1076] Wie bereits angedeutet, stellt genau genommen auch ein gesellschaftsrechtlicher Zusammenschluss zum Zweck der gemeinsamen Unternehmung in Bezug auf die Konkurrenzbedingungen am Markt ein insoweit „kartellähnliches“ Verhalten dar, als hierdurch der potenzielle Wettbewerb zwischen den Gesellschaftern ausgeschaltet und durch gemeinsames Handeln und gemeinsames Kapital eine Intensivierung der Marktmacht – allerdings in fraglos zulässiger Weise – angestrebt wird.[1077] Ohne jeden Zweifel ist dieses Verhalten grundrechtlich durch Art. 9 Abs. 1 GG legitimiert.[1078]

Eine streng individualistische Vorstellung von einem „idealen“ Wettbewerbsgeschehen liegt der Wettbewerbsordnung auch auf den Gütermärkten nicht zugrunde. Dies zeigt sich auch an den Ausnahmevorschriften der §§ 2 ff. GWB und den Sonderregeln der §§ 28 ff. GWB.[1079] Diese Ausnahmetatbestände verdeutlichen zudem, dass es nicht um die Herstellung einer einheitlichen Marktform für alle Märkte geht.[1080] Eine „vollkommene“ Konkurrenz atomisierter Marktteilnehmer beschreibt weder den tatsächlichen Zustand der Märkte, noch entspricht dies dem gesetzlichen Idealbild.[1081]

1076 Vgl. die Stellungnahme der Bundesregierung zum Bericht des Bundeskartellamts über seine Tätigkeit im Jahre 1997/1998 sowie über die Lage und Entwicklung auf seinem Aufgabengebiet (BT-Drucks. 14/1139): Darin sieht die Regierung „keine außergewöhnlichen Gefahren“ in der aktuellen Entwicklung und begrüßt Fusionen, auch zwischen Großunternehmen, wenn sie dazu beitragen, die Wettbewerbsfähigkeit der Unternehmen zu verbessern.

1077 Treffenderweise nahm der Gesetzgeber bei der Formulierung des § 1 GWB a. F. hinsichtlich des „gemeinsamen Zwecks“ § 705 BGB, also eine gesellschaftsrechtliche Norm zum Vorbild: vgl. BT-Drucks. 2/1158, S. 30; *Emmerich*, Kartellrecht, § 3, 3 a (S. 29 f.). Vgl. die Diskussion zum Konflikt des gesellschaftsrechtlichen Wettbewerbsverbots (§ 112 HGB) mit dem Kartellverbot (§ 1 GWB), hierzu etwa *Beuthien*, ZHR 142 (1978), S. 259 ff.; *Kellermann*, in: Festschrift für Fischer, S. 307 ff.; *K. Schmidt*, ZHR 149 (1985), S. 1 ff.

1078 Zur Funktion des Art. 9 GG als (allgemeines) „Kooperationsgrundrecht“ *Rieble*, Arbeitsmarkt und Wettbewerb, Rn. 588 ff.

1079 Vgl. MünchArbR-*Löwisch/Rieble*, Band 3, § 247 Rn. 7; näher etwa zum „kollektiven Wettbewerbssystem“ der Agrarmarktordnung (§ 28 GWB n. F.; § 100 GWB a. F.) *Rieble*, Arbeitsmarkt und Wettbewerb, Rn. 697 ff.

1080 Vgl. *Steinforff*, RdA 1965, S. 253, 254.

1081 Vgl. *Bartholomeyczik*, AcP 166 (1966), S. 30, 32.

Unter ordnungspolitischen Gesichtspunkten stünde damit eine „kartellmäßige" Vereinigung selbständig Beschäftigter, die alleine nicht „wettbewerbsfähig" genug sind, um angemessene Bedingungen auszuhandeln, nicht im Widerspruch zu den Grundprinzipien einer ordo-liberalen Wettbewerbsordnung, wie sie das Gesetz gegen Wettbewerbsbeschränkungen konstituiert. Derartige Assoziationen würden lediglich zur Verhinderung struktureller Marktmachtasymmetrien führen, gegen die sich letztlich auch das Kartellrecht richtet.

c) Abgrenzungsfunktion des Arbeitsmarktbegriffs

Blendet man die Einwirkung des Art. 9 Abs. 3 GG auf den Kartelltatbestand aus, bleibt allerdings ungeklärt, wo die Befugnis zur Gegenmachtbildung aus wettbewerbsrechtlicher Sicht genau enden soll. Diese Grenzziehung erweist sich deshalb als besonders problematisch, weil die Ordnungsmittel – hier Koalitionsfreiheit, dort Kartellverbot – an der Schwelle vom einen ins andere Extrem umschlagen, während das wirkliche Marktgeschehen nur fließende Übergänge der Machtverhältnisse kennt.

Denkbar wäre es, überall dort die Bildung von Gegenmacht zuzulassen, wo ein deutliches Ungleichgewicht zwischen Angebots- und Nachfrageseite vorhanden ist, also gar nicht zwischen Arbeits- und Gütermärkten zu unterscheiden. Auf dieser Linie liegen die in den 1960er Jahren aufgekommenen Überlegungen, im Bereich des Handels der zunehmenden Machtkonzentration auf der Nachfrageseite mit einer Gegenmachtbildung der Hersteller zu begegnen.[1082]

Das Gegengewichtsprinzip wird aber aus überzeugenden ordnungspolitischen Gründen – vor allem im Hinblick auf die gesamtwirtschaftliche Gefahr einer Vermachtungsspirale der Märkte – für die Gütermärkte abgelehnt.[1083] Gegenmachtbildung kann ohnehin nur dann ein sinnvolles Instrument zum Ausgleich von Marktmachtasymmetrien sein, wenn eine „Koalitionsbildung" der Marktteilnehmer auch faktisch durchführbar ist, woran es z. B. bei Konsumenten fehlt.[1084] Schließlich sind die makroökonomischen Effizienzdefizite von Kartellstrukturen umso eher hinzunehmen, je näher das jeweilige Marktgeschehen mit der höchstpersönlichen Wahrnehmung der Berufsfreiheit (Art. 12 GG) zu tun hat und je unmittelbarer es unter sozialstaatlichen Gesichtspunkten die wirtschaftlichen Existenzbedingungen und damit die Qualität des menschlichen Daseins beeinflusst. Eine solche Situation ist speziell auf Märkten gegeben, auf denen Angebot und Nachfrage nach menschlicher Arbeitskraft zusammentref-

---

[1082] Vgl. hierzu insbesondere die Beiträge in Nr. 33-36 der vom FIW herausgegebenen Schriftenreihe (1966); *Schuhmacher*, ZHR 140 (1976), S. 317 ff. m. w. N.; *Sölter*, DB 1964, S. 1251 ff.

[1083] Vgl. *Kraft/Hönn*, ZHR 141 (1977), S. 230, 233; mit Einschränkungen *Schuhmacher*, ZHR 140 (1976), S. 317, 320 ff.

[1084] Vgl. *Böhm*, WuW 1956, S. 173, 176.

fen.[1085] Deshalb stellt das Gegengewichtsprinzip ein gerade *arbeitsmarktspezifisches* Instrument zum Ausgleich der wirtschaftlich stärkeren Position der Nachfrageseite dar. Es ist gegenständlich auf Arbeitsmärkte beschränkt und auf Gütermärkte nicht anwendbar.

Die Grenze der vom Kartellverbot dominierten Wettbewerbsordnung wird daher zu Recht oft als durch den Begriff des „Arbeitsmarktes" als Gegenbegriff zu den Gütermärkten determiniert angesehen.[1086] Auch das Bundesarbeitsgericht beruft sich in seiner Entscheidung zur Unanwendbarkeit des Kartellrechts auf tarifvertragliche Bestimmungen auf die „ordnungspolitische Sonderstellung des Arbeitsmarktes".[1087]

Entscheidend ist, dass dieser Arbeitsmarktbegriff unter ordnungspolitischen Gesichtspunkten umfassender verstanden werden muss als der enge, nur „abhängige" Arbeitsleistungen einbeziehende Begriff, wie er üblicherweise Verwendung findet. So wie sich strukturelle asymmetrische Marktmachtverhältnissen auch bei selbständig Beschäftigten in gleicher oder ähnlicher Weise wie bei Arbeitnehmern zeigen, ist es nicht gerechtfertigt, die Nichtanwendung des Kartellverbots von der individualarbeitsrechtlichen Zuordnung zum Arbeitnehmerbegriff abhängig zu machen.[1088] Erkennt man an, dass es für die Wettbewerbsbedingungen auf Märkten, die sich auf den Produktionsfaktor „Arbeit" im weitesten Sinne beziehen, keine Rolle spielt, ob die Arbeitsleistungen in der Rechtsform selbständiger oder unselbständiger Beschäftigung erbracht werden[1089], kann ein auf Arbeitnehmer beschränktes Verständnis des Arbeitsmarktbegriffs auch im wettbewerbspolitischen Kontext nicht überzeugen.

[1085] Vgl. auch den humanitären Rechtfertigungsansatz bei *Mathys*, Das Verhältnis zwischen Kartellrecht und kollektivem Arbeitsrecht, S. 93 f, der sich auf die besondere Beschaffenheit des Produktionsmittels Arbeit stützt: Eine Gleichbehandlung des Arbeitsmarktes mit anderen Märkten hieße seiner Auffassung nach, „den Menschen zum gewöhnlichen Objekt des Wirtschaftslebens herabwürdigen, über das je nach den Geboten von Markt- und Wettbewerbslage verfügt wird." Von einer grundsätzlich in Art. 9 Abs. 3 GG angelegten „Höherrangigkeit des ‚Faktors Arbeit'" aufgrund der personenorientierten Wertordnung des Grundgesetzes sprechen AK-GG-*Kittner/Schiek*, Art. 9 Abs. 3 Rn. 91.

[1086] Vgl. etwa *Dorndorf*, in: Festschrift für Kissel, S. 139, 142; *Hendriks*, Arbeitsrechtliche Vereinbarungen und Kartellrecht, S. 30; Immenga/Mestmäcker-*Immenga*, GWB, § 1 Rn. 303 ff.; MünchArbR-*Löwisch/Rieble*, Band 3, § 247 Rn. 8 f.; *Rieble*, Arbeitsmarkt und Wettbewerb, Rn. 426, 607; *Roth*, in: Tarifautonomie und Kartellrecht, FIW Schriftenreihe, Heft 136, S. 7, 9; *v. Wallwitz*, Wettbewerbsordnung, S. 17; *Wiedemann-Wiedemann*, Tarifvertragsgesetz, Einleitung Rn. 371.

[1087] BAG v. 27. 6. 1989, AP Nr. 113 zu Art. 9 GG Arbeitskampf, Bl. 6; vgl. auch *Söllner*, NZA 2000, Sonderbeilage zu Heft 24, S. 33, 37.

[1088] So aber *Buchner*, ZHR 134 (1970), S. 165 f.

[1089] Vgl. oben S. 209 ff.

Für den Einbezug selbständig Beschäftigter in einen kartellrechtlichen Arbeitsmarktbegriff spricht noch eine weitere Überlegung: Die Definition des Arbeitsmarktes hängt davon ab, wie weit oder eng der Begriff der „Ware Arbeitskraft" zu fassen ist. Dabei ist es geboten, gegeneinander *substituierbare* Waren als „einheitliches Gut" in diesem Sinne zusammenzufassen.[1090] Dem kann der enge, auf (persönlich) „abhängige" Arbeit beschränkte Arbeitsmarktbegriff nicht gerecht werden. Denn selbständigen Beschäftigungsverhältnissen kommt aus der Sicht des Beschäftigungsgebers grundsätzlich dieselbe ökonomische Funktion wie Arbeitsverhältnissen zu,[1091] nämlich die Versorgung des Beschäftigungsgeberunternehmens mit dem Produktionsfaktor Arbeit im weitesten Sinne. Selbständige und Arbeitnehmer können dementsprechend zueinander in Konkurrenz treten und tun dies selbstverständlich auch. Die Verhältnisse auf den Märkten für selbständig und unselbständig erbrachte Leistungen wirken wegen dieses Zusammenhangs wechselseitig aufeinander ein.

Ein wettbewerbsbezogener, ökonomischer Arbeitsmarktbegriff darf sich also nicht ausschließlich an der juristischen Unterscheidung zwischen persönlich abhängiger und selbständiger Arbeit orientieren. Ein Begriff des Arbeitsmarktes i. w. S. muss vielmehr auch von Selbständigen erbrachte Dienstleistungen erfassen, wenn es sich um Beschäftigte handelt, die ihre Arbeitskraft als Produktionsfaktor unter vergleichbaren Wettbewerbsbedingungen wie Arbeitnehmer vermarkten. Damit ist ein Bezug zu den im vorangegangenen Kapitel entwickelten Kriterien der Koalitionsfähigkeit hergestellt, auf die hier verwiesen werden kann.[1092] Die dort genannten Voraussetzungen der Grundrechtsträgerschaft hinsichtlich Art. 9 Abs. 3 GG lassen sich aufgrund ihrer ökonomischen Ausrichtung zugleich als Begriffsmerkmale des kartellrechtlichen Arbeitsmarktbegriffs verstehen.

Dies bedeutet, dass Beschäftigungsverhältnisse, die in den Schutzbereich der Koalitionsfreiheit fallen, der ordnungspolitischen Intention des Kartellrechts zufolge in den Ausnahmebereich „Arbeitsmarkt" fallen, für den das Kartellverbot des § 1 GWB nicht gilt.

7. Zwischenergebnis

Am Ende führt sowohl eine verfassungskonforme Auslegung des Unternehmensbegriffs im Hinblick auf Art. 9 Abs. 3 GG als auch eine ordnungspolitische Interpretation des kartellrechtlichen Ausnahmebereichs „Arbeitsmarkt" zu

---

[1090] Vgl. *Stützel*, Paradoxa, S. 372; zu Art. 86 EGV (a. F.) vgl. EuGH v. 26. 11. 1998, NJW 1999, S. 2259, 2261 (unter Nr. 33) m. w. N.

[1091] Siehe oben S. 44 f.

[1092] Vgl. die Zusammenfassung oben S. 227 f.

dem Ergebnis, dass das Kartellrecht der Bildung von Koalitionen durch selbständig Beschäftigte nicht im Wege steht.[1093]

Koalitionsfähige Personen im Sinne des Art. 9 Abs. 3 GG sind also keine „Unternehmen" und ihre Verbände keine „Unternehmensvereinigungen" im Sinne des § 1 GWB, soweit sie sich koalitionsspezifisch betätigen. Ebenso wenig würden Verbände von Auftraggebern in ihrer Funktion als „Sozialpartner" gegenüber einer solchen Auftragnehmerkoalition vom Kartellverbot erfasst werden.[1094]

Dieses Ergebnis bedeutet freilich nicht, dass koalitionsfähige Selbständige – darunter auch Freiberufler – nunmehr immun gegen jegliche kartellrechtliche Kontrolle wären. Ihr Verhalten unterliegt nur in Bezug auf *koalitionsspezifische* Betätigungsformen, die vom sachlichen Schutzbereich des Art. 9 Abs. 3 GG gedeckt sind, keinen kartellrechtlichen Restriktionen. Selbständige sind nur insofern keine „Unternehmer" im Sinne des Kartellrechts, als es um ihr koalitionsmäßiges Auftreten am Markt als *Beschäftigter* gegenüber der Auftraggeberseite geht. Nicht-koalitionsmäßige Assoziationsformen, wie etwa berufsrechtliche Kammern, können demgegenüber weiterhin[1095] den Regeln des Wettbewerbsrechts unterstehen. Diese mögliche Spaltung der Unternehmereigenschaft ein und derselben Person in Bezug auf unterschiedliche Verhaltensformen ist Konsequenz des funktional zu verstehenden Unternehmensbegriffs im Kartellrecht.

Schließlich ist darauf hinzuweisen, dass Wettbewerbsbeschränkungen durch Koalitionen nur in Bezug auf *Mindest*beschäftigungsbedingungen legitimiert sind, während eine kartellmäßige Vereinbarung von Höchstarbeitsbedingungen die Funktionsgrenzen des Art. 9 Abs. 3 GG überschreiten würde.[1096] Eine nicht auf Mindestbedingungen beschränkte Kartellabsprache diente nicht mehr dem Zweck, einen Unterbietungswettbewerb der Beschäftigten zu verhindern und wäre deshalb vom Kartellverbot des § 1 GWB erfasst.

1093 Neben § 1 GWB sind auch andere kartellrechtliche Vorschriften (z. B. Missbrauchs- und Diskriminierungskontrolle, Verbot von Vertikalvereinbarungen) auf die Koalitionsbetätigung unanwendbar.

1094 Dies ergibt sich daraus, dass ebenso wie Arbeitgeber auch Auftraggeber vom Schutzbereich der Koalitionsfreiheit erfasst werden; die Koalitionsfähigkeit ist insofern also auch nicht durch den arbeitsrechtlichen *Arbeitgeber*begriff determiniert.

1095 Vgl. hierzu FK-*Huber/Baums*, § 1 GWB a. F. Tz. 66 ff.

1096 Vgl. MünchArbR-*Löwisch/Rieble*, Band 3, § 247 Rn. 20; *Picker*, NZA 2002, S. 761, 769.

IV. Garantie eines Kollektivvertragssystems

Rechtsprechung und Literatur stellen zu Recht den Abschluss von Tarifverträgen ins Zentrum der „spezifisch koalitionsmäßigen Betätigung“, sodass die so genannte Tarifautonomie grundsätzlich durch Art. 9 Abs. 3 GG garantiert sein muss.[1097] Dabei ist zu betonen, dass es sich bei der Bezeichnung „Tarifvertrag“ nicht um einen verfassungsrechtlichen, sondern um einen Begriff aus dem gesetzlichen Tarifvertragsrecht handelt. Das Tarifvertragsgesetz bestimmt im Einzelnen, in welcher Form und in welchem Rahmen Gewerkschaften und Arbeitgeberverbände die Tarifautonomie verwirklichen können.

Der personelle Anwendungsbereich des Tarifvertragsrechts ist durch den Begriff des Arbeitnehmers und der arbeitnehmerähnlichen Person (§ 12a TVG) determiniert, während – wie sich herausgestellt hat – die Koalitionsfreiheit darüber hinaus auch andere Formen selbständiger Beschäftigungsverhältnisse erfassen kann. Es stellt sich damit die Frage, ob das Koalitionsmittel „Tarifvertrag“ in der gesetzlich nur für Arbeitnehmer normierten Form auch allen selbständig Beschäftigten verfassungsrechtlich garantiert ist oder ob diesen ein vom geltenden Tarifvertragsrecht *abweichendes* Kollektivvertragssystem zur Verfügung steht oder gestellt werden muss. Denkbar ist,

- dass Art. 9 Abs. 3 GG den Gesetzgeber verpflichtet, den Anwendungsbereich des Tarifvertragsgesetzes auf alle koalitionsfähigen Personen zu erweitern,
- dass der Gesetzgeber verfassungsrechtlich verpflichtet ist, den nicht vom Tarifvertragsgesetz erfassten koalitionsfähigen Personen zumindest eine *andere* Form der Verwirklichung der Tarifautonomie zu eröffnen oder
- dass die Verfassung kein Einschreiten des Gesetzgebers gebietet, weil im Rahmen der bestehenden Rechtsordnung eine dem sachlichen Schutzbereich des Art. 9 Abs. 3 GG entsprechende Betätigung von Koalitionen möglich ist, die außerhalb des gesetzlichen Tarifvertragsrechts steht.

[1097] BVerfG v. 19. 10. 1966, BVerfGE 20, S. 312, 320: „[...] durch spezifische koalitionsmäßige Betätigung, *also* durch Tarifverträge [...]“ (Hervorhebung durch Verf.); ähnlich BVerfG v. 15. 7. 1980, BVerfGE 55, S. 7, 23; v. 26. 1. 1991, BVerfGE 84, S. 212, 224; v. 2. 3. 1993, BVerfGE 88, S. 103, 114; v. 10. 1. 1995, BVerfGE 92, S. 26, 38; BAG v. 20. 4. 1999, NZA 1999, S. 887, 891; vgl. *Kempen/Zachert*, Tarifvertragsgesetz, Grundlagen Rn. 117; *Kempen*, NZA 2000, Sonderbeilage zu Heft 3, S. 7, 10; *Waltermann*, ZfA 2000, S. 53, 58 ff.; *Zöllner/Loritz*, Arbeitsrecht, § 33 IV 3 (S. 375). *Gamillscheg* (Grundrechte, S. 99) sieht in der Garantie der Tarifautonomie eine „ungeschriebene, von allseitigem Konsens getragene Verfassungsnorm“ institutioneller Prägung.

Welche der aufgeführten Varianten zutrifft, soll durch die Beantwortung folgender drei Fragen geklärt werden:

1. Welche Kernelemente des Tarifvertragssystems für *Arbeitnehmer* sind in Art. 9 Abs. 3 GG garantiert?
2. Inwieweit gelten diese Gewährleistungen nicht nur für Arbeitnehmer, sondern auch für *selbständig Beschäftigte*?
3. Bedarf es einer neuen gesetzlichen Regelung, um die grundrechtliche Rechtsposition selbständig Beschäftigter zu verwirklichen oder ist ein Art. 9 Abs. 3 GG gerecht werdendes Kollektivvertragssystem auf der Grundlage der geltenden Rechtsordnung möglich?

1. Verfassungsrechtliche Vorgaben für das Tarifvertragssystem der Arbeitnehmer

a) Gestaltungsspielraum des Gesetzgebers

Nach der Rechtsprechung des Bundesverfassungsgerichts verpflichtet Art. 9 Abs. 3 GG den Gesetzgeber, „ein Tarifvertragssystem im Sinne des modernen Arbeitsrechts staatlicherseits überhaupt bereitzustellen".[1098] Die verfassungsrechtliche Garantie ist aber von der gesetzlichen Ausgestaltung des Tarifvertragsrechts durch den Gesetzgeber zu unterscheiden, dem durchaus Gestaltungsspielräume zuzugestehen sind. Deutlich wird dies in der Aussage des Bundesverfassungsgerichts, der Gesetzgeber habe den Koalitionen

> „auf der Grundlage dieser historisch gewachsenen Bedeutung des Grundrechts der Koalitionsfreiheit im Tarifvertragsgesetz das Mittel des Tarifvertrags an die Hand gegeben, damit sie die von Art. 9 Abs. 3 GG intendierte autonome Ordnung des Arbeitslebens verwirklichen können."[1099]

Die grundrechtliche Gewährleistung der Tarifautonomie ist aber

> „ganz allgemein; sie umfasst nicht die besondere Ausprägung, die das Tarifvertragssystem in dem zur Zeit des Inkrafttretens des Grundgesetzes geltenden Tarifvertragsgesetz erhalten hat."[1100]

Das Grundrecht enthält

> „keine Garantie des Bestandes des Tarifvertrags- und Arbeitskampfsystems in seiner gegenwärtigen Gestalt. Art. 9 Abs. 3 GG läßt sich auch nicht dahin auslegen, dass er ein Tarifsystem als *ausschließliche* Form der Förderung der Arbeits-

---

[1098] BVerfG v. 18. 11. 1954, BVerfGE 4, S. 96, 106.

[1099] BVerfG v. 24. 5. 1977, BVerfGE 44, S. 322, 341; vgl. BVerfG v. 18. 11. 1954, BVerfGE 4, S. 96, 106.

[1100] BVerfG v. 1. 3. 1979, BVerfGE 50, S. 290, 369.

> und Wirtschaftsbedingungen gewährleiste. Dies würde in Widerspruch zu dem Grundgedanken und der geschichtlichen Entwicklung der Koalitionsfreiheit treten, der für die Auslegung maßgebliche Bedeutung zukommt.“[1101]

In dieser Formulierung kommt die oben schon erörterte[1102] Offenheit der Koalitionsfreiheit gegenüber sozio-ökonomischen Veränderungen und ihre Abhängigkeit von den jeweiligen Rahmenbedingungen des Arbeits- und Wirtschaftslebens zum Ausdruck. Diese für das Grundrecht insgesamt typische Anpassungsfähigkeit prägt also nicht nur die Interpretation des persönlichen Schutzbereichs, sondern ist auch auf die grundrechtlich geschützten Koalitionsmittel zu beziehen.

Deshalb steht außer Frage, dass nicht alle Einzelheiten des geltenden Tarifrechts an der verfassungsrechtlichen Gewährleistung teilhaben können. Es muss also herausgearbeitet werden, welchen Umfang der grundrechtlich geschützte Kern der Tarifautonomie hat, der dem Gestaltungsspielraum des Gesetzgebers Grenzen setzt.

Im Mittelpunkt des Tarifvertragssystems steht nach dem für Arbeitnehmer geltenden Tarifrecht die Rechtsmacht der Sozialpartner, Arbeitsbedingungen gerade *normativ* zu regeln: Tarifverträge enthalten – neben schuldrechtlichen Verpflichtungen – Rechtsnormen (§ 1 Abs. 1 TVG), die *unmittelbar* und *zwingend* wirken (§ 4 Abs. 1 TVG).

b) Unmittelbare und zwingende Wirkung als Kernelemente der Normativität von Tarifverträgen

Die *unmittelbare Wirkung* besagt zunächst, dass die Tarifbestimmungen auf die gegenständlich erfassten Arbeitsverhältnisse einwirken, ohne dass es einer Mitwirkung der Arbeitsvertragsparteien bedarf.[1103] Der Tarifvertrag ist also sozusagen „selbstexekutierend“[1104] und muss nicht eigens in eine arbeitsvertragliche Regelung umgegossen werden. Aufgabe der unmittelbaren Wirkung ist also die automatische Übertragung des kollektiven Verhandlungsergebnisses in das einzelne Beschäftigungsverhältnis. Nach nunmehr ganz h. M. werden die Rechtsnormen des Tarifvertrags dabei nicht Inhalt des Arbeitsvertrages, sondern sie wirken – soweit und solange sie gelten – wie ein Gesetz rechtsgestaltend auf das Arbeitsverhältnis ein.[1105]

[1101] BVerfG v. 1. 3. 1979, BVerfGE 50, S. 290, 371.

[1102] Oben S. 224 ff.

[1103] *Kempen/Zachert*, Tarifvertragsgesetz, § 4 Rn. 9; *Löwisch/Rieble*, Tarifvertragsgesetz, § 4 Rn. 52; Wiedemann-*Wank*, Tarifvertragsgesetz, § 4 Rn. 300.

[1104] *Rieble*, Arbeitsmarkt und Wettbewerb, Rn. 1200.

[1105] *Kempen/Zachert*, Tarifvertragsgesetz, § 4 Rn. 9 m.w.N; MünchArbR-*Richardi*, Band 3, § 240 Rn. 27; Wiedemann-*Wank*, Tarifvertragsgesetz, § 4 Rn. 304. Diese Frage war in der

Die Frage der Dispositivität der Tarifbestimmungen beantwortet dagegen die weitere elementare Eigenschaft von Tarifnormen, nämlich die *zwingende Wirkung*: Sie besagt, dass der normative Inhalt des Tarifvertrages auch dann verbindlich bleibt, wenn auf der Individualebene hiervon abweichende Vereinbarungen getroffen werden.[1106] Gemäß § 4 Abs. 3 TVG gilt dies nur dann nicht, wenn die Abweichung entweder ausdrücklich im Tarifvertrag gestattet ist oder wenn sie für den Arbeitnehmer günstiger ist als die tarifliche Regelung (Günstigkeitsprinzip). Die zwingende Wirkung führt also zu einer (einseitigen) Unabdingbarkeit der Tarifbestimmungen.[1107]

Daneben kann man der Normativität tarifvertraglicher Bestimmungen eine „generelle" Wirkung zuschreiben, da Tarifverträge in der Regel eine unbestimmte Vielzahl von Arbeitsverhältnissen erfassen.[1108] Diese generelle Wirkung ist allerdings kein Spezifikum objektiven Rechts, sondern eine Eigenschaft, die auch vertragsrechtlichen Gestaltungsformen wie etwa Allgemeinen Geschäftsbedingungen oder vertraglichen Einheitsregelungen zugeschrieben werden kann. Tarifverträgen kommt dagegen eine „echte" Normativität als Gesetz im materiellen Sinne zu.[1109]

Für die Frage der Koalitionsmittelgarantie aufgrund Art. 9 Abs. 3 GG kommt es daher nur auf die in § 4 Abs. 1 TVG angeordnete unmittelbare und zwingende Wirkung an. Fraglich ist, ob diese Eigenschaften von Kollektivverträgen für das Tarifvertragssystem derart essenziell sind, dass sie auch verfassungsrechtlich garantiert sein müssen.

c) Normsetzungsbefugnis und Normsetzungsprärogative der Tarifvertragsparteien

Für Arbeitnehmer lässt sich diese Frage bereits aufgrund der verfassungsrechtlichen Garantie der den Tarifvertragsparteien eingeräumten „Normsetzungsbefugnis" und ihrer „Normsetzungsprärogative" beantworten.

Weimarer Zeit vor allem wegen der individualrechtlichen Folgen für den Zeitraum nach dem Ablauf des Tarifvertrags von Bedeutung und ist durch die ausdrückliche Regelung der Nachwirkung in § 4 Abs. 5 TVG größtenteils obsolet geworden (vgl. *Herschel*, ZfA 1973, S. 183, 192 f.). Bestätigung hat diese Wirkungsweise der Tarifnormen heute in § 613a Abs. 1 S. 2 BGB gefunden, der ausdrücklich für einen Sonderfall eine „nur" vertragliche Wirkung von Tarifverträgen anordnet, vgl. *Kempen*, ArbRGegW 30 (Dokumentation 1992), S. 97, 104.

1106 *Kempen/Zachert*, Tarifvertragsgesetz, § 4 Rn. 11 f.; vgl. Wiedemann-*Wank*, Tarifvertragsgesetz, § 4 Rn. 369 ff.

1107 Vgl. zum Begriff *Herschel*, ZfA 1973, S. 183, 193.

1108 *Adomeit*, Rechtsquellenfragen, S. 141; *Bötticher*, Gestaltungsrecht, S. 21; vgl. *Lotmar*, Schriften, S. 429, 530.

1109 Wiedemann-*Wiedemann*, Tarifvertragsgesetz, § 1 Rn. 9.

Während frühere Formulierungen des Bundesverfassungsgerichts noch offen ließen, ob die normative Wirkung der Tarifverträge verfassungsrechtlich garantiert ist,[1110] betonen neuere Entscheidungen eine Normsetzungsbefugnis der Sozialpartner, was die verfassungsrechtliche Garantie eines mit normativer Wirkung ausgestatteten Kollektivvertragssystems impliziert:

> „Die Koalitionen sind im Rahmen ihres durch Art. 9 Abs. 3 GG gewährleisteten Status insbesondere berechtigt, Rechtsnormen mit bindender Wirkung für ihre Mitglieder zu vereinbaren".[1111]

Das Gericht betont, dass Art. 9 Abs. 3 GG den Koalitionen die Aufgabe zuweist, „insbesondere Löhne und sonstige Arbeitsbedingungen [...] durch *unabdingbare Gesamtvereinbarungen* sinnvoll zu ordnen".[1112] Die Verfassung intendiere die „Ordnung der Arbeits- und Wirtschaftsbedingungen durch *autonome Rechtsnormen* der Koalitionen".[1113]

Dass Art. 9 Abs. 3 GG eine gerade auch die normative Rechtsqualität von Tarifverträgen schützt, wird noch deutlicher im Zusammenhang mit der so genannten *„Normsetzungprärogative*" gegenüber dem Gesetzgeber, von der das Bundesverfassungsgericht in ständiger Rechtsprechung ausgeht:[1114]

> „[...] Hierzu gehört der Abschluß von Tarifverträgen, durch die die Koalitionen insbesondere Lohn- und sonstige materielle Arbeitsbedingungen in einem Bereich, in dem der Staat seine Regelungszuständigkeit weit zurückgenommen hat, in eigener Verantwortung und im wesentlichen ohne staatliche Einflussnahme regeln."[1115]

Gemeint ist damit eine Kompetenzabgrenzung zwischen staatlicher (vgl. Art. 74 Abs. 1 Nr. 12 GG) und koalitionsförmig-tarifautonomer Rechtsetzung. Die Kernaussage dieses Gewährleistungsbereichs[1116] liegt in der grundsätzlichen

---

[1110] So BVerfG v. 6. 5. 1964, BVerfGE 18, S. 18, 28 („Ein solcher Tarifvertrag setzt *jedenfalls nach dem herkömmlichen Recht* Rechtsnormen" [Hervorhebung durch Verf.]).

[1111] BVerfG v. 15. 7. 1980, BVerfGE 55, S. 7, 23.; vgl. BVerfG v. 26. 5. 1970, BVerfGE 28, S. 295, 304.

[1112] BVerfG v. 24. 5. 1977, BVerfGE 44, S. 322, 340 f.; Hervorhebung durch Verf.

[1113] BVerfG v. 26. 5. 1970, BVerfGE 28, S. 295, 305; Hervorhebung durch Verf.

[1114] Vgl. BVerfG v. 6. 5. 1964, BVerfGE 18, S. 18, 28; v. 19. 10. 1966, BVerfGE 20, S. 312, 317; 24. 5. 1977, BVerfGE 44, S. 322, 341; v. 1. 3. 1979, BVerfGE 50, S. 290, 367; v. 26. 6. 1991, BVerfGE 84, S. 212, 214; MünchArbR-*Richardi*, Band 3, § 240 Rn. 48; *Kempen/Zachert*, Tarifvertragsgesetz, Grundlagen Rn. 121; *Säcker*, Grundprobleme, S. 50.

[1115] BVerfG v. 1. 3. 1979, BVerfGE 50, S. 290, 367.

[1116] Näher *Biedenkopf*, Grenzen der Tarifautonomie, S. 122 ff.; *Kempen/Zachert*, Tarifvertragsgesetz, Grundlagen Rn. 121 f., 204 ff.

Subsidiarität[1117] staatlich-legislativer Tätigkeit im Verhältnis zur autonomen Regelung der Arbeitsbedingungen mit den Mitteln der Tarifautonomie.[1118] Damit wird bestätigt, dass den Sozialpartnern von Verfassungs wegen eine quasi-gesetzgeberische Funktion zukommt.

Auch das Bundesarbeitsgericht geht von einer Rechtsetzung der Tarifvertragsparteien aus, „wie sie sonst nur staatlichen Organen zukommt."[1119] Sie haben durch die Tarifautonomie die Befugnis erhalten, „wie der Gesetzgeber Normen zu schaffen."[1120]

Dieses besondere Verhältnis zwischen den Arbeitnehmer- und Arbeitgeberkoalitionen und dem staatlichen Gesetzgeber prägt zugleich die verfassungsrechtlich vorgegebene Rechtsnatur des Regelungsmittels Tarifvertrag: Er ist der Rechtsqualität eines staatlichen Gesetzes angeglichen und muss dies auch sein, um an die Stelle staatlicher Gesetzgebung treten zu können.

Aus der verfassungsrechtlichen Verankerung der Normsetzungsbefugnis lässt sich allerdings noch nicht ohne weiteres auf ihre dogmatischen Grundlagen schließen. Tarifverträge unterscheiden sich nämlich insoweit von staatlichen Gesetzen, als sie sich durch ein privatautonomes (vertragsförmiges) Verfahren zustande kommen und sich durch die freiwillige Verbandsmitgliedschaft der Normunterworfenen in den vertragsschließenden Koalitionen als zusätzliche Legitimationsgrundlage auszeichnen. Es verwundert deshalb nicht, dass die dogmatische Deutung der Tarifautonomie äußerst umstritten ist, insbesondere die Frage, ob die Normsetzungsbefugnis auf gesetzlicher oder verfassungsrechtlicher Delegation, der Mitgliedschaft im Verband oder einer originären Autonomie der Verbände beruht.[1121] Relevant sind diese Zusammenhänge vor

---

1117 BVerfG v. 24. 5. 1977, BVerfGE 44, S. 322, 341; *Kempen/Zachert,* Tarifvertragsgesetz, Grundlagen Rn. 82; *Kempen*, RdA 1994, S. 140; vgl. BVerfG v. 27. 4. 1999, NJW 1999, S. 3033, 3034.

1118 Für die Konzeption einer subsidiären, aber normativ vorrangigen Arbeitsgesetzgebung setzte sich bereits *Sinzheimer* ein; vgl. insoweit *Becker*, Arbeitsvertrag, S. 297 f. Instruktiv für sein Verständnis vom Verhältnis staatlicher Gesetzgebung und Tarifautonomie *Sinzheimer*, Arbeitsrecht und Rechtssoziologie, Band 1, S. 78, 87: „Das staatliche Arbeitsrecht muss vor allem die *sozialen Grundbedingungen* der abhängigen Arbeit sichern. Vor dieser elementaren Aufgabe endet jede Autonomie." Heute würde man von einer im Sozialstaatsprinzip wurzelnden Verpflichtung des Staates zur Herstellung einer „Grundsicherung" sprechen.

1119 BAG v. 23. 1. 1975, BAGE 40, S. 327, 334 f.

1120 BAG v. 13. 5. 1997, AP Nr. 36 zu § 1 BetrAVG Gleichbehandlung, Bl. 3.

1121 Zum Streitstand *Belling*, ZfA 1999, S. 547, 562 ff.; MünchArbR-*Richardi*, § 241 Rn. 9 ff; *Richardi*, Kollektivgewalt und Individualwille, S. 130 ff.; *Waltermann*, ZfA 2000, S. 53 ff.; Wiedemann-*Wiedemann*, Tarifvertragsgesetz, § 1 Rn. 39 ff.; vgl. die unterschiedlichen Positionen von *Herschel*, in: Festschrift für Bogs, S. 125, 130; Maunz/Dürig-*Dürig*, Art. 1 Rn. 115 ff.; *Galperin*, in: Festschrift für Molitor, S. 125, 157; *Hertwig*, RdA 1985,

allem für die Frage, ob und inwieweit die Tarifvertragsparteien an die Grundrechte gebunden sind, die schließlich auch die Spielräume staatlicher Gesetzgeber beschränken.[1122] Wenngleich hier festgehalten werden kann, dass sich eine streng privatrechtlich-individualistische Sichtweise des Tarifvertrags nicht mit der Funktion der Tarifautonomie als Ersatz für die subsidiäre staatliche Arbeitsgesetzgebung vereinbaren lässt,[1123] sollen die damit zusammenhängenden Streitfragen hier nicht näher erörtert werden.

Für die vorliegende Untersuchung ist lediglich die Feststellung von Interesse, dass es einen Eingriff in Art. 9 Abs. 3 GG darstellen würde, wenn der Gesetzgeber den Arbeitnehmer- und Arbeitgeberkoalitionen das Instrument normativ wirkender Tarifverträge entzöge. Die unmittelbare und zwingende Wirkung von Tarifverträgen ist also Teil der verfassungsrechtlichen Garantie aus Art. 9 Abs. 3 GG.[1124] Der verfassungsrechtliche Auftrag an die Sozialpartner, Arbeitsbedingungen autonom zu regeln, macht es erforderlich, ihnen ein hierzu geeignetes Mittel an die Hand zu geben, und zwar dasjenige, das auch dem Gesetzgeber zur Verfügung steht: die Setzung objektiven Rechts. Rein schuldrechtlich wirkende Absprachen können aufgrund ihrer relativen Natur kein gleichwertiger Ersatz für die kraft Art. 9 Abs. 3 GG zurückgedrängte staatliche Gesetzgebung sein.

Eine Rückbesinnung auf die „schlichte" kartellförmige Gegenmachtbildung, bei der die Koalitionen allein als Vertreter der wirtschaftlichen Interessen ihrer Mitglieder auftreten[1125], ist zweifellos hilfreich zur Beantwortung der Frage, ob

---

S. 282, 284 ff.; *Hueck/Nipperdey*, Arbeitsrecht, Band II/1, S. 346 f.; *Krüger*, Gutachten zum 46. DJT, Band I/1, S. 7, 14 ff.; *Nikisch*, Arbeitsrecht, II. Band, S. 216 ff.; *Picker*, NZA 2002, S. 761 ff.; *Scholz*, Koalitionsfreiheit, S. 58; *Söllner*, Arbeitsrecht, § 15 II 3 (S. 123 ff.); *derselbe*, NZA 2000, Sonderbeilage zu Heft 24, S. 33 ff.; *Biedenkopf*, Grenzen der Tarifautonomie, S. 103 f.; *Weber*, Koalitionsfreiheit und Tarifautonomie, S. 24.

[1122] Vgl. hierzu die ältere Rechtsprechung des Bundesarbeitsgerichts, die von einer unmittelbaren Grundrechtsbindung ausging (BAG v. 15. 1. 1955, BAGE 1, S. 258, 264; v. 23. 3. 1957, BAGE 4, S. 133, 136; v. 23. 3. 1957, BAGE 4, S. 240, 251) gegenüber der neueren Entscheidung BAG v. 25. 2. 1998, NZA 1998, S. 715, 716, in der die Normsetzung der Tarifvertragsparteien offenbar nicht mehr als Ausfluss staatlicher Delegation angesehen wird, sondern die Legitimation kraft Verbandsmitgliedschaft hervorgehoben wird, sowie BAG v. 30. 8. 2000, NZA 2001, S. 613 ff.; vgl. auch *Belling*, ZfA 1999, S. 547 ff.; *Biedenkopf*, Grenzen der Tarifautonomie, S. 70 ff.; *Canaris*, AcP 184 (1984), S. 201, 243 ff.; *Gamillscheg*, Grundrechte, S. 103 ff.; *Kempen*, ArbRGegW 30 (Dokumentation 1992), S. 97, 105 ff.; Wiedemann-*Wiedemann*, Tarifvertragsgesetz, Einleitung Rn. 198 ff.

[1123] Vgl. *Kempen*, in: Festschrift für Hanau, S. 529, 536 ff.

[1124] Im Ergebnis ebenso *Kempen*, RdA 1994, S. 140, 146; v. Münch-*Löwer*, Grundgesetz, Art. 9 Rn. 80 (Stichwort „Tarifautonomie"); Sachs-*Höfling*, Grundgesetz, Art. 9 Rn. 92; *Waltermann*, ZfA 2000, S. 53, 59 f.

[1125] So vor allem *Rieble*, Arbeitsmarkt und Wettbewerb, Rn. 1108 ff; ähnlich *Richardi*, NZA 2000, S. 617, 618.

und in welcher Weise *neue* Beschäftigungsformen an der Koalitionsfreiheit teilhaben können. Der kartellmäßige Zusammenschluss, der als solcher nicht notwendig eine Befugnis zur Normsetzung impliziert, entspricht nämlich in der historischen Ausgangssituation dem ökonomischen Grundkonzept der Koalitionsbildung. Deshalb musste die Interpretation des persönlichen Schutzbereichs[1126] primär auf die Kartellfunktion der Koalitionsfreiheit bezogen werden.

An diesem Punkt ist die Entwicklung aber nicht stehen geblieben. Mit dem praktischen Durchbruch des Tarifvertragswesens ab Beginn des 20. Jahrhunderts und der Konstitutionalisierung der Tarifautonomie als „grundrechtlich geschützter Bereich kollektiver Selbstorganisation“[1127] in der Weimarer Reichsverfassung hat sich eine funktionale Kompetenzverteilung hinsichtlich arbeitsrechtlicher Regelungen zwischen den Koalitionen auf der einen und dem staatlichen Gesetzgeber auf der anderen Seite herausgebildet.[1128] Über ihren primären Zweck, die wirtschaftlich-soziale Lage ihrer Mitglieder durch abgesprochenes Marktverhalten zu verbessern, sind die Gewerkschaften, wie es der Bundesgerichtshof treffend ausdrückt, „seit langem herausgewachsen und repräsentieren Arbeitnehmerinteressen in Staat und Gesellschaft heute in umfassender Weise.“[1129]

Diese historischen Entwicklungsschritte dürfen bei der Interpretation der Koalitionsfreiheit nicht übergangen werden. Der Verfassungsgeber hat sie schon 1919 unausgesprochen anerkannt und in das Regelungsprogramm des Grundrechts mit aufgenommen. Unmittelbare und zwingende Wirkung als Elemente der Normativität von Tarifverträgen wurden damit verfassungsrechtlich festgeschrieben.

2. Verfassungsrechtliche Vorgaben für ein Kollektivvertragssystem selbständig Beschäftigter

Zu prüfen ist, ob die Garantie eines normativ wirkenden Kollektivvertrags als Koalitionsmittel nicht nur für Arbeitnehmer, sondern auch für selbständig Beschäftigte und ihre Zusammenschlüsse gilt.

Mit § 12a TVG wurde einer nicht unbedeutenden Gruppe der selbständig Beschäftigten zwar auf *gesetzlicher* Ebene die Befugnis zur Normsetzung eingeräumt. Die in dieser Vorschrift angeordnete „entsprechende“ Anwendung des Tarifvertragsgesetzes bezieht sich nämlich insbesondere auf Inhalt und Wirkung

---

[1126] Kapitel 4, oben S. 137 ff.

[1127] *Kempen*, NZA 2000, Sonderbeilage zu Heft 3, S. 7, 10.

[1128] Vgl. *Kempen*, NZA 2000, Sonderbeilage zu Heft 3, S. 7, 10.

[1129] BGH v. 25. 1. 1990, BGHZ 110, 156, 168.; vgl. BVerfG v. 18. 12. 1974, BVerfGE 38, S. 281, 306 („allgemeine Vertretung der Arbeitnehmerinteressen gegenüber dem Staat und der Öffentlichkeit“).

von Tarifverträgen.[1130] Durchaus fragwürdig ist aber, ob der Gesetzgeber zu einer solchen Regelung verfassungsrechtlich *verpflichtet* war.

Während *Kempen/Zachert* davon ausgehen, dass arbeitnehmerähnlichen Personen das Grundrecht des Art. 9 Abs. 3 GG im gleichen Umfang wie Arbeitnehmern zusteht,[1131] treten andere Autoren für einen abgestuften Gewährleistungsumfang der Koalitionsfreiheit für Personen ein, die jenseits des klassischen Arbeitnehmerbegriffs stehen.[1132] *Wank* äußert zumindest Zweifel daran, ob den Koalitionen arbeitnehmerähnlicher Personen unbedingt gerade der Tarifvertrag als Koalitionsmittel verfassungsrechtlich durch Art. 9 Abs. 3 GG garantiert sein muss.[1133] *Däubler* schließt aus dem Charakter des § 12a TVG als Konkretisierung des Art. 9 Abs. 3 GG, dass ohne diese ausgestaltende Norm die Gerichte aufgerufen wären, „für diese Personengruppe ein ‚Kollektivvertragsrecht' zu entwickeln, dass sich vermutlich am TVG orientieren würde, dieses aber nicht notwendig müsste".[1134] Was Personen angeht, die *jenseits* des § 12a TVG stehen, spricht sich *Otto* ausdrücklich für die Form eines „schuldrechtlichen Koalitionsvertrags" aus, der auch unter dem Schutz der Koalitionsfreiheit stehe.[1135]

Unbestreitbar dürfte sein, dass auch den Koalitionen selbständig Beschäftigter grundsätzlich ein Kollektivvertragsmechanismus zur Verfügung stehen muss, damit diese die Koalitionsaufgabe der kollektiven Gestaltung von Beschäftigungsbedingungen wahrnehmen können. Fraglich ist aber, ob dies gerade durch das Koalitionsmittel des normativ wirkenden Tarifvertrages geschehen muss, wie es für Arbeitnehmer durch Art. 9 Abs. 3 GG garantiert wird.

[1130] *Kempen/Zachert*, Tarifvertragsgesetz, § 12a Rn. 22.

[1131] *Kempen/Zachert*, Tarifvertragsgesetz, § 12a Rn. 25.

[1132] So MünchArbR-*Löwisch/Rieble*, Band 3, § 243 Rn. 23; *Zeuner*, RdA 1975, S. 87.

[1133] Wiedemann-*Wank*, Tarifvertragsgesetz, § 12a Rn. 24.

[1134] *Däubler*, Tarifvertragsrecht, Rn. 311.

[1135] *Otto*, Anmerkung zu BAG v. 2. 10. 1990, AP Nr. 1 zu § 12a TVG, Bl. 8: „Vorstellbar ist gleichwohl eine Vereinbarung zwischen einem Auftraggeber und einer Gewerkschaft im Hinblick auf die Rechtsverhältnisse der nicht von § 12a TVG bzw. § 17 HAG erfaßten Personen. Ob eine solche Vereinbarung noch die Bezeichnung TV verdient oder zur Vermeidung von Mißverständnissen besser als schuldrechtl. Koalitionsvertrag zu bezeichnen ist [...], kann hier dahinstehen. Eine solche gewerkschaftliche Betätigung wäre jedenfalls insoweit durch Art. 9 Abs. 3 GG gedeckt, als überhaupt noch von abhängiger Arbeit gesprochen werden kann [...]."

a) Normsetzungsbefugnis auch für Selbständigenkoalitionen?

Grundsätzlich ist zu bezweifeln, dass Selbständigenkoalitionen in gleicher Weise wie Arbeitnehmergewerkschaften eine Normsetzungsbefugnis aus Art. 9 Abs. 3 GG zusteht.[1136]

Dagegen spricht vor allem, dass einer kollektiven Regelung der Arbeitsbedingungen Selbständiger durch neuartige Koalitionen – anders als bei Arbeitnehmern – nicht die Rolle einer „Ersatzgesetzgebung“ zukommen kann. Zum Zeitpunkt der erstmaligen verfassungsrechtlichen Verankerung der Koalitionsfreiheit in der Weimarer Reichsverfassung existierte bereits eine Vielzahl von Arbeitnehmertarifverträgen, deren praktische Bedeutung in einzelnen Branchen einer gesetzlichen Regelung nahe kam.[1137] Die traditionellen Gewerkschaften sind auf diese Weise in jene quasi-gesetzgeberische gesellschaftliche Rolle „hineingewachsen“, die später in der verfassungsrechtlichen Garantie der Normsetzungsbefugnis festgeschrieben wurde. Die damit verbundene „öffentliche“ Bedeutung der Tarifautonomie[1138] für die Verhältnisse auf dem Arbeitsmarkt der Arbeitnehmer hat sich herausbilden können, nachdem die Phase der schlichten Verfolgung wirtschaftlicher Gruppeninteressen aufgrund einer konkreten wirtschaftlichen Notsituation überwunden war.

Ein vergleichbares Entwicklungsstadium ist im Bereich selbständiger Beschäftigung nicht ansatzweise erreicht.[1139] Eine echte „Koalitionkultur“ selbständig Beschäftigter hat sich in der Praxis bisher noch nicht entwickeln können. Dies wäre aber Voraussetzung für eine gesetzesäquivalent-„ordnende“ Funktion von Kollektivverträgen.

Es dürfte sogar eher unwahrscheinlich sein, dass jemals ein mit den Verhältnissen am Arbeitsmarkt der Arbeitnehmer vergleichbar umfassendes „Ordnungsbedürfnis“ im Bereich selbständiger Beschäftigung entstehen wird. Die kollektiven Regelungsspielräume sind schon wegen der gesteigerten Autonomievorstellung der typischen selbständig Beschäftigten kleiner als bei abhängig Beschäftigten. Die Homogenität der Vertragsbedingungen im Bereich selbständiger Beschäftigung dürfte insgesamt weitaus geringer sein, als dies bei Arbeitnehmern der Fall ist. Man denke nur an Franchise- oder Subunternehmer-

---

[1136] Hiergegen (in Bezug auf arbeitnehmerähnliche Personen) auch *Lieb*, RdA 1974, S. 257, 267, der diese Personengruppe allerdings gar nicht vom Schutzbereich des Art. 9 Abs. 3 GG erfasst ansieht.

[1137] Zur quantitativen Entwicklung der Tarifverträge *Kempen/Zachert*, Tarifvertragsgesetz, Grundlagen Rn. 19 ff. m. w. N.

[1138] Vgl. *Badura*, ArbRGegW 15 (Dokumentation 1977), S. 17, 22 f.; *Reuß*, RdA 1964, S. 362, 363; *Sinzheimer*, Grundzüge des Arbeitsrechts, S. 79 f.; ferner *Picot*, RdA 1979, S. 16, 18.

[1139] Vgl. in Bezug auf arbeitnehmerähnliche Personen die Argumentation bei Wiedemann-*Wank*, Tarifvertragsgesetz, § 12a Rn. 24.

verträge, die auf die konkreten Verhältnisse des jeweiligen Auftraggebers – und nicht nur der Branche – zugeschnitten sein müssen. Es dürfte kaum möglich sein, dort auch nur die wichtigsten Vertragsbedingungen in sinnvoller Weise gesetzlich zu regeln.

Auch muss bedacht werden, dass das hier vorgeschlagene Modell von Vereinigungen ausgeht, die wesentlich kleinere Einheiten bilden als sie Arbeitnehmergewerkschaften darstellen. Sie können sich daher auf ganz bestimmte Organisationsbereiche – unter Umständen sogar nur auf die Beschäftigten eines einzigen Auftraggebers – konzentrieren. Solchen Koalitionen kommt bereits aufgrund der Organisationsform eher die Rolle einer Interessenvertretung ihrer Mitglieder und weniger die Funktion eines gesetzgeberischen Organs zu. An die mit einer besonderen Verantwortung verbundene Funktion als „Ersatzgesetzgeber" knüpft die Rechtsprechung des Bundesarbeitsgerichts unter dem Stichwort der Tariffähigkeit zudem besonders strenge Anforderungen hinsichtlich der Leistungs- und Durchsetzungsfähigkeit einer Organisation; eine solche Koalition selbständig Beschäftigter könnte diese ohnehin nicht erfüllen.[1140]

Wegen der engen Verknüpfung von Normsetzungsprärogative und Normsetzungsbefugnis kann dort, wo Kollektivverträge nicht an die Stelle einer gesetzlichen Regelung treten können (oder wollen), auch keine gesetzesgleiche Wirkung dieser Verträge garantiert werden. Die Normsetzungskomponente der Tarifautonomie muss daher für den Bereich selbständiger Beschäftigung in den Hintergrund treten, während hier die Kartellbefugnis als originärer Kernbestandteil der Koalitionsfreiheit ganz im Vordergrund steht. Die verfassungsrechtliche Garantie einer Normsetzungsbefugnis ist also – zumindest unter den derzeitigen Verhältnissen – auf Arbeitnehmergewerkschaften und Arbeitgeberverbände beschränkt.

Gesteht man den Koalitionen selbständig Beschäftigter keine grundrechtliche Befugnis zur Setzung objektiver Rechtsnormen zu, wird damit die Zuordnung dieser Verbände zu Art. 9 Abs. 3 GG – anstatt zur allgemeinen Vereinigungsfreiheit des Art. 9 Abs. 1 GG – keineswegs überflüssig.[1141] Auch ohne diese Komponente des Grundrechts verbleibt ein gegenüber Art. 9 Abs. 1 GG verstärkter Grundrechtsschutz. Art. 9 Abs. 3 GG erweitert nämlich nicht nur den persönlichen Schutzbereich, indem die Koalitionsfreiheit als Menschen- und nicht lediglich Deutschengrundrecht ausgestaltet ist.[1142] Darüber hinaus enthält Abs. 3 des Art. 9 GG das besondere Element einer *kartellprivilegierenden* Wir-

---

1140 Näher hierzu unten S. 308.

1141 Vgl. hingegen *Biedenkopf*, Grenzen der Tarifautonomie, S. 42, 102.

1142 Vgl. *Reuter*, ZfA 1990, S. 535, 544.

kung zugunsten der Koalitionen, das der allgemeinen Vereinigungsfreiheit fehlt.[1143]

b) Normative Wirkung unter ökonomischen Effektivitätsgesichtspunkten

Die Garantie eines mit normativer Wirkung ausgestatteten Kollektivvertragssystems könnte unabhängig von einer verfassungsrechtlichen Normsetzungsbefugnis der Koalitionen darauf zu stützen sein, dass ein solches System ohne diese Wirkung nicht ökonomisch effektiv funktionieren kann. In diese Richtung argumentieren *Kempen/Zachert*, wenn sie eine verfassungsrechtliche Garantie der zwingenden Wirkung damit begründen, erst die zwingende Geltung ermögliche die Kartellwirkung der Tarifverträge.[1144]

Dem ist zuzugestehen, dass durchaus Zusammenhänge zwischen der normativen Wirkung und der zentralen ökonomischen Kartellfunktion von Tarifverträgen bestehen. Zu Recht hält *Richardi* die normative Wirkung für eine „folgerichtige" Ergänzung der verfassungsrechtlich abgesicherten Kartellbefugnis.[1145] Die Kartellwirkung droht nämlich ohne eine zwingende Wirkung unterlaufen zu werden,[1146] weil ohne sie die Gefahr bestünde, dass sich die Unterbietungskonkurrenz der Beschäftigten auf der Ebene individualvertraglicher Abreden fortsetzt.[1147] Wettbewerbsabsprachen, die gegenüber den einzelnen Mitgliedern nicht rechtsverbindlich sind, können allgemein nur ein labiles Gleichgewicht herstellen, da der Zusammenschluss als solcher an der latenten Wettbewerbssituation der einzelnen Kartellmitglieder am Markt nichts ändert.[1148] Bei Beschäftigten, die vom Verkauf ihrer Arbeitskraft existenziell abhängig sind und die den Erhalt eines stabilen Lebensstandards anstreben, ist die Gefahr des „Ausbruchs" aus dem Kartell naturgemäß besonders hoch. Dies erklärt auch, warum die verbandsinterne „Solidarität" unter den Mitgliedern für eine Koalition so wichtig ist, um als Kartell nach außen effektiv auftreten zu können.[1149]

1143 Vgl. *Richardi*, Kollektivgewalt und Individualwille, S. 90.

1144 *Kempen/Zachert*, Tarifvertragsgesetz, § 4 Rn. 11.

1145 *Richardi*, NZA 2000, S. 617, 618.

1146 Vgl. Wiedemann-*Wiedemann*, Tarifvertragsgesetz, Einleitung Rn. 34; *Zachert*, DB 1990, S. 986, 989.

1147 Vgl. *Lotmar*, Schweizerisches Arbeitsvertragsrecht, S. 43, 77 f.; *derselbe*, Arbeitsvertragsrecht, Erster Band, S. 786 f.; *Sinzheimer*, Arbeitsnormenvertrag, Erster Teil, S. 65.

1148 Vgl. *Sölter*, DB 1964, S. 1251, 1254 zu Gegengewichtskartellen auf Güter- und Warenmärkten.

1149 Deutlich BVerfG v. 24. 2. 1999, NZA 1999, S. 713, 714: „Für Koalitionen im Sinne des Art. 9 Abs. 3 GG sind die Solidarität ihrer Mitglieder und ein geschlossenes Auftreten nach außen von besonderer Bedeutung. Vor allem darauf beruht ihre Fähigkeit, die Arbeits- und Wirtschaftsbedingungen ihrer Mitglieder wirksam zu fördern und zu wahren.";

Der Kartelleffekt der gewerkschaftlichen Organisation wird durch die normative Wirkung tarifvertraglicher Bestimmungen gestützt. Diese stellt „eine Sicherung der Kartellwirkung gegenüber einer abweichenden Vertragsabrede" dar.[1150] Durch sie wird ein „Ausbruch" aus dem Kartell mit *rechtlichen* Mitteln verhindert, indem verschlechternde Individualabreden durch die Regelungen des Tarifvertrages verdrängt werden. Die praktische Möglichkeit, die Tarifbedingungen zu unterschreiten, wird hierdurch wirksam eingeschränkt.

Denkt man sich die normative Wirkung eines Tarifvertrags weg, schwächt dies zwar den Kartelleffekt,[1151] dieser wird aber nicht wirkungslos. Schuldrechtliche Verpflichtungen auf Verbandsebene bieten durchaus die Möglichkeit, individualvertragliche Abweichungen mit den Mitteln der Verbandsmacht zu unterbinden.[1152] Nach *Sinzheimers* Verbandstheorie zum Tarifvertrag sind die Normen eines Kollektivvertrags ohne besondere gesetzliche Regelung „nicht zwingend, sondern nur [aber immerhin, der Verf.] erzwingbar".[1153] Denn ein solcher Kollektivvertrag beruht auf der schuldrechtlichen Verpflichtung der (kollektiven) Vertragsparteien, die vereinbarten Normen in die Individualverträge umzusetzen und ein normwidriges Verhalten im Sinne einer Vereinbarung ungünstigerer Bedingungen zu unterlassen. Auf diese Durchführungs- und Unterlassungspflichten könnte eine Koalition zurückgreifen, wenn es zur Vereinbarung „nach unten" abweichender Beschäftigungsbedingungen käme.

So sieht denn auch *Däubler*[1154] die Notwendigkeit der „Normativität" primär auf *Verbands*tarifverträge beschränkt, weil gegenüber einem einzelnen Arbeitgeber als Tarifvertragspartei eine Klage auf Einhaltung der getroffenen Absprache möglich sei. Theoretisch ist diese Möglichkeit aber nicht auf Firmentarifverträge beschränkt: Auch bei einer Verbandsbeteiligung auf Arbeitgeberseite existiert ein – freilich in seiner praktischen Wirkung schwächeres – schuldrechtliches Durchsetzungsinstrument, nämlich in Form der „Einwirkungspflicht" des Arbeitgeberverbands auf seine Mitglieder.[1155]

Die normative Wirkung macht eine aufwendige Überwachung der Einhaltung des Tarifvertrags und das umständliche Geltendmachen von Unterlassungsansprüchen durch den Verband überflüssig, indem sie den einzelnen Betroffenen

---

vgl. *Kempen*, NZA 2000, Sonderbeilage zu Heft 3, S. 7, 8 f.; aus gewerkschaftstheoretischer Sicht *Briefs*, Stichwort „Gewerkschaften (I)", in: HDSW, Band IV, S. 545 ff.

1150 MünchArbR-*Richardi*, Band 3, § 241 Rn. 6.

1151 Vgl. *Gamillscheg*, Kollektives Arbeitsrecht, Band I, § 15 III 1 a (S. 554).

1152 Vgl. *Rieble*, Arbeitsmarkt und Wettbewerb, Rn. 1206.

1153 *Sinzheimer*, Arbeitsnormenvertrag, Zweiter Teil, S. 72 f.; näher zu den wechselseitigen Pflichten der Vertragsparteien und den Ansprüchen bei vertragswidrigem Verhalten a. a. O., S. 147 ff.

1154 *Däubler*, Das Grundrecht auf Mitbestimmung, S. 190 f.

1155 Vgl. *Kempen/Zachert*, Tarifvertragsgesetz, § 1 Rn. 352 ff.

unmittelbare Ansprüche aus den Kollektivverträgen verschafft. Wie *Kempen* gezeigt hat, steht die normative Wirkung in dieser Hinsicht auch mit der Friedensfunktion von Tarifverträgen in Zusammenhang.[1156] Denn eine justizförmige Durchsetzbarkeit der Tarifnormen ist Voraussetzung dafür, dass es *nach* Abschluss eines Tarifvertrages keiner Ausübung wirtschaftlichen Drucks im Wege des Streiks bedarf, um die Verbindlichkeit der Kartellabsprache auch gegenüber der Marktgegenseite aufrecht zu erhalten. Erst eine juristische Absicherung des einmal erzielten Verhandlungsergebnisses ebnete in der Entwicklungsgeschichte der Gewerkschaftsbewegung den Weg zu der „Einsicht, dass die Ordnung und nicht der Kampf Ziel und Zweck der Ausübung des Koalitionsrechts ist".[1157] Erst mit der rechtlichen Anerkennung der Tarifverträge konnte das Recht an die Stelle der Selbsthilfe treten.

Allerdings erscheint zweifelhaft, ob nur dann von einem effektiven staatlichen Rechtsschutz gesprochen werden kann, wenn die Beschäftigten *unmittelbar* Ansprüche aus dem Tarifvertrag gerichtlich geltend machen können. Auch auf der Verbandsebene ist eine Durchsetzung der Tarifnormen mit den Mitteln des *Rechts* anstelle der Ausübung wirtschaftlichen Drucks möglich – nämlich durch die Geltendmachung der bereits erwähnten Durchführungs-, Einwirkungs- und Unterlassungsansprüche. Dabei dürfte allerdings außer Frage stehen, dass die Normativität eine deutlich einfachere und effektivere justizförmige Durchsetzung des Tarifvertrages ermöglicht.[1158] Sollte den Koalitionen nicht das Mittel zwingend geltender Kollektivverträge zur Verfügung stehen, und sollte sich weiterhin die Durchsetzung des tariflich Vereinbarten mit anderen Mitteln als gänzlich unpraktikabel erweisen, könnte man erwägen, den Koalitionen die Möglichkeit zuzugestehen, die Gegenseite notfalls auch durch arbeitskampfähnliche Maßnahmen[1159] zur Einhaltung des Vertrages zu zwingen.

Bei der Einschätzung der ökonomischen Bedeutung der normativen Wirkung ist außerdem zu beachten, dass der von ihr ausgehende „kartellintensivierende" Effekt nicht absolut, sondern nur relativ ist. Sieht man von dem Fall der – zusätzlich staatlich legitimierten – Allgemeinverbindlicherklärung gemäß § 5 TVG ab, kann das auf kollektiver Ebene festgelegte Niveau der Arbeitsbedingungen zumindest durch Austritt oder Fernbleiben vom Verband unterlaufen

---

[1156] *Kempen*, ArbRGegW 30 (Dokumentation 1992), S. 97, 121 f.; *Kempen/Zachert*, Tarifvertragsgesetz, Grundlagen Rn. 62.

[1157] *Sinzheimer*, Arbeitsnormenvertrag, Zweiter Teil, S. 105 f.

[1158] Vgl. *Reuter*, ZfA 1990, S. 535 f.; *Sinzheimer*, Arbeitsrecht und Rechtssoziologie, Band 1, S. 150, 160 f.

[1159] Zur grundsätzlichen Möglichkeit streikähnlicher Maßnahmen durch selbständig Beschäftigte vgl. unten S. 291 ff.

werden. Der stets verbleibende „Außenseiterwettbewerb“[1160] beschränkt die „Kartellmacht“ der Gewerkschaftsorganisationen auch bei normativ wirkenden Kollektivverträgen.[1161] Dabei hält die Rechtsprechung weder Organisations- noch Differenzierungsklauseln für zulässige Maßnahmen, um den gewerkschaftlichen Einfluss gegen den Druck der Außenseiter zu verstärken.[1162] Für Koalitionen, deren Kartellmacht eingeschränkt ist, weil sie nicht das Mittel des normativ wirkenden Kollektivvertrags in Anspruch nehmen können, wäre zu überlegen, ob nicht Organisations- oder zumindest Differenzierungsklauseln in diesem Bereich für zulässig erachtet werden können.[1163]

Insgesamt zeigt sich, dass die *normative* Wirkung von Tarifverträgen die Funktion des arbeitnehmerischen Kollektivvertragssystems zwar stärkt, aber nicht zwingend erforderlich ist, um den beabsichtigten ökonomischen Kartelleffekt zu erzielen. Nicht zuletzt ist dabei zu bedenken, dass es auch mit privatrechtlichen Mitteln möglich erscheint, durch eine entsprechende Vertragsgestaltung ähnliche Wirkungen herbeizuführen, wie sie von der unmittelbaren und zwingenden Geltung „echter“ Tarifverträge im Sinne des Tarifvertragsgesetzes ausgehen. Auf diese Möglichkeit wird im folgenden Abschnitt näher einzugehen sein.

c) Zwischenergebnis

Festzuhalten ist, dass die verfassungsrechtliche Normsetzungsbefugnis auf Arbeitnehmergewerkschaften und Arbeitgeberverbände zu beschränken ist, ohne dass das Grundrecht der Koalitionsfreiheit unter Berücksichtigung seiner ökonomischen Funktion für selbständig Beschäftigte deshalb leer laufen würde. Wie *Waltermann* zutreffend hervorhebt, können Normsetzungsbefugnis und Tarifautonomie auch begrifflich voneinander unterschieden werden, sodass eine Tarifautonomie (i. w. S.) auch ohne die Möglichkeit zur Setzung gesetzesäquivalenter Rechtsnormen denkbar ist.[1164]

[1160] Der Außenseiterwettbewerb wird auf den Gütermärkten durch § 21 Abs. 3 GWB geschützt; auf dem Arbeitsmarkt geht eine entsprechende Wirkung von der – freilich umstrittenen – „negativen Koalitionsfreiheit“ aus, zur Diskussion *Gamillscheg*, Kollektives Arbeitsrecht, Band I, § 8 (S. 374 ff.) m. w. N.

[1161] Vgl. *Kreckel*, Soziale Ungleichheit, S. 172; *Reuter,* ZfA 1990, S. 535, 549 f.

[1162] BAG GS v. 29. 11. 1967, BAGE 20, S. 175; Maunz/Dürig-*Scholz*, Grundgesetz, Art. 9 Rn. 231 m. w. N.

[1163] In diesem Zusammenhang ist darauf hinzuweisen, dass in den USA, in denen Tarifverträgen keine normative Wirkung zukommt (vgl. *Gamillscheg*, Kollektives Arbeitsrecht, Band I, § 15 III 1 c (S. 556 f.)), Organisationsklauseln in der Form des „union shop“ in vielen Bundesstaaten zulässig sind und dort auch praktiziert werden (näher *Gamillscheg*, Kollektives Arbeitsrecht, Band I, § 8, 6 c (S. 390) m. w. N.).

[1164] *Waltermann*, ZfA 2000, S. 53, 55 ff.

3. Konturen eines privatrechtlichen Kollektivvertragssystems für selbständig Beschäftigte

Dieses Zwischenergebnis führt zur Überlegung, wie die in Art. 9 Abs. 3 GG vorgesehene Gegenmachtbildung auf der Grundlage der geltenden Rechtsordnung verwirklicht werden könnte, ohne auf die Bestimmungen des Tarifvertragsgesetzes zurückzugreifen.

a) Leitgedanken einer privatrechtlichen Ausgestaltung

Das Bundesverfassungsgericht betont zwar, das Grundrecht der Koalitionsfreiheit bedürfe in besonderer Weise der gesetzlichen Ausgestaltung; es seien „vielfältige gesetzliche Regelungen notwendig".[1165] Diese sehr allgemein gehaltene Aussage gilt es jedoch zu hinterfragen, wenn man sich von dem klassischen Terrain des für Arbeitnehmer geltenden Tarifvertragsrechts und damit von einer gesetzesäquivalenten Normsetzung entfernt.

Ein Rückblick auf die deutsche Geschichte des Tarifvertragswesens bestätigt, dass eine kollektive Einflussnahme auf die Arbeitsbedingungen ohne staatliche Regelung auskommen kann: Nach dem ersten bedeutenden Tarifvertrag, dem Buchdruckertarif von 1873[1166], vergingen 30 Jahre, bis die Rechtswissenschaft brauchbare dogmatische Ansätze zur Einordnung dieses Phänomens liefern konnte. Obwohl die praktische Bedeutung von Tarifverträgen vor allem ab Anfang des 20. Jahrhunderts signifikant wuchs, zeigt dies doch, dass Erfolg oder Misserfolg eines Kollektivvertragssystems nicht allein von seiner rechtsdogmatischen Konstruktion, sondern primär vom *ökonomischen* Funktionieren der Kartellbindung abhängt. Dabei soll freilich nicht geleugnet werden, dass die staatliche Sanktionierung und Regelung des Tarifvertragsrechts 1918 erheblich zu der Verbreitung des Tarifwesens in Deutschland beigetragen hat.

In anderen europäischen Rechtsordnungen, z. B. in Großbritannien und Italien, konnten sich kollektive Verhandlungssysteme etablieren, ohne dass der Gesetzgeber Regelungen getroffen hätte, die hinsichtlich der Tarifwirkungen mit dem deutschen Tarifvertragsrecht vergleichbar wären.[1167]

So kennt etwa das britische Recht keine Normativität von „collective agreements". Im Zweifel werden diese nicht einmal zwischen den Vertragsparteien

---

1165 Vgl. z. B. BVerfG v. 1. 3. 1979, BVerfGE 50, S. 290, 368 f.

1166 *Kempen/Zachert*, Tarifvertragsgesetz, Grundlagen Rn. 18 ff.

1167 Vgl. *Gamillscheg*, Kollektives Arbeitsrecht, Band I, § 7 II 1 b (S. 287), der es daher für möglich hält, dass es in Bezug auf das deutsche Tarifvertragsrecht „auch ohne Gesetz gegangen" wäre. Ähnlich wohl *Zöllner/Loritz*, Arbeitsrecht, § 33 IV 3 (S. 385): „Tarifautonomie gäbe es höchstwahrscheinlich sogar ohne gesetzliche Regelung. Doch wäre dann eine Normsetzung der Tarifparteien nicht möglich."

selbst als rechtsverbindlich angesehen („gentlemen's agreements").[1168] Dort tritt die Drohung mit Streik – nicht anders als in Deutschland vor 1918 – an die Stelle rechtlicher Sanktionierung.[1169]

In Italien ist das Tarifvertragsrecht dogmatisch stark zivilrechtlich ausgerichtet.[1170] Neben Art. 39 der italienischen Verfassung findet es in der Regelung der Unabdingbarkeit von Tarifverträgen durch Art. 2113 des codice civile seinen primären Bezugspunkt. Da es aber an einer gesetzlichen Regelung fehlt, die eine „*unmittelbare*" Wirkung der Tarifverträge anordnet, konzentriert sich die Tarifbindung auf schuldrechtliche Ansprüche der Arbeitsvertragsparteien auf tarifkonforme Durchführung des Arbeitsverhältnisses. Allerdings wird dieser Zustand teilweise als unbefriedigend empfunden, sodass in der Literatur Versuche unternommen werden, eine unmittelbare justizielle Durchsetzbarkeit der Tarifbestimmungen aus der Verfassung abzuleiten.[1171]

Bei allen Vorbehalten, denen rechtsvergleichende Betrachtungen wegen der Systemunterschiede in den Arbeitsverfassungen und der landesspezifischen sozialen und industriellen Grundbedingungen unterliegen,[1172] sollte dieser kurze Blick auf benachbarte Rechtsordnungen zeigen, dass die normative Wirkung deutscher Tarifverträge den Sozialpartnern zwar ein durchaus effektives Koalitionsmittel an die Hand gibt, dass dieses aber kein zwingendes Strukturelement eines Kollektivvertragssystems darstellt.

Grundsätzlich ist im Auge zu behalten, dass die Koalitionsmittelgarantie aus Art. 9 Abs. 3 GG auf das „ökonomische Funktionieren" eines Kollektivverfahrens ausgerichtet ist. Im Zentrum der Koalitionsfreiheit steht „die Erreichung ihres Zwecks, nämlich die Arbeits- und Wirtschaftsbedingungen zu wahren und zu fördern."[1173]. Zu sichern ist vor allem die *Effektivität* kollektiven Handelns.[1174] Ausgehend von der zentralen Kartellfunktion der Koalitionsfreiheit bedeutet dies, dass es den Koalitionen möglich sein muss, eine möglichst wirksame kartellmäßige Bindung herbeizuführen. Dass hierfür eine normative Wirkung nicht unbedingt erforderlich ist, wurde bereits gezeigt.[1175]

1168 Sec. 179 Trade Union and Labour Relations Act 1974; vgl. Wiedemann-*Wiedemann*, Tarifvertragsgesetz, § 1 Rn. 36; *Gamillscheg*, Kollektives Arbeitsrecht, Band I, § 12, 6 (2) (S. 495).

1169 Vgl. *Adomeit*, Rechtsquellenfragen, S. 136.

1170 Vgl. *Gamillscheg*, Kollektives Arbeitsrecht, Band I, § 12, 6 (2) (S. 495).

1171 Zu diesem von *Luca Nogler* entwickelten Ansatz *Kempen*, ArbuR 1998, S. 327 f.

1172 Vgl. *Weiss*, CLLJ 1990, S. 411, 421 f.

1173 BVerfG v. 24. 5. 1977, BVerfGE 44, S. 322, 344.

1174 Vgl. *Dorndorf*, in: Festschrift für Kissel, S. 139, 158.

1175 Siehe oben S. 268 ff.

Gewerkschaftsähnliche Assoziationen selbständig Beschäftigter wären also vor die Aufgabe gestellt, mit privatrechtlichen Mitteln eine kollektive Vertragsbindung mit Kartelleffekt herbeizuführen. Sie könnten dabei sowohl ihre eigene Verbandssatzung als auch den Inhalt der Kollektivverträge bewusst auf dieses Ziel hin ausrichten. Dies vereinfacht die juristische Umsetzung einer effektiven Kartellbildung gegenüber der Situation, in der sich die Pioniere des Tarifvertragsrechts – allen voran *Lotmar* und *Sinzheimer* – befanden. Letztere mussten ihre dogmatischen Theorien auf die bereits zahlreich *vorhandenen* Tarifverträge beziehen, die sie lediglich auslegen konnten.

b) Schuldrechtliche Bindung auf Verbandsebene

Im Zentrum eines Kollektivvertrags zur Regelung der Beschäftigungsbedingungen Selbständiger muss eine schuldrechtliche Bindung zwischen der Beschäftigungsnehmerkoalition und dem Auftraggeberunternehmen stehen. In einer Konstellation, in der auch auf der Beschäftigungsgeberseite ein Verband auftritt, wird die Vertragsstruktur komplexer; für die folgenden Überlegungen soll zunächst von dem einfachen Fall eines unternehmensbezogenen Kollektivvertrags ausgegangen werden.

Ein solcher Vertrag könnte als „Beschäftigungsnormenvertrag“ bezeichnet werden[1176] – in Anlehnung an *Sinzheimers* Begriff des „Arbeitsnormenvertrages“[1177], der sich gegen die (an sich zu enge) Bezeichnung „Tarifvertrag“ nicht durchsetzen konnte. Die Auslegung derartiger Verträge müsste sich an tarifrechtlichen Grundsätzen orientieren.[1178]

Kern der schuldrechtlichen Bindung müsste die Verpflichtung des Auftraggebers sein, den Rechtsverhältnissen der Beschäftigten, die Mitglieder der vertragsschließenden Koalition sind, konkrete Mindestbedingungen zugrunde zu legen und es zu unterlassen, abweichende vertragliche Vereinbarungen zuungunsten der Beschäftigten zu treffen. Eine derartige Regelung stellt die ursprüngliche Basis der tarifvertraglichen Bindung dar, die sichtbar wird, wenn man sich die unmittelbare und zwingende Wirkung der Tarifnormen wegdenkt.[1179]

[1176] Daneben werden in dieser Arbeit synonym die Bezeichnungen „Kollektivvertrag“ und „Gesamtvereinbarung“ gebraucht.

[1177] Vgl. den Titel seiner zweibändigen Monographie „Der korporative Arbeitsnormenvertrag“ (1907/1908).

[1178] Vgl. BAG v. 5. 11. 1997, NZA 1998, S. 654, 658; *Kempen/Zachert*, Tarifvertragsgesetz, § 1 Rn. 366.

[1179] Vgl. die von *Sinzheimer* (Arbeitsnormenvertrag, Zweiter Teil, insbesondere S. 72 ff.) herausgearbeiteten schuldrechtlichen Kernelemente der Tarifbindung ohne gesetzliche Regelung.

Ähnliche Konstruktionen sind auch in der bisherigen Tarifpraxis der Arbeitnehmer- und Arbeitgeberverbände, insbesondere in der chemischen Industrie, nicht unbekannt. So existieren durchaus schuldrechtliche Abreden zwischen den Sozialpartnern – etwa in der Form „außertariflicher Abkommen" oder „schuldrechtlicher Koalitionsverträge" –, die den Anforderungen des Tarifvertragsgesetzes nicht entsprechen müssen.[1180] Den Koalitionen steht es grundsätzlich frei, Vereinbarungen mit dem sozialen Gegenspieler zu schließen, die keine Tarifverträge, sondern rein schuldrechtlicher Natur sind.[1181]

Heinze will im Rückgriff auf „schuldrechtliche Tarifverträge" gar eine echte Alternative zu normativen Tarifverträgen erblicken, da schuldrechtliche Vereinbarungen den Vorteil flexibilitätssteigernder Umsetzungsspielräume für die tarifgebundenen Unternehmen für sich hätten.[1182] Es verwundert allerdings nicht, wenn Gewerkschaften diesem Vorschlag ablehnend gegenüber stehen. Schließlich wäre die von *Heinze* angedachte Variante aufgrund der eingeschränkten Wirkung schuldrechtlicher Kollektivverträge mit einer nicht unerheblichen Schwächung des Einflusses der Sozialpartner auf die Arbeitsbedingungen verbunden.

Rechtsgrundlage schuldrechtlicher Kollektivverträge ist nicht – wie zum Teil angenommen – die allgemeine Handlungsfreiheit gemäß Art. 2 Abs. 1 GG in Verbindung mit der bürgerlichrechtlichen Vertragsfreiheit.[1183] Derartige Vereinbarungen fallen vielmehr in den Garantiebereich des Art. 9 Abs. 3 GG, soweit sich die darin getroffenen Regelungen in den Grenzen des Begriffs der „Arbeits- und Wirtschaftsbedingungen" bewegen.[1184] Es besteht kein Anlass, derartige Absprachen aus dem Schutzbereich der Koalitionsfreiheit auszunehmen. Diese überlässt den Grundrechtsträgern gerade die freie Wahl der Mittel zur Verfolgung der Koalitionsziele,[1185] wozu auch schuldrechtliche Verträge gehören.[1186]

[1180] *Löwisch/Rieble*, § 1 Rn. 267 f.; Wiedemann-*Wiedemann*, Tarifvertragsgesetz, § 1 Rn. 18 ff.; *Kempen/Zachert*, Tarifvertragsgesetz, § 1 Rn. 361; Beispiel: BAG v. 5. 11. 1997, NZA 1998, S. 654.

[1181] BAG v. 5. 11. 1997, NZA 1998, S. 654, 657 m. w. N.; AK-GG-*Kittner/Schiek*, Art. 9 Abs. 3 Rn. 131; *Löwisch/Rieble*, Tarifvertragsgesetz, Grundlagen Rn. 85 ff.; MünchArbR-*Löwisch/Rieble*, Band 3, § 280 Rn. 1 ff.; vgl. *Däubler*, Tarifvertragsrecht, Rn. 1611 ff.

[1182] *Heinze*, DB 1996, S. 729, 734 f.

[1183] So aber Wiedemann-*Wiedemann*, Tarifvertragsgesetz, § 1 Rn. 22.

[1184] Ebenso MünchArbR-*Löwisch/Rieble*, Band 3, § 280 Rn. 3; vgl. auch *Otto*, Anmerkung zu BAG v. 2.10.1999, AP Nr. 1 zu § 12a TVG, Bl. 8.

[1185] BVerfG v. 26. 6. 1991, v. 1. 3. 1979, BVerfGE 50, S. 290, 368; BVerfGE 84, S. 212, 224; v. 4. 7. 1995, BVerfGE 92, S. 365, 393.

[1186] MünchArbR-*Löwisch*, Band 3, § 280 Rn. 1.

Ein Beispiel aus der Praxis mit Bezug zu selbständiger Beschäftigung sind die seit 1978 zwischen dem Verband Deutscher Schriftsteller (VS) (später in der IG Medien, heute ver.di, aufgegangen), und dem Börsenverein des deutschen Buchhandels – Verlegerausschuss – abgeschlossenen Kollektivverträge.[1187] In ihrem Zentrum steht ein so genannter Normenvertrag, der Leitlinien und Mindestanforderungen für den Abschluss von Verlagsverträgen enthält.[1188] Er besitzt nicht die unmittelbare und zwingende Wirkung eines Tarifvertrages, sondern beruht auf der Vereinbarung der Verbände, die Anwendung des Normenvertrags den Verlegern und Autoren „nahe zu legen". Aus der Zuordnung solcher Vereinbarungen zu Art. 9 Abs. 3 GG folgt, dass sie vom Kartellrecht nicht erfasst werden und deshalb weder als unverbindliche Mittelstandsempfehlung (§ 22 GWB) ausgestaltet sein müssen noch einer Genehmigung der zuständigen Kartellbehörde bedürfen.

Auf der Verbandsebene lässt sich also eine verbindliche Einigung der Koalition mit einem Auftraggeber über Mindestbeschäftigungsbedingungen treffen. Diese ist auch justiziell durchsetzbar, und zwar im Wege einer Klage des Auftragnehmerverbands gegen den Auftraggeber auf Herstellung des „tarifmäßigen" Zustandes.

c) Übertragung der Tarifbestimmungen von der Kollektiv- auf die Individualebene

Kernproblem eines Kollektivvertragssystems außerhalb des Tarifvertragsgesetzes ist die Übertragung der kollektiv verhandelten und vereinbarten Beschäftigungsstandards in die einzelnen Beschäftigungsverhältnisse. Außerhalb des Tarifvertragssystems kann nämlich gerade nicht auf eine gesetzlich angeordnete unmittelbare und zwingende Wirkung zurückgegriffen werden. Es ist daher erforderlich, das kollektive Verhandlungsergebnis auf anderem Wege der Disposition der Individualvertragsparteien weitgehend zu entziehen, um die angestrebte Verbindlichkeit der kollektiven Absprache zu erreichen.

aa) Bisherige privatrechtliche Erklärungsversuche der Tarifvertragswirkungen

Hierzu ist zunächst auf die bisherigen Versuche zurückzublicken, die Wirkung von Tarifverträgen privatrechtlich, also ohne Rückgriff auf eine besondere gesetzliche Regelung, dogmatisch zu erklären. Die praktische Bedeutung dieser

---

[1187] Siehe hierzu den 2. Erfahrungsbericht der Bundesregierung zu § 12a TVG (BT-Drucks. 9/993, S. 5 f.); *Herschel*, ArbuR 1982, S. 336; *Rieble*, Arbeitsmarkt und Wettbewerb, Rn. 684 ff.; *Schack*, Urheber- und Urhebervertragsrecht, Rn. 953; Wiese, Buchautoren, S. 90 ff.; vgl. auch *Rieble*, a. a. O., Rn. 689 zu den tarifvertragsähnlichen Bühnenaufführungsverträgen.

[1188] Vgl. auch die weiteren Bespiele für Normenverträge bei Schricker-*Schricker*, Urheberrecht, Vor §§ 28 ff. Rn. 6 f.

Diskussion ist heute im Geltungsbereich des Tarifvertragsgesetzes freilich gering; denn seit In-Kraft-Treten der Tarifvertragsverordnung im November 1918 sind diejenigen juristischen Wirkungen, auf die es in der Praxis ankommt, gesetzlich angeordnet, was komplizierte rechtliche Konstruktionen überflüssig werden ließ.

Jene selbständig Beschäftigten, die vom Schutzbereich des Art. 9 Abs. 3 GG erfasst sind, aber nicht in den Anwendungsbereich des Tarifvertragsgesetzes fallen (weil sie weder Arbeitsverhältnisse noch arbeitnehmerähnliche Beschäftigungsverhältnisse sind), befinden sich aber heute in einer ganz ähnlichen Lage, wie sie vor 1918 allgemein herrschte. Die wichtigsten Diskussionsansätze sollen deshalb hier noch einmal skizziert werden. Im Zentrum der Bemühungen stand dabei der Vorrang der kollektiven Einigung vor einzelvertraglichen Abreden, also der „Kampf um die Unabdingbarkeit",[1189] den *Sinzheimer* die „Schicksalsfrage" des Tarifvertrages nannte.[1190]

Als erster versuchte *Lotmar* auf der Grundlage der Vertretungstheorie, nach der die Tarifvertragsparteien als Bevollmächtigte ihrer Mitglieder auftreten, die unmittelbare und zwingende Wirkung rechtsgeschäftlich zu erklären.[1191] Er argumentiert dabei vor allem mit einem auf eine derartige Selbstbindung gerichteten *Willen* der Vertragsparteien.[1192]

Gegen diesen schuldrechtlichen Ansatz wendet sich vor allem *Sinzheimer*, der in Anlehnung an *v. Gierkes* genossenschaftliche Konzeption[1193] den Tarifvertrag nicht als Rechtsgeschäft, sondern als Rechtsquelle[1194] betrachtet, die „auf Vertrag beruhendes objektives Recht" schaffe.[1195] Er sieht im Tarifvertrag ein „soziales Gebilde", dessen Geltungsanspruch *unabhängig* vom Willen des Einzelnen bestehe.[1196] Gegen den dogmatischen Ansatz *Lotmars* führt er an, eine

---

[1189] Vgl. *Kempen*, NZA 2000, Sonderbeilage zu Heft 3, S. 7, 9; *Mestitz*, ZNR 1987, S. 36, 44; Wiedemann-*Oetker*, Tarifvertragsgesetz, Geschichte Rn. 3.

[1190] *Sinzheimer*, Arbeitsnormenvertrag, Zweiter Teil, S. 66; vgl. *derselbe*, in: Kahn-Freund/Ramm (Hrsg.), Arbeitsrecht und Rechtssoziologie, Band 1, S. 408, 410.

[1191] Siehe zusammenfassend *Lotmar*, Arbeitsvertrag, Erster Band, S. 755 ff.

[1192] *Lotmar*, Schriften, S. 429, 540 ff.; *Lotmar*, Arbeitsvertrag, Erster Band, S. 775 ff.; kritisch *Becker*, Arbeitsvertrag, S. 264 ff. gegenüber den Kategorien von „Moral" und „sittlicher Pflicht", mit denen *Lotmar* teilweise argumentiert.

[1193] Vgl. *Sinzheimer*, Arbeitsrecht und Rechtssoziologie, Band 1, S. 150, 166: „genossenschaftliche Rechtsbildung". Kritisch zur historischen Kontinuität der Genossenschaftsidee *Mestitz*, NZR 1987, S. 36, 42; *Picker*, in: Gedächtnisschrift für Knobbe-Keuk, S. 879, 939 ff.; *derselbe*, NZA 2002, S. 761, 763 f.

[1194] *Sinzheimer*, Arbeitsrecht und Rechtssoziologie, Band 1, S. 150, 162; 255, 257; 408, 410; *derselbe*, Grundzüge des Arbeitsrechts, S. 45, 257.

[1195] *Sinzheimer*, Ein Arbeitstarifgesetz, S. 101.

[1196] *Sinzheimer*, Arbeitsrecht und Rechtssoziologie, Band 1, S. 150, 157; 255, 257 ff.

privatrechtliche Vereinbarung der Unabdingbarkeit der kollektiv festgelegten Vertragsbedingungen sei rechtlich nicht möglich, weil einem Vertrag keine Rechtswirkung zukommen könne, die über das individuelle Rechtsverhältnis hinausgehe.[1197] Er hält deshalb eine Mitwirkung des Gesetzgebers für erforderlich, um dem Tarifvertrag die erwünschte normative Geltungswirkung zu verleihen.[1198]

Nach Umsetzung der Forderung *Sinzheimers* nach einer gesetzlichen Regelung durch die Tarifvertragsverordnung knüpft die Willenstheorie *Jacobis* wieder an die dogmatische Tradition *Lotmars* an. *Jacobi* sieht im Tarifvertrag einen „kollektiven Schuldvertrag", der zwar kraft gesetzlicher Ermächtigung normativ gelte, den Tarifvertrag aber dadurch noch nicht zu einer Quelle objektiven Rechts mache.[1199]

Auch *Ramm* verfolgt später einen privatrechtlichen Ansatz, der die unmittelbare Wirkung durch das Institut der Stellvertretung erklärt.[1200] Die Verbände agieren seiner Vorstellung nach als Vertreter ihrer Mitglieder, wobei die Vertretungsmacht auf Arbeitgeber- und auf Arbeitnehmerseite unterschiedlicher Natur sei („Differenzierungstheorie"). Bei einem Verbandstarif sollen die einzelnen Arbeitgeber kraft Vollmacht zu Parteien des Tarifvertrags werden, während die Arbeitnehmer im Wege einer „sozialen Vormundschaft" durch die Gewerkschaft vertreten werden.

Gegen diesen Ansatz spricht aber schon, dass eine „partielle soziale Entmündigung"[1201] der Arbeitnehmer unvereinbar mit dem Modell des Art. 9 Abs. 3 GG ist, das gerade *freiwillig* gebildete Koalitionen voraussetzt. Es ist inkonsequent, an die selbst gewählte Mitgliedschaft in einer Gewerkschaft die Folge einer zwingenden „Entmündigung" zu knüpfen. Weder wird der Verbandsbeitritt mit dem Willen erfolgen, sich der verbindlichen „Kuratel" der Gewerkschaft zu unterstellen, noch wird es eine Gewerkschaft als ihre Aufgabe ansehen, für ihre Mitglieder in einer den §§ 1773 ff. BGB ähnlichen Weise zu sorgen (und kon-

---

[1197] Pointiert *Sinzheimer*, Arbeitsrecht und Rechtssoziologie, Band 1, S. 150, 161 f.; vgl. weiter *derselbe*, Arbeitsnormenvertrag, Erster Teil, S. 65 ff., 74 ff., Zweiter Teil, S. 67 ff.; zur Diskussion zwischen Lotmar und Sinzheimer und dessen Verhältnis zueinander *Mestitz*, ZNR 1987, S. 36 ff. Vgl. dagegen die Position *Lotmars* stützend *Rückert*, Einleitung in: *Lotmar*, Schriften, S. LXIII ff.

[1198] *Sinzheimer*, Ein Arbeitstarifgesetz, S. 49.

[1199] *Jacobi*, Grundlehren des Arbeitsrechts, S. 272 ff.

[1200] *Ramm*, Die Parteien des Tarifvertrags, S. 84 ff.; vgl. auch *Bruhn*, Tariffähigkeit, S. 103, 120 ff.

[1201] *Ramm*, Die Parteien des Tarifvertrags, S. 91.

sequenterweise auch hierfür zu haften). Vielmehr behalten auch organisierte Arbeitnehmer ihre (Arbeits-)Vertragsfreiheit in vollem Umfang.[1202]

Ein anderes privatrechtliches Modell bietet *Bötticher* an, das sich auf das Konzept der Leistungsbestimmung durch Dritte (§ 317 BGB) stützt. Seiner Auffassung nach lassen sich die Tarifvertragswirkungen – heute überdeckt durch die ausdrückliche gesetzliche Regelung im Tarifvertragsgesetz – privatrechtlich durch eine Unterwerfung der Arbeitsvertragsparteien unter das Gestaltungsrecht der Tarifvertragsparteien erklären, die als Dritte im Sinne des § 317 BGB auftreten.[1203]

Genau genommen folgt das Recht, einzelne Leistungspflichten der Bestimmung Dritter zu überlassen, bereits aus dem Grundsatz der Vertragsfreiheit, während es sich bei § 317 Abs. 1 und 2 BGB lediglich um Auslegungsregeln handelt.[1204] Zur Einräumung eines solchen Gestaltungsrechts zugunsten der Tarifvertragsparteien wäre aber grundsätzlich eine dahingehende *Einigung* zwischen den Parteien des Beschäftigungsverhältnisses erforderlich. *Bötticher* will einen solchen Unterwerfungsakt unter das Drittbestimmungsrecht schon in der bloßen Mitgliedschaft in den tarifschließenden Verbänden erblicken.[1205] Dies überzeugt aber nicht, da sich aus dem schlichten Verbandsbeitritt als Handlung gegenüber dem Verband keine vertragliche Einigung der Parteien des Einzelrechtsverhältnisses konstruieren lässt.

Als schwierig erweist sich in diesem Modell auch die Rechtfertigung der Unabdingbarkeit der Leistungsbestimmung durch die Tarifvertragsparteien. *Bötticher* will sie aus dem eigenen *Interesse* der Verbände an der Gestaltung der Arbeitsverhältnisse herleiten.[1206] Ob ein schlichtes „Interesse an der Unabdingbarkeit" genügt, um den Grundsatz zu verdrängen, dass diejenigen, die sich dem Bestimmungsrecht eines Dritten unterwerfen, es auch einverständlich wieder aufheben können, erscheint aber mehr als zweifelhaft. Erforderlich wäre zumindest der Einbezug des „Dritten", also der normsetzenden Einheit, im Wege einer dreiecksförmigen vertraglichen Bindung.

Angesichts der angedeuteten Mängel privatrechtlicher Erklärungsversuche sowie der Tatsache, dass sich die Dogmatik *Sinzheimers* in der Tarifvertragsver-

---

1202 Vgl. MünchArbR-*Richardi*, Band 3, § 241 Rn. 8; *derselbe*, Kollektivgewalt und Individualwille, S. 133 f.

1203 *Bötticher*, Gestaltungsrecht, S. 18 ff.

1204 Vgl. Palandt-*Heinrichs*, Bürgerliches Gesetzbuch, § 317 Rn. 1.

1205 *Bötticher*, Gestaltungsrecht, S. 19.

1206 *Bötticher*, Gestaltungsrecht, S. 24.

ordnung niedergeschlagen hat[1207], haben Rechtsprechung und herrschende Lehre die Pfade der Rechtsquellentheorie nicht verlassen, die sich bis heute erfolgreich gegen rein privatrechtliche Ansätze verteidigen konnte.[1208] Für die vorliegende Untersuchung ist festzuhalten, dass die kraft Tarifvertragsrecht geltende Rechtswirkung eines Tarifvertrags, die hier als „normative" Wirkung bezeichnet wird, der gesetzlichen Regelung deshalb bedurfte, weil sie rechtsgeschäftlich nicht begründbar ist.[1209]

Die im Folgenden dargestellten Versuche, eine möglichst verbindliche Einwirkung eines Kollektivvertrags auf die Beschäftigungsverhältnisse rechtlich zu konstruieren, gehen deshalb davon aus, dass eine schlichte vertragliche „Vereinbarung der normativen Wirkung" in der Form, wie sie im Tarifvertragsgesetz geregelt ist, nicht möglich ist. Dagegen sind privatrechtliche Gestaltungsmuster in Erwägung zu ziehen, die insoweit dem Status eines „echten" Tarifvertrags angenähert sind, als sie den Koalitionsmitgliedern unmittelbar eigene Rechte aus dem Kollektivvertrag verschaffen und abweichende individuelle Vereinbarungen zuungunsten der Beschäftigten so weit wie möglich unterbinden. Dabei ist daran zu erinnern, dass es – anders als bei den zuvor skizzierten Konstruktionsversuchen – hier nicht um die dogmatische Deutung bereits vorhandener Kollektivverträge geht, sondern um neu zu entwerfende Vertragsstrukturen.

bb) Satzungsmäßige Bindung in einer Tarifgemeinschaft

Als Konstruktionsansatz kommt zunächst eine Tarifgemeinschaft in Form eines Gesamtvereins in Betracht.[1210] Nach diesem Modell sind in ein und demselben Verein sowohl Beschäftigungsnehmer als auch Beschäftigungsgeber organi-

---

1207 Vgl. die Gesetzesentwürfe bei *Sinzheimer*, Ein Arbeitstarifgesetz, S. 211 ff.; *derselbe*, in: Kahn-Freund/Ramm (Hrsg.), Arbeitsrecht und Rechtssoziologie, S. 441 ff. und S. 182 ff.; vgl. MünchArbR-*Richardi*, § 240 Rn. 13.

1208 Vgl. aus der Rechtsprechung RG v. 30. 11. 1923, RGZ 107, S. 247, 249: „autonome Selbstverwaltung durch soziale Selbstverwaltungskörper"; „[...] der durch die Beteiligten selbst ein Arbeitsrecht schaffenden Berufsgesetzgebung"; BAG v. 15. 1. 1955, BAGE 1, S. 258, 272: „korporativer Normenvertrag, der Recht setzt für Dritte"; Literaturnachweise bei *Belling*, ZfA 1999, S. 547, 558 in Fn. 78; vgl. die privatrechtlich orientierte Sichtweise bei *Rieble*, Arbeitsmarkt und Wettbewerb, Rn. 1194 ff.; *Zöllner/Loritz*, Arbeitsrecht, § 33 IV 3 (S. 375 f.).

1209 Ebenso *Belling*, ZfA 1999, S. 547, 582; *Kemper*, Koalitionsfreiheit, S. 68; *Waltermann*, ZfA 2000, S. 53, 72; vgl. *Biedenkopf*, Grenzen der Tarifautonomie, S. 13; *Krüger*, Gutachten zum 46. DJT, Band I/1, S. 7, 13 f.

1210 Vgl. etwa *Jacobi*, Grundlehren des Arbeitsrechts, S. 251 f.; MünchArbR-*Löwisch/Rieble*, § 280 Rn. 27 ff.; *Nikisch*, Arbeitsrecht, II. Band, S. 214; *Rieble*, Arbeitsmarkt und Wettbewerb, Rn. 801 f.; *Sinzheimer*, Arbeitsnormenvertrag, Erster Teil, S. 102 f.; *Söllner*, Arbeitsrecht, § 15 II 1 b (S. 121). Historisches Vorbild dieser Konstruktion ist der berühmte Buchdruckertarif von 1873.

siert; Arbeitsbedingungen werden für die Verbandsmitglieder verbindlich durch Satzungsbestimmungen festgelegt.

Es erscheint aber rechtlich bedenklich, dass eine Vereinssatzung unmittelbar auf die neben dem Mitgliedschaftsverhältnis stehenden individuellen Rechtsverhältnisse einwirken und unmittelbar Ansprüche *zwischen* einzelnen Mitgliedern regeln soll.[1211] Jedenfalls stößt eine solche Konstruktion auf verfassungsrechtliche Bedenken im Hinblick auf die von Art. 9 Abs. 3 GG geforderte Gegnerunabhängigkeit der Koalitionen.[1212]

Hiergegen ließe sich nicht einwenden, bei der Bildung der Tarifgemeinschaft handele es sich um eine juristische Konstruktion, die allein der Umsetzung der zuvor kontradiktorisch-vertragsförmig vereinbarten Bedingungen diene. Wegen der drohenden Verquickung von Verhandlungs- und Umsetzungsebene verlangt Art. 9 Abs. 3 GG insgesamt ein Organisationsmodell, in dem Beschäftigungsnehmer und -geber ausschließlich in getrennten und unabhängig voneinander handlungsfähigen Verbänden vereinigt sind. Eine scharfe Unterscheidung zwischen dem gemeinsamen Interesse an der Umsetzung der tariflichen Einigung („Harmoniemodell") und den gegenläufigen Interessen hinsichtlich des Satzungsinhalts („Konfliktmodell") dürfte sich als undurchführbar erweisen.

Die Rechtsform der privatrechtlichen Satzung erscheint als Konstruktionsgrundlage insgesamt ungeeignet, kontradiktorische Interessen zweier Mitgliedergruppen zu organisieren. Hierdurch würde ein gemeinsamer Verband zum Austragungsort der Interessengegensätze im Marktgeschehen. Für eine solche ökonomische Konstellation eignet sich der Vertrag, nicht aber die Satzung als Form einer Einigung.

Der Weg über die Bildung eines Gesamtvereins als Tarifgemeinschaft erweist sich damit als untauglich, um den Bindungswirkungen eines Tarifvertrags nahe zu kommen. Eine derartige Form der Koalitionsbetätigung stünde nicht unter dem Schutz des Art. 9 Abs. 3 GG und wäre deshalb auch kartellrechtlich problematisch.

cc) Bindung kraft Stellvertretung

Zu erwägen ist weiterhin eine rechtliche Vertretung der Mitglieder beim Abschluss der Beschäftigungsverträge durch ihre Koalition, was dem dogmatischen Ausgangspunkt der *Lotmar*'schen Vertretungstheorie entspricht.[1213] Erforderlich wäre eine wirksame Stellvertretung der Beschäftigten gemäß § 164

[1211] Vgl. *Bötticher*, Gestaltungsrecht, S. 26; *Jacobi*, Grundlehren des Arbeitsrechts, S. 253.

[1212] Siehe hierzu unten S. 307 f.

[1213] Vgl. auch *Picker*, NZA 2002, S. 761, 768.

BGB, also ein Handeln des Verbandes im Namen seiner Mitglieder, die ihn hierzu bevollmächtigt haben müssten.

Um als Verband die Kontrolle über das Normenwerk zu behalten und seine Einhaltung unabhängig von den Mitgliedern durchsetzen zu können, müsste die Koalition dabei sowohl im eigenen als auch im Namen der einzelnen Mitglieder handeln. Dies könnte durch eine klarstellende Formulierung der Vertragsbestimmungen zum Ausdruck gebracht werden. Eine explizite Bevollmächtigung durch die Mitglieder könnte gleichzeitig mit dem Eintritt in die Koalition erfolgen.

Eine derartige Kollektivvertragskonstruktion sieht sich allerdings demselben Einwand ausgesetzt, der schon gegen *Lotmars* Stellvertretungsmodell vorgebracht wurde: Den Individualvertragsparteien verbleibt die Möglichkeit, unabhängig vom Willen des bevollmächtigten Verbandes jederzeit abweichende Regelungen rechtswirksam zu treffen.

Eine zwingende Geltung lässt sich auch nicht über das Institut der *unwiderruflichen* Vollmacht herbeiführen.[1214] Denn *nach* Abschluss des Kollektivvertrags ginge ohnehin jeder „Widerruf" der Vollmacht ins Leere; danach „gibt [es] nichts mehr zu widerrufen, was unwiderruflich sein könnte."[1215] Die Abweichung von der Tarifnorm stellt sich nicht als (gegenstandsloser) Widerruf der Vollmacht dar, sondern als Änderung der zuvor durch die Koalition als Bevollmächtigte wirksam vereinbarten Vertragsbedingungen.

Eine *verdrängende* Vollmacht, die dem Vertretenen die Verfügungsbefugnis über das in seinem Namen Vereinbarte entzieht, ist dagegen als Verstoß gegen den Rechtsgedanken des § 137 S. 1 BGB unwirksam.[1216] Hiernach darf sich niemand durch Rechtsgeschäft seiner rechtlichen Handlungsfähigkeit entäußern.[1217] Eine verdrängende Vollmacht zugunsten des Verbandes wäre mit einem intensiven Eingriff in die Befugnis des Auftragnehmers verbunden, über die wirtschaftliche Verwertung seiner Arbeitskraft durch individuelle Vereinbarungen zu entscheiden. Auch unter Berücksichtigung der Wertung des Art. 9 Abs. 3 GG und der verbleibenden Möglichkeit zum Verbandsaustritt wäre dies nicht zu rechtfertigen. Das Grundrecht der Berufsfreiheit (Art. 12 GG) steht einer solchen Form verbandsmäßiger Fremdbestimmung entgegen, selbst wenn eine solche Selbstbindung von dem Betroffenen ursprünglich gewollt war und geeignet ist, den kartellmäßigen Zusammenhalt der Beschäftigten zu stützen.

1214 Vgl. *Adomeit*, Rechtsquellenfragen, S. 156.

1215 *Becker*, Arbeitsvertrag, S. 265 in Fn. 249.

1216 Vgl. BGH v. 13. 5. 1971, WM 1971, S. 956, 957; Erman-*Brox*, Bürgerliches Gesetzbuch, Vor § 164 Rn. 7, § 137 Rn. 5 m. w. N.

1217 Vgl. Palandt-*Heinrichs*, Bürgerliches Gesetzbuch, § 137 Rn. 1.

Das Vertretungsmodell eignet sich deshalb nicht als dogmatische Grundlage für die Konstruktion von Beschäftigungsnormenverträgen.

dd) Bindung durch Vertragswirkung zugunsten Dritter

Stattdessen ist die Ausgestaltung als Vertrag zugunsten Dritter (§§ 328 ff. BGB) in Betracht zu ziehen.

Denkbar ist eine kollektivvertragliche Regelung, nach der die vereinbarten Mindestbedingungen (z. B. ein fester Vergütungssatz für eine bestimmte Leistung) zu *unmittelbaren* Ansprüchen der Beschäftigten führen sollen, zu deren Gunsten der Kollektivvertrag abgeschlossen wurde.[1218] Eine solche Abrede müsste – wie beim Stellvertretungsmodell – wiederum *neben* der Verpflichtung des Auftraggebers gegenüber dem Auftragnehmerverband stehen, die Mindestbedingungen nicht zu unterschreiten. Dass der Beschäftigtenkoalition ein eigener Anspruch auf Gewährung der tariflichen Ansprüche gegenüber den Beschäftigten (Durchführungspflicht) verbleibt, sollte ausdrücklich klargestellt werden, damit die Auslegungsregel des § 335 BGB nicht bemüht werden muss. Ein Beispiel für eine derartige Vertragskonstruktion findet sich im Anhang B dieser Arbeit, auf den hier verwiesen wird.[1219]

Gegen die Erklärung der Tarifbindung über § 328 BGB, wie sie teilweise vor In-Kraft-Treten der Tarifvertragsverordnung von 1918 vertreten wurde, brachte *Sinzheimer* einige Einwände vor,[1220] die gegenüber der hier geschilderten Vertragskonstruktion nicht eingreifen. *Sinzheimers* Bedenken beruhen auf einer Auslegung damals vorhandener Tarifverträge. Den Einwänden kann begegnet werden, indem neben der Durchführungspflicht des Auftraggebers gegenüber der Koalition (also der Pflicht, bestimmte Mindestbedingungen mit den tarifgebundenen Auftragnehmern zu vereinbaren) parallel die hiervon unabhängige und mit Drittwirkung ausgestattete Verpflichtung geregelt wird, bestimmte Leistungen gegenüber dem Auftragnehmer zu erbringen, sobald die im Kollektivvertrag geregelten Anspruchsvoraussetzungen erfüllt sind. Darüber hinaus sollte vereinbart werden, dass diese Ansprüche *automatisch* jedem Auftragnehmer zugute kommen, sobald er Mitglied der vertragsschließenden Koalition wird. In diesem Fall kann der Auftraggeber die Kartellwirkung des Beschäftigungsnormenvertrags durch eine gezielte Auftragsvergabe nur an Nichtmitglieder nicht ohne weiteres umgehen, da auch neue Auftragnehmer allein durch ih-

---

[1218] *Kempen/Zachert* (Tarifvertragsgesetz, § 1 Rn. 366) und *Wiedemann* (Wiedemann-*Wiedemann*, Tarifvertragsgesetz, § 1 Rn. 22) erwägen eine derartige Konstruktion für nicht-tarifvertragliche Koalitionsvereinbarungen; vgl. hierzu den Fall BAG v. 5. 11. 1997, NZA 1998, S. 654, 657; für Personengruppen „jenseits" des § 12a TVG: *Otto*, Anmerkung zu BAG v. 2. 10. 1990, AP Nr. 1 zu § 12a TVG, Bl. 8.

[1219] Unten S. 325 ff.

[1220] *Sinzheimer*, Arbeitsnormenvertrag, Zweiter Teil, S. 138 ff., 141 ff.

ren nachträglichen Verbandseintritt in den Genuss der tariflichen Ansprüche kommen können.

Das verbleibende Hauptproblem der Abdingbarkeit der Beschäftigungsnormen durch individuelle Vereinbarungen zwischen Auftraggeber und -nehmer stellt sich vorrangig unter dem Gesichtspunkt des § 333 BGB.[1221] Hiernach hat der begünstigte Dritte die Möglichkeit, den Anspruch mit der Wirkung zurückzuweisen, dass er als niemals erworben gilt. Es entspricht dabei durchaus einer lebensnahen Auslegung, eine solche Zurückweisung bereits dann als bewirkt anzusehen, sobald eine vom Kollektivvertrag abweichende Individualvereinbarung getroffen wird.[1222] § 333 BGB erweist sich damit als „wunder Punkt" der Konstruktion über § 328 BGB, da hierdurch die beabsichtigte Unabdingbarkeit der Beschäftigungsnormen untergraben werden könnte.

Die Verbindlichkeit eines Beschäftigungsnormenvertrages wäre vor allem dann infrage gestellt, wenn der Wegfall des Anspruchs auf der Individualebene gemäß § 333 BGB den Auftraggeber zugleich von seiner Verpflichtung gegenüber der Auftragnehmerkoalition als Versprechensempfänger befreien würde. Damit wäre nämlich auch das Instrument der Verbandsklage zur Durchsetzung des Vertrages ausgeschaltet. Ein solches Durchschlagen der Zurückweisungswirkung auf die Kollektivebene würde eintreten, weil die Erfüllung des Anspruchs nach der Zurückweisung durch den Begünstigten für den Auftraggeber unmöglich werden würde (§ 275 Abs. 1 BGB).[1223] Um diese Rechtsfolge zu verhindern, ist im Kollektivvertrag ausdrücklich zu vereinbaren, dass dem Verband ein Anspruch auf Einhaltung der tariflichen Mindestbedingungen selbst für den Fall zusteht, dass Auftragnehmer von ihrem Zurückweisungsrecht Gebrauch machen sollten. Der Rechtsgedanke des § 137 S. 1 BGB stünde einer solchen Regelung nicht entgegen, da diese nicht die rechtsgeschäftliche Handlungsfähigkeit der Mitglieder auf der Individualebene einschränkt, sondern lediglich bestimmte Folgen solcher Handlungen auf der kollektiven Ebene im Verhältnis der Parteien des Beschäftigungsnormenvertrages zueinander betrifft.

[1221] Vgl. MünchArbR-*Löwisch/Rieble*, § 280 Rn. 18, 22 f.; *Löwisch/Rieble*, Tarifvertragsgesetz, Grundlagen Rn. 95.

[1222] Vgl. Staudinger-*Jagmann*, Bürgerliches Gesetzbuch, § 333 Rn. 2; MünchArbR-*Löwisch/Rieble*, § 280 Rn. 18; vgl. auch *Sinzheimer*, Arbeitsnormenvertrag, Zweiter Teil, S. 142.

[1223] *Gernhuber* (Das Schuldverhältnis, § 20 IV 2 [S. 493]) sieht ohne Unterschied im Ergebnis keine Unmöglichkeit gegeben, weil die in § 333 BGB angeordnete Rückwirkung verhindere, dass überhaupt eine Leistungspflicht entstanden sei. Hiergegen spricht aber, dass sich die Fiktion der Nichtentstehung auf das Recht des Dritten und nicht auf das Deckungsverhältnis zwischen Versprechendem und Versprechensempfänger bezieht, sodass für Unmöglichkeit gemäß § 275 Abs. 1 BGB in diesem Rechtsverhältnis durchaus Raum ist.

Aber auch auf der Individualebene lässt sich die Gefahr einer Unterschreitung des Tarifniveaus durch die Wahrnehmung des Zurückweisungsrechts vermeiden. Wegen der besonderen Bedeutung der Unabdingbarkeit des kollektiven Verhandlungsergebnisses für die Kartellfunktion des Vertrages könnte die Vereinbarung untertariflicher Beschäftigungsbedingungen mit Verbandsmitgliedern durchaus als Maßnahme einzuordnen sein, die geeignet ist, eine kollektive Verhandlungsstruktur zu konterkarieren. Da eine solche, in der Regel vom Auftraggeber ausgehende Vorgehensweise zur Verdrängung kollektivrechtlicher Ansprüche führt, ließe sich vertreten, darin eine gemäß Art. 9 Abs. 3 S. 2 GG rechtswidrige Maßnahme zu sehen.

Nach dieser Bestimmung sind Abreden und Maßnahmen, die die Koalitionsfreiheit „einschränken oder zu behindern suchen", nichtig bzw. rechtswidrig, was in Verbindung mit § 134 BGB zu ihrer zivilrechtlichen Unwirksamkeit führt. Es ließe sich argumentieren, die Möglichkeit zum wirksamen Verzicht auf zukünftig entstehende Rechte aus dem Beschäftigungsnormenvertrag – es handelt sich anders als beim Stellvertretungsmodell nicht lediglich um Rechte aus dem Individualvertrag! – hätte de facto eine ähnliche Wirkung wie die zweifellos rechtswidrige Vereinbarung eines Arbeitgebers mit einem Arbeitnehmer, durch Fernbleiben von der Gewerkschaft eine Tarifbindung erst gar nicht herbeizuführen.[1224] Für den Fall einer Tarifunterschreitung könnte also Art. 9 Abs. 3 S. 2 GG die Regelung des § 333 BGB verdrängen, sofern die Beschäftigungsbedingungen eines Verbandsmitglieds betroffen sind.

Es kann hier letztlich offen bleiben, ob der Drittwirkungsbestimmung des Art. 9 Abs. 3 GG zur Sicherung des Kartelleffekts schuldrechtlicher Kollektivverträge tatsächlich eine solche Tragweite beigemessen werden kann. Will man nicht so weit gehen, so muss § 333 BGB im Hinblick auf das Grundrecht der Koalitionsfreiheit zumindest *restriktiv* ausgelegt werden. Dies kann dadurch geschehen, indem man den am Kollektivverfahren Beteiligten die Möglichkeit einräumt, die Rechtswirkung des § 333 BGB im Kollektivvertrag und in der Koalitionssatzung, also im allseitigen Einverständnis, *abzubedingen*. Im Einflussbereich der Koalitionsfreiheit ist diese Vorschrift als dispositiv anzusehen, wenn und soweit sie geeignet ist, die Kartellwirkung eines durch Art. 9 Abs. 3 GG geschützten Kollektivvertrages zu vereiteln.

Der hinter § 333 BGB stehende Gedanke, dass niemandem gegen seinen Willen ein endgültiger Rechtserwerb aufgezwungen werden soll (vgl. auch § 516 Abs. 2 und § 1942 BGB),[1225] kann für die hier infrage stehenden Ansprüche aus einem Kollektivvertrag keine absolute, unüberwindbare Hürde darstellen. Denn gerade durch seine Unabdingbarkeit entfaltet ein solcher Vertrag seine beab-

---

[1224] Zur Unwirksamkeit der Gewerkschaftsmitgliedschaft als Auswahlkriterium bei der Einstellung BVerfG v. 28. 3. 2000, NZA 2000, S. 1294, 1295.

[1225] Palandt-*Heinrichs*, Bürgerliches Gesetzbuch, § 333 Rn. 1.

sichtigte Schutzfunktion. *Gernhuber* erkennt in der Rechtsentwicklung insgesamt einen schwindenden Widerstand gegenüber einer rechtsgeschäftlichen Fremdbestimmung durch Dritte.[1226] Für den Fall des verfassungsrechtlich verankerten Kollektivvertrags muss dies in besonderem Maße gelten, da es an einem schützenswerten Zurückweisungsinteresse des Einzelnen fehlt, der sich kraft seiner Verbandsmitgliedschaft auf eine kollektive Regelung seiner Beschäftigungsbedingungen bewusst eingelassen hat. Mit Recht hebt *Rückert* – allerdings in Bezug auf *Lotmars* Vertretungstheorie – hervor, dass eine tarifvertragliche Selbstbindung der Beschäftigten keine „Selbstversklavung“, sondern im Gegenteil eine Stärkung des individuellen Freiheitsstatus bedeutet.[1227]

Ein vom Willen des Beschäftigten mitgetragenes, einverständliches Abbedingen der Rechtswirkungen des § 333 BGB bewegt sich im Rahmen einer zulässigen Selbstbindung in Bezug auf ein zukünftiges rechtsgeschäftliches Verhalten. Von § 137 S. 1 BGB wird es nicht erfasst. Die Ausübung des Zurückweisungs-„Rechts“ stellt keine Verfügung im Sinne des BGB dar. Die nach § 333 BGB bestehende Zurückweisungsmöglichkeit begründet nämlich keinen Anspruch des Begünstigten, sondern versetzt den Dritten in die Lage, den Rechtserwerb – ausnahmsweise – durch *einseitiges* Rechtsgeschäft auszuschließen.[1228] § 333 regelt also ein Gestaltungsrecht. Eine analoge Anwendung des § 137 S. 1 BGB auf Gestaltungsrechte[1229] ist jedenfalls für den hier angedachten Fall abzulehnen: Bereits Art. 9 Abs. 3 GG, der im Rahmen der Koalitionsmittelgarantie ein mit verbindlicher Wirkung ausgestattetes, effektives Kollektivvertragssystem garantiert, stünde einer solchen Analogie entgegen.

Anders als bei einer unwiderruflichen, verdrängenden Vollmacht verliert der Beschäftigte durch den Ausschluss des Zurückweisungsrechts nicht das Recht, abweichende (günstigere, aber auch ungünstigere) Vertragsbedingungen auf individueller Ebene zu vereinbaren. Die Individualvereinbarung wird durch den Kollektivvertrag weder unwirksam noch *rechtlich* verdrängt. Sie büßt lediglich ihre praktische Bedeutung ein, sobald ein *paralleler* Anspruch aus dem Beschäftigungsnormenvertrag für den Beschäftigten günstigere Bedingungen vorsieht. Ob er diesen tatsächlich geltend macht, bleibt freilich ihm überlassen. Insoweit gilt hier nichts anderes als bei Arbeitnehmern, denen es frei steht, tarifliche Rechte geltend zu machen oder dies zu unterlassen – allein der rechtsverbindliche Verzicht wäre nicht zulässig. Ein solches Verzichtsverbot ist im Geltungsbereich des Tarifvertragsgesetzes durch § 4 Abs. 4 TVG ausdrücklich

---

[1226] *Gernhuber*, Das Schuldverhältnis, § 19 I 4 (S. 461).

[1227] *Rückert*, Einleitung in: *Lotmar*, Schriften, S. LXIV; vgl. insbesondere *Lotmar*, Schriften, S. 429, 110.

[1228] MünchKomm-*Gottwald*, § 333 Rn. 2; Staudinger-*Jagmann*, Bürgerliches Gesetzbuch, § 333 Rn. 5.

[1229] *Liebs*, AcP 175 (1975), S. 1, 43.

normiert. Eine solche Regelung kann, zumal sie durch Art. 9 Abs. 3 GG verfassungsrechtlich geboten ist[1230], auch für nicht normativ wirkende Kollektivverträge zugunsten selbständig Beschäftigter auf Verbandsebene legitimerweise vereinbart werden.

Die Parallelität der Ansprüche aus dem Beschäftigungsverhältnis einerseits und aus dem Beschäftigungsnormenvertrag i. V. m. § 328 BGB andererseits unterscheidet den hier vertretenen Konstruktionsansatz gerade von der Vertretungstheorie. Der Ausschluss des Zurückweisungsrechts bewirkt lediglich, dass die Begünstigten weiterhin gegen den Auftraggeber aus dem Kollektivvertrag in Verbindung mit § 328 Abs. 1 BGB klagen können. Die Beschäftigten begeben sich dabei also weniger ihrer *Vertrags*freiheit, sondern büßen durch ihre Beteiligung am kollektiven Vertragsverfahren vielmehr einen Teil ihrer individuellen *Wettbewerbs*freiheit ein. Dies geschieht, indem die Möglichkeit zum rechtsverbindlichen Verzicht auf die zu ihren Gunsten begründeten Rechte ausgeschlossen wird.

Das Zurückweisungsrecht ist in dieser Konstellation auch nicht zur Wahrung des „Systemwettbewerbs" zwischen der Individual- und der Kollektivebene erforderlich.[1231] Die verbleibende Beeinträchtigung des Individualwettbewerbs ist durch die Schutzfunktion des Kollektivvertrags gerechtfertigt. Die „wettbewerbssichernde" Wirkung des § 333 BGB wird durch das Grundrecht der Koalitionsfreiheit ebenso verdrängt wie diejenige des durch Art. 9 Abs. 3 GG überlagerten § 1 GWB. Schließlich ist darauf hinzuweisen, dass dem Beschäftigten stets die Möglichkeit zum Rückzug aus dem Kollektivvertragssystem durch Verbandsaustritt verbleibt (vgl. § 39 BGB), sodass per se keine „übermäßige" kollektive Bindung eintreten kann. Diese Möglichkeit mag zwar eine Schwächung des Kartelleffekts bewirken; sie existiert aber grundsätzlich auch bei „echten" Tarifverträgen, wenngleich in einer durch die Weitergeltung nach § 3 Abs. 3 TVG abgemilderten Form.

Ein antizipierter Verzicht auf das Zurückweisungsrecht des § 333 BGB ist deshalb jedenfalls dann zulässig, wenn dies sowohl in der Satzung der Koalition als auch im Kollektivvertrag ausdrücklich geregelt ist, sodass die Entscheidungsfreiheit der Mitglieder zur Vorwegnahme des Verzichts gewahrt bleibt. Die dann kraft Verbandsmitgliedschaft selbst gewählte Beschränkung, mit Außenseitern nicht mehr in der Weise konkurrieren zu können, dass man den Auftraggeber von Ansprüchen aus dem Kollektivvertrag rechtswirksam freistellt, ist durch Art. 9 Abs. 3 GG legitimiert.

Damit stellt sich folgende Situation dar: Eine Koalition, die mit einem Auftraggeber Beschäftigungsnormen vereinbart, die gemäß § 328 BGB zugunsten ihrer

---

[1230] *Kempen/Zachert*, Tarifvertragsgesetz, § 4 Rn. 240.

[1231] In diesem Sinne versteht *Rieble* § 333 BGB (Arbeitsmarkt und Wettbewerb, Rn. 798).

Mitglieder wirken, verliert auch durch eine abweichende Individualvereinbarung nicht das Recht, vom Auftraggeber die vereinbarungsgemäße Anwendung des Kollektivvertrags zu verlangen (Durchsetzung auf Verbandsebene). Das einzelne Mitglied kann trotz einer eventuell abweichenden Individualabrede die Erfüllung der kollektivvertraglich zu seinen Gunsten vereinbarten Ansprüche einklagen (Durchsetzung auf Individualebene).

Anders als bei der Stellvertretungslösung besteht bei diesem Modell allerdings von vornherein die Beschränkung auf solche Regelungen, die *Ansprüche* des Beschäftigten regeln, während Rechtspflichten der Mitglieder wegen der grundsätzlichen Unzulässigkeit von Verträgen zulasten Dritter[1232] nicht unmittelbar begründet werden können. Diese müssen weiterhin auf der Ebene des Einzelvertrages vereinbart werden.

Eine weitere Einschränkung ergibt sich in diesem Vertragsmodell für den Fall, dass auch auf der Auftraggeberseite ein Verband auftritt. Unmittelbare Ansprüche der Beschäftigten gegen ihre Auftraggeber als Verbandsmitglieder sind über § 328 BGB nicht konstruierbar, weil der Auftraggeberverband den Kollektivvertrag „zulasten" seiner Mitglieder abschließen müsste, was unzulässig wäre. Ohne diese Konstellation hier eingehend erörtern zu wollen – schließlich sollen hier nur die Konturen eines hypothetischen Vertragsmodells gezeichnet werden –, könnte die Lösung für das Problem der Verbandsbeteiligung auf Auftraggeberseite in einer Kombination mit dem Stellvertretungsansatz liegen: Die Auftraggeber könnten ihren Verband bevollmächtigen, in ihrem Namen Beschäftigungsbedingungen zu vereinbaren, die über § 328 BGB unmittelbar zugunsten ihrer Beschäftigten wirken sollen.

4. Ergebnis und Folgerungen zum verfassungsrechtlichen Hintergrund des § 12a TVG

Soweit Art. 9 Abs. 3 GG den Koalitionen eine Normsetzungsbefugnis und -prärogative garantiert, ist diese Verfassungsgarantie unter den derzeitigen Verhältnissen auf die in der historischen Tradition der Gewerkschaftsbewegung stehenden Arbeitnehmergewerkschaften und Arbeitgeberverbände beschränkt.

Während das Grundrecht der Koalitionsfreiheit den Gesetzgeber verpflichtet, Gewerkschaften und Arbeitgeberverbänden ein Kollektivvertragssystem zur Verfügung zu stellen, das die Vereinbarung normativ wirkender Tarifverträge erlaubt, können selbständig Beschäftigte, deren Vereinigungen unter dem Schutz des Art. 9 Abs. 3 GG stehen, auf privatrechtliche Rechtsinstitute zurückgreifen, um Beschäftigungsbedingungen kollektivvertraglich zu regeln. Die Konstruktion eines schuldrechtlichen Beschäftigungsnormenvertrages, ausgestattet mit einer Vertragswirkung zugunsten der Beschäftigten unter Ausschluss

---

[1232] Palandt-*Heinrichs*, Bürgerliches Gesetzbuch, Einführung vor § 328 Rn. 10 m. w. N.

des Zurückweisungsrechts nach § 333 BGB, stellt einen möglichen Ansatz für ein kollektives Verhandlungssystem außerhalb des gesetzlichen Tarifvertragsrechts dar.[1233] Die ökonomische Kartellwirkung derartiger Kollektivverträge kommt der normativen Wirkung eines „echten" Tarifvertrages zumindest nahe. Selbst wenn man dem hier vorgeschlagenen Vertragsmodell nicht folgt, lässt sich eine gewisse Sicherung des Kartelleffekts durch die Vereinbarung von Durchführungs- und Unterlassungsansprüchen auf Verbandsebene bewirken.

Da damit auch solchen Personengruppen, für die das Tarifvertragsgesetz nicht gilt, kollektivvertragliche Gestaltungsmöglichkeiten im Rahmen der geltenden Privatrechtsordnung zur Verfügung stehen, verlangt Art. 9 Abs. 3 GG insoweit kein Tätigwerden des Gesetzgebers. Insbesondere ist es nicht erforderlich, alle koalitionsfähigen Personen in den Geltungsbereich des Tarifvertragsgesetzes einzubeziehen.

Vor diesem Hintergrund ist auch zweifelhaft, ob das Grundrecht der Koalitionsfreiheit die Regelung des § 12a TVG, die einer Untergruppe der koalitionsfähigen Personen, nämlich den arbeitnehmerähnlichen Personen, das Koalitionsmittel des normativen Tarifvertrags an die Hand gibt, verfassungsrechtlich *gebietet*. Hierfür könnte allerdings die Tatsache sprechen, dass § 12a TVG auch das Institut der Tarifautonomie als solches schützt, indem es den gewerkschaftlichen Einflussbereich im Bereich arbeitnehmerähnlicher Beschäftigung sichert. Stünde arbeitnehmerähnlichen Personen „nur" das Koalitionsmittel schuldrechtlicher Kollektivverträge zur Verfügung, wäre es durch die Umwandlung von Arbeitsverhältnissen in arbeitnehmerähnliche Beschäftigungsverhältnisse möglich, den betroffenen Personen den verstärkten Schutz durch normativ wirkende Tarifverträge zu entziehen. Dabei ist auch zu berücksichtigen, dass die Option schuldrechtlicher Kollektivverträge den Betroffenen eine weitaus günstigere Ausgangsposition verschafft, wenn sie *neben* der Möglichkeit besteht, „echte", normativ wirkende Tarifverträge abzuschließen. Ob § 12a TVG unter dem Aspekt des Schutzes vor einer Aushöhlung der Tarifautonomie in ihrer für Arbeitnehmer geltenden Gestalt einem verfassungsrechtlichen Gebot entspricht, hängt letztendlich davon ab, ob es ohne die Einführung dieser Norm tatsächlich zu einer (partiellen) „Erosion" des Tarifvertragssystems gekommen wäre. Da in der Praxis die Möglichkeiten des § 12a TVG bislang kaum ausgeschöpft wurden[1234], bestehen erhebliche Zweifel, ob dieser Vorschrift die Funktion einer zwingend notwendigen Stütze der Tarifautonomie beigemessen werden kann. Es sprechen daher die besseren Argumente dafür, § 12a TVG zwar als einfachgesetzliche Konkretisierung des Art. 9 Abs. 3 GG, nicht aber als eine verfassungsrechtlich gebotene Norm anzusehen. Der grundsätzlichen Gefahr, dass das hier vorgeschlagene, alternative Kollektivvertragsmodell die Bedeutung normativer Tarif-

---

[1233] Vgl. das unten abgedruckte Vertragsmuster als Beispiel (Anhang B, S. 325 ff.)

[1234] Siehe oben S. 115 ff.

verträge schwächen kann, indem selbständig Beschäftigten nicht dieselben Koalitionsmittel wie Arbeitnehmern zur Verfügung gestellt werden, muss der – nach wie vor nicht entbehrliche – zwingende Arbeitnehmerbegriff begegnen.

Auch die Ausnahmebestimmung des § 12a Abs. 4 TVG, die arbeitnehmerähnlichen Handelsvertretern das Instrument des Tarifvertrags vorenthält, begegnet vor diesem Hintergrund keinen verfassungsrechtlichen Bedenken im Hinblick auf das Grundrecht der Koalitionsfreiheit.[1235] Ob die in dieser Vorschrift angelegte Differenzierung zwischen arbeitnehmerähnlichen Handelsvertretern und anderen arbeitnehmerähnlichen Personen allerdings einer Prüfung anhand Art. 3 Abs. 1 GG standhält, muss hingegen bezweifelt werden. In der Literatur häufen sich die Stimmen, die § 12a Abs. 4 TVG im Ergebnis für verfassungswidrig halten.[1236] Da die Sonderregelung auch für Handelsvertreter eingreift, die alle Merkmale der Arbeitnehmerähnlichkeit erfüllen, bedarf diese berufsbezogene Differenzierung einer besonderen Rechtfertigung. Hierfür sind aber sachliche Gründe von hinreichendem Gewicht nicht ersichtlich.

Die Begründung des Gesetzgebers, die Ausnahmeregelung habe dem „Wunsch der Mehrzahl der Verbände der Handelsvertreter" entsprochen[1237], lässt eher Rückschlüsse auf die Zusammensetzung der genannten Verbände zu, als dass sie die Ausnahmebestimmung rechtfertigen könnte. Für die vom Schutzzweck des § 12a TVG erfassten Handelsvertreter kann es kaum von anerkennenswertem Interesse sein, von der (rein fakultativen!) Option ausgeschlossen zu sein, sich gewerkschaftlich zu organisieren und durch Tarifverträge geschützt zu werden.

Wenig überzeugend ist auch der Hinweis auf die verbleibende Möglichkeit, nach § 92a HGB zwingende Mindestbedingungen durch Rechtsverordnung für Einfirmenvertreter festzusetzen.[1238] Wenn die Schutzbedürftigkeit einer Personengruppe die Festsetzung zwingender Mindestbedingungen rechtfertigt, muss den Betroffenen erst recht die Möglichkeit zum Abschluss von Tarifverträgen

---

[1235] Vgl. *Otto*, Anmerkung zu BAG v. 2. 10. 1990, AP Nr. 1 zu § 12a TVG, Bl. 8 R.

[1236] *Löwisch/Rieble*, Tarifvertragsgesetz, § 12a Rn. 5 (anders jetzt MünchArbR-*Löwisch/Rieble*, Band 3, § 243 Rn. 23; vgl. *Rieble*, ZfA 1998, S. 327, 357); *Pauly*, Handelsvertreter, S. 66; zumindest verfassungsrechtliche Bedenken äußern *Wiedemann/Stumpf*, § 12a Rn. 20; zweifelnd im Hinblick auf Art. 3 Abs. 1 GG *Wank*, Arbeitnehmer und Selbständige, S. 267; vgl. *Kempen/Zachert*, Tarifvertragsgesetz, § 12a Rn. 3; MünchArbR-*Richardi*, Band 1, § 29 Rn. 12. Vgl. in Bezug auf die ähnliche Vorschrift des § 7 Abs. 4 S. 2 SGB IV MünchArbR-*Richardi*, Band 1, § 24 Rn. 11.

[1237] So die Begründung des Regierungsentwurfs: BT-Drucks. 7/975, S. 21.

[1238] So BT-Drucks. 7/975, S. 21. Hiergegen früher *Löwisch/Rieble*, Tarifvertragsgesetz, § 12a Rn. 5; vgl. aber jetzt MünchArbR-*Löwisch/Rieble*, Band 3, § 243 Rn. 23.

als weniger rigide Korrektur der Ergebnisse des individuellen Verhandlungsprozesses zugestanden werden.[1239]

Die Differenzierung zwischen arbeitnehmerähnlichen Handelsvertretern und sonstigen arbeitnehmerähnlichen Personen hält damit einer Prüfung am Maßstab des Art. 3 Abs. 1 GG nicht stand. § 12a Abs. 4 TVG ist verfassungswidrig.

V. Berechtigung zum Arbeitskampf

Neben dem soeben erörterten Koalitionsmittel des Kollektivvertrags ist die Frage, in welcher Form wirtschaftlicher Druck auf die Gegenseite ausgeübt werden kann, um derartige Verträge durchzusetzen, von essenzieller Bedeutung für ein kollektives Verhandlungssystem.

Zu Recht zählt das Bundesverfassungsgericht grundsätzlich auch Arbeitskampfmaßnahmen zu den nach Art. 9 Abs. 3 GG geschützten Koalitionsmitteln, soweit diese „erforderlich sind, um eine funktionierende Tarifautonomie sicherzustellen."[1240] Zu untersuchen ist, ob dies grundsätzlich auch für selbständig Beschäftigte gilt (unten 1.), unter welchen Voraussetzungen „arbeitskampfähnliche" Maßnahmen Selbständiger zulässig sein können (unten 2.) und welche Rechtsinstitute in Frage kommen, um dem Konflikt einer „Arbeitsverweigerung" mit den vertraglichen Pflichten innerhalb der einzelnen Beschäftigungsverhältnisse zu begegnen (unten 3.). Dabei ist von vornherein zu berücksichtigen, dass sich derartige Maßnahmen nicht mit dem vom Bundesarbeitsgericht für Arbeitnehmer entwickelten Streikrecht, das die Suspendierung arbeitsvertraglicher Pflichten impliziert, decken muss.

1. „Streikrecht" für Selbständige?

An anderer Stelle[1241] wurde bereits auf den engen Zusammenhang zwischen dem Streik und der kartellförmigen Organisation der Arbeitnehmer in einer Koalition hingewiesen. Der Arbeitskampf stellt sich demnach als „das eigentliche kollektive Wettbewerbsgeschehen"[1242] dar, nämlich die abgesprochene, kollektive Verweigerung des Angebots von Arbeitsleistungen am Markt. Trotz der archaisch-militärisch anmutenden Terminologie ist ein kollektives Verhandlungssystem grundsätzlich nicht ohne das Instrument eines – wie auch immer

---

[1239] Vgl. oben S. 127.

[1240] BVerfG v. 26. 6. 1991, BVerfGE 84, S. 212, 225 (Aussperrung); v. 2. 3. 1993, BVerfGE 88, S. 103, 114 (Streik); v. 4. 7. 1995, BVerfGE 92, S. 365, 394.

[1241] Oben S. 179 f.

[1242] *Rieble*, Arbeitsmarkt und Wettbewerb, Rn. 1317; vgl. *Hanau/Adomeit*, Arbeitsrecht, Rn. 271.

gearteten – „Arbeitskampfes“ denkbar. Denn bei längeren Kündigungsfristen muss es den Beschäftigten möglich sein, sich von den (in beiderseitigem Interesse auf Dauer angelegten) individualvertraglichen Pflichten zumindest vorübergehend lösen zu können.

Dies ist notwendig, um den im Dauerschuldverhältnis ruhenden Marktmechanismus zwecks Neuverhandlung der Beschäftigungsbedingungen wiederzubeleben.[1243] Der Wiedereintritt aus der (stabilen) Vertragsbindung in den (labilen) Marktprozess muss vonseiten der Beschäftigten gemeinschaftlich-synchron erfolgen, weil auch die sich hieran anschließenden Verhandlungen in kollektiver Form geführt werden, was gerade Ausdruck des durch Art. 9 Abs. 3 GG intendierten kollektiven Wettbewerbssystems ist. Wären die Beschäftigten gezwungen, die vertraglichen Kündigungsfristen, an denen der Beschäftigungsgeber zweifelsohne ein berechtigtes Interesse hat, und bezüglich derer er sich auf den Grundsatz *pacta sunt servanda* berufen kann, würde dies eine kartellmäßige – und damit koalitionsspezifische – Ausübung wirtschaftlichen Drucks konterkarieren. Voraussetzung hierfür ist gerade die synchronisierte *Bündelung* der – ansonsten ohnehin jedem Beschäftigten als Einzelnen zur Verfügung stehenden – Berechtigung, das eigene Arbeitskraftangebot unterhalb eines selbst zu bestimmenden Preises vom Markt zurückzuhalten.

In dieser grundsätzlichen ökonomischen Funktion des Arbeitskampfes lassen sich Unterschiede zwischen Arbeitnehmern und koalitionsfähigen Selbständigen nicht ausmachen. Für diese wie für jene ist ein kollektiver Vertrag ohne kollektives Verhandeln mehr oder weniger sinnlos. Wegen der vergleichbaren ökonomischen Ausgangslage und der ähnlichen Wettbewerbssituation, die den Schutz der Beschäftigten durch das Koalitionsgrundrecht des Art. 9 Abs. 3 GG begründet, wären kollektive Verhandlungen ohne die Möglichkeit zur kollektiven Verweigerung der Arbeitsleistung hier wie dort nicht mehr als das vom Bundesarbeitsgericht zur Begründung des arbeitnehmerischen Streikrechts zitierte „kollektive Betteln“[1244].

Das Bundesverfassungsgericht nennt zur Rechtfertigung des Streikrechts der Arbeitnehmer ihr Angewiesensein auf Arbeitskampfmaßnahmen zur Herstellung einer gleichgewichtigen Verhandlungsposition,[1245] was letztlich in ihrer „strukturellen Unterlegenheit“ gegenüber der Arbeitgeberseite wurzelt.[1246] Soweit selbständig Beschäftigte die oben entwickelten Kriterien der Koalitionsfähigkeit erfüllen, ist die Voraussetzung einer „strukturellen Unterlegenheit“ auch

---

1243 Vgl. *Rieble*, Arbeitsmarkt und Wettbewerb, Rn. 1318 ff.

1244 Vgl. BAG v. 10. 6. 1980, BAGE 33, S. 140, 147; v. 5. 3. 1985, AP Nr. 85 zu Art. 9 GG Arbeitskampf, Bl. 4 R.

1245 BVerfG v. 26. 6. 1991, BVerfGE 84, S. 212, 231.

1246 Vgl. BVerfG v. 2. 3. 1993, BVerfGE 88, S. 103, 114.

bei ihnen gegeben,[1247] sodass es Art. 9 Abs. 3 GG gebietet, auch ihnen ein dem arbeitnehmerischen Streik vergleichbares Koalitionsmittel an die Hand zu geben.

Unerheblich ist dabei, dass Arbeitskämpfe von Koalitionen selbständig Beschäftigter nicht auf den Abschluss von Tarifverträgen im Sinne des § 1 TVG, sondern auf die Vereinbarung schuldrechtlicher Beschäftigungsnormenverträge[1248] gerichtet wären. Über das Instrument des Tarifvertrages verfügen die nicht arbeitnehmerähnlichen, aber koalitionsfähigen Personen von vornherein nicht, sodass eine Bindung des Arbeitskampfrechts an das Tarifvertragsrecht ihnen eine Art „Streikrecht" gänzlich nehmen würde. Aber auch für den Fall einer Koalition, in der ausschließlich arbeitnehmerähnliche Personen organisiert sind, die von § 12a TVG erfasst werden, ist nicht einzusehen, warum einem solchen Verband das für Arbeitnehmer entwickelte Koalitionsmittel des Tarifvertrags als Voraussetzung für die Befugnis zum Arbeitskampf aufgedrängt werden sollte.

Dem könnte die Auffassung entgegenstehen, das Recht zum Arbeitskampf sei an die für Arbeitnehmer vorgesehene, gesetzlich geregelte Form der verbindlichen Einigung, nämlich den Tarifvertrag, gebunden.[1249] So wird teilweise vertreten, zur Durchsetzung schuldrechtlicher Koalitionsabsprachen zwischen Arbeitnehmer- und Arbeitgeberverbänden seien Arbeitskämpfe unzulässig, weil das Streikrecht an das Instrument des Tarifvertrags im Rahmen des geltenden Tarifrechts gekoppelt sei.[1250]

Die zwingende Verknüpfung von Arbeitskampf und Tarifvertrag überzeugt aber schon dogmatisch nicht. Die frühere Rechtsprechung des Bundesarbeitsgerichts, die das Arbeitskampfrecht aus dem gesetzlichen Tarifvertragsrecht ableiten wollte[1251], muss heute als überholt gelten. Die Aussperrungsentscheidung des Bundesverfassungsgerichts von 1991 hat das Arbeitskampfrecht richtigerweise als in Art. 9 Abs. 3 GG verankert angesehen und es damit auf eine verfassungs-

---

1247 Vgl. oben S. 227 f.

1248 Vgl. oben S. 272 ff.

1249 Missverständlich BAG v. 5. 3. 1985, AP Nr. 85 zu Art. 9 GG Arbeitskampf, Bl. 4 R.

1250 So *Heinze*, DB 1996, S. 729, 734; MünchArbR-*Löwisch/Rieble*, Band 3, § 246 Rn. 133; vgl. *Hanau/Adomeit*, Arbeitsrecht, Rn. 286 und *Zöllner*, § 40 II 1 b (S. 451); BAG v. 14. 2. 1978, AP Nr. 58 zu Art. 9 GG, Bl. 5; überzeugend dagegen für die Erstreikbarkeit schuldrechtlicher Kollektivvereinbarungen *Seiter*, Streikrecht und Aussperrungsrecht, S. 488 ff.; Däubler-*Schumann*, Arbeitskampfrecht, Rn. 152 ff.; *Kempen/Zachert*, Tarifvertragsgesetz, § 1 Rn. 364; vgl. auch *Rieble*, Arbeitsmarkt und Wettbewerb, Rn. 1350 ff.

1251 BAG GS v. 21. 4. 1971, BAGE 23, S. 292, 308; vgl. BAG v. 10. 6. 1980, BAGE 33, S. 140, 148 ff.

rechtliche, vom Tarifvertragsgesetz losgelöste Grundlage gestellt.[1252] Ohnehin kann dem Tarifvertragsgesetz keine Aussage über Voraussetzung, Verfahren und Rechtsfolgen des Arbeitskampfes entnommen werden, was gegen eine wechselseitige Abhängigkeit beider Koalitionsmittel spricht.

Nicht anders als bei Tarifverträgen setzt die „Richtigkeitsgewähr" schuldrechtlicher Kollektivverträge die Möglichkeit voraus, diesen notfalls erstreiken zu können.[1253] Die Auffassung von *Löwisch/Rieble*, bereits infolge der Tariffähigkeit der Koalitionen sei von einer Vertragsparität auszugehen,[1254] überzeugt nicht. Die Tariffähigkeit als solche kann keine ökonomische Unabhängigkeit vom Vertragspartner in Bezug auf Absprachen herstellen, die gerade *keine* Tarifverträge sind. In dem – hier besonders interessierenden Fall – solcher Koalitionen, die schon deshalb nicht tariffähig sind, weil sie vom Tarifvertragsgesetz insgesamt nicht erfasst werden, lässt sich auch nicht argumentieren, ihnen stünde zumindest das „Drohpotenzial" eines erstreikbaren Tarifvertrages zur Verfügung.

Ob eine koalitionsmäßige Einigung in Form einer schuldrechtlichen Vereinbarung oder eines normativ wirkenden Tarifvertrages angestrebt wird, muss der freien Entscheidung der Sozialpartner im Rahmen ihrer Koalitionsmittelfreiheit überlassen bleiben. Der weite Wortlaut des Art. 9 Abs. 3 GG schließt es aus, den Abschluss eines Tarifvertrags als einzig privilegiertes Ziel der Koalitionsbetätigung anzusehen.[1255] Dieses Wahlrecht wäre beschnitten, wenn die Zulässigkeit des – für jeden kollektiven Verhandlungsprozess essenziellen – Rechts zum Arbeitskampf von der Art der angestrebten Einigung abhängig gemacht werden würde. Im Gegenteil lässt sich sogar argumentieren, dass schuldrechtliche Kollektivverträge wegen ihrer schwächeren Kartellwirkung *erst recht* erstreikbar sein müssen, wenn dies sogar bei normativ wirkenden Tarifverträgen der Fall ist.

Als Ergebnis ist festzuhalten, dass Art. 9 Abs. 3 GG auch den Koalitionen selbständig Beschäftigter grundsätzlich ein Recht zur kollektiv organisierten Verweigerung der Arbeitsleistung garantiert.

[1252] BVerfG v. 26. 6. 1991, BVerfGE 84, S. 212, 225. Dieser Sichtweise hat sich das Bundesarbeitsgericht in der Folgezeit angeschlossen, z. B. BAG v. 13. 7. 1993, AP Nr. 127 zu Art. 9 GG Arbeitskampf, Bl. 3.

[1253] Vgl. *Kempen/Zachert*, Tarifvertragsgesetz, § 1 Rn. 364.

[1254] MünchArbR-*Löwisch/Rieble*, Band 3, § 280 Rn. 26.

[1255] Vgl. *Seiter*, Streikrecht und Aussperrungsrecht, S. 122; *Rieble*, Arbeitsmarkt und Wettbewerb, Rn. 1350.

2. Allgemeine Voraussetzungen und außervertragliche Rechtsfolgen von Arbeitskampfhandlungen

Mit der *grundsätzlichen* Zulässigkeit von Streikmaßnahmen all derjeniger Beschäftigter, die vom persönlichen Schutzbereich der Koalitionsfreiheit erfasst sind, ist allerdings weder gesagt, dass selbständig Beschäftigten ein Streikrecht in gleicher Weise zustehen muss wie Arbeitnehmern, noch dass dieselben Voraussetzungen wie bei Arbeitnehmern erfüllt sein müssen, um eine konkrete Arbeitskampfmaßnahme als rechtmäßig einzustufen.

Eine besondere Situation ergibt sich allerdings im Geltungsbereich des § 12a TVG: Arbeitnehmerähnliche Selbständige, die sich (abweichend von dem in dieser Arbeit zugrunde gelegten Organisationsmodell[1256]) in tariffähigen Gewerkschaften organisieren und den Abschluss von „echten" Tarifverträgen anstreben, sind konsequenterweise auch den für Arbeitnehmer geltenden Regeln des Arbeitskampfrechts zu unterstellen. Das Streikrecht der Arbeitnehmer gilt in diesem Fall für sie entsprechend.[1257] Dies folgt allerdings nicht aus Art. 9 Abs. 3 GG, sondern lediglich aus § 12a TVG, der insgesamt auf eine kollektivrechtliche Gleichstellung der arbeitnehmerähnlichen Personen mit Arbeitnehmern gerichtet ist.

Beteiligen sie sich jedoch nicht an dem gesetzlich vorgesehenen, ursprünglich für Arbeitnehmer entwickelten Verfahren, das der Gesetzgeber später auch arbeitnehmerähnlichen Personen zur Verfügung gestellt hat, ist auch ihr arbeitskampfrechtlicher Status grundsätzlich isoliert vom Streikrecht der Arbeitnehmer zu betrachten.

Streikmaßnamen selbständig Beschäftigter könnten theoretisch mit zahlreichen Rechtsnormen in Konflikt geraten – z. B. § 823 Abs. 1 BGB (Recht am eingerichteten und ausgeübten Gewerbebetrieb des Auftraggeberunternehmens), § 826 BGB, §§ 1, 21, 81 GWB und §§ 240, 253 StGB. Außerdem kann die Arbeitsverweigerung eine Verletzung des Beschäftigungsvertrages durch den Streikenden darstellen; auf diese vertragsrechtlichen Aspekte wird allerdings erst unten[1258] näher einzugehen sein.

Zum Arbeitnehmerstreik hat die Rechtsprechung unter einer kollektivrechtlichen Perspektive einen Katalog von Voraussetzungen entwickelt, die erfüllt sein müssen, um eine Kampfmaßnahme unter allen rechtlichen Gesichtspunkten als rechtmäßig einzustufen. Hierzu gehören insbesondere: die Führung durch

---

[1256] Vgl. oben S. 124 ff.

[1257] Im Ergebnis ebenso Däubler-*Däubler*, Arbeitskampfrecht, Rn. 141; *Kempen/Zachert*, Tarifvertragsgesetz, § 12a Rn. 25; MünchArbR-*Otto*, Band 3, § 285 Rn. 57; *Reichel*, DB 1973, S. 102, 104; Wiedemann-*Wank*, Tarifvertragsgesetz, § 12a Rn. 91.

[1258] S. 297 ff.

eine tariffähige Gewerkschaft, die tarifliche Regelbarkeit des Kampfziels, die Beachtung der tarifvertraglichen Friedenspflicht, die Einhaltung des satzungsmäßigen Verfahrens (Urabstimmung), die Beachtung des *„ultima ratio"*-Grundsatzes und die Verhältnismäßigkeit im Sinne einer „fairen" Kampfführung.[1259]

Diese Rechtmäßigkeitsvoraussetzungen können nicht ohne weiteres auf streikähnliche Aktionen selbständig Beschäftigter übertragen werden. Einige passen schon auf den ersten Blick nicht, weil sie auf das Tarifvertragsrecht Bezug nehmen, das nur für Arbeitnehmer und solche arbeitnehmerähnlichen Personen gilt, die in Gewerkschaften im Sinne des § 2 TVG organisiert sind.

Insgesamt beruht der Katalog auf der grundlegenden Annahme des Bundesarbeitsgerichts, Arbeitskämpfe seien wegen ihrer „schädlichen" ökonomischen Auswirkungen per se „unerwünscht".[1260] Diese Prämisse knüpft damit an Anschauungen des Gerichts im Hinblick auf tatsächliche Ereignisse und ihre Folgen in der Vergangenheit an.[1261] An einen vergleichbaren praktischen Erfahrungsschatz oder gar eine historische Entwicklung kann bei der Beurteilung von – hypothetischen – Streiks selbständig Beschäftigter aber nicht angeknüpft werden. Zu heterogen sind die Wirtschaftsbedingungen, unter denen selbständige Arbeitsleistungen erbracht werden, als dass hier eine Prognose zur wirtschaftlichen Bedeutung derartiger Aktionen gewagt werden könnte.

Es soll deshalb an dieser Stelle nicht versucht werden, ein eigenständiges „kollektives Arbeitskampfrecht" für selbständig Beschäftigte zu entwickeln. Stattdessen ist eine andere Perspektive zu wählen, die es erlaubt, sich vom Kriterienkatalog des Bundesarbeitsgerichts zu lösen: Es ist zu untersuchen, in welchem Rahmen kollektiv organisierte Maßnahmen, die in ihrer ökonomischen Wirkung einem Streik entsprechen, auf *zivilrechtlicher* Grundlage möglich sind. Dabei ist der durch Art. 9 Abs. 3 GG vermittelte Schutz zu berücksichtigen, der besagt, dass auch Selbständigen grundsätzlich eine Möglichkeit zur kollektiven Arbeitsverweigerung zustehen muss. Bei der rechtlichen Einordnung derartiger Maßnahmen durch beruflich selbständig Erwerbstätige soll aber gerade nicht auf ein kollektivrechtliches Streikrecht als eigenständiges, jenseits der Zivilrechtsordnung stehendes Rechtsinstitut zurückgegriffen werden, wie es die Rechtsprechung zum Arbeitskampfrecht der Arbeitnehmer konstruiert hat.

[1259] Leitentscheidungen: BAG GS v. 28. 1. 1955, BAGE 1, S. 291 ff.; BAG GS v. 21. 4. 1971, BAGE 23, S. 292 ff.; BAG v. 10. 6. 1980, BAGE 33, S. 140 ff., 185 ff.; BVerfG v. 26. 6. 1991, BVerfGE 84, S. 212 ff.; vgl. *Hanau/Adomeit*, Arbeitsrecht, Rn. 282 ff.; näher MünchArbR-*Otto*, Band 3, § 285 Rn. 1 ff.

[1260] So ausdrücklich BAG GS v. 28. 1. 1955, BAGE 1, S. 291, 300.

[1261] Das Bundesarbeitsgericht bestätigt selbst, dass es sich bei der Entwicklung des Arbeitskampfrechts von den Anschauungen über die „soziale Wirklichkeit des Kampfgeschehens" leiten lässt (BAG GS v. 21. 4. 1971, BAGE 23, S. 292, 310).

In Bezug auf außervertragsrechtliche Verbotsnormen lässt sich unmittelbar aus Art. 9 Abs. 3 GG ableiten, dass eine verfassungsrechtlich geschützte kollektive Verweigerung der Arbeitsleistung *als solche* keine straf-, kartell-, wettbewerbs- oder deliktsrechtlichen Tatbestände erfüllt, sondern als Ausübung der Koalitionsfreiheit selbst dann gerechtfertigt ist, wenn hierdurch Interessen Dritter berührt werden. Wo im konkreten Einzelfall die Grenzen rechtlich zulässigen Verhaltens liegen, ist anhand der jeweiligen Norm (z. B. § 823 Abs. 1 BGB) zu bestimmen, die im Lichte der Koalitionsfreiheit auszulegen ist.

Eine Streikmaßnahme ist grundsätzlich dann von der Koalitionsfreiheit gedeckt, wenn die Mindestvoraussetzungen erfüllt sind, die das Grundrecht an das koalitionsmäßige Verfahren und die Ziele der Maßnahme stellt: Diese muss (1.) durch eine Koalition im Sinne des Art. 9 Abs. 3 GG organisiert sein und (2.) die kollektive Vereinbarung von Beschäftigungsbedingungen zum Ziel haben. Sie darf (3.) nicht gegen bereits abgeschlossene Kollektivvereinbarungen verstoßen[1262] und die Streikforderung selbst muss sich (4.) im begrifflichen Rahmen der „Arbeits- und Wirtschaftsbedingungen" bewegen.

Nur soweit eine konkrete Maßnahme *grundrechtlich* geschützte Rechtsgüter Dritter betrifft, bedarf es für die Beurteilung der Rechtmäßigkeit des Verhaltens einer Güterabwägung im Sinne einer Verhältnismäßigkeitsprüfung. Dass eine kollektive Arbeitverweigerung als solche unter dem Vorbehalt der Verhältnismäßigkeit steht, um überhaupt von Art. 9 Abs. 3 GG gedeckt zu sein oder dass sie nur als *ultima ratio* zulässig ist, lässt sich der – ohne Gesetzesvorbehalt gewährleisteten – Koalitionsfreiheit dagegen nicht entnehmen.

Dieser kurze Überblick muss hier genügen, um die allgemeinen, außervertragsrechtlichen Konsequenzen eines „Streiks" selbständig Beschäftigter anzudeuten. Im Folgenden ist auf die besonders problematischen *vertragsrechtlichen* Aspekte einer kollektiven Arbeitsverweigerung einzugehen.

3. Auswirkungen auf das individuelle Beschäftigungsverhältnis

Ein „Streik" selbständig Beschäftigter könnte sich als Verletzung des Beschäftigungsvertrages darstellen und Schadensersatzansprüche für die Streikenden

---

[1262] Es kann allerdings durchaus hinterfragt werden, ob dieses Merkmal, das der Beachtung der „Friedenspflicht" beim Arbeitnehmerstreik entspricht, tatsächlich in Art. 9 Abs. 3 GG angelegt ist. Zu bedenken ist nämlich, dass Kollektivverträge außerhalb des Tarifvertragsgesetzes nicht normativ wirken, sodass an sich eine rein schuldrechtliche Betrachtung auch in Bezug auf die „Friedenspflicht" nahe liegt. Die gesellschaftliche Funktion der Koalitionsfreiheit als Verfahren zur „Befriedung des Arbeitslebens" rechtfertigt es aber, Arbeitskampfmaßnahmen als solche unter den Vorbehalt der Konformität mit bestehenden Kollektivverträgen zu stellen.

nach sich ziehen. Ob vertragliche Pflichten berührt werden, hängt zunächst von der jeweiligen Form der „Kampfmaßnahme" ab.

a) Unterschiedliche Formen der „Arbeitsverweigerung"

Abweichungen im Streikverhalten zwischen Arbeitnehmern und selbständig Beschäftigten sind bereits in den Unterschieden hinsichtlich der jeweiligen Vertragsbeziehung angelegt.[1263] Während bei klassischen Arbeitsverhältnissen stets eine dauerhafte Vertragsbindung mit kontinuierlichem Leistungsaustausch besteht, sind im Bereich selbständiger Beschäftigung flexiblere Bindungsformen denkbar und üblich.

In denjenigen Fällen etwa, in denen ein Auftraggeber täglich einzelne Aufträge an Subunternehmer vergibt, die von diesen jederzeit abgelehnt werden können, ist eine Entbindung der Beschäftigten von vertraglichen Hauptleistungspflichten nicht erforderlich. Ein „Streik" bestünde hier schlicht in der kollektiven Weigerung der Auftragsannahme. Vertragsrechtliche Probleme würden sich nicht stellen. Auf eine solche Konstellation bezieht sich *Däubler,* der ein Streikrecht für Selbständige mit der Begründung für überflüssig hält, diese könnten ihre Interessen dadurch wahrnehmen, schlicht und ergreifend bestimmte Verträge nicht mehr abzuschließen.[1264]

Ein solches Vorgehen funktioniert allerdings nur dann, wenn die einzelnen Auftragsbeziehungen so kurzfristig angelegt sind, dass eine kollektiv gesteuerte Synchronisation der Verweigerungshaltung *ohne* Beendigung oder Suspendierung des jeweiligen Vertragsverhältnisses möglich ist. Das trifft bei weitem nicht für alle Vertragssituationen zu, in denen Selbständige Arbeitsleistungen erbringen. Bei einer längerfristigen Vertragsbindung ist eine zumindest partielle Befreiung von vertraglichen Leistungspflichten notwendig, um bei einem „Streik" den Rechtsfolgen einer Vertragsverletzung zu entgehen.

Als zivilrechtliche Rechtsinstitute, die eine derartige Wirkung herbeiführen könnten, kommen sowohl die Geltendmachung von Zurückbehaltungsrechten (unten b) als auch die kollektive Kündigungserklärung (unten c) in Betracht.

b) Geltendmachung von Zurückbehaltungsrechten

Eine „streikähnliche", aber vertragskonforme Maßnahme könnte grundsätzlich in Form der kollektiven Ausübung von Zurückbehaltungsrechten gemäß § 273

1263 Vgl. zum möglichen Streikverhalten arbeitnehmerähnlicher Personen *Kunze*, in: Hübner/Rehbinder/Sell/Kunze, Freie Mitarbeiter in den Rundfunkanstalten, S. 55, 85 f.; *Lieb*, RdA 1974, S. 257, 268.

1264 Däubler-*Däubler*, Arbeitskampfrecht, Rn. 146; ähnlich (in Bezug auf arbeitnehmerähnliche Personen) *Lieb*, RdA 1974, S. 257, 268.

bzw. § 320 BGB erfolgen.[1265] Diese Vorschriften setzen allerdings zur Rechtfertigung der Leistungsverweigerung das Bestehen von Gegenansprüchen der Beschäftigten voraus. Zurückbehaltungsrechte können daher zwar bei *Rechts*streitigkeiten mit dem Auftraggeber durchaus ein kollektives Auftreten ermöglichen. Ein koalitionsspezifischer Arbeitskampf, der auf den Abschluss von Kollektivverträgen gerichtet ist, wird aber nicht als Rechts- sondern als *Regelungs*streitigkeit über die *zukünftige* Gestaltung der Beschäftigungsbedingungen geführt.[1266]

Zurückbehaltungsrechte können daher nicht der richtige dogmatische Ansatz sein, wenn es um die Durchsetzung günstigerer Vertragskonditionen geht; ihnen kommt insoweit keine streikäquivalente Funktion zu.

c) Kollektive Kündigung

Wie *Rieble* bei seinen Bemühungen um eine vertragsrechtliche Erklärung des Arbeitskampfgeschehens gezeigt hat, stellt die kollektiv ausgesprochene Kündigung das am nächsten liegende privatrechtliche Instrument dar, um eine funktional notwendige Neuverhandlung der Beschäftigungsbedingungen auf der Kollektivebene einzuleiten.[1267] *Rieble* bezeichnet die kollektiv abgestimmte Individualkündigung treffend als „Kampfmittel der kleinen Koalitionen", denen die Befugnis oder Möglichkeit zum „echten" Streik fehlt.[1268] Dieser Ansatz lässt sich auch für Selbständigenkoalitionen fruchtbar machen, für die das von der Rechtsprechung für Arbeitnehmer entwickelte Arbeitskampfrecht ebenso wenig gilt wie das „arbeitnehmerische" Tarifvertragsrecht.

Bei Arbeitnehmern wird die so genannte „Massenänderungskündigung" als *streikähnliche* Maßnahme eingestuft. *Hanau/Adomeit* bezeichnen sie als eine „Art Selbsthilfe" für den Bereich, wo das Tarifvertragssystem „‚Löcher' hat oder uneffektiv ist".[1269] Ihre Zulässigkeit wird bei Arbeitnehmern kontrovers beurteilt; denn es besteht insoweit die Schwierigkeit, derartige Maßnahmen von „wilden" (nicht gewerkschaftlich geführten) Streiks abzugrenzen, die als rechtswidrig angesehen werden.[1270] Rechtliche Bedenken solcher Art bestehen

---

[1265] Vgl. *Brox/Rüthers*, Arbeitskampfrecht, Rn. 595 ff.; *Kempen/Zachert*, Tarifvertragsgesetz, § 4 Rn. 99; *Seiter*, Streikrecht und Aussperrungsrecht, S. 429 ff.; zur Abgrenzung zum „wilden Streik" BAG v. 20. 12. 1963, BAGE 15, S. 174, 186 ff.; v. 17. 12. 1976, BAGE 28, S. 302, 305 f.; v. 14. 2. 1978, BAGE 30, S. 50, 58 f.

[1266] Vgl. *Söllner*, Arbeitsrecht, § 11 IV (S. 84); zur Abgrenzung von Rechts- und Regelungsstreit *Gamillscheg*, Kollektives Arbeitsrecht, Band I, § 20 II 2 a (S. 926 f.) m. w. N.

[1267] *Rieble*, Arbeitsmarkt und Wettbewerb, Rn. 1318 ff.

[1268] *Rieble*, Arbeitsmarkt und Wettbewerb, Rn. 1322.

[1269] *Hanau/Adomeit*, Arbeitsrecht, Rn. 284.

[1270] Die Rechtsprechung, die gruppenweise ausgesprochene Kündigungen als unzulässigen „wilden Streik" einordnet (BAG v. 28. 4. 1966, AP Nr. 37 zu Art. 9 GG Arbeitskampf)

im Bereich selbständiger Beschäftigung aber von vornherein nicht, da dort ein von der Kündigung rechtstechnisch unterscheidbares Streikrecht nicht anerkannt ist, sodass das Verhalten auf der Individualebene *allein* unter dem rechtlichen Gesichtspunkt der Kündigung zu beurteilen ist. Ein Abgrenzungsproblem wie bei Arbeitnehmern ergibt sich hier also nicht.

Selbständig Beschäftigte können demnach „streiken", indem sie eine auf der Ebene der Koalition verabredete Massenkündigung – oder eine Massenänderungskündigung – aussprechen; im Falle der Änderungskündigung ist die kollektive Forderung bereits in einem neuen Vertragsangebot konkretisiert. Die Kündigungserklärungen könnten sogar durch die Koalition selbst im Namen der sich beteiligenden Mitglieder ausgesprochen werden; der Verband müsste hierzu lediglich zuvor bevollmächtigt worden sein.

Zur effektiven Ausübung ökonomischen Drucks eignet sich ein solches Vorgehen aber nur dann, wenn auch die *Kündigungstermine* kollektiv synchronisierbar und kurzfristig genug sind. In Vertragskonstellationen, in denen längere vertragliche Kündigungsfristen üblich sind (z. B. beim Franchising), ist eine gleichzeitige Arbeitsverweigerung im Wege einer *ordentlichen* Kündigung kaum möglich. Nicht umsonst steht deshalb für die Ausübung des Streikrechts der Arbeitnehmer heute außer Frage, dass dieses nicht an vertragliche Kündigungsfristen gebunden ist.[1271] Im Bereich selbständiger Beschäftigung ist – quasi als Ersatz für eine rechtlich sofort wirksame Streikerklärung – an eine außerordentliche, fristlose Kündigung zu denken.

Bereits vor der Einführung des neuen § 314 BGB war anerkannt, dass die Möglichkeit zur außerordentlichen Beendigung eines Vertragsverhältnisses grundsätzlich bei jedem Dauerschuldverhältnis besteht, ohne dass ein solches Sonderkündigungsrecht ausdrücklich vereinbart werden müsste.[1272] Dieser Grundsatz ist nunmehr in § 314 BGB n. F. kodifiziert. Voraussetzung für ein solches – grundsätzlich unabdingbares[1273] – außerordentliches Kündigungsrecht ist aber ein „wichtiger Grund" zur sofortigen Beendigung der Vertragsbezie-

---

überzeugt allerdings nicht; die für sich genommen zulässige Kündigung eines Einzelnen kann nicht dadurch unzulässig werden, dass eine Vielzahl von Personen von diesem Recht Gebrauch macht; wie hier *Gamillscheg*, Kollektives Arbeitsrecht, Band I, § 21 II 2 (S. 989); *Zöllner/Loritz*, Arbeitsrecht, § 40 III 3 (S. 454); a. A. *Lieb*, Arbeitsrecht, Rn. 701 f.; *Söllner*, Arbeitsrecht, § 12 II 3 c (S. 93); mit Einschränkungen *Hanau/Adomeit*, Arbeitsrecht, Rn. 284.

1271 Vgl. BAG GS v. 28. 1. 1955, BAGE 1, S. 291, 305; BAG GS v. 21. 4. 1971, BAGE 23, S. 292, 300.

1272 Vgl. BGH v. 15. 1. 1959, BGHZ 29, S. 171, 172; v. 30. 1. 1964, BGHZ 41, S. 104, 108; v. 4. 4. 1973, BB 1973, S. 819; v. 2. 2. 1989, NJW 1989, S. 1482, 1483; Palandt-*Heinrichs*, Bürgerliches Gesetzbuch, Einleitung vor § 241 Rn. 18.

1273 Vgl. oben Fn. 1272.

hung. Ein solcher liegt vor, wenn nach den Umständen des Einzelfalles unter Berücksichtigung der Interessen der Vertragsparteien die Fortsetzung des Vertragsverhältnisses bis zum Ablauf des Vertrages oder dem Zeitpunkt einer ordentlichen Beendigungsmöglichkeit für den Kündigenden nicht zumutbar ist (vgl. § 626 Abs. 1 BGB, § 314 BGB n. F.).

Ein berechtigtes Interesse zur vorzeitigen Vertragsauflösung kann sich im Falle einer streikähnlichen Aktion durch selbständig Beschäftigte aus Art. 9 Abs. 3 GG ergeben. Der generalklauselartige, unbestimmte Rechtsbegriff des „wichtigen Grundes" wird nämlich durch die „objektive Wertordnung", die die Grundrechte konstituieren,[1274] verfassungsrechtlich beeinflusst. Ein „wichtiger Grund" muss demnach bejaht werden, wenn die Möglichkeit zur Kündigung *funktionsnotwendig* für die Wahrnehmung eines grundrechtlich verbürgten Handlungsfreiraumes ist.[1275] Ebendies ist hier der Fall, da das in Art. 9 Abs. 3 GG verankerte kollektive Verhandlungssystem grundsätzlich die Möglichkeit zu einer zeitgleichen, sofortigen Beendigung (oder Suspendierung) der Vertragspflichten verlangt. Die in Art. 9 Abs. 3 S. 2 GG ausdrücklich angeordnete Drittwirkung stellt dabei klar, dass die Grundrechtswahrnehmung in dieser Hinsicht über den individualvertraglichen Kündigungsregelungen steht und das Interesse des Auftraggebers an der ordnungsgemäßen Durchführung des Vertragsverhältnisses verdrängen kann.

Die Annahme eines „wichtigen Grundes" zur Beendigung des Vertragsverhältnisses setzt voraus, dass dies zur Umsetzung einer koalitionsspezifischen, von der Koalitionsfreiheit gedeckten Maßnahme erforderlich ist. Um eine Kündigung in diesem Sinne zu rechtfertigen, müssen wiederum die oben bereits aufgeführten, im Grundrecht der Koalitionsfreiheit angelegten Mindestvoraussetzungen für einen verfassungsrechtlich geschützten Arbeitskampf erfüllt sein: Die Arbeitsverweigerung muss (1.) durch eine Koalition im Sinne des Art. 9 Abs. 3 GG organisiert sein und (2.) die kollektive Vereinbarung von Beschäftigungsbedingungen zum Ziel haben. Sie darf (3.) nicht gegen bereits abgeschlossene Kollektivvereinbarungen verstoßen und die Streikforderung selbst muss sich (4.) im begrifflichen Rahmen der „Arbeits- und Wirtschaftsbedingungen" bewegen.

Da für die Prüfung des „wichtigen Grundes" eine Interessenabwägung erforderlich ist, dürfen die Folgen der Maßnahme für den Auftraggeber schließlich nicht außer Verhältnis zu den Interessen der Auftragnehmer stehen, soweit grundrechtlich geschützte Rechtsgüter des Auftraggebers betroffen sind (Gebot

---

1274 Ständige Rechtsprechung des Bundesverfassungsgerichts seit BVerfG v. 15. 1. 1958, BVerfGE 4, S. 198, 205; vgl. aus der jüngeren Rechtsprechung BVerfG v. 19. 10. 1993, NJW 1994, S. 36, 38, wo das Gericht von „Grundentscheidungen" spricht.

1275 Vgl. *Gamillscheg*, AcP 164 (1964), S. 385, 422 zum Einfluss der Grundrechte auf den „wichtigen Grund".

rechtlich geschützte Rechtsgüter des Auftraggebers betroffen sind (Gebot der Verhältnismäßigkeit).

d) Suspendierende Wirkung?

In ihrer Wirkung unterscheidet sich eine kollektiv ausgesprochene, fristlose Kündigung vom arbeitnehmerischen Streik vor allem durch den endgültigen Charakter der Vertragsauflösung. Dieser fehlt dem Arbeitnehmerstreik, dem die Rechtsprechung eine lediglich „suspendierende" Wirkung zuschreibt.[1276] Hintergrund der Suspensivwirkung ist, dass nicht ein Wechsel des Vertragspartners, sondern lediglich die Anpassung der Beschäftigungsbedingungen bei grundsätzlicher Fortsetzung der Vertragsbeziehung beabsichtigt ist.[1277] Durch eine nur suspendierende Wirkung einer Streikaktion wird zudem die Verhandlungsposition der Arbeitnehmer ökonomisch gestärkt, indem ihnen das Risiko einer endgültigen Nichtfortsetzung der Vertragsbeziehung abgenommen wird.
Mit dem Instrument der außerordentlichen Kündigung lassen sich diese Wirkungen für selbständig Beschäftigte nicht erreichen. Eine vorübergehende Dienstverhinderung im Sinne des § 616 BGB, die ein Ruhen der vertraglichen Hauptleistungspflicht zur Folge hätte, wird man in einer Streikmaßnahme regelmäßig nicht erblicken können.[1278]

Als dogmatischer Ansatz für ein *kündigungsähnliches*, aber nur suspendierend wirkendes Gestaltungsrecht käme allenfalls das von *Seiter* im Rahmen seiner individuellen Arbeitskampftheorie entwickelte „subjektiv-private Streikrecht mit kollektiver Bindung" in Betracht. *Seiter* versteht darunter die Befugnis des Arbeitnehmers, die Arbeitspflicht für die Dauer eines Streiks unter Aufrechterhaltung des Arbeitsverhältnisses im Übrigen einseitig zu suspendieren.[1279]

Es erscheint aber zweifelhaft, ob Art. 9 Abs. 3 GG den Rückgriff auf ein derartiges Rechtsinstitut, das außerhalb der gesetzlichen Privatrechtsordnung steht, für selbständig Beschäftigte verlangt.[1280] Die in der Suspensivwirkung liegende arbeitskampfrechtliche Privilegierung der Arbeitnehmer gegenüber Selbständigen erscheint vielmehr durchaus gerechtfertigt. Die höhere Risikolast beim Streik, also das Risiko, nach Ausspruch der Kündigung nicht mehr beschäftigt

---

[1276] Näher MünchArbR-*Otto*, Band 3, § 288 Rn. 2 ff.

[1277] Vgl. BAG GS v. 28. 1. 1955, S. 291, 305; *Rieble*, Arbeitsmarkt und Wettbewerb, Rn. 1339.

[1278] Vgl. aber den Vorschlag von *Kempen* (ArbuR 1990, S. 237, 242 ff.) in Bezug auf Arbeitsniederlegungen mit Demonstrationscharakter, die als Grundrechtswahrnehmung (Art. 8 GG) von § 616 BGB erfasst sein könnten.

[1279] *Seiter*, Streikrecht und Aussperrungsrecht, S. 47 ff., 182 ff.

[1280] Einschränkend hinsichtlich der Suspensivwirkung von Streiks arbeitnehmerähnlicher Personen auch *Lieb*, RdA 1974, S. 257, 268.

zu werden, entspricht dem ohnehin höheren Risiko, das ein Selbständiger im Vergleich zu einem Arbeitnehmer typischerweise zu tragen hat.

4. Ergebnis

Auch für selbständig Beschäftigte garantiert das Grundrecht der Koalitionsfreiheit Handlungsformen zur Ausübung wirtschaftlichen Drucks auf die Gegenseite durch eine kollektive Verweigerung der Arbeitsleistung. Für sie gilt – außerhalb des § 12a TVG – aber nicht das Arbeitskampfrecht der Arbeitnehmer. Stattdessen müssen aus Art. 9 Abs. 3 GG Grundregeln für die – im Übrigen privatrechtlich anhand der jeweils einschlägigen Verbots- bzw. Sanktionsnorm zu beurteilende – Zulässigkeit von arbeitskampfähnlichen Maßnahmen Selbständiger abgeleitet werden.

Vom Grundrecht der Koalitionsfreiheit sind kollektive Maßnahmen grundsätzlich dann erfasst, wenn sie durch eine Koalition im Sinne des Art. 9 Abs. 3 GG organisiert sind, die kollektive Vereinbarung von Beschäftigungsbedingungen (Arbeits- und Wirtschaftsbedingungen) zum Ziel haben und bereits existierende Kollektivvereinbarungen nicht entgegenstehen.

Vertragsrechtlich sind „Streikmaßnahmen“ innerhalb von Dauerschuldverhältnissen als (kollektive) Kündigungserklärung zulässig. Ein Recht zur außerordentlichen, fristlosen „Streikkündigung“ besteht, wenn und soweit eine synchrone Beendigung der Vertragsverhältnisse zur Wahrnehmung des in Art. 9 Abs. 3 GG wurzelnden Streikrechts erforderlich ist.

VI. Verfassungsrechtliche Voraussetzungen der Koalitionseigenschaft

Als letzte hier zu behandelnde Fragestellung sind die Voraussetzungen anzusprechen, die eine Vereinigung koalitionsfähiger Selbständiger erfüllen muss, um als Koalition im Sinne des Art. 9 Abs. 3 GG zu gelten.

Obwohl der Wortlaut des Grundrechts keine bestimmte Organisationsform vorzugeben scheint, hat die Rechtsprechung in Anbetracht der besonderen Befugnisse der Koalitionen und ihrer herausragenden Stellung in der Arbeits- und Wirtschaftsverfassung gewisse Mindestanforderungen entwickelt, die an die Verbände als Träger der kollektiven Koalitionsfreiheit zu stellen sind. Hierdurch werden die Rahmenbedingungen einer Verbandsstruktur vorgegeben.

Im Folgenden wird untersucht, inwiefern die für Arbeitnehmergewerkschaften geltenden Vorgaben auf Koalitionen übertragbar sind, in denen ausschließlich selbständig Beschäftigte organisiert sind.

1. Allgemeiner Koalitionsbegriff

Zunächst muss eine Koalition nach überwiegender Meinung die Merkmale des allgemeinen Vereinigungsbegriffs im Sinne des Art. 9 GG[1281] erfüllen, d. h. es muss sich um einen freiwilligen, dauerhaften Zusammenschluss mehrer Personen zu einem gemeinsamen Zweck handeln, der über eine organisierte Willensbildung verfügt.[1282]

Aus dem Wortlaut des Art. 9 Abs. 3 ergibt sich darüber hinaus, dass der Vereinigungszweck in der „Wahrung und Förderung der Arbeits- und Wirtschaftsbedingungen" bestehen muss. Diese allgemeinen Begriffsmerkmale müssen Koalitionen jedweder Art, also auch Verbände selbständig Beschäftigter, erfüllen.

Der Koalitionsbegriff ist dabei nicht auf Arbeitnehmer- und Arbeitgeberverbände beschränkt, wenngleich diese Festlegung den bisherigen, historisch gewachsenen Strukturen entspricht.[1283] Dass vielmehr auch selbständig Beschäftigte unter bestimmten Voraussetzungen Koalitionen bilden können, ergibt sich bereits aus ihrem Einbezug in den persönlichen Schutzbereich der Grundrechtsgarantie, also ihrer Erfassung durch das Begriffspaar der „Arbeits- und Wirtschaftsbedingungen".[1284] Aus dieser Interpretation des Schutzbereichs folgt zwanglos ein dementsprechend erweiterter Koalitionsbegriff.

Zu Recht betont *Scholz* die „entwicklungspolitische Offenheit" des Koalitionsbegriffs,[1285] der parallel zum persönlichen Schutzbereich der individuellen Koalitionsfreiheit funktional interpretiert werden muss. Die Offenheit des Begriffs verbietet einen phänomenologischen Interpretationsansatz, der sich ausschließlich am Erscheinungsbild und Selbstverständnis der traditionellen Gewerkschaften orientiert.[1286] Koalitionen im Sinne des Art. 9 Abs. 3 GG sind daher auch

---

[1281] Art. 9 Abs. 2 GG verwendet den Begriff der „Vereinigung" als Oberbegriff zu den in Abs. 1 angesprochenen „Vereinen" und „Gesellschaften"; vgl. v. Münch-*Löwer*, Grundgesetz, Art. 9 Rn. 27.

[1282] *Höfling*, RdA 1999, S. 182, 183; Sachs-*Höfling*, Grundgesetz, Art. 9 Rn. 53; v. Münch-*Löwer*, Grundgesetz, Art. 9 Rn. 71; Maunz/Dürig-MünchArbR-*Löwisch/Rieble*, Band 3, § 243 Rn. 45, 47 ff.; *Scholz*, Grundgesetz, Art. 9 Rn. 196, 213; umstritten ist, ob das Merkmal der Dauerhaftigkeit im Hinblick auf so genannte „ad-hoc-Koalitionen" zwingend ist: insoweit a. A. *Däubler/Hege*, Koalitionsfreiheit, Rn. 106 ff.; AK-GG-*Kittner/Schiek*, Art. 9 Abs. 3 Rn. 117.

[1283] Vgl. auch *Nogler,* ArbuR 1996, S. 206, 209.

[1284] Hierzu oben S. 137 ff.; Ergebnis S. 227 f.

[1285] Maunz/Dürig-*Scholz*, Grundgesetz, Art. 9 Rn. 194.

[1286] So auch *Däubler/Hege*, Koalitionsfreiheit, Rn. 101: „Auch darf einem Zusammenschluss der Schutz des Art. 9 Abs. 3 GG nicht schon deshalb vorenthalten werden, weil er dem herkömmlichen, von den Gewerkschaften bestimmten Bild nicht entspricht."; anders offenbar *Hueck/Nipperdey*, Arbeitsrecht, Band II/1, S. 82 (Bezug auf das Selbstverständnis der bestehenden Koalitionen).

Verbände, die *ausschließlich* selbständig beschäftigte, koalitionsfähige Personen organisieren. Da der Begriff der Gewerkschaft traditionell den Arbeitnehmerverbänden vorbehalten ist[1287], sollte man sie nicht als „Gewerkschaften", sondern z. B. als Selbständigen- oder Auftragnehmerkoalitionen bezeichnen.

Die Voraussetzungen der Mitgliedschaft in einem solchen Verband müssen in der Satzung freilich so geregelt sein, dass ihm nur koalitionsfähige Personen im Sinne des Art. 9 Abs. 3 GG[1288] beitreten und in ihm verbleiben können. Zur Vereinfachung der Definition der Mitgliedschaftsvoraussetzungen könnte an leicht zu ermittelnde Umstände angeknüpft werden, die Rückschlüsse auf eine „arbeitnehmerähnliche" Markt- und Wettbewerbssituation zulassen. Nahe liegend ist z. B. die Festlegung einer Gesamtumsatzgrenze für das einzelne Verbandsmitglied und eine Beschränkung der Zahl eigener Mitarbeiter.[1289] Sollten einzelne Mitglieder dennoch nicht (oder nicht mehr) die Voraussetzungen der Koalitionsfähigkeit erfüllen, verliert der Verband seine Koalitionseigenschaft insgesamt nur dann, wenn dies einen nicht unwesentlichen Anteil der Mitgliedschaft betrifft.

Als Rechtsform einer kollektiven Organisation selbständig Beschäftigter bietet sich der (eingetragene)[1290] Idealverein gemäß § 21 ff. BGB an.[1291] Ein Beispiel für eine mögliche Satzungsgestaltung liefert das Muster in Anhang A.[1292]

1287 Vgl. BVerfG v. 20. 10. 1981, BVerfGE 58, S. 233, 251; *Kempen/Zachert*, Tarifvertragsgesetz, § 2 Rn. 13.

1288 Siehe oben S. 227 f.

1289 Die fehlende Marktmacht, die zum Angewiesensein auf die Koalitionsbildung führt, wird sich regelmäßig in der Unternehmensgröße niederschlagen. In Bezug auf die Anzahl der eigenen Mitarbeiter ist an eine Anlehnung an § 2 Abs. 2 HAG (vgl. AK-GG-*Kittner/Schiek,* Art. 9 Abs. 3 Rn. 104) zu denken (maximal zwei Beschäftigte).

1290 Eine Eintragung ins Vereinsregister erscheint schon deshalb geboten, weil es zweifelhaft ist, ob die Rechtsprechung zur Parteifähigkeit der nicht eingetragenen Gewerkschaften (BGH v. 6. 10. 1964, BGHZ 42, S. 210; v. 11. 7. 1968, BGHZ 50, S. 325; v. 6. 10. 1989, NJW 1990, S. 186) auf neue Koalitionstypen übertragbar ist; das tragende Argument der historischen Hintergründe wird hier kaum greifen. Auch bei der neuen Dienstleistungsgewerkschaft ver.di handelt es sich um einen *eingetragenen* Verein (vgl. § 3 Abs. 1 Nr. 4 UmwG).

1291 Eine *genossenschaftliche* Organisationsform mit einem gemeinschaftlichen Geschäftsbetrieb im Sinne des § 1 GenG wäre eine gänzlich andere Form der Gegenmachtbildung; sie stünde außerhalb des Art. 9 Abs. 3 GG, weil die unternehmerische Organisation der Genossenschaft den Bezug zum Arbeitsmarkt entfallen lässt; zu historischen Berührungspunkten zwischen Genossenschaftswesen und Gewerkschaften vgl. *Ritscher*, Koalitionen, S. 208 ff.

1292 S. 321 ff.

2. Funktionsspezifische Anforderungen

Über die im Wortlaut des Art. 9 GG angelegten Merkmale hinaus verbinden Rechtsprechung und Literatur zusätzliche Anforderungen mit der Koalitionseigenschaft, die nur aus der Funktion des Grundrechts und aus der besonderen Zwecksetzung arbeitsrechtlicher Koalitionen abgeleitet werden können. Diskutiert werden insbesondere die Merkmale der Gegnerfreiheit, der (Gegner-) Unabhängigkeit, der „sozialen Mächtigkeit", der Überbetrieblichkeit, der Bereitschaft zum Arbeitskampf, der demokratischen Binnenorganisation und der Anerkennung des geltenden Tarif- und Schlichtungsrechts.[1293]

Diese Merkmale erklären sich insbesondere aus der Funktion der Arbeitnehmer- und Arbeitgeberverbände als Tarifvertragsparteien. Bei einigen Kriterien ist umstritten, ob sie dem verfassungsrechtlichen Koalitionsbegriff oder nur der einfachgesetzlich geregelten Tariffähigkeit im Sinne des § 2 Abs. 1 TVG zuzuordnen sind. Wichtig dabei ist, grundsätzlich den Begriff der „Koalition" von dem der „Gewerkschaft" zu unterscheiden. Gewerkschaften sind *tariffähige* Arbeitnehmerkoalitionen,[1294] also solche Arbeitnehmervereinigungen, die von § 2 Abs. 1 TVG erfasst werden. Nicht jede Voraussetzung der Tariffähigkeit muss aber zugleich ein Merkmal des Koalitionsbegriffs sein.[1295]

Ausschließlich auf die Frage der Tariffähigkeit von Arbeitnehmergewerkschaften beziehen sich die Bestimmungen im Staatsvertrag über die Schaffung einer Währungs-, Wirtschafts- und Sozialunion zwischen der Bundesrepublik Deutschland und der Deutschen Demokratischen Republik vom 18. 5. 1990 und dem Gemeinsamen Protokoll über Leitsätze,[1296] in dem es unter A. III Nr. 2 heißt:

> „Tariffähige Gewerkschaften [...] müssen frei gebildet, gegnerfrei, auf überbetrieblicher Grundlage organisiert und unabhängig sein sowie das geltende Tarifrecht als für sich verbindlich anerkennen; ferner müssen sie in der Lage sein, durch Ausüben von Druck auf den Tarifpartner zu einem Tarifabschluss zu kommen."

Damit hat der Gesetzgeber die zuvor vom Bundesarbeitsgericht entwickelten Grundsätze bestätigt; nach der Rechtsprechung kann diese Regelung des Staats-

---

1293 Vgl. etwa den Überblick bei Dreier-*Bauer*, Grundgesetz, Art. 9 Rn. 71 ff.; v. Münch-*Löwer*, Grundgesetz, Art. 9 Rn. 73 ff.; *Zöllner*, Arbeitsrecht, § 8 III (S. 111 ff.)

1294 BVerfG v. 20. 10. 1981, BVerfGE 58, S. 233, 251.

1295 Vgl. BVerfG v. 18. 11. 1954, BVerfGE 4, S. 96, 107; *Badura*, ArbRGegW 15 (Dokumentation 1977), S. 17, 25; *Kempen/Zachert*, Tarifvertragsgesetz, § 2 Rn. 4; MünchArbR-*Löwisch/Rieble*, Band 3, § 243 Rn. 46; *Ramm*, RdA 1968, S. 412, 417.

1296 Zustimmungsgesetz v. 25. 6. 1990 (BGBl. II, S. 537, 545).

vertrages für die Auslegung des § 2 Abs. 1 TVG herangezogen werden.[1297] Auf den verfassungsrechtlichen Koalitionsbegriff hat sie dagegen keinen Einfluss.

Nachfolgend wird geprüft, welche der genannten Kriterien unmittelbar in Art. 9 Abs. 3 GG angelegt sind und auch für Koalitionen *selbständig* Beschäftigter Geltung beanspruchen können.

a) Gegnerfreiheit und Unabhängigkeit

Die Voraussetzung der Gegnerfreiheit besagt, dass Beschäftigungsgeber und -nehmer voneinander getrennt in verschiedenen Verbänden organisiert sein müssen. Dies stellt eine Grundvoraussetzung für das in der Koalitionsfreiheit verankerte vertragsförmige Verfahren kollektiven Verhandelns dar, das nur bei Vorhandensein zweier Vertragsparteien funktioniert.[1298]

Eng damit verbunden ist das Kriterium der Gegnerunabhängigkeit, das sich in der Forderung nach einer allgemeinen Unabhängigkeit von Staat, Kirchen, Parteien usw. fortsetzt.[1299] Auch dieses Koalitionsmerkmal ist konstitutiv für ein kollektives Vertragsverfahren, bei dem sich die Verbände ausschließlich auf die Wahrnehmung der Interessen ihrer eigenen Mitglieder gegenüber dem Vertragspartner („Gegner") konzentrieren.

Könnte eine Seite nachhaltigen Einfluss auf die Gegenseite nehmen, drohte das vertragsmäßig-antagonistische Modell der Tarifautonomie untergraben zu werden. Das „System von Macht und Gegenmacht" funktioniert nur unter der Voraussetzung klarer Verhältnisse hinsichtlich der gegensätzlichen Interessen am Markt.[1300] Die Interessenwahrnehmung der Mitglieder in ihrer Eigenschaft als Arbeitsmarktakteure wäre ebenfalls gestört, wenn Dritte, z. B. kirchliche Institutionen, bedeutenden Einfluss auf das Verhalten der Koalition nehmen könnten.[1301]

Wegen dieser engen funktionalen Zusammenhänge mit der Tarifautonomie werden die Merkmale der Gegnerfreiheit und der Unabhängigkeit zu Recht einhellig als konstitutive Voraussetzungen des verfassungsrechtlichen Koalitionsbegriffs angesehen.[1302] Hinsichtlich dieser Kriterien ergeben sich keine signifikanten Unterschiede zwischen selbständiger und abhängiger Beschäftigung.

[1297] BAG v. 6. 6. 2000, NZA 2001, S. 156, 159.

[1298] Vgl. v. Münch-*Löwer*, Grundgesetz, Art. 9 Rn. 74.

[1299] Siehe etwa *Hueck/Nipperdey*, Arbeitsrecht, Band II/1, S. 97 f.; ErfK-*Schlachter*, Art. 9 GG Rn. 7.

[1300] Vgl. *Weitnauer*, Der Schutz des Schwächeren im Zivilrecht, S. 21.

[1301] MünchArbR-*Löwisch/Rieble*, Band 3, § 243 Rn. 64 ff.

[1302] BVerfG v. 18. 11. 1954, BVerfGE 4, S. 96, 106 f.; Dreier-*Bauer*, Grundgesetz, Art. 9 Rn. 72; *Höfling*, RdA 1999, S. 182, 183 f.; v. Münch-*Löwer*, Grundgesetz, Art. 9 Rn. 74 f.; *Stelling*, NZA 1998, S. 920, 921.

Das Kollektivvertragsverfahren, das gegnerfreie und unabhängige Verbände zur Funktionsvoraussetzung hat, ist hier wie dort Grundlage der Grundrechtsgarantie aus Art. 9 Abs. 3 GG. Auch Koalitionen, die selbständig Beschäftigte organisieren, müssen daher diese Merkmale erfüllen.

b) Durchsetzungsstärke und Leistungsfähigkeit der Organisation

Problematischer ist dagegen das (umstrittene) Merkmal der so genannten „sozialen Mächtigkeit“. Das Bundesarbeitsgericht[1303] sieht darin – unter Billigung durch das Bundesverfassungsgericht[1304] – eine Voraussetzung für die Tariffähigkeit einer Arbeitnehmergewerkschaft.[1305] Die Rechtsprechung fordert – neben einer gewissen Leistungsfähigkeit der Verbandsorganisation selbst[1306] – eine Unabhängigkeit der Koalition in wirtschaftlicher Hinsicht: Es sollen solche Vereinigungen ausgeschlossen werden, deren geringe Durchsetzungsfähigkeit gegenüber der Gegenseite nicht die Gewähr für ein echtes „Aushandeln“ der Vertragsbedingungen bieten kann.[1307]

Die Messlatte (z. B. hinsichtlich der Mitgliederzahl, des Organisationsgrades, der organisatorischen Ausstattung etc.) ist dabei recht hoch gesteckt worden, was die Etablierung neuer Gewerkschaften erheblich erschwert. Zu Recht sehen deshalb Rechtsprechung und h. M. in der „sozialen Mächtigkeit“ zumindest kein zwingendes Merkmal des verfassungsrechtlichen Koalitionsbegriffs,[1308] sondern nur eine Voraussetzung der Tariffähigkeit. Nicht „sozial mächtige“, z. B. im Aufbau befindliche, Verbände stehen daher unter dem Schutz des Art. 9 Abs. 3 GG, wenngleich sie (noch) nicht tariffähig sind.[1309]

Im Hinblick auf Auftragnehmerkoalitionen stellt sich das Problem, dass bei diesen nicht zwischen tariffähigen und nicht tariffähigen Verbänden unterschieden werden kann, da ihre Berechtigung zum Abschluss von Kollektivverträgen nicht aus dem Tarifvertragsgesetz folgt, sondern unmittelbar aus Art. 9 Abs. 3 GG abzuleiten ist. Wäre das Recht der Selbständigenkoalitionen, Beschäftigungsnormenverträge abzuschließen, von der Marktmacht und Leistungsfähigkeit der

---

1303 Zuletzt BAG v. 6. 6. 2000, NZA 2001, S. 160, 162.

1304 BVerfG v. 20. 10. 1981, BVerfGE 58, S. 233, 249 f.

1305 Zum Streitstand etwa *Kempen/Zachert*, Tarifvertragsgesetz, § 2 Rn. 19 ff. m. w. N.; rechtsvergleichend *Suckow*, Gewerkschaftliche Mächtigkeit als Determinante korporatistischer Tarifsysteme, S. 157 ff.

1306 Vgl. BAG v. 6. 6. 2000, NZA 2001, S. 160, 162 m. w. N.

1307 Vgl. BAG v. 6. 6. 2000, NZA 2001, S. 160, 162; BVerfG v. 20. 10. 1981, BVerfGE 58, S. 233, 249.

1308 BVerfG (2. Kammer des Ersten Senats) v. 26. 1. 1995, NJW 1995, S. 3377; BAG v. 17. 2. 1998, NZA 1998, S. 754, 755; *Höfling*, RdA 1999, S. 182, 185; MünchArbR-*Löwisch/Rieble*, Band 3, § 243 Rn. 73; ErfK-*Schlachter*, Art. 9 GG Rn. 9.

1309 Vgl. auch ArbG Berlin v. 23. 2. 1996, ArbuR 1996, S. 242 f.

Organisation abhängig, würde dies der Koalitionsbetätigung ein schier unüberwindbares Hindernis in den Weg setzen, wenn dabei ähnliche Maßstäbe anzulegen wären, die für die Prüfung der Tariffähigkeit von Arbeitnehmergewerkschaften gelten. Nach dem hier vorgeschlagenen Modell organisieren sich Selbständige nämlich in wesentlich kleineren Verbänden. Denkbar wären z. B. Vereinigungen von Franchisenehmern eines bestimmten Franchise-Systems, von Subunternehmern eines bestimmten Auftraggebers, von freien Mitarbeitern einer bestimmten Berufsgruppe etc.[1310] Derartige Zusammenschlüsse könnten schon aufgrund ihrer geringen Mitgliederzahl die Anforderungen der Rechtsprechung zur „sozialen Mächtigkeit" nicht erfüllen.

Dabei ist aber zu bedenken, dass das Erfordernis der „sozialen Mächtigkeit" eng mit der *Normsetzungsbefugnis* der Tarifvertragsparteien zusammenhängt[1311] und diese wiederum mit dem so genannten „Ordnungszweck" des Tarifvertragssystems der Arbeitnehmer. Dieser Zusammenhang tritt auch in der Rechtsprechung des Bundesverfassungsgerichts hervor:

> „Da der Tarifvertrag das Gebiet des privaten Vertragsrechts verlässt und als unabdingbarer Kollektivvertrag normative Wirkung äußert, kann es dem Gesetzgeber nicht gleichgültig sein, zu wessen Gunsten er sich durch die Verleihung der Tariffähigkeit seines Normsetzungsrechts begibt."[1312]

Dieser Funktionsbereich der Koalitionsfreiheit kommt aber gar nicht zum Zuge, wenn die Gestaltungsform des normativ wirkenden Tarifvertrags bewusst nicht in Anspruch genommen oder von der Rechtsordnung nicht zur Verfügung gestellt wird. Es wurde bereits erörtert, dass Art. 9 Abs. 3 GG solchen Koalitionen, die (ausschließlich) selbständig Beschäftigte organisieren, keine Befugnis zur Normsetzung garantiert.[1313] Solchen Vereinigungen können aber keine Anforderungen auferlegt werden, die nur um der Legitimation der – ihnen ohnehin nicht möglichen – Normsetzung willen notwendig sind. Unterschiedliche Befugnisse „haben [...] eine unterschiedliche Funktion und Tragweite und können deshalb auch von unterschiedlichen Voraussetzungen abhängig sein".[1314]

[1310] Vgl. oben S. 124 ff.

[1311] Vgl. *Bruhn*, Tariffähigkeit, S. 93; *Suckow*, Gewerkschaftliche Mächtigkeit als Determinante korporatistischer Tarifsysteme, S. 149.

[1312] BVerfG v. 18. 11. 1954, BVerfGE 4, S. 96, 108. Vgl. auch BVerfG v. 26. 5. 1970, BVerfGE 28, S. 295, 305: „Die Verwirklichung der von der Verfassungs intendierten *Ordnung* der Arbeits- und Wirtschaftsbedingungen durch autonome *Rechtsnormen* der Koalitionen setzt voraus, dass in den Koalitionen eine ausreichende Zahl von Arbeitnehmern und Arbeitgebern zusammengeschlossen ist." (Hervorhebung durch Verf.).

[1313] Oben S. 266 ff.

[1314] *Badura*, ArbRGegW 15 (Dokumentation 1977), S. 17, 24; vgl. auch *Bleckmann*, Staatsrecht, Band 2, § 30 Rn. 63.

Zu Recht gehen *Löwisch/Rieble* davon aus, dass auch nicht tariffähige Arbeitnehmerkoalitionen über das Gestaltungsmittel kollektiver obligatorischer Abreden verfügen.[1315] Koalitionen, die sich beim Abschluss von Kollektivverträgen nur der Mittel des Privatrechts bedienen, tragen grundsätzlich keine Verantwortung, die derjenigen des staatlichen Gesetzgebers entspricht. Sollte sich eine Vereinigung als nicht durchsetzungsfähig gegenüber der Auftraggeberseite erweisen, kann ihr Schicksal durchaus dem freien Spiel der Kräfte am Markt überlassen werden.

Hiergegen spricht auch nicht der jüngst von *Kempen* hervorgehobene Aspekt, wonach hinter dem Erfordernis der „sozialen Mächtigkeit" (auch) der Gedanke steht, dass nur solche Organisationen als tarif- und damit arbeitskampffähige Arbeitsmarktakteure zugelassen werden sollen, die organisatorisch und finanziell leistungsfähig genug sind, um mögliche Schadensersatzansprüche aufgrund von Streiks erfüllen zu können.[1316] In Bezug auf Koalitionen Selbständiger mit (anfangs) nur wenigen Mitgliedern würde eine solche Voraussetzung der schadensersatzbezogenen Leistungsfähigkeit eine übermäßige und mit Art. 9 Abs. 3 GG nicht mehr zu vereinbarende Beschränkung der Koalitionsbetätigung bewirken. Abgesehen davon, dass die potenziellen Schadenssummen – proportional zur Größe des Verbandes – hier ohnehin geringer ausfallen dürften, lässt sich eine derartige „Zulassungsbeschränkung" jedenfalls dort nicht rechtfertigen, wo keine gewachsenen Verbandsstrukturen mit in diesem Sinne „leistungsfähigen" Alternativorganisationen bestehen. Die neuen Selbständigen insoweit auf die Möglichkeit zum Beitritt zu tariffähigen Arbeitnehmergewerkschaften zu verweisen, hieße, ihnen unzulässigerweise eine Organisationsform vorzuschreiben, die ganz offenbar nicht den besonderen Anforderungen ihrer beruflichen Situation entspricht[1317].

Auftragnehmerkoalitionen müssen daher, um dem Schutz des Art. 9 Abs. 3 GG zu unterstehen und um berechtigt zu sein, Kollektivverträge abzuschließen und „arbeitskampfähnliche" Handlungen[1318] vorzunehmen, nicht den Anforderungen entsprechen, die unter dem Schlagwort der Gegenmächtigkeit an die Tariffähigkeit von Gewerkschaften gestellt werden.

c) Überbetrieblichkeit

Die Voraussetzung der „Überbetrieblichkeit" der Organisation steht den Merkmalen der Gegnerunabhängigkeit und – in ihrer Ausprägung als „materielle"

1315 Vgl. MünchArbR-*Löwisch/Rieble*, Band 3, § 280 Rn. 2 f.; § 246 Rn. 130 ff.; *Löwisch/Rieble,* Tarifvertragsgesetz, Grundlagen Rn. 86 f.

1316 *Kempen*, in: ADA-Mitteilungen, Neue Folge 47, S. 37, 40.

1317 Vgl. oben S. 115 ff., 124 ff.

1318 Vgl. oben S. 291 ff.

Form der Gegnerunabhängigkeit – auch der Durchsetzungsfähigkeit nahe. Anders als die „soziale Mächtigkeit“ wird diese Anforderung in der Rechtsprechung des Bundesverfassungsgerichts nicht nur als zwingende Voraussetzung der Tariffähigkeit[1319], sondern auch als Merkmal des Koalitionsbegriffs im Sinne des Art. 9 Abs. 3 GG angesehen.[1320] Zumindest in der letzteren Bedeutung gerät das Kriterium der Notwendigkeit einer überbetrieblichen Organisation allerdings allgemein zunehmend in Kritik.[1321]

Fraglich ist, ob diese Voraussetzung der Gründung solcher Selbständigenkoalitionen entgegensteht, die sich (zunächst) auf die Organisation der Beschäftigten eines einzelnen Auftraggeberunternehmens beschränken. Dabei soll unterstellt werden, dass der Begriff der „Überbetrieblichkeit“ nicht wörtlich zu verstehen ist und sich daher nicht auf Betriebe, sondern auf *Unternehmen* bezieht.

In der Rechtsprechung des Bundesverfassungsgerichts wird diese Anforderung allerdings ebenso wie das Merkmal der Gegenmächtigkeit mit dem Normsetzungsinstrument des Tarifvertrags in Verbindung gebracht: Die Koalitionen müssen diese Eigenschaft gerade „als Partner von Tarifverträgen“[1322] erfüllen. Soweit selbständig Beschäftigten dieses Koalitionsmittel nicht zur Verfügung steht, erscheint es auch nicht gerechtfertigt, diesen eine „überbetriebliche“ Organisation vorzuschreiben.

Der Voraussetzung der Überbetrieblichkeit liegt historisch die Erfahrung zugrunde, dass vom Arbeitgeber geförderte „Werkvereine“ die konkurrierenden „echten“ Gewerkschaften schwächen konnten.[1323] Eine derartige Situation, die zudem schon das Merkmal der Gegnerunabhängigkeit verhindert, dürfte heute aber zumindest im Bereich selbständiger Beschäftigung kaum zu befürchten sein.

Allerdings ist zu bedenken, dass eine überbetriebliche Organisation der Koalition den bedeutenden Vorteil bietet, auf diese Weise ein höheres Maß an wirtschaftlicher Unabhängigkeit vom Auftraggeber zu erlangen. Sie verhindert nämlich, dass ein einzelner Beschäftigungsgeber eine Auftragnehmerkoalition

---

1319 So BVerfG v. 6. 5. 1964, BVerfGE 18, S. 18, 28.

1320 BVerfG v. 1. 3. 1979, BVerfGE 50, S. 290, 367 f.; BVerfG v. 20. 10. 1981, BVerfGE 58, S. 233, 247; BVerfG (2. Kammer des Ersten Senats) v. 26. 1. 1995, NJW 1995, S. 3377; eingehend *Hueck/Nipperdey*, Arbeitsrecht, Band II/1, S. 98 ff.

1321 Vgl. *Däubler/Hege*, Koalitionsfreiheit, Rn. 118 f.; MünchArbR-*Löwisch/Rieble*, Band 3, § 243 Rn. 61; *Stelling*, NZA 1998, S. 920, 921 ff.; einschränkend Dreier-*Bauer*, Grundgesetz, Art. 9 Rn. 73; *Höfling*, RdA 1999, S. 182, 184; v. Münch-*Löwer*, Grundgesetz, Art. 9 Rn. 77.

1322 BVerfG v. 1. 3. 1979, BVerfGE 50, S. 290, 367 f.; BVerfG v. 20. 10. 1981, BVerfGE 58, S. 233, 247.

1323 Näher zu den historischen Hintergründen *Hueck/Nipperdey*, Arbeitsrecht, Band II/1, S. 98 ff.

durch Kündigungen oder Verweigerung der Auftragserteilung gegenüber Verbandsmitgliedern gezielt schwächen – oder durch Kündigung sämtlicher Mitglieder sogar vernichten – kann.[1324] Es ist allerdings nicht einzusehen, warum es *verfassungsrechtlich* zwingend geboten sein soll, einer Koalition die – durchaus sinnvolle – Organisationsstrategie einer auftraggeberübergreifenden Verbandsstruktur vorzuschreiben. Rechtlich wären die genannten Sanktionsmaßnahmen des Beschäftigungsgebers ohnehin gemäß Art. 9 Abs. 3 S. 2 GG rechtswidrig und unwirksam.[1325]

Selbst wenn man für Arbeitnehmerkoalitionen am Erfordernis der Überbetrieblichkeit festhalten will, kann darin jedenfalls kein konstitutives Merkmal einer Selbständigenkoalition im Sinne des Art. 9 Abs. 3 GG gesehen werden.

d) Demokratische Verbandsstruktur

Für Gewerkschaften wird weiterhin eine demokratische Strukturierung des internen Willensbildungsprozesses gefordert, was allerdings nicht unumstritten ist.[1326]

Richtigerweise wird man die Voraussetzung der demokratischen Binnenstruktur einer Koalition als im Grundrecht der Koalitionsfreiheit selbst angelegt anzusehen haben. Einschlägig ist insoweit Art. 9 Abs. 3 S. 2 GG, der nicht nur die Unabhängigkeit der Koalition vor äußeren Einflüssen schützt, sondern zugleich die individuelle Koalitionsfreiheit ihrer Mitglieder bei der innerverbandlichen Willensbildung davor bewahrt, im kollektiven Entscheidungsprozess verdrängt zu werden.[1327] Dies wäre etwa bei einer nicht auf dem Mehrheitsprinzip und Stimmengleichheit basierenden Entscheidungsstruktur der Fall.

Zwar erscheint eine demokratische Organisation der Verbandsstruktur gerade für die Legitimation „echter" tariflicher Normsetzung in normativen Tarifverträgen von besonderer Bedeutung.[1328] Der zuvor erwähnte Aspekt des Schutzes individueller Betätigungsfreiheit innerhalb der kollektiven Organisation ist aber auch für solche Beschäftigtenkoalitionen relevant, denen das Koalitionsmittel des normativen Tarifvertrags nicht zur Verfügung steht. Eine demokratische

---

[1324] Vgl. *Kempen/Zachert*, Tarifvertragsgesetz, § 2 Rn. 45.

[1325] *Däubler/Hege*, Koalitionsfreiheit, Rn. 118.

[1326] Bejahend etwa *Kempen/Zachert*, Tarifvertragsgesetz, Grundlagen Rn. 65 f.; *Zöllner*, Arbeitsrecht, § 8 III 9 (S. 114 f.); ablehnend z. B. MünchArbR-*Löwisch/Rieble*, Band 3, § 243 Rn. 69 f.

[1327] Näher *Kempen/Zachert*, Tarifvertragsgesetz, Grundlagen Rn. 66 m. w. N., Rn. 156; *Kempen*, in: Kittner (Hrsg.), Arbeitsmarkt, S. 129, 144; *derselbe*, RdA 1994, S. 140, 147; *derselbe*, NZA 2000, Sonderbeilage zu Heft 3, S. 7, 13; vgl. AK-GG-*Kittner/Schiek*, Art. 9 Abs. 3 Rn. 116; Maunz/Dürig-*Scholz*, Grundgesetz, Art. 9 Rn. 206 f.

[1328] Vgl. *Ridder*, Stellung der Gewerkschaften, S. 42 f.

Struktur der innerverbandlichen Willensbildung ist deshalb auch in Bezug auf nichtgewerkschaftliche Koalitionen selbständig Beschäftigter zu fordern, um dem Charakter der Koalitionsfreiheit als Vehikel zur Förderung der (wirtschaftlichen) Selbstbestimmung des Einzelnen[1329] gerecht zu werden.

e) Anerkennung des Tarifrechts und Arbeitskampfbereitschaft

Die sowohl vom Bundesverfassungsgericht[1330] als auch vom Bundesarbeitsgericht[1331] geforderte Anerkennung des geltenden Tarifrechts[1332] sowie das Erfordernis der Bereitschaft zum Arbeitskampf[1333] spielen für das hier betrachtete Modell von Koalitionen neuen Typs, in denen selbständig Beschäftigte assoziiert sind, keine entscheidende Rolle.

Eine Anerkennung geltenden „Tarifrechts" kann von Selbständigenkoalitionen schon deshalb nicht gefordert werden, weil die Rechtsprechung für diese Personengruppe ein solches (noch) gar nicht entwickelt hat. Über die Bedeutung und Notwendigkeit „arbeitskampfähnlicher" Verhaltensweisen Selbständiger konnten noch keine hinreichenden, auf praktischer Erfahrung beruhenden Erkenntnisse gewonnen werden, sodass es nicht einzusehen ist, eine abstrakte „Kampfbereitschaft" als zwingende Voraussetzung des verfassungsrechtlichen Schutzes anzusehen. Da jedoch die grundsätzliche Möglichkeit zur Ausübung wirtschaftlichen Drucks funktionsnotwendiger Bestandteil eines Kollektivvertragssystems ist, ist es zumindest ratsam, die Bereitschaft zur kollektiven Arbeitsverweigerung in der Koalitionssatzung zum Ausdruck zu bringen.

3. Integration selbständig Beschäftigter in Arbeitnehmergewerkschaften?

Das dieser Arbeit zugrunde gelegte hypothetische Organisationsmodell geht davon aus, dass sich selbständig Beschäftigte – unabhängig davon, ob sie von § 12a TVG erfasst werden oder nicht – in eigenen Verbänden assoziieren, die von den traditionellen Gewerkschaftsstrukturen unabhängig sind.[1334] Abschließend soll kurz auf die Frage eingegangen werden, ob es rechtlichen Bedenken im Hinblick auf die Koalitionsmerkmale begegnet, diese Personen stattdessen in Arbeitnehmergewerkschaften zu integrieren.

1329 Vgl. *Däubler/Hege*, Koalitionsfreiheit, Rn. 132.

1330 BVerfG v. 18. 11. 1954, BVerfGE 4, S. 96, 107; v. 6. 5. 1964, BVerfGE 18, S. 18, 28.

1331 BAG v. 9. 7. 1968, BAGE 21, S. 98, 101.

1332 Mit überzeugender Argumentation ablehnend *Däubler/Hege*, Koalitionsfreiheit, Rn. 141 ff.; *Kempen/Zachert*, Tarifvertragsgesetz, § 2 Rn. 52 ff.

1333 Bejahend *Däubler/Hege*, Koalitionsfreiheit, Rn. 134 ff.; vgl. *Kempen/Zachert*, Tarifvertragsgesetz, § 2 Rn. 33 ff. (Voraussetzung der Tariffähigkeit); einschränkend BVerfG v. 6. 5. 1964, BVerfGE 18, S. 18, 27 ff.

1334 Vgl. oben S. 124 ff.

Dabei soll unterstellt werden, dass die Verbandssatzung der Gewerkschaft eine Mitgliedschaft selbständig Beschäftigter überhaupt vorsieht. Im Falle der ver.di ist dies z. B. der Fall. Die einschlägige Satzungsbestimmung des § 6 Nr. 1 b) ist sogar denkbar weit formuliert. Hiernach kann (u. a.) Mitglied werden,

> „wer als freie/r Mitarbeiter/in, persönlich selbständig, freiberuflich oder als arbeitnehmerähnliche Person tätig ist“. [1335]

Es kann hier dahinstehen, ob diese Formulierung nicht über das Ziel hinausschießt, da sie ungeachtet der tatsächlichen ökonomischen Notwendigkeit gewerkschaftlichen Schutzes offenbar *jede* Form selbständiger Erwerbstätigkeit zu integrieren versucht und damit auch solche Personen erfasst, denen das Grundrecht der Koalitionsfreiheit gar nicht zusteht. Wegen des zu erwartenden geringen Anteils nicht koalitionsfähiger Personen im Kreise der Mitglieder wird der verfassungsrechtliche Status der Gewerkschaft dadurch jedenfalls nicht berührt.

Ein Konflikt mit dem Erfordernis der Gegnerfreiheit[1336] kann sich aber dann ergeben, wenn auch solche Beschäftigte die Gewerkschaftsmitgliedschaft erwerben können, die eigene Mitarbeiter beschäftigen. Eine derartige Doppelfunktion als Beschäftigungsnehmer und -geber zugleich ist für selbständige Beschäftigung –vor allem jenseits des Begriffs der Arbeitnehmerähnlichkeit – nicht untypisch. Eine gemeinsame Organisation dieser Personen und ihrer Arbeitnehmer verträgt sich aber nicht mit dem Art. 9 Abs. 3 GG zugrunde liegenden antagonistischen Modell, nach dem Personen mit entgegengesetzten Interessen in getrennten Vereinigungen assoziiert sein müssen. Dies gilt immer dann, wenn die jeweilige Gewerkschaft auch für die Beschäftigten der Selbständigen organisationszuständig ist. Ist dies der Fall, lassen sich Interessenkonflikte nicht dadurch umgehen, indem man die zulässige Anzahl der vom Gewerkschaftsmitglied beschäftigten Mitarbeiter der Höhe nach begrenzt.[1337]

Die Einrichtung verschiedener Mitgliedergruppen oder die Schaffung fachlicher Untergliederungen dürfte wegen verbleibender Querverbindungen kaum genügen, um diesem Konflikt mit der Gegnerfreiheit auszuweichen. Soweit es sich überhaupt als zweckmäßig erweisen sollte, eine Interessenvertretung selbständig Beschäftigter an eine gewerkschaftliche Organisation zu koppeln, bleiben nur folgende Möglichkeiten: Entweder man schließt eine Mitgliedschaft derjenigen Selbständigen aus, die eigene Mitarbeiter beschäftigen, welche auch Mit-

---

[1335] http://www.verdi.de/downloadpool/dokumentenband/satzung.pdf.

[1336] Vgl. hierzu § 6 Nr. 3 der ver.di-Satzung: „Mitglied kann [...] nicht sein, wer [...] die Gegnerfreiheit der ver.di beeinträchtigt.“

[1337] Vgl. aber insoweit den Vorschlag von *Kittner/Schiek* (AK-GG, Art. 9 Abs. 3 Rn. 104) in Anlehnung an § 2 Abs. 2 HAG und § 7 Abs. 4 Nr. 1 SGB IV.

glied der Gewerkschaft werden könnten, oder man gliedert den Bereich selbständig Beschäftigter in einer juristisch selbständigen Organisation aus.

Die Voraussetzung der Gegnerfreiheit steht Kooperationen zwischen Gewerkschaften und Selbständigenkoalitionen in Bereichen, in denen gleich gelagerte Interessen bestehen, nicht entgegen. Wie das Mitbestimmungsurteil des Bundesverfassungsgerichts verdeutlicht hat,[1338] fordert Art. 9 Abs. 3 GG keine *absolute* Unabhängigkeit der Verbände voneinander. Im Verhältnis zwischen Auftragnehmerkoalitionen und Gewerkschaften ist das erforderliche Maß an (relativer) Unabhängigkeit dabei *geringer* anzusetzen als im Verhältnis zwischen Arbeitnehmer- und Arbeitgeberverbänden. Denn eine Koalition, in der auch selbständig Beschäftigte mit eigenen Mitarbeitern organisiert sind, wird allein dadurch noch nicht zum „gegnerischen" Arbeitgeberverband. Schließlich organisiert sie die selbständig Tätigen nicht in ihrer Eigenschaft als Arbeitgeber, sondern als Beschäftigte, sodass sie nicht die Funktion einer arbeitgeberischen Interessenvertretung erfüllt. Die Gefahr, dass aus der Zusammenarbeit zwischen Koalitionen selbständig und unselbständig Beschäftigter ein „Harmonieverband" entsteht, der die Funktionsfähigkeit des Tarifvertragssystems infrage stellt, ist deshalb viel geringer als es bei Verflechtungen zwischen Arbeitnehmer- und Arbeitgeberverbänden der Fall wäre.

Es ist daher unbedenklich, wenn Gewerkschaften den Aufbau von Auftragnehmerkoalitionen unterstützen oder selbst juristisch selbständige Organisationen schaffen würden, die sich gezielt den neuen Beschäftigungsformen zuwenden. Eine Kooperation zwischen Arbeitnehmer- und Auftragnehmerverbänden darf allerdings nicht darauf angelegt sein, dass eine Organisation auf Dauer von der anderen finanziell abhängig bleibt oder auf sonstige Weise nachhaltiger Einfluss auf die Verbandspolitik der anderen Koalition ausgeübt werden kann.

4. Ergebnis

Art. 9 Abs. 3 GG schützt nur solche Verbände selbständig Beschäftigter, die folgende Voraussetzungen erfüllen: Es muss sich um einen frei gebildeten, dauerhaften Zusammenschluss koalitionsfähiger Personen handeln, der über eine organisierte Willensbildung verfügt und dessen Zweck in der Wahrung und Förderung der Arbeits- und Wirtschaftsbedingungen seiner Mitglieder liegt. Der Verband muss darüber hinaus unabhängig, gegnerfrei und demokratisch strukturiert sein. Darüber hinausgehende Anforderungen sind nicht zu stellen; eine Auftragnehmerkoalition muss insbesondere weder überbetrieblich organisiert noch „sozial mächtig" im Sinne der Rechtsprechung des Bundesarbeitsgerichts sein.

[1338] BVerfG v. 1. 3. 1979, BVerfGE 50, S. 290, 374 ff.

Kooperationen zwischen Auftragnehmer- und Arbeitnehmerkoalitionen sind in den Schranken des Gebots der Gegnerfreiheit und Unabhängigkeit zulässig.

Zusammenfassung der wichtigsten Ergebnisse und Ausblick

1. In der modernen Arbeitswelt wächst die Bedeutung von Erwerbsformen, die sich bewusst außerhalb des klassischen Arbeitsrechts bewegen, die aber aus Sicht des Beschäftigungsgebers dieselbe ökonomische Funktion erfüllen wie Arbeitsverhältnisse. Diese besteht im einen wie im anderen Falle in der Befriedigung der Nachfrage nach dem Produktionsfaktor „Arbeit" im weitesten Sinne.

2. Die sozialpolitische Bewertung solcher „selbständiger Beschäftigungsverhältnisse" ist insbesondere wegen der Gefahr der Umgehung arbeitsrechtlicher Schutzmechanismen umstritten. Zu berücksichtigen ist aber, dass die Wahl der Selbständigkeit als Beschäftigungsstatus oft nicht nur den Interessen der Auftraggeber dient, sondern dem eigenen Wunsch der Beschäftigten nach größerer beruflicher Autonomie entspricht. Es wäre daher verfehlt, den gesamten Bereich neuer Arbeitsformen mit dem Schlagwort der „Scheinselbständigkeit" zu stigmatisieren.

3. Für die Abgrenzung zwischen Arbeitnehmern und Selbständigen ist am klassischen Unterscheidungskriterium der „persönlichen Abhängigkeit" in der durch die Rechtsprechung entwickelten Ausprägung festzuhalten. Extensive Interpretationsansätze zum Arbeitnehmerbegriff, die die wirtschaftliche Abhängigkeit bzw. die strukturelle Unterlegenheit in den Mittelpunkt der Abgrenzung stellen, sind mit dem geltenden Recht nicht vereinbar. Entscheidend kommt es darauf an, ob eine durch die Ausübung von Weisungsrechten konkretisierungsbedürftige Arbeitsleistung geschuldet ist, die zu einer Fremdbestimmung der Tätigkeit führt. Dabei ist zunächst anhand der vertraglichen Vereinbarung zu prüfen, ob eine Weisungsgebundenheit in diesem Sinne vorliegt. Wird dies verneint, ist in einem zweiten Schritt – in entsprechender Anwendung des § 84 Abs. 2 HGB – die „tatsächliche Selbständigkeit" im Sinne einer objektiven Freiheit von Weisungen bei der Durchführung des Vertragsverhältnisses zu prüfen.

4. Jenseits des Arbeitnehmerbegriffs existieren Beschäftigungsverhältnisse, die sich durch eine gestörte Vertragsparität infolge einer strukturellen Unterlegenheit der Auftragnehmerseite gegenüber der Auftraggeberseite auszeichnen. Weder die Rechtsfigur der arbeitnehmerähnlichen Person – die ohnehin nicht alle Formen schutzwürdiger Selbständigkeit erfassen kann – noch andere privatrechtliche Bestimmungen sind geeignet, dieser Paritätsstörung auf angemessene Weise zu begegnen.

5. Es erscheint deshalb erstrebenswert, selbständig Beschäftigten kollektive Handlungsformen zuzugestehen, die einen flexiblen und unmittelbaren Ausgleich des strukturellen Verhandlungsungleichgewichts ermöglichen und die deshalb direkten Eingriffen in den Vertragsinhalt vorzuziehen sind. Nachdem der Versuch einer Integration arbeitnehmerähnlicher Selbständiger in die bestehenden kollektiven Strukturen (§ 12a TVG) in der Praxis weitgehend geschei-

tert ist, sollte erwogen werden, selbständig Beschäftigten eine eigene, flexible und auf ihre Bedürfnisse zugeschnittene Organisationsform zur Verfügung zu stellen, die nicht dem Bild der klassischen Arbeitnehmergewerkschaft entsprechen muss. Grundlage einer „neuen Koalitionskultur" im Bereich selbständiger Erwerbstätigkeit könnten kleinere, gewerkschaftsähnliche Zusammenschlüsse sein, die auf die Stärkung der Verhandlungsposition ihrer Mitglieder gegenüber einem oder mehreren Auftraggeberunternehmen gerichtet sind.

6. Derartige Organisationsmodelle sind von Art. 9 Abs. 3 GG gedeckt. Das Grundrecht der Koalitionsfreiheit steht auf Beschäftigtenseite nicht nur Arbeitnehmern, sondern auch solchen Selbständigen zu, die ihre Arbeitskraft unter ähnlichen Markt- und Wettbewerbsbedingungen wie Arbeitnehmer wirtschaftlich verwerten. Die besonderen Konkurrenzverhältnisse des Arbeitsmarktes, die durch eine Neigung der Anbieter zum Unterbietungswettbewerb gekennzeichnet sind, treffen nicht nur auf die Vermarktung „abhängiger" (im Sinne von: weisungsgebundener) Arbeitsleistungen zu. Vielmehr unterliegt auch die Tätigkeit vieler selbständig Beschäftigter vergleichbaren ökonomischen Bedingungen. Dies ist vor allem bei Beschäftigten der Fall, die auf die Vermarktung ihrer Arbeitskraft als Produktionsfaktor zur Sicherung ihrer eigenen wirtschaftlichen Existenz angewiesen sind, substituierbare Leistungen erbringen, Art, Menge und Ort des Arbeitsangebots nicht beliebig variieren können und über ein im Vergleich zur Auftraggeberseite geringeres Potenzial an ökonomischen Ressourcen und Marktinformationen verfügen. Der Kreis derjenigen, die wegen einer solchen Marktmachtkonstellation unter dem Schutz der Koalitionsfreiheit stehen („koalitionsfähige Personen"), ist dabei nicht auf arbeitnehmerähnliche Personen im Sinne des § 12a TVG beschränkt.

7. Art. 9 Abs. 3 GG erlaubt es den koalitionsfähigen Beschäftigten jenseits des Arbeitnehmerbegriffs, Vereinigungen zur Durchsetzung ihrer wirtschaftlichen Interessen zu bilden, die keinen kartellrechtlichen Restriktionen unterliegen. Eine Normsetzungsbefugnis garantiert das Grundrecht derartigen Verbänden – anders als Gewerkschaften und Arbeitgeberverbänden – allerdings nicht. Soweit selbständig Beschäftigte das Instrumentarium des Tarifvertragsgesetzes nicht in Anspruch nehmen können oder wollen, müssen sie sich selbst ein effektives Kollektivvertragssystem auf privatrechtlicher Grundlage schaffen. Die Konstruktion von „Beschäftigungsnormenverträgen", die schuldrechtliche Verpflichtungen auf Verbandsebene mit einer Vertragswirkung zugunsten Dritter (§ 328 BGB) kombinieren, könnte hierzu ein Ansatz sein.

8. Die Koalitionsfreiheit garantiert selbständig Beschäftigten ein – ebenfalls privatrechtlich zu wertendes – „Streikrecht" in Form der Berechtigung zur kollektiven Arbeitsverweigerung. Bestehende Dauerschuldverhältnisse können außerordentlich gekündigt werden, soweit dies zur koalitionsspezifischen Ausübung wirtschaftlichen Drucks und damit zur Wahrnehmung des Grundrechts aus Art. 9 Abs. 3 GG erforderlich ist.

9. An die Verbandsorganisation stellt Art. 9 Abs. 3 GG im Bereich selbständiger Beschäftigung nur solche Anforderungen, die den Aufgaben und Befugnissen der Auftragnehmerkoalitionen entsprechen. Verbände, die keine Tarifverträge mit normativer Wirkung abschließen, müssen weder „sozial mächtig" noch überbetrieblich organisiert sein.

*

Die Zunahme neuer Arbeitsformen jenseits des traditionellen Arbeitsrechts mag man begrüßen oder beklagen, aufhalten wird man sie nicht können. Um den drohenden negativen Auswirkungen dieser Entwicklung zu begegnen, ist es erforderlich, die Voraussetzungen für eine – möglichst autonome – Arbeitsverfassung auch in der Welt der „neuen Selbständigen" zu schaffen. Die aus Art. 9 Abs. 3 GG folgende Kartellbefugnis für selbständig Beschäftigte könnte hierzu ein Ansatz sein.

Ein ökonomisch nach dem Kartellprinzip funktionierendes, flexibles Auffangnetz könnte die sozialen Rahmenbedingungen schaffen, unter denen eine flächendeckende Nutzung der zahlreichen Vorteile „neuer" selbständiger Erwerbstätigkeit in sozialverträglicher Form möglich wäre. Ein solches System könnte nämlich auch denjenigen einen Weg in die berufliche Selbständigkeit bahnen, die einerseits ihre Arbeit weitgehend „unternehmerisch" gestalten wollen, die aber andererseits nicht über die Flexibilität und die Ressourcen „echter" Unternehmer verfügen, um als Einzelner am Markt ohne kollektiven Schutz bestehen zu können.

Die freiheitliche Alternative, die in der wirtschaftlichen Kooperation der selbständigen Arbeitskraftanbieter besteht, ist einer staatlichen Intervention in das Marktgeschehen vorzuziehen. Das in der Tradition der Gewerkschaften stehende Modell kollektiver Gestaltung von Mindestbeschäftigungsbedingungen bedarf dabei freilich der Anpassung an die Rahmenbedingungen der neuen Arbeitsformen.[1339] Der Arbeitswelt von morgen können nicht blindlings die Instrumente von gestern aufgezwungen werden.

[1339] Auch *Heinze* (NZA 2001, S. 1, 4) sieht das „Rechtsinstrument des Kollektivvertrages [...] auch in Zukunft geeignet, den erforderlichen Flexibilisierungen, den erforderlichen neuen Inhalten und neuen Formen gerecht zu werden".

Der hinter Art. 9 Abs. 3 GG stehenden Konzeption sollte Gelegenheit gegeben weden, ihren für dic Industricgesellschaft unbestreitbaren Wert auch für neue Formen selbstbestimmter Arbeitskraftvermarktung unter Beweis zu stellen.

> „Irgendwie hatte die menschliche Arbeit immer ihre Verfassung, und irgendwie schuf der arbeitende Mensch immer eine bestimmte Sozialform um sich. Die gesellschaftliche und rechtliche Form der Arbeit bestimmt in hohem Grade die Sozialreform des Arbeitsträgers: die mittelalterliche Handwerksarbeit bestimmte die Form der Zünfte, die freie Lohnarbeit bestimmt die Form der Gewerkschaft.“[1340]

Sollten die Arbeitsformen der Zukunft keine kollektive Arbeitsverfassung mehr kennen?

1340 *Briefs*, Stichwort „Gewerkschaftstheorie“, in: Heyde (Hrsg.), Internationales Handwörterbuch des Gewerkschaftswesens, S. 694.

Anhang A

Mustersatzung einer Auftragnehmerkoalition
(organisiert als rechtsfähiger Verein)

§ 1. Name und Sitz.

1. Der Verein trägt den Namen _________.

2. Er hat seinen Sitz in _________.

§ 2. Zweck.

1. Zweck des Vereins ist der Zusammenschluss selbständig Beschäftigter zur Wahrung und Förderung ihrer Arbeits- und Wirtschaftsbedingungen.

2. Der Verein versteht sich als Koalition im Sinne des Art. 9 Abs. 3 GG, nicht aber als Gewerkschaft im Sinne des Tarifvertragsgesetzes.

§ 3. Grundsätze und Aufgaben.

1. Die Koalition vertritt die wirtschaftlichen, sozialen und beruflichen Interessen ihrer Mitglieder in deren Eigenschaft als beschäftigte Auftragnehmer.

2. Sie repräsentiert in erster Linie die gemeinsamen Interessen der Mitglieder gegenüber ihren Auftraggebern mit dem Ziel, durch Abschluss von Kollektivverträgen die Arbeitsbedingungen der Beschäftigten zu verbessern. Die individuellen Interessen der Mitglieder und ihr Status als beruflich Selbständige sollen dabei beachtet und gewahrt bleiben.

3. Der Verein unterstützt seine Mitglieder bei der Erfüllung der Anforderungen, die die selbständige berufliche Tätigkeit an sie stellt. Er fördert und berät seine Mitglieder insbesondere bei der Aus- und Weiterbildung sowie in rechtlichen, sozialen, steuerlichen und betriebswirtschaftlichen Fragen unter Einschluss des Versicherungsschutzes und der Altersvorsorge.

§ 4. Organisationsbereich.

1. Der Organisationsbereich der Koalition umfasst folgende Erwerbstätigkeit(en): (...)

2. Das räumliche Organisationsgebiet erstreckt sich auf: (...)

§ 5. Mitgliedschaft.

1. Mitglied kann werden, wer im Rahmen des sachlichen und räumlichen Organisationsbereichs (§ 4) als Selbständiger regelmäßig Arbeitsleistungen für einen oder mehrere Auftraggeber erbringt.[1341]

2. Die Mitgliedschaft ist nicht auf arbeitnehmerähnliche Personen (§ 12a des Tarifvertragsgesetzes) beschränkt.

3. Mitglied kann auch werden, wer einer Tätigkeit im Sinne des Abs. 1 in der Rechtsform einer Gesellschaft mit beschränkter Haftung nachgeht, soweit das dem Gesamtbild selbständiger Beschäftigung nicht widerspricht und nicht zum Ausschluss der Koalitionsfähigkeit im Sinne des Art. 9 Abs. 3 GG führt. Der Vorstand kann hierzu konkretisierende Richtlinien erlassen.

4. Von der Mitgliedschaft ausgeschlossen ist, wer
   - mehr als 2 Arbeitnehmer, arbeitnehmerähnliche Personen oder sonstige Mitarbeiter beschäftigt,
   - regelmäßig oder voraussichtlich einen Gesamtjahresumsatz von mehr als _________ Euro netto erwirtschaftet,
   - Mitglied einer Gewerkschaft oder einer konkurrierenden Koalition ist oder
   - durch seine Mitgliedschaft den verfassungsrechtlichen Status des Vereins als Koalition im Sinne des Art. 9 Abs. 3 GG gefährdet.

§ 6. Beginn und Ende der Mitgliedschaft.

(...)

[1341] Besser: Genauere Beschreibung der Tätigkeiten, für die im jeweiligen Sektor „arbeitnehmerähnliche“ Wettbewerbsbedingungen herrschen; es ist dabei sicherzustellen, dass nur koalitionsfähige Beschäftigte erfasst werden.

§ 7. Ausschluss.

(...)

§ 8. Beiträge.

Jedes Mitglied ist zur Zahlung eines Beitrags nach den folgenden Bestimmungen verpflichtet: (...)

§ 9. Leistungen.

1. Soweit Arbeitskampfmaßnahmen oder Maßregeln, die auf der Mitgliedschaft in diesem Verein beruhen, zu einem Verdienstausfall führen, wird eine Unterstützung gewährt. Näheres zu Voraussetzungen und Höhe der Unterstützung bestimmt der Vorstand in Richtlinien. In Einzelfällen entscheidet der Vorstand in Übereinstimmung mit Satzung und Richtlinien.

2. Der Verein schließt für seine Mitglieder folgende Versicherung(en) ab:

   (...)

3. Vertreter des Vereins sind befugt, Mitglieder vor Arbeits- und Zivilgerichten in solchen Streitigkeiten zu vertreten, die im Zusammenhang mit dem Vertragsverhältnis des Beschäftigten zu seinem Auftraggeber stehen.

§ 10. Abschluss von Beschäftigungsnormenverträgen.

1. Der Verein wirkt darauf hin, im Interesse seiner Mitglieder Kollektivverträge mit einzelnen Auftraggebern oder Auftraggeberverbänden abzuschließen und durchzusetzen, um verbindliche Mindestbeschäftigungsbedingungen zu vereinbaren.

2. Zur Erfüllung dieser Aufgabe ist der Verein berechtigt, zugunsten der Mitglieder Vereinbarungen zu treffen, aus denen ihnen unmittelbar Ansprüche gegenüber ihren Auftraggebern erwachsen. Jedes Mitglied verzichtet durch seinen Beitritt im Voraus auf das Recht, Ansprüche aus Kollektivverträgen gegenüber einem vertragsgebundenen Auftraggeber rechtsverbindlich zurückzuweisen (§ 333 BGB).

3. Für Planung, Verhandlung, Abschluss und Kündigung von Beschäftigungsnormenverträgen ist der Vorstand zuständig.

§ 11. Ausübung wirtschaftlichen Drucks auf die Gegenseite.

1. Der Verein bekennt sich als Koalition zum Recht auf Arbeitsverweigerung als Mittel zur Durchsetzung koalitionsspezifischer Zwecke.

2. Der Verein kann Maßnahmen organisieren, die geeignet sind, seinen Forderungen gegenüber Auftraggebern oder deren Verbänden im Interesse der Mitglieder Nachdruck zu verleihen. Dabei berücksichtigt er die Besonderheiten, die sich aus der beruflichen Selbständigkeit seiner Mitglieder und der Situation ihrer Vertragsbindung ergeben. Die Mitglieder sind berechtigt, aber nicht verpflichtet, sich an Aktionen zu beteiligen, die diesem Zweck entsprechen.

3. Näheres bestimmt der Vorstand in Richtlinien.

§§ 12 ff. Organe usw.

Anhang B

Muster eines Beschäftigungsnormenvertrages (mit einem einzelnen Auftraggeber als Vertragspartner)

Für die [selbständig Beschäftigten] der ________ (Branche/Tätigkeit)

wird zwischen

____

- nachfolgend „Auftraggeber" -

und

____

- nachfolgend „Auftragnehmerverband" -

folgende Vereinbarung in Form eines Beschäftigungsnormenvertrages getroffen:

§ 1. Geltungsbereich.

1. Diese Gesamtvereinbarung gilt für die Rechtsverhältnisse zwischen dem Auftraggeber und allen selbständig Beschäftigten, die für ihn als Auftragnehmer tätig und Mitglied des Auftragnehmerverbands sind. Ansprüche aus dieser Vereinbarung entstehen für die Beschäftigten, sobald diese Voraussetzungen eintreten.

2. Als selbständig beschäftigter Auftragnehmer im Sinne dieser Gesamtvereinbarung ist anzusehen, wer die satzungsgemäßen Voraussetzungen der Mitgliedschaft im Auftragnehmerverband erfüllt und für den Auftraggeber mindestens in folgendem Umfang tätig ist:

   (...)

3. Diese Gesamtvereinbarung gilt nicht für Personen, die in einem Arbeitsverhältnis zum Auftraggeber stehen.

§ 2. Zweck des Vertrages.

Zweck dieses Vertrages ist die verbindliche Vereinbarung von Mindestbedingungen für die von dieser Vereinbarung erfassten Beschäftigungsverhältnisse.

§ 3. Durchführungs- und Unterlassungspflicht.

1. Der Auftraggeber verpflichtet sich gegenüber dem Auftragnehmerverband, die in der Anlage dieses Vertrages festgelegten Beschäftigungsbedingungen den von diesem Vertrag erfassten Beschäftigungsverhältnissen durch vertragliche Vereinbarung, z. B. durch Verweisung auf die jeweils gültige Gesamtvereinbarung, zugrunde zu legen. Der Auftraggeber verpflichtet sich weiterhin, diese Bestimmungen uneingeschränkt anzuwenden, insbesondere die sich hieraus ergebenden Ansprüche der Beschäftigten diesen gegenüber zu erfüllen (Durchführungspflicht). Unberührt bleibt die Möglichkeit, einzelvertraglich Bedingungen zu vereinbaren, die günstiger sind als die in diesem Vertrag geregelten.

2. Der Auftragnehmerverband kann vom Auftraggeber die Unterlassung sämtlicher Handlungen verlangen, die der in Abs. 1 geregelten Durchführungspflicht oder dem Zweck dieses Vertrages zuwiderlaufen (Unterlassungspflicht).

3. Der Auftraggeber verpflichtet sich ferner, es zu unterlassen, einzelne Auftragnehmer wegen ihrer Mitgliedschaft im Auftragnehmerverband zu benachteiligen. Als Benachteiligung ist auch eine Einschränkung der Auftragsvergabe oder ein Ausschluss von weiteren Aufträgen anzusehen.

§ 4. Wirkung zugunsten der Beschäftigten.

1. Unbeschadet der in § 3 Abs. 1 und 2 geregelten Verpflichtungen vereinbaren die Vertragsparteien, dass die in der Anlage zu diesem Vertrag festgelegten Bedingungen und das Benachteiligungsverbot des § 3 Abs. 3 unmittelbar zugunsten der Auftragnehmer wirken (§§ 328 Abs. 1, 335 BGB). Die Beschäftigten sollen insofern unmittelbar eigene Rechte aus dieser Gesamtvereinbarung erwerben.

2. Weist ein Auftragnehmer die zu seinen Gunsten begründeten Ansprüche zurück oder verzichtet er auf sie, so berührt dies nicht die in § 3 geregel-

ten Ansprüche des Auftragnehmerverbands gegenüber dem Auftraggeber. Außerdem vereinbaren die Parteien, dass weder Verzicht noch Zurückweisung durch einen Auftragnehmer die Folge haben, dass dieser die zu seinen Gunsten wirkenden Ansprüche aus diesem Vertrag verliert, solange er Mitglied des Auftragnehmerverbands ist; § 333 BGB soll insoweit keine Anwendung finden.

3. Ungeachtet der Regelung des Abs. 2 ist ein Verzicht auf Rechte aus dieser Gesamtvereinbarung stets gegenüber allen Beteiligten wirksam, wenn er im Rahmen eines gerichtlichen Vergleichs erfolgt oder wenn die Auftragnehmerkoalition ausdrücklich zustimmt.

§ 5. Pflichten des Auftragnehmerverbands.

1. Der Auftragnehmerverband verpflichtet sich, während der Laufzeit dieser Gesamtvereinbarung sämtliche Handlungen zu unterlassen, die auf die kollektive Durchsetzung von Mindestvertragsbedingungen gerichtet sind, die Gegenstand dieses Beschäftigungsnormenvertrages sind (Friedenspflicht).

2. Der Auftragnehmerverband verpflichtet sich weiterhin, darauf hinzuwirken, dass von Absatz 1 erfasste kollektiven Aktionen seiner Mitglieder unterbleiben, solange diese Gesamtvereinbarung gilt (Einwirkungspflicht). Das Recht seiner Mitglieder zur Aufnahme individueller Vertragsverhandlungen mit dem Auftraggeber bleibt unberührt.

§ 6. Schlussbestimmungen.

1. Diese Gesamtvereinbarung tritt am _________ in Kraft.

2. Sie kann mit einer Frist von drei Monaten zum Ende eines Kalendervierteljahres, erstmals zum _________, gekündigt werden.

3. Bereits bestehende, günstigere Einzelvereinbarungen dürfen aus Anlass dieser Gesamtvereinbarung nicht verschlechtert werden. Sie können jedoch soweit angerechnet werden, wie sich die Gesamtbedingungen für den Beschäftigten nicht verschlechtern.

4. Die Auslegung der in der Anlage zu diesem Vertrag geregelten Beschäftigungsnormen soll entsprechend der Auslegung von Tarifverträgen erfolgen.

5. Sollte eine Bestimmung dieses Vertrages ganz oder teilweise rechtsunwirksam sein oder später ihre Rechtswirksamkeit verlieren, so soll hierdurch die Gültigkeit der übrigen Bestimmungen nicht berührt werden. Anstelle der unwirksamen Bestimmung soll im Wege der Anpassung eine andere angemessene Regelung gelten, die wirtschaftlich dem am nächsten kommt, was die Vertragsparteien gewollt haben oder gewollt hätten, wenn sie die Unwirksamkeit der Regelung gekannt hätten.

Anlage: Einzelne Mindestvertragsbedingungen

(...)

Literaturverzeichnis

Adams, Michael, Ökonomische Begründung des AGB-Gesetzes, BB 1989, S. 781 ff.

Addison, John T. / Gerlach, Knut, Gewerkschaften und Produktivität: Fehlallokation von Ressourcen oder Produktivitätssteigerung?, ZgS 139 (1983), S. 215 ff.

Adomeit, Klaus, Rechtsquellenfragen im Arbeitsrecht, München 1969. (Zitiert: *Adomeit*, Rechtsquellenfragen)

Althammer, Wilhelm, Zur ökonomischen Theorie der Gewerkschaften, Regensburg 1990.

Annuß, Georg, AGB-Kontrolle im Arbeitsrecht: Wo geht die Reise hin?, BB 2002, S. 458 ff.

Anschütz, Gerhard, Die Verfassung des deutschen Reichs, 14. Auflage, Berlin 1933, Nachdruck 1968.

Anzinger, Rudolf / Koberski, Wolfgang, Das Gesetz zur Einführung eines Dienstleistungsabends und seine Auswirkungen auf individualarbeitsrechtliche, kollektivrechtliche und kartellrechtliche Fragen, NZA 1989, S. 737 ff.

Appel, Clemens / Frantzioch, Petra, Sozialer Schutz in der Selbständigkeit, ArbuR 1998, S. 93 ff.

Arndt, Helmut, Markt und Macht, Tübingen 1973.

Arnim, Hans Herbert von, Volkswirtschaftspolitik, 6. Auflage, Neuwied / Kriftel 1998.

Badura, Peter, Das Recht der Koalitionen – Verfassungsrechtliche Fragestellungen, ArbRGegW 15 (Dokumentation 1977), S. 17 ff.

Ballerstedt, Kurt, Probleme einer Dogmatik des Arbeitsrechts, RdA 1976, S. 5 ff.

Bartholomeyczik, Horst, Äquivalenzprinzip, Waffengleichheit und Gegengewichtsprinzip in der modernen Rechtsentwicklung, AcP 166 (1966), S. 30 ff.

Bauer, Jobst-Hubertus / Diller, Martin / Lorenzen, Stefanie, Das neue Gesetz zur „Scheinselbständigkeit“, NZA 1999, S. 169 ff.

Bauschke, Hans-Joachim, Auf dem Weg zu einem neuen Arbeitnehmerbegriff, RdA 1994, S. 209 ff.

Beaucamp, Bernd, Das Arbeitsverhältnis als Wettbewerbsverhältnis, NZA 2001, S. 1011 ff.

Bechtold, Rainer, Kartellgesetz, 2. Auflage, München 1999.

– Zur Anwendung des Kartellverbots auf wettbewerbsbeschränkende Tarifverträge, RdA 1983, S. 99 ff.

Beck, Thorsten, Rationalisierungsschutz und Grenzen der Tarifmacht (I. Teil), ArbuR 1981, S. 333 ff.

Becker, Friedrich, Zur Inhaltskontrolle von Allgemeinen Arbeitsbedingungen, NJW 1973, S. 1913 ff.

Becker, Martin, Arbeitsvertrag und Arbeitsverhältnis in Deutschland, Frankfurt am Main 1995. (Zitiert: *Becker*, Arbeitsvertrag)

Belling, Detlev, Die Verantwortung des Staats für die Normsetzung durch die Tarifpartner, ZfA 1999, S. 547 ff.

Berger-Delhey, Ulf / Alfmeier, Klaus, Freier Mitarbeiter oder Arbeitnehmer?, NZA 1991, S. 257 ff.

Bettermann, Karl August / Nipperdey, Hans Carl / Scheuner, Ulrich (Hrsg.), Die Grundrechte, Band III/1, Berlin 1958. (Zitiert: Bettermann/Nipperdey/ Scheuner-*Bearbeiter*, Die Grundrechte)

Beuthien, Volker / Wehler, Thomas, Gemeinsame Anmerkung zu BAG AP Nr. 15 - 21 zu § 611 BGB Abhängigkeit, Bl. 4 ff.

– Stellung und Schutz der freien Mitarbeiter im Arbeitsrecht, RdA 1978, S. 2 ff.

Beuthien, Volker, Gesellschaftsrecht und Kartellrecht, ZHR 142 (1978), S. 259 ff.

Bezani, Thomas, Der arbeitsrechtliche Status von Rundfunk- und Fernsehmitarbeitern, NZA 1997, S. 856 ff.

Bieback, Karl-Jürgen, Soziale Absicherung neuer Selbständiger, WSI Mitteilungen 2000, S. 810 ff.

Biedenkopf, Kurt, Die Verfassungsproblematik eines Kartellverbotes, BB 1956, S. 473 ff.

– Grenzen der Tarifautonomie, Karlsruhe 1964.

– Grundgesetz und Kartellverbot, BB 1956, S. 974 ff.

Bitter, Walter, Zur Stellung der freien Mitarbeiter, RdA 1978, S. 24 ff.

Blanke, Thomas, Die Entdeckung des Arbeitsrechts durch die Gewerkschaften, ArbuR 1994, S. 113 ff.

Bleckmann, Albert, Staatsrecht, Band 2, 4. Auflage, Köln u. a. 1997.

Bodewig, Theo, Der Ausgleichsanspruch des Franchisenehmers nach Beendigung des Vertragsverhältnisses, BB 1997, S. 637 ff.

Boemke, Burkhard / Föhr, Silvia, Arbeitsformen der Zukunft, Heidelberg 1999.

Boemke, Burkhard, Neue Selbständigkeit und Arbeitsverhältnis, ZfA 1998, S. 285 ff.

Bögenhold, Dieter / Leicht, René, „Neue Selbständigkeit" und Entrepreneurship: Moderne Vokabeln und damit verbundene Hoffnungen und Irrtümer, WSI Mitteilungen 2000, S. 779 ff.

Böhm, Franz, Kartelle und Koalitionsfreiheit, Berlin 1933.

– Verstößt ein gesetzliches Kartellverbot gegen das Grundgesetz?, WuW 1956, S. 173 ff.

Bötticher, Eduard, Gestaltungsrecht und Unterwerfung im Privatrecht, Berlin 1964. (Zitiert: *Bötticher*, Gestaltungsrecht)

Brandes, Wolfgang / Weise, Peter, Arbeitsbeziehungen zwischen Markt und Hierarchie, in: Müller-Jentsch, Walther (Hrsg.), Konfliktpartnerschaft, München / Mering 1991.

Brandes, Wolfgang, Ökonomische Analyse des arbeitsrechtlichen Begriffs der Unselbständigkeit, dargelegt an den Besonderheiten der Heimarbeit, ZfA 1986, S. 449 ff.

Braun, Frank, Aufklärungspflichten des Franchisegebers bei den Vertragsverhandlungen, NJW 1995, S. 504 f.

Brentano, Lujo, Das Arbeitsverhältnis gemäß dem heutigen Recht, Leipzig 1877, Nachdruck herausgegeben von Thilo Ramm, Goldbach 1994. (Zitiert: *Brentano*, Arbeitsverhältnis)

– Die Arbeitergilden der Gegenwart, Zweiter Band: Zur Kritik der englischen Gewerkvereine, Leipzig 1872.

Briefs, Götz, Stichwort „Gewerkschaften (I)", in: Handwörterbuch der Sozialwissenschaften, Band IV, Göttingen 1965, S. 545 ff.

– Stichwort „Gewerkschaftstheorie", in: Heyde, Ludwig, Internationales Handwörterbuch des Gewerkschaftswesens, Band 1 (1931), als Nachdruck neu herausgegeben von Thilo Ramm, Frankfurt am Main 1992.

Brox, Hans / Rüthers, Bernd, Arbeitskampfrecht, 2. Auflage, Stuttgart u. a. 1980.

Bruhn, Claus-Jürgen, Tarifeinheit im Betrieb als Eingriff in die Koalitionsfreiheit, Frankfurt am Main 1997. (Zitiert: *Bruhn*, Tarifeinheit)

– Tariffähigkeit von Gewerkschaften und Autonomie, Berlin 1993. (Zitiert: *Bruhn*, Tariffähigkeit)

Buchner, Herbert, Rezension von: Mathys, Das Verhältnis zwischen Kartellrecht und kollektivem Arbeitsrecht, ZHR 134 (1970), S. 165 ff.

– Das Recht der Arbeitnehmer, der Arbeitnehmerähnlichen und der Selbständigen – jedem das Gleiche oder jedem das Seine?, NZA 1998, S. 1144 ff.

– Scheinselbständige und arbeitnehmerähnliche Selbständige in der Sozialversicherung – Gesetz zu „Korrekturen in der Sozialversicherung“, DB 1999, S. 146 ff.

Buschbeck-Bülow, Brigitte, Betriebsverfassungsrechtliche Vertretung in Franchise-Systemen, BB 1989, S. 352 ff.

Buschmann, Rudolf, Franchise-Arbeitnehmer, AiB 3 / 1988, S. 51 ff.

– Rechtsprobleme der Scheinselbständigkeit, in: Festschrift für Albert Gnade, Köln 1992, S. 129 ff.

Buttler, Friedrich / Gerlach, Knut / Schmiede, Rudi (Hrsg.), Arbeitsmarkt und Beschäftigung, Frankfurt am Main / New York 1987.

Canaris, Claus-Wilhelm, Grundrechte und Privatrecht, AcP 184 (1984), S. 201 ff.

Carell, Erich, Stichwort „Arbeit“, in: Handwörterbuch der Sozialwissenschaften, Band I, Göttingen 1965, S. 229 ff.

Coase, Ronald Harry, The nature of the firm (1937), in: The firm, the market, and the law, Chicago / London 1988, S. 33 ff.

Däubler, Wolfgang (Hrsg.), Arbeitskampfrecht, 2. Auflage, Baden-Baden 1987. (Zitiert: Däubler-*Bearbeiter*, Arbeitskampfrecht)

Däubler, Wolfgang / Hege, Hans, Koalitionsfreiheit, Baden-Baden 1979.

Däubler, Wolfgang, Das Arbeitsrecht, Band 2, 11. Auflage 1998.

– Das Grundrecht auf Mitbestimmung, Frankfurt am Main 1973.

– Der Arbeitsvertrag – ein Mittel zur Verlängerung der Wochenarbeitszeit?, DB 1989, S. 2534 ff.

– Die Auswirkungen der Schuldrechtsmodernisierung auf das Arbeitsrecht, NZA 2001, S. 1329 ff.

– Perspektiven des Normalarbeitsverhältnisses, ArbuR 1988, S. 302 ff.

– Tarifvertragsrecht, 3. Auflage, Baden-Baden 1993.

Dauner-Lieb, Barbara, Der innerbetriebliche Fremdfirmeneinsatz auf Dienst- oder Werkvertragsbasis im Spannungsfeld zwischen AÜG und BetrVG, NZA 1992, S. 817.

Davies, Paul L., Wage employment and self-employment – a common law view, in: Reports to the 6th European Congress for Labour Law and Social Security, Warschau 1999, S. 165 ff.

Dieterich, Thomas, Grundgesetz und Privatautonomie im Arbeitsrecht, RdA 1995, S. 129 ff.

Dietrich, Hans, Empirische Befunde zur „Scheinselbständigkeit“, Ergebnisse des Projekts 4-448V des Instituts für Arbeitsmarkt- und Berufsforschung, erschienen als Forschungsbericht Nr. 262, herausgegeben vom Bundesministerium für Arbeit und Sozialordnung, Bonn 1996, Zusammenfassung in NZA 1997, S. 590 ff. (Zitiert: *Dietrich*, Empirische Befunde zur Scheinselbständigkeit)

Dorndorf, Eberhard, Das Verhältnis von Tarifautonomie und individueller Freiheit als Problem dogmatischer Theorie, in: Festschrift für Otto Rudolf Kissel, München 1994, S. 139 ff.

– Markt und Moral in der Rechtfertigung des Arbeitsrechts bei Sinzheimer und Lotmar, in: Nutzinger, Hans G. (Hrsg.), Die Entstehung des Arbeitsrechts in Deutschland, Marburg 1998, S. 231 ff.

– Mehr Individualvertragsfreiheit im Arbeitsrecht?, in: Festschrift für Albert Gnade, Köln 1992, S. 39 ff.

Dörner, Klemens / Baek, Ulrich, Die Vorschläge der Kommission „Scheinselbständigkeit“ – Geht der Alptraum weiter?, NZA 1999, S. 1136 ff.

Dreier, Horst (Hrsg.), Grundgesetz Kommentar, Tübingen 1996. (Zitiert: Dreier-*Bearbeiter*, Grundgesetz)

Dürig, Günter, Art. 9 Grundgesetz in der Kartellproblematik, NJW 1955, S. 729 ff.

Dütz, Wilhelm, Arbeitsrecht, 4. Auflage, München 1999.

Eckert, Michael, Arbeitnehmer oder „freier Mitarbeiter“ – Abgrenzung, Chancen, Risiken, DstR 1997, S. 705 ff.

Eger, Thomas / Weise, Peter, Die Entstehung des Arbeitsrechts aus ökonomisch-evolutorischer Perspektive, ArbuR 1998, S. 385 ff.

Eich, Rolf-Achim, Die Kollektivierung freier Berufe, DB 1973, S. 1699 ff.

Einem, Hans-Jörg von, Abhängige Selbständigkeit, BB 1994, S. 60 ff.

Ekkenga, Jens, Die Inhaltskontrolle von Franchise-Verträgen, Heidelberg 1990.

Emmerich, Volker, Kartellrecht, 8. Auflage, München 1999.

Erfurter Kommentar zum Arbeitsrecht, herausgegeben von Thomas Dieterich, Peter Hanau und Günter Schaub, 2. Auflage, München 2001. (Zitiert: ErfK-*Bearbeiter*)

Erman, Walter (Begr.), Bürgerliches Gesetzbuch, Band I, 10. Auflage, München 2000. (Zitiert: Erman-*Bearbeiter*, Bürgerliches Gesetzbuch)

Eucken, Walter, Grundsätze der Wirtschaftspolitik, Tübingen 1952.

Falkenberg, Rolf-Dieter, Freier Mitarbeiter – Arbeitnehmer – arbeitnehmerähnliche Person, DB 1969, S. 1409 ff.

Fastrich, Lorenz, Richterliche Inhaltskontrolle im Privatrecht, München 1992. (Zitiert: *Fastrich*, Inhaltskontrolle)

Fenn, Herbert, Arbeitsverhältnisse und sonstige Beschäftigungsverhältnisse, in: Festschrift für Wilhelm Bosch, Bielefeld 1976, S. 171 ff.

Flume, Werner, Allgemeiner Teil des Bürgerlichen Rechts, Zweiter Band, 4. Auflage, Berlin 1992.

Frankfurter Kommentar zum Gesetz gegen Wettbewerbsbeschränkungen, herausgegeben von Helmut Glassen u. a., 3. Auflage, Köln 1999 (Stand: 44. Lieferung September 2000). (Zitiert: FK-*Bearbeiter*)

Franz, Wolfgang, Arbeitsmarktökonomik, 3. Auflage, Berlin u. a. 1996.

Franztioch, Petra, Abhängige Selbständigkeit im Arbeitsrecht, Berlin 2000. (Zitiert: *Frantzioch*, Abhängige Selbständigkeit)

Gabler, Wirtschaftslexikon, 13. Auflage, Wiesbaden 1994.

Galperin, Hans, Die autonome Rechtsetzung im Arbeitsrecht, in: Festschrift für Erich Molitor, München / Berlin 1962, S. 143 ff.

Gamillscheg, Franz, Das deutsche Arbeitsrecht am Ende des Jahrhunderts, RdA 1998, S. 2 ff.

– Die Grundrechte im Arbeitsrecht, Berlin 1989. (Zitiert: *Gamillscheg*, Grundrechte)

– Die Grundrechte im Arbeitsrecht, AcP 164 (1964), S. 385 ff.

– Kollektives Arbeitsrecht, Band I, München 1997.

Gassner, Ulrich, Grundzüge des Kartellrechts, München 1999.

Gast, Wolfgang, Arbeitsrecht und Abhängigkeit, BB 1993, S. 66 ff.

– Arbeitsvertrag und Direktion, Berlin 1978.

– Die Vollendung des Arbeitsrechts, BB 1992, S. 1634 ff.

Gaul, Björn / Wisskirchen, Gerlind, Das letzte Gesetz zur „Förderung der Selbständigkeit"?, DB 1999, S. 2466 ff.

Gernhuber, Joachim, Das Schuldverhältnis, Handbuch des Schuldrechts, Band 8, Tübingen 1989.

Gierke, Otto von, Die soziale Aufgabe des Privatrechts, Berlin 1889.

Giesler, Jan Patrick, Die Auswirkungen der Schuldrechtsreform auf Franchiseverhältnisse, ZIP 2002, S. 420 ff.

Gittermann, Dirk, Arbeitnehmerstatus und Betriebsverfassung in Franchisesystemen, Frankfurt am Main u. a. 1995.

Goretzki, Susanne / Hohmeister, Frank, Scheinselbständigkeit – Rechtsfolgen im Sozialversicherungs-, Steuer- und Arbeitsrecht, BB 1999, S. 635 ff.

Gotthardt, Michael, Der Arbeitsvertrag auf dem AGB-rechtlichen Prüfstand, ZIP 2002, S. 277 ff.

Gottschall, Karin / Schnell, Christiane, „Alleindienstleister“ in Kulturberufen – Zwischen neuer Selbständigkeit und alten Abhängigkeiten, WSI Mitteilungen 2000, S. 804 ff.

Grafe, Friederike, Scheinselbständigkeit fordert zum Handeln heraus, AuA 1997, S. 119 ff.

Grass, Rolf-Dieter / Stützel, Wolfgang, Volkswirtschaftslehre, 2. Auflage, München 1988.

Griebeling, Gert, Der Arbeitnehmerbegriff und das Problem der „Scheinselbständigkeit“, RdA 1998, S. 208 ff.

– Die Merkmale des Arbeitsverhältnisses, NZA 1998, S. 1137 ff.

Hamann, Andreas / Lenz, Helmut, Das Grundgesetz für die Bundesrepublik Deutschland vom 23. Mai 1949, 3. Auflage, Neuwied u. a. 1970. (Zitiert: *Hamann/Lenz*, Grundgesetz)

Hanau, Peter / Adomeit, Klaus, Arbeitsrecht, 12. Auflage, Neuwied u. a. 2000.

Hanau, Peter, Entwicklungslinien im Arbeitsrecht, DB 1998, S. 69 ff.

– Gebremster Schub im Arbeitsrecht, NJW 2002, S. 1240 ff.

Handbuch des Staatsrechts der Bundesrepublik Deutschland, herausgegeben von Josef Isensee und Paul Kirchhof, Band VI, Heidelberg 1989. (Zitiert: HdbStaatsR-*Bearbeiter*)

Handbuch des Verfassungsrechts der Bundesrepublik Deutschland, herausgegeben von Ernst Benda u. a., Berlin 1994. (Zitiert: HdbVerfR-*Bearbeiter*)

Hänlein, Andreas, Franchise-Existenzgründer zwischen Kartell-, Arbeits- und Sozialversicherungsrecht – eine neue Erwerbsform im Aufwind?, DB 2000, S. 374 ff.

Hase, Karl von / Lembke, Mark, Das Selbstbeurlaubungsrecht arbeitnehmerähnlicher Personen, BB 1997, S. 1095 ff.

Heinze, Meinhard, Gibt es eine Alternative zur Tarifautonomie?, DB 1996, S. 729 ff.

– Wege aus der Krise des Arbeitsrechts – Ein Beitrag der Wissenschaft, NZA 1997, S. 1 ff.

– Zukunft der Arbeitsbeziehungen, NZA 2001, S. 1 ff.

– Zum Merkmal der Selbständigkeit, in: Gedächtnisschrift für Brigitte Knobbe-Keuk, Köln 1997, S. 849 ff.

Heither, Friedrich, Die Flucht aus dem Arbeitsrecht am Beispiel der freien Mitarbeiter, in: Kittner, Michael (Hrsg.), Arbeitsmarkt – ökonomische, soziale und rechtliche Grundlagen, Heidelberg 1982, S. 367 ff.

Hendriks, Birger, Arbeitsrechtliche Vereinbarungen und Kartellrecht, Diss. Hamburg 1976. (Zitiert: *Hendriks*, Arbeitsrechtliche Vereinbarungen)

– Die kartellrechtliche Zulässigkeit von Streikhilfeabkommen, ZHR 141 (1977), S. 1 ff.

Hensche, Detlef, Zur Zulässigkeit von Firmentarifverträgen mit verbandsangehörigen Unternehmen, RdA 1971, S. 9 ff.

Henssler, Martin, Aufspaltung, Ausgliederung und Fremdvergabe, NZA 1994, S. 294 ff.

Herschel, Wilhelm, Rezension von: Stolterfoth, Die Selbständigkeit des Handelsvertreters, ArbuR 1974, S. 308 f.

– Die arbeitnehmerähnliche Person, DB 1977, S. 1185 ff.

– Die Rechtsnatur des Vertrags der arbeitnehmerähnlichen freien Mitarbeiter geistiger Berufe, in: Festschrift für Benvenuto Samson, Berlin 1977, S. 47 ff.

– Neue Fragen zur arbeitnehmerähnlichen Person, ArbuR 1982, S. 336 ff.

– Zur Entstehung des Tarifvertragsgesetzes, ZfA 1973, S. 183 ff.

– Zur Rechtsnatur der Allgemeinverbindlicherklärung von Tarifverträgen, in: Festschrift für Walter Bogs, Berlin 1959, S. 125 ff.

Hertwig, Stefan, Die Verweisung eines Gesetzes auf einen Tarifvertrag und die Folgen für das Verständnis der Tarifautonomie, RdA 1985, S. 282 ff.

Hessel, Philipp, Der Arbeitnehmerbegriff, RdA 1952, S. 410 ff.

Heuberger, Georg, Sachliche Abhängigkeit als Kriterium des Arbeitsverhältnisses, Königstein im Taunus 1982. (Zitiert: *Heuberger*, Sachliche Abhängigkeit)

Hilger, Marie Luise, Zum „Arbeitnehmer-Begriff“, RdA 1989, S. 1 ff.

Hochrathner, Uwe, Rechtsprobleme rückwirkender Statusfeststellungen, NZA 1999, S. 1016 ff.

Hoffmann, Edeltraud / Walwei, Ulrich, Was ist eigentlich noch „normal“?, IAB Kurzbericht Nr. 14 / 2000 v. 25. 10. 2000.

Höfling, Wolfram, Der verfassungsrechtliche Koalitionsbegriff, RdA 1999, S. 182 ff.

Hohmeister, Frank, Arbeits- und sozialrechtliche Konsequenzen eines vom Arbeitnehmer gewonnenen Statusprozesses, NZA 1999, S. 1009 ff.

Horn, Norbert / Henssler, Martin, Der Vertriebsfranchisenehmer als selbständiger Unternehmer, ZIP 1998, S. 589 ff.

Hromadka, Wolfgang, Arbeitnehmerähnliche Personen, NZA 1997, S. 1249 ff.

– Arbeitnehmerbegriff und Arbeitsrecht, NZA 1997, S. 569 ff.

– Zukunft des Arbeitsrechts, NZA 1998, S. 1 ff.

– Zur Begriffsbestimmung des Arbeitnehmers, DB 1998, S. 195 ff.

Hübner, Heinz, Soziale Sicherheit und Rechtstellung als Methodenproblem, in: Hübner/Rehbinder/Sell/Kunze, Freie Mitarbeiter in den Rundfunkanstalten, München 1973, S. 5 ff.

Hueck, Alfred / Nipperdey, Hans Carl, Lehrbuch des Arbeitsrechts, 7. Auflage, Band I und Band II, Halbband 1, Berlin / Frankfurt am Main 1963 bzw. 1966. (Zitiert: *Hueck/Nipperdey*, Arbeitsrecht)

Hueck, Götz, Einige Gedanken zum Begriff des Arbeitnehmers, RdA 1969, S. 216 ff.

Hümmerich, Klaus, Arbeitsverhältnis als Wettbewerbsgemeinschaft, NJW 1998, S. 2625 ff.

Hunold, Wolf, Die Rechtsprechung zu Statusfragen, NZA-RR 1999, S. 505 ff.

Ichino, Pietro, Arbeitsrecht und Wirtschaftsmodelle, RdA 1998, S. 271 ff.

Immenga, Ulrich / Mestmäcker, Ernst-Joachim, Gesetz gegen Wettbewerbsbeschränkungen, 3. Auflage, München 2001. (Zitiert: Immenga/Mestmäcker-*Bearbeiter*, GWB)

Immenga, Ulrich, Grenzen des kartellrechtlichen Ausnahmebereichs Arbeitsmarkt, München 1989.

Jacobi, Erwin, Grundlehren des Arbeitsrechts, Leipzig 1927.

Jacobs, Antoine, Arbeitnehmer und Selbständige – Einige Bemerkungen aus internationaler Sicht, NZA 1999, S. 23 ff.

Jahnke, Volker, Rechtsformzwang und Rechtsformverfehlung bei der Gestaltung privater Rechtsverhältnisse, ZHR 146 (1982), S. 595 ff.

Jarass, Hans D., Tarifverträge und Verfassungsrecht, in: Tarifautonomie und Kartellrecht, FIW-Schriftenreihe, Heft 136, Köln u. a. 1990, S. 27 ff.

Julius, Hinrich, Die rechtliche und rechtstatsächliche Lage der „Neuen Selbständigen": insbesondere in der Baubranche, Frankfurt am Main u. a. 1995. (Zitiert: *Julius*, Neue Selbständige)

Junker, Abbo, Der Flächentarifvertrag im Spannungsverhältnis von Tarifautonomie und betrieblicher Regelung, ZfA 1996, S. 383 ff.

– Individualwille, Kollektivgewalt und Staatsintervention im Arbeitsrecht, NZA 1997, S. 1305 ff.

Kadritzke, Ulf, Die „neue Selbständigkeit“ als Gratwanderung – Zwischen professioneller Lust und Angst vor dem Absturz, WSI Mitteilungen 2000, S. 796 ff.

Kahn-Freund, Otto, Arbeit und Recht, Köln 1979.

Kämmerer, Jörn Axe / Thüsing, Gregor, Tariftreue im Vergaberecht, ZIP 2002, S. 596 ff.

Kaser, Max, Römisches Privatrecht, 16. Auflage, München 1992.

Kasseler Handbuch zum Arbeitsrecht, Herausgegeben von Wolfgang Leineman, Band 1, 2. Auflage, Neuwied / Kriftel 1999. (Zitiert: Kasseler Handbuch-*Bearbeiter*)

Kasseler Kommentar, Sozialversicherungsrecht, Gesamtredaktion: Klaus Niesel, Stand: 31. Ergänzungslieferung, August 2000, München 2000. (Zitiert: KassKomm-*Bearbeiter*)

Kaufhold, Karl Heinrich, 150 Jahre Arbeitsschutz in Deutschland: Das preußische Regulativ von 1839 und die weitere Entwicklung bis 1914, ArbuR 1989, S. 225 ff.

Kellermann, Alfred, Einfluß des Kartellrechts auf das gesellschaftsrechtliche Wettbewerbsverbot des persönlich haftenden Gesellschafters, in: Festschrift für Robert Fischer, Berlin / New York 1979, S. 307 ff.

Kempen, Otto Ernst / Kretzschmar, Robert, I problemi e le difficoltà di organizzare sindicalmente i lavoratori “semiautonomi” in Germania, Lavoro e diritto 1999, S. 593 ff.

Kempen, Otto Ernst / Zachert, Ulrich, Tarifvertragsgesetz, 3. Auflage, Köln 1997.

Kempen, Otto Ernst, Betriebsverfassung und Tarifvertrag, RdA 1994, S. 140 ff.

– Buchbesprechung zu *Nogler, Luca,* Saggio sull’efficacia regolativa del contratto collettivo (1994), ArbuR 1998, S. 327 f.

– Der verfassungsrechtliche Vorrang der Tarifautonomie im arbeitsrechtlichen Regelungsgefüge, ArbuR 1996, S. 336 ff.

– Die beschäftigungspolitische Zuständigkeit der Tarifvertragsparteien, in: Festschrift für Peter Hanau, Köln 1999, S. 529 ff.

– Grundgesetz und Arbeitsmarkt, in: Kittner, Michael (Hrsg.), Arbeitsmarkt – ökonomische, soziale und rechtliche Grundlagen, Heidelberg 1982, S. 129 ff.

– Kollektivautonomie contra Privatautonomie: Arbeitsvertrag und Tarifvertrag, NZA 2000, Sonderbeilage zu Heft 3, S. 7 ff.

– Sind Streiks überflüssig?, Mitteilungen der Akademie der Arbeit in der Universität Frankfurt am Main, Mitteilungen, Neue Folge 47, S. 37 ff. (Zitiert: *Kempen*, in: ADA-Mitteilungen, Neue Folge 47)

– Struktur- und Funktionsunterschiede zwischen Tarifvertrag und Betriebsvereinbarung, ArbRGegW 30 (Dokumentation 1992), S. 97 ff.

– Warnstreik, Sympathiestreik und gewerkschaftliche Demonstration im grundrechtlichen Arbeitsverfassungsrecht, ArbuR 1990, S. 237 ff.

Kemper, Michael, Die Bestimmung des Schutzbereichs der Koalitionsfreiheit (Art. 9 Abs. 3 GG), Heidelberg 1989.

Kerwer, Christof, Arbeitsrechtliche Probleme des Ladenschlusses, NZA 1999, S. 1313 ff.

Kittner, Michael, Arbeitsmarkt und Recht – Eine Einführung, in: derselbe (Hrsg.), Arbeitsmarkt – ökonomische, soziale und rechtliche Grundlagen, Heidelberg 1982, S. 11 ff.

Köhler, Helmut, Ausgleichsanspruch des Franchisenehmers: Bestehen, Bemessung, Abwälzung, NJW 1990, S. 1689 ff.

Koller, Ingo, Die Zulässigkeit von Rationalisierungsschutzabkommen in Tarifverträgen, ZfA 1978, S. 45 ff.

Kollmer, Norbert, Das neue „Gesetz zu Korrekturen in der Sozialversicherung und zur Sicherung der Arbeitnehmerrechte“, NJW 1999, S. 608 ff.

Kommentar zum Grundgesetz für die Bundesrepublik Deutschland (Reihe Alternativkommentare), herausgegeben von Erhard Denninger u. a., 3. Auflage, Neuwied 2001 (Zitiert: AK-GG-*Bearbeiter*)

Konzen, Horst, Arbeitsrechtliche Drittbeziehungen, ZfA 1982, S. 259 ff.

Körner, Marita, Telearbeit – neue Form der Erwerbsarbeit, alte Regeln?, NZA 1999, S. 1190 ff.

Kraft, Alfons / Hönn, Günther, Streikhilfeabkommen im Schnittpunkt von Kartell- und Arbeitsrecht, ZHR 141 (1977), S. 230 ff.

Kramer, Ralph, Die Scheinselbständigkeit und ihre individualarbeitsrechtlichen Folgen, Aachen 1998.

Krawielicki, Robert, Kartellgesetz und Koalitionsfreiheit, DÖV 1950, S. 357 ff.

Kreckel, Reinhard, Politische Soziologie der sozialen Ungleichheit, Frankfurt am Main / New York, 1997. (Zitiert: *Kreckel*, Soziale Ungleichheit)

Kretschmer, Hans-Jürgen, Die Regelungsvorhaben zur Bekämpfung der „Scheinselbständigkeit“ aus Sicht der sozialgerichtlichen Praxis, RdA 1997, S. 327 ff.

Kreuder, Thomas, Anmerkung zu BAG v. 16. 7. 1997, AP Nr. 37 zu § 5 ArbGG 1979, Bl. 4 ff.

– Arbeitnehmereigenschaft und „neue Selbständigkeit“ im Lichte der Privatautonomie, ArbuR 1996, S. 386 ff.

– Desintegration und Selbststeuerung, Baden-Baden 1998.

Krüger, Herbert, Sinn und Grenzen der Vereinbarungsbefugnis der Tarifvertragsparteien, Gutachten für den 46. Deutschen Juristentag, in: Verhandlungen des sechsundvierzigsten Deutschen Juristentages, Band I, Teil 1, S. 7 ff. (Zitiert: *Krüger*, Gutachten zum 46. DJT, Band I/1)

Kühl, Stefan, Grenzen der Vermarktlichung, WSI Mitteilungen 2000, S. 818 ff.

Kulka, Michael, Die kartellrechtliche Zulässigkeit von Tarifverträgen über das Ende der täglichen Arbeitszeit im Einzelhandel, RdA 1988, S. 336 ff.

– Kollektives Arbeitsrecht und Kartellrecht, WuW 1987, S. 5 ff.

Kunz, Jürgen / Kunz, Petra, Freie-Mitarbeiter-Verträge als Alternative zur Festanstellung?, DB 1993, S. 326 ff.

Kunze, Otto, Die Stellung der freien Mitarbeiter der Rundfunkanstalten in rechtlicher und rechtspolitischer Sicht, in: Hübner/Rehbinder/Sell/Kunze, Freie Mitarbeiter in den Rundfunkanstalten, S. 55 ff.

– Streik und Wirtschaftsordnung, ArbuR 1965, S. 170 ff.

Langen, Eugen (Begr.) / Bunte, Hermann-Josef (Hrsg.), Kommentar zum deutschen und europäischen Kartellrecht, Band 1, 9. Auflage, Neuwied u. a. 2000.

Larenz, Karl / Wolf, Manfred, Allgemeiner Teil des Bürgerlichen Rechts, 8. Auflage, München 1997.

Leisner, Walter, Privateigentum – Grundlage der Gewerkschaftsfreiheit, BB 1978, S. 100 ff.

Lieb, Manfred, Arbeitsrecht, 7. Auflage, Heidelberg 2000.

– Beschäftigung auf Produktionsdauer – selbständige oder unselbständige Tätigkeit?, RdA 1977, S. 210 ff.

– Die Schutzbedürftigkeit arbeitnehmerähnlicher Personen, RdA 1974, S. 257 ff.

– Rechtsformzwang und Rechtsformverfehlung im Arbeitsrecht, RdA 1975, S. 49 ff.

– Unternehmerähnliche Arbeitnehmer, ZVersWiss 1976, S. 207 ff.

– Zur Problematik der Provisionsfortzahlung im Urlaubs-, Krankheits- und Feiertagsfall, DB 1976, S. 2207 ff.

Liebs, Rüdiger, Die unbeschränkte Verfügungsbefugnis, AcP 175 (1975), S. 1 ff.

Lingemann, Stefan, Allgemeine Geschäftsbedingungen und Arbeitsvertrag, NZA 2002, S. 181 ff.

Linnenkohl, Karl / Kilz, Gerhard / Rauschenberg, Hans-Jürgen / Reh, Dirk A., Der Begriff des Arbeitnehmers und die „informationelle Abhängigkeit", ArbuR 1991, S. 203 ff.

Linnenkohl, Karl, Der „Kurierdienstfahrer" als selbständiger Gewerbetreibender, BB 2002, S. 622 ff.

– Die Virtualisierung der Arbeitsbeziehungen, BB 1998, S. 45 ff.

– Selbständigen-Kultur und Arbeitsmarkt, BB 1999, S. 48 ff.

Lotmar, Philipp, Der Arbeitsvertrag nach dem Privatrecht des deutschen Reiches, Erster Band, Leipzig 1902. (Zitiert: *Lotmar*, Arbeitsvertrag)

– Schriften zu Arbeitsrecht, Zivilrecht und Rechtsphilosophie, herausgegeben und eingeleitet von Joachim Rückert, Frankfurt am Main, 1992. (Zitiert: *Lotmar*, Schriften)

– Schweizerisches Arbeitsvertragsrecht: Gesammelte Schriften, herausgegeben von Manfred Rehbinder, Bern 1991. (Zitiert: *Lotmar*, Schweizerisches Arbeitsvertragsrecht)

Löwisch, Manfred / Rieble, Volker, Tarifvertragsgesetz, München 1992.

Maschmann, Frank, Arbeitsverträge und Verträge mit Selbständigen, NZA 2001, Sonderbeilage zu Heft 24, S. 21 ff.

Martens, Klaus-Peter, Arbeitsrechtlicher Rechtsformzwang und gesellschaftsrechtliche Beschäftigungsverhältnisse, RdA 1979, S. 347 ff.

Marx, Karl / Engels, Friedrich, Werke, Band VI, Berlin 1959, Nachdruck 1970.

Mathys, Peter, Das Verhältnis zwischen Kartellrecht und kollektivem Arbeitsrecht, Basel und Stuttgart 1969.

Matthießen, Volker, Arbeits- und handelsvertreterrechtliche Ansätze eines Franchisenehmerschutzes, ZIP 1988, S. 1089 ff.

Maunz, Theodor / Dürig, Günter u. a. (Hrsg.), Kommentar zum Grundgesetz, Stand: 35. Ergänzungslieferung (München 1999). (Zitiert: Maunz/Dürig-*Bearbeiter*, Grundgesetz)

Maus, Wilhelm, Die „freien Mitarbeiter" der Deutschen Rundfunk- und Fernsehanstalten, RdA 1968, S. 367 ff.

Mayer, Udo / Raasch, Ulrich, Scheinselbständigkeit – ein neues Konzept in der Personalpolitik, AiB 3 / 1987, S. 57 ff.

Mayer, Udo, Der Schein trügt, Mitbestimmung 9 / 1995, S. 40 ff.

– Rechtsprobleme bei der Personalpolitik mit Selbständigen, ArbuR 1990, S. 213 ff.

Medicus, Dieter, Allgemeiner Teil des BGB, 7. Auflage, Heidelberg 1997.

Melsbach, Erich, Deutsches Arbeitsrecht, Berlin / Leipzig 1923.

Mestitz, Franz, Zur Geschichte des Tarifvertragsrechts, ZNR 1987, S. 36 ff.

Mestmäcker, Ernst-Joachim, Über die normative Kraft privatrechtlicher Verträge, JZ 1964, S. 441 ff.

Michalski, Lutz, Das Gesellschafts- und Kartellrecht der berufsrechtlich gebundenen freien Berufe, Köln 1989. (Zitiert: *Michalski*, Freie Berufe)

Mirschel, Veronika, „Mikro-Unternehmen" als Gewerkschaftsklientel, WSI Mitteilungen 2000, S. 829 f.

Möschel, Wernhard, Arbeitsmarkt und Arbeitsrecht, ZRP 1988, S. 48 ff.

– Tarifautonomie – ein überholtes Ordnungsmodell?, WuW 1995, S. 704 ff.

Müller, Gerhard, Die Tarifautonomie in der Bundesrepublik Deutschland: rechtliche und ethische Grundlagen, Berlin 1990. (Zitiert: *Müller*, Tarifautonomie)

Müller, Helmut, Grundgesetz und Kartellverbot, BB 1956, S. 972 ff.

Müller-Jentsch, Walther, Arbeitsmarkt und Kollektivverhandlungen in Gewerkschaftstheorien – ein Überblick, in: Pornschlegel, Hans (Hrsg.), Macht und Ohnmacht von Gewerkschaftstheorien in der Gewerkschaftspolitik, Berlin 1987, S. 179 ff.

Münch, Ingo von (Begr.) / Kunig, Ingo (Hrsg.), Grundgesetz-Kommentar, Band 1, 5. Auflage, München 2000, Band 3, 3. Auflage 1996. (Zitiert: v. Münch-*Bearbeiter*, Grundgesetz)

Münchener Handbuch zum Arbeitsrecht, herausgegeben von Reinhard Richardi und Otfried Wlotzke, Bände 1 - 3, 2. Auflage, München 2000. (Zitiert: MünchArbR-*Bearbeiter*)

Münchener Kommentar zum Bürgerlichen Gesetzbuch, herausgegeben von Kurt Rebmann und Franz Jürgen Säcker, Band 2, 3. Auflage, München 1994. (Zitiert: MünchKomm-*Bearbeiter*)

Nacken, Gert, Tarifverträge über das Ende der Arbeitszeit und § 1 GWB, WuW 1988, S. 475 ff.

Nagel, Bernhard, Ist die Mitbestimmung (heute noch) effizient und gerecht?, in: Nutzinger, Hans G. (Hrsg.), Die Entstehung des Arbeitsrechts in Deutschland, Marburg 1998, S. 182 ff.

Niepalla, Peter / Dütemeyer, Jochen, Die vergangenheitsbezogene Geltendmachung des Arbeitnehmerstatus und Rückforderungsansprüche des Arbeitgebers, NZA 2002, S. 712 ff.

Nietzer, Wolf M. / Stadie, Volker / Hopfenziz, Gerda, Scheinselbständigkeit – der Rechtsanwalt in der Situation der Vertragsgestaltung, NZA 1999, S. 19 ff.

Nikisch, Arthur, Arbeitsrecht, II. Band, Tübingen 1959.

Nogler, Luca, Die unfruchtbaren Weimarer Wurzeln des Grundrechts auf Koalitionsfreiheit, ArbuR 1996, S. 206 ff.

Nutzinger, Hans G., Arbeitsrecht und Mitbestimmung in institutionenökonomischer Perspektive, in: Nutzinger, Hans G. (Hrsg.), Die Entstehung des Arbeitsrechts in Deutschland, Marburg 1998, S. 231 ff.

Oberthür, Nathalie / Lohr, Martin, Der Handelsvertreter im Arbeits- und Sozialversicherungsrecht, NZA 2001, S. 126 ff.

Oppolzer, Alfred, Individuelle Freiheit und kollektive Sicherheit im Arbeitsrecht, ArbuR 1998, S. 45 ff.

Otto, Hansjörg, Anmerkung zu BAG v. 2. 10. 1990, AP Nr. 1 zu § 12a TVG, Bl. 5 ff.

– Gemeinsame Anmerkung zu BAG AP Nr. 34 - 36 zu § 611 BGB Abhängigkeit, Bl. 4 ff.

Palandt, Otto (Begr.), Bürgerliches Gesetzbuch, 60. Auflage, München 2001. (Zitiert: Palandt-*Bearbeiter*, Bürgerliches Gesetzbuch)

Pauly, Matthias, Tarifautonomie für Handelsvertreter?: Der Handelsvertreter als Arbeitnehmerähnliche Person im Sinne des § 12a TVG, Frankfurt am Main u. a. 1992. (Zitiert: *Pauly*, Handelsvertreter)

Peter, Gabriele, Rechtsschutz für „Niedriglöhner" durch Mindestlohn, ArbuR 1999, S. 289 ff.

Pfarr, Heide M., Die arbeitnehmerähnliche Person, in: Festschrift für Karl Kehrmann, Köln 1997, S. 75 ff.

Picker, Eduard, Die Regelungen der Arbeits- und Wirtschaftsbedingungen – Vertragsprinzip oder Kampfprinzip?, ZfA 1986, S. 199 ff.

– Tarifautonomie – Betriebsautonomie – Privatautonomie, NZA 2002, S. 761 ff.

– Ursprungsidee und Wandlungstendenzen des Tarifvertragswesens, in: Gedächtnisschrift für Brigitte Knobbe-Keuk, Köln 1997, S. 879 ff.

Picot, Gerhard, Das soziale Schutzbedürfnis des Arbeitnehmers – Verantwortlichkeit des Arbeitgebers oder des sozialen Steuerstaates?, RdA 1979, S. 16 ff.

Plander, Harro, Arbeitnehmerähnliche in der Betriebsverfassung?, DB 1999, S. 330 ff.

– Bezirksleiter, Verkaufsleiter und andere Mittelinstanzen mehrstufiger Vertriebssysteme mit sogenannten unechten Untervertretern: Selbständige oder Unternehmer?, RdA 1973, S. 234 ff.

– Flucht aus dem Normalarbeitsverhältnis, Baden-Baden 1990.

Pohle, Ekhard, Die Unterrichtung des Betriebsrats über die Beschäftigung von freien Mitarbeitern, BB 1999, S. 2401 ff.

Popp, Gerfried J., Arbeitnehmer und Freie Mitarbeiter, MDR 1998, S. 18 ff.

Postler, Markus, Das Ende der Scheinselbständigkiet und gleichzeitig der freien Mitarbeit?, NJW 1999, S. 925 ff.

Poth, Holger, Die Grenzen des Arbeitsrechts aus kartellrechtlicher Sicht, Frankfurt am Main u. a. 1990. (Zitiert: *Poth*, Grenzen des Arbeitsrechts)

– Kartellrechtliche Grenzen der Regelung betrieblicher Nutzungszeiten durch Tarifvertrag, NZA 1989, S. 626 ff.

Preis, Ulrich / Stoffels, Markus, Die Inhaltskontrolle der Verträge selbständiger und unselbständiger Handelsvertreter, ZHR 160 (1996), S. 442 ff.

Preis, Ulrich, Grundfragen der Vertragsgestaltung im Arbeitsrecht, Neuwied u. a. 1993. (Zitiert: *Preis*, Vertragsgestaltung)

– Koordinationskonflikte zwischen Arbeits- und Sozialrecht, NZA 2000, S. 914 ff.

Raiser, Ludwig, Vertragsfreiheit heute, JZ 1958, S. 1 ff.

Ramm, Thilo, Der Koalitionsbegriff, RdA 1968, S. 412 ff.

– Die Arbeitsverfassung der Bundesrepublik Deutschland, JZ 1977, S. 1 ff.

– Die Parteien des Tarifvertrages, Stuttgart 1961.

– Koalitionsbegriff und Tariffähigkeit – BVerfGE 18, 18, JuS 1966, S. 223 ff.

Rancke, Friedbert, Arbeitnehmerbegriff und sozio-ökonomischer Strukturwandel – Eine Analyse der Rechtsprechung des Bundesarbeitsgerichts, ArbuR 1979, S. 9 ff.

Rancke, Friedbert, Die freien Berufe zwischen Arbeits- und Wirtschaftsrecht, Berlin 1978. (Zitiert: *Rancke*, Die freien Berufe)

Rehbinder, Manfred, Soziale Sicherung freier Mitarbeiter in rechtssoziologischer Sicht, in: Hübner/Rehbinder/Sell/Kunze, Freie Mitarbeiter in den Rundfunkanstalten, München 1973, S. 17 ff.

Reichel, Hans, Änderung des Tarifvertragsgesetzes, DB 1975, S. 102 ff.

– Rechtsfragen zur Tariffähigkeit, RdA 1972, S. 143 ff.

Reimann, Günter, Kartellrecht und Sozialbereich, WRP 1962, S. 151 ff.

Reinecke, Gerhard, Der Kampf um die Arbeitnehmereigenschaft – prozessuale, materielle und taktische Probleme, NZA 1999, S. 729 ff.

– Neudefinition des Arbeitnehmerbegriffs durch Gesetz und Rechtsprechung, ZIP 1998, S. 581 ff.

– Prozessuale und taktische Probleme bei der Geltendmachung der Arbeitnehmereigenschaft, DB 1998, S. 1282 ff.

– Vertragskontrolle im Arbeitsverhältnis, NZA 2000, Sonderbeilage zu Heft 3, S. 23 ff.

Reiserer, Kerstin, „Scheinselbständigkeit" – Arbeitnehmer oder Selbständiger?, BB 1998, S. 1258 ff.

– Schluß mit dem Mißbrauch der Scheinselbständigkeit, BB 1999, S. 366 ff.

Reuß, Wilhelm, Arbeitskampfbereitschaft als Voraussetzung der Tarifhoheit, RdA 1962, S. 362 ff.

Reuter, Dieter, Arbeitsrechtliche Aspekte neuer Arbeitszeitstrukturen, RdA 1981, S. 203 ff.

– Betriebsverfassung und Tarifvertrag, RdA 1994, S. 152 ff.

– Das Verhältnis von Individualautonomie, Betriebsautonomie und Tarifautonomie, RdA 1991, S. 193 ff.

– Die Grenzen des Streikrechts, ZfA 1990, S. 535 ff.

– Möglichkeiten und Grenzen einer Auflockerung des Tarifkartells, ZfA 1995, S. 1 ff.

– Zulässigkeit und Grenzen tarifvertraglicher Besetzungsregeln, ZfA 1978, S. 1 ff.

Richardi, Reinhard, Arbeitnehmerbegriff und Arbeitsvertrag, in: Festschrift zum 125jährigen Bestehen der Juristischen Gesellschaft zu Berlin, Berlin / New York 1984, S. 607 ff.

– Das Ordnungsmodell des Tarifvertragssystems und der Arbeitskampf, JZ 1985, S. 410 ff.

– Der Arbeitsvertrag im Zivilrechtssystem, ZfA 1988, S. 221 ff.

– Die rechtliche Ordnung der Arbeitswelt, JA 1986, S. 289 ff.

– Kollektivgewalt und Individualwille bei der Gestaltung des Arbeitsverhältnisses, München 1968. (Zitiert: *Richardi*, Kollektivgewalt und Individualwille)

– „Scheinselbständigkeit" und arbeitsrechtlicher Arbeitnehmerbegriff, DB 1999, S. 958 ff.

– Welche Folgen hätte eine Aufhebung des Tarifvorbehalts (§ 77 III BetrVG)?, NZA 2000, S. 617 ff.

Ridder, Helmut, Zur verfassungsrechtlichen Stellung der Gewerkschaften im Sozialstaat nach dem Grundgesetz für die Bundesrepublik Deutschland, Stuttgart 1960. (Zitiert: *Ridder*, Stellung der Gewerkschaften)

Rieble, Volker, Arbeitsmarkt und Wettbewerb, Berlin u. a. 1996.

– Die relative Verselbständigung von Arbeitnehmern – Bewegung in den Randzonen des Arbeitsrechts?, ZfA 1998, S. 327 ff.

Riepenhausen, Bernhard, Die ständigen freien Mitarbeiter der Rundfunkanstalten, RdA 1978, S. 17 ff.

Ritscher, Wolfgang, Koalitionen und Koalitionsrecht in Deutschland bis zur Reichsgewerbeordnung, Stuttgart / Berlin 1917, neu herausgegeben und eingeleitet von Rainer Schröder, Frankfurt am Main 1992. (Zitiert: *Ritscher*, Koalitionen)

Rittner, Fritz, Wettbewerbs- und Kartellrecht, 4. Auflage, Heidelberg 1994.

Rohlfing, Bernd, Zum arbeitsrechtlichen Status von (Honorar-) Lehrkräften, NZA 1999, S. 1027 ff.

Rommé, Oliver, Unternehmerrisiko, ZfA 1997, S. 251 ff.

Römmermann, Volker / Wellige, Kristian, Rechtsanwaltskartelle – oder: Anwaltliches Berufsrecht nach den EuGH-Entscheidungen Wouters und Arduino, BB 2002, S. 633 ff.

Rost, Friedhelm, Arbeitnehmer und arbeitnehmerähnliche Personen im Betriebsverfassungsrecht, NZA 1999, S. 113 ff.

Roth, Wulf-Henning, Tarifverträge aus kartellrechtlicher Sicht, in: Tarifautonomie und Kartellrecht, FIW-Schriftenreihe, Heft 136, Köln u. a. 1990, S. 7 ff.

Rückert, Joachim, „Frei“ und „sozial“: Arbeitsvertragskonzeptionen um 1900 zwischen Liberalismen und Sozialismen, ZfA 1992, S. 225 ff.

Rüthers, Bernd, Arbeitsrecht und Arbeitsmarkt, in: Maier-Leibnitz, Heinz (Hrsg.), Zeugen des Wissens, Mainz 1986, S. 739 ff.

– Arbeitsrecht und politisches System, Frankfurt am Main 1992.

– Der Abbau des „ultima ratio“-Gebots im Arbeitskampfrecht durch das Bundesarbeitsgericht, DB 1990, S. 113 ff.

– Grauzone Arbeitsrechtspolitik, Osnabrück 1986.

– Kollektives Arbeitsrecht und Wettbewerbsordnung, WuW 1980, S. 392 ff.

Sachs, Michael (Hrsg.), Grundgesetz Kommentar, 2. Auflage, München 1999. (Zitiert: Sachs-*Bearbeiter*, Grundgesetz)

Säcker, Franz Jürgen, Die Institutions- und Betätigungsgarantie der Koalitionen im Rahmen der Grundrechtsordnung, ArbRGegW 12 (Dokumentation 1974), S. 17 ff.

– Streikhilfeabkommen und Kartellrecht, ZHR 137 (1974), S. 455 ff.

– Gruppenautonomie und Übermachtkontrolle im Arbeitsrecht, Berlin 1972.

Salje, Peter, Individualarbeitsrecht und Kartellverbot, ZfA 1991, S. 653 ff.

Samuelson, Paul A. / Nordhaus, William D., Volkswirtschaftslehre, Übersetzung der 15. amerikanischen Auflage (Originaltitel: „Economics"), Studienausgabe, Wien 1998.

Schack, Haimo, Urheber- und Urhebervertragsrecht, 2. Auflage, Tübingen 2001.

– Neuregelung des Urhebervertragsrechts, ZUM 2001, S. 453 ff.

Schäfer, Hans-Bernd / Ott, Claus, Lehrbuch der ökonomischen Analyse des Zivilrechts, 2. Auflage, Berlin u.a. 1995 (Zitiert: *Schäfer/Ott*, Ökonomische Analyse)

Scharf, Albert, Rechtsstellung der freien Mitarbeiter der Rundfunkanstalten, RdA 1978, S. 20 ff.

Scharf, Günter, Geschichte der Arbeitszeitverkürzung, Köln 1987.

Schaub, Günter, Arbeitsrechts-Handbuch, 9. Auflage, München 2000.

– Heim- und Telearbeit sowie bei Dritten beschäftigte Arbeitnehmer im Referenten- und Regierungsentwurf zum BetrVG, NZA 2001, S. 364 ff.

– Tarifautonomie in der Rechtsprechung, RdA 1995, S. 65 ff.

Schwab, Brent, Die vergaberechtliche „Tariftreueerklärung" im Spannungsfeld von Arbeitsrecht und Wettbewerb, NZA 2001, S. 701 ff.

Schliemann, Harald, Flucht aus dem Arbeitsverhältnis – falsche oder echte Selbständigkeit?, RdA 1997, S. 322 ff.

Schmid, Günther / Deutschmann, Christoph / Grabher, Gernot, Die neue institutionelle Ökonomie, Discussion Paper FS I 88 - 14, Wissenschaftszentrum Berlin für Sozialforschung, Berlin 1988.

Schmidt, Karsten, Vertragliche Wettbewerbsverbote im deutschen Kartellrecht, ZHR 149 (1985), S. 1 ff.

Schmidt, Klaus / Koberski, Wolfgang / Tiemann, Barbara / Wascher, Angelika, Heimarbeitsgesetz, 4. Auflage, München 1998.

Schmidt-Bleibtreu, Bruno / Klein, Franz (Hrsg.), Kommentar zum Grundgesetz, 9. Auflage, Neuwied u. a. 1999.

Schmidt-Eriksen, Christoph, Tarifvertrag und Wettbewerbsschutz, ArbuR 1991, S. 137 ff.

Schoch, Norbert, Vereinbarkeit einer tarifvertraglichen Bestimmung mit dem Kartellgesetz, BB 1965, S. 477 f.

Scholz, Rupert (Hrsg.), Wandel der Arbeitswelt als Herausforderung des Rechts: Referate und Diskussionsbeiträge, Köln 1988.

Scholz, Rupert, Die Berufsfreiheit als Grundlage und Grenze arbeitsrechtlicher Regelungssysteme, ZfA 1981, S. 265 ff.

– Die Koalitionsfreiheit als Verfassungsproblem, München 1971. (Zitiert: *Scholz*, Koalitionsfreiheit)

– Einführung, in: Tarifautonomie und Kartellrecht, FIW-Schriftenreihe, Heft 136, Köln u. a. 1990, S. 1 ff.

– Tarifautonomie, Arbeitskampf und privatwirtschaftlicher Wettbewerb, in: Festschrift für Fritz Rittner, München 1991, S. 629 ff.

– Verfassungsrechtliche Grundlagen des Arbeitskampfrechts, ZfA 1990, S. 377 ff.

Schreyer, Franziska, „Unsichere" Beschäftigung trifft vor allem die Niedrigqualifizierten, IAB Kurzbericht Nr. 15 / 2000 v. 31. 10. 2000.

Schricker, Gerhard (Hrsg.), Urheberrecht, 2. Auflage, München 1999. (Zitiert: Schricker-*Bearbeiter*, Urheberrecht).

Schröder, Rainer, Die Entwicklung des Kartellrechts und des kollektiven Arbeitsrechts durch die Rechtsprechung des Reichsgerichts vor 1914, Ebelsbach 1988. (Zitiert: *Schröder*, Entwicklung des Kartellrechts)

Schuhmacher, Wolfgang, Nachfragemacht und Gegengewichtsprinzip, ZHR 140 (1976), S. 317 ff.

Schumpeter, Joseph A., Kapitalismus, Sozialismus und Demokratie, 7. Auflage, Tübingen / Basel 1993.

Schwerdtner, Peter, Handelsvertreterrecht und Handelsvertreterwirklichkeit, BlStSozArbR 1972, S. 17 ff.

Seidel, Norbert, Die arbeitnehmerähnlichen Personen im Urlaubsrecht, BB 1970, S. 971 ff.

Seiter, Hugo, Streikrecht und Aussperrungsrecht: ein Arbeitskampfrechtssystem auf der Grundlage subjektiv-privater Kampfrechte, Tübingen 1975.

Sennett, Richard, The corrosion of character: The personal consequences of work in the new capitalism, Taschenbuchausgabe, New York / London 1999.

Singer, Otto, Lohnarbeit und Arbeitsmarkt, Frankfurt am Main u. a. 1986.

Sinzheimer, Hugo, Arbeitsrecht und Rechtssoziologie, gesammelte Aufsätze und Reden, herausgegeben von Otto Kahn-Freund und Thilo Ramm, Frankfurt / Köln 1979.

– Der korporative Arbeitsnormenvertrag, Erster und Zweiter Teil, Leipzig 1907 bzw. 1908. (Zitiert: *Sinzheimer*, Arbeitsnormenvertrag)

– Ein Arbeitstarifgesetz, Leipzig 1916.

– Grundzüge des Arbeitsrechts, 2. Auflage, Jena 1927.

Skaupy, Walther, Franchise-Systeme und Betriebsräte, BB 1990, S. 134 ff., 1061 f.

Smith, Adam, Der Wohlstand der Nationen, Übersetzung der Ausgabe letzter Hand nach der 5. Auflage (1789), übersetzt und herausgegeben von Horst Claus Recktenwald, dtv-Ausgabe, 7. Auflage, München 1996.

Söllner, Aldred, Grenzen des Tarifvertrags, NZA 1996, S. 897 ff.

– Das Begriffspaar der Arbeits- und Wirtschaftsbedingungen in Art. 9 Abs. 3 GG, ArbRGegW 16 (Dokumentation 1978), S. 19 ff.

– Grundriß des Arbeitsrechts, 12. Auflage 1998. (Zitiert: *Söllner*, Arbeitsrecht)

– Tarifmacht – Grenzen und Grenzverschiebungen, NZA 2000, Sonderbeilage zu Heft 24, S. 33 ff.

Sölter, Arno, Abwehrkartelle und Gegengewichtsprinzip, DB 1964, S. 1251 ff.

Soltwedel, Rüdiger, Wettbewerb, Verantwortung und Solidarität – Soziale Marktwirtschaft als Erfolgsfaktor in einer zusammenwachsenden Welt, Gütersloh 1997.

Staudinger, J. von (Begr.), Kommentar zum Bürgerlichen Gesetzbuch, 13. Bearbeitung, §§ 328 - 361: Berlin 1995, §§ 616 - 619: Berlin 1997. (Zitiert: Staudinger-*Bearbeiter*, Bürgerliches Gesetzbuch)

Steindorff, Ernst, Wirtschaftsrechtliche Maßstäbe im Arbeitsrecht, RdA 1965, S. 253 ff.

Steinmeyer, Heinz-Dietrich, Sozialdumping in Europa, DVBl. 1995, S. 962 ff.

Stelling, Rainer, Das Erfordernis der Überbetrieblichkeit – ein Anachronismus des modernen Gewerkschaftsbegriffs, NZA 1998, S. 920 ff.

Stickelbrock, Barbara, Ausgleich gestörter Vertragsparität durch das neue Urhebervertragsrecht?, GRUR 2001, S. 1087 ff.

Stiglitz, Joseph E., Volkswirtschaftslehre, 2. Auflage, München u. a. 1999.

Stoffels, Markus, Statusvereinbarungen im Arbeitsrecht, NZA 2000, S. 690 ff.

Stolterfoth, Joachim N., Die Selbständigkeit des Handelsvertreters, Düsseldorf 1973. (Zitiert: *Stolterfoth*, Selbständigkeit)

– Tarifautonomie für arbeitnehmerähnliche Personen?, DB 1973, S. 1068 ff.

Stumpf, Cordula, Vertragshändlerausgleich analog § 89b HGB – praktische und dogmatische Fehlverortung?, NJW 1998, S. 12 ff.

Stützel, Wolfgang, Marktpreis und Menschenwürde, Stuttgart 1981.

– Paradoxa der Geld- und Konkurrenzwirtschaft, Habil. Tübingen 1953, Nachdruck Aalen 1979. (Zitiert: *Stützel*, Paradoxa)

Suckow, Jens, Gewerkschaftliche Mächtigkeit als Determinante korporatistischer Tarifsysteme, Berlin 2000.

Supiot, Alain, Travail salarié et travail indépendant, in: Rapports au 6ème Congrès Européen de Droit du Travail et de la Sécurité Sociale, Warschau 1999, S. 141 ff.

Teubner, Gunther, Den Schleier des Vertrags zerreißen?, KritV 1993, S. 367 ff.

Tiefenbacher, Torsten, Arbeitnehmerähnliche Personen, in: AR-Blattei SD, Nr. 120, Stand: 39. Lieferung, März 1997.

Tinnefeld, Marie-Theres, Arbeitnehmerdatenschutz und neue Unternehmenskulturen – Stand und Regelungsbedarf, ZRP 1999, S. 197 ff.

Traxler, Franz, Gewerkschaften und Arbeitgeberverbände: Probleme der Verbandsbildung und Interessenvereinheitlichung, in: Müller-Jentsch, Walther (Hrsg.), Konfliktpartnerschaft, München / Mering 1991, S. 139 ff.

Trittin, Wolfgang, Umbruch des Arbeitsvertrags: Von der Arbeitszeit zum Arbeitsergebnis, NZA 2001, S. 1003 ff.

Vaubel, Ernst Dirk, Die Anwendbarkeit des Gesetzes gegen Wettbewerbsbeschränkungen auf Tarifvertragsklauseln, Diss. München 1968.

Vonderach, Gerd, Die „neuen Selbständigen", MittAB 1980, S. 153 ff.

Voß, G. Günter / Pongratz, Hans J., Der Arbeitskraftunternehmer, KZfSS 1998, S. 131 ff.

Wachter, Gustav, Wesensmerkmale der arbeitnehmerähnlichen Person, Berlin 1980.

Wallwitz, Sebastian Graf von, Tarifverträge und die Wettbewerbsordnung des EG-Vertrages, Frankfurt am Main u. a. 1997. (Zitiert: *v. Wallwitz*, Wettbewerbsordnung)

Waltermann, Raimund, Zu den Grundlagen der Tarifautonomie, ZfA 2000, S. 53 ff.

Wank, Rolf, Anmerkung zu BGH v. 4. 11. 1998, RdA 1999, S. 271 ff.

– Arbeitnehmer und Selbständige, München 1988.

– Atypische Arbeitsverhältnisse, RdA 1992, S. 103 ff.

– Die „neue Selbständikeit", DB 1992, S. 90 ff.

– Die Gesetzesänderung zum Arbeitnehmerbegriff, RdA 1999, S. 297 ff.

– Empirische Befunde zur „Scheinselbständigkeit", Juristischer Teil des Projekts 4-448V des Instituts für Arbeitsmarkt- und Berufsforschung (IAB), erschienen als Forschungsbericht Nr. 262a, herausgegeben vom Bundesminisiterium für Arbeit und Sozialordnung, Bonn 1997. (Zitiert: *Wank*, Empirische Befunde zur Scheinselbständigkeit, Juristischer Teil)

– Telearbeit, NZA 1999, S. 225 ff.

Weber, Max, Wirtschaft und Gesellschaft, 5. Auflage, Tübingen 1972 (Studienausgabe).

Weber, Werner, Koalitionsfähigkeit und Tarifautonomie als Verfassungsproblem, Berlin 1965.

Weise, Peter / Brandes, Wolfgang / Eger, Thomas / Kraft, Manfred, Neue Mikroökonomie, 3. Auflage, Heidelberg 1993.

Weiss, Manfred / Weyand, Joachim, Die tarifvertragliche Regelung der Ausbildung der Redaktionsvolontäre an Tageszeitungen, BB 1990, S. 2109 ff.

Weiss, Manfred, Labour Law and Industrial Relations in Europe 1992: A German Perspective, CLLJ 1990, S. 411 ff.

Weitnauer, Hermann, Der Schutz des Schwächeren im Zivilrecht, Karlsruhe 1975.

Wendeling-Schröder, Ulrike, Anmerkungen zur Veränderung des Arbeitgeberbegriffs, in: Festschrift für Albert Gnade, Köln 1992, S. 367 ff.

Wesel, Uwe, Geschichte des Rechts, München 1997.

Wieacker, Franz, Privatrechtsgeschichte der Neuzeit, 2. Auflage, Göttingen 1967.

Wiedemann, Gerhard (Hrsg.), Handbuch des Kartellrechts, München 1999. (Zitiert: Wiedeman-*Bearbeiter*, Handbuch des Kartellrechts)

Wiedemann, Herbert (Hrsg.), Tarifvertragsgesetz, 6. Auflage, München 1999. (Zitiert: Wiedemann-*Bearbeiter*, Tarifvertragsgesetz)

Wiedemann, Herbert / Wonneberger, Wolfgang, Anmerkung zu BAG v. 27.6.1989 AP Nr. 113 zu Art. 9 Arbeitskampf, Bl. 8 R ff.

Wiedemann, Herbert, Unternehmensautonomie und Tarifvertrag, RdA 1986, S. 231 ff.

Wiese, Günther, Buchautoren als arbeitnehmerähnliche Personen, Wien 1980. (Zitiert: *Wiese*, Buchautoren)

Willeke, Eduard, Stichwort „Arbeitsmarkt“, in: Handwörterbuch der Sozialwissenschaften, Band I, Göttingen 1965, S. 321 ff.

Wlotzke, Otfried, Neuerungen im gesetzlichen Arbeitsrecht, DB 1974, S. 2252 ff.

Wolf, Manfred, Inhaltskontrolle von Arbeitsverträgen, RdA 1988, S. 270 ff.

Woltereck, Frank, Wo der Sozialstaat versagt: „Freie Mitarbeit“, ArbuR 1973, S. 129 ff.

Worzalla, Michael, Neue Formen der Selbständigkeit, Arbeitgeber 1995, S. 47 ff.

Wrede, Beatrice, Bestand und Bestandsschutz von Arbeitsverhältnissen in Rundfunk, Fernsehen und Presse, NZA 1999, S. 1019 ff.

Zacher, Hans, Aktuelle Probleme der Repräsentationsstruktur der Gesellschaft in der Bundesrepublik Deutschland, in: Festschrift für Friedrich Berber, München 1973, S. 549 ff.

Zachert, Ulrich, Aufhebung der Tarifautonomie durch „freiwillige Regelungen" im Arbeitsvertrag?, DB 1990, S. 986 ff.

– Die Sicherung und Gestaltung des Normalarbeitsverhältnisses durch Tarifvertrag, Baden-Baden 1989.

– Die Zerstörung des Normalarbeitsverhältnisses, ArbuR 1988, S. 129 ff.

Zeuner, Albrecht, Überlegungen zum Begriff des Arbeitnehmers und zum Anwendungsbereich arbeitsrechtlicher Regeln, RdA 1975, S. 84 ff.

Zöllner, Wolfgang / Loritz, Karl-Georg, Arbeitsrecht, 5. Auflage, München 1998.

Zöllner, Wolfgang, Arbeitsrecht und Marktwirtschaft, ZfA 1994, S. 423 ff.

– Der Arbeitsvertrag: Restposten oder Dokument der Selbstbestimmung, NZA 2000, Sonderbeilage zu Heft 3, S. 1 ff.

– Flexibilisierung des Arbeitsrechts, ZfA 1988, S. 265 ff.

– Privatautonomie und Arbeitsverhältnis, AcP 176 (1976), S. 221 ff.

– Regelungsspielräume im Schuldvertragsrecht, AcP 196 (1996), S. 1 ff.

Auf die Angabe von Untertiteln wurde weitgehend verzichtet. Vorträge, unveröffentlichte Manuskripte und Beiträge in Tageszeitungen sind nicht aufgeführt.

Studien zum Arbeitsrecht und zur Arbeitsrechtsvergleichung

Herausgegeben von Manfred Weiss und Spiros Simitis

Band 1 Sebastian Fritzsche: Die Vereinbarkeit des Arbeitnehmer-Entsendegesetzes sowie der erfassten Tarifverträge mit höherrangigem Recht. 2001.

Band 2 Arnd Hermann: Outplacement. Eine Untersuchung der individualvertraglichen Gestaltung und kollektivarbeitsrechtlichen Aspekte eines neuen Instruments des Personalabbaus. 2001.

Band 3 Christoph Schmid: Das Personalrecht der Europäischen Zentralbank. Grundlagen und Grenzen der rechtlichen Bindungen der Europäischen Zentralbank unter besonderer Berücksichtigung der Bereiche Arbeitnehmervertretung, Kündigungsschutz und Datenschutz. 2002.

Band 4 Charis Chaldoupis: Auswirkungen neuer Technologien auf die Tarifautonomie. Funktionsfähigkeit und Legitimität qualitativer Tarifpolitik anhand der Rationalisierungsentwicklungen im industriellen Produktionsbereich. 2003.

Band 5 Robert Kretzschmar: Die Rolle der Koalitionsfreiheit für Beschäftigungsverhältnisse jenseits des Arbeitnehmerbegriffs. Zur Abgrenzung abhängiger von selbständiger Beschäftigung und zur Eröffnung kollektiver Handlungsformen für selbständig Beschäftigte durch Art. 9 Abs. 3 GG. 2003.

Shih-Hao Liu

Arbeitsrechtliche Diskriminierung durch Arbeitnehmer

Frankfurt/M., Berlin, Bern, Bruxelles, New York, Oxford, Wien, 2002.
XVIII, 218 S.
Europäische Hochschulschriften: Reihe 2, Rechtswissenschaft. Bd. 3317
ISBN 3-631-38781-4 · br. € 37.80 *

In letzter Zeit rückt das Phänomen „Diskriminierung unter Arbeitnehmern" immer stärker in den Blickpunkt betrieblicher, soziologischer und rechtlicher Betrachtungen. Unter dem Aspekt der Diskriminierung durch Arbeitnehmer bemüht sich diese Untersuchung um die Lösung einer Grundfrage des Arbeitsrechts, nämlich, ob zwischen den Arbeitnehmern einer Betriebsgemeinschaft vertragliche Beziehungen bestehen. Die Arbeit prüft, ob das betriebliche Gemeinschaftsverhältnis als Gesellschaft, als Rechtsgemeinschaft oder als Interessengemeinschaft zu verstehen ist oder ob das Betriebsverfassungsgesetz ein gesetzliches Schuldverhältnis zwischen Arbeitnehmern begründet. Die Arbeit lehnt alle diese Konstruktionen ab, um den Individualarbeitsvertrag zugleich als Vertrag mit Schutzwirkung zu verstehen. Auf dieser Grundlage kommt die Untersuchung im Falle der Diskriminierung auch zu vertraglichen Ansprüchen der Arbeitnehmer gegeneinander. Daneben betrachtet sie die „Diskriminierung" als Verletzung des Allgemeinen Persönlichkeitsrechts und begründet so auch eine deliktische Haftung. Schließlich weist die Studie auf die verschiedenen Reaktionsmöglichkeiten der Beseitigung und Verhinderung der Diskriminierung durch Arbeitnehmer hin.